2010

CHINA CITY STATISTICAL YEARBOOK

中国城市统计年鉴

国家统计局城市社会经济调查司 编

中国统计出版社
China Statistics Press

（京）新登字 041 号

图书在版编目（CIP）数据

中国城市统计年鉴. 2010 / 国家统计局城市社会经济调查司编. -- 北京 : 中国统计出版社, 2011.2
ISBN 978-7-5037-6192-8

Ⅰ. ①中… Ⅱ. ①国… Ⅲ. ①城市－统计资料－中国－2010－年鉴 Ⅳ. ①C832-54

中国版本图书馆 CIP 数据核字(2011)第 017509 号

中国城市统计年鉴—2010

作　　者/国家统计局城市社会经济调查司　（电话 010-68782691）
责任编辑/申明九
装帧设计/李雪燕
出版发行/中国统计出版社
通信地址/北京市西城区月坛南街 57 号
邮政编码/100826
办公地址/北京市丰台区西三环南路甲 6 号
电　　话/邮购（010）63376907 书店（010）68783172
印　　刷/河北天普润印刷厂
经　　销/新华书店
开　　本/787×1092mm 1/16
印　　张/28.75
字　　数/675 千字
版　　别/2011 年 3 月第 1 版
版　　次/2011 年 3 月第 1 次印刷
书　　号/ISBN 978-7-5037-6192-8/C・2465
定　　价/220.00 元

《中国城市统计年鉴—2010》编委会与编辑部

编辑说明

《中国城市统计年鉴——2010》是全面反映中国城市经济和社会发展情况的资料性年刊。本年鉴收录了全国654个建制城市（含地级及以上城市和县级城市）2009年社会经济发展和城市建设等各方面的统计数据。

《中国城市统计年鉴——2010》主要内容包括六个部分：第一部分是2009年城市行政区划，列有不同区域、不同级别的城市分布情况以及城市发展综述研究分析报告；第二部分是地级及以上城市统计资料，列有：1.城市人口、就业、资源资料，包括城市人口、劳动力资源和就业、土地资源；2.城市经济发展主要指标统计资料，包括综合经济、农业、工业、固定资产投资、商业、对外贸易、利用外资、财政、金融、保险等方面内容；3.城市社会发展主要统计资料，包括劳动工资、教育、文化、医疗卫生等方面内容；4.城市环境与基础设施资料，包括交通运输、邮电、供水、供电、城市道路、交通状况和城市环境状况等方面内容；第三部分是县级城市资料；第四部分是附录，包括主要统计指标的涵义、统计范围、统计口径、计算方法。

本年鉴所涉及的全国或全部城市统计资料，均未包括香港特别行政区、澳门特别行政区和台湾省。资料中所列“全市”为城市的全部行政区域，包括城区、郊区、辖县、辖市；“市辖区”包括城区、郊区，不包括辖县和辖市。武汉市辖区合计资料不包含黄陂区、新州区、江夏区和蔡甸区数据。

需要说明的是，1997 年开始对地级及以上城市和县级城市分别采用不同的指标体系进行统计，有些指标在两类城市之间不具有可比性，故本年鉴将地级及以上城市和县级城市统计资料分为独立的两部分。

《中国城市统计年鉴——2010》适用于各级政府管理部门、城市规划设计部门、城市社会经济研究机构、市政建设及房地产机构、各种中介服务及信息咨询机构等单位的工作者及各大专院校师生使用。本年鉴也是境外投资者、工商界人士及关心中国城市发展的人士的重要参考资料。

《中国城市统计年鉴——2010》的编辑和出版，得到了各省、自治区、直辖市统计局、国家统计局各调查总队、各市统计局和调查队以及中国统计出版社的鼎力支持，在此表示衷心的感谢。由于工作量大、出版时间紧，书中难免有不当之处，诚恳欢迎广大读者批评指正。

国家统计局城市社会经济调查司

《中国城市统计年鉴》编辑部

目　　录

一、2009 年城市行政区划与城市发展概况

1. 2009 年中国城市社会经济发展概况 …… 3
2. 城市基本情况统计回顾与展望 …… 9
3. 中国城市统计指标及其应用 …… 11
1-1 城市行政区划与区域分布 …… 13
1-2 分地区城市情况一览表 …… 14

二、2009 年地级及以上城市统计资料

2-1 人口 …… 23
2-2 劳动力与就业 …… 31
2-3 按三次产业的单位从业人员就业状况 …… 39
2-4 单位从业人员就业结构 …… 47
2-5 按行业分组的单位从业人员（一） …… 55
2-6 按行业分组的单位从业人员（二） …… 63
2-7 按行业分组的单位从业人员（三） …… 71
2-8 按行业分组的单位从业人员（四） …… 79
2-9 按行业分组的单位从业人员（五） …… 87
2-10 按行业分组的单位从业人员（六） …… 95
2-11 土地资源（一） …… 103
2-12 土地资源（二） …… 111
2-13 综合经济（一） …… 119
2-14 综合经济（二） …… 127
2-15 工业总产值 …… 135
2-16 工业企业数 …… 143
2-17 规模以上企业总产值分组 …… 151
2-18 规模以上工业企业财务（一） …… 159
2-19 规模以上工业企业财务（二） …… 167
2-20 固定资产投资 …… 175
2-21 商业经济 …… 183
2-22 外商直接投资 …… 191
2-23 财政（全市） …… 199
2-24 财政（市辖区） …… 207

2-25 金融 …… 215
2-26 劳动工资 …… 223
2-27 学校数 …… 231
2-28 专任教师数 …… 239
2-29 在校学生数 …… 247
2-30 在校学生数 …… 255
2-31 文化 …… 263
2-32 卫生 …… 271
2-33 交通运输（全市）(一) …… 279
2-34 交通运输（全市）(二) …… 287
2-35 邮电 …… 295
2-36 通信 …… 303
2-37 供水、供电（市辖区） …… 311
2-38 城市煤气用量（市辖区） …… 319
2-39 城市道路与交通（市辖区） …… 327
2-40 环境治理投资额（全市） …… 335
2-41 环境治理主要指标（全市） …… 339
2-42 废物处理率（全市） …… 347
2-43 城市绿化（市辖区） …… 355

三、2009 年县级城市资料

3-1 人口 …… 365
3-2 劳动力与就业 …… 370
3-3 土地资源 …… 380
3-4 综合经济 …… 385
3-5 主要农产品产量 …… 390
3-6 房地产开发投资完成额 …… 400
3-7 商业外贸 …… 405
3-8 教育 …… 410
3-9 医疗服务 …… 420
3-10 工资水平 …… 430

四、附　录

主要统计指标解释 …… 443

一、2009年城市行政区划与城市发展概况

1. 2009 年中国城市社会经济发展概况

从 2008 年的下半年开始，中国经济受到金融危机的冲击，城市社会经济的发展也不可避免的受到影响。党中央、国务院果断决策，采取一揽子经济刺激措施，实施积极财政政策和适度宽松的货币政策，积极扩大内需，调整经济结构，转变经济发展方式，保增长、保民生、保稳定。在中央宏观调控下，2009 年城市经济保持了平稳快速增长，经济结构优化，民生改善，社会事业全面发展。

一、城市规模扩大，城市化进程稳步推进

（一）地级及以上城市市辖区人口增加，建成区面积增加

随着城市经济的持续快速发展，城市规模也在不断地扩大，具体表现在城市人口数量、行政区域土地面积和建成区面积均有所增加。城市在国民经济和社会的发展进程中，扮演着越来越重要的作用。截止 2009 年底，中国共有地级及以上城市 287 个。2009 年地级及以上城市市辖区（除特别说明外，该指标均指市辖区）年末总人口为 38149.3 万人，比上年增加 530 万人，增长 1.4%，高于全国平均 5.05‰的人口自然增长速度，占全国人口的比重为 28.6%。其中，东部地级及以上城市市辖区年末总人口 15828.7 万人，比上年增加 330.3 万人，增长 2.1%，占地级及以上城市辖区年末总人口的比重为 41.5%；中部为 8509.5 万人，比上年增加 44.8 万人，增长 0.5%，所占比重为 22.3%；西部为 9710.1 万人，比上年增加 108.1 万人，增长 1.1%，所占比重为 25.5%；东北为 4101 万人，比上年增加 46.7 万人，增长 1.2%，所占比重为 10.7%。可以看出，东部地级及以上城市市辖区人口增长最快，其次是东北和西部，中部增长最慢。地级及以上城市市辖区行政区域土地面积 62.8 万平方公里，增长 0.3%；其中，建成区面积 30137.9 平方公里，增长 2.5%。平均人口密度为 607.44 人/平方公里，比上年增加 6.84 人。

地级及以上城市中市辖区年末总人口，400 万以上人口的城市有 14 个，比上年增加 1 个，占 4.9%；200 万-400 万人口的城市有 28 个，与上年持平，占 9.8%；100 万-200 万人口的城市有 82 个，比上年增加 1 个，占 28.6%；50 万-100 万人口的城市有 110 个，与上年持平，占 38.3%；50 万以上人口的城市有 53 个，比上年减少 2 个，占 18.5%。

（二）中国城镇化水平进一步提高，但依然偏低

当前中国正处于工业化的中期阶段，工业化和城市化加速推进。受工业化和城市化的推动，中国经济高速增长，经济结构优化升级，经济效益不断提升，社会发生剧烈变迁。农村人口大规模进入城市，农民变为市民，城镇人口占全国人口的比例不断上升，中国正在从二元社会走向城乡一体化的社会形态。2009 年城镇人口 62186 万人,比上年增加 1519 万人,增长 2.5%；城镇人口占全国人口的比重为 46.6%,比上年提高 0.91 个百分点。城镇人口比重最高的城市是上海,是 88.6%,其次是北京和天津,分别是 85%和 78%；城镇人口比重最低的是贵州和西藏,分别是 29.9%和 23.8%。

对于中国目前的的发展阶段来说，46.6%的城市化水平明显偏低。不仅远远低于发达国家同期发展阶段水平，也低于很多发展中国家和世界平均 50%左右的城市化水平。城市化水平偏低，引起中国二元社会对立严重，区域经济发展失调，居民收入差距不断拉大，以及居民消费需求不足等一系列严重问题，给国民经济和社会发展带来诸多消极影响，也不利于城市社会经济的可持续发展。因此，城市社会经济的进一步发展客观上要求提高城市化水平，促进有条件的农村人口和外出务工人员转变为城市市民，这不仅有利于扩大内需，转变经济发展方式，发挥城市的规模经济效应，保持城市经济持续平稳较快发展，也有利于提高人民的生活水平，实现经济增长成果的普遍共享，实现中国社会的根本变革。

二、城市经济平稳运行，实力进一步增强

2008 年下半年以来，受国际金融危机的影响，世界经济深度衰退，我国城市经济受到严重冲击，出口大幅下降，不少企业经营困难，失业人员大量增加，农民工大批返乡，经济增速陡然下滑。在异常困难的情况下，党中央和国务院果断加强和改善宏观调控，实行积极的财政政策和适度宽松的货币政策，全面实施并不断完善应对国际金融危机的一揽子计划，实现我国城市经济回升向好，改革开放和社会主义现代化建设取得新的重大成就。

（一）城市经济快速增长，占全国经济总量的比重上升

2009 年地级及以上城市地区生产总值为 207759.1 亿元，按可比价格计算增长 12.30%，涨幅比上年下降 0.59 个百分点，增速略微下降，占全国国内生产总值的比重为 61%，比上年提高 1.7 个百分点。可见，2009 年地级及以上城市成功应对国际金融危机的影响，实现经济快速增长，有力的带动了全国经济的回升向好，为国民经济的持续快速平稳发展作出了重要贡献。

（二）财政收入和支出增加，但增速均低于上年

地级及以上城市市辖区财政收入和支出进一步增加，地方政府的财力增强，但受国际金融危机影响，增速均有所下滑，特别是财政收入，增速比去年下降 7.3 个百分点。地方财政一般预算内收入 19023.7 亿元，比上年增加 2146.3 亿元，增长 12.7%，增速比上年下降 7.3 个百分点。地方财政一般预算内支出 25759.4 亿元，比上年增加 4462.7 亿元，增长 20.95%，增速比上年下降 1.0 个百分点。其中一般性公共服务支出为 3187.3 亿元，同比增长 7.57%。

（三）金融业稳定运行，年末存贷款余额大幅度增加

2009 年末金融机构存款余额 431193.2 亿元，同比增长 29.24%，涨幅比上年提高 10.5 个百分点；其中城乡居民储蓄年末余额 166164.0 亿元，同比增长 19.94%，涨幅比上年下降 6.1 个百分点。因为实施积极的财政政策和适度宽松的货币政策，金融机构贷款额大幅度增加，增速远远高于上年。年末金融机构各项贷款余额 303271.8 亿元，同比增长 33.94%，涨幅比上年提高 19.4 个百分点。贷款额的快速增加，一方面有利于促进投资，提振内需，防止经济过快下滑，促进经济回升向好；另一方面，也会加剧流动性的过度泛滥，增加银行系统风险，引发通货膨胀，推高资产价格，产生泡沫等，给城市经济的长远健康发展增加不确定性。

（四）规模以上工业总产值增速企稳回升，效益快速提高

受国际金融危机的影响，2008 年第三季度以来，工业增速急剧放缓，效益大幅下降，在国家实施一系列经济刺激计划之后，2009 年工业增速企稳回升，效益也开始提高。从总体上看，2009 年工业运行平稳，为城市经济的平稳较快发展做出了贡献。

2009 年，地级及以上城市市辖区规模以上工业企业数量和从业人员继续增加。规模以上工业企业 204795 个，同比增加 12.6%，增幅与上年持平；其中内资企业 154939 个，同比增加 15.4%，涨幅比上年提高 1.2 个百分点；内资企业中中国有企业 4795 个，同比下降 7.1%；内资企业中私营企业 102360 个，同比增加 22.7%。受国际金融危机影响，港、澳、台商投资企业和外商投资企业的数量增加，但增速均低于上年。港、澳、台商投资企业 22503 个，同比增加 2.2%，增速比上年下降 5.8 个百分点；外商投资企业 27352 个，同比增加 7%，增速比上年下降 2 个百分点。总的从业人员数量的增速也低于上年。规模以上工业企业从业人员年平均人数为 4780.7 万人，同比增长 3.0%，增速比上年下降 5.4 个百分点。

规模以上工业总产值增速企稳回升，但增长速度明显低于上年。规模以上工业总产值为 313583.3 亿元，同比增长 5%，涨幅比上年下降 15.9 个百分点；其中内资企业总产值为 201623.5 亿元，同比增长 7.36%，涨幅比上年下降 16.6 个百分点；内资企业中国有企业总产值为 34115.1 亿元，同比增长 2.15%；内资企业中私营企业总产值为 58693.2 亿元，同比增长 22.44%；港澳台商投资企业的总产值为 36297.9 亿元，同比下降 0.73%；外商投资企业的总产值为 75661.8 亿元，同比增长 1.87%，涨幅比上年下降 9.43 个百分点。规模以上工业企业效益提高。利润总额为 19274.0 亿元，同比增长 26.80%。

三、经济结构优化升级，发展方式加快转变

（一）第三产业占地区生产总值的比重上升，第一、第二产业所占比重下降

城市经济结构进一步优化升级，第一、第二产业占地区生产总值的比重下降，第三产业所占比重上升，三产业之间的比例由上年的3.18：50.65：46.17调整为2009年的2.99：48.31：48.70。金融业、房地产业、现代服务业和高端制造业高速增长，带动产业结构升级，产业附加值提高，经济竞争力增强，发展方式转变。2009年地级及以上城市第一产业增加值为6215.4亿元，按现价计算增长4.91%，占地级及以上城市地区生产总值的比重为2.99%，比上年下降0.19个百分点；第二产业增加值为100368.0亿元，按现价计算增长6.38%，占地区生产总值比重为48.31%，比上年下降2.34个百分点；第三产业增加值为101175.7亿元，按现价计算增长17.65%，占地区生产总值的比重为48.70%，比上年提高2.53个百分点。

（二）房地产业快速发展，市场持续繁荣，但也存在一些问题

第三产业中房地产业的增长速度最快，达到了39.10%。房地产业是城市经济的支柱产业之一，是一个带动力能力很强的产业。保持房地产市场的平稳运行，对于城市经济的稳定增长具有重大的意义。在抗击金融危机，保经济增长的过程中，国家采取多种措施促进房地产业的发展，力求通过房地产业的增长带动国民经济回升向好。2009年地级及以上城市市辖区房地产业快速增长，市场开始回暖，并持续繁荣，为国民经济的回升向好作出了重大贡献。商品房屋销售面积61362.7万平方米，比上年增加20170.5万平方米，增长49.0%，上年则是下降22.7%；商品房屋销售额34543.8亿元，比上年增加15472.7亿元，增长81.1%，而上年则是下降36.5%。但是，房地产市场在发展的同时也存在着一些严重问题，如部分城市房价太高，增长过快，超出了民众的普遍购买力，市场里存在大量的投机行为，市场价格存在一定的泡沫等，威胁到房地产市场的健康发展，也给国民经济的稳定发展带来隐患。如何控制房价的过快上升，抑制投机行为，促进房地产市场的平稳运行和健康发展，并解决低收入者的住房问题，已经成为决策者必须面对的重大经济和社会问题。

（三）城镇单位从业人员数量增加，第一、二产业从业人员所占比重下降，第三产业从业人员所占比重上升

经济结构的调整还表现在单位从业人员在三产业的分布上，地级及以上城市市辖区年末单位从业人员中，第一和第二产业从业人员所占比重下降，第三产业从业人员所占比重上升。年末单位从业人员数7454.2万人，同比增长3.7%，涨幅比上年提高1.9个百分点。其中，第一产业从业人员56.4万人，同比下降11.3%，占单位从业人员的比重为0.76%，比上年下降0.12个百分点；第二产业从业人员3528.1万人，同比增长2.6%，占单位从业人员的比重为47.3%，比上年下降0.52个百分点；第三产业从业人员3869.7万人，同比增长5%，占单位从业人员的比重为51.9%，比上年增加0.65个百分点。城镇私营和个体做作业人员6517.6万人，同比增长9.7%。年末城镇登记失业人员400.1万人，同比增长0.5%。

（四）投资和消费快速增加，出口下降，经济发展方式加快转变

在拉动经济增长的三驾马车中，受国际金融危机的影响，出口大幅下降，地级及以上城市全年进出口总额（全市）21936.5亿美元，比上年减少3427.9亿美元，下降13.5%。其中，货物进口额(全市)10009.4亿美元，同比下降11.0%；货物出口额(全市)11927.1亿美元，同比下降15.6%；进出口差额（出口减进口）（全市）1917.7亿美元，比上年减少963.43亿美元。面对出口急剧下滑的严峻形势，国家及时出台了两年4万亿元的经济刺激计划，投资大幅度增加。地级及以上城市市辖区全社会固定资产投资总额115566.8亿元，比上年增加25732.2亿元，增长28.6%，涨幅比上年提高7.3个百分点；其中城镇固定资产投资额103675.2亿元，同比增长29.2%；全年新增固定资产61783.3亿元，同比增长44.5%，涨幅比上年提高29.8个百分点。同时政府还采取一系列刺激居民消费的政策，如增加对居民消费的直接补贴，优化消费环境，培育新的消费热点，增加居民收入和加强社会保障等，来提高和释放居民消费能力，居民最终消费也由此大幅度增长。地级及以上城市市辖区社会消费品零售总额80571.9亿元，同比增长17.0%；限额以上批发零售企业(法人数)69570个，比上年增加15990个，增长29.8%。投资和消费的快速增长有效地抵消了出口下滑对经济增长产生的负拉动作用，最终实现经济回升向好。

国际金融危机对中国经济发展方式转变产生倒逼机制，促使发展方式的加快转变。长期以来，中国经济增

长主要依靠出口和投资来拉动，外贸依存度很高，国内经济运行容易受到世界经济形势变化的影响，抗外部风险能力较弱，经济增长的内生动力不足。为了经济的持续平稳健康发展，必须要加快转变经济发展方式，大力扩大内需，尤其是消费需求，扩大国内市场规模，把经济增长由主要依靠出口和投资拉动，转变为依靠消费、投资、出口协调拉动，增强经济运行抵御国际风险的能力，实现经济的可持续发展。

（五）城市区域经济发展取得新进展，布局改善，协调性提高

2009 年是中国区域经济发展中非常重要的一年。国务院密集出台《珠江三角洲地区改革发展规划纲要》、《关于支持福建省加快建设海峡西岸经济区的若干意见》、《江苏沿海地区发展规划》、《辽宁沿海经济带发展规划》和《中国图们江区域合作开发规划纲要》等 12 个区域发展规划，同时继续深入实施区域发展总体战略，继续深入推进西部大开发，全面振兴东北地区等老工业基地，大力促进中部地区崛起，积极支持东部地区率先发展。认真落实促进区域经济社会发展的各项规划和政策。加快推进主体功能区建设。实施区域发展总体战略，重在发挥各地比较优势，有针对性地解决各地发展中的突出矛盾和问题；重在扭转区域经济社会发展差距扩大的趋势，增强发展的协调性；2009 年城市区域经济协调发展迈出新步伐，城市区域经济发展呈现布局改善、结构优化、协调性提高的良好态势。

2009 年地级及以上城市市辖区地区生产总值中，东部和东北地区城市地区生产总值所占比重下降，东部地区城市地区生产总值 123703 亿元，所占比重为 59.54%，比上年下降 0.57 个百分点；东北地区城市地区生产总值 21108.4 亿元，所占比重为 10.16%，比上年下降 0.46 个百分点。中部和西部城市地区生产总值所占比重上升。中部地区城市地区生产总值 30386.2 亿元，所占比重为 14.63%，比上年提高 0.16 个百分点；西部地区城市地区生产总值 32561.5 亿元，所占比重为 15.67%，比上年提高 0.87 个百分点；

在环渤海、长江三角洲和珠江三角洲三大区域经济中，环渤海地区经济增长速度最快，其次是珠江三角洲地区和长江三角洲地区。因为珠江三角洲和长江三角洲地区主要是外向型经济，大量产品出口到国外，所以受国际金融危机的冲击比较深。2009 年环渤海地区地级及以上城市市辖区地区生产总值 22153.8 亿元，按可比价格计算增长 12.46%。珠江三角洲地区地级及以上城市市辖区地区生产总值 29782.8 亿元，按可比价格计算增长 10.72%。长江三角洲地区地级及以上城市市辖区地区生产总值 38653.1 亿元，按可比价格计算增长 10.12%。

四、社会事业投入增加，社会建设取得重大进展

2009 年地级及以上城市进一步加大对教育、科技、文化和卫生等社会事业的投入力度。这一方面是扩大内需、促进经济增长的需要，另一方面也是加强社会建设，改善民生的需要。社会建设取得进展，社会事业全面发展。

（一）坚持优先发展教育事业，进一步促进教育公平

教育支出大幅度增加，地级及以上城市市辖区教育支出为 3780.4 亿元，同比增长 17.23%。高等教育稳定发展，教育质量进一步提高，普通高等学校数 1956 所，比上年增加 150 所；在校学生 1956.4 万人，比上年增加 112.9 万人。高中阶段在校学生 1680.0 万人，比上年增加 22.4 万人。中等职业教育学校 6683 所，比上年下降 223 所；在校学生 1097.5 万人，比上年增加 11.6 万人。普通中学学校 19890 所，比上年下降 353 所；在校学生 2337.17 万人，比上年增加 5.29 万人。小学学校 50833 所，比上年下降 2604 所；在校学生 2783.69 万人，比上年减少 79.93 万人；各级各类教师数 469.8 万人，比上年增加 8.6 万人。

（二）科技实力和创新能力进一步增强

地级及以上城市科学技术支出 858.2 亿元，同比增长 32.26%。专利申请受理量(全市)83.5 万项，比上年增加 15.2 万项，增长 22.2%。专利申请授权量(全市)49.0 万项，比上年增加 16.1 万项，增长 48.9%；其中发明 6.0 万项，比上年增加 1.7 万项，增长 40.1%。

（三）大力发展公益文化事业，公共文化服务体系得到加强，

地级及以上城市文化体育与传媒支出为 550.2 亿元，同比增长 25.97%；体育场馆数 24772 个，剧场、影剧院数 1843 个。公共图书馆图书总藏量 4.4 亿册，比上年增加 1988.1 万册，增长 4.7%。每百人图书馆藏书 115.72 册，比上年增加 3.65 册。

（四）医辽卫生事业进一步发展

地级及以上城市医辽卫生支出为 1515.6 亿元，同比增长 37.96%；医院、卫生院 21378 个，比上年增加 1569 个，增长 7.9%。医院、卫处院床位数 216.6 万张，比上年增加 17.9 万张，增长 9.0%。医生 115.8 万人，比上年增加 68712 人，增长 6.3%；每万人拥有医生 30.36 人，比上年增加 1.39 人。注册护士 109.3 万人，比上年增加 10.7 人，增长 10.9%。

五、居民生活水平进一步提高，民生得到改善

在应对金融危机的过程中，中央提出要保增长，保民生，保稳定。改善民生是经济发展的根本目的，是一切工作的出发点和落脚点，只有着力保障和改善民生，经济发展才有持久的动力，社会进步才有牢固的基础，国家才能长治久安。

（一）城镇居民人均可支配收入增加，增速高于上年

2009 年，国家采取多种措施提高居民收入，如增加就业岗位、提高工资，城镇居民可支配收入快速增加，生活水平进一步提高。城镇居民人均可支配收入 17175 元，实际增长 9.8%，增幅高于上年 1.4 个百分点。在城镇居民家庭人均总收入中，工资性收入增长 9.6%，经营净收入增长 5.2%，财产性收入增长 11.6%，转移性收入增长 14.9%。

（二）城镇居民人均消费支出增加，恩格尔系数下降

城镇居民人均消费支出 12264.55 元，增长 9.09%。人均食品消费支出 4478.54 元，增长 5.13%。城镇居民家庭恩格尔系数为 36.5%，比上年下降 1.4 个百分点。人均衣着支出 1284.20 元，人均居住支出 1228.91 元，人均家庭设备用品及服务支出 786.94 元，人均医辽保健支出 856.41 元，人均交通通信支出 1682.57 元，人均教育文化娱乐服务支出 1472.76 元，分别比上年增长 10.15%、7.29%、13.75%、 8.93%、18.73%、 8.43%。

（三）社会保障支出大幅增加，覆盖面进一步扩大

地级及以上城市社会保障和就业支出 3256.0 亿元，同比增长 20.02%；社会保险基金支出 4712.4 亿元，同比增长 29.72%；城镇基本养老保险、基本医疗保险、失业保险参保人数分别为 11814.1 万人、14889.5 万人、7866.0 万人、分别比上年增长 12.2%、 13.3%、 2.1%。城镇居民最低生活保障人数为 972.9 万人，比上年下降 5.56%。社会福利院 9622 个，增长 4.9%；社会福利院床位数 90.3 万张，增长 17.3%；社区服务设施 14.8 万个，增长 2.6%。

六、城市公共服务能力增强，人居环境改善

（一）交通运输支出大幅增加

全年地级及以上城市辖区交通运输支出 1037.9 亿元，同比增长 104.15%。铁路旅客客运量(全市)17.7 亿人次，比上年增加 1.5 亿人次，增长 9.3%；铁路货物运量 33.9 亿吨，比上年下降 1.1 亿吨，下降 3.1%；民用汽车拥有量 7262.9 万辆，比上年增加 1406.3 万辆，增长 24.0%；其中私人汽车拥有量 5463.9 万辆，比上年增加 1270.7 万辆，增长 30.3%；公路客运量 272.9 亿人次，比上年增加 58.6 亿人次，增长 27.3%；公路货运量 208.4 亿吨，比上年增加 30.7 亿吨，增长 17.3%；境内等级公路里程 262.3 万公里，比上看增加 21.5 万公里，增长 8.9%；境内高速公里里程 6.3 万公里，比上年增加 0.6 万公里，增长 10.5%；沿海港口货物吞吐量(规模以上)50.3 亿吨，比上年增加 4.3 亿吨，增长 9.3%；内河港口货物吞吐量(规模以上)24.8 亿吨，比上年增加 2.2 亿吨，增长 9.7%；水运客运量 2.1 亿人次，比上年增加 0.1 亿人次，增长 5%；水运货运量 31.4 亿吨，比上年下降 13.1 亿吨，下降 29.4%；民用航空货邮运量 705.1 万吨，比上年下降 32.3 万吨，下降 4.4%；民用航空客运量 3.8 亿人次，比上年增加 0.9 亿人次，增长 31.0%。

（二）邮政和电信业稳步发展

2009 年邮政业务收入(全市)为 831.8 亿元，同比增长 11.29%；电信业务收入(全市)为 11073.7 亿元，同比增长 9.66%；年末固定电话用户数 15888.2 万户，同比下降 7.28%；年末移动电话用户数 44855.4 万户，同比增长 15.99%；国际互联网用户数 8841.8 万户，同比增长 19.71%。

（三）城市维护建设投资大幅增长，公共服务能力进一步增强

城市维护建设资金支出5468.3亿元，同比增长21.7%。年末实有城市道路面积36.7亿平方米，增长8.5%；人均实有道路面积9.22平方米。供水综合生产能力2.3亿立方米/日，增长1.5%；综合能源消费量559.9亿吨/标准煤。全社会用电量19246.6亿千瓦时，同比增长8.05%；其中工业用电13253.7亿千瓦时，同比增长3.76%；城乡居民生活用电2434.5亿千瓦时，同比增长17.10%；人均生活用电628.2千瓦时/人。人均生活用水45.03吨/人.供气总量(人工\天然气)824.9亿立方米，增长17.2%。液化石油气供气总量1046.9万吨，增长9.1%。年末实有公共汽(电)车营运车辆34.2万辆，增长8.6%；每万人拥有公共汽电车8.76辆；全年公共汽(电)车客运总量592.8亿人次，增长6.0%。年末实有出租汽车84.7万辆，增长3.4%。轨道交通线路1567公里，轨道交通客运总量39.4亿人次。

（四）环境状况进一步改善

环境保护支出为627.9亿元，同比增长42.17%；工业废水排放量219.5亿吨，同比下降5.0%；工业废水排放达标量209.2亿吨，同比下降3.9%；工业废水排放达标率为95.3%，比上年上升1.0个百分点。工业二氧化硫和工业烟尘的排放量分别为1672.5万吨和543.3万吨，分别下降7.8%和12.1%。工业二氧化硫和工业烟尘的去除量分别为2541.5万吨和29530.5万吨，分别增长26.1%和2.9%。绿地面积167.4万公顷，增长4.6%；其中公园绿地面积35.2万公顷，增长16.1%；建成区绿化覆盖面积120.2万公顷，增长8.0%；人均园林绿地面积9.13平方米；建成区绿化覆盖率达40%，比上年提高2.02个百分点。

（执笔人：国家统计局城市司　刘建伟　刘洪波）

2. 城市基本情况统计回顾与展望

城市基本情况统计工作走过了五十年的光辉岁月。五十年来，城市统计指标体系不断充实完善，统计范围不断调整扩大，数据更加准确翔实。城市基本情况统计一路追随我国城市振兴的步伐，用科学准确的数据展示着城市发展取得的巨大成就。

一、城市基本情况统计在发展中求变革

城市基本情况统计制度是国家统计制度的一部分，也是全国唯一的以城市作为基本单位实行块块统计的方法制度。我国城市统计建立于20世纪60年代初，经历了四个发展阶段。第一阶段主要收集39个城市1957年、1960年、1962年工业、基本建设、商业、财政、劳动、教育、人口等指标；第二阶段为70年代中期，1974年布置全部城市的国民经济基本情况卡片，大部分为工业生产指标；第三阶段从70年代末到80年代初，1979年，初步形成了全国统一的制度，充实了指标内容；第四阶段为80年代初至今，将国民经济基本情况卡片改为城市基本情况统计年报，并正式纳入国家统计制度。1988年以前，城市基本情况统计工作由国家统计局综合司负责。1988年，城市基本情况统计全部工作划归城市调查总队，“城市抽样调查队”改名为“城市社会经济调查队”。现改为“城市社会经济调查司”。

目前，城市基本情况统计包括城市人口、就业、资源，经济发展，社会发展，环境与基础设施建设等方面内容，共有二百六十多个指标。具体包括行政区划、人口、劳动力及土地资源；综合经济；工业；交通运输、邮电通信、能源电力；贸易、外经、旅游；固定资产投资；教育、科技、文化、卫生；人民生活、社会保障；交通、社会治安；市政公用事业环境保护等十一大类别，指标统计范围涵盖全国287个地级及以上城市。

除了统计范围不断扩充以外，数据上报方式也发生了较大变化。建立之初，城市基本情况统计的数据主要采用手工填报。国家统计局将印制好的统计报表下发到全国各地统计部门，由当地工作人员将表格手工填写好后寄回国家统计局，进行手工审核汇总。这一过程耗时长，需要花费大量的人力物力财力。随着计算机的普及应用，城市基本情况统计数据汇总手段也日益趋于现代化，现在城市基本情况统计数据上报采用网上直报方式。各市将年报数据核实无误后上报网上国家直报数据库中，各省在网上对各市数据进行审核、把关、确认，最终城市司对数据进行再审核、汇总和撰写分析研究报告。这一上报方式的变化，大大缩短了数据上报时间，减轻了上报人员工作量，提高了数据的准确性。

二、城市基本情况统计成绩斐然

五十年来，城市基本情况统计工作取得了不少成果，不但为各级政府制定城市发展政策法规提供重要参考，为社会各界了解分析城市发展现状提供重要依据，同时也发表了一系列具有广泛影响力的年度报告、专题分析报告和书籍，并形成了自己的品牌产品。

《中国城市统计年鉴》是城市基本情况统计的主要产品之一。《中国城市统计年鉴》是全面反映中国城市经济和社会发展情况的资料性年刊。收录了全国全部建制城市（含地级及以上城市和县级城市）年度社会经济发展和城市建设等各方面的统计数据。该年鉴已成为各级政府管理部门、城市规划设计部门、城市社会经济研究机构、市政建设及房地产机构、各种中介服务及信息咨询机构等单位的工作者及各大专院校师生的重要研究参考资料，也是境外投资者、工商界人士及关心中国城市发展的人士的重要参考资料。

“城市综合实力评价”是在社会上具有广泛影响的年度专题报告。该报告以城市统计指标为依据，通过测评比较城市在经济、社会、基础设施、环境、科技、文教等各个领域的发展情况，评估城市实力，比较差异和分布，按照各城市所得分值进行排名，并向社会公布前百强城市名单。通过正确评估城市的综合实力，比较城

市之间的实力差异，有助于各城市认识自我，促进城市间的优势互补和良性竞争，有利于城市全面协调发展、加速现代化进程。

“城市投资环境评价”考量城市的投资硬环境，分析城市经济社会硬指标对投资环境的影响。通过对城市区域和自然环境、经济环境、市场环境、人力资源环境、基础设施环境、社会服务环境、社会安全环境七个方面五十项基本指标的考量，评出投资环境前百强城市。城市投资环境评价研究报告为国内外投资者全面把握和认识各区域和城市的投资环境状况做出正确的投资决策，选择理想的最佳投资地提供参考依据；为各地政府部门科学地评估、比较区域和城市投资环境的现状及变化，全面客观地把握未来投资环境的发展态势，积极有效地营造符合国际惯例的优质、高效的投资环境提供重要参考和思路。

三、城市基本情况统计任重道远

城市基本情况统计对考量城市社会经济发展情况起到了至关重要的作用。随着社会的发展，城市基本情况统计工作有待进一步完善，以更好为城市发展服务。今后，城市基本情况统计应加强以下几方面工作:

1、根据社会发展需要，修订完善指标体系

当今城市正经历日新月异的变化，社会经济高速发展，社会对城市信息的要求程度越来越高，需求量增大，更新频率加快。根据社会需求的变化，城市基本情况统计指标体系必须适时进行调整，以能够为社会提供最新、最科学、最权威的数据。

2、规范城市统计工作管理，不断提高数据质量

随着城市化进程加快，如何树立城市形象，打造城市品牌，提高城市知名度，把城市做大做强成为各级政府关注的热点，对搞好城市基本情况统计工作提出了更高的要求。保证数据质量是根本，不仅要做到不进假数，不出假数，还要从源头数据质量抓起，逐层审核把关，减少数据误差和错误。不断健全数据质量考核评比机制，提高数据质量。

3、强化服务意识，不断提高分析研究水平。

城市基本情况统计不仅要真实地反映城市经济、人口、资源、环境等方面的基本情况，还要强化服务意识，提高分析研究水平，紧紧抓住各级党和政府的经济社会发展思路主题，充分利城市统计具有反映城市的基础功能、城市发展规划、城市集聚带动作用、城市形象环境、城市社情民意的优势，根据所掌握的资料写出更多的有份量的分析，为党和政府科学决策提供参考依据，为城市经济社会全面发展提供信息服务。

回首过去，城市基本情况统计工作成果卓著；展望未来，城市基本情况统计工作任重道远。随着城市化的加速发展，更全面、更科学、更准确地反映城市发展现状，展示城市建设成果，成为城市基本情况统计工作当前和未来的首要任务。

（执笔人：国家统计局城市司　赵惠云　安冰洁）

3. 中国城市统计指标及其应用

一、城市统计指标统计内容

城市统计指标体系是国家统计指标体系的一部分，也是全国唯一的以城市作为基本单位实行块块统计的指标体系。城市统计年报工作是国家统计局统计工作的重要组成部分，直接为各级党政部门统筹城乡经济社会发展决策服务。

目前，城市统计指标包括城市人口、就业、资源；经济发展；社会发展；环境与基础设施建设等方面内容，共有260多个指标。具体包括行政区划、人口、劳动力及土地资源；综合经济；工业；交通运输、邮电通信、能源电力；贸易、外经、旅游；固定资产投资；教育、科技、文化、卫生；人民生活、社会保障；交通、社会治安；市政公用事业环境保护等十一大类别。指标涵盖全国287个地级及以上城市，分“全市”、“市区”两个范围。数据采用网上直报方式。

国家统计局城市司城市处负责城市统计指标的制定和修改，制定《城市社会经济基本情况统计报表制度》，经审批后，由国家统计局发文布置到各省（区、直辖市）统计局或调查队。由各省（区）布置到各市。各省负责省内各城市资料的整理、再审核，通过网上直报程序上报国家统计局城市司。城市司审核把关，完成数据汇总、撰写分析研究报告，最终编制《中国城市统计年鉴》向社会发布。

二、城市统计指标应用

目前，城市统计指标已经应用于城市综合实力评价和投资环境评价等方面。

城市综合实力评价以城市统计指标为依据，通过测评比较，评估城市实力，比较差异和分布。评价主要分以下几个步骤：1、确定综合实力比较指标体系。这是综合实力评价的基础和依据。2、搜集整理各城市数据并对不同计量单位的指标进行同度量处理和同向性处理，以消除量纲影响，使所有指标数值大小与价值判断同向化。3、确定指标权重。由于参评指标的重要性不同，因此要根据各指标的重要性大小对其进行加权处理。4、对处理后的指标值进行汇总，计算综合实力比较分值。5、根据综合实力比较分值对各城市进行排序分析。

整个指标体系分四个层次：最上层是城市综合实力指数，即为各城市综合实力的最终计量研究结果，也是综合评价的首要目标层。其次是将城市综合实力分解成“人口与劳动力发展”、“经济发展”、“社会发展”、“基础设施”和“生态环境建设和保护”5个子系统。第三层分别对上述5个子系统进一步分解，在规模、结构、增长速度、（生产和管理）效益、效果、能力及水平方面形成评价指标体系的二级子系统。最底部的一层即为一系列统计指标。

投资环境评价考量城市的投资硬环境，分析城市经济社会硬指标对投资环境的影响。采用主成分分析法，对各城市的投资环境（硬环境）综合评价指数进行测评，最终对城市投资环境进行排序。

城市投资环境评价指标体系分为三级系统。一级子系统包括7项内容，即区域和自然环境、经济环境、市场环境、人力资源环境、基础设施环境、社会服务环境、综合安全环境；二级子系统有23项，包括区位条件、绿化水平、生态保护、产业结构、赢利能力、金融环境、经济开放程度、政府作用、市场规模、市场潜力、就业人口规模、教育状况、科技水平、劳动力成本、交通、运输、供水、信息化程度、医疗服务、教育服务、商业服务、就业安全、治安环境；三级子系统有50项基础性指标。

三、编制城市综合比较指数存在的问题

由于受到指标来源限制，受指标代表性、权数、缺值、奇异值影响，城市综合比较指数的客观准确性有待提高。

1、指标来源受限

城市统计指标是根据国家有关部门的统计指标收集整理而成，受各部门统计指标报表的限制，在统计方法、统计范围和统计口径上还不能完全符合和适应城市社会经济发展的现状。编制城市综合比较指数时，根据可用性原则，尽可能选用现有的城市统计指标，因此，选取指标范围受到一定限制。

2、指标代表性

受指标来源限制，有些代表性强、更能反映城市发展现状的指标无法获得，影响评价结果的准确性。

3、权数问题

编制城市综合评价指数时，通过多个指标的单项评价结果加权汇总对城市进行评分。一般采用专家评判法确定权数，即通过专家给定指标体系中各部分的重要性判断，运用AHP方法，计算每个指标的权重，把计算结果反馈给各位专家，征求专家修订意见，直到获得比较一致的结果为止。这一方法存在主观性，可能影响评价结果的客观准确性。

4、缺值及奇异值处理

城市统计指标体系包含指标较多，数据量较大，不可避免地存在缺失数据。对于个别指标数据缺失情况，一般采用上年数据乘以调整系数（发展速度）予以补充，或者用全市口径数据折算。对于统计数据中的奇异值，采用阈值予以修正。

四、城市统计指标的发展方向

城市统计指标有待进一步开发利用，以更好为城市发展服务。今后，可以将城市统计指标应用于以下方面:

1、制定城市发展规划

城市统计指标不仅反映城市经济发展情况，也反映城市社会、资源环境、基础设施建设等发展情况，不仅体现城市发展速度，也能体现城市发展质量。各城市可根据城市统计指标反映出的城市发展现状和规律，制定适合城市发展的长远战略规划。

2、制定区域发展战略

随着城市化的快速推进，城市辐射带动作用增强，城市群、都市圈成为城市发展新趋势。城市统计指标统计范围涵盖全国全部地级及以上城市，各省、市可通过比较分析城市发展特点，制定区域发展规划，实现省内城市之间或跨省城市之间的合作发展。

3、开展国际城市比较

通过国际间城市的比较，可以了解城市在国际竞争中的实力和地位，借鉴其他城市发展经验，加快城市发展步伐。今后，城市统计指标应进一步与国际接轨，调整、纳入更多可以进行横向国际比较指标，为国际间城市比较提供参考。

（执笔人：国家统计局城市司　陈小龙　安冰洁）

1-1 城市行政区划和区域分布

地区	城市合计	按行政级别分组			
		直辖市	副省级市	地级市	县级市
全国总计	**654**	**4**	**15**	**268**	**367**
北京	1	1			
天津	1	1			
河北	33			11	22
山西	22			11	11
内蒙	20			9	11
辽宁	31		2	12	17
吉林	28		1	7	20
黑龙江	30		1	11	18
上海	1	1			
江苏	39		1	12	26
浙江	33		2	9	22
安徽	22			17	5
福建	23		1	8	14
江西	21			11	10
山东	48		2	15	31
河南	38			17	21
湖北	36		1	11	24
湖南	29			13	16
广东	44		2	19	23
广西	21			14	7
海南	8			2	6
重庆	1	1			
四川	32		1	17	14
贵州	13			4	9
云南	17			8	9
西藏	2			1	1
陕西	13		1	9	3
甘肃	16			12	4
青海	3			1	2
宁夏	7			5	2
新疆	21			2	19

1-2 分地区城市情况一览表

省级单位	地级及以上城市	下辖的县级城市	省级单位	地级及以上城市	下辖的县级城市
北京			**内蒙古**	呼和浩特	
天津				包头	
河北	石家庄	辛集		乌海	
		藁城		赤峰	
		晋州		通辽	霍林郭勒
		新乐		呼伦贝尔	满洲里
		鹿泉			扎兰屯
	唐山	遵化			牙克石
		迁安			根河
	秦皇岛				额尔古纳
	邯郸	武安		鄂尔多斯	
	邢台	南宫		乌兰察布	丰镇
		沙河		巴彦淖尔	
	保定	定州			(二连浩特)
		涿州			(乌兰浩特)
		安国			(锡林浩特)
		高碑店			(阿尔山)
	张家口		**辽宁**	沈阳	新民
	承德			大连	瓦房店
	沧州	任丘			普兰店
		泊头			庄河
		黄骅		鞍山	海城
		河间		抚顺	
	廊坊	霸州		本溪	
		三河		丹东	东港
	衡水	冀州			凤城
		深州		锦州	凌海
山西	太原	古交			北镇
	大同			营口	大石桥
	阳泉				盖州
	长治	潞城		阜新	
	晋城	高平		辽阳	灯塔
	朔州			盘锦	
	晋中	介休		铁岭	调兵山
	忻州	原平			开原
	临汾	侯马		朝阳	北票
		霍州			凌源
	运城	永济		葫芦岛	兴城
		河津	**吉林**	长春	九台
	吕梁	孝义			榆树
		汾阳			德惠

1-2 续表 1

省级单位	地级及以上城市	下辖的县级城市	省级单位	地级及以上城市	下辖的县级城市
	吉林	桦甸	**上海**		
		蛟河	**江苏**	南京	
		舒兰		无锡	江阴
		磐石			宜兴
	四平	公主岭		徐州	新沂
		双辽			邳州
	辽源			常州	溧阳
	通化	梅河口			金坛
		集安		苏州	常熟
	白山	临江			张家港
	白城	洮南			昆山
		大安			吴江
	松原				太仓
		(延吉)		南通	启东
		(图们)			如皋
		(敦化)			
		(珲春)			海门
		(龙井)		连云港	
		(和龙)		淮安	
黑龙江	哈尔滨	尚志		盐城	东台
		双城			大丰
		五常		扬州	仪征
	齐齐哈尔	讷河			高邮
	鸡西	密山			江都
		虎林		镇江	丹阳
	鹤岗				扬中
	双鸭山				句容
	大庆			泰州	兴化
	伊春	铁力			泰兴
	佳木斯	同江			靖江
		富锦			姜堰
	七台河			宿迁	
	牡丹江	绥芬河	**浙江**	杭州	建德
		海林			临安
		宁安			富阳
		穆棱		宁波	余姚
	黑河	北安			慈溪
		五大连池			奉化
	绥化	安达		温州	瑞安
		肇东			乐清
		海伦		嘉兴	海宁

1-2 续表 2

省级单位	地级及以上城市	下辖的县级城市	省级单位	地级及以上城市	下辖的县级城市
		平湖		南平	邵武
		桐乡			武夷山
	湖州				建瓯
	绍兴	诸暨			建阳
		上虞		龙岩	漳平
		嵊州		宁德	福安
	金华	兰溪			福鼎
		义乌	江西	南昌	
		东阳		景德镇	乐平
		永康		萍乡	
	衢州	江山		九江	瑞昌
	舟山			新余	
	台州	临海		鹰潭	贵溪
		温岭		赣州	瑞金
	丽水	龙泉			南康
安徽	合肥			上饶	德兴
	芜湖			抚州	
	蚌埠			吉安	井冈山
	淮南			宜春	樟树
	马鞍山				丰城
	淮北				高安
	铜陵		山东	济南	章丘
	安庆	桐城		青岛	胶州
	黄山				即墨
	阜阳	界首			平度
	亳州				胶南
	宿州				莱西
	滁州	天长		淄博	
		明光		枣庄	滕州
	六安			东营	
	巢湖			烟台	龙口
	池州				莱阳
	宣城	宁国			莱州
福建	福州	福清			蓬莱
		长乐			招远
	厦门				栖霞
	莆田				海阳
	三明	永安		潍坊	青州
	泉州	石狮			诸城
		晋江			寿光
		南安			高密
	漳州	龙海			昌邑

1-2 续表 3

省级单位	地级及以上城市	下辖的县级城市	省级单位	地级及以上城市	下辖的县级城市
		安丘		驻马店	
	济宁	曲阜			(济源)
		兖州	湖北	武汉	
		邹城		黄石	大冶
	泰安	新泰		十堰	丹江口
		肥城		荆州	石首
	德州	乐陵			洪湖
		禹城			松滋
	威海	文登		宜昌	宜都
		荣成			当阳
		乳山			枝江
	聊城	临清		襄樊	老河口
	临沂				枣阳
	莱芜				宜城
	日照			鄂州	
	菏泽			荆门	钟祥
	滨州			孝感	应城
河南	郑州	巩义			安陆
		新密			汉川
		荥阳			
		新郑		黄冈	麻城
		登封			武穴
	开封			咸宁	赤壁
	洛阳	偃师			
	平顶山	汝州		随州	广水
		舞钢			(利川)
	安阳	林州			(恩施)
	鹤壁				(仙桃)
	新乡	辉县			(天门)
		卫辉			(潜江)
	焦作	沁阳	湖南	长沙	浏阳
		孟州		株洲	醴陵
	濮阳			湘潭	湘乡
	许昌	禹州			韶山
		长葛		衡阳	耒阳
	漯河				常宁
	三门峡	义马		邵阳	武冈
		灵宝		岳阳	汨罗
	商丘	永城			临湘
	南阳	邓州		益阳	沅江
	信阳			常德	津市
	周口	项城		郴州	资兴

1-2 续表 4

省级单位	地级及以上城市	下辖的县级城市
	永州	
	怀化	洪江
	张家界	
	娄底	冷水江
		涟源
		(吉首)
广东	广州	增城
		从化
	韶关	乐昌
		南雄
	深圳	
	珠海	
	汕头	
	佛山	
	江门	台山
		鹤山
		开平
		恩平
	湛江	廉江
		雷州
		吴川
	惠州	
	茂名	高州
		化州
		信宜
	肇庆	高要
		四会
	潮州	
	梅州	兴宁
	中山	
	东莞	
	汕尾	陆丰
	河源	
	阳江	阳春
	清远	连州
		英德
	揭阳	普宁
	云浮	罗定
广西	南宁	
	柳州	
	桂林	
	梧州	岑溪

省级单位	地级及以上城市	下辖的县级城市
	北海	
	防城港	东兴
	钦州	
	玉林	北流
	贵港	桂平
	百色	
	来宾	合山
	崇左	凭祥
	贺州	
	河池	宜州
海南	海口	
	三亚	
		(五指山)
		(琼海)
		(儋州)
		(文昌)
		(万宁)
		(东方)
重庆		
四川	成都	都江堰
		彭州
		邛崃
		崇州
	自贡	
	攀枝花	
	泸州	
	德阳	广汉
		什邡
		绵竹
	绵阳	江油
	广元	
	遂宁	
	内江	
	资阳	简阳
	乐山	峨眉山
	宜宾	
	南充	阆中
	达州	万源
	广安	华蓥
	雅安	
	眉山	
	巴中	

1-2 续表 5

省级单位	地级及以上城市	下辖的县级城市	省级单位	地级及以上城市	下辖的县级城市
		(西昌)		金昌	
贵州	贵阳	清镇		白银	
	六盘水			天水	
	遵义	赤水		武威	
		仁怀		张掖	
	安顺			平凉	
		(凯里)		酒泉	玉门
		(铜仁)			敦煌
		(兴义)		庆阳	
		(毕节)			(临夏)
		(福泉)			(合作)
		(都匀)		定西	
云南	昆明	安宁		陇南	
	玉溪		**青海**	西宁	
	曲靖	宣威			(格尔木)
	昭通				(德令哈)
	丽江		**宁夏**	银川	(灵武)
	保山			石嘴山	
	普洱			吴忠	(青铜峡)
	临沧			固原	
		(大理)		中卫	
		(楚雄)	**新疆**	乌鲁木齐	
		(潞西)		克拉玛依	
		(瑞丽)			(石河子)
		(开远)			(吐鲁番)
		(个旧)			(哈密)
		(景洪)			(昌吉)
西藏	拉萨				(奎屯)
		(日喀则)			(伊宁)
陕西	西安				(塔城)
	铜川				(阿勒泰)
	宝鸡				(博乐)
	咸阳	兴平			(库尔勒)
	延安				(阿克苏)
	汉中				(阿图什)
	渭南	韩城			(喀什)
		华阴			(和田)
	榆林				(阜康)
	商洛				(乌苏)
	安康				(阿拉尔)
甘肃	兰州				(图木舒克)
	嘉峪关				(五家渠)

注：加括号的城市为省或地区直辖县级市

二、2009 年地级及以上城市统计资料

2-1 人　口

城　市	年末总人口(万人)		年平均人口(万人)		自然增长率(‰)	
	全市	市辖区	全市	市辖区	全市	市辖区
城市合计	**123376.32**	**38149.31**	**123266.25**	**38575.56**	**5.97**	**4.73**
北京市	**1245.83**	**1174.63**	**1235.65**	**1164.51**	**3.75**	**3.91**
天津市	**979.84**	**802.90**	**974.36**	**798.38**	**3.96**	**3.14**
河北省	**7216.55**	**1257.12**	**7011.64**	**1261.07**	**9.27**	**5.75**
石家庄市	977.41	242.78	986.36	245.34	9.29	6.28
唐山市	733.90	307.00	745.02	311.33	4.45	3.76
秦皇岛市	287.24	82.63	296.77	94.56	3.08	3.83
邯郸市	942.77	147.40	884.72	136.59	11.47	6.03
邢台市	718.63	61.48	696.11	60.60	13.46	7.50
保定市	1155.28	106.25	1097.01	104.81	13.02	7.38
张家口市	462.31	89.65	422.38	92.19	6.18	4.07
承德市	371.91	54.51	342.44	52.60	7.44	6.93
沧州市	717.50	53.29	700.36	50.16	8.62	6.51
廊坊市	413.33	81.03	411.23	81.50	7.86	9.19
衡水市	436.27	31.10	429.24	31.39	7.02	8.47
山西省	**3463.18**	**965.18**	**3428.82**	**957.88**	**8.49**	**7.32**
太原市	365.12	285.16	362.67	283.00	7.39	6.42
大同市	315.60	154.69	313.80	153.91	10.90	6.84
阳泉市	130.27	68.76	129.81	68.39	4.08	3.35
长治市	329.63	69.80	328.52	69.65	7.57	7.04
晋城市	216.53	34.30	215.88	33.94	3.83	8.96
朔州市	157.37	64.09	156.27	63.65	11.53	11.55
晋中市	320.00	58.88	319.00	58.59	6.36	6.03
运城市	503.62	65.89	501.51	65.82	8.63	7.65
忻州市	306.91	52.86	305.09	52.95	8.00	7.69
临汾市	437.04	83.30	434.48	82.77	10.19	9.19
吕梁市	381.09	27.45	361.79	25.21	11.31	13.81
内蒙古自治区	**2157.33**	**642.27**	**2141.48**	**638.41**	**5.18**	**4.71**
呼和浩特市	227.37	118.79	225.83	117.75	7.09	6.06
包头市	219.59	141.48	218.68	140.97	4.03	2.78
乌海市	48.06	48.06	47.10	47.10	4.16	4.16
赤峰市	459.19	121.44	457.84	120.87	4.90	5.93
通辽市	318.86	76.30	308.67	76.12	5.07	6.58
鄂尔多斯市	149.48	25.31	148.09	25.07	10.42	9.09
呼伦贝尔市	271.76	26.92	272.12	26.74	1.36	0.85
巴彦淖尔市	173.30	53.60	173.52	53.50	2.54	1.28
乌兰察布市	289.72	30.37	289.63	30.29	7.73	5.62

2-1 续表 1

城市	年末总人口(万人)		年平均人口(万人)		自然增长率(‰)	
	全市	市辖区	全市	市辖区	全市	市辖区
辽宁省	**4256.01**	**1872.24**	**4251.02**	**1866.50**	**0.73**	**-0.08**
沈阳市	716.55	512.23	715.03	510.63	0.17	-0.22
大连市	584.80	302.01	584.09	300.16	-3.31	0.81
鞍山市	352.03	147.24	351.72	147.29	1.04	-2.41
抚顺市	222.61	139.05	222.90	139.32	-0.90	-2.74
本溪市	155.46	95.54	155.56	95.64	-0.36	-2.06
丹东市	242.64	78.93	242.67	77.90	-0.36	-1.92
锦州市	310.19	93.38	310.19	93.12	0.58	0.07
营口市	235.04	89.28	234.42	88.80	3.06	2.53
阜新市	192.27	77.59	192.37	77.74	0.95	-1.72
辽阳市	183.48	72.70	183.44	72.66	1.16	0.13
盘锦市	130.01	60.62	129.59	60.35	2.84	3.42
铁岭市	306.06	44.69	306.00	44.64	1.70	0.55
朝阳市	342.60	59.80	341.70	59.50	4.50	2.83
葫芦岛市	282.27	99.18	281.34	98.75	4.18	3.03
吉林省	**2504.85**	**866.54**	**2496.76**	**863.63**	**4.27**	**2.80**
长春市	756.50	362.32	754.51	361.60	5.34	3.38
吉林市	437.42	185.07	433.88	183.29	3.02	1.64
四平市	339.12	60.95	338.34	60.92	4.65	3.64
辽源市	123.78	47.79	123.56	47.76	2.29	1.39
通化市	226.81	44.93	226.99	45.10	1.50	0.12
白山市	129.72	59.33	129.71	59.32	2.35	2.02
松原市	288.33	55.26	286.72	54.76	7.34	6.45
白城市	203.17	50.89	203.05	50.88	3.58	2.57
黑龙江省	**3791.53**	**1362.25**	**3782.33**	**1359.51**	**3.86**	**1.19**
哈尔滨市	991.60	474.70	990.70	474.90	4.12	1.39
齐齐哈尔市	571.56	141.99	570.40	141.88	5.11	-0.86
鸡西市	190.71	88.11	190.71	88.11	1.26	0.27
鹤岗市	109.41	67.87	109.41	67.91	-0.19	-0.96
双鸭山市	150.81	50.18	150.63	50.13		-0.64
大庆市	280.17	132.53	276.72	130.57	6.15	3.46
伊春市	127.31	81.03	127.47	81.06	-1.34	-2.58
佳木斯市	252.26	81.49	251.95	81.95	4.26	1.48
七台河市	92.77	55.32	91.49	54.39	6.29	5.33
牡丹江市	270.57	79.91	270.23	79.65	1.99	0.06
黑河市	174.21	19.21	173.94	19.15	2.67	1.51
绥化市	580.15	89.91	578.68	89.81	5.52	5.17
上海市	**1400.70**	**1331.68**	**1395.87**	**1326.69**	**-1.02**	**-0.87**
江苏省	**7419.23**	**2641.52**	**7403.95**	**2642.17**	**1.85**	**2.75**
南京市	629.77	545.97	627.12	543.61	2.17	2.08
无锡市	465.65	238.12	464.93	237.77	0.25	0.61
徐州市	957.61	186.22	952.24	185.31	1.30	4.49

2-1 续表 2

城 市	年末总人口(万人)		年平均人口(万人)		自然增长率(‰)	
	全市	市辖区	全市	市辖区	全市	市辖区
常州市	359.82	226.67	359.28	226.27	-0.40	0.46
苏州市	633.29	240.21	631.52	239.21	1.30	3.50
南通市	762.66	211.54	763.19	211.65	-1.51	-1.13
连云港市	490.64	88.69	489.44	84.78	4.88	7.68
淮安市	534.16	274.52	535.54	276.23	2.12	3.55
盐城市	812.37	162.55	812.04	162.21	3.11	5.01
扬州市	458.80	121.99	459.29	121.88	-1.68	0.80
镇江市	269.88	103.45	269.33	103.13	0.88	2.89
泰州市	503.98	82.07	502.44	91.36	2.04	1.19
宿迁市	540.60	159.52	537.59	158.76	9.15	9.29
浙江省	**4716.19**	**1489.39**	**4702.01**	**1484.23**	**3.45**	**3.10**
杭州市	683.38	429.44	680.51	426.87	3.41	4.22
宁波市	571.02	221.83	569.55	220.98	1.90	2.40
温州市	779.11	144.77	775.55	144.30	7.99	6.17
嘉兴市	339.60	83.12	338.83	82.84	-0.12	0.35
湖州市	259.17	108.56	258.83	108.54	0.16	-0.75
绍兴市	437.74	64.90	437.40	64.90	-0.23	0.17
金华市	463.68	92.70	462.54	92.54	3.11	3.01
衢州市	249.86	82.18	249.36	82.01	2.88	2.80
舟山市	96.77	69.66	96.77	69.62	-1.03	-0.18
台州市	578.47	153.77	576.26	153.26	5.55	4.43
丽水市	257.39	38.46	256.41	38.37	5.73	6.40
安徽省	**6794.52**	**1951.24**	**6767.73**	**1937.73**	**6.26**	**7.20**
合肥市	491.43	208.58	489.08	206.03	6.92	5.11
芜湖市	230.10	104.92	230.45	105.25	1.05	1.31
蚌埠市	360.64	92.52	359.48	92.51	8.20	5.17
淮南市	242.52	180.77	241.70	180.29	8.45	8.64
马鞍山市	128.61	63.61	128.36	63.35	2.54	2.65
淮北市	217.74	109.02	216.76	108.70	10.75	8.39
铜陵市	73.99	44.95	73.94	44.52	2.68	2.61
安庆市	615.88	73.96	614.89	74.11	4.06	2.59
黄山市	148.60	46.66	148.48	43.57	2.82	2.57
滁州市	450.25	53.24	448.83	53.04	5.75	5.02
阜阳市	1000.50	204.23	994.14	202.66	9.29	14.28
宿州市	635.19	183.90	630.63	182.25	8.84	9.71
巢湖市	458.60	88.64	457.70	88.20	4.53	2.54
六安市	705.89	185.15	703.77	184.64	6.27	9.21
亳州市	596.93	159.52	592.85	157.53	4.20	9.39
池州市	159.88	65.81	159.40	65.63	5.34	5.92
宣城市	277.77	85.76	277.27	85.45	2.61	5.89

2-1 续表 3

城　市	年末总人口(万人)		年平均人口(万人)		自然增长率(‰)	
	全市	市辖区	全市	市辖区	全市	市辖区
福建省	**3497.61**	**903.96**	**3695.07**	**937.60**	**6.12**	**6.75**
福州市	637.92	187.33	636.93	187.01	5.90	3.33
厦门市	177.00	177.00	175.33	175.33	8.23	8.23
莆田市	319.61	212.98	318.13	211.95	8.74	9.76
三明市	271.06	28.36	270.06	27.37	3.58	3.50
泉州市	680.85	102.94	887.15	140.68	5.52	6.83
漳州市	471.77	55.01	470.51	54.79	5.67	5.56
南平市	310.10	49.27	309.12	49.21	7.41	4.27
龙岩市	293.35	47.81	292.35	47.73	6.76	7.00
宁德市	335.95	43.26	335.49	43.53	5.06	6.66
江西省	**4643.36**	**904.57**	**4607.75**	**895.63**	**9.64**	**7.53**
南昌市	497.33	222.50	496.03	222.79	7.40	4.39
景德镇市	160.22	45.79	159.23	45.69	14.48	8.66
萍乡市	186.93	84.97	186.35	84.79	7.33	5.53
九江市	491.03	63.80	487.85	62.12	10.44	6.24
新余市	124.61	92.24	123.91	91.70	8.96	9.67
鹰潭市	119.82	22.23	117.03	20.63	13.14	8.86
赣州市	896.99	64.57	892.97	64.17	9.30	7.69
吉安市	489.10	53.66	487.18	53.50	8.95	7.94
宜春市	549.92	104.22	545.73	103.73	8.83	12.05
抚州市	399.14	111.11	389.16	107.27	7.62	7.57
上饶市	728.27	39.48	722.31	39.24	12.31	11.68
山东省	**9449.45**	**2739.20**	**9310.33**	**2728.14**	**4.84**	**4.21**
济南市	603.27	348.24	603.63	349.24	2.62	3.07
青岛市	762.92	275.47	762.24	275.86	1.52	2.59
淄博市	421.41	278.77	421.01	278.47	0.84	0.81
枣庄市	386.79	219.59	385.02	219.49	8.04	9.12
东营市	184.59	83.28	184.28	83.21	3.15	4.15
烟台市	652.00	179.24	651.85	179.32	-0.58	2.87
潍坊市	867.85	181.25	865.17	176.68	3.79	4.99
济宁市	831.31	119.61	827.03	114.74	8.75	7.15
泰安市	555.83	159.25	555.28	159.66	2.46	1.37
威海市	252.97	64.54	252.60	64.24	-1.17	4.87
日照市	285.76	122.83	285.15	122.63	4.22	3.65
莱芜市	126.38	126.38	126.17	126.17	0.68	0.68
临沂市	1041.54	199.46	1038.00	198.58	4.94	6.20
德州市	569.01	63.44	566.60	63.13	7.07	5.49
聊城市	590.89	105.02	587.90	104.74	6.55	5.64
滨州市	377.49	63.23	376.59	63.20	3.43	2.36
菏泽市	939.44	149.60	821.81	148.78	12.90	10.13

2-1 续表 4

城　　市	年末总人口(万人)		年平均人口(万人)		自然增长率(‰)	
	全市	市辖区	全市	市辖区	全市	市辖区
河南省	**10595.24**	**1885.56**	**10521.33**	**1868.60**	**8.26**	**7.85**
郑州市	731.47	285.01	725.54	280.88	7.41	8.19
开封市	527.14	85.38	522.81	85.09	11.36	5.16
洛阳市	694.89	160.07	690.69	159.21	8.21	5.88
平顶山市	532.36	101.86	528.15	101.28	11.05	7.05
安阳市	573.16	107.53	570.26	107.14	7.72	7.88
鹤壁市	159.79	60.97	158.77	58.35	8.87	11.35
新乡市	597.25	101.40	593.41	101.04	5.37	5.22
焦作市	364.86	83.52	363.06	83.20	5.80	5.85
濮阳市	404.22	67.14	400.23	66.55	9.48	8.08
许昌市	485.21	41.17	482.08	40.99	6.43	6.74
漯河市	276.07	139.17	274.47	138.21	7.24	6.92
三门峡市	229.56	29.20	228.63	29.10	6.46	5.38
南阳市	1167.51	185.32	1157.56	183.77	14.49	14.01
商丘市	910.87	173.20	905.99	171.71	5.62	4.67
信阳市	860.99	145.75	853.10	144.66	10.30	9.67
周口市	1206.76	52.73	1197.42	52.30	6.08	6.89
驻马店市	873.13	66.14	869.16	65.12	5.40	10.44
湖北省	**5324.66**	**1535.92**	**5301.88**	**1517.98**	**5.19**	**4.12**
武汉市	835.55	514.97	834.39	514.60	3.77	2.51
黄石市	258.56	71.54	257.94	71.66	5.36	1.06
十堰市	353.22	52.78	352.12	47.86	8.40	5.57
宜昌市	401.37	124.79	401.10	124.61	-0.18	1.45
襄樊市	588.88	221.75	586.63	220.64	6.03	7.39
鄂州市	107.24	107.24	103.40	103.40	3.03	3.03
荆门市	301.05	67.92	300.58	67.52	3.76	5.28
孝感市	528.73	96.82	526.89	93.54	8.40	6.60
荆州市	662.05	116.85	655.09	113.20	1.86	3.54
黄冈市	739.61	36.80	737.38	36.74	7.42	5.18
咸宁市	290.63	59.78	289.42	59.65	8.23	7.25
随州市	257.77	64.68	256.94	64.56	6.42	7.44
湖南省	**6634.71**	**1267.02**	**6609.17**	**1258.53**	**5.13**	**5.68**
长沙市	651.59	240.95	648.37	239.64	5.34	5.40
株洲市	382.80	100.21	381.98	99.00	6.80	4.91
湘潭市	295.26	87.75	294.63	87.78	3.55	1.06
衡阳市	739.80	104.27	735.50	103.70	4.74	4.64
邵阳市	764.14	67.30	759.12	66.93	5.71	5.47
岳阳市	558.68	87.51	555.11	84.41	6.26	9.65
常德市	616.69	140.56	615.43	140.39	1.34	1.14
张家界市	165.27	49.88	164.61	49.68	7.93	7.42

2-1 续表 5

城市	年末总人口(万人)		年平均人口(万人)		自然增长率(‰)	
	全市	市辖区	全市	市辖区	全市	市辖区
益阳市	470.55	132.73	469.11	132.19	3.54	4.92
郴州市	473.86	66.62	472.43	66.47	6.25	6.17
永州市	586.66	109.59	586.66	109.27	6.12	8.80
怀化市	508.88	34.78	506.75	34.53	7.47	10.93
娄底市	420.53	44.87	419.47	44.54	3.31	15.10
广东省	**8365.98**	**3274.33**	**8898.35**	**3887.05**	**7.88**	**6.61**
广州市	794.62	654.68	789.39	650.25	4.25	4.04
韶关市	325.54	92.09	325.54	92.09	5.49	5.57
深圳市	245.96	245.96	884.03	884.03	13.17	13.17
珠海市	102.65	102.65	101.07	101.07	6.30	6.30
汕头市	510.73	503.43	508.65	501.36	5.14	5.17
佛山市	367.63	367.63	365.98	365.98	4.70	4.70
江门市	391.52	137.57	390.73	137.08	2.96	3.91
湛江市	763.14	151.81	694.85	147.64	12.88	13.43
茂名市	735.31	130.68	730.49	129.80	10.49	12.53
肇庆市	413.69	53.19	411.99	52.98	7.60	5.93
惠州市	324.36	129.02	321.60	127.49	6.33	6.73
梅州市	507.36	31.49	506.32	31.39	5.44	4.69
汕尾市	340.61	52.45	338.30	52.09	11.84	12.35
河源市	348.98	29.83	347.81	29.79	12.79	10.29
阳江市	275.67	66.81	274.48	66.51	10.92	12.95
清远市	408.82	64.37	407.31	60.01	7.30	8.74
东莞市	178.73	178.73	176.80	176.80	5.16	5.16
中山市	147.86	147.86	147.15	147.15	5.42	5.42
潮州市	257.89	34.97	257.01	34.91	3.42	-1.99
揭阳市	649.11	69.48	644.61	69.20	10.38	5.47
云浮市	275.80	29.63	274.24	29.43	7.23	10.63
广西壮族自治区	**5203.14**	**1343.67**	**5166.97**	**1333.80**	**10.76**	**11.82**
南宁市	697.90	267.14	694.80	265.51	8.15	9.37
柳州市	367.56	103.83	366.23	103.33	6.20	4.99
桂林市	511.63	75.79	509.98	75.86	5.39	5.87
梧州市	316.18	50.06	310.65	49.89	10.32	6.02
北海市	160.18	60.42	158.95	59.86	13.54	14.09
防城港市	86.92	51.86	85.84	51.31	21.66	21.84
钦州市	371.19	134.79	367.85	133.19	17.14	20.74
贵港市	509.69	185.84	505.78	185.04	15.27	10.94
玉林市	653.41	97.81	647.57	96.85	15.98	16.03
百色市	398.57	34.77	395.47	34.53	9.92	10.14
贺州市	223.90	107.17	221.95	105.76	9.42	9.86
河池市	409.55	33.12	407.06	32.78	8.12	8.90
来宾市	254.50	105.27	253.86	104.48	9.37	15.01
崇左市	241.96	35.80	240.98	35.41	6.48	12.67

2-1 续表 6

城　　市	年末总人口(万人)		年平均人口(万人)		自然增长率(‰)	
	全市	市辖区	全市	市辖区	全市	市辖区
海南省	**213.95**	**213.95**	**212.17**	**212.17**	**9.13**	**9.13**
海口市	158.24	158.24	157.03	157.03	8.46	8.46
三亚市	55.71	55.71	55.14	55.14	11.02	11.02
重庆市	**3275.61**	**1542.77**	**3266.33**	**1426.28**	**4.48**	**2.83**
四川省	**8310.28**	**2391.48**	**8279.03**	**2380.08**	**3.97**	**3.58**
成都市	1139.63	520.86	1132.29	515.51	2.51	3.01
自贡市	328.49	150.58	327.03	150.14	10.74	9.49
攀枝花市	111.58	69.20	111.38	69.19	4.33	3.34
泸州市	497.15	145.53	495.27	145.07	8.03	4.58
德阳市	388.40	65.90	387.91	65.77	0.74	1.19
绵阳市	544.65	122.31	542.68	121.38	3.67	3.77
广元市	312.73	93.24	311.55	92.95	4.71	3.35
遂宁市	387.05	150.84	384.75	150.76	3.74	4.50
内江市	425.61	141.73	425.33	141.50	3.88	5.26
乐山市	353.22	115.01	353.38	115.16	0.63	-0.09
南充市	753.51	193.35	751.50	192.93	4.83	3.61
眉山市	348.07	85.50	347.33	85.22	3.10	1.86
宜宾市	534.93	80.03	532.87	79.83	2.59	-0.77
广安市	470.02	126.10	468.01	125.76	6.11	3.59
达州市	657.56	44.21	656.77	42.72	3.24	4.08
雅安市	155.15	35.19	154.85	35.20	4.89	4.83
巴中市	401.18	143.25	399.88	142.78	2.89	3.07
资阳市	501.35	108.65	496.25	108.21	3.98	3.37
贵州省	**1710.78**	**441.74**	**1701.00**	**434.63**	**5.89**	**4.62**
贵阳市	367.08	218.79	365.50	218.11	5.36	4.57
六盘水市	319.35	52.95	316.16	47.39	6.84	6.40
遵义市	750.86	85.30	747.44	84.61	6.85	5.00
安顺市	273.49	84.70	271.90	84.52	2.85	3.23
云南省	**2785.61**	**600.29**	**2778.91**	**686.23**	**9.30**	**5.87**
昆明市	533.99	250.24	531.26	333.30	6.52	4.34
曲靖市	616.22	69.47	612.16	69.19	10.86	4.76
玉溪市	214.36	42.06	213.67	41.86	5.33	4.97
保山市	250.23	89.05	249.22	89.03	5.74	5.92
昭通市	561.04	81.69	555.28	81.12	17.13	10.99
丽江市	120.53	15.33	120.02	15.33	4.54	4.46
思茅市	249.64	21.76	258.40	25.79	5.95	7.93
临沧市	239.60	30.69	238.90	30.61	6.26	7.64

2-1 续表 7

城市	年末总人口(万人)		年平均人口(万人)		自然增长率(‰)	
	全市	市辖区	全市	市辖区	全市	市辖区
西藏自治区	**51.53**	**21.67**			**21.97**	
拉萨市	51.53	21.67			21.97	
陕西省	**3833.79**	**1271.01**	**3814.70**	**1263.99**	**6.58**	**6.76**
西安市	781.67	561.58	776.99	558.15	6.95	6.87
铜川市	85.31	75.72	85.19	75.89	3.35	2.82
宝鸡市	378.78	141.37	378.37	140.26	7.17	5.77
咸阳市	516.38	89.70	513.41	89.38	6.01	7.04
渭南市	556.86	96.80	554.37	96.43	7.15	9.92
延安市	227.51	44.87	225.41	44.54	11.21	10.95
汉中市	381.55	55.26	380.85	54.84	1.86	2.31
榆林市	359.11	50.93	354.62	50.38	11.23	9.36
安康市	303.57	99.89	302.72	99.38	5.57	9.18
商洛市	243.05	54.89	242.77	54.74	2.91	1.83
甘肃省	**2426.31**	**811.60**	**2385.59**	**806.50**	**6.31**	**4.78**
兰州市	323.59	210.47	322.93	210.24	4.33	2.93
嘉峪关市	20.87	20.87	19.90	19.90	3.69	3.69
金昌市	47.57	21.53	47.43	21.47	5.80	5.32
白银市	179.55	49.66	178.81	49.53	9.48	5.78
天水市	359.69	126.06	358.45	125.63	6.90	6.56
武威市	198.93	103.57	198.43	103.21	2.76	4.11
张掖市	130.37	51.87	129.97	51.75	5.72	5.21
平凉市	229.77	49.99	229.00	49.81	6.70	1.14
酒泉市	96.42	40.12	64.72	38.27	5.00	4.64
庆阳市	260.95	35.57	259.02	35.07	8.38	11.23
定西市	299.43	46.73	298.62	46.65	7.15	4.82
陇南市	279.17	55.16	278.31	54.97	6.17	7.11
青海省	**193.94**	**114.13**	**219.14**	**113.17**	**5.74**	**4.40**
西宁市	193.94	114.13	219.14	113.17	5.74	4.40
宁夏回族自治区	**634.07**	**258.25**	**629.30**	**256.07**	**12.55**	**9.10**
银川市	155.55	91.42	153.91	90.13	6.99	6.30
石嘴山市	74.52	45.42	74.28	45.29	5.21	2.60
吴忠市	137.21	38.11	136.45	37.74	17.68	16.79
固原市	150.14	44.06	149.25	43.77	14.26	17.70
中卫市	116.65	39.24	115.41	39.14	16.40	6.00
新疆维吾尔自治区	**280.54**	**271.23**	**277.61**	**268.40**	**4.62**	**4.47**
乌鲁木齐市	241.19	231.88	238.62	229.41	4.83	4.66
克拉玛依市	39.35	39.35	38.99	38.99	3.34	3.34

2-2 劳动力与就业

城市	年末单位从业人员数(万人)		城镇私营和个体从业人员(人)		年末城镇登记失业人员数(人)	
	全市	市辖区	全市	市辖区	全市	市辖区
城市合计	**12051.71**	**7454.22**	**107845916**	**65176252**	**7071021**	**4001108**
北京市	**619.35**	**604.41**	**3933230**	**3784677**	**81550**	**78271**
天津市	**201.65**	**191.91**	**1790600**	**1790600**	**150000**	**150000**
河北省	**503.07**	**256.56**	**3584579**	**852247**	**344865**	**168497**
石家庄市	83.50	52.76	384003	144373	50865	31050
唐山市	81.83	53.99	430503	18292	58178	18203
秦皇岛市	28.64	19.87	179372	135964	18539	6513
邯郸市	54.85	29.09	523600	245035	47495	44182
邢台市	34.40	14.49	327702	69297	20080	10040
保定市	67.50	24.79	336409	23364	42308	8112
张家口市	32.21	15.00	288473	15023	32244	16381
承德市	25.42	10.56	125168	52064	24648	15483
沧州市	43.23	12.39	317300	23044	20916	7372
廊坊市	30.17	14.87	326689	59830	11938	7805
衡水市	21.32	8.75	345360	65961	17654	3356
山西省	**380.73**	**202.35**	**1846163**	**871459**	**153767**	**82089**
太原市	80.33	76.67	377326	350228	43032	39811
大同市	42.07	34.81	185076	132478	23647	14188
阳泉市	22.93	18.45	100464	59267	8870	6751
长治市	35.96	14.38	143382	34878	14260	558
晋城市	26.82	12.86	70120	28928	6970	2721
朔州市	17.26	9.43	163400	100080	6649	4040
晋中市	36.00	9.96	136649	39070	9666	2724
运城市	32.16	6.97	377575	52099	12653	3800
忻州市	22.69	6.54	88916	24059	8200	900
临汾市	35.62	9.19	107151	41184	15000	4676
吕梁市	28.89	3.09	96104	9188	4820	1920
内蒙古自治区	**312.68**	**106.41**	**2293043**	**1327088**	**204199**	**103479**
呼和浩特市	31.59	24.89	379556	263871	26885	20741
包头市	32.92	28.48	733015	632715	41924	36825
乌海市	10.81	10.81	124500	124500	8186	8186
赤峰市	30.07	11.83	226816	114054	24130	11448
通辽市	126.54	8.75	141103	31021	15000	9901
鄂尔多斯市	15.94	5.02	151269	41321	9061	1542
呼伦贝尔市	35.77	4.36	155084	37551	27800	4091
巴彦淖尔市	14.70	6.57	185000	48385	18000	3500
乌兰察布市	14.34	5.70	196700	33670	33213	7245

2-2 续表 1

城市	年末单位从业人员数（万人）		城镇私营和个体从业人员（人）		年末城镇登记失业人员数（人）	
	全市	市辖区	全市	市辖区	全市	市辖区
辽宁省	**502.48**	**380.63**	**5244088**	**3848682**	**416071**	**276691**
沈阳市	105.22	98.68	780724	729557	77492	70396
大连市	93.97	81.48	1465443	1258603	67206	42609
鞍山市	39.75	30.88	252929	118054	31525	21575
抚顺市	26.49	22.52	370890	254228	41339	32823
本溪市	23.53	20.33	132521	112072	30244	23942
丹东市	20.95	13.94	177270	81544	24000	9653
锦州市	23.93	15.32	508642	251772	16658	6652
营口市	18.09	14.17	437076	349115	21639	15191
阜新市	17.17	13.05	222796	173797	18322	16233
辽阳市	16.73	13.00	145499	141690	14718	9915
盘锦市	49.58	27.63	206726	124472	14310	7683
铁岭市	21.95	2.53	169763	70110	18499	5033
朝阳市	23.03	9.78	170174	79357	17693	4529
葫芦岛市	22.09	17.32	203635	104311	22426	10457
吉林省	**230.37**	**148.30**	**1847094**	**965072**	**192976**	**107783**
长春市	89.10	74.50	491382	371382	80798	50366
吉林市	33.09	19.89	232296	138646	21733	14000
四平市	20.90	8.82	202790	74422	29726	14936
辽源市	8.95	5.91	118446	90358	12171	9439
通化市	19.90	7.77	210200	52100	11990	3282
白山市	16.40	9.67	116629	61965	11189	5105
松原市	24.04	12.88	360927	134689	12483	5432
白城市	17.99	8.86	114424	41510	12886	5223
黑龙江省	**463.09**	**273.59**	**2711239**	**1625700**	**276110**	**180665**
哈尔滨市	144.04	118.85	753022	612077	76000	53684
齐齐哈尔市	41.60	22.37	232815	131303	35508	24562
鸡西市	27.82	13.79	114000	71100	18700	10785
鹤岗市	26.50	12.10	93119	76298	18192	14222
双鸭山市	32.73	9.00	93845	29211	9027	6920
大庆市	52.94	46.85	334869	247123	28358	23549
伊春市	17.67	14.25	100753	90485	22584	19973
佳木斯市	28.35	10.22	212280	87196	24045	10279
七台河市	13.23	11.46	90121	77502	5843	4071
牡丹江市	24.23	9.81	375589	148957	16594	8477
黑河市	29.28	2.66	119411	30298	7055	1582
绥化市	24.70	2.23	191415	24150	14204	2561
上海市	**385.41**	**381.81**	**3219700**	**3074800**	**278700**	**271100**
江苏省	**721.34**	**414.97**	**11136675**	**6280970**	**404863**	**245987**
南京市	117.66	110.56	1435470	1321817	59401	55609
无锡市	69.43	47.75	1398198	948981	47268	37498
徐州市	61.35	31.34	689321	341250	35738	18800

2-2 续表 2

城　　市	年末单位从业人员数 (万人)		城镇私营和个体从业人员 (人)		年末城镇登记失业人员数 (人)	
	全市	市辖区	全市	市辖区	全市	市辖区
常州市	37.27	26.76	1280733	1003603	30811	23849
苏州市	119.19	57.73	1994787	792371	47572	29122
南通市	62.07	29.88	549410	235973	34850	14705
连云港市	33.31	17.87	332106	175782	17680	10546
淮安市	37.95	23.64	600117	354679	24164	14182
盐城市	51.80	16.29	786476	278317	25281	9142
扬州市	38.65	14.89	718104	295243	31337	14070
镇江市	36.62	19.00	337057	157968	15999	8143
泰州市	35.52	11.79	577097	181817	21454	5508
宿迁市	20.52	7.47	437799	193169	13308	4813
浙江省	**809.51**	**437.20**	**7800559**	**4302471**	**296849**	**153739**
杭州市	204.36	178.24	1338334	1116280	56489	43561
宁波市	132.27	78.99	2206500	1697400	59183	46641
温州市	107.64	40.49	989243	550682	30975	8623
嘉兴市	76.01	21.94	448700	159800	27006	11239
湖州市	33.95	16.49	403600	95600	12128	6465
绍兴市	94.74	29.00	482871	81644	34174	8987
金华市	48.12	15.28	951398	166389	26920	7486
衢州市	16.33	8.52	211813	109212	9340	4245
舟山市	15.78	12.99	105762	82001	7298	5031
台州市	64.24	29.85	506938	203963	26790	9499
丽水市	16.07	5.40	155400	39500	6546	1962
安徽省	**360.15**	**219.58**	**3653079**	**1857602**	**306268**	**179781**
合肥市	62.73	50.09	791912	603032	58085	46654
芜湖市	24.32	20.07	285307	151213	20539	16793
蚌埠市	17.43	11.21	167477	116376	23860	16953
淮南市	30.56	26.32	158048	125856	20909	19219
马鞍山市	15.42	13.85	105001	92501	7702	5084
淮北市	20.83	18.17	219148	150945	18238	14680
铜陵市	11.67	10.17	35519	28648	10959	
安庆市	24.07	9.64	543000	65000	30970	19471
黄山市	9.38	5.78	70744	36826	6207	3809
滁州市	18.28	5.77	341400	77700	16160	7957
阜阳市	28.09	13.10	204127	79502	12051	1622
宿州市	22.75	11.80	141029	59231	13762	6000
巢湖市	17.38	5.15	113683	47159	23494	9530
六安市	21.84	8.05	143451	80519	17650	2137
亳州市	15.81	5.24	115005	47813	7040	2559
池州市	7.19	3.57	76664	55481	7909	4612
宣城市	12.40	1.60	141564	39800	10733	2701

2-2 续表 3

城市	年末单位从业人员数（万人）		城镇私营和个体从业人员（人）		年末城镇登记失业人员数（人）	
	全市	市辖区	全市	市辖区	全市	市辖区
福建省	**470.97**	**236.90**	**2894330**	**1787730**	**148001**	**87992**
福州市	98.70	57.78	565982	329986	35935	27766
厦门市	80.29	80.29	816955	816955	29700	29700
莆田市	27.40	23.22	186069	165673	8028	7422
三明市	21.35	7.27	198233	53075	12020	3447
泉州市	136.99	33.64	506413	195408	15142	4361
漳州市	38.66	10.53	157452	65064	11938	3383
南平市	23.44	7.07	156116	58337	13284	3329
龙岩市	28.05	12.33	154353	76852	10209	5534
宁德市	16.09	4.77	152757	26380	11745	3050
江西省	**285.84**	**127.21**	**3608506**	**1098305**	**283968**	**156896**
南昌市	66.31	51.67	359962	271838	77429	77429
景德镇市	17.06	10.28	144200	108700	11600	8650
萍乡市	13.66	10.44	296226	145795	15603	15603
九江市	32.54	11.70	378814	183677	20871	12901
新余市	9.80	8.36	45300	29659	15000	13716
鹰潭市	8.44	2.30	100657	34800	9732	2673
赣州市	41.03	8.08	784257	98218	32655	6504
吉安市	19.98	3.70	331524	57094	19626	4942
宜春市	27.23	8.18	433820	59038	28756	9646
抚州市	21.37	7.56	331446	85238	24132	2517
上饶市	28.42	4.94	402300	24248	28564	2315
山东省	**921.16**	**491.53**	**6654058**	**4124998**	**457353**	**275557**
济南市	123.26	95.50	1903000	1326000	60163	54112
青岛市	122.96	72.98	1038021	771664	59396	49246
淄博市	60.93	46.54	247414	237958	27484	19322
枣庄市	34.30	24.20	283542	125280	21495	13130
东营市	37.99	28.01	124604	98876	9913	8199
烟台市	85.83	48.05	565811	317918	47641	38980
潍坊市	72.81	25.67	605236	200919	39076	15413
济宁市	60.49	20.87	258909	80123	36852	10047
泰安市	52.46	17.37	138333	75139	26987	9645
威海市	39.15	19.97	226908	156463	7692	4140
日照市	19.21	12.82	148578	102748	13528	9571
莱芜市	13.27	13.27	91520	91520	6735	6735
临沂市	55.20	23.16	376471	252849	20644	7228
德州市	37.54	11.44	161533	62998	21453	7508
聊城市	35.04	10.90	131961	46379	24531	10816
滨州市	35.72	9.95	108545	61218	14583	6567
菏泽市	35.00	10.83	243672	116946	19180	4898

2-2 续表 4

城　市	年末单位从业人员数（万人）		城镇私营和个体从业人员（人）		年末城镇登记失业人员数（人）	
	全市	市辖区	全市	市辖区	全市	市辖区
河南省	**713.66**	**343.81**	**3923781**	**1434563**	**359141**	**182936**
郑州市	103.96	70.71	685000	291016	39200	32878
开封市	31.49	15.25	142598	108015	24135	18065
洛阳市	52.36	29.71	347608	243784	27200	11742
平顶山市	47.46	28.88	115840	64549	21144	9580
安阳市	43.04	19.72	97910	23900	21889	10625
鹤壁市	17.11	12.40	96865	35414	9013	4463
新乡市	45.35	19.01	176546	81451	22570	10833
焦作市	33.67	17.72	318600	100300	20680	14011
濮阳市	32.40	21.79	116941	56208	7146	3793
许昌市	28.22	8.32	333719	39162	9773	6360
漯河市	21.83	14.65	58071	33090	7662	5788
三门峡市	23.46	7.08	84593	21828	10177	4626
南阳市	69.74	29.79	335600	94000	39114	15068
商丘市	38.51	13.70	103604	54301	25425	8449
信阳市	41.93	13.21	365720	126906	15986	5025
周口市	44.38	10.05	263456	26845	37466	12530
驻马店市	38.75	11.82	281110	33794	20561	9100
湖北省	**549.64**	**296.74**	**4666004**	**2686103**	**401209**	**232706**
武汉市	175.74	135.59	1285600	1285600	111200	94902
黄石市	32.97	19.41	297000	142940	35395	25285
十堰市	40.17	24.36	310593	147105	24533	12210
宜昌市	51.10	21.62	496458	278031	28906	13655
襄樊市	44.32	21.13	385349	234982	41292	21969
鄂州市	16.74	16.74	90597	90597	12100	12100
荆门市	28.62	11.75	136150	35266	17529	12493
孝感市	55.37	13.22	497863	93456	26438	3455
荆州市	38.68	16.15	315436	89695	50874	25969
黄冈市	36.71	5.46	335624	31260	27600	2500
咸宁市	18.49	6.25	170987	51731	20626	5940
随州市	10.73	5.06	344347	205440	4716	2228
湖南省	**460.96**	**222.05**	**3962964**	**1978296**	**327803**	**128187**
长沙市	100.43	68.30	581937	492429	46067	24471
株洲市	33.33	20.56	250006	164357	26131	14164
湘潭市	26.26	12.99	231725	186076	19917	17000
衡阳市	50.09	21.58	517488	261382	36126	16866
邵阳市	32.89	11.41	235354	36175	31200	8600
岳阳市	46.44	19.90	438300	352754	20012	1246
常德市	34.57	15.03	242181	58763	25030	9132
张家界市	7.69	3.79	57897	39014	4449	1650

2-2 续表 5

城市	年末单位从业人员数（万人）		城镇私营和个体从业人员（人）		年末城镇登记失业人员数（人）	
	全市	市辖区	全市	市辖区	全市	市辖区
益阳市	23.09	11.63	124077	66664	16902	7165
郴州市	27.99	10.18	290736	60143	24681	8136
永州市	29.50	9.67	223663	59118	20535	4891
怀化市	24.62	6.52	523500	120000	27429	3915
娄底市	24.06	10.49	246100	81421	29324	10951
广东省	**1054.61**	**824.51**	**13338737**	**9782144**	**668749**	**209723**
广州市	235.15	219.60	2008778	1803170	278752	
韶关市	30.24	16.03	167926	90360	64574	38326
深圳市	222.00	222.00	3115859	3115859	33988	33988
珠海市	58.81	58.81	368185	368185	12903	12903
汕头市	31.64	31.13			18580	10176
佛山市	55.48	55.48	760855	760855	18818	18818
江门市	41.41	22.09	502742	260310	20341	10271
湛江市	39.55	16.83	382577	180281	23437	7565
茂名市	30.55	9.59	323080	92489	26904	10537
肇庆市	26.79	13.27	860157	429821	12004	4738
惠州市	77.54	56.34	895844	389219	15737	9314
梅州市	22.95	5.48	132208	46358	14494	2507
汕尾市	14.33	5.24	140642		10871	1855
河源市	24.80	11.58	273777	67855	15112	3735
阳江市	17.55	7.53	158460	66673	44628	16531
清远市	26.55	9.17	333601	132141	13683	3833
东莞市	22.68	22.68	747285	747284	7674	7674
中山市	26.69	26.69	965313	965313	9500	9500
潮州市	12.08	5.59	112890	66522	8795	2080
揭阳市	20.89	5.18	816668	126633	11948	4529
云浮市	16.93	4.20	271890	72816	6006	843
广西壮族自治区	**290.94**	**158.25**	**3277964**	**1596200**	**204115**	**108694**
南宁市	69.07	53.36	826636	594424	35182	27893
柳州市	35.34	25.05	345285	186998	32823	25780
桂林市	31.31	15.99	482236	255305	25011	14026
梧州市	15.03	7.44	162145	54259	13167	7139
北海市	10.55	6.79	67299	49675	9672	9015
防城港市	8.53	6.09	41776	24376	3865	2713
钦州市	12.62	6.82	223332	44666	9582	4456
贵港市	15.04	6.86	151417	71559	8422	2337
玉林市	24.95	8.61	178769	67612	18131	5061
百色市	17.74	5.22	220953	28418	16588	2260
贺州市	7.97	3.95	141630	61812	8179	3563
河池市	17.75	4.08	160128	29935	12047	1748
来宾市	11.38	5.40	195053	111034	6262	1587
崇左市	13.66	2.59	81305	16127	5184	1116

2-2 续表 6

城　　市	年末单位从业人员数（万人）		城镇私营和个体从业人员（人）		年末城镇登记失业人员数（人）	
	全市	市辖区	全市	市辖区	全市	市辖区
海南省	**37.07**	**37.07**	**448400**	**448400**	**6532**	**6532**
海口市	31.10	31.10	383000	383000	4302	4302
三亚市	5.97	5.97	65400	65400	2230	2230
重庆市	**248.75**	**189.97**	**3556800**	**2486000**	**134412**	**83905**
四川省	**523.24**	**291.03**	**5170287**	**3068339**	**359455**	**184166**
成都市	164.61	120.20	2038800	1631040	67400	47019
自贡市	19.90	14.35	91400	78100	16100	11356
攀枝花市	17.33	15.46	138448	125748	17832	17030
泸州市	26.71	16.15	137232	99130	16728	11368
德阳市	24.42	11.09	160150	87030	14972	7541
绵阳市	35.82	19.14	232286	135329	29122	17423
广元市	15.77	9.21	191871	92934	12080	2555
遂宁市	19.47	8.01	136000	99448	14651	9359
内江市	21.08	8.42	67736	23150	15724	6923
乐山市	29.32	14.37	195354	72371	20655	9641
南充市	27.01	11.68	355942	136340	27022	11248
眉山市	13.11	4.22	206852	7447	16941	4094
宜宾市	33.91	12.64	463300	264331	19667	7228
广安市	11.25	3.89	155556	33917	12247	3848
达州市	24.99	6.46	234221	35275	19993	3576
雅安市	9.35	4.24	135722	38740	13896	4370
巴中市	13.68	6.03	131000	55700	11900	6369
资阳市	15.51	5.47	98417	52309	12525	3218
贵州省	**129.38**	**85.13**	**843171**	**423362**	**70720**	**36533**
贵阳市	68.56	59.69	287087	171987	28588	21451
六盘水市	18.78	8.27	144471	74775	12044	5234
遵义市	30.34	10.97	296956	114522	21575	6548
安顺市	11.70	6.20	114657	62078	8513	3300
云南省	**207.46**	**97.22**	**1618066**	**708516**	**93218**	**38511**
昆明市	93.96	61.35	729600	493964	34700	23425
曲靖市	31.87	6.58	237385	13193	8160	1811
玉溪市	18.15	6.80	211947	75792	5205	1999
保山市	13.66	6.75	51300	27310	7700	1810
昭通市	17.61	5.57	109103	20050	15117	3653
丽江市	8.29	3.19	82664	25758	3983	816
思茅市	14.29	4.76	128311	35470	11092	3447
临沧市	9.63	2.22	67756	16979	7261	1550

2-2 续表 7

城市	年末单位从业人员数(万人)		城镇私营和个体从业人员(人)		年末城镇登记失业人员数(人)	
	全市	市辖区	全市	市辖区	全市	市辖区
西藏自治区	**9.09**		**182900**			
拉萨市	9.09		182900			
陕西省	**344.91**	**210.25**	**2154090**	**1253029**	**219387**	**115621**
西安市	135.64	126.08	957500	861750	100200	90180
铜川市	9.99	9.42	36160	35130	6369	6038
宝鸡市	30.95	18.91	204458	95795	19256	2750
咸阳市	37.20	15.00	185331	52801	24956	1177
渭南市	36.27	10.18	25593	37160	18685	3802
延安市	22.15	7.71	153543	41135	9403	2100
汉中市	23.98	7.71	289600	49259	15841	1208
榆林市	23.98	6.23	145837	49082	9619	2533
安康市	12.27	5.13	80101	21324	9258	3978
商洛市	12.48	3.88	75967	9593	5800	1855
甘肃省	**168.11**	**103.95**	**1216479**	**759631**	**99068**	**57025**
兰州市	50.29	45.28	461600	373500	21169	21023
嘉峪关市	4.53	4.53	20134	20134	2685	2685
金昌市	7.39	5.47	39409	21710	4746	2315
白银市	15.10	10.08	47839	28912	7837	4747
天水市	18.25	11.77	101156	57155	8869	5306
武威市	9.82	7.00	131800	102030	8104	6011
张掖市	9.85	4.62	48390	13343	5002	2792
平凉市	12.88	4.20	82976	24011	9831	3645
酒泉市	9.23	3.66	54600	51800	5800	2350
庆阳市	9.19	2.68	53977	31185	10795	4665
定西市	10.28	2.59	104088	21951	7729	865
陇南市	11.30	2.07	70510	13900	6501	621
青海省	**27.43**	**19.98**	**277000**	**209689**	**27700**	**23300**
西宁市	27.43	19.98	277000	209689	27700	23300
宁夏回族自治区	**56.28**	**38.93**	**527225**	**300424**	**73529**	**44299**
银川市	29.66	24.59	283103	193422	19403	15734
石嘴山市	8.23	6.65	52355	34724	27647	23245
吴忠市	7.65	3.03	73400	27717	7617	2892
固原市	5.85	2.29	90154	33454	16839	1485
中卫市	4.89	2.37	28213	11107	2023	943
新疆维吾尔自治区	**62.38**	**61.97**	**465105**	**449155**	**30443**	**30443**
乌鲁木齐市	46.70	46.29	406196	390246	27553	27553
克拉玛依市	15.68	15.68	58909	58909	2890	2890

2-3 按三次产业的单位从业人员就业状况

单位：万人

城市	第一产业（农、林、牧、渔业）		第二产业		第三产业	
	全市	市辖区	全市	市辖区	全市	市辖区
城市合计	**370.27**	**56.38**	**5441.14**	**3528.10**	**6240.30**	**3869.73**
北京市	**3.23**	**3.01**	**145.20**	**140.22**	**470.92**	**461.18**
天津市	**0.74**	**0.57**	**96.18**	**93.19**	**104.73**	**98.15**
河北省	**7.07**	**1.56**	**197.80**	**125.36**	**298.20**	**129.64**
石家庄市	0.43	0.21	30.96	20.83	52.11	31.72
唐山市	3.32	0.44	42.75	32.90	35.76	20.65
秦皇岛市	0.14	0.04	10.60	7.98	17.90	11.85
邯郸市	0.26	0.05	22.24	16.35	32.35	12.69
邢台市	0.18	0.01	12.28	7.87	21.94	6.61
保定市	0.40	0.04	28.15	13.31	38.95	11.44
张家口市	0.56	0.01	11.39	6.94	20.26	8.05
承德市	0.55	0.06	8.14	3.99	16.73	6.51
沧州市	0.96	0.65	15.08	5.06	27.19	6.68
廊坊市	0.15	0.02	10.67	7.39	19.35	7.46
衡水市	0.12	0.03	5.54	2.74	15.66	5.98
山西省	**2.41**	**0.73**	**175.45**	**101.03**	**202.87**	**100.59**
太原市	0.32	0.26	39.16	38.53	40.85	37.88
大同市	0.18	0.08	20.57	19.50	21.32	15.23
阳泉市	0.04	0.01	14.51	12.85	8.38	5.59
长治市	0.27	0.07	18.68	6.41	17.01	7.90
晋城市	0.14	0.01	15.06	8.46	11.62	4.39
朔州市	0.32	0.11	7.33	4.21	9.61	5.11
晋中市		0.05	18.00	4.15	18.00	5.76
运城市	0.31		12.13	2.11	19.72	4.86
忻州市	0.34	0.06	6.08	1.49	16.27	4.99
临汾市	0.41	0.08	12.25	3.05	22.96	6.06
吕梁市	0.08		11.68	0.27	17.13	2.82
内蒙古自治区	**110.90**	**2.43**	**84.43**	**40.95**	**117.35**	**63.03**
呼和浩特市	0.38	0.14	8.74	5.96	22.47	18.79
包头市	0.33	0.21	16.49	14.20	16.10	14.07
乌海市	0.06	0.06	6.79	6.79	3.96	3.96
赤峰市	1.97	0.11	10.10	5.05	18.00	6.67
通辽市	93.60	1.06	20.40	2.96	12.54	4.73
鄂尔多斯市	0.47	0.08	6.38	1.54	9.09	3.40
呼伦贝尔市	11.43	0.14	8.41	0.87	15.93	3.35
巴彦淖尔市	2.30	0.60	4.15	1.98	8.25	3.99
乌兰察布市	0.36	0.03	2.97	1.60	11.01	4.07

2-3 续表 1 单位：万人

城　　市	第一产业（农、林、牧、渔业）		第二产业		第三产业	
	全市	市辖区	全市	市辖区	全市	市辖区
辽宁省	**27.61**	**2.54**	**225.85**	**197.23**	**249.02**	**180.86**
沈阳市	0.78	0.56	41.22	40.31	63.22	57.81
大连市	0.90	0.33	48.14	42.74	44.93	38.41
鞍山市	0.70	0.13	21.11	18.90	17.94	11.85
抚顺市	0.57	0.16	15.20	14.10	10.72	8.26
本溪市	0.21	0.08	13.72	12.48	9.60	7.77
丹东市	0.27	0.01	5.41	3.56	15.27	10.37
锦州市	1.40	0.24	8.30	7.08	14.23	8.00
营口市	0.11	0.06	6.96	6.44	11.02	7.67
阜新市	0.43	0.08	7.95	7.63	8.79	5.34
辽阳市	0.45	0.30	8.35	7.03	7.93	5.67
盘锦市	18.57	0.11	20.83	20.31	10.18	7.21
铁岭市	2.04	0.02	8.55	1.16	11.36	1.35
朝阳市	0.63	0.03	8.88	4.63	13.52	5.12
葫芦岛市	0.55	0.43	11.23	10.86	10.31	6.03
吉林省	**12.74**	**2.92**	**88.47**	**69.03**	**129.16**	**76.35**
长春市	1.40	0.30	35.20	32.30	52.50	41.90
吉林市	1.54	0.15	14.34	9.86	17.21	9.88
四平市	1.11	0.08	6.99	4.23	12.80	4.51
辽源市	0.38	0.03	3.88	3.56	4.69	2.32
通化市	0.49	0.02	8.45	3.79	10.96	3.96
白山市	1.81	0.43	5.80	4.26	8.79	4.98
松原市	2.44	0.07	11.16	9.45	10.44	3.36
白城市	3.57	1.84	2.65	1.58	11.77	5.44
黑龙江省	**87.37**	**10.85**	**166.95**	**136.88**	**208.77**	**125.86**
哈尔滨市	6.36	1.17	62.91	57.15	74.77	60.53
齐齐哈尔市	7.49	0.06	12.92	10.20	21.19	12.11
鸡西市	6.60	0.06	11.80	9.52	9.42	4.21
鹤岗市	9.22	0.19	10.19	8.46	7.09	3.45
双鸭山市	15.02	0.32	7.98	5.63	9.73	3.05
大庆市	0.34	0.08	27.87	26.54	24.73	20.23
伊春市	9.61	7.67	3.93	3.58	4.13	3.00
佳木斯市	9.32	0.51	5.12	3.20	13.91	6.51
七台河市	0.56	0.39	9.01	8.35	3.66	2.72
牡丹江市	5.17	0.05	6.22	3.34	12.84	6.42
黑河市	16.38	0.28	2.74	0.33	10.16	2.05
绥化市	1.30	0.07	6.26	0.58	17.14	1.58
上海市	**1.33**	**1.07**	**157.37**	**156.77**	**226.71**	**223.97**
江苏省	**10.50**	**2.43**	**380.68**	**219.94**	**330.16**	**192.60**
南京市	0.42	0.28	55.16	51.20	62.08	59.08
无锡市	0.24	0.10	40.15	29.14	29.04	18.51
徐州市	1.77	0.07	24.08	14.78	35.50	16.49

2-3 续表 2

单位：万人

城市	第一产业（农、林、牧、渔业）		第二产业		第三产业	
	全市	市辖区	全市	市辖区	全市	市辖区
常州市	0.10	0.04	18.84	13.25	18.33	13.47
苏州市	0.16	0.02	84.67	41.77	34.36	15.94
南通市	1.32	0.41	35.56	17.05	25.19	12.42
连云港市	1.95	0.60	13.22	8.34	18.14	8.93
淮安市	1.19	0.43	18.21	11.04	18.55	12.17
盐城市	2.57	0.36	23.76	7.02	25.47	8.91
扬州市	0.11		21.74	7.53	16.80	7.36
镇江市	0.31	0.08	20.30	9.44	16.01	9.48
泰州市	0.26	0.01	16.99	6.19	18.27	5.59
宿迁市	0.10	0.03	8.00	3.19	12.42	4.25
浙江省	**1.48**	**0.37**	**502.50**	**255.10**	**305.53**	**181.72**
杭州市	0.17	0.09	112.82	98.32	91.37	79.83
宁波市	0.14	0.04	87.69	48.31	44.44	30.64
温州市	0.10	0.01	73.77	24.86	33.77	15.62
嘉兴市	0.11	0.03	53.28	13.67	22.62	8.24
湖州市	0.02		21.74	10.04	12.19	6.45
绍兴市	0.04	0.01	72.87	22.02	21.83	6.98
金华市	0.10	0.05	23.46	8.04	24.56	7.19
衢州市	0.04		7.03	3.96	9.26	4.56
舟山市	0.04	0.04	6.46	5.42	9.28	7.53
台州市	0.49	0.07	38.50	18.75	25.25	11.03
丽水市	0.24	0.04	4.87	1.72	10.96	3.64
安徽省	**6.27**	**1.87**	**151.06**	**110.86**	**202.82**	**106.85**
合肥市	0.11	0.02	27.31	20.85	35.31	29.22
芜湖市	0.04		13.66	11.93	10.62	8.14
蚌埠市	0.23	0.01	5.74	4.30	11.46	6.90
淮南市	0.33	0.19	19.11	17.01	11.12	9.12
马鞍山市	0.05		9.74	9.43	5.63	4.42
淮北市			14.81	14.32	6.02	3.85
铜陵市	0.22	0.21	7.60	6.87	3.85	3.09
安庆市	1.79	0.88	5.54	3.93	16.74	4.83
黄山市	0.12	0.04	2.43	1.81	6.83	3.93
滁州市	0.90	0.09	5.40	2.57	11.98	3.11
阜阳市	0.32	0.09	8.33	4.90	19.44	8.11
宿州市	0.59	0.10	8.68	6.05	13.48	5.65
巢湖市	0.21	0.08	6.20	1.77	10.97	3.30
六安市	0.86	0.10	6.53	2.76	14.45	5.19
亳州市	0.05		4.34	1.27	11.42	3.97
池州市	0.13	0.02	1.79	0.88	5.27	2.67
宣城市	0.32	0.04	3.85	0.21	8.23	1.35

2-3 续表 3 单位：万人

城 市	第一产业(农、林、牧、渔业)		第二产业		第三产业	
	全市	市辖区	全市	市辖区	全市	市辖区
福建省	**6.84**	**1.47**	**293.06**	**139.34**	**171.07**	**96.09**
福州市	0.84	0.42	50.23	23.34	47.63	34.02
厦门市	0.34	0.34	55.32	55.32	24.63	24.63
莆田市	0.12	0.09	17.62	15.53	9.66	7.60
三明市	0.56	0.10	8.70	3.83	12.09	3.34
泉州市	0.36	0.10	111.85	23.90	24.78	9.64
漳州市	2.68	0.12	21.56	5.58	14.42	4.83
南平市	1.09	0.13	9.60	3.70	12.75	3.24
龙岩市	0.53	0.12	13.98	6.44	13.54	5.77
宁德市	0.32	0.05	4.20	1.70	11.57	3.02
江西省	**12.78**	**2.55**	**113.78**	**56.96**	**159.28**	**67.70**
南昌市	2.13	1.59	30.79	22.62	33.39	27.46
景德镇市	1.04	0.49	8.28	5.11	7.74	4.68
萍乡市	0.16	0.12	6.37	5.79	7.13	4.53
九江市	0.86	0.03	14.44	5.49	17.24	6.18
新余市	0.09	0.02	5.59	5.09	4.12	3.25
鹰潭市	1.44		2.82	0.57	4.18	1.73
赣州市	0.78	0.03	16.05	3.53	24.20	4.52
吉安市	1.37	0.15	3.75	0.38	14.86	3.17
宜春市	0.84	0.04	9.87	3.10	16.52	5.04
抚州市	1.06	0.05	7.72	3.91	12.59	3.60
上饶市	3.01	0.03	8.10	1.37	17.31	3.54
山东省	**5.16**	**1.34**	**492.56**	**257.88**	**423.44**	**232.31**
济南市	0.11	0.08	56.38	38.45	66.77	56.97
青岛市	0.50	0.25	75.49	40.31	46.97	32.42
淄博市	0.29	0.08	39.89	30.34	20.75	16.12
枣庄市	0.38	0.04	17.90	13.04	16.02	11.12
东营市	0.61	0.22	21.71	15.75	15.67	12.04
烟台市	0.35	0.12	51.73	30.61	33.75	17.32
潍坊市	0.30	0.03	39.68	14.05	32.83	11.59
济宁市	0.17	0.09	30.14	8.68	30.18	12.10
泰安市	0.25	0.11	31.60	7.87	20.61	9.39
威海市	0.16	0.02	24.99	13.56	14.00	6.39
日照市	0.10	0.06	8.90	6.32	10.21	6.44
莱芜市			8.57	8.57	4.70	4.70
临沂市	0.69	0.06	22.61	12.02	31.90	11.08
德州市	0.53	0.01	16.59	5.95	20.42	5.48
聊城市	0.10	0.01	14.38	2.93	20.56	7.96
滨州市	0.19	0.12	23.42	6.07	12.11	3.76
菏泽市	0.43	0.04	8.58	3.36	25.99	7.43

2-3 续表 4

单位：万人

城　　市	第一产业（农、林、牧、渔业）		第二产业		第三产业	
	全市	市辖区	全市	市辖区	全市	市辖区
河南省	**6.94**	**0.67**	**309.71**	**175.94**	**397.01**	**167.20**
郑州市	0.26	0.12	48.29	31.05	55.41	39.54
开封市	0.69	0.03	8.66	5.65	22.14	9.57
洛阳市	0.19	0.03	23.14	14.96	29.03	14.72
平顶山市	0.15	0.03	25.88	19.18	21.43	9.67
安阳市	0.12		24.11	11.79	18.81	7.93
鹤壁市	0.16		10.92	8.94	6.03	3.46
新乡市	0.61		20.75	10.47	23.99	8.54
焦作市	0.47	0.01	17.53	10.91	15.67	6.80
濮阳市	0.05		16.21	13.28	16.14	8.51
许昌市	0.06		13.20	4.08	14.96	4.24
漯河市	0.04		11.62	8.37	10.17	6.28
三门峡市	0.16	0.01	12.16	3.29	11.14	3.78
南阳市	1.15	0.25	27.86	14.92	40.73	14.62
商丘市	0.12	0.03	11.32	4.63	27.07	9.04
信阳市	0.88	0.15	13.11	4.94	27.94	8.12
周口市	1.26		12.11	3.87	31.01	6.18
驻马店市	0.57	0.01	12.84	5.61	25.34	6.20
湖北省	**15.07**	**4.42**	**273.53**	**144.06**	**261.04**	**148.26**
武汉市	0.92	0.43	88.58	59.76	86.24	75.40
黄石市	1.01	0.08	20.04	11.94	11.92	7.39
十堰市	0.37	0.06	19.88	15.10	19.92	9.20
宜昌市	0.27	0.06	28.65	11.81	22.18	9.75
襄樊市	2.77	0.36	17.71	8.65	23.84	12.12
鄂州市	0.03	0.03	10.58	10.58	6.13	6.13
荆门市	1.15	0.15	15.43	5.14	12.04	6.46
孝感市	1.68	0.86	32.22	7.35	21.47	5.01
荆州市	3.99	2.34	16.01	7.82	18.68	5.99
黄冈市	2.05	0.05	13.45	2.21	21.21	3.20
咸宁市	0.65		6.56	1.46	11.28	4.79
随州市	0.18		4.42	2.24	6.13	2.82
湖南省	**7.71**	**0.60**	**193.98**	**98.67**	**259.27**	**122.78**
长沙市	0.01		45.17	25.20	55.25	43.10
株洲市	0.15		18.05	12.11	15.13	8.45
湘潭市	0.01	0.01	14.45	7.34	11.80	5.64
衡阳市	0.20	0.05	23.13	11.57	26.76	9.96
邵阳市	0.53	0.01	11.67	5.52	20.69	5.88
岳阳市	5.17	0.25	19.80	10.39	21.47	9.26
常德市	0.09	0.05	15.65	7.05	18.83	7.93
张家界市	0.07	0.01	1.56	0.52	6.06	3.26

2-3 续表 5 单位：万人

城　市	第一产业（农、林、牧、渔业）		第二产业		第三产业	
	全市	市辖区	全市	市辖区	全市	市辖区
益阳市	0.11		7.18	4.40	15.80	7.23
郴州市	0.04		10.75	3.91	17.20	6.27
永州市	0.55	0.04	8.68	3.35	20.27	6.28
怀化市	0.42	0.02	5.77	1.19	18.43	5.31
娄底市	0.36	0.16	12.12	6.12	11.58	4.21
广东省	**9.18**	**2.57**	**528.30**	**434.67**	**517.13**	**387.27**
广州市	0.72	0.56	102.71	93.59	131.72	125.45
韶关市	0.47	0.03	15.25	8.82	14.52	7.18
深圳市	0.40	0.40	119.70	119.70	101.90	101.90
珠海市	0.83	0.83	41.13	41.13	16.85	16.85
汕头市	0.03	0.03	12.67	12.58	18.94	18.52
佛山市	0.04	0.04	29.94	29.94	25.50	25.50
江门市	0.11		24.19	13.84	17.11	8.25
湛江市	2.35	0.27	12.75	5.80	24.45	10.76
茂名市	1.16	0.03	9.40	3.43	19.99	6.13
肇庆市	0.12	0.02	11.95	7.94	14.72	5.31
惠州市	0.12	0.02	58.39	44.76	19.03	11.56
梅州市	0.13		6.77	1.85	16.05	3.63
汕尾市	1.00	0.01	5.25	2.83	8.08	2.40
河源市	0.14	0.06	13.50	8.19	11.16	3.33
阳江市	0.56	0.16	6.13	2.27	10.86	5.10
清远市	0.23	0.02	13.91	5.23	12.41	3.92
东莞市	0.07	0.07	9.35	9.35	13.26	13.26
中山市			16.41	16.41	10.28	10.28
潮州市	0.02	0.01	4.75	2.74	7.31	2.84
揭阳市	0.60		6.22	2.13	14.07	3.05
云浮市	0.08	0.01	7.93	2.14	8.92	2.05
广西壮族自治区	**10.93**	**3.77**	**93.29**	**55.48**	**186.72**	**99.00**
南宁市	1.62	0.84	22.67	16.74	44.78	35.78
柳州市	0.83	0.30	15.36	12.41	19.15	12.34
桂林市	0.71	0.08	9.39	5.65	21.21	10.26
梧州市	0.25		5.34	3.13	9.44	4.31
北海市	0.44	0.21	3.48	2.35	6.63	4.23
防城港市	1.19	0.58	2.29	1.74	5.05	3.77
钦州市	0.57	0.33	3.27	1.71	8.78	4.78
贵港市	0.21	0.09	3.75	1.98	11.08	4.79
玉林市	0.95	0.04	7.74	3.20	16.26	5.37
百色市	0.57	0.20	5.16	1.56	12.01	3.46
贺州市	0.34	0.07	1.54	0.85	6.09	3.03
河池市	0.62	0.05	5.28	1.52	11.85	2.51
来宾市	0.99	0.69	3.60	1.87	6.79	2.84
崇左市	1.64	0.29	4.42	0.77	7.60	1.53

2-3 续表 6

单位：万人

城　　市	第一产业（农、林、牧、渔业）		第二产业		第三产业	
	全市	市辖区	全市	市辖区	全市	市辖区
海南省	**0.29**	**0.29**	**10.13**	**10.13**	**26.65**	**26.65**
海口市	0.20	0.20	9.40	9.40	21.50	21.50
三亚市	0.09	0.09	0.73	0.73	5.15	5.15
重庆市	**1.71**	**0.73**	**116.69**	**96.22**	**130.35**	**93.02**
四川省	**3.56**	**1.00**	**248.59**	**145.50**	**271.09**	**144.53**
成都市	0.32	0.12	84.34	60.53	79.95	59.55
自贡市	0.06	0.04	9.91	7.27	9.93	7.04
攀枝花市	0.15	0.05	11.61	11.04	5.57	4.37
泸州市	0.25	0.05	14.26	9.75	12.20	6.35
德阳市	0.10	0.01	12.58	6.80	11.74	4.28
绵阳市	0.10	0.02	17.53	9.77	18.19	9.35
广元市	0.16	0.03	3.74	2.73	11.87	6.45
遂宁市	0.03	0.01	11.18	3.79	8.26	4.21
内江市	0.21	0.08	10.15	3.08	10.72	5.26
乐山市	0.37	0.20	16.32	8.00	12.63	6.17
南充市	0.17	0.02	9.11	4.11	17.73	7.55
眉山市	0.18	0.02	4.96	1.44	7.97	2.76
宜宾市	0.12	0.04	18.56	7.38	15.23	5.22
广安市	0.07	0.01	2.84	0.88	8.34	3.00
达州市	0.47	0.03	8.69	3.04	15.83	3.39
雅安市	0.11	0.01	2.85	1.34	6.39	2.89
巴中市	0.47	0.16	4.02	2.18	9.19	3.69
资阳市	0.22	0.10	5.94	2.37	9.35	3.00
贵州省	**0.82**	**0.27**	**54.35**	**38.12**	**74.21**	**46.74**
贵阳市	0.26	0.17	31.74	27.08	36.56	32.44
六盘水市	0.11		10.66	5.28	8.01	2.99
遵义市	0.11	0.01	8.92	3.91	21.31	7.05
安顺市	0.34	0.09	3.03	1.85	8.33	4.26
云南省	**4.04**	**0.91**	**81.72**	**38.82**	**121.70**	**57.49**
昆明市	0.69	0.23	37.73	24.81	55.54	36.31
曲靖市	0.54	0.09	16.22	2.89	15.11	3.60
玉溪市	0.30	0.06	7.74	2.42	10.11	4.32
保山市	0.55	0.23	5.88	3.75	7.23	2.77
昭通市	0.27	0.03	4.26	1.70	13.08	3.84
丽江市	0.25		2.38	0.67	5.66	2.52
思茅市	1.41	0.27	4.81	2.23	8.07	2.26
临沧市	0.03		2.70	0.35	6.90	1.87

2-3 续表 7

单位：万人

城　　市	第一产业（农、林、牧、渔业）		第二产业		第三产业	
	全市	市辖区	全市	市辖区	全市	市辖区
西藏自治区	**0.05**		**1.61**		**7.43**	
拉萨市	0.05		1.61		7.43	
陕西省	**4.17**	**1.28**	**134.75**	**90.71**	**205.99**	**118.26**
西安市	0.33	0.20	57.47	54.31	77.84	71.57
铜川市	0.07	0.05	5.05	4.93	4.87	4.44
宝鸡市	0.47	0.13	14.07	10.02	16.41	8.76
咸阳市	0.39	0.07	15.21	7.51	21.60	7.42
渭南市	1.10	0.32	14.31	4.38	20.86	5.48
延安市	0.37	0.10	8.00	3.36	13.78	4.25
汉中市	0.42	0.09	8.63	2.81	14.93	4.81
榆林市	0.62	0.21	6.80	1.70	16.56	4.32
安康市	0.13	0.02	1.90	0.82	10.24	4.29
商洛市	0.27	0.09	3.31	0.87	8.90	2.92
甘肃省	**5.35**	**1.68**	**61.42**	**46.02**	**101.34**	**56.25**
兰州市	0.12	0.11	23.18	21.26	26.99	23.91
嘉峪关市	0.01	0.01	3.36	3.36	1.16	1.16
金昌市	0.31	0.01	5.03	4.30	2.05	1.16
白银市	0.45	0.05	7.27	6.60	7.38	3.43
天水市	0.49	0.22	5.89	4.80	11.87	6.75
武威市	1.12	0.85	2.16	1.75	6.54	4.40
张掖市	1.15	0.14	2.62	1.27	6.08	3.21
平凉市	0.26	0.03	4.27	1.18	8.35	2.99
酒泉市	0.61	0.16	2.82	0.86	5.80	2.64
庆阳市	0.05	0.01	0.68	0.25	8.46	2.42
定西市	0.25	0.02	1.90	0.23	8.13	2.34
陇南市	0.53	0.07	2.24	0.16	8.53	1.84
青海省	**0.27**	**0.09**	**10.65**	**6.59**	**16.51**	**13.30**
西宁市	0.27	0.09	10.65	6.59	16.51	13.30
宁夏回族自治区	**2.48**	**1.14**	**22.55**	**17.92**	**31.25**	**19.87**
银川市	1.27	0.50	14.10	12.19	14.29	11.90
石嘴山市	0.18	0.15	4.40	4.02	3.65	2.48
吴忠市	0.62	0.28	2.19	0.69	4.84	2.06
固原市	0.27	0.12	0.58	0.15	5.00	2.02
中卫市	0.14	0.09	1.28	0.87	3.47	1.41
新疆维吾尔自治区	**1.27**	**1.25**	**28.53**	**28.51**	**32.58**	**32.21**
乌鲁木齐市	1.23	1.21	16.71	16.69	28.76	28.39
克拉玛依市	0.04	0.04	11.82	11.82	3.82	3.82

2-4 单位从业人员就业结构

单位：%

城市	第一产业从业人员比重		第二产业从业人员比重		第三产业从业人员比重	
	全市	市辖区	全市	市辖区	全市	市辖区
城市合计	**3.07**	**0.76**	**45.15**	**47.33**	**51.78**	**51.91**
北京市	**0.52**	**0.50**	**23.44**	**23.20**	**76.03**	**76.30**
天津市	**0.37**	**0.30**	**47.70**	**48.56**	**51.94**	**51.14**
河北省	**1.41**	**0.61**	**39.32**	**48.86**	**59.28**	**50.53**
石家庄市	0.51	0.40	37.08	39.48	62.41	60.12
唐山市	4.06	0.81	52.24	60.94	43.70	38.25
秦皇岛市	0.49	0.20	37.01	40.16	62.50	59.64
邯郸市	0.47	0.17	40.55	56.20	58.98	43.62
邢台市	0.52	0.07	35.70	54.31	63.78	45.62
保定市	0.59	0.16	41.70	53.69	57.70	46.15
张家口市	1.74	0.07	35.36	46.27	62.90	53.67
承德市	2.16	0.57	32.02	37.78	65.81	61.65
沧州市	2.22	5.25	34.88	40.84	62.90	53.91
廊坊市	0.50	0.13	35.37	49.70	64.14	50.17
衡水市	0.56	0.34	25.98	31.31	73.45	68.34
山西省	**0.63**	**0.36**	**46.08**	**49.93**	**53.28**	**49.71**
太原市	0.40	0.34	48.75	50.25	50.85	49.41
大同市	0.43	0.23	48.89	56.02	50.68	43.75
阳泉市	0.17	0.05	63.28	69.65	36.55	30.30
长治市	0.75	0.49	51.95	44.58	47.30	54.94
晋城市	0.52	0.08	56.15	65.79	43.33	34.14
朔州市	1.85	1.17	42.47	44.64	55.68	54.19
晋中市		0.50	50.00	41.67	50.00	57.83
运城市	0.96		37.72	30.27	61.32	69.73
忻州市	1.50	0.92	26.80	22.78	71.71	76.30
临汾市	1.15	0.87	34.39	33.19	64.46	65.94
吕梁市	0.28		40.43	8.74	59.29	91.26
内蒙古自治区	**35.47**	**2.28**	**27.00**	**38.48**	**37.53**	**59.23**
呼和浩特市	1.20	0.56	27.67	23.95	71.13	75.49
包头市	1.00	0.74	50.09	49.86	48.91	49.40
乌海市	0.56	0.56	62.81	62.81	36.63	36.63
赤峰市	6.55	0.93	33.59	42.69	59.86	56.38
通辽市	73.97	12.11	16.12	33.83	9.91	54.06
鄂尔多斯市	2.95	1.59	40.03	30.68	57.03	67.73
呼伦贝尔市	31.95	3.21	23.51	19.95	44.53	76.83
巴彦淖尔市	15.65	9.13	28.23	30.14	56.12	60.73
乌兰察布市	2.51	0.53	20.71	28.07	76.78	71.40

2-4 续表 1 单位：%

城 市	第一产业从业人员比重		第二产业从业人员比重		第三产业从业人员比重	
	全市	市辖区	全市	市辖区	全市	市辖区
辽宁省	**5.49**	**0.67**	**44.95**	**51.82**	**49.56**	**47.52**
沈阳市	0.74	0.57	39.18	40.85	60.08	58.58
大连市	0.96	0.41	51.23	52.45	47.81	47.14
鞍山市	1.76	0.42	53.11	61.20	45.13	38.37
抚顺市	2.15	0.71	57.38	62.61	40.47	36.68
本溪市	0.89	0.39	58.31	61.39	40.80	38.22
丹东市	1.29	0.07	25.82	25.54	72.89	74.39
锦州市	5.85	1.57	34.68	46.21	59.47	52.22
营口市	0.61	0.42	38.47	45.45	60.92	54.13
阜新市	2.50	0.61	46.30	58.47	51.19	40.92
辽阳市	2.69	2.31	49.91	54.08	47.40	43.62
盘锦市	37.45	0.40	42.01	73.51	20.53	26.09
铁岭市	9.29	0.79	38.95	45.85	51.75	53.36
朝阳市	2.74	0.31	38.56	47.34	58.71	52.35
葫芦岛市	2.49	2.48	50.84	62.70	46.67	34.82
吉林省	**5.53**	**1.97**	**38.40**	**46.55**	**56.07**	**51.48**
长春市	1.57	0.40	39.51	43.36	58.92	56.24
吉林市	4.65	0.75	43.34	49.57	52.01	49.67
四平市	5.31	0.91	33.44	47.96	61.24	51.13
辽源市	4.25	0.51	43.35	60.24	52.40	39.26
通化市	2.46	0.26	42.46	48.78	55.08	50.97
白山市	11.04	4.45	35.37	44.05	53.60	51.50
松原市	10.15	0.54	46.42	73.37	43.43	26.09
白城市	19.84	20.77	14.73	17.83	65.43	61.40
黑龙江省	**18.87**	**3.97**	**36.05**	**50.03**	**45.08**	**46.00**
哈尔滨市	4.42	0.98	43.68	48.09	51.91	50.93
齐齐哈尔市	18.00	0.27	31.06	45.60	50.94	54.14
鸡西市	23.72	0.44	42.42	69.04	33.86	30.53
鹤岗市	34.79	1.57	38.45	69.92	26.75	28.51
双鸭山市	45.89	3.56	24.38	62.56	29.73	33.89
大庆市	0.64	0.17	52.64	56.65	46.71	43.18
伊春市	54.39	53.82	22.24	25.12	23.37	21.05
佳木斯市	32.87	4.99	18.06	31.31	49.07	63.70
七台河市	4.23	3.40	68.10	72.86	27.66	23.73
牡丹江市	21.34	0.51	25.67	34.05	52.99	65.44
黑河市	55.94	10.53	9.36	12.41	34.70	77.07
绥化市	5.26	3.14	25.34	26.01	69.39	70.85
上海市	**0.35**	**0.28**	**40.83**	**41.06**	**58.82**	**58.66**
江苏省	**1.46**	**0.59**	**52.77**	**53.00**	**45.77**	**46.41**
南京市	0.36	0.25	46.88	46.31	52.76	53.44
无锡市	0.35	0.21	57.83	61.03	41.83	38.76
徐州市	2.89	0.22	39.25	47.16	57.86	52.62

2-4 续表 2 单位：%

城　市	第一产业从业人员比重		第二产业从业人员比重		第三产业从业人员比重	
	全市	市辖区	全市	市辖区	全市	市辖区
常州市	0.27	0.15	50.55	49.51	49.18	50.34
苏州市	0.13	0.03	71.04	72.35	28.83	27.61
南通市	2.13	1.37	57.29	57.06	40.58	41.57
连云港市	5.85	3.36	39.69	46.67	54.46	49.97
淮安市	3.14	1.82	47.98	46.70	48.88	51.48
盐城市	4.96	2.21	45.87	43.09	49.17	54.70
扬州市	0.28		56.25	50.57	43.47	49.43
镇江市	0.85	0.42	55.43	49.68	43.72	49.89
泰州市	0.73	0.08	47.83	52.50	51.44	47.41
宿迁市	0.49	0.40	38.99	42.70	60.53	56.89
浙江省	**0.18**	**0.09**	**62.07**	**58.35**	**37.74**	**41.56**
杭州市	0.08	0.05	55.21	55.16	44.71	44.79
宁波市	0.11	0.05	66.30	61.16	33.60	38.79
温州市	0.09	0.02	68.53	61.40	31.37	38.58
嘉兴市	0.14	0.14	70.10	62.29	29.76	37.57
湖州市	0.06		64.04	60.89	35.91	39.11
绍兴市	0.04	0.02	76.92	75.90	23.04	24.07
金华市	0.21	0.33	48.75	52.62	51.04	47.05
衢州市	0.24		43.05	46.48	56.71	53.52
舟山市	0.25	0.28	40.94	41.74	58.81	57.99
台州市	0.76	0.23	59.93	62.81	39.31	36.95
丽水市	1.49	0.74	30.30	31.85	68.20	67.41
安徽省	**1.74**	**0.85**	**41.94**	**50.49**	**56.32**	**48.66**
合肥市	0.18	0.04	43.54	41.63	56.29	58.33
芜湖市	0.16		56.17	59.44	43.67	40.56
蚌埠市	1.32	0.09	32.93	38.36	65.75	61.55
淮南市	1.08	0.72	62.53	64.63	36.39	34.65
马鞍山市	0.32		63.16	68.09	36.51	31.91
淮北市			71.10	78.81	28.90	21.19
铜陵市	1.89	2.06	65.12	67.55	32.99	30.38
安庆市	7.44	9.13	23.02	40.77	69.55	50.10
黄山市	1.28	0.69	25.91	31.31	72.81	67.99
滁州市	4.92	1.56	29.54	44.54	65.54	53.90
阜阳市	1.14	0.69	29.65	37.40	69.21	61.91
宿州市	2.59	0.85	38.15	51.27	59.25	47.88
巢湖市	1.21	1.55	35.67	34.37	63.12	64.08
六安市	3.94	1.24	29.90	34.29	66.16	64.47
亳州市	0.32		27.45	24.24	72.23	75.76
池州市	1.81	0.56	24.90	24.65	73.30	74.79
宣城市	2.58	2.50	31.05	13.13	66.37	84.38

2-4 续表 3 单位：%

城 市	第一产业从业人员比重		第二产业从业人员比重		第三产业从业人员比重	
	全市	市辖区	全市	市辖区	全市	市辖区
福建省	**1.45**	**0.62**	**62.22**	**58.82**	**36.32**	**40.56**
福州市	0.85	0.73	50.89	40.39	48.26	58.88
厦门市	0.42	0.42	68.90	68.90	30.68	30.68
莆田市	0.44	0.39	64.31	66.88	35.26	32.73
三明市	2.62	1.38	40.75	52.68	56.63	45.94
泉州市	0.26	0.30	81.65	71.05	18.09	28.66
漳州市	6.93	1.14	55.77	52.99	37.30	45.87
南平市	4.65	1.84	40.96	52.33	54.39	45.83
龙岩市	1.89	0.97	49.84	52.23	48.27	46.80
宁德市	1.99	1.05	26.10	35.64	71.91	63.31
江西省	**4.47**	**2.00**	**39.81**	**44.78**	**55.72**	**53.22**
南昌市	3.21	3.08	46.43	43.78	50.35	53.14
景德镇市	6.10	4.77	48.53	49.71	45.37	45.53
萍乡市	1.17	1.15	46.63	55.46	52.20	43.39
九江市	2.64	0.26	44.38	46.92	52.98	52.82
新余市	0.92	0.24	57.04	60.89	42.04	38.88
鹰潭市	17.06		33.41	24.78	49.53	75.22
赣州市	1.90	0.37	39.12	43.69	58.98	55.94
吉安市	6.86	4.05	18.77	10.27	74.37	85.68
宜春市	3.08	0.49	36.25	37.90	60.67	61.61
抚州市	4.96	0.66	36.13	51.72	58.91	47.62
上饶市	10.59	0.61	28.50	27.73	60.91	71.66
山东省	**0.56**	**0.27**	**53.47**	**52.46**	**45.97**	**47.26**
济南市	0.09	0.08	45.74	40.26	54.17	59.65
青岛市	0.41	0.34	61.39	55.23	38.20	44.42
淄博市	0.48	0.17	65.47	65.19	34.06	34.64
枣庄市	1.11	0.17	52.19	53.88	46.71	45.95
东营市	1.61	0.79	57.15	56.23	41.25	42.98
烟台市	0.41	0.25	60.27	63.70	39.32	36.05
潍坊市	0.41	0.12	54.50	54.73	45.09	45.15
济宁市	0.28	0.43	49.83	41.59	49.89	57.98
泰安市	0.48	0.63	60.24	45.31	39.29	54.06
威海市	0.41	0.10	63.83	67.90	35.76	32.00
日照市	0.52	0.47	46.33	49.30	53.15	50.23
莱芜市			64.58	64.58	35.42	35.42
临沂市	1.25	0.26	40.96	51.90	57.79	47.84
德州市	1.41	0.09	44.19	52.01	54.40	47.90
聊城市	0.29	0.09	41.04	26.88	58.68	73.03
滨州市	0.53	1.21	65.57	61.01	33.90	37.79
菏泽市	1.23	0.37	24.51	31.02	74.26	68.61

2-4 续表 4

单位：%

城市	第一产业从业人员比重		第二产业从业人员比重		第三产业从业人员比重	
	全市	市辖区	全市	市辖区	全市	市辖区
河南省	**0.97**	**0.19**	**43.40**	**51.17**	**55.63**	**48.63**
郑州市	0.25	0.17	46.45	43.91	53.30	55.92
开封市	2.19	0.20	27.50	37.05	70.31	62.75
洛阳市	0.36	0.10	44.19	50.35	55.44	49.55
平顶山市	0.32	0.10	54.53	66.41	45.15	33.48
安阳市	0.28		56.02	59.79	43.70	40.21
鹤壁市	0.94		63.82	72.10	35.24	27.90
新乡市	1.35		45.76	55.08	52.90	44.92
焦作市	1.40	0.06	52.06	61.57	46.54	38.37
濮阳市	0.15		50.03	60.95	49.81	39.05
许昌市	0.21		46.78	49.04	53.01	50.96
漯河市	0.18		53.23	57.13	46.59	42.87
三门峡市	0.68	0.14	51.83	46.47	47.49	53.39
南阳市	1.65	0.84	39.95	50.08	58.40	49.08
商丘市	0.31	0.22	29.39	33.80	70.29	65.99
信阳市	2.10	1.14	31.27	37.40	66.63	61.47
周口市	2.84		27.29	38.51	69.87	61.49
驻马店市	1.47	0.08	33.14	47.46	65.39	52.45
湖北省	**2.74**	**1.49**	**49.77**	**48.55**	**47.49**	**49.96**
武汉市	0.52	0.32	50.40	44.07	49.07	55.61
黄石市	3.06	0.41	60.78	61.51	36.15	38.07
十堰市	0.92	0.25	49.49	61.99	49.59	37.77
宜昌市	0.53	0.28	56.07	54.63	43.41	45.10
襄樊市	6.25	1.70	39.96	40.94	53.79	57.36
鄂州市	0.18	0.18	63.20	63.20	36.62	36.62
荆门市	4.02	1.28	53.91	43.74	42.07	54.98
孝感市	3.03	6.51	58.19	55.60	38.78	37.90
荆州市	10.32	14.49	41.39	48.42	48.29	37.09
黄冈市	5.58	0.92	36.64	40.48	57.78	58.61
咸宁市	3.52		35.48	23.36	61.01	76.64
随州市	1.68		41.19	44.27	57.13	55.73
湖南省	**1.67**	**0.27**	**42.08**	**44.44**	**56.25**	**55.29**
长沙市	0.01		44.98	36.90	55.01	63.10
株洲市	0.45		54.16	58.90	45.39	41.10
湘潭市	0.04	0.08	55.03	56.51	44.94	43.42
衡阳市	0.40	0.23	46.18	53.61	53.42	46.15
邵阳市	1.61	0.09	35.48	48.38	62.91	51.53
岳阳市	11.13	1.26	42.64	52.21	46.23	46.53
常德市	0.26	0.33	45.27	46.91	54.47	52.76
张家界市	0.91	0.26	20.29	13.72	78.80	86.02

2-4 续表 5

单位：%

城市	第一产业从业人员比重		第二产业从业人员比重		第三产业从业人员比重	
	全市	市辖区	全市	市辖区	全市	市辖区
益阳市	0.48		31.10	37.83	68.43	62.17
郴州市	0.14		38.41	38.41	61.45	61.59
永州市	1.86	0.41	29.42	34.64	68.71	64.94
怀化市	1.71	0.31	23.44	18.25	74.86	81.44
娄底市	1.50	1.53	50.37	58.34	48.13	40.13
广东省	**0.87**	**0.31**	**50.09**	**52.72**	**49.04**	**46.97**
广州市	0.31	0.26	43.68	42.62	56.02	57.13
韶关市	1.55	0.19	50.43	55.02	48.02	44.79
深圳市	0.18	0.18	53.92	53.92	45.90	45.90
珠海市	1.41	1.41	69.94	69.94	28.65	28.65
汕头市	0.09	0.10	40.04	40.41	59.86	59.49
佛山市	0.07	0.07	53.97	53.97	45.96	45.96
江门市	0.27		58.42	62.65	41.32	37.35
湛江市	5.94	1.60	32.24	34.46	61.82	63.93
茂名市	3.80	0.31	30.77	35.77	65.43	63.92
肇庆市	0.45	0.15	44.61	59.83	54.95	40.02
惠州市	0.15	0.04	75.30	79.45	24.54	20.52
梅州市	0.57		29.50	33.76	69.93	66.24
汕尾市	6.98	0.19	36.64	54.01	56.39	45.80
河源市	0.56	0.52	54.44	70.73	45.00	28.76
阳江市	3.19	2.12	34.93	30.15	61.88	67.73
清远市	0.87	0.22	52.39	57.03	46.74	42.75
东莞市	0.31	0.31	41.23	41.23	58.47	58.47
中山市			61.48	61.48	38.52	38.52
潮州市	0.17	0.18	39.32	49.02	60.51	50.81
揭阳市	2.87		29.78	41.12	67.35	58.88
云浮市	0.47	0.24	46.84	50.95	52.69	48.81
广西壮族自治区	**3.76**	**2.38**	**32.07**	**35.06**	**64.18**	**62.56**
南宁市	2.35	1.57	32.82	31.37	64.83	67.05
柳州市	2.35	1.20	43.46	49.54	54.19	49.26
桂林市	2.27	0.50	29.99	35.33	67.74	64.17
梧州市	1.66		35.53	42.07	62.81	57.93
北海市	4.17	3.09	32.99	34.61	62.84	62.30
防城港市	13.95	9.52	26.85	28.57	59.20	61.90
钦州市	4.52	4.84	25.91	25.07	69.57	70.09
贵港市	1.40	1.31	24.93	28.86	73.67	69.83
玉林市	3.81	0.46	31.02	37.17	65.17	62.37
百色市	3.21	3.83	29.09	29.89	67.70	66.28
贺州市	4.27	1.77	19.32	21.52	76.41	76.71
河池市	3.49	1.23	29.75	37.25	66.76	61.52
来宾市	8.70	12.78	31.63	34.63	59.67	52.59
崇左市	12.01	11.20	32.36	29.73	55.64	59.07

2-4 续表 6

单位：%

城市	第一产业从业人员比重		第二产业从业人员比重		第三产业从业人员比重	
	全市	市辖区	全市	市辖区	全市	市辖区
海南省	**0.78**	**0.78**	**27.33**	**27.33**	**71.89**	**71.89**
海口市	0.64	0.64	30.23	30.23	69.13	69.13
三亚市	1.51	1.51	12.23	12.23	86.26	86.26
重庆市	**0.69**	**0.38**	**46.91**	**50.65**	**52.40**	**48.97**
四川省	**0.68**	**0.34**	**47.51**	**49.99**	**51.81**	**49.66**
成都市	0.19	0.10	51.24	50.36	48.57	49.54
自贡市	0.30	0.28	49.80	50.66	49.90	49.06
攀枝花市	0.87	0.32	66.99	71.41	32.14	28.27
泸州市	0.94	0.31	53.39	60.37	45.68	39.32
德阳市	0.41	0.09	51.52	61.32	48.08	38.59
绵阳市	0.28	0.10	48.94	51.04	50.78	48.85
广元市	1.01	0.33	23.72	29.64	75.27	70.03
遂宁市	0.15	0.12	57.42	47.32	42.42	52.56
内江市	1.00	0.95	48.15	36.58	50.85	62.47
乐山市	1.26	1.39	55.66	55.67	43.08	42.94
南充市	0.63	0.17	33.73	35.19	65.64	64.64
眉山市	1.37	0.47	37.83	34.12	60.79	65.40
宜宾市	0.35	0.32	54.73	58.39	44.91	41.30
广安市	0.62	0.26	25.24	22.62	74.13	77.12
达州市	1.88	0.46	34.77	47.06	63.35	52.48
雅安市	1.18	0.24	30.48	31.60	68.34	68.16
巴中市	3.44	2.65	29.39	36.15	67.18	61.19
资阳市	1.42	1.83	38.30	43.33	60.28	54.84
贵州省	**0.63**	**0.32**	**42.01**	**44.78**	**57.36**	**54.90**
贵阳市	0.38	0.28	46.30	45.37	53.33	54.35
六盘水市	0.59		56.76	63.85	42.65	36.15
遵义市	0.36	0.09	29.40	35.64	70.24	64.27
安顺市	2.91	1.45	25.90	29.84	71.20	68.71
云南省	**1.95**	**0.94**	**39.39**	**39.93**	**58.66**	**59.13**
昆明市	0.73	0.37	40.16	40.44	59.11	59.19
曲靖市	1.69	1.37	50.89	43.92	47.41	54.71
玉溪市	1.65	0.88	42.64	35.59	55.70	63.53
保山市	4.03	3.41	43.05	55.56	52.93	41.04
昭通市	1.53	0.54	24.19	30.52	74.28	68.94
丽江市	3.02		28.71	21.00	68.28	79.00
思茅市	9.87	5.67	33.66	46.85	56.47	47.48
临沧市	0.31		28.04	15.77	71.65	84.23

2-4 续表 7 单位：%

城 市	第一产业从业人员比重		第二产业从业人员比重		第三产业从业人员比重	
	全市	市辖区	全市	市辖区	全市	市辖区
西藏自治区	**0.55**		**17.71**		**81.74**	
拉萨市	0.55		17.71		81.74	
陕西省	**1.21**	**0.61**	**39.07**	**43.14**	**59.72**	**56.25**
西安市	0.24	0.16	42.37	43.08	57.39	56.77
铜川市	0.70	0.53	50.55	52.34	48.75	47.13
宝鸡市	1.52	0.69	45.46	52.99	53.02	46.32
咸阳市	1.05	0.47	40.89	50.07	58.06	49.47
渭南市	3.03	3.14	39.45	43.03	57.51	53.83
延安市	1.67	1.30	36.12	43.58	62.21	55.12
汉中市	1.75	1.17	35.99	36.45	62.26	62.39
榆林市	2.59	3.37	28.36	27.29	69.06	69.34
安康市	1.06	0.39	15.48	15.98	83.46	83.63
商洛市	2.16	2.32	26.52	22.42	71.31	75.26
甘肃省	**3.18**	**1.62**	**36.54**	**44.27**	**60.28**	**54.11**
兰州市	0.24	0.24	46.09	46.95	53.67	52.80
嘉峪关市	0.22	0.22	74.17	74.17	25.61	25.61
金昌市	4.19	0.18	68.06	78.61	27.74	21.21
白银市	2.98	0.50	48.15	65.48	48.87	34.03
天水市	2.68	1.87	32.27	40.78	65.04	57.35
武威市	11.41	12.14	22.00	25.00	66.60	62.86
张掖市	11.68	3.03	26.60	27.49	61.73	69.48
平凉市	2.02	0.71	33.15	28.10	64.83	71.19
酒泉市	6.61	4.37	30.55	23.50	62.84	72.13
庆阳市	0.54	0.37	7.40	9.33	92.06	90.30
定西市	2.43	0.77	18.48	8.88	79.09	90.35
陇南市	4.69	3.38	19.82	7.73	75.49	88.89
青海省	**0.98**	**0.45**	**38.83**	**32.98**	**60.19**	**66.57**
西宁市	0.98	0.45	38.83	32.98	60.19	66.57
宁夏回族自治区	**4.41**	**2.93**	**40.07**	**46.03**	**55.53**	**51.04**
银川市	4.28	2.03	47.54	49.57	48.18	48.39
石嘴山市	2.19	2.26	53.46	60.45	44.35	37.29
吴忠市	8.10	9.24	28.63	22.77	63.27	67.99
固原市	4.62	5.24	9.91	6.55	85.47	88.21
中卫市	2.86	3.80	26.18	36.71	70.96	59.49
新疆维吾尔自治区	**2.04**	**2.02**	**45.74**	**46.01**	**52.23**	**51.98**
乌鲁木齐市	2.63	2.61	35.78	36.06	61.58	61.33
克拉玛依市	0.26	0.26	75.38	75.38	24.36	24.36

2-5 按行业分组的单位从业人员(一)

单位：万人

城　　市	第一产业 (农、林、牧、渔业)		采矿业		制造业	
	全市	市辖区	全市	市辖区	全市	市辖区
城市合计	**370.27**	**56.38**	**524.38**	**315.73**	**3470.28**	**2382.87**
北京市	**3.23**	**3.01**	**5.03**	**4.61**	**99.45**	**95.95**
天津市	**0.74**	**0.57**	**9.27**	**9.22**	**72.9**	**70.95**
河北省	**7.07**	**1.56**	**26.51**	**19.75**	**115.55**	**78.64**
石家庄市	0.43	0.21	0.64	0.62	23.07	15.05
唐山市	3.32	0.44	10.23	9.86	24.93	17.64
秦皇岛市	0.14	0.04	0.2		8.2	6.29
邯郸市	0.26	0.05	5.61	5.36	8.08	7.46
邢台市	0.18	0.01	3.27	2.99	5.81	3.52
保定市	0.4	0.04	0.23	0.04	15.98	10.08
张家口市	0.56	0.01	2.09	0.38	6.65	4.96
承德市	0.55	0.06	1.51	0.49	4.97	2.76
沧州市	0.96	0.65	2.73	0.01	5.71	2.8
廊坊市	0.15	0.02			8.2	5.82
衡水市	0.12	0.03			3.95	2.26
山西省	**2.41**	**0.73**	**75.31**	**38.83**	**69.97**	**40.26**
太原市	0.32	0.26	7.74	7.51	21.72	21.48
大同市	0.18	0.08	14.04	13.36	3.92	3.71
阳泉市	0.04	0.01	10.62	9.16	2.16	2.13
长治市	0.27	0.07	8.48	0.27	8.04	4.52
晋城市	0.14	0.01	11.26	6.32	2.43	1.16
朔州市	0.32	0.11	3.86	1.83	1.32	0.64
晋中市		0.05	7	0.2	8	2.52
运城市	0.31		0.14		9.8	1.39
忻州市	0.34	0.06	2.62	0.07	1.79	0.85
临汾市	0.41	0.08	3.93	0.11	5.82	1.81
吕梁市	0.08		5.62		4.97	0.05
内蒙古自治区	**110.9**	**2.43**	**19.48**	**5.22**	**37.33**	**21.35**
呼和浩特市	0.38	0.14	0.01		5.43	3.05
包头市	0.33	0.21	0.98		12.1	11.3
乌海市	0.06	0.06	2.74	2.74	1.48	1.48
赤峰市	1.97	0.11	3.44	2.04	3.67	1.93
通辽市	93.6	1.06	5.14	0.08	6.84	1.15
鄂尔多斯市	0.47	0.08	2.72	0.35	2.79	0.86
呼伦贝尔市	11.43	0.14	3.87	0.01	2	0.47
巴彦淖尔市	2.3	0.6	0.4		1.87	0.51
乌兰察布市	0.36	0.03	0.18		1.15	0.6

2-5 续表 1

单位：万人

城　　市	第一产业（农、林、牧、渔业）		采矿业		制造业	
	全市	市辖区	全市	市辖区	全市	市辖区
辽宁省	**27.61**	**2.54**	**35.3**	**27.98**	**145.38**	**131.11**
沈阳市	0.78	0.56	2	2	31.08	30.64
大连市	0.9	0.33	0.23	0.01	41.4	36.65
鞍山市	0.7	0.13	0.37	0.12	15.79	14.25
抚顺市	0.57	0.16	3.48	2.93	8.51	8.34
本溪市	0.21	0.08	1.68	1.46	9	8.25
丹东市	0.27	0.01	0.45	0.02	3.82	3.15
锦州市	1.4	0.24	0.06	0.05	5.47	4.56
营口市	0.11	0.06	0.1	0.1	5.4	5.17
阜新市	0.43	0.08	4.65	4.65	1.82	1.68
辽阳市	0.45	0.3	0.12	0.07	5.28	4.48
盘锦市	18.57	0.11	14.44	14.44	3.6	3.39
铁岭市	2.04	0.02	4.38	0.3	1.92	0.49
朝阳市	0.63	0.03	1.65	0.15	5	3
葫芦岛市	0.55	0.43	1.69	1.68	7.29	7.06
吉林省	**12.74**	**2.92**	**17.11**	**13.59**	**54.07**	**42.67**
长春市	1.4	0.3	1.3	1.1	26.3	24.3
吉林市	1.54	0.15	1.17		10.24	7.71
四平市	1.11	0.08	0.28	0.07	5.64	3.64
辽源市	0.38	0.03	2.47	2.47	0.9	0.69
通化市	0.49	0.02	1.62	0.08	5.07	2.69
白山市	1.81	0.43	2.04	1.81	2.66	1.71
松原市	2.44	0.07	8.22	8.06	1.38	0.69
白城市	3.57	1.84	0.01		1.88	1.24
黑龙江省	**87.37**	**10.85**	**42.9**	**40.09**	**80.02**	**64.39**
哈尔滨市	6.36	1.17	0.68	0.1	43.84	40.44
齐齐哈尔市	7.49	0.06	0.02	0.01	9.59	7.98
鸡西市	6.6	0.06	8.42	7.91	2.12	0.87
鹤岗市	9.22	0.19	7.95	7.88	1.4	0.27
双鸭山市	15.02	0.32	5.18	4.71	1.42	0.3
大庆市	0.34	0.08	11.83	11.83	7.48	6.83
伊春市	9.61	7.67	0.26	0.11	2.44	2.35
佳木斯市	9.32	0.51	0.08		2.22	2.2
七台河市	0.56	0.39	7.65	7.49	0.55	0.21
牡丹江市	5.17	0.05	0.44		4.14	2.38
黑河市	16.38	0.28	0.33	0.05	1.12	0.06
绥化市	1.3	0.07	0.06		3.7	0.5
上海市	**1.33**	**1.07**	**0.09**	**0.09**	**140.71**	**140.36**
江苏省	**10.5**	**2.43**	**13.52**	**12.51**	**308.26**	**177.94**
南京市	0.42	0.28	0.7	0.7	43.7	40.72
无锡市	0.24	0.1			37.08	27.25
徐州市	1.77	0.07	8.47	8.13	11.78	4.33

2-5 续表 2

单位：万人

城　　市	第一产业（农、林、牧、渔业）		采矿业		制造业	
	全市	市辖区	全市	市辖区	全市	市辖区
常州市	0.1	0.04	0.04		16.92	11.97
苏州市	0.16	0.02			80.93	40.72
南通市	1.32	0.41			29.62	13.98
连云港市	1.95	0.6	1.01	0.78	8.19	5.57
淮安市	1.19	0.43	0.35	0.18	14.02	8.63
盐城市	2.57	0.36	0.76	0.59	15.73	4.82
扬州市	0.11		1.83	1.78	13.14	4.82
镇江市	0.31	0.08	0.21	0.2	17.45	7.51
泰州市	0.26	0.01			14.3	4.98
宿迁市	0.1	0.03	0.15	0.15	5.4	2.64
浙江省	**1.48**	**0.37**	**1.67**	**0.48**	**332.77**	**171.94**
杭州市	0.17	0.09	0.23	0.08	71.54	59.51
宁波市	0.14	0.04	0.03	0.03	59.38	44.11
温州市	0.1	0.01	0.22		51.08	16.13
嘉兴市	0.11	0.03			49.68	12.87
湖州市	0.02		0.55	0.11	17.15	7.9
绍兴市	0.04	0.01	0.23	0.2	37.18	7.99
金华市	0.1	0.05	0.05	0.01	13.04	3.45
衢州市	0.04		0.04	0.04	5.85	3.49
舟山市	0.04	0.04	0.2	0.02	4.27	3.94
台州市	0.49	0.07	0.02		20.4	11.49
丽水市	0.24	0.04	0.1		3.19	1.06
安徽省	**6.27**	**1.87**	**30.32**	**26.1**	**70.63**	**54.44**
合肥市	0.11	0.02			14.46	12.31
芜湖市	0.04		0.05		9.59	8.75
蚌埠市	0.23	0.01			4.37	3.58
淮南市	0.33	0.19	11.75	10.2	3.54	3.31
马鞍山市	0.05		1.51	1.51	6.98	6.73
淮北市			11.2	11.2	2.83	2.47
铜陵市	0.22	0.21	0.13	0.09	5.05	4.92
安庆市	1.79	0.88	0.07	0.01	3.07	2.52
黄山市	0.12	0.04	0.01		1.11	0.77
滁州市	0.9	0.09	0.34	0.12	3.47	1.85
阜阳市	0.32	0.09	1.12		3.51	2.48
宿州市	0.59	0.1	3.13	2.95	2.26	1.13
巢湖市	0.21	0.08	0.18		2.19	1.38
六安市	0.86	0.1	0.04		2.03	0.57
亳州市	0.05		0.67		2.12	0.99
池州市	0.13	0.02	0.11	0.02	0.99	0.47
宣城市	0.32	0.04	0.01		3.06	0.21

2-5 续表 3 单位：万人

城 市	第一产业（农、林、牧、渔业）		采矿业		制造业	
	全市	市辖区	全市	市辖区	全市	市辖区
福建省	**6.84**	**1.47**	**5.1**	**2.11**	**226.39**	**106.29**
福州市	0.84	0.42	0.22	0.11	37.52	17.02
厦门市	0.34	0.34	0.01	0.01	43.07	43.07
莆田市	0.12	0.09	0.14	0.14	15.32	13.39
三明市	0.56	0.1	0.66		5.92	2.85
泉州市	0.36	0.1	1.19	0.19	90.7	19.89
漳州市	2.68	0.12	0.26		16.86	3.83
南平市	1.09	0.13	0.25	0.05	7.67	3.15
龙岩市	0.53	0.12	2.32	1.6	7.45	2.74
宁德市	0.32	0.05	0.05	0.01	1.88	0.35
江西省	**12.78**	**2.55**	**8.56**	**2.62**	**68.21**	**34.11**
南昌市	2.13	1.59			16.15	12.15
景德镇市	1.04	0.49	0.7		5.89	3.86
萍乡市	0.16	0.12	2.24	2.23	3.41	2.98
九江市	0.86	0.03	0.19	0.04	8.65	3.16
新余市	0.09	0.02	0.37	0.18	4.39	4.3
鹰潭市	1.44		0.02		1.79	0.2
赣州市	0.78	0.03	1.47	0.05	11.33	2.36
吉安市	1.37	0.15	0.35		1.38	0.04
宜春市	0.84	0.04	2.31	0.11	5.57	2.3
抚州市	1.06	0.05	0.25		4.19	1.65
上饶市	3.01	0.03	0.66	0.01	5.46	1.11
山东省	**5.16**	**1.34**	**62.65**	**29.96**	**338.64**	**176.32**
济南市	0.11	0.08	1.91	0.27	28.96	18.75
青岛市	0.5	0.25	0.21	0.01	67.26	35.64
淄博市	0.29	0.08	4.02	3.69	26.53	20.95
枣庄市	0.38	0.04	9.31	8.24	5.81	3.35
东营市	0.61	0.22	11.69	11.61	8.44	3.1
烟台市	0.35	0.12	4.64	0.1	42.15	28.13
潍坊市	0.3	0.03	1.16	0.57	31.88	10.87
济宁市	0.17	0.09	15.49	2.17	10.21	4.74
泰安市	0.25	0.11	10.19	0.13	14.5	4.82
威海市	0.16	0.02	0.17	0.01	21.15	11.87
日照市	0.1	0.06	0.1	0.05	7.3	5.12
莱芜市			1.1	1.1	6.14	6.14
临沂市	0.69	0.06	2.24	1.93	15.37	8.34
德州市	0.53	0.01	0.18		13.52	4.87
聊城市	0.1	0.01			12.31	2.03
滨州市	0.19	0.12	0.19	0.08	21.31	5.64
菏泽市	0.43	0.04	0.05		5.8	1.96

2-5 续表 4

单位：万人

城　　市	第一产业（农、林、牧、渔业）		采矿业		制造业	
	全市	市辖区	全市	市辖区	全市	市辖区
河南省	**6.94**	**0.67**	**52.97**	**36.26**	**150.94**	**82.69**
郑州市	0.26	0.12	7.55	5.08	20	11.6
开封市	0.69	0.03			5.57	3.57
洛阳市	0.19	0.03	1.48	0.15	14.75	11.27
平顶山市	0.15	0.03	11.68	10.79	10.43	5.76
安阳市	0.12		1.01	1.01	9.25	6.38
鹤壁市	0.16		4.85	4.85	3.85	2.35
新乡市	0.61		0.39		14.5	8.46
焦作市	0.47	0.01	4.39	4.39	9.92	4.72
濮阳市	0.05		6.74	6.74	3.05	1.5
许昌市	0.06		2.18		8.07	3.42
漯河市	0.04		0.03		9.44	6.57
三门峡市	0.16	0.01	5.35	0.14	4.02	1.44
南阳市	1.15	0.25	3.25	2.91	16.26	7.43
商丘市	0.12	0.03	3.34		3.15	2.42
信阳市	0.88	0.15	0.55	0.09	5.85	2.11
周口市	1.26				6.13	0.87
驻马店市	0.57	0.01	0.18	0.11	6.7	2.82
湖北省	**15.07**	**4.42**	**10.11**	**2.81**	**167.34**	**92.15**
武汉市	0.92	0.43	0.07	0.04	47.27	34.98
黄石市	1.01	0.08	4.13	0.98	11.65	9.08
十堰市	0.37	0.06	0.41		15.8	13.28
宜昌市	0.27	0.06	2.3	0.64	16.19	6.15
襄樊市	2.77	0.36	0.27		13.83	7.15
鄂州市	0.03	0.03	0.67	0.67	6.31	6.31
荆门市	1.15	0.15	0.95	0.41	11.82	3.61
孝感市	1.68	0.86	0.65		18.32	1.72
荆州市	3.99	2.34	0.12		12.71	6.41
黄冈市	2.05	0.05	0.24	0.02	6.17	1.1
咸宁市	0.65		0.15	0.02	4.95	1.24
随州市	0.18		0.15	0.03	2.32	1.12
湖南省	**7.71**	**0.6**	**12.81**	**0.91**	**99.55**	**52.51**
长沙市	0.01		1.01	0.04	25.95	10.66
株洲市	0.15		0.97	0.01	12.54	9.15
湘潭市	0.01	0.01	0.79	0.01	7.46	5.25
衡阳市	0.2	0.05	2.28	0.12	10.52	5.7
邵阳市	0.53	0.01	1.37	0.1	2.73	1.55
岳阳市	5.17	0.25	0.24		11.11	6.5
常德市	0.09	0.05	0.51	0.01	7.78	3.57
张家界市	0.07	0.01	0.18		0.26	0.14

2-5 续表 5 单位：万人

城 市	第一产业（农、林、牧、渔业）		采矿业		制造业	
	全市	市辖区	全市	市辖区	全市	市辖区
益阳市	0.11		0.2		4.95	2.97
郴州市	0.04		3.55	0.47	3.79	2
永州市	0.55	0.04	0.32	0.06	4.22	1.89
怀化市	0.42	0.02	0.37		2.46	0.32
娄底市	0.36	0.16	1.02	0.09	5.78	2.81
广东省	**9.18**	**2.57**	**3.32**	**1.9**	**443.28**	**434.11**
广州市	0.72	0.56	0.09	0.06	84.71	78.39
韶关市	0.47	0.03	0.89	0.26	9.87	5.61
深圳市	0.4	0.4	0.1	0.1	106.1	106.1
珠海市	0.83	0.83	0.03	0.03	38.41	38.41
汕头市	0.03	0.03	0.03	0.03	9.49	9.48
佛山市	0.04	0.04	0.01	0.01	25.96	25.96
江门市	0.11				20.39	12.97
湛江市	2.35	0.27	0.83	0.71	7.39	3.72
茂名市	1.16	0.03	0.29	0.27	3.71	2.02
肇庆市	0.12	0.02	0.13		10.21	7.33
惠州市	0.12	0.02	0.03	0.01	55.39	42.6
梅州市	0.13		0.06		4.02	1.18
汕尾市	1	0.01	0.03	0.03	3.97	2.52
河源市	0.14	0.06	0.33		11.38	7.66
阳江市	0.56	0.16	0.03		2.53	56
清远市	0.23	0.02	0.06	0.02	12.49	4.82
东莞市	0.07	0.07	0.01	0.01	8.46	8.46
中山市					15.73	15.73
潮州市	0.02	0.01	0.01		3.18	2.3
揭阳市	0.6				3.35	1.47
云浮市	0.08	0.01	0.36	0.36	6.54	1.38
广西壮族自治区	**10.93**	**3.77**	**4.33**	**0.91**	**58.3**	**36.54**
南宁市	1.62	0.84	0.15	0.04	13.74	9.31
柳州市	0.83	0.3	0.23	0.2	12.29	9.9
桂林市	0.71	0.08	0.28		6.47	4.38
梧州市	0.25		0.15		3.15	2.02
北海市	0.44	0.21	0.22	0.15	2.42	1.76
防城港市	1.19	0.58	0.1	0.07	1.05	0.71
钦州市	0.57	0.33	0.17	0.14	1.43	0.52
贵港市	0.21	0.09	0.03	0.01	2.58	1.39
玉林市	0.95	0.04	0.01	0.01	3.93	2.07
百色市	0.57	0.2	0.85	0.18	3.06	1.01
贺州市	0.34	0.07	0.03	0.03	0.71	0.37
河池市	0.62	0.05	1.09	0.08	2.29	0.99
来宾市	0.99	0.69	0.56		2.23	1.54
崇左市	1.64	0.29	0.46		2.95	0.57

2-5 续表 6 单位：万人

城市	第一产业（农、林、牧、渔业）		采矿业		制造业	
	全市	市辖区	全市	市辖区	全市	市辖区
海南省	**0.29**	**0.29**	**0.03**	**0.03**	**4.1**	**4.1**
海口市	0.2	0.2			3.9	3.9
三亚市	0.09	0.09	0.03	0.03	0.2	0.2
重庆市	**1.71**	**0.73**	**9.53**	**5.12**	**57.42**	**51.33**
四川省	**3.56**	**1**	**15.64**	**5.63**	**120.31**	**77.35**
成都市	0.32	0.12	0.08		42.89	30.56
自贡市	0.06	0.04	1	0.57	5.36	4.87
攀枝花市	0.15	0.05	2.02	1.87	8.08	7.9
泸州市	0.25	0.05	0.2		4.74	3.51
德阳市	0.1	0.01	0.49	0.14	7.32	3.37
绵阳市	0.1	0.02	0.03		12.67	8.45
广元市	0.16	0.03	1.21	0.79	1.18	0.94
遂宁市	0.03	0.01	0.07		2.98	0.69
内江市	0.21	0.08	1.22		3.84	0.79
乐山市	0.37	0.2	2.43	0.59	8.68	3.91
南充市	0.17	0.02	0.03	0.03	1.55	0.91
眉山市	0.18	0.02	0.59		3.2	1.22
宜宾市	0.12	0.04	2.84	0.03	9.63	6.05
广安市	0.07	0.01	1.02	0.27	0.21	0.02
达州市	0.47	0.03	1.76	1.04	2.34	0.94
雅安市	0.11	0.01	0.32		1.39	0.97
巴中市	0.47	0.16	0.33	0.3	0.69	0.2
资阳市	0.22	0.1			3.56	2.05
贵州省	**0.82**	**0.27**	**8.38**	**3.55**	**24.83**	**17.25**
贵阳市	0.26	0.17	0.97	0.76	15.08	11.64
六盘水市	0.11		6.62	2.37	2.73	2.21
遵义市	0.11	0.01	0.26	0.06	5.6	2.52
安顺市	0.34	0.09	0.53	0.36	1.42	0.88
云南省	**4.04**	**0.91**	**10.14**	**1.19**	**40.4**	**16.85**
昆明市	0.69	0.23	1.25	0.34	19.08	10.17
曲靖市	0.54	0.09	5.21	0.37	7.07	1.78
玉溪市	0.3	0.06	1.04	0.06	5.19	1.89
保山市	0.55	0.23	0.25	0.15	2.06	0.65
昭通市	0.27	0.03	1.17	0.23	1.54	0.68
丽江市	0.25		0.66		0.88	0.16
思茅市	1.41	0.27	0.2	0.04	2.84	1.38
临沧市	0.03		0.36		1.74	0.14

2-5 续表 7　　　　单位：万人

城　　市	第一产业（农、林、牧、渔业）		采矿业		制造业	
	全市	市辖区	全市	市辖区	全市	市辖区
西藏自治区	**0.05**		**0.09**		**0.38**	
拉萨市	0.05		0.09		0.38	
陕西省	**4.17**	**1.28**	**19.89**	**5.88**	**81.54**	**61.38**
西安市	0.33	0.2	0.23	0.13	42.77	41.29
铜川市	0.07	0.05	2.69	2.63	1.2	1.17
宝鸡市	0.47	0.13	0.64	0.1	10.82	8.14
咸阳市	0.39	0.07	1.39		9.31	4.55
渭南市	1.1	0.32	3.83		7.32	2.89
延安市	0.37	0.1	5.82	2.52	1	0.3
汉中市	0.42	0.09	0.53	0.03	5.86	1.56
榆林市	0.62	0.21	3.71	0.4	1.53	0.76
安康市	0.13	0.02	0.17	0.04	0.77	0.33
商洛市	0.27	0.09	0.88	0.03	0.96	0.39
甘肃省	**5.35**	**1.68**	**8.94**	**3.86**	**33.66**	**28.29**
兰州市	0.12	0.11	1.39	1.38	12.72	11.32
嘉峪关市	0.01	0.01	0.01	0.01	3.22	3.22
金昌市	0.31	0.01	0.03	0.03	4.28	3.77
白银市	0.45	0.05	2.36	2.2	3.86	3.54
天水市	0.49	0.22			3.44	3.08
武威市	1.12	0.85	0.31	0.18	1.4	1.3
张掖市	1.15	0.14	0.3	0.04	1.54	0.73
平凉市	0.26	0.03	2.32		0.83	0.7
酒泉市	0.61	0.16	1.34		0.8	0.5
庆阳市	0.05	0.01			0.22	0.08
定西市	0.25	0.02	0.05		0.85	0.04
陇南市	0.53	0.07	0.83	0.02	0.5	0.01
青海省	**0.27**	**0.09**	**0.4**	**0.01**	**6.4**	**3.25**
西宁市	0.27	0.09	0.4	0.01	6.4	3.25
宁夏回族自治区	**2.48**	**1.14**	**5.56**	**5.09**	**10.46**	**7.27**
银川市	1.27	0.5	5.07	5.04	4.64	3.09
石嘴山市	0.18	0.15	0.03	0.03	3.25	2.94
吴忠市	0.62	0.28	0.01		1.58	0.46
固原市	0.27	0.12	0.22	0.02	0.11	0.01
中卫市	0.14	0.09	0.23		0.88	0.77
新疆维吾尔自治区	**1.27**	**1.25**	**9.42**	**9.42**	**11.09**	**11.08**
乌鲁木齐市	1.23	1.21	1.77	1.77	7.9	7.89
克拉玛依市	0.04	0.04	7.65	7.65	3.19	3.19

2-6 按行业分组的单位从业人员(二)

单位：万人

城市	电力、燃气及水的生产和供应业		建筑业		交通运输、仓储及邮政业	
	全市	市辖区	全市	市辖区	全市	市辖区
城市合计	**289.13**	**163.02**	**1157.36**	**722.75**	**547.5**	**443.57**
北京市	**6.61**	**6.39**	**34.11**	**33.27**	**50.07**	**49.76**
天津市	**3.34**	**2.89**	**10.67**	**10.13**	**12.29**	**12.05**
河北省	**19.86**	**9.72**	**35.88**	**17.25**	**25.47**	**19.61**
石家庄市	2.47	1.77	4.78	3.39	5.73	4.88
唐山市	2.78	1.92	4.81	3.48	3.76	3.32
秦皇岛市	1.21	0.91	0.99	0.78	3.46	3.18
邯郸市	2.77	1.21	5.78	2.32	2.28	1.5
邢台市	2	0.62	1.2	0.74	1	0.65
保定市	2.73	0.66	9.21	2.53	2.19	1.56
张家口市	1.25	0.93	1.4	0.67	1.34	0.88
承德市	0.99	0.49	0.67	0.25	1.37	0.92
沧州市	1.81	0.51	4.83	1.74	2.27	1.17
廊坊市	0.88	0.3	1.59	1.27	0.85	0.46
衡水市	0.97	0.4	0.62	0.08	1.22	1.09
山西省	**9.97**	**6.64**	**20.2**	**15.3**	**17.86**	**13.33**
太原市	1.6	1.51	8.1	8.03	7.55	7.5
大同市	1.37	1.23	1.24	1.2	1.1	0.98
阳泉市	0.82	0.65	0.91	0.91	0.86	0.79
长治市	0.99	0.72	1.17	0.9	1.07	0.9
晋城市	0.74	0.41	0.63	0.57	0.69	0.54
朔州市	0.76	0.66	1.39	1.08	0.41	0.25
晋中市	1	0.52	2	0.91	1	0.7
运城市	0.85	0.38	1.34	0.34	0.59	0.26
忻州市	0.5	0.07	1.17	0.5	0.87	0.62
临汾市	1	0.46	1.5	0.67	3.16	0.59
吕梁市	0.34	0.03	0.75	0.19	0.56	0.2
内蒙古自治区	**10.01**	**5.17**	**17.61**	**9.21**	**9.27**	**5.39**
呼和浩特市	1.41	1.1	1.89	1.81	2.02	1.94
包头市	1.25	1.15	2.16	1.75	1.46	1.36
乌海市	0.6	0.6	1.97	1.97	0.29	0.29
赤峰市	1.33	0.7	1.66	0.38	0.92	0.38
通辽市	1.78	0.43	6.64	1.3	0.65	0.2
鄂尔多斯市	0.8	0.3	0.07	0.03	0.28	0.1
呼伦贝尔市	1.2	0.19	1.34	0.2	2.4	0.29
巴彦淖尔市	0.72	0.37	1.16	1.1	0.52	0.37
乌兰察布市	0.92	0.33	0.72	0.67	0.73	0.46

2-6 续表 1 单位：万人

城 市	电力、燃气及水的生产和供应业		建筑业		交通运输、仓储及邮政业	
	全市	市辖区	全市	市辖区	全市	市辖区
辽宁省	**16.21**	**12.97**	**28.96**	**25.17**	**26.81**	**22.64**
沈阳市	3.01	2.71	5.13	4.96	12.37	11.89
大连市	1.69	1.36	4.82	4.72	4.98	4.6
鞍山市	1.12	0.87	3.83	3.66	1.25	0.98
抚顺市	1.36	1.22	1.85	1.61	0.86	0.56
本溪市	0.87	0.73	2.17	2.04	1	0.88
丹东市	0.49	0.04	0.65	0.35	0.67	0.43
锦州市	1.58	1.35	1.19	1.12	1.32	0.64
营口市	0.76	0.74	0.7	0.43	1.21	1.09
阜新市	0.86	0.77	0.62	0.53	0.42	0.25
辽阳市	0.69	0.58	2.26	1.9	0.38	0.33
盘锦市	0.6	0.5	2.19	1.98	0.47	0.31
铁岭市	0.97	0.06	1.28	0.31	0.61	0.02
朝阳市	0.88	0.8	1.35	0.68	0.58	0.26
葫芦岛市	1.33	1.24	0.92	0.88	0.69	0.4
吉林省	**7.31**	**4.78**	**9.98**	**7.99**	**7.32**	**4.65**
长春市	2.5	2.1	5.1	4.8	3.5	2.9
吉林市	1.44	1.04	1.49	1.11	0.97	0.54
四平市	0.76	0.37	0.31	0.15	0.61	0.22
辽源市	0.38	0.31	0.13	0.09	0.22	0.11
通化市	0.73	0.39	1.03	0.63	0.68	0.31
白山市	0.63	0.34	0.47	0.4	0.33	0.16
松原市	0.48	0.07	1.08	0.63	0.39	0.09
白城市	0.39	0.16	0.37	0.18	0.62	0.32
黑龙江省	**14.29**	**9.96**	**29.74**	**23.28**	**24.24**	**17.03**
哈尔滨市	4.19	3.32	14.2	13.29	10.93	9.57
齐齐哈尔市	1.46	0.86	1.85	1.35	4.14	3.59
鸡西市	0.78	0.56	0.48	0.18	0.95	0.26
鹤岗市	0.46	0.22	0.38	0.09	0.66	0.18
双鸭山市	0.81	0.48	0.57	0.14	1.03	0.24
大庆市	2.37	2.21	6.19	5.67	1.74	1.53
伊春市	0.64	0.56	0.59	0.56	0.34	0.24
佳木斯市	0.87	0.69	1.95	1.15	1.15	0.42
七台河市	0.19	0.14	0.62	0.51	0.27	0.22
牡丹江市	1.12	0.73	0.52	0.23	0.79	0.28
黑河市	0.7	0.19	0.59	0.03	1.14	0.43
绥化市	0.7		1.8	0.08	1.1	0.07
上海市	**5.56**	**5.35**	**11.01**	**10.97**	**35.63**	**35.33**
江苏省	**12.86**	**8.47**	**46.04**	**21.02**	**30.81**	**24.51**
南京市	1.56	1.47	9.2	8.31	8.78	8.72
无锡市	1.53	0.93	1.54	0.96	2.43	1.67
徐州市	1.82	1.21	2.01	1.11	5.66	4.9

2-6 续表 2　　　　单位：万人

城　市	电力、燃气及水的生产和供应业		建筑业		交通运输、仓储及邮政业	
	全市	市辖区	全市	市辖区	全市	市辖区
常州市	0.74	0.59	1.14	0.69	1.77	1.44
苏州市	1.42	0.49	2.32	0.56	2.16	1.03
南通市	0.98	0.59	4.96	2.48	1.93	1.59
连云港市	0.9	0.67	3.12	1.32	2.02	1.77
淮安市	0.77	0.53	3.07	1.7	1.06	0.68
盐城市	0.87	0.65	6.4	0.96	1.29	0.66
扬州市	0.42	0.26	6.35	0.67	0.91	0.35
镇江市	0.86	0.68	1.78	1.05	1.49	1.22
泰州市	0.63	0.33	2.06	0.88	0.96	0.4
宿迁市	0.36	0.07	2.09	0.33	0.35	0.08
浙江省	**12.22**	**5.19**	**155.85**	**77.49**	**23.93**	**17.35**
杭州市	2.19	1.42	38.86	37.31	7.92	7.29
宁波市	1.72	0.97	26.56	3.2	4.78	4.1
温州市	1.43	0.55	21.04	8.18	2.77	1.71
嘉兴市	1.46	0.26	2.14	0.54	1.14	0.48
湖州市	0.57	0.25	3.47	1.78	0.64	0.38
绍兴市	1.2	0.35	34.26	13.48	1.48	0.69
金华市	0.9	0.27	9.47	4.31	1.58	0.54
衢州市	0.44	0.21	0.7	0.22	0.5	0.28
舟山市	0.49	0.34	1.5	1.12	1.19	1.04
台州市	1.02	0.42	17.06	6.84	1.32	0.59
丽水市	0.79	0.15	0.79	0.51	0.61	0.26
安徽省	**9.42**	**6.05**	**40.69**	**24.27**	**14.76**	**11.79**
合肥市	0.89	0.73	11.96	7.81	4.09	3.83
芜湖市	0.48	0.41	3.54	2.77	1.73	1.67
蚌埠市	0.57	0.35	0.8	0.37	1.21	1.07
淮南市	1.45	1.37	2.37	2.13	1.01	0.91
马鞍山市	0.38	0.36	0.87	0.83	0.35	0.32
淮北市	0.5	0.44	0.28	0.21	0.35	0.27
铜陵市	0.29	0.25	2.13	1.61	0.27	0.26
安庆市	1.24	0.87	1.16	0.53	0.74	0.47
黄山市	0.2	0.11	1.11	0.93	0.42	0.27
滁州市	0.32	0.15	1.27	0.45	0.95	0.38
阜阳市	0.72	0.27	2.98	2.15	1.34	1.17
宿州市	0.5	0.22	2.79	1.75	0.59	0.39
巢湖市	0.4	0.15	3.43	0.24	0.32	0.19
六安市	0.67	0.18	3.79	2.01	0.71	0.43
亳州市	0.24	0.07	1.31	0.21	0.24	0.1
池州市	0.19	0.12	0.5	0.27	0.1	0.04
宣城市	0.38		0.4		0.34	0.02

2-6 续表 3 单位：万人

城 市	电力、燃气及水的生产和供应业		建筑业		交通运输、仓储及邮政业	
	全市	市辖区	全市	市辖区	全市	市辖区
福建省	**9.6**	**3.97**	**51.97**	**26.97**	**13.21**	**9.64**
福州市	1.58	0.73	10.91	5.48	3.87	3.07
厦门市	1.36	1.36	10.88	10.88	3.85	3.85
莆田市	0.51	0.37	1.65	1.63	0.4	0.38
三明市	0.95	0.14	1.17	0.84	0.73	0.26
泉州市	1.38	0.29	18.58	3.53	1.63	0.97
漳州市	0.98	0.1	3.46	1.65	0.66	0.35
南平市	0.91	0.25	0.77	0.25	0.73	0.21
龙岩市	0.85	0.27	3.36	1.83	0.61	0.32
宁德市	1.08	0.46	1.19	0.88	0.73	0.23
江西省	**9.38**	**3.7**	**27.63**	**16.53**	**13.8**	**10.77**
南昌市	1.67	1.41	12.97	9.06	7.41	7.34
景德镇市	0.45	0.19	1.24	1.06	0.49	0.21
萍乡市	0.28	0.16	0.44	0.42	0.43	0.39
九江市	1.25	0.54	4.35	1.75	0.97	0.67
新余市	0.47	0.35	0.36	0.26	0.16	0.14
鹰潭市	0.3	0.1	0.71	0.27	0.14	0.1
赣州市	1.39	0.25	1.86	0.87	0.9	0.3
吉安市	1.03	0.16	0.99	0.18	1.07	0.46
宜春市	0.94	0.16	1.05	0.53	1	0.72
抚州市	0.74	0.25	2.54	2.01	0.52	0.16
上饶市	0.86	0.13	1.12	0.12	0.71	0.28
山东省	**20.49**	**9.59**	**70.78**	**42.01**	**30.23**	**25.72**
济南市	1.84	1.3	23.67	18.13	7.86	7.62
青岛市	2.21	1.42	5.81	3.24	6.51	6.16
淄博市	1.59	1.32	7.75	4.38	0.94	0.91
枣庄市	0.77	0.6	2.01	0.85	0.73	0.52
东营市	0.27	0.13	1.31	0.91	1.33	1.26
烟台市	1.68	0.67	3.26	1.71	2.91	2.12
潍坊市	1.87	0.52	4.77	2.09	0.88	0.46
济宁市	1.66	0.56	2.78	1.21	1.38	0.74
泰安市	0.97	0.24	5.94	2.68	0.92	0.61
威海市	1.26	0.38	2.41	1.3	1.13	0.9
日照市	0.5	0.31	1	0.84	1.4	1.33
莱芜市	0.39	0.39	0.94	0.94	0.17	0.17
临沂市	1.29	0.31	3.71	1.44	0.9	0.71
德州市	1.27	0.49	1.62	0.59	0.59	0.36
聊城市	0.96	0.46	1.11	0.44	1.39	0.95
滨州市	0.76	0.09	1.16	0.26	0.19	0.05
菏泽市	1.2	0.4	1.53	1	1	0.85

2-6 续表 4

单位：万人

城　　市	电力、燃气及水的生产和供应业		建筑业		交通运输、仓储及邮政业	
	全市	市辖区	全市	市辖区	全市	市辖区
河南省	**20.37**	**8.61**	**85.43**	**48.38**	**18.94**	**12.04**
郑州市	3.11	1.68	17.63	12.69	3.02	2.35
开封市	0.54	0.24	2.55	1.84	0.73	0.45
洛阳市	3.43	0.72	3.48	2.82	1.9	1.4
平顶山市	1.13	0.8	2.64	1.83	1.15	0.57
安阳市	0.84	0.51	13.01	3.89	0.88	0.52
鹤壁市	0.38	0.24	1.84	1.5	0.19	0.1
新乡市	1.04	0.39	4.82	1.62	0.92	0.54
焦作市	1.36	0.74	1.86	1.06	0.56	0.38
濮阳市	0.64	0.29	5.78	4.75	1.32	1.23
许昌市	0.76	0.18	2.19	0.48	0.5	0.32
漯河市	0.29	0.2	1.86	1.6	0.48	0.32
三门峡市	0.77	0.42	2.02	1.29	0.59	0.34
南阳市	1.57	0.66	6.78	3.92	2.18	1.14
商丘市	0.78	0.36	4.05	1.85	1.05	0.77
信阳市	1.36	0.43	5.35	2.31	1.5	0.65
周口市	1.2	0.39	4.78	2.61	0.9	0.51
驻马店市	1.17	0.36	4.79	2.32	1.07	0.45
湖北省	**12.27**	**6.04**	**83.81**	**43.06**	**25.44**	**18.58**
武汉市	1.74	1.28	39.5	23.46	14.83	13.96
黄石市	0.64	0.47	3.62	1.41	1.01	0.69
十堰市	1.72	0.37	1.95	1.45	1	0.46
宜昌市	2.89	1.74	7.27	3.28	2.18	0.7
襄樊市	1.18	0.5	2.43	1	1.45	0.73
鄂州市	0.22	0.22	3.38	3.38	0.36	0.36
荆门市	0.68	0.56	1.98	0.56	0.66	0.39
孝感市	0.79	0.22	12.46	5.41	1.17	0.25
荆州市	0.7	0.46	2.48	0.95	1.03	0.59
黄冈市	1.11	0.07	5.93	1.02	0.78	0.14
咸宁市	0.47	0.07	0.99	0.13	0.71	0.16
随州市	0.13	0.08	1.82	1.01	0.26	0.15
湖南省	**11.15**	**4.64**	**70.47**	**40.61**	**14.27**	**8.65**
长沙市	1.42	1.17	16.79	13.33	3.06	2.23
株洲市	0.8	0.49	3.74	2.46	0.9	0.63
湘潭市	0.49	0.39	5.71	1.69	0.71	0.45
衡阳市	0.99	0.42	9.34	5.33	1.12	0.71
邵阳市	0.94	0.2	6.63	3.67	1.7	0.99
岳阳市	0.73	0.4	7.72	3.49	1.6	0.97
常德市	0.78	0.35	6.58	3.12	0.77	0.43
张家界市	0.34	0.12	0.78	0.26	0.35	0.26

2-6 续表 5 单位：万人

城市	电力、燃气及水的生产和供应业		建筑业		交通运输、仓储及邮政业	
	全市	市辖区	全市	市辖区	全市	市辖区
益阳市	0.44	0.25	1.59	1.18	0.27	0.1
郴州市	1.04	0.23	2.37	1.21	0.7	0.46
永州市	1.13	0.2	3.01	1.2	0.9	0.39
怀化市	1.36	0.24	1.58	0.63	1.26	0.62
娄底市	0.69	0.18	4.63	3.04	0.93	0.41
广东省	**18.54**	**10.65**	**63.16**	**43.45**	**53.47**	**48.04**
广州市	2.48	2.26	15.43	12.88	22.45	22.28
韶关市	1.34	0.56	3.15	2.39	1.24	0.83
深圳市	1.8	1.8	11.7	11.7	13.8	13.8
珠海市	0.47	0.47	2.22	2.22	1.44	1.44
汕头市	0.66	0.6	2.49	2.47	1.07	1.04
佛山市	1.11	1.11	2.86	2.86	1.65	1.65
江门市	0.75	0.23	3.05	0.64	1.03	0.56
湛江市	1.01	0.42	3.52	0.95	2.42	1.79
茂名市	0.75	0.24	4.65	0.9	0.9	0.31
肇庆市	0.57	0.14	1.04	0.47	0.84	0.3
惠州市	0.75	0.4	2.22	1.75	1.19	0.91
梅州市	1.17	0.18	1.52	0.49	0.53	0.13
汕尾市	0.46	0.12	0.79	0.16	0.41	0.23
河源市	0.64	0.14	1.15	0.39	0.58	0.2
阳江市	0.46	0.18	3.11	1.53	0.56	0.3
清远市	0.86	0.1	0.5	0.29	0.65	0.32
东莞市	0.74	0.74	0.14	0.14	0.68	0.68
中山市	0.4	0.4	0.28	0.28	0.88	0.88
潮州市	0.76	0.19	0.8	0.25	0.37	0.17
揭阳市	0.9	0.23	1.97	0.43	0.47	0.11
云浮市	0.46	0.14	0.57	0.26	0.31	0.11
广西壮族自治区	**8.8**	**3.37**	**21.86**	**14.66**	**15.24**	**11.75**
南宁市	1.06	0.58	7.72	6.81	5.51	5.31
柳州市	0.65	0.31	2.19	2	1.58	1.38
桂林市	1.06	0.24	1.58	1.03	1.13	0.7
梧州市	0.71	0.21	1.33	0.9	0.66	0.48
北海市	0.23	0.17	0.61	0.27	0.4	0.33
防城港市	0.21	0.11	0.93	0.85	1.3	1.28
钦州市	0.35	0.16	1.32	0.89	0.6	0.34
贵港市	0.41	0.19	0.73	0.39	0.79	0.34
玉林市	0.7	0.25	3.1	0.87	1	0.53
百色市	0.91	0.22	0.34	0.15	0.74	0.57
贺州市	0.46	0.27	0.34	0.18	0.29	0.13
河池市	0.87	0.22	1.03	0.23	0.64	0.22
来宾市	0.58	0.29	0.23	0.04	0.2	0.06
崇左市	0.6	0.15	0.41	0.05	0.4	0.08

2-6 续表 6　　单位：万人

城市	电力、燃气及水的生产和供应业		建筑业		交通运输、仓储及邮政业	
	全市	市辖区	全市	市辖区	全市	市辖区
海南省	**0.58**	**0.58**	**5.42**	**5.42**	**3.04**	**3.04**
海口市	0.4	0.4	5.1	5.1	2.6	2.6
三亚市	0.18	0.18	0.32	0.32	0.44	0.44
重庆市	**6.42**	**4.3**	**43.32**	**35.47**	**13.45**	**11.83**
四川省	**13.89**	**5.95**	**98.75**	**56.56**	**20.24**	**13.82**
成都市	2.25	1.11	39.12	28.86	9.31	7.5
自贡市	0.4	0.29	3.15	1.54	1.01	0.88
攀枝花市	0.48	0.27	1.03	1	0.44	0.43
泸州市	0.61	0.28	8.71	5.96	0.93	0.63
德阳市	0.4	0.2	4.37	3.09	0.56	0.17
绵阳市	0.96	0.41	3.87	0.91	1.05	0.67
广元市	0.35	0.11	1	0.89	0.48	0.24
遂宁市	0.59	0.26	7.54	2.84	0.26	0.12
内江市	0.49	0.34	4.6	1.95	0.61	0.37
乐山市	2.01	1.14	3.2	2.36	1.01	0.55
南充市	0.88	0.24	6.65	2.93	0.88	0.49
眉山市	0.41	0.11	0.76	0.11	0.33	0.17
宜宾市	1.02	0.25	5.07	1.05	1.09	0.73
广安市	0.47	0.23	1.14	0.36	0.34	0.08
达州市	1.29	0.35	3.3	0.71	0.83	0.32
雅安市	0.48	0.1	0.66	0.26	0.26	0.14
巴中市	0.55	0.17	2.45	1.51	0.42	0.2
资阳市	0.25	0.09	2.13	0.23	0.43	0.13
贵州省	**3.24**	**1.36**	**17.9**	**15.96**	**4.19**	**3.65**
贵阳市	1.1	0.63	14.59	14.05	2.32	2.22
六盘水市	0.55	0.23	0.76	0.47	0.14	0.11
遵义市	1.07	0.3	1.99	1.03	1.26	0.88
安顺市	0.52	0.2	0.56	0.41	0.47	0.44
云南省	**4.75**	**2.04**	**26.43**	**18.74**	**11.02**	**5.46**
昆明市	1.32	0.83	16.08	13.47	8.14	3.9
曲靖市	1.13	0.27	2.81	0.47	0.51	0.22
玉溪市	0.49	0.12	1.02	0.35	0.31	0.22
保山市	0.31	0.28	3.26	2.67	0.31	0.19
昭通市	0.54	0.18	1.01	0.61	0.52	0.3
丽江市	0.23	0.12	0.61	0.39	0.27	0.19
思茅市	0.38	0.11	1.39	0.7	0.42	0.22
临沧市	0.35	0.13	0.25	0.08	0.54	0.22

2-6 续表 7　　　　单位：万人

城　　市	电力、燃气及水的生产和供应业		建筑业		交通运输、仓储及邮政业	
	全市	市辖区	全市	市辖区	全市	市辖区
西藏自治区	**0.56**		**0.58**		**0.44**	
拉萨市	0.56		0.58		0.44	
陕西省	**9.96**	**6.1**	**23.36**	**17.35**	**17.34**	**14.19**
西安市	3.13	2.78	11.34	10.11	10.25	9.89
铜川市	0.32	0.31	0.84	0.82	0.17	0.16
宝鸡市	0.9	0.69	1.71	1.09	1.97	1.84
咸阳市	1.12	0.72	3.39	2.24	0.78	0.48
渭南市	1.58	0.32	1.58	1.17	0.77	0.31
延安市	0.53	0.26	0.65	0.28	0.54	0.26
汉中市	0.64	0.26	1.6	0.96	0.84	0.49
榆林市	1.04	0.38	0.52	0.16	1.12	0.3
安康市	0.47	0.25	0.49	0.2	0.34	0.17
商洛市	0.23	0.13	1.24	0.32	0.56	0.29
甘肃省	**5.77**	**3.46**	**13.05**	**10.41**	**5**	**3.84**
兰州市	1.42	1.19	7.65	7.37	1.82	1.72
嘉峪关市	0.08	0.08	0.05	0.05	0.04	0.04
金昌市	0.29	0.09	0.43	0.41	0.11	0.09
白银市	0.67	0.51	0.38	0.35	0.38	0.17
天水市	0.5	0.27	1.95	1.45	0.43	0.33
武威市	0.35	0.22	0.1	0.05	0.41	0.35
张掖市	0.49	0.28	0.29	0.22	0.28	0.21
平凉市	0.42	0.29	0.7	0.19	0.31	0.16
酒泉市	0.31	0.09	0.37	0.27	0.32	0.19
庆阳市	0.31	0.13	0.15	0.04	0.17	0.11
定西市	0.37	0.18	0.63	0.01	0.31	0.2
陇南市	0.56	0.13	0.35		0.42	0.27
青海省	**0.55**	**0.45**	**3.3**	**2.88**	**2.29**	**2.25**
西宁市	0.55	0.45	3.3	2.88	2.29	2.25
宁夏回族自治区	**4.17**	**3.66**	**2.36**	**1.9**	**1.76**	**1.19**
银川市	2.77	2.7	1.62	1.36	0.9	0.69
石嘴山市	0.83	0.79	0.29	0.26	0.16	0.15
吴忠市	0.44	0.1	0.16	0.13	0.17	0.11
固原市	0.05	0.02	0.2	0.1	0.31	0.2
中卫市	0.08	0.05	0.09	0.05	0.22	0.04
新疆维吾尔自治区	**0.98**	**0.97**	**7.04**	**7.04**	**5.67**	**5.67**
乌鲁木齐市	0.97	0.96	6.07	6.07	5.46	5.46
克拉玛依市	0.01	0.01	0.97	0.97	0.21	0.21

2-7 按行业分组的单位从业人员(三)

单位：万人

城 市	信息传输、计算机服务和软件业		批发和零售业		住宿、餐饮业	
	全市	市辖区	全市	市辖区	全市	市辖区
城市合计	**168.11**	**144.64**	**518.71**	**384.01**	**199.35**	**167.52**
北京市	**36.21**	**36.16**	**50.17**	**49.60**	**28.28**	**27.81**
天津市	**2.48**	**2.47**	**11.85**	**11.56**	**4.08**	**3.99**
河北省	**6.05**	**4.53**	**22.14**	**13.13**	**4.53**	**3.05**
石家庄市	0.92	0.76	6.02	4.77	1.33	1.14
唐山市	0.61	0.51	3.30	1.59	0.60	0.35
秦皇岛市	0.28	0.22	0.68	0.55	0.29	0.24
邯郸市	0.52	0.40	2.24	1.10	0.36	0.22
邢台市	0.38	0.29	1.34	0.76	0.34	0.19
保定市	0.83	0.72	2.67	1.50	0.44	0.29
张家口市	0.47	0.28	1.51	0.83	0.27	0.12
承德市	0.43	0.21	0.81	0.26	0.19	0.14
沧州市	0.81	0.54	1.58	0.58	0.29	0.12
廊坊市	0.38	0.29	0.81	0.54	0.25	0.14
衡水市	0.42	0.31	1.18	0.65	0.17	0.10
山西省	**3.61**	**3.41**	**18.35**	**9.92**	**3.78**	**3.14**
太原市	0.97	0.97	3.61	3.45	1.86	1.83
大同市	0.39	0.38	2.09	1.66	0.30	0.26
阳泉市	0.09	0.07	0.86	0.61	0.12	0.10
长治市	0.34	0.34	1.43	0.67	0.20	0.09
晋城市	0.28	0.23	1.70	0.71	0.23	0.11
朔州市	0.20	0.16	1.18	0.70	0.17	0.11
晋中市		0.20	2.00	0.54		0.18
运城市	0.45	0.35	1.30	0.27	0.18	0.07
忻州市	0.40	0.36	1.58	0.61	0.28	0.17
临汾市	0.26	0.21	1.50	0.60	0.26	0.14
吕梁市	0.23	0.14	1.10	0.10	0.18	0.08
内蒙古自治区	**3.44**	**2.90**	**5.97**	**4.37**	**2.46**	**1.99**
呼和浩特市	0.84	0.83	1.06	1.01	0.86	0.79
包头市	0.60	0.59	1.32	1.32	0.67	0.66
乌海市	0.15	0.15	0.29	0.29	0.06	0.06
赤峰市	0.32	0.16	0.75	0.21	0.19	0.06
通辽市	0.35	0.20	0.59	0.38	0.16	0.10
鄂尔多斯市	0.28	0.19	0.25	0.12	0.06	0.06
呼伦贝尔市	0.42	0.38	0.80	0.36	0.30	0.14
巴彦淖尔市	0.18	0.17	0.42	0.33	0.09	0.07
乌兰察布市	0.30	0.23	0.49	0.35	0.07	0.05

2-7 续表 1

单位：万人

城　市	信息传输、计算机服务和软件业		批发和零售业		住宿、餐饮业	
	全市	市辖区	全市	市辖区	全市	市辖区
辽宁省	**6.09**	**5.58**	**17.12**	**15.04**	**6.68**	**6.43**
沈阳市	1.30	1.30	4.51	4.30	1.86	1.84
大连市	2.17	2.16	3.76	3.64	2.44	2.43
鞍山市	0.31	0.31	1.21	0.96	0.33	0.32
抚顺市	0.18	0.18	0.66	0.59	0.12	0.09
本溪市	0.23	0.23	0.52	0.48	0.07	0.06
丹东市	0.12	0.06	2.35	2.20	0.67	0.64
锦州市	0.34	0.22	0.81	0.63	0.15	0.13
营口市	0.20	0.19	0.52	0.42	0.18	0.16
阜新市	0.14	0.09	0.58	0.26	0.08	0.07
辽阳市	0.16	0.16	0.35	0.32	0.15	0.15
盘锦市	0.22	0.21	0.79	0.70	0.33	0.31
铁岭市	0.24	0.02	0.28	0.01	0.05	0.01
朝阳市	0.29	0.26	0.42	0.27	0.07	0.05
葫芦岛市	0.19	0.19	0.36	0.26	0.18	0.17
吉林省	**4.54**	**3.72**	**7.29**	**5.46**	**2.55**	**2.30**
长春市	2.10	1.90	4.10	3.90	1.90	1.90
吉林市	0.24	0.14	0.92	0.56	0.20	0.18
四平市	0.29	0.15	0.37	0.14	0.06	0.04
辽源市	0.08	0.02	0.12	0.05	0.02	0.02
通化市	0.32	0.14	0.42	0.11	0.10	0.04
白山市	1.18	1.13	0.25	0.20	0.04	0.03
松原市	0.20	0.18	0.63	0.27	0.16	0.05
白城市	0.13	0.06	0.48	0.23	0.07	0.04
黑龙江省	**5.26**	**4.17**	**21.04**	**14.47**	**4.40**	**2.66**
哈尔滨市	1.97	1.93	10.45	9.96	2.10	2.08
齐齐哈尔市	0.51	0.39	0.99	0.54	0.06	0.03
鸡西市	0.40	0.15	1.05	0.34	0.24	0.01
鹤岗市	0.13	0.11	0.96	0.31	0.35	0.02
双鸭山市	0.23	0.16	1.17	0.22	0.36	0.01
大庆市	0.62	0.62	1.88	1.34	0.21	0.18
伊春市	0.26	0.24	0.15	0.13	0.04	0.03
佳木斯市	0.31	0.30	1.61	0.87	0.35	0.18
七台河市	0.12	0.10	0.17	0.09	0.01	0.01
牡丹江市	0.26	0.15	0.72	0.40	0.15	0.09
黑河市	0.05	0.01	0.99	0.07	0.40	0.01
绥化市	0.40	0.01	0.90	0.20	0.13	0.01
上海市	**6.52**	**6.52**	**25.40**	**25.22**	**10.82**	**10.78**
江苏省	**7.33**	**5.27**	**27.69**	**18.62**	**10.51**	**7.65**
南京市	1.26	1.23	8.14	7.82	3.85	3.77
无锡市	0.66	0.53	2.88	1.75	1.57	0.97
徐州市	0.56	0.37	2.46	1.16	0.33	0.17

2-7 续表 2

单位：万人

城市	信息传输、计算机服务和软件业		批发和零售业		住宿、餐饮业	
	全市	市辖区	全市	市辖区	全市	市辖区
常州市	0.41	0.34	1.32	1.01	0.61	0.38
苏州市	1.06	0.71	2.88	1.34	1.70	0.90
南通市	0.61	0.36	1.52	0.84	0.35	0.20
连云港市	0.39	0.26	1.12	0.78	0.24	0.16
淮安市	0.28	0.22	1.16	0.84	0.19	0.15
盐城市	0.56	0.34	1.78	0.81	0.36	0.16
扬州市	0.52	0.33	1.05	0.54	0.48	0.35
镇江市	0.24	0.13	1.40	1.07	0.43	0.28
泰州市	0.53	0.27	1.46	0.52	0.36	0.13
宿迁市	0.25	0.18	0.52	0.14	0.04	0.03
浙江省	**10.05**	**8.50**	**28.06**	**20.30**	**14.93**	**10.92**
杭州市	5.55	5.35	10.83	9.91	7.21	6.76
宁波市	0.89	0.64	4.60	3.40	1.90	1.34
温州市	0.53	0.31	2.50	1.73	1.20	0.69
嘉兴市	0.43	0.36	2.19	0.98	0.82	0.28
湖州市	0.25	0.23	0.88	0.62	0.53	0.33
绍兴市	0.49	0.30	2.19	0.95	0.99	0.48
金华市	0.59	0.34	1.71	0.94	0.69	0.14
衢州市	0.20	0.15	0.41	0.22	0.12	0.03
舟山市	0.22	0.20	0.47	0.39	0.43	0.41
台州市	0.58	0.43	1.92	1.05	0.87	0.39
丽水市	0.32	0.19	0.37	0.11	0.17	0.06
安徽省	**3.74**	**2.73**	**13.51**	**8.53**	**3.74**	**3.18**
合肥市	0.85	0.81	3.74	3.56	1.20	1.16
芜湖市	0.18	0.16	0.47	0.44	0.28	0.26
蚌埠市	0.17	0.10	0.51	0.35	0.11	0.10
淮南市	0.13	0.12	0.83	0.55	0.27	0.26
马鞍山市	0.07	0.06	0.36	0.32	0.05	0.05
淮北市	0.10	0.09	0.16	0.10	0.09	0.09
铜陵市	0.08	0.08	0.25	0.24	0.08	0.07
安庆市	0.35	0.17	1.15	0.51	0.23	0.18
黄山市	0.22	0.19	0.19	0.15	0.50	0.48
滁州市	0.18	0.12	0.59	0.09	0.10	0.06
阜阳市	0.26	0.20	1.49	0.79	0.15	0.12
宿州市	0.23	0.14	0.85	0.41	0.07	0.07
巢湖市	0.17	0.10	0.70	0.27	0.20	0.05
六安市	0.22	0.16	0.71	0.38	0.09	0.08
亳州市	0.25	0.17	1.08	0.21	0.15	0.11
池州市	0.09	0.06	0.21	0.12	0.11	0.04
宣城市	0.19		0.22	0.04	0.06	

2-7 续表 3 单位：万人

城 市	信息传输、计算机服务和软件业		批发和零售业		住宿、餐饮业	
	全市	市辖区	全市	市辖区	全市	市辖区
福建省	**4.08**	**3.51**	**13.11**	**9.13**	**6.12**	**4.31**
福州市	1.05	1.04	4.10	3.42	1.86	1.43
厦门市	0.87	0.87	2.51	2.51	1.57	1.57
莆田市	0.15	0.15	0.57	0.48	0.20	0.19
三明市	0.21	0.19	0.58	0.20	0.18	0.09
泉州市	0.59	0.42	2.19	1.08	1.18	0.60
漳州市	0.35	0.26	1.03	0.56	0.28	0.17
南平市	0.37	0.28	0.77	0.29	0.40	0.06
龙岩市	0.29	0.22	0.75	0.35	0.24	0.11
宁德市	0.20	0.08	0.61	0.24	0.21	0.09
江西省	**3.51**	**1.90**	**8.19**	**4.61**	**1.81**	**1.32**
南昌市	0.69	0.69	1.68	1.50	0.31	0.30
景德镇市	0.11	0.07	1.09	0.75	0.13	0.12
萍乡市	0.26	0.16	0.23	0.20	0.07	0.07
九江市	0.26	0.04	0.64	0.32	0.24	0.17
新余市	0.12	0.11	0.13	0.11	0.03	0.03
鹰潭市	0.04	0.01	0.18	0.05	0.06	0.05
赣州市	0.34	0.18	0.63	0.11	0.23	0.09
吉安市	0.59	0.15	0.52	0.16	0.16	0.05
宜春市	0.59	0.19	0.71	0.42	0.24	0.21
抚州市	0.25	0.15	0.84	0.26	0.04	0.02
上饶市	0.26	0.15	1.54	0.73	0.30	0.21
山东省	**6.16**	**5.25**	**40.52**	**26.09**	**11.64**	**9.43**
济南市	1.59	1.59	9.88	8.71	3.38	3.23
青岛市	0.61	0.53	3.79	2.98	2.08	1.83
淄博市	0.37	0.37	2.80	2.00	0.68	0.62
枣庄市	0.12	0.12	1.05	0.64	0.14	0.10
东营市	0.50	0.49	0.68	0.58	0.55	0.52
烟台市	0.37	0.21	2.79	1.31	0.91	0.66
潍坊市	0.38	0.27	3.66	1.82	0.67	0.47
济宁市	0.31	0.22	1.94	1.43	0.47	0.25
泰安市	0.45	0.44	2.86	1.14	0.52	0.35
威海市	0.17	0.07	1.95	0.80	0.67	0.43
日照市	0.10	0.14	1.00	0.65	0.20	0.18
莱芜市	0.04	0.04	0.35	0.35	0.11	0.11
临沂市	0.37	0.29	2.19	0.81	0.38	0.22
德州市	0.31	0.17	1.94	0.84	0.32	0.16
聊城市	0.19	0.09	1.24	0.77	0.24	0.15
滨州市	0.12	0.05	1.09	0.57	0.12	0.04
菏泽市	0.16	0.16	1.31	0.69	0.20	0.11

2-7 续表 4 单位：万人

城 市	信息传输、计算机服务和软件业		批发和零售业		住宿、餐饮业	
	全市	市辖区	全市	市辖区	全市	市辖区
河南省	**5.12**	**3.96**	**38.37**	**17.36**	**9.22**	**6.48**
郑州市	1.36	1.28	5.28	4.24	2.47	2.07
开封市	0.29	0.26	2.29	1.08	0.72	0.65
洛阳市	0.20	0.19	2.06	0.99	0.78	0.58
平顶山市	0.15	0.10	2.14	1.22	0.41	0.29
安阳市	0.17	0.10	1.57	0.71	0.51	0.17
鹤壁市	0.09	0.05	0.49	0.34	0.12	0.11
新乡市	0.16	0.08	2.83	1.58	0.46	0.26
焦作市	0.18	0.10	1.23	0.48	0.45	0.27
濮阳市	0.14	0.10	0.89	0.46	0.17	0.15
许昌市	0.11	0.11	0.80	0.53	0.29	0.16
漯河市	0.16	0.15	0.77	0.19	0.13	0.11
三门峡市	0.13	0.12	1.59	0.53	0.30	0.16
南阳市	0.62	0.56	5.55	1.60	0.89	0.52
商丘市	0.27	0.12	1.93	1.23	0.30	0.24
信阳市	0.37	0.12	3.13	1.00	0.54	0.28
周口市	0.43	0.43	3.29	0.54	0.26	0.09
驻马店市	0.29	0.09	2.53	0.64	0.42	0.37
湖北省	**5.49**	**4.06**	**30.90**	**19.77**	**9.54**	**6.56**
武汉市	2.23	2.22	11.18	10.72	4.19	3.86
黄石市	0.19	0.16	1.51	1.04	0.49	0.41
十堰市	0.78	0.47	4.61	2.92	0.63	0.44
宜昌市	0.44	0.19	3.33	1.25	1.21	0.51
襄樊市	0.31	0.23	1.85	0.99	0.46	0.33
鄂州市	0.10	0.10	1.00	1.00	0.33	0.33
荆门市	0.16	0.07	1.61	0.63	0.39	0.18
孝感市	0.43	0.18	2.74	0.33	0.84	0.16
荆州市	0.34	0.22	0.83	0.16	0.33	0.05
黄冈市	0.30	0.12	1.40	0.22	0.40	0.04
咸宁市	0.13	0.04	0.38	0.26	0.15	0.21
随州市	0.08	0.06	0.46	0.25	0.12	0.04
湖南省	**4.98**	**4.03**	**15.74**	**12.02**	**7.92**	**6.14**
长沙市	1.23	1.21	6.32	5.90	3.72	3.36
株洲市	0.40	0.36	0.70	0.56	0.45	0.39
湘潭市	0.18	0.17	1.79	1.60	0.43	0.23
衡阳市	0.41	0.28	1.09	0.78	0.61	0.57
邵阳市	0.39	0.18	0.59	0.27	0.14	0.02
岳阳市	0.30	0.26	1.01	0.54	0.58	0.34
常德市	0.43	0.35	0.81	0.66	0.27	0.09
张家界市	0.17	0.16	0.17	0.10	0.25	0.22

2-7 续表 5

单位：万人

城　　市	信息传输、计算机服务和软件业		批发和零售业		住宿、餐饮业	
	全市	市辖区	全市	市辖区	全市	市辖区
益阳市	0.19	0.16	0.50	0.29	0.20	0.17
郴州市	0.31	0.30	0.91	0.38	0.42	0.30
永州市	0.29	0.09	1.15	0.61	0.34	0.14
怀化市	0.40	0.36	0.40	0.18	0.27	0.18
娄底市	0.28	0.15	0.30	0.15	0.24	0.13
广东省	**16.69**	**14.74**	**40.72**	**34.91**	**23.77**	**21.82**
广州市	5.00	4.92	11.93	11.79	9.42	9.22
韶关市	0.25	0.13	0.57	0.27	0.35	0.18
深圳市	4.40	4.40	12.70	12.70	6.60	6.60
珠海市	0.82	0.82	1.81	1.81	1.12	1.12
汕头市	0.50	0.49	2.02	1.98	0.57	0.55
佛山市	1.20	1.20	1.26	1.26	1.05	1.05
江门市	0.43	0.32	0.83	0.52	0.81	0.52
湛江市	0.36	0.14	1.44	0.56	0.45	0.40
茂名市	0.28	0.10	0.80	0.23	0.29	0.19
肇庆市	0.36	0.20	0.67	0.48	0.49	0.33
惠州市	0.31	0.21	1.11	0.84	0.68	0.40
梅州市	0.37	0.19	0.64	0.14	0.13	0.08
汕尾市	0.26	0.13	0.36	0.06	0.10	0.02
河源市	0.15	0.14	0.55	0.18	0.30	0.17
阳江市	0.28	0.20	0.96	0.73	0.24	0.21
清远市	0.33	0.17	0.40	0.19	0.35	0.17
东莞市	0.25	0.25	0.61	0.61	0.07	0.07
中山市	0.26	0.26	0.25	0.25	0.36	0.36
潮州市	0.31	0.22	0.26	0.10	0.14	0.07
揭阳市	0.35	0.15	0.83	0.13	0.11	0.03
云浮市	0.22	0.10	0.72	0.08	0.14	0.08
广西壮族自治区	**3.53**	**2.87**	**11.27**	**8.29**	**4.25**	**3.52**
南宁市	0.92	0.90	4.26	4.08	1.50	1.36
柳州市	0.37	0.29	1.38	1.16	0.49	0.47
桂林市	0.39	0.37	1.11	0.75	0.88	0.80
梧州市	0.23	0.13	0.41	0.19	0.13	0.10
北海市	0.14	0.11	0.29	0.23	0.27	0.24
防城港市	0.04	0.04	0.16	0.12	0.13	0.10
钦州市	0.13	0.12	0.20	0.18	0.14	0.10
贵港市	0.06	0.03	0.45	0.24	0.03	
玉林市	0.35	0.24	0.96	0.49	0.20	0.15
百色市	0.29	0.28	0.64	0.29	0.16	0.08
贺州市	0.12	0.05	0.20	0.10	0.06	0.04
河池市	0.24	0.22	0.61	0.26	0.14	0.06
来宾市	0.14	0.05	0.29	0.14	0.03	
崇左市	0.11	0.04	0.31	0.06	0.09	0.02

2-7 续表 6 单位：万人

城市	信息传输、计算机服务和软件业		批发和零售业		住宿、餐饮业	
	全市	市辖区	全市	市辖区	全市	市辖区
海南省	**0.53**	**0.53**	**2.11**	**2.11**	**3.14**	**3.14**
海口市	0.50	0.50	1.90	1.90	1.40	1.40
三亚市	0.03	0.03	0.21	0.21	1.74	1.74
重庆市	**2.55**	**2.14**	**11.17**	**9.25**	**4.25**	**3.83**
四川省	**5.51**	**3.73**	**16.63**	**12.71**	**4.90**	**3.95**
成都市	1.32	1.28	7.56	7.03	2.93	2.64
自贡市	0.24	0.18	0.71	0.66	0.21	0.20
攀枝花市	0.10	0.10	0.27	0.21	0.06	0.04
泸州市	0.22	0.10	1.11	0.79	0.11	0.08
德阳市	0.20	0.18	0.45	0.26	0.13	0.10
绵阳市	0.34	0.18	0.78	0.52	0.29	0.22
广元市	0.19	0.12	0.49	0.32	0.09	0.06
遂宁市	0.14	0.10	0.52	0.42	0.07	0.05
内江市	0.23	0.18	0.28	0.19	0.07	0.01
乐山市	0.17	0.16	0.78	0.57	0.21	0.15
南充市	0.25	0.16	0.78	0.45	0.09	0.08
眉山市	0.19	0.15	0.20	0.11	0.02	
宜宾市	0.57	0.14	0.68	0.38	0.24	0.09
广安市	0.24	0.21	0.21	0.12		
达州市	0.48	0.08	0.72	0.23	0.06	0.04
雅安市	0.23	0.17	0.21	0.13	0.10	0.09
巴中市	0.26	0.15	0.67	0.20	0.15	0.06
资阳市	0.14	0.09	0.21	0.12	0.07	0.04
贵州省	**1.53**	**1.54**	**7.24**	**6.39**	**2.15**	**1.98**
贵阳市	0.95	0.94	5.12	4.96	1.81	1.78
六盘水市	0.14	0.14	0.44	0.22	0.09	0.04
遵义市	0.29	0.33	1.27	0.91	0.14	0.08
安顺市	0.15	0.13	0.41	0.30	0.11	0.08
云南省	**2.84**	**1.37**	**10.85**	**7.75**	**4.23**	**3.32**
昆明市	1.85	0.67	6.41	5.38	2.75	2.35
曲靖市	0.15	0.09	0.92	0.31	0.21	0.03
玉溪市	0.06	0.04	1.72	1.28	0.30	0.12
保山市	0.12	0.10	0.47	0.05	0.10	0.05
昭通市	0.22	0.15	0.47	0.29	0.08	0.06
丽江市	0.11	0.08	0.24	0.15	0.60	0.60
思茅市	0.16	0.14	0.37	0.18	0.11	0.05
临沧市	0.17	0.10	0.25	0.11	0.08	0.06

2-7 续表 7 单位：万人

城 市	信息传输、计算机服务和软件业		批发和零售业		住宿、餐饮业	
	全市	市辖区	全市	市辖区	全市	市辖区
西藏自治区	**0.37**		**0.27**		**0.29**	
拉萨市	0.37		0.27		0.29	
陕西省	**6.17**	**5.57**	**12.76**	**9.00**	**5.64**	**4.64**
西安市	4.11	4.09	6.05	5.79	3.55	3.50
铜川市	0.14	0.14	0.16	0.15	0.06	0.06
宝鸡市	0.27	0.18	1.70	0.93	0.34	0.21
咸阳市	0.34	0.31	0.93	0.46	0.35	0.25
渭南市	0.28	0.09	1.29	0.57	0.34	0.08
延安市	0.30	0.28	0.57	0.31	0.30	0.18
汉中市	0.28	0.12	0.67	0.32	0.34	0.22
榆林市	0.18	0.15	0.68	0.11	0.11	0.03
安康市	0.16	0.11	0.38	0.22	0.11	0.06
商洛市	0.11	0.10	0.33	0.14	0.14	0.05
甘肃省	**1.79**	**1.68**	**4.99**	**3.81**	**1.72**	**1.27**
兰州市	0.82	0.81	1.77	1.71	0.89	0.86
嘉峪关市	0.02	0.02	0.05	0.05	0.03	0.03
金昌市	0.03	0.03	0.18	0.12	0.01	0.01
白银市	0.10	0.08	0.33	0.25	0.03	0.02
天水市	0.24	0.21	0.72	0.48	0.17	0.12
武威市	0.06	0.05	0.20	0.15	0.04	0.02
张掖市	0.08	0.07	0.31	0.24	0.06	0.04
平凉市	0.14	0.19	0.49	0.36	0.10	0.03
酒泉市	0.12	0.08	0.30	0.23	0.22	0.08
庆阳市	0.10	0.09	0.15	0.11	0.04	0.04
定西市	0.06	0.05	0.24	0.03	0.09	0.01
陇南市	0.02		0.25	0.08	0.04	0.01
青海省	**0.62**	**0.54**	**1.47**	**1.27**	**0.35**	**0.33**
西宁市	0.62	0.54	1.47	1.27	0.35	0.33
宁夏回族自治区	**0.70**	**0.64**	**1.65**	**1.17**	**0.46**	**0.40**
银川市	0.42	0.41	0.92	0.82	0.28	0.28
石嘴山市	0.09	0.09	0.11	0.06	0.03	0.02
吴忠市	0.07	0.06	0.17	0.09	0.07	0.05
固原市	0.09	0.05	0.28	0.10	0.03	
中卫市	0.03	0.03	0.17	0.10	0.05	0.05
新疆维吾尔自治区	**0.62**	**0.62**	**2.16**	**2.15**	**1.19**	**1.18**
乌鲁木齐市	0.52	0.52	1.88	1.87	1.09	1.08
克拉玛依市	0.10	0.10	0.28	0.28	0.10	0.10

2-8 按行业分组的单位从业人员(四)

单位：万人

城　　市	金融业		房地产业		租赁和商业服务业	
	全市	市辖区	全市	市辖区	全市	市辖区
城市合计	**431.79**	**318.88**	**189.28**	**158.27**	**280.68**	**237.52**
北京市	**25.38**	**25.38**	**30.15**	**29.88**	**72.88**	**71.81**
天津市	**6.68**	**6.43**	**3.12**	**3.07**	**7.34**	**7.22**
河北省	**23.42**	**13.9**	**3.29**	**2.41**	**5.13**	**3.24**
石家庄市	4.35	3.15	0.35	0.27	0.92	0.74
唐山市	3.53	2.58	0.41	0.2	0.73	0.58
秦皇岛市	1.55	1.29	0.2	0.16	0.28	0.18
邯郸市	2.54	1.62	0.25	0.2	0.69	0.45
邢台市	1.62	0.61	0.21	0.18	0.18	0.1
保定市	2.7	0.99	0.29	0.23	0.5	0.29
张家口市	1.29	0.66	0.47	0.34	0.3	0.22
承德市	1.45	0.9	0.11	0.05	0.49	0.2
沧州市	1.85	0.78	0.18	0.08	0.24	0.09
廊坊市	1.16	0.58	0.68	0.59	0.64	0.32
衡水市	1.38	0.74	0.14	0.11	0.16	0.07
山西省	**14.29**	**8.28**	**2.45**	**2.14**	**5.9**	**4.49**
太原市	2.26	2.25	0.53	0.5	1.46	1.34
大同市	1.27	1.25	1.15	1.12	1.78	1.65
阳泉市	0.66	0.41	0.16	0.13	0.49	0.46
长治市	1.53	1.13	0.09	0.06	0.53	0.3
晋城市	1.03	0.52	0.06	0.04	0.25	0.11
朔州市	0.53	0.37	0.14	0.13	0.52	0.25
晋中市	2	0.86		0.1		0.08
运城市	1.58	0.41	0.08	0.01	0.18	0.11
忻州市	1.04	0.55	0.07	0.01	0.3	0.06
临汾市	1.39	0.53	0.1	0.03	0.27	0.12
吕梁市	1		0.07	0.01	0.12	0.01
内蒙古自治区	**9.12**	**6.18**	**1.33**	**0.86**	**2.65**	**2.02**
呼和浩特市	1.91	1.67	0.2	0.18	0.95	0.94
包头市	1.8	1.67	0.28	0.21	0.31	0.3
乌海市	0.56	0.56	0.17	0.17	0.08	0.08
赤峰市	1.13	0.57	0.09	0.03	0.41	0.36
通辽市	0.72	0.38	0.25	0.14	0.12	0.08
鄂尔多斯市	0.68	0.28	0.03	0.01	0.11	0.07
呼伦贝尔市	1.01	0.29	0.17	0.05	0.37	0.1
巴彦淖尔市	0.6	0.4	0.04	0.02	0.2	0.06
乌兰察布市	0.71	0.36	0.1	0.05	0.1	0.03

2-8 续表 1 单位：万人

城市	金融业		房地产业		租赁和商业服务业	
	全市	市辖区	全市	市辖区	全市	市辖区
辽宁省	**19.97**	**17.22**	**7.44**	**6.74**	**10.08**	**8.56**
沈阳市	4.19	4.19	1.79	1.71	2.57	2.45
大连市	4.79	4.21	2.71	2.64	1.8	1.75
鞍山市	1.36	1.21	0.44	0.4	0.77	0.61
抚顺市	0.95	0.83	0.19	0.16	0.23	0.21
本溪市	0.93	0.93	0.4	0.37	0.18	0.13
丹东市	0.51	0.32	0.45	0.38	0.43	0.36
锦州市	1.25	0.75	0.22	0.15	0.36	0.23
营口市	0.84	0.84	0.21	0.19	0.47	0.35
阜新市	0.77	0.63	0.1	0.09	0.14	0.1
辽阳市	0.6	0.45	0.14	0.12	0.24	0.2
盘锦市	0.85	0.81	0.27	0.26	1.82	1.75
铁岭市	0.89	0.52	0.19	0.1	0.56	0.03
朝阳市	1.12	0.61	0.22	0.09	0.28	0.2
葫芦岛市	0.92	0.92	0.11	0.08	0.23	0.19
吉林省	**8.6**	**5.77**	**3.03**	**2.62**	**3.79**	**3.35**
长春市	3.1	2.5	2.1	2.1	2.8	2.7
吉林市	1.38	0.88	0.16	0.1	0.14	0.08
四平市	0.88	0.42	0.15	0.07	0.03	0.01
辽源市	0.4	0.27	0.08	0.06	0.08	0.08
通化市	0.94	0.57	0.24	0.13	0.13	0.05
白山市	0.57	0.38	0.1	0.06	0.37	0.33
松原市	0.76	0.5	0.13	0.07	0.1	0.03
白城市	0.57	0.25	0.07	0.03	0.14	0.07
黑龙江省	**13.32**	**8.9**	**4.63**	**3.67**	**3.9**	**2.51**
哈尔滨市	4.21	3.42	2.49	2.38	1.87	1.65
齐齐哈尔市	1.44	0.82	0.44	0.35	0.25	0.18
鸡西市	0.6	0.52	0.07	0.04	0.06	0.04
鹤岗市	0.33	0.24	0.05	0.05	0.01	
双鸭山市	0.45	0.24	0.09	0.05	0.43	0.08
大庆市	1.3	1.13	0.46	0.43	0.05	0.02
伊春市	0.4	0.31	0.06	0.06	0.04	0.04
佳木斯市	0.95	0.54	0.13	0.09	0.21	0.15
七台河市	0.36	0.33	0.06	0.03	0.13	0.12
牡丹江市	1.86	1.18	0.28	0.18	0.3	0.21
黑河市	0.42	0.16	0.05		0.25	0.01
绥化市	1	0.01	0.45	0.01	0.3	0.01
上海市	**21.71**	**21.69**	**11.48**	**11.35**	**18**	**17.87**
江苏省	**26.63**	**16.97**	**6.49**	**4.67**	**11.47**	**7.85**
南京市	2.62	2.43	1.89	1.81	3.87	3.77
无锡市	2.43	1.68	0.56	0.44	1.4	1.1
徐州市	2.38	1.28	0.39	0.2	0.33	0.03

2-8 续表 2 单位：万人

城 市	金融业		房地产业		租赁和商业服务业	
	全市	市辖区	全市	市辖区	全市	市辖区
常州市	1.51	1.24	0.36	0.29	0.57	0.34
苏州市	3.62	2.15	0.75	0.44	0.81	0.53
南通市	2.81	1.81	0.41	0.29	0.69	0.4
连云港市	1.49	0.97	0.45	0.36	0.23	0.15
淮安市	1.42	1.13	0.24	0.2	0.6	0.5
盐城市	3.02	1.71	0.29	0.09	1.27	0.23
扬州市	1.23	0.42	0.26	0.09	0.43	0.28
镇江市	1.64	0.94	0.4	0.25	0.46	0.31
泰州市	1.83	0.73	0.42	0.2	0.78	0.21
宿迁市	0.63	0.48	0.07	0.01	0.03	
浙江省	**27.97**	**19.99**	**10.39**	**7.9**	**20.13**	**13.57**
杭州市	6.83	6.21	3.97	3.56	7.66	7
宁波市	5.18	4.36	1.68	1.52	3.4	2.94
温州市	2.83	1.96	1.24	0.86	1.26	0.63
嘉兴市	1.92	0.82	1.23	0.75	1.92	0.5
湖州市	1.31	1.15	0.37	0.22	0.34	0.08
绍兴市	1.92	0.76	0.5	0.21	1.17	0.4
金华市	2.09	0.74	0.44	0.18	1.31	0.08
衢州市	1.29	0.84	0.05	0.02	0.17	0.14
舟山市	0.6	0.53	0.24	0.21	1.11	0.95
台州市	3.09	2.15	0.57	0.33	1.33	0.55
丽水市	0.91	0.47	0.1	0.03	0.46	0.3
安徽省	**14.55**	**9.33**	**4.49**	**3.28**	**4.32**	**3.13**
合肥市	2.4	2.17	1.4	1.32	0.78	0.77
芜湖市	0.92	0.79	0.29	0.28	0.11	0.09
蚌埠市	0.88	0.69	0.13	0.1	0.54	0.53
淮南市	0.89	0.79	0.74	0.7	0.8	0.44
马鞍山市	0.58	0.53	0.06	0.05	0.3	0.3
淮北市	0.36	0.31	0.03	0.03	0.04	0.04
铜陵市	0.33	0.31	0.1	0.1	0.07	0.06
安庆市	0.98	0.22	0.22	0.14	0.15	0.07
黄山市	0.64	0.39	0.12	0.1	0.07	0.06
滁州市	0.73	0.33	0.09	0.02	0.08	0.04
阜阳市	1.48	0.72	0.25	0.2	0.22	0.11
宿州市	0.86	0.52	0.13	0.06	0.21	0.12
巢湖市	0.52	0.16	0.24	0.04	0.3	0.23
六安市	0.74	0.22	0.14	0.03	0.08	0.04
亳州市	1.01	0.66	0.15	0.06	0.06	0.02
池州市	0.67	0.48	0.06	0.05	0.22	0.2
宣城市	0.56	0.04	0.34		0.29	0.01

2-8 续表 3 单位：万人

城　市	金融业		房地产业		租赁和商业服务业	
	全市	市辖区	全市	市辖区	全市	市辖区
福建省	**12.16**	**7.5**	**8.78**	**7.2**	**10.45**	**8.51**
福州市	2.92	2.07	2.63	2.3	5.36	4.96
厦门市	1.34	1.34	3.57	3.57	1.07	1.07
莆田市	0.76	0.7	0.24	0.22	0.56	0.54
三明市	1.08	0.57	0.14	0.08	0.55	0.23
泉州市	1.79	0.76	0.91	0.51	0.56	0.26
漳州市	1.02	0.48	0.53	0.3	0.18	0.06
南平市	1.09	0.41	0.38	0.04	0.3	0.1
龙岩市	1.23	0.79	0.24	0.12	1.67	1.25
宁德市	0.93	0.38	0.14	0.06	0.2	0.04
江西省	**9.81**	**5.45**	**2.03**	**1.05**	**4.22**	**1.4**
南昌市	2.12	2.12	0.38	0.22	0.76	0.46
景德镇市	0.49	0.37	0.2	0.18	0.24	0.21
萍乡市	0.52	0.42	0.1	0.1	0.02	
九江市	1.08	0.47	0.22	0.09	0.81	0.45
新余市	0.34	0.3	0.02	0.02	0.02	0.02
鹰潭市	0.3	0.15	0.06	0.03	0.06	0.05
赣州市	1.49	0.46	0.3	0.07	0.25	0.05
吉安市	0.9	0.18	0.24	0.06	0.2	0.01
宜春市	1.17	0.57	0.2	0.14	0.2	0.03
抚州市	0.7	0.24	0.1	0.02	0.08	
上饶市	0.7	0.17	0.21	0.12	1.58	0.12
山东省	**32.83**	**22.76**	**9.55**	**6.96**	**12.33**	**10.26**
济南市	5.8	5.8	2.41	2.22	2.98	2.88
青岛市	4.09	3.18	1.68	1.34	1.59	1.27
淄博市	1.21	1.06	0.56	0.47	0.45	0.41
枣庄市	0.95	0.87	0.47	0.26	1.35	1.25
东营市	0.74	0.48	0.12	0.09	1.44	1.41
烟台市	3.45	2.25	1.26	1.06	1.08	0.76
潍坊市	1.81	0.91	0.51	0.3	0.43	0.34
济宁市	2.75	1.42	0.48	0.2	0.91	0.57
泰安市	1.59	1.03	0.42	0.24	0.33	0.27
威海市	1.08	0.63	0.46	0.27	0.25	0.11
日照市	0.8	0.67	0.2	0.14	0.1	0.05
莱芜市	0.3	0.3	0.04	0.04	0.02	0.02
临沂市	2.92	1.72	0.22	0.06	0.58	0.44
德州市	1.68	0.63	0.21	0.08	0.15	0.05
聊城市	1.6	0.96	0.3	0.14	0.24	0.07
滨州市	0.78	0.38	0.13	0.01	0.09	0.05
菏泽市	1.28	0.47	0.08	0.04	0.34	0.31

2-8 续表 4

单位：万人

城 市	金融业		房地产业		租赁和商业服务业	
	全市	市辖区	全市	市辖区	全市	市辖区
河南省	**21.85**	**14.69**	**8.45**	**5.99**	**11.7**	**8.74**
郑州市	3.91	3.22	2.08	1.96	2.29	1.97
开封市	0.58	0.46	1.31	0.7	0.38	0.29
洛阳市	1.63	1.08	0.48	0.41	0.88	0.64
平顶山市	1.57	1.07	0.28	0.17	1.14	0.96
安阳市	1.63	1.12	0.2	0.17	0.59	0.36
鹤壁市	0.37	0.22	0.17	0.16	0.1	0.05
新乡市	1.03	0.54	0.41	0.22	0.46	0.28
焦作市	1.66	1.23	0.1	0.07	0.2	0.15
濮阳市	0.87	0.58	0.16	0.15	2.09	1.88
许昌市	0.52	0.3	0.29	0.16	0.22	0.11
漯河市	0.48	0.39	0.22	0.18	0.47	0.44
三门峡市	0.88	0.54	0.08	0.05	0.35	0.1
南阳市	1.93	1.4	0.72	0.42	1.39	1.04
商丘市	0.93	0.38	0.12	0.1	0.13	0.13
信阳市	1.16	0.53	0.54	0.14	0.53	0.2
周口市	1.75	1.28	0.42	0.32	0.17	0.01
驻马店市	0.95	0.35	0.87	0.61	0.31	0.13
湖北省	**15.09**	**11.02**	**8.34**	**5.03**	**5.7**	**3.47**
武汉市	5.56	5.56	2.6	2.25	2.02	1.77
黄石市	0.53	0.42	0.27	0.24	0.4	0.29
十堰市	1.09	0.79	0.52	0.31	0.37	0.21
宜昌市	1.28	0.84	1.08	0.56	0.98	0.41
襄樊市	1.32	0.85	0.41	0.24	0.18	0.09
鄂州市	0.4	0.4	0.29	0.29	0.29	0.29
荆门市	0.72	0.45	0.35	0.15	0.21	0.2
孝感市	0.91	0.47	1.55	0.11	0.52	0.07
荆州市	0.99	0.47	0.21	0.12	0.24	0.02
黄冈市	1.43	0.35	0.79	0.06	0.18	0.05
咸宁市	0.59	0.22	0.22	0.67	0.28	0.06
随州市	0.27	0.2	0.05	0.03	0.03	0.01
湖南省	**16.91**	**13.13**	**8.28**	**5.93**	**6.78**	**4.7**
长沙市	4.56	4.31	3.67	3.09	1.65	1.49
株洲市	0.96	0.79	0.69	0.61	0.75	0.57
湘潭市	0.93	0.73	0.37	0.22	0.25	0.07
衡阳市	1.95	1.48	0.6	0.41	0.31	0.14
邵阳市	1.38	0.86	0.39	0.14	0.38	0.22
岳阳市	1.61	1.4	0.53	0.34	0.46	0.18
常德市	0.94	0.67	0.41	0.21	0.78	0.57
张家界市	0.35	0.26	0.04	0.02	0.07	0.06

2-8 续表 5 单位：万人

城　　市	金融业		房地产业		租赁和商业服务业	
	全市	市辖区	全市	市辖区	全市	市辖区
益阳市	0.92	0.76	0.37	0.2	0.76	0.72
郴州市	0.58	0.38	0.32	0.25	0.44	0.14
永州市	1.05	0.39	0.38	0.2	0.26	0.15
怀化市	0.95	0.67	0.27	0.09	0.41	0.21
娄底市	0.73	0.43	0.24	0.15	0.26	0.18
广东省	**37.4**	**31.94**	**26.08**	**24.38**	**28.59**	**25.89**
广州市	7.39	7.11	7.23	7.04	9.64	9.41
韶关市	0.95	0.59	0.4	0.32	0.69	0.57
深圳市	8.7	8.7	12	12	10.9	10.9
珠海市	1.6	1.6	1.35	1.35	0.96	0.96
汕头市	1.41	1.39	0.37	0.37	0.38	0.37
佛山市	2.68	2.68	0.61	0.61	0.62	0.62
江门市	1.85	1.06	0.28	0.1	0.31	0.14
湛江市	1.27	0.77	0.37	0.18	0.86	0.47
茂名市	0.98	0.41	0.34	0.24	0.71	0.4
肇庆市	0.78	0.39	0.22	0.16	0.36	0.17
惠州市	1.54	1.24	0.87	0.76	0.73	0.54
梅州市	1.13	0.6	0.24	0.03	0.29	0.17
汕尾市	0.32	0.14	0.1	0.04	0.17	0.08
河源市	0.64	0.49	0.22	0.13	0.24	0.1
阳江市	0.55	0.35	0.56	0.46	0.26	0.05
清远市	0.83	0.49	0.13	0.05	0.15	0.07
东莞市	1.95	1.95	0.05	0.05	0.23	0.23
中山市	1.28	1.28	0.32	0.32	0.5	0.5
潮州市	0.48	0.28	0.11	0.05	0.14	0.07
揭阳市	0.65	0.25	0.21	0.06	0.3	0.04
云浮市	0.42	0.17	0.1	0.06	0.15	0.03
广西壮族自治区	**9.39**	**6.12**	**3.74**	**2.99**	**8.1**	**6.2**
南宁市	2.51	2.13	1.52	1.37	3.02	2.92
柳州市	1.09	0.83	0.42	0.36	1.99	1.75
桂林市	1.15	0.77	0.42	0.28	1	0.7
梧州市	0.59	0.35	0.36	0.34	0.15	0.07
北海市	0.44	0.36	0.15	0.13	0.17	0.11
防城港市	0.15	0.15	0.15	0.08	0.09	0.07
钦州市	0.32	0.15	0.07	0.06	0.2	0.06
贵港市	0.49	0.29	0.05	0.03	0.18	0.09
玉林市	0.85	0.32	0.23	0.18	0.38	0.16
百色市	0.4	0.22	0.09	0.05	0.15	0.02
贺州市	0.27	0.16	0.06	0.04	0.12	0.04
河池市	0.51	0.17	0.07	0.01	0.21	0.03
来宾市	0.29	0.14	0.07	0.05	0.2	0.08
崇左市	0.33	0.08	0.08	0.01	0.24	0.1

2-8 续表 6 单位：万人

城　　市	金融业		房地产业		租赁和商业服务业	
	全市	市辖区	全市	市辖区	全市	市辖区
海南省	**1.22**	**1.22**	**2.04**	**2.04**	**0.97**	**0.97**
海口市	1.1	1.1	1.7	1.7	0.9	0.9
三亚市	0.12	0.12	0.34	0.34	0.07	0.07
重庆市	**9.75**	**7.7**	**4.88**	**4.4**	**4.3**	**3.89**
四川省	**19.29**	**12.76**	**5.27**	**3.14**	**5.69**	**4.51**
成都市	4.84	3.7	2.09	1.52	3.38	3.22
自贡市	1.03	0.83	0.34	0.31	0.11	0.1
攀枝花市	0.51	0.49	0.04	0.04	0.07	0.07
泸州市	0.81	0.54	0.27	0.23	0.11	0.04
德阳市	1.21	0.69	0.12	0.05	0.08	0.07
绵阳市	1.68	1.03	0.3	0.09	0.16	0.03
广元市	0.75	0.5	0.04	0.03	0.25	0.15
遂宁市	0.37	0.18	0.45	0.33	0.12	0.1
内江市	1.02	0.73	0.09	0.02	0.04	0.04
乐山市	0.8	0.51	0.22	0.16	0.39	0.17
南充市	1.09	0.66	0.49	0.08	0.24	0.11
眉山市	0.35	0.17	0.04	0.01	0.02	
宜宾市	1.17	0.72	0.22	0.06	0.17	0.04
广安市	0.61	0.3	0.04		0.08	0.07
达州市	1.19	0.48	0.18	0.04	0.25	0.14
雅安市	0.55	0.36	0.03	0.03	0.07	0.06
巴中市	0.5	0.27	0.17	0.12	0.11	0.08
资阳市	0.81	0.6	0.14	0.02	0.04	0.02
贵州省	**3.45**	**2.94**	**2.99**	**2.57**	**3.1**	**2.84**
贵阳市	1.66	1.6	2.58	2.35	2.51	2.48
六盘水市	0.37	0.29	0.08	0.04	0.09	0.07
遵义市	0.93	0.66	0.2	0.1	0.37	0.2
安顺市	0.49	0.39	0.13	0.08	0.13	0.09
云南省	**5.85**	**2.01**	**2.56**	**0.84**	**4.32**	**3.61**
昆明市	2.85	0.61	1.99	0.61	3.56	3.09
曲靖市	0.66	0.25	0.04	0.01	0.13	0.04
玉溪市	0.74	0.43	0.06	0.02	0.2	0.18
保山市	0.33	0.13	0.19	0.09	0.12	0.06
昭通市	0.5	0.27	0.1	0.06	0.09	0.08
丽江市	0.21	0.1	0.05	0.01	0.15	0.14
思茅市	0.33	0.13	0.07	0.03	0.06	0.02
临沧市	0.23	0.09	0.06	0.01	0.01	

2-8 续表 7 单位：万人

城 市	金融业		房地产业		租赁和商业服务业	
	全市	市辖区	全市	市辖区	全市	市辖区
西藏自治区	**0.77**		**0.03**		**0.13**	
拉萨市	0.77		0.03		0.13	
陕西省	**12.9**	**10**	**4.46**	**3.89**	**3.11**	**2.22**
西安市	5.16	4.95	2.95	2.87	1.35	1.24
铜川市	0.47	0.46	0.11	0.1	0.17	0.15
宝鸡市	0.83	0.6	0.12	0.08	0.09	0.06
咸阳市	1.39	1.15	0.23	0.16	0.41	0.27
渭南市	1.49	0.7	0.34	0.24	0.23	0.1
延安市	0.58	0.34	0.06	0.05	0.16	0.05
汉中市	1.03	0.52	0.28	0.15	0.32	0.14
榆林市	0.66	0.47	0.11	0.06	0.22	0.14
安康市	0.66	0.42	0.12	0.06	0.1	0.05
商洛市	0.63	0.39	0.14	0.12	0.06	0.02
甘肃省	**5.94**	**4.59**	**1.19**	**1.02**	**1.83**	**1.37**
兰州市	1.95	1.8	0.58	0.56	1.25	1.14
嘉峪关市	0.11	0.11	0.01	0.01	0.02	0.02
金昌市	0.21	0.21	0.01	0.01	0.03	
白银市	0.48	0.44	0.03	0.03	0.06	0.01
天水市	0.37	0.23	0.29	0.22	0.11	0.08
武威市	0.41	0.4				
张掖市	0.52	0.42	0.04	0.03	0.11	0.03
平凉市	0.46	0.23	0.15	0.11	0.02	0.01
酒泉市	0.54	0.33	0.03	0.03	0.13	0.06
庆阳市	0.39	0.15	0.01	0.01	0.01	0.01
定西市	0.17	0.11	0.03	0.01	0.05	0.01
陇南市	0.33	0.16	0.01		0.04	
青海省	**1.12**	**1.09**	**0.61**	**0.6**	**0.63**	**0.41**
西宁市	1.12	1.09	0.61	0.6	0.63	0.41
宁夏回族自治区	**2.5**	**2.01**	**0.65**	**0.59**	**1.06**	**0.87**
银川市	1.64	1.45	0.45	0.44	0.7	0.69
石嘴山市	0.23	0.17	0.05	0.05	0.22	0.07
吴忠市	0.29	0.18	0.1	0.06	0.06	0.04
固原市	0.14	0.11	0.02	0.01	0.02	0.01
中卫市	0.2	0.1	0.03	0.03	0.06	0.06
新疆维吾尔自治区	**1.92**	**1.91**	**1.06**	**1.06**	**2.08**	**2.04**
乌鲁木齐市	1.67	1.66	0.76	0.76	1.33	1.29
克拉玛依市	0.25	0.25	0.3	0.3	0.75	0.75

2-9 按行业分组的单位从业人员(五)

单位：万人

城市	科学研究、技术服务和地质勘查业		水利、环境和公共设施管理业		居民服务和其他服务业	
	全市	市辖区	全市	市辖区	全市	市辖区
城市合计	**261.37**	**225.44**	**193.93**	**117.84**	**58.22**	**48.75**
北京市	**43.77**	**43.5**	**8.77**	**8.13**	**7.62**	**7.59**
天津市	**5.91**	**5.7**	**3.6**	**3.34**	**7.01**	**6.97**
河北省	**8.39**	**5.75**	**9.28**	**5.36**	**1.95**	**0.59**
石家庄市	2.22	2.01	1.74	1.12	0.33	0.24
唐山市	0.38	0.31	1.5	0.95	0.09	0.06
秦皇岛市	0.43	0.36	0.78	0.64	0.1	0.1
邯郸市	0.92	0.78	1.23	0.72	0.04	0.02
邢台市	0.37	0.33	0.45	0.23	0.04	0.03
保定市	1.97	0.4	0.83	0.31	0.05	0.01
张家口市	0.37	0.28	0.64	0.27	0.07	0.04
承德市	0.25	0.14	0.65	0.25	0.03	0.01
沧州市	0.29	0.24	0.51	0.19	1.1	0.01
廊坊市	0.97	0.74	0.64	0.49	0.05	0.03
衡水市	0.22	0.16	0.31	0.19	0.05	0.04
山西省	**6.35**	**4.85**	**6.45**	**3.66**	**0.78**	**0.64**
太原市	3.13	3.09	1.58	1.4	0.39	0.38
大同市	0.57	0.46	0.65	0.48	0.08	0.08
阳泉市	0.16	0.1	0.2	0.11	0.02	0.02
长治市	0.29	0.24	0.58	0.4	0.01	0.01
晋城市	0.15	0.11	0.4	0.31	0.06	0.02
朔州市	0.08	0.06	0.2	0.12	0.08	0.08
晋中市	1	0.34	1	0.2		0.01
运城市	0.29	0.12	0.5	0.16	0.01	
忻州市	0.22	0.15	0.29	0.06	0.05	0.03
临汾市	0.32	0.15	0.76	0.27	0.01	0.01
吕梁市	0.14	0.03	0.29	0.15	0.07	
内蒙古自治区	**3.9**	**3.29**	**6.24**	**3.64**	**0.69**	**0.4**
呼和浩特市	1.36	1.3	1.5	1.12	0.23	0.14
包头市	0.72	0.68	0.9	0.68	0.12	0.12
乌海市	0.11	0.11	0.32	0.32	0.04	0.04
赤峰市	0.37	0.31	0.5	0.27	0.06	0.04
通辽市	0.32	0.23	0.73	0.26	0.03	0.02
鄂尔多斯市	0.2	0.16	0.74	0.52	0.01	0.01
呼伦贝尔市	0.33	0.15	0.44	0.04	0.18	0.02
巴彦淖尔市	0.22	0.12	0.61	0.27	0.01	
乌兰察布市	0.27	0.23	0.5	0.16	0.01	0.01

2-9 续表 1

单位：万人

城 市	科学研究、技术服务和地质勘查业		水利、环境和公共设施管理业		居民服务和其他服务业	
	全市	市辖区	全市	市辖区	全市	市辖区
辽宁省	**10.81**	**9.05**	**11.44**	**8.03**	**2.38**	**2**
沈阳市	4.02	3.94	2.77	2.41	0.61	0.56
大连市	1.45	1.34	1.55	1.41	0.35	0.32
鞍山市	0.8	0.61	1.1	0.8	0.31	0.28
抚顺市	0.49	0.44	0.7	0.6	0.12	0.11
本溪市	0.19	0.16	0.51	0.39	0.14	0.13
丹东市	0.73	0.56	0.65	0.26	0.21	0.21
锦州市	0.77	0.54	0.54	0.27	0.1	0.03
营口市	0.29	0.25	0.62	0.37	0.03	0.01
阜新市	0.26	0.22	0.4	0.29	0.04	0.01
辽阳市	0.25	0.21	0.7	0.54	0.02	0.02
盘锦市	0.45	0.31	0.5	0.26	0.04	0.02
铁岭市	0.5	0.03	0.56	0.05	0.06	
朝阳市	0.3	0.17	0.45	0.18	0.32	0.29
葫芦岛市	0.31	0.27	0.39	0.2	0.03	0.01
吉林省	**6.08**	**4.72**	**7**	**3.98**	**1.07**	**0.69**
长春市	3.8	3.6	2.5	1.9	0.4	0.4
吉林市	0.45	0.31	0.84	0.47	0.04	0.01
四平市	0.63	0.27	0.81	0.32	0.13	0.09
辽源市	0.14	0.1	0.19	0.08	0.03	0.01
通化市	0.32	0.13	0.6	0.23	0.06	0.02
白山市	0.15	0.09	0.47	0.36	0.09	0.01
松原市	0.29	0.09	0.41	0.07	0.02	
白城市	0.3	0.13	1.18	0.55	0.3	0.15
黑龙江省	**11.22**	**9.94**	**8.95**	**4.77**	**6.79**	**5.01**
哈尔滨市	3.66	3.43	2.74	2.07	1.69	1.67
齐齐哈尔市	0.59	0.44	1.31	0.82	0.09	0.06
鸡西市	0.11	0.1	0.48	0.29	0.23	0.01
鹤岗市	0.08	0.03	0.61	0.43	0.34	0.01
双鸭山市	0.12	0.07	0.52	0.2	0.38	0.01
大庆市	5.22	5.16	0.26	0.17	3.1	3.08
伊春市	0.15	0.15	0.2	0.15	0.01	0.01
佳木斯市	0.34	0.18	0.88	0.21	0.52	0.13
七台河市	0.13	0.1	0.18	0.14	0.01	0.01
牡丹江市	0.3	0.18	0.52	0.21	0.06	0.01
黑河市	0.22	0.09	0.55	0.05	0.3	0.01
绥化市	0.3	0.01	0.7	0.03	0.06	
上海市	**20.91**	**20.85**	**6.21**	**6.07**	**3.86**	**3.85**
江苏省	**9.85**	**7.95**	**11.47**	**6.19**	**1.17**	**0.8**
南京市	3.84	3.81	1.76	1.67	0.26	0.26
无锡市	1.13	0.94	0.93	0.62	0.15	0.13
徐州市	0.78	0.54	1.3	0.54	0.05	0.02

2-9 续表 2 单位：万人

城 市	科学研究、技术服务和地质勘查业		水利、环境和公共设施管理业		居民服务和其他服务业	
	全市	市辖区	全市	市辖区	全市	市辖区
常州市	0.65	0.61	0.61	0.34	0.03	0.02
苏州市	0.6	0.37	1.26	0.47	0.1	0.03
南通市	0.41	0.29	0.71	0.32	0.05	0.02
连云港市	0.5	0.32	0.74	0.41	0.03	
淮安市	0.19	0.1	0.91	0.67	0.01	
盐城市	0.39	0.13	0.89	0.21	0.1	0.02
扬州市	0.45	0.32	0.59	0.26	0.06	0.05
镇江市	0.53	0.36	0.65	0.31	0.25	0.23
泰州市	0.29	0.13	0.56	0.09	0.07	0.02
宿迁市	0.09	0.03	0.56	0.28	0.01	
浙江省	**10.47**	**8.35**	**8.31**	**4.06**	**1.58**	**1.3**
杭州市	5.24	4.98	2.27	1.8	0.83	0.81
宁波市	1.25	1.05	1.08	0.66	0.3	0.24
温州市	0.68	0.47	0.39	0.2	0.08	0.05
嘉兴市	0.72	0.41	0.73	0.12	0.08	0.03
湖州市	0.37	0.27	0.47	0.2	0.02	0.01
绍兴市	0.53	0.29	0.77	0.16	0.04	0.02
金华市	0.47	0.18	1.2	0.24	0.03	0.01
衢州市	0.16	0.09	0.15	0.09	0.02	0.01
舟山市	0.18	0.16	0.28	0.22	0.02	0.01
台州市	0.61	0.29	0.67	0.29	0.14	0.1
丽水市	0.26	0.15	0.3	0.09	0.02	0.01
安徽省	**5.99**	**4.93**	**6.42**	**3.7**	**0.56**	**0.36**
合肥市	2.33	2.28	1.02	0.85	0.17	0.14
芜湖市	0.31	0.27	0.27	0.2	0.02	0.01
蚌埠市	0.58	0.54	0.46	0.35	0.03	0.02
淮南市	0.27	0.26	0.52	0.41	0.02	0.02
马鞍山市	0.28	0.25	0.17	0.12	0.01	0.01
淮北市	0.1	0.09	0.27	0.24	0.02	0.01
铜陵市	0.12	0.12	0.17	0.15		
安庆市	0.47	0.26	0.4	0.14	0.09	0.08
黄山市	0.15	0.12	0.26	0.22	0.02	0.02
滁州市	0.18	0.1	0.5	0.12	0.02	
阜阳市	0.18	0.11	0.47	0.27	0.02	0.01
宿州市	0.29	0.23	0.3	0.14	0.03	0.01
巢湖市	0.14	0.05	0.31	0.07	0.02	
六安市	0.21	0.11	0.68	0.27	0.04	0.01
亳州市	0.12	0.05	0.25	0.03	0.04	0.01
池州市	0.12	0.08	0.26	0.08		
宣城市	0.14	0.01	0.11	0.04	0.01	0.01

2-9 续表 3 单位：万人

城市	科学研究、技术服务和地质勘查业		水利、环境和公共设施管理业		居民服务和其他服务业	
	全市	市辖区	全市	市辖区	全市	市辖区
福建省	**4.79**	**3.88**	**4.46**	**2.42**	**1.51**	**1.18**
福州市	2.45	2.4	1.38	1.12	0.37	0.3
厦门市	0.52	0.52	0.63	0.63	0.77	0.77
莆田市	0.16	0.13	0.19	0.17	0.03	0.02
三明市	0.23	0.1	0.4	0.1	0.03	
泉州市	0.23	0.16	0.26	0.09	0.12	0.04
漳州市	0.29	0.15	0.49	0.12	0.05	0.03
南平市	0.36	0.05	0.55	0.08	0.05	0.01
龙岩市	0.31	0.26	0.23	0.04	0.03	0.01
宁德市	0.24	0.11	0.33	0.07	0.06	
江西省	**4.25**	**3.31**	**5.08**	**2.19**	**0.48**	**0.27**
南昌市	1.4	1.37	1.57	1.1	0.14	0.12
景德镇市	0.33	0.32	0.13	0.06	0.04	0.04
萍乡市	0.1	0.09	0.28	0.28	0.01	0.01
九江市	0.68	0.49	0.45	0.17	0.07	0.01
新余市	0.1	0.04	0.21	0.16	0.03	0.03
鹰潭市	0.28	0.23	0.24	0.01		
赣州市	0.51	0.38	0.65	0.16	0.03	0.01
吉安市	0.3	0.13	0.47	0.05	0.01	
宜春市	0.23	0.09	0.47	0.1	0.02	0.01
抚州市	0.14	0.07	0.37	0.07	0.01	0.01
上饶市	0.18	0.1	0.24	0.03	0.12	0.03
山东省	**9.57**	**7.83**	**11.16**	**5.99**	**3.35**	**2.97**
济南市	2.4	2.33	1.39	1.11	1.09	1.07
青岛市	1.47	1.28	1.44	0.96	0.16	0.13
淄博市	0.22	0.2	0.59	0.49	0.04	0.04
枣庄市	0.25	0.18	0.62	0.45	0.03	0.03
东营市	1.42	1.41	0.34	0.25	1.44	1.43
烟台市	0.92	0.59	0.94	0.51	0.11	0.06
潍坊市	0.65	0.26	0.69	0.15	0.07	0.03
济宁市	0.27	0.18	1.07	0.25	0.06	0.03
泰安市	0.64	0.57	0.52	0.24	0.15	0.07
威海市	0.17	0.08	0.44	0.2	0.06	0.03
日照市	0.1	0.08	0.2	0.09	0.01	
莱芜市	0.04	0.04	0.03	0.03	0.01	0.01
临沂市	0.36	0.17	0.74	0.15	0.02	0.01
德州市	0.15	0.11	0.52	0.33	0.02	0.01
聊城市	0.12	0.09	0.53	0.31	0.04	0.02
滨州市	0.15	0.11	0.19	0.07	0.01	
菏泽市	0.24	0.15	0.91	0.4	0.03	

2-9 续表 4 单位：万人

城 市	科学研究、技术服务和地质勘查业		水利、环境和公共设施管理业		居民服务和其他服务业	
	全市	市辖区	全市	市辖区	全市	市辖区
河南省	**10.91**	**7.92**	**11.29**	**5.87**	**1.56**	**1.02**
郑州市	2.73	2.58	1.49	0.92	0.25	0.22
开封市	0.34	0.2	0.51	0.39	0.28	0.18
洛阳市	2.25	2	1.01	0.55	0.21	0.19
平顶山市	0.41	0.25	0.81	0.44	0.03	0.02
安阳市	0.3	0.26	0.62	0.41	0.07	0.04
鹤壁市	0.1	0.06	0.31	0.24	0.01	0.01
新乡市	0.7	0.44	0.56	0.12	0.1	0.05
焦作市	0.28	0.22	0.67	0.26	0.04	0.01
濮阳市	0.16	0.14	0.5	0.33	0.12	0.1
许昌市	0.27	0.16	0.42	0.14	0.03	0.02
漯河市	0.11	0.09	0.41	0.38	0.02	0.01
三门峡市	0.23	0.17	0.2	0.09	0.02	0.01
南阳市	1.27	0.61	1.28	0.65	0.17	0.09
商丘市	0.21	0.11	0.48	0.32	0.05	0.01
信阳市	0.87	0.4	0.91	0.22	0.06	0.01
周口市	0.14	0.04	0.52	0.15	0.01	
驻马店市	0.54	0.19	0.59	0.26	0.09	0.05
湖北省	**10.69**	**8.75**	**7.99**	**4.59**	**2.23**	**1.25**
武汉市	5.69	5.31	2.3	2	0.75	0.67
黄石市	0.39	0.3	0.35	0.22	0.08	0.07
十堰市	0.41	0.19	0.28	0.11	0.4	0.24
宜昌市	0.85	0.6	0.54	0.25	0.32	0.09
襄樊市	1.17	0.89	1.26	0.56	0.06	0.01
鄂州市	0.13	0.13	0.25	0.25	0.06	0.06
荆门市	0.36	0.48	0.43	0.23	0.1	0.06
孝感市	0.45	0.16	0.56	0.2	0.35	0.03
荆州市	0.47	0.15	0.65	0.24	0.06	0.01
黄冈市	0.34	0.14	0.7	0.09	0.02	
咸宁市	0.34	0.33	0.37	0.27	0.02	0.01
随州市	0.09	0.07	0.3	0.17	0.01	
湖南省	**7.21**	**5.53**	**7.92**	**4.01**	**1.25**	**0.88**
长沙市	3.51	3.24	1.65	1.27	0.42	0.36
株洲市	0.46	0.43	0.33	0.18	0.03	0.02
湘潭市	0.17	0.09	0.38	0.02	0.02	0.02
衡阳市	0.48	0.31	0.75	0.43	0.03	0.01
邵阳市	0.31	0.16	0.43	0.1	0.01	0.01
岳阳市	0.36	0.19	0.63	0.34	0.26	0.21
常德市	0.27	0.14	0.7	0.37	0.12	0.03
张家界市	0.12	0.08	0.37	0.3	0.01	0.01

2-9 续表 5　　单位：万人

城市	科学研究、技术服务和地质勘查业		水利、环境和公共设施管理业		居民服务和其他服务业	
	全市	市辖区	全市	市辖区	全市	市辖区
益阳市	0.2	0.14	0.36	0.16	0.08	0.04
郴州市	0.24	0.14	0.48	0.15	0.04	0.03
永州市	0.45	0.21	0.71	0.29	0.08	0.01
怀化市	0.36	0.2	0.6	0.23	0.12	0.1
娄底市	0.28	0.2	0.53	0.17	0.03	0.03
广东省	**15.47**	**14.29**	**13.64**	**9.31**	**5.94**	**5.57**
广州市	6.45	6.37	2.91	2.67	2.89	2.85
韶关市	0.34	0.29	0.58	0.26	0.05	0.03
深圳市	4.3	4.3	2.2	2.2	1.7	1.7
珠海市	0.37	0.37	0.77	0.77	0.15	0.15
汕头市	0.37	0.36	0.63	0.6	0.07	0.07
佛山市	0.51	0.51	0.56	0.56	0.11	0.11
江门市	0.25	0.11	0.61	0.1	0.19	0.16
湛江市	0.38	0.3	0.79	0.3	0.05	0.03
茂名市	0.18	0.11	0.6	0.25	0.24	0.24
肇庆市	0.26	0.16	0.52	0.24	0.04	0.02
惠州市	0.44	0.29	0.69	0.43	0.13	0.03
梅州市	0.28	0.16	0.64	0.13	0.03	0.01
汕尾市	0.07	0.04	0.23	0.09	0.01	
河源市	0.16	0.11	0.24	0.03	0.05	0.03
阳江市	0.15	0.08	0.35	0.15	0.04	0.02
清远市	0.17	0.11	0.38	0.13	0.05	0.03
东莞市	0.19	0.19	0.06	0.06	0.01	0.01
中山市	0.19	0.19	0.11	0.11	0.02	0.02
潮州市	0.15	0.1	0.27	0.18	0.03	0.03
揭阳市	0.14	0.08	0.33	0.04	0.03	
云浮市	0.12	0.06	0.17	0.01	0.05	0.03
广西壮族自治区	**6.32**	**4.48**	**6.87**	**3.97**	**0.67**	**0.46**
南宁市	2.4	2.22	1.49	1.16	0.13	0.11
柳州市	0.59	0.44	0.99	0.76	0.23	0.19
桂林市	0.69	0.54	1.08	0.65	0.1	0.08
梧州市	0.2	0.15	0.34	0.23		
北海市	0.24	0.15	0.31	0.21	0.07	0.02
防城港市	0.08	0.06	0.15	0.09		
钦州市	0.19	0.11	0.22	0.1	0.03	0.02
贵港市	0.19	0.14	0.37	0.16	0.02	0.01
玉林市	0.35	0.17	0.57	0.2	0.03	0.02
百色市	0.29	0.16	0.36	0.12	0.01	
贺州市	0.13	0.08	0.17	0.09	0.01	
河池市	0.34	0.1	0.3	0.05	0.02	
来宾市	0.27	0.14	0.23	0.09	0.01	0.01
崇左市	0.36	0.02	0.29	0.06	0.01	

2-9 续表 6　　单位：万人

城　市	科学研究、技术服务和地质勘查业		水利、环境和公共设施管理业		居民服务和其他服务业	
	全市	市辖区	全市	市辖区	全市	市辖区
海南省	**0.97**	**0.97**	**1.22**	**1.22**	**0.21**	**0.21**
海口市	0.9	0.9	0.8	0.8	0.2	0.2
三亚市	0.07	0.07	0.42	0.42	0.01	0.01
重庆市	**5.39**	**4.94**	**3.38**	**2.16**	**0.77**	**0.71**
四川省	**11.99**	**9.77**	**8.49**	**4.8**	**1.01**	**0.82**
成都市	6.49	5.97	2.17	1.23	0.43	0.4
自贡市	0.22	0.15	0.21	0.17	0.05	0.05
攀枝花市	0.14	0.13	0.29	0.23	0.08	0.07
泸州市	0.27	0.22	0.28	0.18	0.13	0.08
德阳市	0.26	0.21	0.52	0.26	0.02	0.01
绵阳市	1.97	1.89	0.7	0.43	0.04	0.03
广元市	0.2	0.11	0.73	0.62	0.02	0.01
遂宁市	0.1	0.05	0.2	0.1	0.01	
内江市	0.16	0.13	0.15	0.05	0.02	0.01
乐山市	0.53	0.21	0.46	0.31	0.03	0.03
南充市	0.4	0.22	0.61	0.33	0.07	0.07
眉山市	0.12	0.05	0.35	0.14	0.01	
宜宾市	0.27	0.12	0.45	0.26	0.02	0.01
广安市	0.1	0.02	0.2	0.03	0.01	
达州市	0.32	0.13	0.54	0.21	0.02	0.01
雅安市	0.1	0.06	0.13	0.05	0.02	0.02
巴中市	0.13	0.05	0.16	0.08	0.01	0.01
资阳市	0.21	0.05	0.34	0.12	0.02	0.01
贵州省	**2.96**	**2.28**	**1.84**	**1.1**	**0.9**	**0.81**
贵阳市	1.93	1.84	0.82	0.73	0.78	0.75
六盘水市	0.17	0.07	0.05			
遵义市	0.61	0.19	0.63	0.25	0.08	0.04
安顺市	0.25	0.18	0.34	0.12	0.04	0.02
云南省	**4.88**	**4.04**	**2.96**	**1.41**	**0.63**	**0.51**
昆明市	3.7	3.43	1.1	0.74	0.5	0.46
曲靖市	0.28	0.18	0.43	0.2	0.05	0.01
玉溪市	0.17	0.09	0.2	0.05	0.02	0.01
保山市	0.14	0.1	0.28	0.09	0.01	0.01
昭通市	0.16	0.08	0.28	0.1	0.01	0.01
丽江市	0.1	0.04	0.27	0.13	0.02	
思茅市	0.26	0.08	0.29	0.07	0.01	0.01
临沧市	0.07	0.04	0.11	0.03	0.01	

2-9 续表 7 单位：万人

城　　市	科学研究、技术服务和地质勘查业		水利、环境和公共设施管理业		居民服务和其他服务业	
	全市	市辖区	全市	市辖区	全市	市辖区
西藏自治区	**0.62**		**0.11**		**0.02**	
拉萨市	0.62		0.11		0.02	
陕西省	**12.64**	**10.64**	**7.19**	**3.76**	**1.63**	**1.52**
西安市	8.83	8.63	2.01	1.76	1.37	1.35
铜川市	0.1	0.09	0.23	0.22	0.01	0.01
宝鸡市	0.53	0.41	0.54	0.29	0.06	0.05
咸阳市	0.7	0.43	1.21	0.45	0.02	0.01
渭南市	0.67	0.3	1	0.17	0.08	0.05
延安市	0.36	0.19	0.41	0.23	0.02	0.02
汉中市	0.51	0.18	0.55	0.18	0.03	0.01
榆林市	0.41	0.19	1.01	0.37	0.01	
安康市	0.29	0.16	0.06	0.02	0.01	0.01
商洛市	0.24	0.06	0.17	0.07	0.02	0.01
甘肃省	**4.63**	**4.08**	**3.22**	**1.86**	**0.41**	**0.2**
兰州市	2.49	2.43	0.92	0.61	0.1	0.1
嘉峪关市	0.01	0.01	0.12	0.12	0.01	0.01
金昌市	0.03	0.02	0.14	0.03		
白银市	0.15	0.09	0.22	0.16	0.07	0.06
天水市	0.45	0.43	0.21	0.09		
武威市	0.2	0.18	0.34	0.28	0.01	0.01
张掖市	0.36	0.33	0.25	0.13		
平凉市	0.36	0.27	0.23	0.11	0.01	0.01
酒泉市	0.22	0.18	0.35	0.11	0.15	
庆阳市	0.14	0.08	0.15	0.13		
定西市	0.12	0.05	0.17	0.05	0.05	0.01
陇南市	0.1	0.01	0.12	0.04	0.01	
青海省	**1.26**	**0.88**	**0.56**	**0.56**	**0.04**	**0.04**
西宁市	1.26	0.88	0.56	0.56	0.04	0.04
宁夏回族自治区	**1.23**	**1.03**	**1.79**	**1.07**	**0.07**	**0.05**
银川市	0.96	0.91	0.64	0.56	0.02	0.02
石嘴山市	0.06	0.04	0.33	0.26	0.02	0.02
吴忠市	0.12	0.04	0.43	0.15		
固原市	0.08	0.03	0.12	0.05	0.03	0.01
中卫市	0.01	0.01	0.27	0.05		
新疆维吾尔自治区	**1.94**	**1.94**	**0.62**	**0.62**	**0.08**	**0.08**
乌鲁木齐市	1.89	1.89	0.54	0.54	0.07	0.07
克拉玛依市	0.05	0.05	0.08	0.08	0.01	0.01

2-10 按行业分组的单位从业人员(六)

单位：万人

城　市	教育		卫生、社会保障和社会福利业		文化、体育和娱乐业		公共管理和社会组织	
	全市	市辖区	全市	市辖区	全市	市辖区	全市	市辖区
城市合计	**1437.74**	**628.29**	**560.16**	**303.12**	**123.82**	**94.11**	**1269.62**	**597.77**
北京市	**41.67**	**40.31**	**20.14**	**19.52**	**15.82**	**15.64**	**39.99**	**36.09**
天津市	**16.56**	**14.27**	**8.49**	**7.69**	**1.75**	**1.67**	**13.57**	**11.72**
河北省	**82.49**	**22.00**	**25.78**	**10.33**	**4.72**	**2.75**	**75.56**	**22.99**
石家庄市	12.34	4.72	3.81	1.94	1.25	0.96	10.80	5.02
唐山市	9.06	4.14	3.28	1.76	0.49	0.32	8.02	3.98
秦皇岛市	3.81	1.64	1.72	1.02	0.43	0.23	3.89	2.04
邯郸市	9.83	2.24	2.56	0.96	0.46	0.17	8.43	2.31
邢台市	7.05	1.28	1.94	0.51	0.27	0.15	6.75	1.30
保定市	12.29	2.11	3.63	1.18	0.60	0.23	9.96	1.62
张家口市	5.23	1.60	1.71	0.72	0.24	0.12	6.35	1.69
承德市	4.37	1.01	1.66	0.59	0.34	0.25	4.58	1.58
沧州市	7.92	0.94	2.58	0.71	0.29	0.15	7.28	1.08
廊坊市	5.87	1.41	1.52	0.43	0.19	0.11	5.34	1.33
衡水市	4.72	0.91	1.37	0.51	0.16	0.06	4.16	1.04
山西省	**48.67**	**17.78**	**15.77**	**7.28**	**4.25**	**3.05**	**54.36**	**18.62**
太原市	7.60	6.43	2.85	2.63	1.53	1.50	5.53	4.61
大同市	4.51	2.63	1.39	0.92	0.39	0.30	5.65	3.06
阳泉市	1.83	1.02	0.67	0.41	0.13	0.09	2.13	1.27
长治市	4.59	1.46	1.35	0.75	0.43	0.21	4.57	1.34
晋城市	2.74	0.58	1.00	0.28	0.18	0.10	2.85	0.73
朔州市	1.86	1.02	0.48	0.30	0.10	0.06	3.66	1.50
晋中市	5.00	0.96	2.00	0.41		0.14	4.00	1.04
运城市	5.56	0.83	1.71	0.47	0.60	0.36	6.69	1.44
忻州市	4.35	0.93	1.33	0.32	0.21	0.09	5.28	1.03
临汾市	5.63	1.33	1.72	0.60	0.38	0.11	7.20	1.37
吕梁市	5.00	0.59	1.27	0.19	0.30	0.09	6.80	1.23
内蒙古自治区	**30.49**	**12.41**	**10.50**	**5.32**	**2.95**	**1.93**	**28.34**	**12.33**
呼和浩特市	4.51	3.25	1.57	1.34	0.95	0.91	4.51	3.37
包头市	3.48	2.88	1.34	1.11	0.36	0.32	2.74	2.17
乌海市	0.70	0.70	0.31	0.31	0.07	0.07	0.81	0.81
赤峰市	6.50	1.92	1.89	0.70	0.30	0.14	4.57	1.52
通辽市	4.28	1.21	1.25	0.55	0.24	0.12	2.85	0.86
鄂尔多斯市	2.35	0.50	0.69	0.27	0.23	0.11	3.18	1.00
呼伦贝尔市	3.80	0.53	1.80	0.30	0.44	0.11	3.47	0.59
巴彦淖尔市	1.99	0.71	0.84	0.41	0.13	0.05	2.40	1.01
乌兰察布市	2.88	0.71	0.81	0.33	0.23	0.10	3.81	1.00

2-10 续表 1

单位：万人

城　　市	教育		卫生、社会保障和社会福利业		文化、体育和娱乐业		公共管理和社会组织	
	全市	市辖区	全市	市辖区	全市	市辖区	全市	市辖区
辽宁省	**50.71**	**28.04**	**24.46**	**16.37**	**5.41**	**4.31**	**49.62**	**30.85**
沈阳市	11.03	9.24	5.82	5.10	1.57	1.43	8.81	7.45
大连市	8.02	5.71	4.02	3.03	0.82	0.75	6.07	4.42
鞍山市	3.98	1.86	2.26	1.51	0.28	0.21	3.54	1.79
抚顺市	2.34	1.59	1.04	0.76	0.21	0.18	2.63	1.96
本溪市	1.99	1.40	1.23	0.96	0.19	0.13	2.02	1.52
丹东市	2.51	0.98	1.18	0.59	0.76	0.69	4.03	2.69
锦州市	3.41	1.56	1.64	1.01	0.25	0.15	3.07	1.69
营口市	2.34	1.17	1.09	0.65	0.29	0.21	2.73	1.77
阜新市	2.44	1.24	1.05	0.67	0.20	0.16	2.17	1.26
辽阳市	1.77	0.95	0.82	0.60	0.17	0.15	2.18	1.47
盘锦市	1.27	0.48	0.71	0.39	0.16	0.10	2.30	1.30
铁岭市	2.87	0.06	1.20	0.12	0.18		3.17	0.38
朝阳市	4.10	0.83	1.40	0.46	0.17	0.07	3.80	1.38
葫芦岛市	2.64	0.97	1.00	0.52	0.16	0.08	3.10	1.77
吉林省	**34.08**	**15.93**	**13.75**	**7.26**	**3.23**	**2.32**	**26.83**	**13.58**
长春市	12.70	8.10	4.50	3.30	1.60	1.50	7.40	5.20
吉林市	5.17	2.59	2.15	1.27	0.36	0.27	4.19	2.48
四平市	3.93	1.06	1.84	0.67	0.33	0.09	2.74	0.96
辽源市	1.36	0.50	0.68	0.32	0.12	0.06	1.17	0.64
通化市	2.59	0.71	1.31	0.44	0.25	0.13	3.00	0.95
白山市	1.72	0.74	0.76	0.34	0.18	0.08	2.58	1.07
松原市	3.30	0.77	1.11	0.22	0.14	0.07	2.80	0.95
白城市	3.31	1.46	1.40	0.70	0.25	0.12	2.95	1.33
黑龙江省	**43.82**	**21.53**	**18.09**	**9.76**	**3.83**	**2.93**	**39.28**	**18.51**
哈尔滨市	15.20	10.40	5.61	4.11	1.62	1.46	10.23	6.40
齐齐哈尔市	4.91	1.81	2.16	1.11	0.39	0.24	3.91	1.73
鸡西市	1.98	0.84	0.76	0.28	0.11	0.10	2.38	1.23
鹤岗市	1.37	0.81	0.61	0.31	0.14	0.08	1.45	0.87
双鸭山市	1.77	0.54	0.79	0.19	0.15	0.09	2.24	0.95
大庆市	4.02	2.50	1.89	1.45	0.35	0.31	3.63	2.31
伊春市	0.65	0.40	0.40	0.30	0.10	0.09	1.33	0.85
佳木斯市	2.93	1.33	1.32	0.69	0.30	0.24	2.91	1.18
七台河市	0.79	0.54	0.28	0.18	0.09	0.06	1.06	0.79
牡丹江市	2.87	1.24	1.50	0.88	0.23	0.15	3.00	1.26
黑河市	1.93	0.32	0.97	0.16	0.15	0.09	2.74	0.64
绥化市	5.40	0.80	1.80	0.10	0.20	0.02	4.40	0.30
上海市	**26.75**	**26.02**	**16.60**	**16.07**	**4.57**	**4.50**	**18.25**	**17.85**
江苏省	**84.53**	**38.81**	**34.41**	**17.85**	**5.57**	**4.01**	**62.23**	**31.45**
南京市	11.52	10.70	4.55	4.20	1.66	1.65	8.08	7.24
无锡市	6.36	3.42	3.10	1.88	0.51	0.42	4.93	2.96
徐州市	10.24	2.90	4.03	1.64	0.47	0.31	6.52	2.43

2-10 续表 2

单位：万人

城市	教育		卫生、社会保障和社会福利业		文化、体育和娱乐业		公共管理和社会组织	
	全市	市辖区	全市	市辖区	全市	市辖区	全市	市辖区
常州市	4.56	3.22	2.28	1.68	0.31	0.29	3.34	2.27
苏州市	7.52	3.02	4.14	1.60	0.69	0.39	7.07	2.96
南通市	7.23	2.63	3.31	1.55	0.35	0.20	4.81	1.92
连云港市	5.17	1.45	1.82	0.79	0.15	0.08	3.79	1.43
淮安市	5.68	3.13	1.75	1.14	0.27	0.16	4.79	3.25
盐城市	7.38	2.14	2.53	0.81	0.39	0.15	5.22	1.45
扬州市	4.84	1.87	1.89	0.71	0.21	0.10	3.88	1.69
镇江市	3.46	1.70	1.82	0.98	0.23	0.15	3.01	1.55
泰州市	4.87	1.12	2.22	0.55	0.18	0.06	3.74	1.16
宿迁市	5.70	1.51	0.97	0.32	0.15	0.05	3.05	1.14
浙江省	**57.83**	**25.60**	**29.81**	**14.97**	**5.90**	**3.84**	**56.15**	**25.07**
杭州市	12.78	9.98	6.72	5.45	2.07	1.87	11.49	8.86
宁波市	7.20	3.87	4.34	2.42	0.85	0.57	6.99	3.53
温州市	8.29	2.53	3.75	1.69	0.76	0.38	7.49	2.41
嘉兴市	4.68	1.34	2.43	0.86	0.39	0.14	3.93	1.18
湖州市	2.73	1.13	1.38	0.65	0.22	0.12	2.68	1.06
绍兴市	5.08	1.11	2.52	0.60	0.34	0.15	3.81	0.88
金华市	5.28	1.45	2.69	0.75	0.37	0.15	6.11	1.45
衢州市	2.13	0.91	0.95	0.38	0.18	0.10	2.93	1.30
舟山市	1.28	0.99	0.83	0.67	0.15	0.12	2.28	1.63
台州市	5.67	1.66	2.91	1.03	0.34	0.15	5.23	2.02
丽水市	2.70	0.64	1.29	0.48	0.23	0.09	3.22	0.76
安徽省	**59.78**	**22.72**	**21.55**	**10.36**	**3.32**	**2.31**	**46.09**	**20.50**
合肥市	7.30	4.81	3.14	2.37	0.99	0.92	5.90	4.23
芜湖市	2.50	1.62	1.19	0.83	0.09	0.07	2.26	1.45
蚌埠市	3.16	1.17	1.30	0.69	0.15	0.09	2.23	1.10
淮南市	2.67	2.17	1.14	1.00	0.13	0.10	1.70	1.39
马鞍山市	1.36	0.84	0.60	0.48	0.12	0.10	1.32	0.99
淮北市	2.08	1.23	0.82	0.35	0.07	0.06	1.53	0.94
铜陵市	0.81	0.54	0.36	0.28	0.08	0.07	1.13	0.81
安庆市	5.70	0.90	1.81	0.52	0.30	0.08	4.15	1.09
黄山市	1.45	0.57	0.70	0.35	0.10	0.06	1.99	0.95
滁州市	3.85	0.66	1.41	0.38	0.11	0.05	3.19	0.76
阜阳市	6.80	1.91	2.03	0.74	0.17	0.09	4.58	1.67
宿州市	5.30	1.69	1.39	0.52	0.17	0.11	3.06	1.24
巢湖市	3.75	0.82	1.31	0.40	0.10	0.05	2.89	0.87
六安市	5.29	1.54	1.69	0.69	0.18	0.08	3.67	1.15
亳州市	4.36	1.23	1.13	0.35	0.16	0.09	2.42	0.88
池州市	1.19	0.39	0.53	0.25	0.29	0.28	1.42	0.60
宣城市	2.21	0.63	1.00	0.16	0.11	0.01	2.65	0.38

2-10 续表 3

单位：万人

城市	教育		卫生、社会保障和社会福利业		文化、体育和娱乐业		公共管理和社会组织	
	全市	市辖区	全市	市辖区	全市	市辖区	全市	市辖区
福建省	**43.72**	**15.36**	**15.22**	**7.82**	**3.66**	**2.48**	**29.80**	**13.15**
福州市	9.54	4.03	4.09	2.83	1.60	1.29	6.41	3.76
厦门市	3.14	3.14	1.65	1.65	0.48	0.48	2.66	2.66
莆田市	3.69	2.49	0.93	0.72	0.18	0.16	1.60	1.25
三明市	3.45	0.52	1.14	0.29	0.17	0.07	3.20	0.64
泉州市	8.42	2.21	1.97	0.77	0.32	0.14	4.61	1.63
漳州市	4.73	0.94	1.38	0.45	0.31	0.12	3.12	0.84
南平市	3.44	0.60	1.43	0.33	0.26	0.07	2.62	0.71
龙岩市	3.63	0.80	1.37	0.52	0.19	0.09	2.75	0.89
宁德市	3.68	0.63	1.26	0.26	0.15	0.06	2.83	0.77
江西省	**44.65**	**13.79**	**15.92**	**6.16**	**3.13**	**2.06**	**42.40**	**13.42**
南昌市	6.53	4.98	3.04	2.27	1.20	1.14	6.16	3.85
景德镇市	1.80	0.82	0.62	0.38	0.18	0.15	1.89	1.00
萍乡市	2.01	0.97	0.73	0.55	0.08	0.07	2.29	1.22
九江市	4.90	1.11	1.80	0.59	0.35	0.15	4.77	1.45
新余市	1.28	1.02	0.43	0.34	0.06	0.05	1.19	0.88
鹰潭市	1.05	0.17	0.36	0.14	0.12	0.11	1.29	0.63
赣州市	8.86	0.98	2.62	0.58	0.32	0.12	7.07	1.03
吉安市	4.55	0.77	1.59	0.27	0.20	0.05	4.06	0.83
宜春市	4.70	1.09	1.84	0.39	0.21	0.06	4.94	1.02
抚州市	4.19	1.26	1.19	0.36	0.17	0.06	3.99	0.92
上饶市	4.78	0.62	1.70	0.29	0.24	0.10	4.75	0.59
山东省	**105.87**	**40.44**	**40.43**	**17.69**	**6.35**	**4.54**	**103.45**	**46.38**
济南市	10.17	7.56	4.33	3.35	1.47	1.41	12.02	8.09
青岛市	10.69	5.20	4.23	2.57	1.08	0.88	7.55	4.11
淄博市	5.11	3.47	2.24	1.76	0.47	0.45	5.07	3.87
枣庄市	3.91	2.13	1.52	0.88	0.20	0.17	4.68	3.52
东营市	3.06	1.84	0.86	0.45	0.11	0.07	3.08	1.76
烟台市	8.27	3.32	3.29	1.19	0.63	0.32	6.82	2.96
潍坊市	10.38	2.23	3.99	0.92	0.27	0.15	8.44	3.28
济宁市	8.10	1.49	2.78	0.92	0.53	0.26	9.13	4.14
泰安市	5.74	1.99	2.00	0.71	0.19	0.13	4.28	1.60
威海市	3.06	1.08	1.60	0.49	0.21	0.11	2.75	1.19
日照市	2.80	1.32	1.00	0.49	0.10	0.08	2.20	1.22
莱芜市	1.62	1.62	0.59	0.59	0.03	0.03	1.35	1.35
临沂市	10.05	2.41	3.65	1.01	0.33	0.15	9.19	2.93
德州市	5.71	0.88	1.75	0.50	0.17	0.07	6.90	1.29
聊城市	5.58	1.44	2.21	0.79	0.20	0.12	6.68	2.06
滨州市	3.21	0.83	1.37	0.44	0.08	0.02	4.58	1.14
菏泽市	8.41	1.63	3.02	0.63	0.28	0.12	8.73	1.87

2-10 续表 4

单位：万人

城　市	教育		卫生、社会保障和社会福利业		文化、体育和娱乐业		公共管理和社会组织	
	全市	市辖区	全市	市辖区	全市	市辖区	全市	市辖区
河南省	**111.52**	**30.77**	**38.49**	**14.50**	**7.05**	**4.24**	**102.54**	**33.62**
郑州市	11.81	6.64	4.87	3.42	2.27	2.08	11.58	6.59
开封市	5.66	1.77	2.29	0.96	0.44	0.23	6.32	1.95
洛阳市	7.33	2.51	2.91	1.35	0.44	0.24	6.95	2.59
平顶山市	5.34	1.56	1.80	0.62	0.34	0.14	5.86	2.26
安阳市	5.48	1.58	1.89	0.71	0.32	0.16	4.58	1.62
鹤壁市	1.65	0.78	0.55	0.26	0.09	0.06	1.79	1.02
新乡市	6.64	1.66	2.78	0.97	0.29	0.12	6.65	1.68
焦作市	3.94	1.36	1.60	0.58	0.22	0.12	4.54	1.57
濮阳市	4.27	1.28	1.30	0.50	0.20	0.06	3.95	1.55
许昌市	4.69	0.63	1.68	0.37	0.28	0.13	4.86	1.10
漯河市	2.80	1.54	1.12	0.68	0.20	0.11	2.80	1.69
三门峡市	2.80	0.57	0.90	0.23	0.18	0.07	2.89	0.80
南阳市	11.96	2.99	3.85	1.40	0.55	0.28	8.37	1.92
商丘市	9.49	2.03	2.96	0.83	0.20	0.07	8.95	2.70
信阳市	9.03	2.02	2.30	0.65	0.41	0.12	6.59	1.78
周口市	10.47	0.83	2.85	0.44	0.29	0.12	9.51	1.42
驻马店市	8.16	1.02	2.84	0.53	0.33	0.13	6.35	1.38
湖北省	**59.73**	**25.96**	**25.03**	**12.20**	**5.44**	**3.77**	**49.43**	**23.25**
武汉市	16.75	12.06	6.45	5.34	2.03	1.87	9.66	7.81
黄石市	2.94	1.39	1.03	0.69	0.26	0.18	2.47	1.29
十堰市	3.84	0.97	1.82	0.66	0.63	0.35	3.54	1.08
宜昌市	3.71	1.51	2.05	0.87	0.53	0.35	3.68	1.62
襄樊市	6.07	2.59	2.51	1.15	0.35	0.20	6.44	3.26
鄂州市	1.30	1.30	0.51	0.51	0.11	0.11	1.00	1.00
荆门市	3.07	1.27	1.37	0.72	0.20	0.17	2.41	1.46
孝感市	5.21	1.15	1.97	0.50	0.39	0.10	4.38	1.30
荆州市	5.15	1.52	2.43	0.86	0.33	0.17	5.62	1.41
黄冈市	6.52	0.72	2.50	0.43	0.35	0.08	5.50	0.76
咸宁市	3.14	0.73	1.49	0.18	0.18	0.15	3.28	1.50
随州市	2.03	0.75	0.90	0.29	0.08	0.04	1.45	0.76
湖南省	**65.77**	**20.27**	**27.79**	**10.73**	**4.14**	**2.74**	**70.31**	**24.02**
长沙市	10.53	6.70	5.30	3.37	1.73	1.50	7.90	5.07
株洲市	3.42	1.22	1.69	0.80	0.15	0.08	4.20	1.81
湘潭市	2.61	0.67	1.05	0.10	0.15	0.10	2.76	1.17
衡阳市	8.22	1.35	3.15	1.08	0.31	0.19	7.73	2.22
邵阳市	6.06	0.93	2.42	0.55	0.18	0.08	6.31	1.37
岳阳市	5.10	1.52	2.04	0.72	0.16	0.15	6.83	2.10
常德市	5.25	1.45	2.24	0.67	0.29	0.13	5.55	2.16
张家界市	1.53	0.56	0.68	0.28	0.06	0.01	1.89	0.94

2-10 续表 5 单位：万人

城 市	教育		卫生、社会保障和社会福利业		文化、体育和娱乐业		公共管理和社会组织	
	全市	市辖区	全市	市辖区	全市	市辖区	全市	市辖区
益阳市	3.81	1.92	1.68	0.73	0.13	0.08	6.33	1.76
郴州市	4.48	1.03	2.02	0.74	0.28	0.12	5.98	1.85
永州市	5.72	1.35	2.20	0.66	0.26	0.09	6.48	1.70
怀化市	4.94	0.79	2.08	0.57	0.23	0.09	6.14	1.02
娄底市	4.10	0.78	1.24	0.46	0.21	0.12	2.21	0.85
广东省	**108.98**	**57.61**	**46.18**	**32.03**	**8.99**	**7.70**	**91.21**	**59.04**
广州市	17.38	15.25	10.48	9.60	3.50	3.37	15.05	13.57
韶关市	3.67	1.30	1.49	0.72	0.14	0.07	3.80	1.62
深圳市	7.00	7.00	4.90	4.90	1.70	1.70	11.00	11.00
珠海市	2.17	2.17	1.01	1.01	0.40	0.40	2.88	2.88
汕头市	5.75	5.66	1.92	1.89	0.23	0.23	3.65	3.52
佛山市	6.68	6.68	3.30	3.30	0.19	0.19	5.08	5.08
江门市	4.38	1.65	2.09	0.95	0.16	0.08	3.89	1.98
湛江市	8.61	2.66	2.52	1.09	0.39	0.27	4.54	1.80
茂名市	8.50	1.76	1.95	0.53	0.21	0.13	4.01	1.23
肇庆市	4.62	1.04	1.84	0.68	0.25	0.15	3.47	0.99
惠州市	4.10	1.90	1.85	1.01	0.32	0.18	5.07	2.82
梅州市	5.80	0.65	1.84	0.43	0.18	0.09	3.95	0.82
汕尾市	2.85	0.56	0.70	0.19	0.10	0.03	2.40	0.79
河源市	3.70	0.53	1.15	0.30	0.17	0.08	3.01	0.84
阳江市	2.98	0.97	1.07	0.47	0.12	0.08	2.74	1.03
清远市	4.14	0.84	1.29	0.33	0.12	0.06	3.42	0.96
东莞市	2.56	2.56	2.48	2.48	0.19	0.19	3.93	3.93
中山市	2.44	2.44	1.35	1.35	0.22	0.22	2.10	2.10
潮州市	2.67	0.66	0.78	0.33	0.09	0.06	1.51	0.52
揭阳市	6.00	0.89	1.32	0.31	0.21	0.10	3.12	0.86
云浮市	2.98	0.44	0.85	0.16	0.10	0.02	2.59	0.70
广西壮族自治区	**55.89**	**20.89**	**21.05**	**9.97**	**3.14**	**2.05**	**37.26**	**15.44**
南宁市	9.68	5.92	4.17	2.87	1.11	1.04	6.56	4.39
柳州市	4.37	1.92	2.20	1.32	0.24	0.17	3.21	1.30
桂林市	5.74	1.87	2.42	1.03	0.63	0.33	4.47	1.39
梧州市	3.14	0.98	1.16	0.55	0.14	0.08	1.93	0.66
北海市	1.93	0.90	0.76	0.44	0.12	0.09	1.34	0.91
防城港市	1.09	0.68	0.40	0.27	0.05	0.03	1.26	0.80
钦州市	3.42	1.93	1.40	0.61	0.07	0.03	1.79	0.97
贵港市	4.85	1.81	1.25	0.57	0.05	0.02	2.30	1.06
玉林市	6.54	1.23	1.95	0.73	0.18	0.08	2.67	0.87
百色市	3.99	0.69	1.39	0.37	0.12	0.04	3.38	0.57
贺州市	2.19	1.07	0.78	0.39	0.10	0.05	1.59	0.79
河池市	4.13	0.47	1.44	0.32	0.17	0.04	3.03	0.56
来宾市	2.44	1.03	0.87	0.34	0.08	0.03	1.67	0.68
崇左市	2.38	0.39	0.86	0.16	0.08	0.02	2.06	0.49

2-10 续表 6

单位：万人

城市	教育		卫生、社会保障和社会福利业		文化、体育和娱乐业		公共管理和社会组织	
	全市	市辖区	全市	市辖区	全市	市辖区	全市	市辖区
海南省	**4.43**	**4.43**	**1.69**	**1.69**	**1.03**	**1.03**	**4.05**	**4.05**
海口市	3.80	3.80	1.40	1.40	0.90	0.90	3.40	3.40
三亚市	0.63	0.63	0.29	0.29	0.13	0.13	0.65	0.65
重庆市	**33.78**	**19.28**	**10.89**	**6.90**	**2.41**	**2.01**	**23.38**	**13.98**
四川省	**75.00**	**29.44**	**28.86**	**13.48**	**4.03**	**2.94**	**64.18**	**28.66**
成都市	15.54	9.81	7.65	5.00	1.76	1.62	14.48	8.63
自贡市	2.36	1.37	1.22	0.83	0.11	0.09	2.11	1.22
攀枝花市	1.37	0.96	0.61	0.45	0.12	0.11	1.47	1.04
泸州市	3.96	1.42	1.30	0.70	0.14	0.09	2.56	1.25
德阳市	3.51	0.83	1.69	0.44	0.11	0.04	2.88	0.97
绵阳市	4.89	1.86	1.87	0.80	0.19	0.13	3.93	1.47
广元市	3.84	1.77	1.15	0.52	0.07	0.04	3.57	1.96
遂宁市	3.06	1.25	0.90	0.45	0.08	0.04	1.98	1.02
内江市	3.33	1.17	1.35	0.73	0.14	0.07	3.23	1.56
乐山市	3.01	1.12	1.31	0.57	0.20	0.10	3.51	1.56
南充市	6.54	2.33	1.80	0.72	0.22	0.11	4.27	1.74
眉山市	2.59	0.72	0.95	0.21	0.11	0.06	2.69	0.97
宜宾市	4.75	1.00	1.51	0.50	0.18	0.10	3.91	1.07
广安市	3.05	0.82	0.93	0.31	0.09	0.07	2.44	0.97
达州市	5.13	0.49	1.90	0.36	0.18	0.09	4.03	0.77
雅安市	1.65	0.70	0.62	0.26	0.06	0.03	2.36	0.79
巴中市	3.02	1.06	0.97	0.34	0.11	0.07	2.51	1.00
资阳市	3.40	0.76	1.13	0.29	0.16	0.08	2.25	0.67
贵州省	**18.89**	**7.45**	**5.93**	**3.43**	**1.37**	**1.13**	**17.67**	**8.63**
贵阳市	6.16	4.73	2.63	2.21	1.02	0.95	6.27	4.90
六盘水市	2.87	0.63	0.68	0.23	0.10	0.05	2.79	1.10
遵义市	7.16	1.11	1.89	0.65	0.18	0.09	6.30	1.56
安顺市	2.70	0.98	0.73	0.34	0.07	0.04	2.31	1.07
云南省	**32.08**	**10.37**	**9.36**	**4.33**	**2.36**	**1.45**	**27.76**	**11.02**
昆明市	8.67	5.56	3.80	2.56	1.39	1.12	8.83	5.83
曲靖市	6.72	1.05	1.16	0.34	0.20	0.08	3.65	0.79
玉溪市	2.71	0.69	0.96	0.38	0.13	0.06	2.53	0.75
保山市	2.60	0.87	0.65	0.26	0.07	0.03	1.84	0.74
昭通市	4.89	0.97	0.97	0.29	0.19	0.05	4.60	1.13
丽江市	1.49	0.35	0.41	0.10	0.14	0.03	1.60	0.60
思茅市	2.55	0.43	0.84	0.23	0.14	0.04	2.46	0.63
临沧市	2.45	0.45	0.57	0.17	0.10	0.04	2.25	0.55

2-10 续表 7 单位：万人

城 市	教育		卫生、社会保障和社会福利业		文化、体育和娱乐业		公共管理和社会组织	
	全市	市辖区	全市	市辖区	全市	市辖区	全市	市辖区
西藏自治区	**1.10**		**0.45**		**0.36**		**2.47**	
拉萨市	1.10		0.45		0.36		2.47	
陕西省	**52.76**	**23.63**	**17.82**	**8.83**	**4.41**	**3.00**	**47.16**	**17.37**
西安市	15.79	13.49	4.99	4.33	2.34	2.19	9.09	7.49
铜川市	1.12	1.01	0.40	0.36	0.05	0.05	1.68	1.48
宝鸡市	4.41	1.75	1.98	0.81	0.23	0.12	3.34	1.43
咸阳市	7.19	1.45	2.16	0.70	0.36	0.11	5.53	1.19
渭南市	6.47	1.36	1.91	0.48	0.35	0.10	5.64	0.93
延安市	3.36	0.82	1.29	0.53	0.27	0.13	5.56	0.86
汉中市	3.87	0.91	1.66	0.56	0.20	0.08	4.35	0.93
榆林市	4.47	0.99	1.50	0.42	0.31	0.11	5.77	0.98
安康市	3.18	1.14	1.06	0.41	0.12	0.06	3.65	1.40
商洛市	2.90	0.71	0.87	0.23	0.18	0.05	2.55	0.68
甘肃省	**30.11**	**12.49**	**8.16**	**4.42**	**2.34**	**1.67**	**30.01**	**13.95**
兰州市	5.66	4.84	1.95	1.69	1.00	0.97	5.79	4.67
嘉峪关市	0.21	0.21	0.11	0.11	0.04	0.04	0.38	0.38
金昌市	0.43	0.14	0.15	0.05	0.04	0.03	0.68	0.42
白银市	2.61	0.49	0.36	0.17	0.08	0.04	2.48	1.42
天水市	3.62	1.78	1.02	0.64	0.34	0.25	3.90	1.89
武威市	2.38	1.20	0.77	0.50	0.07	0.06	1.65	1.20
张掖市	1.69	0.76	0.52	0.22	0.13	0.07	1.73	0.66
平凉市	3.10	0.55	0.70	0.23	0.12	0.05	2.16	0.68
酒泉市	1.21	0.54	0.49	0.19	0.18	0.06	1.54	0.56
庆阳市	3.07	0.68	0.55	0.20	0.10	0.05	3.58	0.76
定西市	3.10	0.77	0.76	0.21	0.12	0.03	2.86	0.80
陇南市	3.03	0.53	0.78	0.21	0.12	0.02	3.26	0.51
青海省	**2.90**	**1.66**	**1.57**	**1.29**	**0.39**	**0.32**	**2.70**	**2.06**
西宁市	2.90	1.66	1.57	1.29	0.39	0.32	2.70	2.06
宁夏回族自治区	**7.84**	**3.80**	**2.90**	**1.83**	**0.89**	**0.71**	**7.75**	**4.51**
银川市	2.57	1.83	1.24	1.03	0.50	0.47	3.05	2.30
石嘴山市	0.77	0.49	0.37	0.23	0.14	0.13	1.07	0.70
吴忠市	1.40	0.42	0.44	0.18	0.11	0.04	1.41	0.64
固原市	1.94	0.65	0.45	0.18	0.09	0.05	1.40	0.57
中卫市	1.16	0.41	0.40	0.21	0.05	0.02	0.82	0.30
新疆维吾尔自治区	**5.34**	**5.23**	**3.07**	**3.04**	**1.01**	**1.01**	**5.82**	**5.66**
乌鲁木齐市	4.71	4.60	2.84	2.81	1.00	1.00	5.00	4.84
克拉玛依市	0.63	0.63	0.23	0.23	0.01	0.01	0.82	0.82

2-11 土地资源(一)

城市	行政区域土地面积(平方公里)		其中：建成区面积(平方公里)	城市建设用地面积(平方公里)	其中：居住用地面积(平方公里)
	全市	市辖区	市辖区	市辖区	市辖区
城市合计	**4711828**	**628034**	**30138**	**29333**	**8902**
北京市	**16411**	**12187**	**1350**	**1350**	**383**
天津市	**11760**	**7399**	**662**	**662**	**185**
河北省	**187693**	**4814**	**1138**	**1075**	**315**
石家庄市	15848	456	201	202	57
唐山市	13472	1230	224	223	66
秦皇岛市	7523	363	89	91	20
邯郸市	12062	434	108	108	38
邢台市	12486	135	70	50	13
保定市	20584	312	131	131	39
张家口市	36873	376	82	84	25
承德市	39548	760	86	50	13
沧州市	14053	183	44	40	15
廊坊市	6429	292	59	59	20
衡水市	8815	273	44	37	9
山西省	**157264**	**16331**	**692**	**652**	**191**
太原市	6963	1460	245	210	47
大同市	14127	2080	108	108	33
阳泉市	4570	652	51	40	15
长治市	13896	334	45	53	14
晋城市	9425	143	41	39	10
朔州市	11066	4499	32	31	9
晋中市	16404	1311	39	51	14
运城市	14181	1215	55	43	16
忻州市	25117	1982	21	18	8
临汾市	20275	1316	37	42	19
吕梁市	21240	1339	18	17	6
内蒙古自治区	**655315**	**22770**	**768**	**689**	**211**
呼和浩特市	17224	2054	154	154	42
包头市	27768	2591	182	131	32
乌海市	1754	1754	77	62	23
赤峰市	90021	7077	79	82	29
通辽市	59535	2821	66	66	18
鄂尔多斯市	86752	2530	109	81	22
呼伦贝尔市	253356	1440	28	28	15
巴彦淖尔市	64413	2354	38	50	17
乌兰察布市	54492	149	35	35	13

2-11 续表 1

城　市	行政区域土地面积（平方公里）		其中：建成区面积（平方公里）	城市建设用地面积（平方公里）	其中：居住用地面积（平方公里）
	全市	市辖区	市辖区	市辖区	市辖区
辽宁省	**147259**	**16185**	**1646**	**1720**	**538**
沈阳市	12980	3471	395	395	127
大连市	12574	2415	258	363	104
鞍山市	9252	624	154	154	35
抚顺市	11272	714	126	126	30
本溪市	8411	1518	107	70	24
丹东市	15222	835	53	53	18
锦州市	9891	436	71	71	34
营口市	5402	702	97	97	28
阜新市	10355	490	67	70	28
辽阳市	4736	623	93	93	32
盘锦市	4071	266	59	59	24
铁岭市	12980	659	44	44	16
朝阳市	19698	1137	50	53	20
葫芦岛市	10415	2295	72	72	18
吉林省	**146464**	**16864**	**787**	**754**	**230**
长春市	20604	4789	365	370	106
吉林市	27126	3636	166	150	44
四平市	14080	650	46	41	16
辽源市	5139	442	43	43	12
通化市	15195	761	47	41	15
白山市	17485	2736	40	33	13
松原市	21090	1325	42	42	14
白城市	25745	2525	38	34	10
黑龙江省	**406429**	**69921**	**1267**	**1398**	**485**
哈尔滨市	53068	7086	345	345	104
齐齐哈尔市	42469	4365	115	140	44
鸡西市	22531	2300	79	97	48
鹤岗市	14648	4551	43	70	39
双鸭山市	23209	1760	65	55	30
大庆市	21219	5107	207	278	67
伊春市	32759	19567	161	156	62
佳木斯市	32704	1875	64	64	22
七台河市	6221	3646	76	74	28
牡丹江市	40583	2464	65	64	23
黑河市	82164	14444	19	28	7
绥化市	34854	2756	28	27	11
上海市	**6340**	**5155**	**886**		
江苏省	**102879**	**30493**	**2175**	**2269**	**688**
南京市	6582	4723	598	621	169
无锡市	4788	1623	217	203	61
徐州市	11258	1160	206	145	47

2-11 续表 2

城 市	行政区域土地面积（平方公里）		其中：建成区面积（平方公里）	城市建设用地面积（平方公里）	其中：居住用地面积（平方公里）
	全市	市辖区	市辖区	市辖区	市辖区
常州市	4385	1872	134	134	40
苏州市	8488	1650	324	324	76
南通市	8001	1521	94	157	48
连云港市	7500	1156	100	144	65
淮安市	10072	10072	110	121	57
盐城市	16972	1862	85	85	25
扬州市	6634	1024	79	87	25
镇江市	3847	1082	104	104	24
泰州市	5797	640	61	79	31
宿迁市	8555	2108	63	65	20
浙江省	**104122**	**18078**	**1388**	**1380**	**355**
杭州市	16596	3068	393	355	89
宁波市	9817	2462	251	290	62
温州市	11788	1187	170	145	33
嘉兴市	3915	968	82	82	23
湖州市	5818	1567	76	78	19
绍兴市	8256	362	93	89	34
金华市	10941	2044	71	71	19
衢州市	8841	2354	54	53	13
舟山市	1440	1028	51	51	18
台州市	9411	1536	116	136	35
丽水市	17298	1502	31	31	10
安徽省	**138990**	**27517**	**1304**	**1349**	**423**
合肥市	7047	839	280	305	89
芜湖市	3317	764	130	130	32
蚌埠市	5952	601	103	104	35
淮南市	2585	1691	97	113	40
马鞍山市	1686	340	76	83	18
淮北市	2741	760	63	71	19
铜陵市	1113	350	47	43	11
安庆市	15318	821	72	72	25
黄山市	9807	2342	42	40	12
滁州市	13523	1404	50	53	17
阜阳市	9775	1844	71	70	38
宿州市	9787	2868	50	60	18
巢湖市	9394	2031	38	36	13
六安市	17976	3583	56	56	18
亳州市	8374	2226	57	40	15
池州市	8272	2432	33	34	13
宣城市	12323	2621	39	39	10

2-11 续表 3

城 市	行政区域土地面积（平方公里）		其中：建成区面积（平方公里）	城市建设用地面积（平方公里）	其中：居住用地面积（平方公里）
	全市	市辖区	市辖区	市辖区	市辖区
福建省	**124366**	**14204**	**698**	**686**	**196**
福州市	13066	1043	183	149	57
厦门市	1573	1573	212	212	40
莆田市	4119	2284	53	59	16
三明市	23094	1178	26	26	7
泉州市	11015	850	96	110	36
漳州市	12873	401	48	48	15
南平市	26315	2660	26	26	9
龙岩市	19063	2678	37	35	8
宁德市	13248	1537	17	21	8
江西省	**166970**	**11455**	**673**	**690**	**223**
南昌市	7402	617	186	186	61
景德镇市	5256	423	73	68	19
萍乡市	3824	1080	42	42	13
九江市	18823	598	89	89	29
新余市	3181	1789	51	51	19
鹰潭市	3554	137	27	27	7
赣州市	39379	479	59	59	16
吉安市	25271	1339	32	32	8
宜春市	18669	2532	35	45	10
抚州市	18820	2122	48	54	18
上饶市	22791	339	31	37	23
山东省	**157785**	**33489**	**2267**	**2382**	**677**
济南市	8177	3277	336	336	86
青岛市	10978	1405	273	294	92
淄博市	5965	2970	219	213	69
枣庄市	4563	3069	107	107	38
东营市	7923	3294	103	99	30
烟台市	13746	2722	235	234	60
潍坊市	16143	2650	136	135	48
济宁市	11194	1043	89	88	31
泰安市	7762	2087	104	104	38
威海市	5797	777	129	129	33
日照市	5348	1915	76	76	21
莱芜市	2246	2246	57	57	15
临沂市	17191	1761	152	152	43
德州市	10356	563	41	60	7
聊城市	8703	1254	65	59	16
滨州市	9454	1041	82	176	28
菏泽市	12239	1415	63	63	22

2-11 续表 4

城　市	行政区域土地面积(平方公里)		其中：建成区面积(平方公里)	城市建设用地面积(平方公里)	其中：居住用地面积(平方公里)
	全市	市辖区	市辖区	市辖区	市辖区
河南省	**164978**	**14048**	**1462**	**1395**	**390**
郑州市	7446	1010	337	296	75
开封市	6444	362	94	94	32
洛阳市	15200	544	166	166	39
平顶山市	7882	459	63	63	24
安阳市	7413	544	75	75	23
鹤壁市	2182	679	49	48	12
新乡市	8169	346	96	96	29
焦作市	4071	424	90	90	30
濮阳市	4266	260	36	36	10
许昌市	4996	97	74	73	20
漯河市	2617	1020	52	51	13
三门峡市	10496	198	29	29	9
南阳市	26509	1981	87	83	21
商丘市	10704	1600	59	53	17
信阳市	19541	3604	62	56	17
周口市	11959	148	44	37	9
驻马店市	15083	772	49	49	10
湖北省	**151495**	**21440**	**1092**	**1107**	**304**
武汉市	8494	2718	475	480	130
黄石市	4583	237	62	61	14
十堰市	23680	1193	69	69	18
宜昌市	21048	4248	86	117	30
襄樊市	19724	3672	96	96	32
鄂州市	1504	1504	47	47	11
荆门市	12404	2171	50	50	13
孝感市	8910	946	33	26	2
荆州市	14205	1576	63	63	17
黄冈市	17446	353	27	26	13
咸宁市	9861	1500	42	32	8
随州市	9636	1322	42	40	16
湖南省	**196624**	**17843**	**1019**	**1201**	**371**
长沙市	11819	955	249	242	98
株洲市	11276	537	105	100	25
湘潭市	5015	279	73	91	26
衡阳市	15299	691	99	102	29
邵阳市	20830	436	52	58	18
岳阳市	15087	1246	95	155	46
常德市	17950	2510	74	73	20
张家界市	9516	2735	22	28	8

2-11 续表 5

城　市	行政区域土地面积(平方公里)		其中：建成区面积(平方公里)	城市建设用地面积(平方公里)	其中：居住用地面积(平方公里)
	全市	市辖区	市辖区	市辖区	市辖区
益阳市	12144	1935	53	87	22
郴州市	19506	2246	49	105	32
永州市	22441	3181	55	65	17
怀化市	27624	666	52	48	13
娄底市	8117	426	41	47	17
广东省	**179376**	**32253**	**3185**	**2686**	**798**
广州市	7434	3843	927		
韶关市	18463	2870	78	78	26
深圳市	1992	1992	813	797	211
珠海市	1701	1701	118	336	94
汕头市	2064	1956	172	204	83
佛山市	3848	3848	151	190	50
江门市	9504	1786	120	143	42
湛江市	12471	1460	79	90	30
茂名市	11458	874	69	62	23
肇庆市	15134	761	74	76	19
惠州市	11158	2672	161	159	54
梅州市	15870	298	42	41	12
汕尾市	5271	415	14	82	25
河源市	15642	362	28	28	8
阳江市	7946	756	42	40	16
清远市	19036	1296	56	225	62
东莞市	2465	2465	87	87	30
中山市	1800	1800	40		
潮州市	3100	155	42	39	7
揭阳市	5240	181	53		
云浮市	7779	762	18	8	5
广西壮族自治区	**237288**	**41045**	**799**	**770**	**238**
南宁市	22099	6447	190	190	63
柳州市	18617	658	131	131	25
桂林市	27809	565	61	61	17
梧州市	12555	1098	36	27	9
北海市	3337	957	57	70	24
防城港市	6222	2818	30	21	8
钦州市	10843	4767	63	60	18
贵港市	10606	3543	54	54	17
玉林市	12838	1251	53	53	22
百色市	36202	3718	33	30	12
贺州市	11855	5568	29	20	7
河池市	33508	2340	18	15	5
来宾市	13411	4364	26	26	7
崇左市	17386	2951	18	12	4

2-11 续表 6

城　　市	行政区域土地面积（平方公里）		其中：建成区面积（平方公里）	城市建设用地面积（平方公里）	其中：居住用地面积（平方公里）
	全市	市辖区	市辖区	市辖区	市辖区
海南省	**4220**	**4220**	**119**	**144**	**46**
海口市	2305	2305	91	91	36
三亚市	1915	1915	28	53	10
重庆市	**82826**	**26041**	**708**	**694**	**220**
四川省	**193610**	**32774**	**1228**	**1236**	**414**
成都市	12121	2172	439	418	150
自贡市	4373	1438	68	68	24
攀枝花市	7440	2018	55	61	18
泸州市	12229	2133	72	70	18
德阳市	5911	648	51	51	15
绵阳市	20249	1570	83	83	24
广元市	16314	4588	34	30	8
遂宁市	5325	1875	49	48	19
内江市	5386	1569	39	77	26
乐山市	12826	2514	52	50	14
南充市	12479	2527	71	71	28
眉山市	7186	1331	42	40	16
宜宾市	13271	1131	53	52	20
广安市	6344	1536	27	27	8
达州市	16591	455	25	25	8
雅安市	15302	1070	20	17	5
巴中市	12301	2566	17	16	6
资阳市	7962	1633	32	32	7
贵州省	**58009**	**5912**	**335**	**371**	**104**
贵阳市	8034	2404	154	169	40
六盘水市	9946	488	104	121	34
遵义市	30762	1316	45	54	21
安顺市	9267	1704	32	27	9
云南省	**198573**	**21913**	**466**	**546**	**254**
昆明市	21015	4105	285	414	212
曲靖市	28906	1553	52	50	19
玉溪市	15285	1004	23	14	4
保山市	19637	5011	20	6	2
昭通市	22657	2240	23	18	6
丽江市	21219	1255	25	22	6
思茅市	45385	4093	24	22	5
临沧市	24469	2652	14		

2-11 续表 7

城　市	行政区域土地面积(平方公里)		其中：建成区面积(平方公里)	城市建设用地面积(平方公里)	其中：居住用地面积(平方公里)
	全市	市辖区	市辖区	市辖区	市辖区
西藏自治区					
拉萨市					
陕西省	**206133**	**28791**	**719**	**871**	**286**
西安市	10108	3582	283	370	122
铜川市	3882	2406	40	41	16
宝鸡市	18131	3574	118	113	31
咸阳市	10196	527	77	95	16
渭南市	13134	1221	39	50	20
延安市	37037	3556	26	26	14
汉中市	27246	556	31	40	12
榆林市	43578	7053	52	96	32
安康市	23529	3644	29	29	18
商洛市	19292	2672	24	11	5
甘肃省	**416103**	**41472**	**550**	**518**	**133**
兰州市	13086	1632	184	184	44
嘉峪关市	2935	2935	44	44	10
金昌市	8896	3019	37	37	6
白银市	21158	3478	54	54	16
天水市	14359	5861	42	42	9
武威市	33238	5081	27	1	
张掖市	41924	4240	28	26	6
平凉市	11170	1936	49	36	15
酒泉市	193974	3386	37	42	9
庆阳市	27119	996	17	25	8
定西市	20330	4225	23	18	4
陇南市	27914	4683	8	9	6
青海省	**7665**	**380**	**43**	**49**	**35**
西宁市	7665	380	43	49	35
宁夏回族自治区	**61545**	**13965**	**316**	**292**	**94**
银川市	9555	2311	115	115	37
石嘴山市	5310	2268	114	98	30
吴忠市	20394	1268	28	24	10
固原市	10541	2760	32	28	9
中卫市	15745	5358	27	27	8
新疆维吾尔自治区	**23336**	**19075**	**396**	**396**	**117**
乌鲁木齐市	13788	9527	339	339	99
克拉玛依市	9548	9548	57	57	18

2-12　土地资源(二)

城　　市	人口密度 (人/平方公里)		城市建设用地面积 (平方公里)	城市建设用地占市区面积比重 (%)
	全市	市辖区	市辖区	市辖区
城市合计	**261.84**	**607.44**	**29332.59**	**4.67**
北京市	**759.14**	**963.84**	**1350.00**	**11.08**
天津市	**833.20**	**1085.15**	**662.00**	**8.95**
河北省	**384.49**	**2611.38**	**1075.00**	**22.33**
石家庄市	616.74	5324.12	202.00	44.30
唐山市	544.76	2495.93	223.00	18.13
秦皇岛市	381.82	2276.31	91.00	25.07
邯郸市	781.60	3396.31	108.00	24.88
邢台市	575.55	4554.07	50.00	37.04
保定市	561.25	3405.45	131.00	41.99
张家口市	125.38	2384.31	84.00	22.34
承德市	94.04	717.24	50.00	6.58
沧州市	510.57	2912.02	40.00	21.86
廊坊市	642.91	2775.00	59.00	20.21
衡水市	494.92	1139.19	37.00	13.55
山西省	**220.21**	**591.01**	**652.00**	**3.99**
太原市	524.37	1953.15	210.00	14.38
大同市	223.40	743.70	108.00	5.19
阳泉市	285.05	1054.60	40.00	6.13
长治市	237.21	2089.82	53.00	15.87
晋城市	229.74	2398.60	39.00	27.27
朔州市	142.21	142.45	31.00	0.69
晋中市	195.07	449.12	51.00	3.89
运城市	355.14	542.30	43.00	3.54
忻州市	122.19	266.70	18.00	0.91
临汾市	215.56	632.98	42.00	3.19
吕梁市	179.42	205.00	17.00	1.27
内蒙古自治区	**32.92**	**282.07**	**689.04**	**3.03**
呼和浩特市	132.01	578.33	154.00	7.50
包头市	79.08	546.04	131.00	5.06
乌海市	274.00	274.00	62.00	3.53
赤峰市	51.01	171.60	82.24	1.16
通辽市	53.56	270.47	65.80	2.33
鄂尔多斯市	17.23	100.04	81.00	3.20
呼伦贝尔市	10.73	186.94	28.00	1.94
巴彦淖尔市	26.90	227.70	50.00	2.12
乌兰察布市	53.17	2038.26	35.00	23.49

2-12 续表 1

城　　市	人口密度 (人/平方公里)		城市建设用地面积 (平方公里)	城市建设用地占市区面积比重 (%)
	全市	市辖区	市辖区	市辖区
辽宁省	**289.02**	**1156.77**	**1720.00**	**10.63**
沈阳市	552.04	1475.74	395.00	11.38
大连市	465.09	1250.56	363.00	15.03
鞍山市	380.49	2359.62	154.00	24.68
抚顺市	197.49	1947.48	126.00	17.65
本溪市	184.83	629.38	70.00	4.61
丹东市	159.40	945.27	53.00	6.35
锦州市	313.61	2141.74	71.00	16.28
营口市	435.10	1271.79	97.00	13.82
阜新市	185.68	1583.47	70.00	14.29
辽阳市	387.42	1166.93	93.00	14.93
盘锦市	319.36	2278.95	59.00	22.18
铁岭市	235.79	678.15	44.00	6.68
朝阳市	173.93	525.95	53.00	4.66
葫芦岛市	271.02	432.16	72.00	3.14
吉林省	**171.02**	**513.84**	**754.00**	**4.47**
长春市	367.16	756.57	370.00	7.73
吉林市	161.25	508.99	150.00	4.13
四平市	240.85	937.69	41.00	6.31
辽源市	240.86	1081.22	43.00	9.73
通化市	149.27	590.41	41.00	5.39
白山市	74.19	216.85	33.00	1.21
松原市	136.71	417.06	42.00	3.17
白城市	78.92	201.54	34.00	1.35
黑龙江省	**93.29**	**194.83**	**1398.41**	**2.00**
哈尔滨市	186.85	669.91	345.00	4.87
齐齐哈尔市	134.58	325.29	140.00	3.21
鸡西市	84.64	383.09	97.00	4.22
鹤岗市	74.69	149.13	70.00	1.54
双鸭山市	64.98	285.11	55.00	3.13
大庆市	132.04	259.51	278.00	5.44
伊春市	38.86	41.41	156.00	0.80
佳木斯市	77.13	434.61	64.00	3.41
七台河市	149.12	151.73	74.41	2.04
牡丹江市	66.67	324.31	64.00	2.60
黑河市	21.20	13.30	28.00	0.19
绥化市	166.45	326.23	27.00	0.98
上海市	**2209.31**	**2583.28**		
江苏省	**721.16**	**866.27**	**2269.00**	**7.44**
南京市	956.81	1155.98	621.00	13.15
无锡市	972.54	1467.16	203.00	12.51
徐州市	850.60	1605.34	145.00	12.50

2-12 续表 2

城　　市	人口密度(人/平方公里)		城市建设用地面积(平方公里)	城市建设用地占市区面积比重(%)
	全市	市辖区	市辖区	市辖区
常州市	820.57	1210.84	134.00	7.16
苏州市	746.10	1455.82	324.00	19.64
南通市	953.21	1390.80	157.00	10.32
连云港市	654.19	767.21	144.00	12.46
淮安市	530.34	272.56	121.00	1.20
盐城市	478.65	872.99	85.00	4.56
扬州市	691.59	1191.31	87.00	8.50
镇江市	701.53	956.10	104.00	9.61
泰州市	869.38	1282.34	79.00	12.34
宿迁市	631.91	756.74	65.00	3.08
浙江省	**452.95**	**823.89**	**1380.46**	**7.64**
杭州市	411.77	1399.74	355.00	11.57
宁波市	581.66	901.02	290.00	11.78
温州市	660.93	1219.63	145.00	12.22
嘉兴市	867.43	858.68	81.58	8.43
湖州市	445.46	692.79	78.00	4.98
绍兴市	530.21	1792.82	89.25	24.65
金华市	423.78	453.52	70.58	3.45
衢州市	282.62	349.11	53.00	2.25
舟山市	671.96	677.88	51.05	4.97
台州市	614.67	1001.11	136.00	8.85
丽水市	148.80	256.06	31.00	2.06
安徽省	**488.85**	**709.10**	**1349.00**	**4.90**
合肥市	697.36	2486.05	305.00	36.35
芜湖市	693.70	1373.30	130.00	17.02
蚌埠市	605.91	1539.43	104.00	17.30
淮南市	938.18	1069.01	113.00	6.68
马鞍山市	762.81	1870.88	83.00	24.41
淮北市	794.38	1434.47	71.00	9.34
铜陵市	664.78	1284.29	43.00	12.29
安庆市	402.06	900.85	72.00	8.77
黄山市	151.52	199.23	40.00	1.71
滁州市	332.95	379.20	53.00	3.77
阜阳市	1023.53	1107.54	70.00	3.80
宿州市	649.01	641.21	60.00	2.09
巢湖市	488.18	436.44	36.00	1.77
六安市	392.68	516.75	56.00	1.56
亳州市	712.84	716.62	40.00	1.80
池州市	193.28	270.60	34.00	1.40
宣城市	225.41	327.20	39.00	1.49

2-12 续表 3

城 市	人口密度（人/平方公里）		城市建设用地面积（平方公里）	城市建设用地占市区面积比重（%）
	全市	市辖区	市辖区	市辖区
福建省	**281.24**	**636.41**	**686.00**	**4.83**
福州市	488.23	1796.07	149.00	14.29
厦门市	1125.24	1125.24	212.00	13.48
莆田市	775.94	932.49	59.00	2.58
三明市	117.37	240.75	26.00	2.21
泉州市	618.11	1211.06	110.00	12.94
漳州市	366.48	1371.82	48.00	11.97
南平市	117.84	185.23	26.00	0.98
龙岩市	153.88	178.53	35.00	1.31
宁德市	253.59	281.46	21.00	1.37
江西省	**278.10**	**789.67**	**690.00**	**6.02**
南昌市	671.89	3606.16	186.00	30.15
景德镇市	304.83	1082.51	68.00	16.08
萍乡市	488.83	786.76	42.00	3.89
九江市	260.87	1066.89	89.00	14.88
新余市	391.73	515.60	51.00	2.85
鹰潭市	337.14	1622.63	27.00	19.71
赣州市	227.78	1348.02	59.00	12.32
吉安市	193.54	400.75	32.00	2.39
宜春市	294.56	411.61	45.00	1.78
抚州市	212.08	523.61	54.00	2.54
上饶市	319.54	1164.60	37.00	10.91
山东省	**598.88**	**817.94**	**2382.00**	**7.11**
济南市	737.76	1062.68	336.00	10.25
青岛市	694.95	1960.64	294.00	20.93
淄博市	706.47	938.62	213.00	7.17
枣庄市	847.67	715.51	107.00	3.49
东营市	232.98	252.82	99.00	3.01
烟台市	474.32	658.49	234.00	8.60
潍坊市	537.60	683.96	135.00	5.09
济宁市	742.64	1146.79	88.00	8.44
泰安市	716.09	763.06	104.00	4.98
威海市	436.38	830.63	129.00	16.60
日照市	534.33	641.41	76.00	3.97
莱芜市	562.69	562.69	57.00	2.54
临沂市	605.86	1132.65	152.00	8.63
德州市	549.45	1126.82	60.00	10.66
聊城市	678.95	837.48	59.00	4.70
滨州市	399.29	607.40	176.00	16.91
菏泽市	767.58	1057.24	63.00	4.45

2-12 续表 4

城　市	人口密度（人/平方公里）		城市建设用地面积（平方公里）	城市建设用地占市区面积比重（%）
	全市	市辖区	市辖区	市辖区
河南省	**642.22**	**1342.23**	**1395.00**	**9.93**
郑州市	982.37	2821.88	296.00	29.31
开封市	818.03	2358.56	94.00	25.97
洛阳市	457.16	2942.46	166.00	30.51
平顶山市	675.41	2219.17	63.00	13.73
安阳市	773.18	1976.65	75.00	13.79
鹤壁市	732.31	897.94	48.00	7.07
新乡市	731.12	2930.64	96.00	27.75
焦作市	896.24	1969.81	90.00	21.23
濮阳市	947.54	2582.31	36.00	13.85
许昌市	971.20	4244.33	73.00	75.26
漯河市	1054.91	1364.41	51.00	5.00
三门峡市	218.71	1474.75	29.00	14.65
南阳市	440.42	935.49	83.00	4.19
商丘市	850.96	1082.50	53.00	3.31
信阳市	440.61	404.41	56.00	1.55
周口市	1009.08	3562.84	37.00	25.00
驻马店市	578.88	856.74	49.00	6.35
湖北省	**351.47**	**716.38**	**1107.00**	**5.16**
武汉市	983.69	1894.67	480.00	17.66
黄石市	564.17	3018.57	61.00	25.74
十堰市	149.16	442.41	69.00	5.78
宜昌市	190.69	293.76	117.00	2.75
襄樊市	298.56	603.89	96.00	2.61
鄂州市	713.03	713.03	47.00	3.13
荆门市	242.70	312.85	50.00	2.30
孝感市	593.41	1023.47	26.00	2.75
荆州市	466.07	741.43	63.00	4.00
黄冈市	423.94	1042.49	26.00	7.37
咸宁市	294.73	398.53	32.00	2.13
随州市	267.51	489.26	40.00	3.03
湖南省	**337.43**	**710.09**	**1201.00**	**6.73**
长沙市	551.31	2523.04	242.00	25.34
株洲市	339.48	1866.11	100.00	18.62
湘潭市	588.75	3145.16	91.00	32.62
衡阳市	483.56	1508.97	102.00	14.76
邵阳市	366.85	1543.58	58.00	13.30
岳阳市	370.31	702.33	155.00	12.44
常德市	343.56	560.00	73.00	2.91
张家界市	173.68	182.38	28.00	1.02

2-12 续表 5

城　市	人口密度（人/平方公里）		城市建设用地面积（平方公里）	城市建设用地占市区面积比重（%）
	全市	市辖区	市辖区	市辖区
益阳市	387.48	685.94	87.00	4.50
郴州市	242.93	296.62	105.00	4.67
永州市	261.42	344.51	65.00	2.04
怀化市	184.22	522.22	48.00	7.21
娄底市	518.09	1053.29	47.00	11.03
广东省	**466.39**	**1015.20**	**2685.56**	**8.33**
广州市	1068.90	1703.37		
韶关市	176.32	320.87	78.00	2.72
深圳市	1234.74	1234.74	797.00	40.01
珠海市	603.47	603.47	336.00	19.75
汕头市	2474.47	2573.77	204.00	10.43
佛山市	955.38	955.38	190.00	4.94
江门市	411.96	770.34	143.42	8.03
湛江市	611.93	1039.79	90.05	6.17
茂名市	641.74	1495.19	62.00	7.09
肇庆市	273.35	698.95	76.00	9.99
惠州市	290.70	482.86	159.00	5.95
梅州市	319.70	1056.71	41.00	13.76
汕尾市	646.20	1263.86	82.00	19.76
河源市	223.10	824.03	28.00	7.73
阳江市	346.91	883.93	39.80	5.27
清远市	214.76	496.68	225.00	17.36
东莞市	725.07	725.07	87.29	3.54
中山市	821.44	821.44		
潮州市	831.90	2256.13	39.00	25.16
揭阳市	1238.76	3838.67		
云浮市	354.54	388.85	8.00	1.05
广西壮族自治区	**219.28**	**327.37**	**770.00**	**1.88**
南宁市	315.81	414.36	190.00	2.95
柳州市	197.43	1577.96	131.00	19.91
桂林市	183.98	1341.42	61.00	10.80
梧州市	251.84	455.92	27.00	2.46
北海市	480.01	631.35	70.00	7.31
防城港市	139.70	184.03	21.00	0.75
钦州市	342.33	282.76	60.00	1.26
贵港市	480.57	524.53	54.00	1.52
玉林市	508.97	781.85	53.00	4.24
百色市	110.10	93.52	30.00	0.81
贺州市	188.87	192.47	20.00	0.36
河池市	122.22	141.54	15.00	0.64
来宾市	189.77	241.22	26.00	0.60
崇左市	139.17	121.31	12.00	0.41

2-12 续表 6

城　市	人口密度(人/平方公里)		城市建设用地面积(平方公里)	城市建设用地占市区面积比重(%)
	全市	市辖区	市辖区	市辖区
海南省	**506.99**	**506.99**	**143.64**	**3.40**
海口市	686.51	686.51	91.00	3.95
三亚市	290.91	290.91	52.64	2.75
重庆市	**395.48**	**592.44**	**694.00**	**2.67**
四川省	**429.23**	**729.69**	**1236.29**	**3.77**
成都市	940.21	2398.07	418.00	19.24
自贡市	751.18	1047.15	68.00	4.73
攀枝花市	149.97	342.91	61.04	3.02
泸州市	406.53	682.28	70.25	3.29
德阳市	657.08	1016.98	51.00	7.87
绵阳市	268.98	779.04	83.00	5.29
广元市	191.69	203.23	30.00	0.65
遂宁市	726.85	804.48	48.00	2.56
内江市	790.22	903.31	77.00	4.91
乐山市	275.39	457.48	50.00	1.99
南充市	603.82	765.14	71.00	2.81
眉山市	484.37	642.37	40.00	3.01
宜宾市	403.08	707.60	52.00	4.60
广安市	740.89	820.96	27.00	1.76
达州市	396.34	971.65	25.00	5.49
雅安市	101.39	328.88	17.00	1.59
巴中市	326.14	558.26	16.00	0.62
资阳市	629.68	665.34	32.00	1.96
贵州省	**294.92**	**747.19**	**371.47**	**6.28**
贵阳市	456.91	910.11	169.47	7.05
六盘水市	321.08	1085.04	121.00	24.80
遵义市	244.09	648.18	54.00	4.10
安顺市	295.12	497.07	27.00	1.58
云南省	**140.28**	**273.94**	**545.72**	**2.49**
昆明市	254.10	609.60	414.00	10.09
曲靖市	213.18	447.33	50.00	3.22
玉溪市	140.24	418.92	14.00	1.39
保山市	127.43	177.71	6.00	0.12
昭通市	247.62	364.69	18.00	0.80
丽江市	56.80	122.15	22.00	1.75
思茅市	55.00	53.16	21.72	0.53
临沧市	97.92	115.72		

2-12 续表 7

城市	人口密度(人/平方公里)		城市建设用地面积(平方公里)	城市建设用地占市区面积比重(%)
	全市	市辖区	市辖区	市辖区
西藏自治区				
拉萨市				
陕西省	**185.99**	**441.46**	**871.00**	**3.03**
西安市	773.32	1567.78	370.00	10.33
铜川市	219.76	314.71	41.00	1.70
宝鸡市	208.91	395.55	113.00	3.16
咸阳市	506.45	1702.09	95.00	18.03
渭南市	423.98	792.79	50.00	4.10
延安市	61.43	126.18	26.00	0.73
汉中市	140.04	993.88	40.00	7.19
榆林市	82.41	72.21	96.00	1.36
安康市	129.02	274.12	29.00	0.80
商洛市	125.98	205.43	11.00	0.41
甘肃省	**58.31**	**195.70**	**518.00**	**1.25**
兰州市	247.28	1289.64	184.00	11.27
嘉峪关市	71.11	71.11	44.00	1.50
金昌市	53.47	71.32	37.00	1.23
白银市	84.86	142.78	54.00	1.55
天水市	250.50	215.08	42.00	0.72
武威市	59.85	203.84	1.00	0.02
张掖市	31.10	122.33	26.00	0.61
平凉市	205.70	258.21	36.00	1.86
酒泉市	4.97	118.49	42.00	1.24
庆阳市	96.22	357.13	25.00	2.51
定西市	147.28	110.60	18.00	0.43
陇南市	100.01	117.79	9.00	0.19
青海省	**253.02**	**3003.42**	**49.00**	**12.89**
西宁市	253.02	3003.42	49.00	12.89
宁夏回族自治区	**103.03**	**184.93**	**292.00**	**2.09**
银川市	162.79	395.59	115.00	4.98
石嘴山市	140.34	200.26	98.00	4.32
吴忠市	67.28	300.55	24.00	1.89
固原市	142.43	159.64	28.00	1.01
中卫市	74.09	73.24	27.00	0.50
新疆维吾尔自治区	**120.22**	**142.19**	**396.00**	**2.08**
乌鲁木齐市	174.93	243.39	339.00	3.56
克拉玛依市	41.21	41.21	57.00	0.60

2-13 综合经济(一)

城市	地区生产总值(当年价格万元)		人均地区生产总值(元)		地区生产总值增长率(%)	
	全市	市辖区	全市	市辖区	全市	市辖区
城市合计						
北京市	**121530000**	**119720000**	**70452**	**72536**	**10.20**	**10.40**
天津市	**75218500**	**70302455**	**62574**	**82093**	**16.50**	**16.00**
河北省						
石家庄市	30012797	10821265	30428	44089	11.10	8.10
唐山市	38127192	19193652	51179	62671	11.30	11.20
秦皇岛市	8045421	4668602	27110	41289	9.50	9.00
邯郸市	20152800	4836098	22779	36276	11.20	10.30
邢台市	10562913	1866582	15174	27301	10.00	11.60
保定市	17300023	4808775	15770	45882	11.00	11.15
张家口市	8003407	3097223	18948	32789	10.10	9.98
承德市	7601136	1900202	22198	36129	11.00	11.00
沧州市	18012287	3274772	25719	55101	11.30	20.80
廊坊市	11474791	2844352	27904	34658	10.80	12.00
衡水市	6521058	1415895	15192	31818	9.60	9.00
山西省						
太原市	15452409	14224531	44319	53486	2.60	5.80
大同市	5962587	2136306	18710	36760	2.30	3.10
阳泉市	3487100	2354969	26383	34434	7.10	7.80
长治市	7752901	2206691	23558	29234	10.00	11.50
晋城市	6060499	1248181	27108	39197	7.20	8.30
朔州市	5613074	3914872	36452	121032	10.61	16.06
晋中市	6368106	1223122	20335	22030	6.70	9.10
运城市	7230077	1050491	14306	16468	5.80	8.10
忻州市	3493072	664304	11292	12405	0.20	11.20
临汾市	7668659	1733438	18215	22591	10.42	10.18
吕梁市	6115606	491575	16903	16203	2.50	-4.40
内蒙古自治区						
呼和浩特市	16439925	11813350	61108	71596	15.90	15.60
包头市	21687980	18063073	84979	95978	17.60	19.00
乌海市	3112080	3112080	64147	64147	22.80	22.80
赤峰市	9128888	3779292	21037	31273	16.60	17.46
通辽市	9613935	3199544	31147	42712	16.90	16.20
鄂尔多斯市	21610000	5073976	134400	117454	23.00	20.50
呼伦贝尔市	7792653	1304521	28882	48785	17.10	20.10
巴彦淖尔市	5098658	1573300	29384	29402	19.30	17.40
乌兰察布市	5000100	889417	23489	29287	13.50	14.90

2-13 续表 1

城　　市	地区生产总值(当年价格万元)		人均地区生产总值(元)		地区生产总值增长率(%)	
	全市	市辖区	全市	市辖区	全市	市辖区
辽宁省						
沈阳市	42685137	36672242	54654	62560	14.05	12.17
大连市	43495050	30204529	70781	91123	15.00	12.30
鞍山市	17304740	10779539	49301	73330	17.20	18.50
抚顺市	6986395	5173997	31343	37136	14.10	12.16
本溪市	6883947	5081110	44251	49034	18.30	19.50
丹东市	6075211	2174327	25034	27911	16.50	16.50
锦州市	7272951	3607359	23447	33210	16.00	11.67
营口市	7994827	4506371	34104	59290	20.30	31.60
阜新市	2879693	1606286	14967	20662	16.20	14.30
辽阳市	6082597	3327675	33151	45799	16.20	7.87
盘锦市	6768658	4314991	50930	68612	10.00	1.60
铁岭市	6057065	1266496	19795	28370	18.00	18.60
朝阳市	5180944	1359421	15724	23642	18.00	17.60
葫芦岛市	4455816	2746962	15856	28209	10.00	10.00
吉林省						
长春市	28485627	20533771	37753	56787	15.00	12.37
吉林市	15004776	8316415	34583	45296	16.50	16.60
四平市	6585947	1737496	19468	24727	19.30	19.50
辽源市	3361820	2025790	27160	42416	22.80	19.17
通化市	5180017	1939646	22820	43007	15.30	10.90
白山市	3566348	1890411	27495	31865	21.50	26.00
松原市	9008304	3501639	31421	44324	14.01	8.37
白城市	3533626	957591	17404	18821	17.98	16.60
黑龙江省						
哈尔滨市	31755391	22722616	32053	47847	13.00	14.00
齐齐哈尔市	6905169	3412886	12714	25154	10.20	11.24
鸡西市	3538182	1395130	18547	15112	13.80	16.20
鹤岗市	2023349	1340706	18509	19724	13.90	15.30
双鸭山市	2985082	1095218	19817	21904	14.20	17.60
大庆市	21200036	19289942	76068	146324	12.11	10.52
伊春市	1724616	1151356	13530	14203	13.10	13.82
佳木斯市	4326603	2097714	17172	25599	14.10	14.30
七台河市	2336262	1874330	25534	12582	26.00	28.30
牡丹江市	6292848	2012961	22645	24227	19.40	27.90
黑河市	2242095	394194	12882	20531	12.40	18.20
绥化市	6058790	573104	10471	11949	13.80	14.60
上海市	**150464500**	**148758036**	**78989**	**80995**	**8.24**	**8.24**
江苏省						
南京市	42302608	38257570	67455	70377	11.55	11.09
无锡市	49917200	27406100	107365	115263	11.60	11.80
徐州市	23901600	11433600	25100	61699	13.95	14.63

2-13 续表 2

城 市	地区生产总值(当年价格万元)		人均地区生产总值(元)		地区生产总值增长率(%)	
	全市	市辖区	全市	市辖区	全市	市辖区
常州市	25199300	19194200	70138	84829	11.70	12.58
苏州市	77402000	29923300	122565	125092	11.50	12.00
南通市	28728038	11449000	37642	54094	14.00	14.00
连云港市	9411300	3695386	19229	43587	13.64	13.03
淮安市	11217500	6856100	20946	24820	14.20	14.30
盐城市	19170000	5285500	23607	32584	13.40	13.90
扬州市	18563943	8308748	40418	68170	13.82	13.90
镇江市	16720765	7412628	62084	71877	13.67	13.54
泰州市	16609200	4585300	33166	56358	13.80	15.28
宿迁市	8268532	3085790	15381	19437	13.50	15.67
浙江省						
杭州市	50875530	40698686	63333	73293	10.00	10.60
宁波市	43293025	25490039	60720		6.70	
温州市	25273448	10543477	32588	73317	8.50	7.80
嘉兴市	19180282	4822499	44898	44017	9.31	8.98
湖州市	11018263	5061124	38865	39955	10.20	9.80
绍兴市	23757754	4075819	54316	62801	9.30	9.10
金华市	17760647	3405154	34294	35214	9.10	9.00
衢州市	6265500	2647670	25127	32287	11.00	13.40
舟山市	5352361	3794689	55311	54506	11.00	9.70
台州市	20404529	7293472	35489	47589	8.52	6.66
丽水市	5465482	1439416	23717	34448	10.60	10.80
安徽省						
合肥市	21021200	15914706	41543	55841	17.80	16.32
芜湖市	9019997	6523380	39142	62139	15.36	13.99
蚌埠市	5320870	2670865	14803	28871	12.17	10.59
淮南市	5087730	3625392	22169	21788	13.70	13.70
马鞍山市	6658905	5206912	51879	81554	12.10	10.50
淮北市	3718734	2818637	18096	25958	11.00	9.10
铜陵市	3437300	2861210	46765		13.70	12.70
安庆市	7706600	1923460	13811	25941	12.30	11.10
黄山市	2669198	1227897	17977	28185	11.50	10.10
滁州市	5761845	1365465	14002	25744	13.60	14.70
阜阳市	6077994	1889074	7288	9322	12.77	12.20
宿州市	5406000	2152324	8526	11810	12.10	13.40
巢湖市	5293628	1406214	12280	15864	12.35	11.80
六安市	5840232	1266583	9637	8564	13.34	13.60
亳州市	4319284	1602390	8477	10172	12.83	12.20
池州市	2455896	1266739	17295	19301	15.10	16.40
宣城市	4327700	1312149	16774	13560	13.58	13.10

2-13 续表 3

城　　市	地区生产总值(当年价格万元)		人均地区生产总值(元)		地区生产总值增长率(%)	
	全市	市辖区	全市	市辖区	全市	市辖区
福建省						
福州市	26040448	13279794	38015	49003	13.00	14.30
厦门市	17372349	17372349	68938	68938	8.00	8.00
莆田市	6914192	5720439	24260	29186	14.50	15.40
三明市	8002444	1868855	30370	47015	13.20	12.40
泉州市	30695003	7035714	39227	54142	12.50	13.20
漳州市	11780103	2998193	24619	49887	13.30	12.90
南平市	6216534	1527414	21473	30427	13.90	12.90
龙岩市	8248814	3423187	29725	58516	14.00	14.90
宁德市	6122829	1083595	20174	25599	13.30	13.00
江西省						
南昌市	18375008	12464689	39669	58882	13.10	12.50
景德镇市	3640337	1960668	23174	39359	13.80	12.60
萍乡市	4214862	2610384	22685	41573	13.60	13.60
九江市	8313636	3903166	17420	62431	13.80	15.50
新余市	4841748	4039383	42606	48065	13.50	13.38
鹰潭市	2568020	656301	23106	32766	12.30	16.20
赣州市	9406290	1834554	11201	30168	13.30	13.50
吉安市	5841087	906448	12137	16475	13.70	14.39
宜春市	7002430	989343	12769	9538	13.50	12.60
抚州市	5029103	1712520	12923	15964	13.86	14.50
上饶市	7285029	955323	11184	26692	13.60	13.20
山东省						
济南市	33513645	25126262	50376	60498	12.18	11.60
青岛市	48538672	27887651	57251	101088	12.20	13.63
淄博市	24452800	18878253	54229	70580	13.20	12.70
枣庄市	11960414	6537696	32698	31448	12.60	10.60
东营市	20589700	13770255	102370	136124	12.40	11.04
烟台市	37017900	15530089	52683	86631	13.50	15.10
潍坊市	27072300	6899480	30338	35000	12.90	13.00
济宁市	22381300	5389800	27979	48225	12.70	16.20
泰安市	17156630	5873477	31375	34430	13.60	14.44
威海市	17803493	5033182	63519	79182	12.09	12.35
日照市	8646600	6704300	31451	54765	14.10	16.70
莱芜市	4713000	4713000	36907	36907	12.15	12.15
临沂市	20691100	7689300	20983	36911	13.40	14.10
德州市	14760842	3069452	28046	43569	12.70	13.50
聊城市	13783700	2103053	24657	22633	13.30	13.60
滨州市	13549931	2860881	36679	42719	13.44	13.54
菏泽市	9573109	2056028	11649	14269	14.30	17.60

2-13 续表 4

城 市	地区生产总值(当年价格万元)		人均地区生产总值(元)		地区生产总值增长率(%)	
	全市	市辖区	全市	市辖区	全市	市辖区
河南省						
郑州市	33085053	14317914	44231	42981	11.40	12.60
开封市	7787245	1894876	16571	20434	12.10	14.10
洛阳市	20014846	6663681	31170	38594	13.30	14.30
平顶山市	11278100	4078726	23018	44523	10.01	8.60
安阳市	11248807	3118570	21578	25612	11.40	4.80
鹤壁市	3636276	1809870	25370	31438	12.80	9.00
新乡市	9919801	2694083	17992	26569	12.40	8.10
焦作市	10714238	2215501	31356	24724	11.30	8.10
濮阳市	6616319	2206652	18855	39553	11.00	3.10
许昌市	11307471	1685829	26227	33636	12.50	13.70
漯河市	5917024	3440425	23777	26910	11.30	11.60
三门峡市	7027459	994387	31587	30930	12.10	9.70
南阳市	17144914	3833601	16997	21820	10.00	9.80
商丘市	9955475	2040244	12779	13454	10.80	11.30
信阳市	9289974	2388811	13780	18682	12.00	12.20
周口市	10653712	939006	10649	19583	10.80	12.10
驻马店市	9005247	1579807	11708	23274	11.50	13.40
湖北省						
武汉市	46208600	38888522	51144	62757	13.70	13.30
黄石市	5715900	3038400	23560	37336	11.10	7.90
十堰市	5509600	3270401	17015	63616	14.10	25.20
宜昌市	12723300	6499300	31476	48593	15.10	11.40
襄樊市	12010100	7123200	22071	32284	15.00	14.30
鄂州市	3237121	3237121	31310	31310	11.50	11.50
荆门市	6000969	2110031	21074	37190	14.80	14.20
孝感市	6728800	1400755	14366	16324	15.20	15.30
荆州市	7095800	2490642	10962	20265	13.20	11.47
黄冈市	7301900	801700	10928	23414	15.00	15.00
咸宁市	4051500	1092800	16101	17969	15.20	11.59
随州市	3419100	1448000	15531	22457	13.50	13.55
湖南省						
长沙市	37447641	22501417	56620	83024	14.70	14.00
株洲市	10248939	5210416	27536	53743	14.47	13.76
湘潭市	7393818	4301607	26608	51683	13.67	13.50
衡阳市	11680146	3179738	17299	32357	14.56	14.63
邵阳市	6006947	1234707	8857	17653	12.90	15.60
岳阳市	12721499	5504648	24542	47880	14.02	13.34
常德市	12392306	5598953	22496	42536	12.10	11.80
张家界市	2030965	1039170	13517	22561	13.70	13.50

2-13 续表 5

城市	地区生产总值(当年价格万元)		人均地区生产总值(元)		地区生产总值增长率(%)	
	全市	市辖区	全市	市辖区	全市	市辖区
益阳市	5916182	2313115	14071	19449	13.00	13.41
郴州市	8432283	2558570	19059	34164	16.51	16.76
永州市	6400361	1863722	12471	18502	13.99	12.88
怀化市	5594841	1271965	12041	29498	13.70	13.30
娄底市	5683129	1666391	14454	34558	12.76	11.82
广东省						
广州市	91382135	84097486	89082	94173	11.70	11.50
韶关市	5787525	2932298	19549	32491	10.11	8.90
深圳市	82013176	82013176	92772	92772	10.70	10.70
珠海市	10386627	10386627	69890	69890	6.60	6.60
汕头市	10358687	10278497	20385	20514	10.70	10.70
佛山市	48208972	48208972	80686	80686	13.50	13.50
江门市	13408813	7683603	32139	48837	9.70	10.40
湛江市	11566678	6239425	16647	42261	10.60	10.30
茂名市	12312519	4451458	19979	35897	10.26	8.79
肇庆市	8620048	3252568	22415	47453	13.90	11.90
惠州市	14147026	8882643	35819	49096	13.20	14.30
梅州市	5192860		12558		9.80	
汕尾市	3900405	1172871	13363	23702	16.30	12.80
河源市	4054956	1282594	13928	38819	10.10	20.80
阳江市	5272696	2036075	22130	30973	11.30	10.20
清远市	8615921	3137364	22797	43522	16.30	17.26
东莞市	37639142	37639142	56601	56601	5.30	5.30
中山市	15664106	15664106	62304	62304	10.20	10.20
潮州市	4801815	1077723	18681	27314	12.50	9.50
揭阳市	8160920	1859835	14159	26215	16.00	16.60
云浮市	3445051		14276		10.50	
广西壮族自治区						
南宁市	15247144	11042774	21945	41590	15.10	16.00
柳州市	10460537	7088329	28291		16.30	
桂林市	9405425	3035814	18443	38086	13.95	12.90
梧州市	4536513	1574071	14776	31552	17.60	17.20
北海市	3177113	2063680	20093	37885	16.10	17.31
防城港市	2510367	1842011	29602	36999	22.60	25.04
钦州市	3963669	2244376	12212	17082	15.35	17.20
贵港市	4377331	2079778	10215	12803	15.20	12.50
玉林市	6834915	2175499	12032	20129	14.80	14.40
百色市	4528599	1033295	12423	24857	14.84	10.90
贺州市	2492167	1415783	11573	13597	12.60	14.70
河池市	3827713	718941	9949	17385	8.18	7.05
来宾市	2993595	1571735	12967	15944	12.76	13.32
崇左市	3043555	593504	13921	16521	12.60	11.30

2-13　续表 6

城　　市	地区生产总值(当年价格万元)		人均地区生产总值(元)		地区生产总值增长率(%)	
	全市	市辖区	全市	市辖区	全市	市辖区
海南省						
海口市	4895519	4895519	26366	26366	10.80	10.80
三亚市	1733198	1733198	35750	35750	17.20	17.20
重庆市	**65300100**	**48915782**	**22920**	**31980**	**14.90**	**14.90**
四川省						
成都市	45026032	31398618	35215	46144	14.70	14.90
自贡市	5410487	3520831	19256	24140	14.54	14.47
攀枝花市	4240750	3294848	36562	44700	11.20	12.60
泸州市	5876030	3017560	13591	21706	14.50	15.30
德阳市	7798930	2195751	21352	32333	14.40	13.30
绵阳市	8201664	3874634	16537	28916	14.41	14.08
广元市	2704803	1219659	99	13673	15.20	15.70
遂宁市	4120706	1629422	11536	15850	14.70	15.70
内江市	5608849	2068845	14175	15143	15.76	16.24
乐山市	6190171	2971069	18379	25170	15.30	16.20
南充市	6862762	2466740	10982	12686	14.90	15.00
眉山市	4653274	1525601	15509	19728	14.50	14.32
宜宾市	7207800	2839800	16163	34670	14.90	12.10
广安市	4503368	1312524	12140	12503	14.70	14.80
达州市	6827297	1023626	11915	22622	14.20	13.70
雅安市	2396141	687188	15710	19606	14.90	14.00
巴中市	2383161	901309	7548	8060	14.30	14.30
资阳市	5345119	1730618	12616	18549	14.70	15.40
贵州省						
贵阳市	9719382	7259529	24585	28710	13.30	13.30
六盘水市	4301556	1531394	14422	30655	11.50	6.00
遵义市	7776409	2392289	11322	48720	12.70	12.00
安顺市	1957038	753797	7630	9145	11.50	12.80
云南省						
昆明市	18086467	13484922	25826	36591	12.80	12.38
曲靖市	8709446	2715210	14970	38900	12.80	10.90
玉溪市	6444042	3818111	28245	78434	11.77	13.80
保山市	2216546	917851	8972	10348	13.10	13.60
昭通市	3204517	1020458	6025	12691	12.70	14.30
丽江市	1206746	420702	9863	24474	13.00	13.60
思茅市	2116987	458796	8193	17810	13.70	13.60
临沧市	1813326	286162	7590	9349	11.40	11.90

2-13 续表 7

城　市	地区生产总值(当年价格万元)		人均地区生产总值(元)		地区生产总值增长率(%)	
	全市	市辖区	全市	市辖区	全市	市辖区
西藏自治区						
拉萨市	1632777	306843	20264		12.70	
陕西省						
西安市	27240800	23150600	32411	35795	14.50	15.00
铜川市	1558600	1453810	18548	19448	15.20	15.40
宝鸡市	8065640	4678400	21526	33577	15.00	16.40
咸阳市	8732000	3220170	17429	34860	14.20	14.00
渭南市	6554980	1418320	12069	15437	14.30	18.10
延安市	7282600	1251790	33538	30335	12.20	10.20
汉中市	4156440	915850	11834	16762	14.50	14.50
榆林市	13023080	1833140	38906	21820	13.30	13.80
安康市	2749450	980510	10341	11071	15.00	14.80
商洛市	2251190	526330	9411	9585	14.10	14.30
甘肃省						
兰州市	9259821	8048843	27904	35942	10.80	12.53
嘉峪关市	1600500	1600500	76087	76087	10.00	10.00
金昌市	1947494	1603038	41060	74664	14.20	15.57
白银市	2653311	1758791	15125	36756	11.11	11.19
天水市	2600022	1533504	7584	12754	10.40	11.35
武威市	1927902	1279793	10068	12785	10.02	9.34
张掖市	1920761	845708	14949	16780	11.50	11.50
平凉市	1956563	662590	8899	13235	10.50	9.07
酒泉市	3210478	931518	31512	23218	14.70	27.84
庆阳市	3022211	741374	11973	21231	14.30	12.80
定西市	1319394	270873	4491	5753	10.30	13.00
陇南市	1423400	403823	5428	6136	23.50	11.70
青海省						
西宁市	5010743	3549435	22865	31364	13.30	15.60
宁夏回族自治区						
银川市	5781483	4398196	34453	36655	13.00	8.50
石嘴山市	2707801	2028609	37050	44567	13.20	13.20
吴忠市	1858945	625193	13624	16566	13.00	17.10
固原市	879280	355849	5891	8072	14.80	14.70
中卫市	1429824	702728	12617	17409	13.80	10.90
新疆维吾尔自治区						
乌鲁木齐市	10945200	10794352	38496	39224	9.50	8.79
克拉玛依市	4802909	4802909	87000	87000	-1.20	-1.20

2-14 综合经济(二)

单位：%

城市	第一产业占GDP的比重		第二产业占GDP的比重		第三产业占GDP的比重	
	全市	市辖区	全市	市辖区	全市	市辖区
城市合计						
北京市	**0.97**	**0.79**	**23.50**	**23.27**	**75.53**	**75.94**
天津市	**1.71**	**1.09**	**53.02**	**53.58**	**45.27**	**45.34**
河北省						
石家庄市	10.27	0.64	49.58	29.32	40.15	70.04
唐山市	9.45	4.80	57.76	59.69	32.80	35.51
秦皇岛市	12.72	1.40	38.74	39.17	48.53	59.43
邯郸市	12.25	0.90	53.89	61.76	33.86	37.34
邢台市	15.04	0.85	56.50	62.67	28.46	36.48
保定市	15.35	1.34	50.37	60.38	34.29	38.28
张家口市	15.17	2.10	41.83	55.10	43.00	42.79
承德市	14.91	2.18	51.61	59.87	33.48	37.95
沧州市	12.00	1.39	48.24	46.48	39.75	52.12
廊坊市	12.06	6.83	53.42	44.95	34.52	48.22
衡水市	18.85	8.81	50.80	57.40	30.35	33.79
山西省						
太原市	1.85	0.88	43.72	43.04	54.43	56.07
大同市	5.22	3.40	47.69	51.14	47.09	45.46
阳泉市	1.68	0.62	57.15	55.43	41.18	43.95
长治市	4.54	1.03	62.78	49.41	32.68	49.55
晋城市	4.15	0.92	63.32	37.07	32.54	62.01
朔州市	5.26	2.45	52.34	66.89	42.40	30.66
晋中市	8.85	9.26	52.22	33.44	38.93	57.30
运城市	15.87	8.18	44.37	28.70	39.76	63.12
忻州市	12.19	7.96	40.32	34.04	47.49	58.00
临汾市	7.24	3.39	57.38	37.58	35.38	59.02
吕梁市	6.17	2.46	63.69	42.71	30.14	54.83
内蒙古自治区						
呼和浩特市	4.75	1.53	36.09	27.26	59.16	71.20
包头市	2.55	0.89	54.18	52.28	43.26	46.83
乌海市	1.00	1.00	68.84	68.84	30.16	30.16
赤峰市	16.32	9.44	49.45	50.82	34.24	39.74
通辽市	15.61	9.75	55.46	59.91	28.93	30.33
鄂尔多斯市	2.80	0.32	58.33	39.51	38.87	60.17
呼伦贝尔市	19.85	4.22	39.03	41.41	41.12	54.36
巴彦淖尔市	19.49	16.54	54.90	49.63	25.62	33.83
乌兰察布市	15.64	2.98	52.34	47.43	32.02	49.59

2-14 续表 1

单位：%

城市	第一产业占GDP的比重		第二产业占GDP的比重		第三产业占GDP的比重	
	全市	市辖区	全市	市辖区	全市	市辖区
辽宁省						
沈阳市	4.85	1.87	49.84	48.95	45.31	49.18
大连市	7.21	2.91	48.91	46.12	43.89	50.97
鞍山市	4.77	0.57	52.79	60.78	42.44	38.64
抚顺市	6.67	1.67	56.13	62.26	37.21	36.07
本溪市	5.59	2.07	59.50	62.26	34.91	35.67
丹东市	14.32	4.77	48.20	48.66	37.48	46.57
锦州市	18.29	5.49	46.13	52.16	35.58	42.35
营口市	8.45	4.16	55.91	58.98	35.65	36.86
阜新市	22.14	2.70	41.19	59.50	36.67	37.80
辽阳市	6.60	1.38	63.01	59.86	30.40	38.76
盘锦市	10.90	0.50	61.00	70.06	28.10	29.43
铁岭市	20.70	4.31	51.35	62.40	27.95	33.29
朝阳市	19.69	6.47	50.14	43.90	30.17	49.62
葫芦岛市	13.90	6.38	43.68	57.29	42.42	36.33
吉林省						
长春市	7.86	1.22	50.65	57.52	41.49	41.26
吉林市	11.37	3.92	49.30	52.28	39.33	43.80
四平市	27.42	3.00	39.63	55.50	32.95	41.50
辽源市	10.50	1.05	56.31	59.41	33.19	39.54
通化市	10.82	1.35	51.82	68.32	37.36	30.33
白山市	10.82	6.62	56.51	58.01	32.67	35.37
松原市	17.81	3.38	49.77	67.69	32.43	28.93
白城市	19.73	13.55	42.06	34.03	38.20	52.42
黑龙江省						
哈尔滨市	12.57	5.38	36.16	40.42	51.28	54.20
齐齐哈尔市	23.03	4.33	36.01	44.43	40.97	51.24
鸡西市	26.63	4.45	39.12	58.44	34.26	37.11
鹤岗市	24.49	5.65	46.39	64.42	29.13	29.94
双鸭山市	30.71	2.73	43.48	64.33	25.81	32.94
大庆市	3.79	0.58	78.68	82.39	17.53	17.03
伊春市	31.29	23.55	36.84	43.17	31.87	33.27
佳木斯市	33.54	4.47	21.36	34.10	45.10	61.44
七台河市	8.47	5.51	63.33	66.70	28.20	27.79
牡丹江市	15.62	2.29	37.45	45.95	46.93	51.76
黑河市	44.42	9.95	16.16	32.17	39.42	57.89
绥化市	34.44	54.32	24.40	9.74	41.15	35.94
上海市	**0.76**	**0.64**	**39.89**	**39.71**	**59.36**	**59.64**
江苏省						
南京市	3.05	2.58	45.64	44.30	51.31	53.12
无锡市	1.88	1.07	56.82	52.93	41.30	46.00
徐州市	10.46	1.52	52.26	54.13	37.29	44.34

2-14 续表 2

单位：%

城市	第一产业占GDP的比重		第二产业占GDP的比重		第三产业占GDP的比重	
	全市	市辖区	全市	市辖区	全市	市辖区
常州市	3.64	2.30	56.74	57.24	39.62	40.46
苏州市	1.85	0.96	58.75	54.43	39.41	44.61
南通市	8.23	3.61	55.96	57.01	35.81	39.38
连云港市	16.41	7.26	46.29	48.45	37.30	44.29
淮安市	15.24	10.86	48.27	50.72	36.49	38.42
盐城市	17.24	10.01	48.19	54.46	34.58	35.53
扬州市	7.80	2.38	56.13	58.23	36.06	39.39
镇江市	4.49	2.23	58.20	59.71	37.32	38.06
泰州市	8.05	2.57	56.78	63.66	35.17	33.77
宿迁市	19.30	12.20	46.30	51.37	34.39	36.43
浙江省						
杭州市	3.74	2.15	46.92	44.52	49.33	53.33
宁波市	4.24	1.64	54.56	53.45	41.20	44.91
温州市	3.18	0.92	52.00	50.77	44.82	48.32
嘉兴市	5.61	4.74	58.00	51.42	36.39	43.84
湖州市	8.19	6.65	55.04	54.99	36.77	38.36
绍兴市	5.24	1.55	57.29	47.62	37.47	50.82
金华市	5.15	6.30	51.81	45.79	43.04	47.91
衢州市	9.52	7.67	52.79	49.47	37.69	42.86
舟山市	9.76	7.38	45.34	42.50	44.90	50.12
台州市	6.48	3.58	51.84	49.11	41.68	47.32
丽水市	10.73	7.97	47.77	41.10	41.49	50.93
安徽省						
合肥市	5.17	0.56	52.56	51.43	42.26	48.01
芜湖市	4.64	1.19	62.64	62.88	32.72	35.93
蚌埠市	19.62	2.61	44.44	58.35	35.94	39.04
淮南市	8.21	6.47	62.79	60.74	29.00	32.79
马鞍山市	3.86	0.57	66.53	68.25	29.61	31.18
淮北市	9.58	4.15	61.39	66.99	29.02	28.85
铜陵市	2.62	0.87	67.87	68.81	29.51	30.32
安庆市	18.52	4.63	46.89	40.43	34.59	54.94
黄山市	13.34	8.27	40.62	40.35	46.04	51.38
滁州市	23.35	9.67	45.49	56.28	31.17	34.05
阜阳市	28.81	18.67	35.89	37.13	35.30	44.19
宿州市	29.70	19.66	33.79	41.89	36.51	38.45
巢湖市	20.11	11.43	45.91	48.80	33.98	39.76
六安市	23.70	24.18	40.69	32.65	35.60	43.17
亳州市	28.37	20.79	34.12	41.53	37.51	37.68
池州市	16.69	13.48	42.47	45.10	40.85	41.42
宣城市	18.07	17.92	43.52	31.93	38.42	50.15

2-14 续表 3

单位：%

城市	第一产业占GDP的比重		第二产业占GDP的比重		第三产业占GDP的比重	
	全市	市辖区	全市	市辖区	全市	市辖区
福建省						
福州市	9.29	0.84	42.56	35.74	48.15	63.41
厦门市	1.18	1.18	47.26	47.26	51.56	51.56
莆田市	11.08	10.19	54.24	56.44	34.68	33.37
三明市	18.28	4.98	45.66	53.07	36.06	41.95
泉州市	3.80	1.70	57.95	54.32	38.25	43.98
漳州市	18.56	2.86	44.14	46.93	37.30	50.21
南平市	22.47	13.12	39.69	52.20	37.83	34.68
龙岩市	13.94	5.53	50.19	60.78	35.87	33.69
宁德市	18.54	14.41	40.09	28.76	41.37	56.83
江西省						
南昌市	6.09	0.75	55.32	54.41	38.59	44.84
景德镇市	9.24	2.13	58.23	58.01	32.53	39.86
萍乡市	8.74	5.46	61.64	62.45	29.62	32.09
九江市	11.07	1.41	53.06	48.81	35.88	49.79
新余市	6.85	5.70	58.51	57.54	34.63	36.76
鹰潭市	11.95	3.87	59.16	43.16	28.89	52.97
赣州市	20.76	3.35	42.32	50.42	36.92	46.23
吉安市	22.13	12.43	48.58	43.99	29.29	43.58
宜春市	20.85	18.73	52.95	34.73	26.20	46.54
抚州市	21.72	14.52	47.28	54.74	31.00	30.74
上饶市	18.59	5.26	49.11	47.26	32.30	47.48
山东省						
济南市	5.58	2.47	43.37	39.42	51.05	58.11
青岛市	4.74	0.71	49.86	49.43	45.40	49.86
淄博市	3.59	2.30	62.81	62.35	33.60	35.36
枣庄市	8.68	8.30	62.24	67.21	29.08	24.49
东营市	3.63	1.35	73.92	76.43	22.45	22.22
烟台市	7.72	3.09	60.17	60.87	32.11	36.04
潍坊市	11.15	4.53	56.37	56.02	32.48	39.45
济宁市	12.08	4.13	54.86	60.56	33.06	35.31
泰安市	9.93	7.10	54.51	38.53	35.57	54.36
威海市	7.43	3.83	61.14	61.82	31.43	34.35
日照市	10.10	6.23	54.57	59.03	35.33	34.74
莱芜市	6.44	6.44	62.04	62.04	31.52	31.52
临沂市	12.10	2.87	50.50	59.98	37.39	37.15
德州市	12.94	2.75	55.05	57.98	32.01	39.27
聊城市	14.41	11.24	58.65	50.71	26.94	38.05
滨州市	10.03	5.01	56.34	52.45	33.63	42.55
菏泽市	21.44	11.86	51.00	44.15	27.57	43.99

2-14 续表 4

单位：%

城 市	第一产业占GDP的比重		第二产业占GDP的比重		第三产业占GDP的比重	
	全市	市辖区	全市	市辖区	全市	市辖区
河南省						
郑州市	3.12	0.75	54.00	33.04	42.89	66.21
开封市	21.65	5.73	44.41	43.35	33.95	50.92
洛阳市	8.68	1.44	58.31	50.55	33.01	48.01
平顶山市	9.34	1.40	65.18	74.31	25.48	24.28
安阳市	12.65	1.99	60.14	58.66	27.21	39.35
鹤壁市	12.19	4.90	68.67	71.21	19.14	23.90
新乡市	13.29	1.92	56.35	49.64	30.37	48.44
焦作市	7.98	1.16	67.33	54.29	24.68	44.55
濮阳市	14.17	4.85	65.58	72.85	20.25	22.30
许昌市	12.10	1.19	67.30	71.37	20.60	27.43
漯河市	13.30	10.91	68.88	67.38	17.82	21.71
三门峡市	8.20	2.04	66.05	56.17	25.76	41.79
南阳市	21.40	10.21	51.06	46.33	27.54	43.45
商丘市	27.20	21.05	45.50	45.45	27.30	33.49
信阳市	25.28	13.85	42.45	49.15	32.27	37.00
周口市	29.87	6.74	44.73	42.83	25.40	50.42
驻马店市	26.17	6.54	42.69	54.05	31.13	39.41
湖北省						
武汉市	3.23	0.72	46.36	46.22	50.42	53.05
黄石市	7.92	0.84	54.96	60.77	37.13	38.39
十堰市	12.07	0.80	46.24	52.51	41.69	46.69
宜昌市	11.84	4.55	55.41	63.02	32.75	32.43
襄樊市	16.67	8.34	47.90	49.27	35.43	42.39
鄂州市	13.59	13.59	55.36	55.36	31.05	31.05
荆门市	22.42	9.35	44.20	56.21	33.38	34.44
孝感市	21.57	11.69	43.43	46.81	35.00	41.50
荆州市	29.20	13.09	35.81	50.08	34.99	36.83
黄冈市	29.50	9.79	37.45	50.70	33.05	39.50
咸宁市	21.48	13.63	43.18	43.83	35.34	42.53
随州市	21.91	8.38	43.98	48.24	34.11	43.38
湖南省						
长沙市	4.79	1.13	50.57	40.75	44.64	58.12
株洲市	10.52	1.76	54.67	61.34	34.81	36.90
湘潭市	12.08	1.98	52.44	59.85	35.47	38.17
衡阳市	20.59	4.51	42.84	53.07	36.57	42.41
邵阳市	24.95	6.16	36.00	48.81	39.05	45.03
岳阳市	14.95	4.61	51.00	57.56	34.05	37.83
常德市	20.77	9.14	42.85	53.12	36.38	37.74
张家界市	13.24	9.15	23.17	17.71	63.59	73.14

2-14 续表 5

单位：%

城市	第一产业占GDP的比重		第二产业占GDP的比重		第三产业占GDP的比重	
	全市	市辖区	全市	市辖区	全市	市辖区
益阳市	24.15	15.23	37.74	46.77	38.10	38.01
郴州市	12.90	5.15	49.79	51.41	37.30	43.44
永州市	25.71	19.09	33.96	41.33	40.33	39.57
怀化市	15.48	3.93	40.07	32.67	44.45	63.39
娄底市	16.20	3.68	50.84	59.20	32.96	37.12
广东省						
广州市	1.89	1.41	37.26	35.34	60.85	63.25
韶关市	14.09	5.28	40.86	44.20	45.05	50.52
深圳市	0.08	0.08	46.66	46.66	53.25	53.25
珠海市	2.78	2.78	52.37	52.37	44.85	44.85
汕头市	5.49	5.28	55.00	55.13	39.51	39.59
佛山市	1.99	1.99	63.01	63.01	35.00	35.00
江门市	7.78	4.52	57.98	61.93	34.24	33.54
湛江市	21.55	6.94	38.55	49.17	39.89	43.89
茂名市	19.53	6.49	37.42	51.42	43.05	42.09
肇庆市	19.18	3.16	37.08	50.07	43.73	46.77
惠州市	6.38	3.04	55.77	58.62	37.85	38.34
梅州市	21.01		39.74		39.24	
汕尾市	17.32	10.47	44.52	54.82	38.16	34.71
河源市	13.14	1.52	52.00	54.02	34.86	44.45
阳江市	23.20	12.78	40.81	37.93	35.99	49.29
清远市	11.82	4.81	56.32	66.05	31.85	29.14
东莞市	0.39	0.39	48.44	48.44	51.17	51.17
中山市	2.89	2.89	57.74	57.74	39.37	39.37
潮州市	7.40	1.11	54.95	49.23	37.64	49.66
揭阳市	11.83	1.38	54.56	55.96	33.62	42.66
云浮市	25.87		40.44		33.69	
广西壮族自治区						
南宁市	13.93	7.02	34.59	33.18	51.48	59.80
柳州市	8.65	1.07	60.84	67.20	30.51	31.73
桂林市	18.86	2.13	43.80	41.33	37.34	56.55
梧州市	15.33	3.24	54.36	51.13	30.31	45.62
北海市	24.34	18.10	37.27	39.49	38.40	42.42
防城港市	15.89	11.90	49.77	54.64	34.35	33.46
钦州市	29.13	25.85	35.67	35.99	35.20	38.16
贵港市	22.14	17.61	41.62	44.05	36.23	38.34
玉林市	22.25	10.04	40.55	42.73	37.20	47.23
百色市	20.04	13.32	49.86	51.55	30.10	35.13
贺州市	22.59	19.64	44.97	49.27	32.44	31.10
河池市	21.47	8.52	43.33	56.40	35.20	35.08
来宾市	26.85	21.91	43.24	46.06	29.91	32.03
崇左市	28.56	25.27	35.29	36.49	36.15	38.25

2-14 续表 6

单位：%

城　　市	第一产业占GDP的比重		第二产业占GDP的比重		第三产业占GDP的比重	
	全市	市辖区	全市	市辖区	全市	市辖区
海南省						
海口市	6.96	6.96	24.47	24.47	68.57	68.57
三亚市	15.88	15.88	22.25	22.25	61.87	61.87
重庆市	**9.29**	**5.68**	**52.81**	**47.21**	**37.89**	**47.11**
四川省						
成都市	5.95	2.10	44.46	43.38	49.59	54.52
自贡市	14.82	8.72	53.95	59.26	31.23	32.03
攀枝花市	4.79	2.02	70.76	73.74	24.45	24.24
泸州市	17.14	9.44	51.58	58.37	31.28	32.19
德阳市	17.09	9.64	56.41	59.79	26.50	30.58
绵阳市	19.11	7.66	45.80	55.75	35.09	36.58
广元市	26.77	15.95	33.86	40.97	39.37	43.08
遂宁市	24.37	23.68	47.74	41.16	27.89	35.16
内江市	17.55	15.19	56.92	56.91	25.53	27.90
乐山市	14.76	9.02	57.16	63.13	28.08	27.85
南充市	25.25	14.84	45.75	51.16	29.00	34.00
眉山市	20.96	15.35	50.87	53.97	28.16	30.68
宜宾市	17.12	4.77	55.81	68.68	27.07	26.54
广安市	22.50	18.11	44.43	45.97	33.06	35.92
达州市	26.09	7.99	45.26	57.30	28.64	34.72
雅安市	18.70	13.49	51.96	45.27	29.34	41.24
巴中市	31.79	27.90	29.22	26.57	38.99	45.52
资阳市	24.23	16.14	50.42	60.79	25.35	23.07
贵州省						
贵阳市	5.15	2.53	40.65	40.33	54.20	57.15
六盘水市	6.16	1.02	60.75	55.11	33.10	43.87
遵义市	15.81	4.51	40.03	39.65	44.16	55.84
安顺市	18.47	15.06	35.35	30.87	46.18	54.07
云南省						
昆明市	6.31	1.40	45.59	43.20	48.10	55.40
曲靖市	18.38	4.40	51.84	62.44	29.78	33.16
玉溪市	10.33	2.62	59.70	76.26	29.96	21.12
保山市	32.62	29.38	28.55	30.61	38.83	40.02
昭通市	22.75	12.42	40.63	47.93	36.62	39.64
丽江市	19.06	6.78	36.58	32.56	44.36	60.66
思茅市	30.41	12.23	32.55	39.30	37.04	48.47
临沧市	34.85	23.88	32.32	23.88	32.84	52.24

2-14 续表 7 单位：%

城　市	第一产业占GDP的比重		第二产业占GDP的比重		第三产业占GDP的比重	
	全市	市辖区	全市	市辖区	全市	市辖区
西藏自治区						
拉萨市	5.60	2.24	29.80	14.47	64.60	83.30
陕西省						
西安市	4.05	2.79	42.02	41.65	53.92	55.56
铜川市	6.94	5.47	61.07	62.20	31.99	32.33
宝鸡市	10.56	3.74	60.89	66.73	28.55	29.53
咸阳市	18.03	4.91	49.70	60.98	32.27	34.11
渭南市	15.34	11.97	47.75	46.00	36.91	42.03
延安市	7.56	4.72	70.84	48.16	21.60	47.12
汉中市	22.07	9.12	36.69	36.26	41.25	54.63
榆林市	5.38	6.11	66.10	50.33	28.52	43.56
安康市	23.85	15.33	34.61	32.52	41.54	52.15
商洛市	20.72	14.60	37.49	38.06	41.79	47.34
甘肃省						
兰州市	3.30	1.36	46.83	46.27	49.87	52.36
嘉峪关市	1.42	1.42	78.88	78.88	19.70	19.70
金昌市	5.26	1.34	79.94	86.94	14.80	11.72
白银市	12.39	2.96	55.26	66.76	32.35	30.28
天水市	18.43	8.34	38.87	47.51	42.70	44.15
武威市	27.75	25.28	38.26	39.29	33.99	35.44
张掖市	27.95	25.10	37.75	34.55	34.29	40.35
平凉市	22.17	12.07	45.36	43.02	32.46	44.92
酒泉市	14.63	16.43	48.32	38.85	37.05	44.72
庆阳市	14.39	10.34	59.96	50.15	25.64	39.51
定西市	30.77	22.94	23.57	24.38	45.66	52.68
陇南市	26.92	17.77	25.25	18.16	47.83	64.07
青海省						
西宁市	3.83	0.67	49.76	40.76	46.41	58.57
宁夏回族自治区						
银川市	5.59	2.50	49.43	39.39	44.98	58.11
石嘴山市	5.39	2.00	65.60	68.44	29.01	29.56
吴忠市	16.09	14.52	53.55	50.26	30.37	35.22
固原市	27.45	18.73	22.83	20.31	49.72	60.96
中卫市	18.14	16.28	40.66	38.50	41.20	45.22
新疆维吾尔自治区						
乌鲁木齐市	1.50	1.05	41.36	41.57	57.15	57.38
克拉玛依市	0.66	0.66	86.68	86.68	12.67	12.67

2-15 工业总产值

城市	工业企业数（个）		工业总产值（当年价、万元）		从业人员年平均人数（万人）	
	全市	市辖区	全市	市辖区	全市	市辖区
城市合计	**426601**	**204795**	**5336317640**	**3135832615**	**8576.23**	**4780.67**
北京市	**6891**	**6580**	**110391291**	**108526730**	**120.41**	**115.08**
天津市	**8326**	**7385**	**130836313**	**119431773**	**136.82**	**123.66**
河北省	**13101**	**2716**	**240627578**	**93884864**	**319.95**	**127.28**
石家庄市	2469	280	44635387	9296485	56.33	18.58
唐山市	1684	737	58191638	34203596	66.63	42.94
秦皇岛市	615	338	9105599	6277591	14.02	8.71
邯郸市	897	252	31644189	10784631	33.46	12.62
邢台市	1005	91	14201544	3790907	24.89	6.88
保定市	1642	194	20764668	8474182	36.43	10.69
张家口市	435	164	6842059	4793809	14.88	8.43
承德市	573	115	9878449	3823791	13.60	4.90
沧州市	1754	157	21905956	5797186	27.11	4.00
廊坊市	1134	227	16456822	3675776	20.18	5.84
衡水市	893	161	7001267	2966910	12.42	3.69
山西省	**3962**	**1047**	**87412479**	**35828406**	**206.33**	**89.67**
太原市	484	374	15668104	14273299	33.38	29.54
大同市	219	63	5359700	4329000	23.12	18.82
阳泉市	171	90	4421816	3309050	18.83	14.64
长治市	417	84	11589996	3410031	23.60	6.15
晋城市	322	47	7133453	2397262	20.07	7.67
朔州市	207	71	6495347	4185986	6.90	3.11
晋中市	584	149	7700620	990234	20.00	3.12
运城市	461	42	8200627	577048	19.85	1.93
忻州市	268	29	2431088	421212	6.70	1.03
临汾市	455	80	9933000	1410291	16.88	2.69
吕梁市	374	18	8478728	524993	17.00	0.97
内蒙古自治区	**3847**	**1518**	**97343206**	**45872483**	**100.56**	**50.16**
呼和浩特市	337	192	11534865	6321553	9.35	5.58
包头市	705	523	22222278	19332351	24.45	20.97
乌海市	175	175	4028900	4028900	6.34	6.34
赤峰市	560	168	9692735	4278815	14.07	7.19
通辽市	516	132	12363117	4988276	8.79	2.68
鄂尔多斯市	487	131	20324800	3179700	13.98	2.61
呼伦贝尔市	417	53	5367700	1081490	11.66	2.13
巴彦淖尔市	258	86	6015800	1815900	5.62	1.76
乌兰察布市	392	58	5793011	845498	6.30	0.90

2-15 续表 1

城 市	工业企业数（个）		工业总产值（当年价、万元）		从业人员年平均人数（万人）	
	全市	市辖区	全市	市辖区	全市	市辖区
辽宁省	**23363**	**12580**	**275545872**	**185303759**	**382.13**	**240.06**
沈阳市	5247	4041	76370998	64224231	85.85	67.64
大连市	4985	3019	63301908	46792459	89.83	60.94
鞍山市	2282	1135	20493072	11018594	34.98	19.66
抚顺市	1183	589	12033541	9735281	17.91	14.10
本溪市	637	455	11000994	9784368	16.30	13.79
丹东市	1138	430	7080924	2637693	15.20	5.64
锦州市	989	327	12362583	6700875	13.08	6.54
营口市	1512	906	16840552	10665971	18.69	11.11
阜新市	384	263	3137525	2586707	9.65	8.22
辽阳市	918	311	11823113	6366691	12.80	7.82
盘锦市	786	243	12562385	8037091	19.61	15.14
铁岭市	1695	372	14352892	3207628	22.69	3.78
朝阳市	1040	232	7361180	1750904	12.60	1.50
葫芦岛市	567	257	6824205	1795266	12.94	4.18
吉林省	**5454**	**2453**	**96459871**	**68909546**	**129.82**	**81.52**
长春市	1519	883	44928953	40608059	42.50	34.15
吉林市	1180	600	16975200	11587500	25.68	16.06
四平市	501	195	7548608	3281957	11.10	5.20
辽源市	350	167	4230868	2621241	8.24	3.88
通化市	614	144	6567147	3595398	13.80	6.80
白山市	412	198	4863367	2823493	9.81	5.99
松原市	587	172	9455486	3920846	15.38	8.28
白城市	291	94	1890242	471052	3.31	1.16
黑龙江省	**4401**	**2623**	**70130709**	**54562713**	**136.88**	**104.81**
哈尔滨市	1436	967	19906135	15414727	35.04	27.34
齐齐哈尔市	331	200	6302178	4399698	11.62	9.04
鸡西市	189	90	2058282	1278067	10.20	8.44
鹤岗市	145	104	2142363	1678692	9.83	8.73
双鸭山市	212	94	2868821	1811468	1.37	0.70
大庆市	723	640	24805201	23551078	30.48	29.04
伊春市	153	116	1228940	1048817	4.48	3.64
佳木斯市	277	106	2148142	1214280	4.34	3.10
七台河市	120	88	2874600	2427100	10.66	9.90
牡丹江市	473	166	3073236	1398847	8.18	3.86
黑河市	148	36	594936	198586	5.78	0.75
绥化市	194	16	2127875	141353	4.90	0.27
上海市	**17906**	**17611**	**240912649**	**238163555**	**284.12**	**277.70**
江苏省	**60827**	**25513**	**718900429**	**328161068**	**1022.76**	**452.18**
南京市	3520	2795	67997652	61380011	73.39	62.28
无锡市	7225	4383	108415288	49274005	126.99	64.37
徐州市	3108	580	35975051	14429438	60.20	21.39

2-15 续表 2

城　市	工业企业数（个）		工业总产值（当年价、万元）		从业人员年平均人数（万人）	
	全市	市辖区	全市	市辖区	全市	市辖区
常州市	6493	5492	59829073	48011691	86.08	69.73
苏州市	13720	3891	202844954	58751173	318.04	101.70
南通市	7387	2760	60948900	23931000	80.91	32.12
连云港市	1591	388	13142654	6543019	20.72	7.85
淮安市	1746	809	16218953	9722605	25.11	13.70
盐城市	3564	785	30903888	9684425	50.51	13.88
扬州市	3785	1283	44596774	18607912	65.25	29.74
镇江市	3064	905	32400566	13462606	46.68	13.77
泰州市	3566	730	37694634	10979134	44.61	12.43
宿迁市	2058	712	7932042	3384049	24.27	9.22
浙江省	**59982**	**22207**	**409276295**	**197275612**	**787.23**	**324.34**
杭州市	10032	6477	93907333	74059755	127.74	97.45
宁波市	12059	5915	82728470	53563095	168.67	89.22
温州市	7636	2539	36487149	14267065	100.70	41.36
嘉兴市	6819	1379	38639862	9210570	92.01	19.41
湖州市	3371	1353	21980861	10180201	33.54	12.92
绍兴市	5266	787	55189053	8225619	84.75	14.08
金华市	5312	795	26736585	4929171	65.32	9.88
衢州市	1230	345	8325949	3836427	13.90	5.65
舟山市	596	487	7905601	5879522	9.04	7.36
台州市	6210	1886	28698750	10749742	75.42	23.33
丽水市	1451	244	8676682	2374445	16.14	3.68
安徽省	**14166**	**5545**	**130588048**	**79176394**	**231.53**	**125.77**
合肥市	1917	1102	27664011	21124568	31.19	22.76
芜湖市	1587	711	16059417	12461868	22.07	13.91
蚌埠市	600	292	5301139	3596511	9.54	7.00
淮南市	420	326	6383515	4513210	17.28	15.53
马鞍山市	705	363	11305231	9168356	14.42	11.15
淮北市	588	423	5765711	4632286	21.95	19.74
铜陵市	295	196	6431051	5620433	7.93	6.58
安庆市	1414	238	9587587	3789019	18.96	4.89
黄山市	492	203	2246116	1107281	3.98	1.94
滁州市	1104	277	6904292	2424978	16.72	4.78
阜阳市	681	191	5042282	1859906	9.68	3.60
宿州市	723	276	4739275	2199477	10.98	1.90
巢湖市	669	152	5938600	1752100	9.25	2.87
六安市	947	260	5566729	1503950	14.48	2.59
亳州市	464	132	2379005	1038722	6.04	2.39
池州市	449	193	1969778	1076483	3.92	1.68
宣城市	1111	210	7304309	1307246	13.14	2.46

2-15 续表 3

城 市	工业企业数（个）		工业总产值（当年价、万元）		从业人员年平均人数（万人）	
	全市	市辖区	全市	市辖区	全市	市辖区
福建省	**18199**	**6949**	**167605710**	**78159507**	**379.03**	**153.57**
福州市	2889	1157	36346560	13968333	60.69	25.00
厦门市	2266	2266	28127627	28127627	58.59	58.59
莆田市	1125	912	9590918	8406906	24.32	20.94
三明市	1469	270	9742752	3071121	17.03	3.63
泉州市	5044	1055	48835925	13221224	143.25	26.31
漳州市	2026	490	14361809	3646785	31.46	7.56
南平市	1221	245	5970695	1972766	14.72	3.82
龙岩市	1257	492	8456135	4802251	17.70	6.79
宁德市	902	62	6173289	942494	11.27	0.93
江西省	**7517**	**2328**	**97903594**	**38365899**	**174.71**	**58.47**
南昌市	1115	660	21042413	12950624	28.56	17.80
景德镇市	415	168	4938079	2791833	9.61	4.62
萍乡市	794	388	7159556	4478419	15.48	9.05
九江市	757	164	10538420	3834179	19.44	5.06
新余市	367	264	8010641	6673465	9.70	7.85
鹰潭市	172	68	7995991	1530862	6.19	1.38
赣州市	808	152	8860755	2201778	20.55	4.65
吉安市	744	78	7468173	863958	16.93	1.57
宜春市	805	98	8618200	601883	22.39	2.08
抚州市	784	207	5272180	1895737	12.11	2.73
上饶市	756	81	7999186	543161	13.75	1.68
山东省	**45519**	**14979**	**707072457**	**292563617**	**923.53**	**363.91**
济南市	2156	1139	39507662	25176583	42.43	23.52
青岛市	5895	1660	93786155	49091721	116.44	46.57
淄博市	3505	2805	60519565	47426036	74.50	57.70
枣庄市	1708	1099	25386400	15130900	47.76	34.61
东营市	915	361	43228350	18529255	26.30	13.63
烟台市	3827	1295	90772988	33556454	91.40	32.52
潍坊市	5231	1031	60792058	14799220	88.70	20.75
济宁市	3696	752	32242247	10554000	62.30	15.40
泰安市	1693	515	31211614	6640107	45.90	10.77
威海市	2118	526	48848273	10973694	68.02	19.97
日照市	995	517	18662204	13504782	19.80	11.00
莱芜市	449	449	10228287	10228287	14.45	14.45
临沂市	4151	1361	37485566	16530102	70.89	30.50
德州市	3371	390	32160970	6534401	49.40	11.81
聊城市	2282	437	31768238	3775367	36.40	5.96
滨州市	1595	301	31241932	5660157	39.03	9.25
菏泽市	1932	341	19229948	4452551	29.81	5.50

2-15 续表 4

城　　市	工业企业数（个）		工业总产值（当年价、万元）		从业人员年平均人数（万人）	
	全市	市辖区	全市	市辖区	全市	市辖区
河南省	**18323**	**3966**	**266246826**	**79878523**	**435.13**	**153.29**
郑州市	2510	622	47529761	12052292	61.66	21.69
开封市	1177	202	7677208	2107662	22.49	4.81
洛阳市	1677	471	28116746	12401203	37.97	17.29
平顶山市	864	257	16041713	8126772	34.80	21.36
安阳市	980	164	18512168	5259364	22.37	8.85
鹤壁市	456	256	6732216	3163704	14.08	9.48
新乡市	1122	219	15505788	4227884	27.24	8.43
焦作市	1053	115	20701907	4677785	30.10	10.00
濮阳市	656	152	11156095	3754289	18.16	9.37
许昌市	1198	134	17931269	3363655	29.69	7.00
漯河市	625	361	11487503	6467781	16.19	10.25
三门峡市	658	94	15172997	2710962	18.08	2.38
南阳市	1358	266	16375831	3712204	32.56	9.00
商丘市	696	230	9058248	2215334	15.13	4.64
信阳市	1073	181	7436012	2528452	16.73	3.58
周口市	959	58	9327057	788138	17.75	1.23
驻马店市	1261	184	7484307	2321042	20.13	3.93
湖北省	**12618**	**5386**	**145574414**	**99216002**	**235.35**	**133.42**
武汉市	2517	1893	57988800	53111088	67.76	57.78
黄石市	620	301	8646200	5698700	14.37	8.69
十堰市	829	365	8324000	6397700	18.22	13.11
宜昌市	1095	338	15311150	7470769	22.90	9.16
襄樊市	1300	545	15236100	10019100	22.23	13.00
鄂州市	466	466	4230265	4230265	6.49	6.49
荆门市	1007	337	8832340	4390546	13.31	5.96
孝感市	1068	174	6881438	935292	22.17	3.81
荆州市	1139	473	6699200	3285900	16.34	7.69
黄冈市	1367	131	5709000	727100	15.67	1.77
咸宁市	719	197	4431421	1380242	9.27	2.97
随州市	491	166	3284500	1569300	6.62	2.99
湖南省	**13003**	**3551**	**135935067**	**63434384**	**236.55**	**81.65**
长沙市	2527	548	33728555	15614191	46.86	14.39
株洲市	1486	403	12316926	8014293	30.88	12.38
湘潭市	841	422	10862656	7674901	17.32	10.08
衡阳市	1057	295	12764494	4355692	23.90	7.14
邵阳市	866	189	5084029	1529056	13.09	3.43
岳阳市	1309	387	19974148	9596599	21.58	9.10
常德市	940	316	9068700	5089600	16.15	6.20
张家界市	137	51	750504	283548	2.11	0.62

2-15 续表 5

城市	工业企业数（个）		工业总产值（当年价、万元）		从业人员年平均人数（万人）	
	全市	市辖区	全市	市辖区	全市	市辖区
益阳市	743	305	5671218	2873599	11.17	4.87
郴州市	1108	218	9133076	2758716	17.14	4.93
永州市	723	214	4215111	1728163	10.91	3.28
怀化市	605	68	4838349	657038	9.62	1.20
娄底市	661	135	7527301	3258988	15.82	4.03
广东省	**52255**	**42255**	**680860342**	**602852490**	**1425.71**	**1218.62**
广州市	7023	5711	113767645	102976809	161.60	135.70
韶关市	515	196	5992275	3758864	14.51	7.96
深圳市	8413	8413	154162429	154162429	322.16	322.16
珠海市	1386	1386	24050448	24050448	43.80	43.80
汕头市	2403	2394	15310965	15281070	42.03	41.96
佛山市	7807	7807	117796240	117796240	166.37	166.37
江门市	3246	1924	28529181	18186628	62.96	33.37
湛江市	832	315	10287949	7314576	14.03	6.52
茂名市	737	197	10981262	8556609	11.81	3.27
肇庆市	1065	369	11790133	5222805	25.79	9.59
惠州市	1870	1119	30051367	25078083	61.47	43.17
梅州市	489	56	3511108	1003493	11.48	1.72
汕尾市	347	72	3196030	1739565	15.00	4.71
河源市	411	159	6046828	2187453	13.56	7.83
阳江市	604	158	5045620	1697563	11.80	3.24
清远市	770	275	20240602	9146053	24.30	8.43
东莞市	5839	5839	59351547	59351547	246.28	246.28
中山市	5036	5036	40579706	40579706	119.07	119.07
潮州市	1140	243	5810710	1314755	19.81	4.71
揭阳市	1833	459	11219997	2938494	27.66	6.66
云浮市	489	127	3138300	509300	10.22	2.10
广西壮族自治区	**5692**	**2330**	**67755303**	**41425343**	**117.94**	**54.29**
南宁市	1117	633	9816480	7159730	18.81	12.28
柳州市	844	477	17715986	15207230	18.86	13.30
桂林市	748	188	7020702	2662950	13.68	5.58
梧州市	398	138	4780195	1504553	10.07	3.18
北海市	190	115	2308850	1739514	4.84	3.27
防城港市	136	88	3426513	2940172	1.93	1.19
钦州市	384	210	2714469	1926530	4.64	1.92
贵港市	343	152	3281383	1796831	6.88	2.98
玉林市	573	104	4865215	2214199	14.32	3.33
百色市	216	50	3804571	1020722	7.19	1.56
贺州市	146	44	1191890	580525	2.51	0.97
河池市	260	45	2422018	839337	6.41	2.38
来宾市	188	56	2239053	1330063	4.05	1.70
崇左市	149	30	2167978	502987	3.75	0.65

2-15 续表 6

城　　市	工业企业数（个）		工业总产值（当年价、万元）		从业人员年平均人数（万人）	
	全市	市辖区	全市	市辖区	全市	市辖区
海南省	**218**	**218**	**3407408**	**3407408**	**5.37**	**5.37**
海口市	190	190	3092223	3092223	4.70	4.70
三亚市	28	28	315185	315185	0.67	0.67
重庆市	**6420**	**4205**	**67729015**	**56396000**	**137.28**	**100.14**
四川省	**12647**	**5387**	**168437483**	**90967331**	**285.85**	**144.19**
成都市	3800	2053	48643430	33126203	71.58	44.68
自贡市	542	354	8094126	6159138	14.27	9.91
攀枝花市	386	302	7262652	6150042	14.95	13.04
泸州市	601	295	6831298	3963045	10.65	5.43
德阳市	1004	289	12687986	3874912	19.77	5.93
绵阳市	963	444	10710264	7273973	20.97	12.83
广元市	258	114	2076792	1221217	4.64	2.67
遂宁市	403	193	4887668	2035781	9.03	4.72
内江市	545	177	9326051	3190676	13.86	4.95
乐山市	758	304	9903422	5135116	20.26	7.80
南充市	563	245	9924988	5213283	15.92	8.88
眉山市	560	188	5219825	1871669	11.23	3.47
宜宾市	481	73	9210535	4351352	17.66	6.49
广安市	302	66	4171000	1210000	8.75	3.12
达州市	449	49	7544075	1813591	10.54	2.87
雅安市	398	67	2288140	590977	5.43	1.35
巴中市	101	36	1205192	303555	2.16	0.52
资阳市	533	138	8450039	3482801	14.18	5.53
贵州省	**1328**	**590**	**21262108**	**10404245**	**46.70**	**24.93**
贵阳市	550	385	8967496	6071671	19.41	14.38
六盘水市	131	27	4943284	2064963	13.00	5.10
遵义市	438	92	5656652	1623196	10.40	3.34
安顺市	209	86	1694676	644415	3.89	2.11
云南省	**2594**	**1078**	**38428630**	**22146278**	**59.69**	**20.50**
昆明市	1127	703	18408255	12010811	22.89	10.16
曲靖市	459	102	8088583	3436945	15.54	4.21
玉溪市	342	117	7516491	5270631	8.01	3.30
保山市	130	51	835206	345094	2.61	1.01
昭通市	267	54	1631300	700400	4.65	0.88
丽江市	75	16	517933	115041	1.63	0.23
思茅市	115	22	788362	195956	2.52	0.46
临沧市	79	13	642500	71400	1.84	0.25

2-15 续表 7

城 市	工业企业数(个)		工业总产值(当年价、万元)		从业人员年平均人数(万人)	
	全市	市辖区	全市	市辖区	全市	市辖区
西藏自治区	**55**	**23**	**367220**	**227908**	**1.12**	**0.74**
拉萨市	55	23	367220	227908	1.12	0.74
陕西省	**4408**	**1668**	**81382963**	**42112257**	**132.85**	**69.10**
西安市	1131	772	24682652	17703669	43.42	32.36
铜川市	124	116	1964800	1891700	5.30	5.20
宝鸡市	518	236	9959943	6534282	18.74	10.82
咸阳市	629	208	9436400	4589000	16.74	6.23
渭南市	423	90	6909046	874258	14.57	1.80
延安市	110	26	9101151	7988011	9.49	7.97
汉中市	344	65	3012279	471100	7.90	1.67
榆林市	737	62	14155900	1468300	11.41	1.61
安康市	264	72	1116892	262837	2.90	0.84
商洛市	128	21	1043900	329100	2.38	0.60
甘肃省	**1859**	**955**	**36349262**	**26609306**	**63.37**	**41.91**
兰州市	480	366	13248800	11474200	19.08	16.14
嘉峪关市	46	46	4174200	4174200	3.87	3.87
金昌市	55	22	4295974	3883170	4.79	3.74
白银市	192	112	3285898	2940680	8.36	7.10
天水市	154	98	1235115	1019975	4.30	3.25
武威市	186	111	1303189	1004585	5.83	4.56
张掖市	160	47	1131145	436939	2.42	0.74
平凉市	90	39	1155000	315200	4.14	0.95
酒泉市	232	62	2686930	675762	4.07	0.76
庆阳市	68	20	2885452	542871	2.69	0.31
定西市	81	20	445159	114359	1.60	0.31
陇南市	115	12	502400	27365	2.22	0.18
青海省	**231**	**140**	**5456162**	**3068840**	**9.24**	**4.92**
西宁市	231	140	5456162	3068840	9.24	4.92
宁夏回族自治区	**963**	**493**	**14567172**	**7995932**	**24.25**	**15.46**
银川市	370	162	6885276	3598719	9.05	5.32
石嘴山市	303	192	3950613	3070619	8.57	7.09
吴忠市	170	68	2369366	661849	3.72	1.37
固原市	29	15	114177	31947	0.45	0.11
中卫市	91	56	1247740	632798	2.46	1.57
新疆维吾尔自治区	**526**	**516**	**21551764**	**21504442**	**24.02**	**23.96**
乌鲁木齐市	429	419	12748017	12700695	12.68	12.62
克拉玛依市	97	97	8803747	8803747	11.34	11.34

2-16　工业企业数

单位：个

城　　市	工业企业数		(1)内资企业		(2)港、澳、台商投资企业		(3)外商投资企业	
	全市	市辖区	全市	市辖区	全市	市辖区	全市	市辖区
城市合计	**426601**	**204795**	**351419**	**154939**	**34332**	**22503**	**40850**	**27352**
北京市	**6891**	**6580**	**5494**	**5245**	**378**	**352**	**1019**	**983**
天津市	**8326**	**7385**	**5878**	**5055**	**480**	**457**	**1968**	**1873**
河北省	**13101**	**2716**	**11974**	**2273**	**320**	**107**	**807**	**336**
石家庄市	2469	280	2330	234	54	20	85	26
唐山市	1684	737	1558	670	39	14	87	53
秦皇岛市	615	338	496	246	17	15	102	77
邯郸市	897	252	834	229	30	8	33	15
邢台市	1005	91	951	84	17	1	37	6
保定市	1642	194	1468	157	54	13	120	24
张家口市	435	164	398	153	10	1	27	10
承德市	573	115	560	111	5	1	8	3
沧州市	1754	157	1633	135	27	6	94	16
廊坊市	1134	227	911	110	47	18	176	99
衡水市	893	161	835	144	20	10	38	7
山西省	**3962**	**1047**	**3783**	**982**	**62**	**23**	**117**	**42**
太原市	484	374	453	350	5	5	26	19
大同市	219	63	205	60	2		12	3
阳泉市	171	90	162	84	3	3	6	3
长治市	417	84	410	81	3	1	4	2
晋城市	322	47	308	42	3		11	5
朔州市	207	71	203	69	1	1	3	1
晋中市	584	149	545	135	21	8	18	6
运城市	461	42	437	40	5		19	2
忻州市	268	29	263	28	2	1	3	
临汾市	455	80	434	75	12	4	9	1
吕梁市	374	18	363	18	5		6	
内蒙古自治区	**3847**	**1518**	**3642**	**1398**	**66**	**41**	**139**	**79**
呼和浩特市	337	192	297	164	13	11	27	17
包头市	705	523	652	477	19	16	34	30
乌海市	175	175	172	172	1	1	2	2
赤峰市	560	168	547	156	6	5	7	7
通辽市	516	132	496	128	4	1	16	3
鄂尔多斯市	487	131	462	118	8	4	17	9
呼伦贝尔市	417	53	388	47	8	1	21	5
巴彦淖尔市	258	86	247	83	4	2	7	1
乌兰察布市	392	58	381	53	3		8	5

2-16 续表 1 单位：个

城 市	工业企业数		(1)内资企业		(2)港、澳、台商投资企业		(3)外商投资企业	
	全市	市辖区	全市	市辖区	全市	市辖区	全市	市辖区
辽宁省	**23363**	**12580**	**20274**	**10180**	**617**	**473**	**2472**	**1927**
沈阳市	5247	4041	4547	3379	161	155	539	507
大连市	4985	3019	3551	1861	224	180	1210	978
鞍山市	2282	1135	2178	1076	31	18	73	41
抚顺市	1183	589	1091	516	20	16	72	57
本溪市	637	455	590	424	21	16	26	15
丹东市	1138	430	968	346	31	16	139	68
锦州市	989	327	904	264	19	14	66	49
营口市	1512	906	1265	743	53	37	194	126
阜新市	384	263	362	247	8	4	14	12
辽阳市	918	311	863	272	18	9	37	30
盘锦市	786	243	752	223	6	2	28	18
铁岭市	1695	372	1643	352	12	4	40	16
朝阳市	1040	232	1016	229	10	1	14	2
葫芦岛市	567	257	544	248	3	1	20	8
吉林省	**5454**	**2453**	**5148**	**2220**	**67**	**48**	**239**	**185**
长春市	1519	883	1327	708	35	32	157	143
吉林市	1180	600	1142	572	10	7	28	21
四平市	501	195	489	188	7	4	5	3
辽源市	350	167	343	163	1	1	6	3
通化市	614	144	593	140	6	1	15	3
白山市	412	198	396	193	6	3	10	2
松原市	587	172	579	166			8	6
白城市	291	94	279	90	2		10	4
黑龙江省	**4401**	**2623**	**4108**	**2434**	**96**	**62**	**197**	**127**
哈尔滨市	1436	967	1307	860	36	34	93	73
齐齐哈尔市	331	200	311	191	3	3	17	6
鸡西市	189	90	182	85	3	3	4	2
鹤岗市	145	104	141	103	2		2	1
双鸭山市	212	94	210	94	2			
大庆市	723	640	695	621	9	5	19	14
伊春市	153	116	133	104	8	5	12	7
佳木斯市	277	106	258	96	6	3	13	7
七台河市	120	88	118	86	1	1	1	1
牡丹江市	473	166	431	147	19	7	23	12
黑河市	148	36	140	34	2		6	2
绥化市	194	16	182	13	5	1	7	2
上海市	**17906**	**17611**	**11390**	**11118**	**1955**	**1946**	**4561**	**4547**
江苏省	**60827**	**25513**	**47255**	**19121**	**5011**	**2124**	**8561**	**4268**
南京市	3520	2795	2701	2080	274	229	545	486
无锡市	7225	4383	5583	3273	632	396	1010	714
徐州市	3108	580	2941	529	66	17	101	34

2-16 续表 2

单位：个

城　　市	工业企业数		(1)内资企业		(2)港、澳、台商投资企业		(3)外商投资企业	
	全市	市辖区	全市	市辖区	全市	市辖区	全市	市辖区
常州市	6493	5492	5470	4671	446	362	577	459
苏州市	13720	3891	8012	1779	1890	588	3818	1524
南通市	7387	2760	5597	2095	671	164	1119	501
连云港市	1591	388	1361	279	90	32	140	77
淮安市	1746	809	1582	720	72	36	92	53
盐城市	3564	785	3240	710	135	25	189	50
扬州市	3785	1283	3282	1037	226	104	277	142
镇江市	3064	905	2371	672	300	94	393	139
泰州市	3566	730	3140	609	167	49	259	72
宿迁市	2058	712	1975	667	42	28	41	17
浙江省	**59982**	**22207**	**50878**	**17862**	**4264**	**1942**	**4840**	**2403**
杭州市	10032	6477	8418	5242	709	518	905	717
宁波市	12059	5915	9033	4132	1536	894	1490	889
温州市	7636	2539	7220	2311	119	52	297	176
嘉兴市	6819	1379	5389	1052	623	126	807	201
湖州市	3371	1353	2764	1139	286	91	321	123
绍兴市	5266	787	4234	515	580	143	452	129
金华市	5312	795	4938	695	146	44	228	56
衢州市	1230	345	1162	322	31	10	37	13
舟山市	596	487	549	455	15	9	32	23
台州市	6210	1886	5764	1766	206	53	240	67
丽水市	1451	244	1407	233	13	2	31	9
安徽省	**14166**	**5545**	**13282**	**4978**	**366**	**227**	**518**	**340**
合肥市	1917	1102	1735	946	74	61	108	95
芜湖市	1587	711	1429	587	71	57	87	67
蚌埠市	600	292	553	264	24	12	23	16
淮南市	420	326	407	314	6	6	7	6
马鞍山市	705	363	651	318	20	13	34	32
淮北市	588	423	557	401	16	12	15	10
铜陵市	295	196	270	177	12	10	13	9
安庆市	1414	238	1344	209	31	8	39	21
黄山市	492	203	469	188	11	7	12	8
滁州市	1104	277	1023	239	22	11	59	27
阜阳市	681	191	657	180	9	3	15	8
宿州市	723	276	705	272	6	1	12	3
巢湖市	669	152	626	126	17	11	26	15
六安市	947	260	918	249	18	7	11	4
亳州市	464	132	460	131			4	1
池州市	449	193	429	182	10	5	10	6
宣城市	1111	210	1049	195	19	3	43	12

2-16 续表 3

单位：个

城　　市	工业企业数		(1)内资企业		(2)港、澳、台商投资企业		(3)外商投资企业	
	全市	市辖区	全市	市辖区	全市	市辖区	全市	市辖区
福建省	**18199**	**6949**	**12436**	**4307**	**3710**	**1661**	**2053**	**981**
福州市	2889	1157	1883	704	545	251	461	202
厦门市	2266	2266	1137	1137	645	645	484	484
莆田市	1125	912	823	659	203	178	99	75
三明市	1469	270	1347	254	95	12	27	4
泉州市	5044	1055	2894	498	1524	426	626	131
漳州市	2026	490	1316	333	492	106	218	51
南平市	1221	245	1093	220	64	12	64	13
龙岩市	1257	492	1095	448	115	27	47	17
宁德市	902	62	848	54	27	4	27	4
江西省	**7517**	**2328**	**6712**	**2078**	**486**	**114**	**319**	**136**
南昌市	1115	660	966	553	63	44	86	63
景德镇市	415	168	382	148	16	9	17	11
萍乡市	794	388	782	380	8	5	4	3
九江市	757	164	669	144	52	7	36	13
新余市	367	264	349	249	5	5	13	10
鹰潭市	172	68	161	62	4	3	7	3
赣州市	808	152	582	115	164	21	62	16
吉安市	744	78	656	71	60	4	28	3
宜春市	805	98	743	90	33	4	29	4
抚州市	784	207	718	189	50	9	16	9
上饶市	756	81	704	77	31	3	21	1
山东省	**45519**	**14979**	**39467**	**12191**	**1286**	**579**	**4766**	**2209**
济南市	2156	1139	1931	1010	71	36	154	93
青岛市	5895	1660	3651	721	359	157	1885	782
淄博市	3505	2805	3296	2635	66	53	143	117
枣庄市	1708	1099	1633	1047	33	21	42	31
东营市	915	361	857	315	24	19	34	27
烟台市	3827	1295	2685	691	296	128	846	476
潍坊市	5231	1031	4720	880	139	32	372	119
济宁市	3696	752	3573	699	27	12	96	41
泰安市	1693	515	1623	471	14	8	56	36
威海市	2118	526	1416	267	63	29	639	230
日照市	995	517	879	426	26	19	90	72
莱芜市	449	449	420	420	8	8	21	21
临沂市	4151	1361	3907	1259	81	32	163	70
德州市	3371	390	3271	346	20	9	80	35
聊城市	2282	437	2234	413	8	3	40	21
滨州市	1595	301	1513	274	24	8	58	19
菏泽市	1932	341	1858	317	27	5	47	19

2-16 续表 4

单位：个

城　市	工业企业数		(1)内资企业		(2)港、澳、台商投资企业		(3)外商投资企业	
	全市	市辖区	全市	市辖区	全市	市辖区	全市	市辖区
河南省	**18323**	**3966**	**17756**	**3667**	**261**	**126**	**306**	**173**
郑州市	2510	622	2362	532	64	40	84	50
开封市	1177	202	1153	190	9	5	15	7
洛阳市	1677	471	1633	449	15	5	29	17
平顶山市	864	257	846	246	13	7	5	4
安阳市	980	164	956	147	13	8	11	9
鹤壁市	456	256	442	244	6	5	8	7
新乡市	1122	219	1075	191	21	14	26	14
焦作市	1053	115	1017	104	20	6	16	5
濮阳市	656	152	635	143	10	3	11	6
许昌市	1198	134	1164	114	13	7	21	13
漯河市	625	361	611	351	9	5	5	5
三门峡市	658	94	640	89	8	3	10	2
南阳市	1358	266	1314	249	24	6	20	11
商丘市	696	230	677	215	7	4	12	11
信阳市	1073	181	1057	175	8	2	8	4
周口市	959	58	948	55	5	2	6	1
驻马店市	1261	184	1226	173	16	4	19	7
湖北省	**12618**	**5386**	**11797**	**4858**	**381**	**203**	**440**	**325**
武汉市	2517	1893	2190	1606	95	84	232	203
黄石市	620	301	592	279	13	8	15	14
十堰市	829	365	805	353	9	5	15	7
宜昌市	1095	338	1024	302	47	23	24	13
襄樊市	1300	545	1243	510	31	13	26	22
鄂州市	466	466	448	448	7	7	11	11
荆门市	1007	337	963	319	31	13	13	5
孝感市	1068	174	999	150	35	8	34	16
荆州市	1139	473	1085	436	32	21	22	16
黄冈市	1367	131	1307	117	37	9	23	5
咸宁市	719	197	682	184	23	7	14	6
随州市	491	166	459	154	21	5	11	7
湖南省	**13003**	**3551**	**12413**	**3310**	**325**	**121**	**265**	**120**
长沙市	2527	548	2373	518	70	16	84	14
株洲市	1486	403	1412	375	30	10	44	18
湘潭市	841	422	807	390	10	10	24	22
衡阳市	1057	295	1014	270	31	14	12	11
邵阳市	866	189	841	178	14	5	11	6
岳阳市	1309	387	1263	363	21	11	25	13
常德市	940	316	894	300	29	10	17	6
张家界市	137	51	129	48	5	1	3	2

2-16 续表 5　　　　单位：个

城　市	工业企业数		(1)内资企业		(2)港、澳、台商投资企业		(3)外商投资企业	
	全市	市辖区	全市	市辖区	全市	市辖区	全市	市辖区
益阳市	743	305	708	279	24	19	11	7
郴州市	1108	218	1069	200	29	11	10	7
永州市	723	214	664	193	46	11	13	10
怀化市	605	68	591	66	9	1	5	1
娄底市	661	135	648	130	7	2	6	3
广东省	**52255**	**42255**	**32919**	**25461**	**13358**	**11378**	**5978**	**5416**
广州市	7023	5711	4541	3594	1505	1239	977	878
韶关市	515	196	403	158	96	31	16	7
深圳市	8413	8413	4440	4440	2949	2949	1024	1024
珠海市	1386	1386	576	576	558	558	252	252
汕头市	2403	2394	2025	2018	240	239	138	137
佛山市	7807	7807	6057	6057	1130	1130	620	620
江门市	3246	1924	2050	1293	913	480	283	151
湛江市	832	315	717	238	69	41	46	36
茂名市	737	197	637	177	71	8	29	12
肇庆市	1065	369	752	189	218	122	95	58
惠州市	1870	1119	731	340	842	538	297	241
梅州市	489	56	355	36	107	15	27	5
汕尾市	347	72	244	45	96	24	7	3
河源市	411	159	254	64	119	69	38	26
阳江市	604	158	505	136	77	13	22	9
清远市	770	275	513	173	202	73	55	29
东莞市	5839	5839	1810	1810	2651	2651	1378	1378
中山市	5036	5036	3495	3495	1034	1034	507	507
潮州市	1140	243	858	143	199	76	83	24
揭阳市	1833	459	1577	386	196	61	60	12
云浮市	489	127	379	93	86	27	24	7
广西壮族自治区	**5692**	**2330**	**5161**	**2075**	**284**	**125**	**247**	**130**
南宁市	1117	633	1024	568	43	33	50	32
柳州市	844	477	804	450	13	9	27	18
桂林市	748	188	707	165	14	6	27	17
梧州市	398	138	321	109	54	18	23	11
北海市	190	115	156	89	18	13	16	13
防城港市	136	88	115	71	9	7	12	10
钦州市	384	210	357	197	19	9	8	4
贵港市	343	152	301	132	28	14	14	6
玉林市	573	104	492	92	45	6	36	6
百色市	216	50	203	48	10	2	3	
贺州市	146	44	122	36	15	5	9	3
河池市	260	45	251	44	5		4	1
来宾市	188	56	179	52	3	1	6	3
崇左市	149	30	129	22	8	2	12	6

2-16 续表 6

单位：个

城　市	工业企业数		(1)内资企业		(2)港、澳、台商投资企业		(3)外商投资企业	
	全市	市辖区	全市	市辖区	全市	市辖区	全市	市辖区
海南省	**218**	**218**	**158**	**158**	**21**	**21**	**39**	**39**
海口市	190	190	135	135	21	21	34	34
三亚市	28	28	23	23			5	5
重庆市	**6420**	**4205**	**6124**	**3946**	**115**	**90**	**181**	**169**
四川省	**12647**	**5387**	**12043**	**4997**	**204**	**134**	**400**	**256**
成都市	3800	2053	3455	1803	112	89	233	161
自贡市	542	354	528	341	1	1	13	12
攀枝花市	386	302	378	294	2	2	6	6
泸州市	601	295	587	285	3	3	11	7
德阳市	1004	289	947	266	20	8	37	15
绵阳市	963	444	915	412	20	11	28	21
广元市	258	114	249	107	2	1	7	6
遂宁市	403	193	395	190	3	2	5	1
内江市	545	177	533	169	3	3	9	5
乐山市	758	304	737	291	6	4	15	9
南充市	563	245	555	241	6	3	2	1
眉山市	560	188	536	179	8	4	16	5
宜宾市	481	73	475	71	3	1	3	1
广安市	302	66	296	65	3	1	3	
达州市	449	49	447	49	2			
雅安市	398	67	385	64	7	1	6	2
巴中市	101	36	100	36	1			
资阳市	533	138	525	134	2		6	4
贵州省	**1328**	**590**	**1254**	**536**	**31**	**23**	**43**	**31**
贵阳市	550	385	499	345	23	18	28	22
六盘水市	131	27	128	25	1	1	2	1
遵义市	438	92	423	83	5	4	10	5
安顺市	209	86	204	83	2		3	3
云南省	**2594**	**1078**	**2407**	**954**	**85**	**56**	**102**	**68**
昆明市	1127	703	998	607	55	41	74	55
曲靖市	459	102	442	96	8	3	9	3
玉溪市	342	117	322	107	9	5	11	5
保山市	130	51	123	47	2	1	5	3
昭通市	267	54	262	50	5	4		
丽江市	75	16	74	16			1	
思茅市	115	22	111	19	3	2	1	1
临沧市	79	13	75	12	3		1	1

2-16 续表 7　　　　单位：个

城市	工业企业数		(1)内资企业		(2)港、澳、台商投资企业		(3)外商投资企业	
	全市	市辖区	全市	市辖区	全市	市辖区	全市	市辖区
西藏自治区	**55**	**23**	**54**	**22**			**1**	
拉萨市	55	23	54	22			1	
陕西省	**4408**	**1668**	**4166**	**1511**	**64**	**41**	**178**	**116**
西安市	1131	772	989	663	30	24	112	85
铜川市	124	116	122	114			2	2
宝鸡市	518	236	495	222	7	3	16	11
咸阳市	629	208	587	190	16	9	26	9
渭南市	423	90	407	84	4	1	12	5
延安市	110	26	108	26			2	
汉中市	344	65	339	61	3	2	2	2
榆林市	737	62	732	60	2	1	3	1
安康市	264	72	261	70	1	1	2	1
商洛市	128	21	126	21	1		1	
甘肃省	**1859**	**955**	**1810**	**921**	**21**	**14**	**28**	**20**
兰州市	480	366	461	349	9	8	10	9
嘉峪关市	46	46	45	45			1	1
金昌市	55	22	55	22				
白银市	192	112	186	107	3	2	3	3
天水市	154	98	151	95	1	1	2	2
武威市	186	111	184	109	2	2		
张掖市	160	47	157	45			3	2
平凉市	90	39	90	39				
酒泉市	232	62	221	59	5	1	6	2
庆阳市	68	20	66	19			2	1
定西市	81	20	80	20			1	
陇南市	115	12	114	12	1			
青海省	**231**	**140**	**215**	**127**	**3**	**2**	**13**	**11**
西宁市	231	140	215	127	3	2	13	11
宁夏回族自治区	**963**	**493**	**921**	**464**	**7**	**5**	**35**	**24**
银川市	370	162	344	142	5	4	21	16
石嘴山市	303	192	291	184	2	1	10	7
吴忠市	170	68	168	67			2	1
固原市	29	15	29	15				
中卫市	91	56	89	56			2	
新疆维吾尔自治区	**526**	**516**	**500**	**490**	**8**	**8**	**18**	**18**
乌鲁木齐市	429	419	405	395	7	7	17	17
克拉玛依市	97	97	95	95	1	1	1	1

2-17 规模以上工业总产值分组

单位：万元

城 市	工业总产值（当年价）		(1)内资企业		(2)港、澳、台商投资企业		(3)外商投资企业	
	全市	市辖区	全市	市辖区	全市	市辖区	全市	市辖区
城市合计	**5323954524**	**3135832615**	**3814886448**	**2016235295**	**523643053**	**362979026**	**997788139**	**756618294**
北京市	**110391291**	**108526730**	**64278406**	**63239829**	**10108962**	**9794075**	**36003923**	**35492826**
天津市	**130836313**	**119431773**	**76339562**	**65766178**	**8959712**	**8792971**	**45537039**	**44872624**
河北省	**240627578**	**93884864**	**201517636**	**76033923**	**15589757**	**8485471**	**23520185**	**9365470**
石家庄市	44635387	9296485	40504069	7104442	2335498	1712240	1795820	479803
唐山市	58191638	34203596	48398108	29105214	4829100	3530517	4964430	1567865
秦皇岛市	9105599	6277591	5198462	3321356	286251	283100	3620886	2673135
邯郸市	31644189	10784631	25186369	10376038	2647805	53457	3810015	355136
邢台市	14201544	3790907	10765318	2472223	1355782	865022	2080444	453662
保定市	20764668	8474182	17562114	6784113	1055915	194175	2146639	1495894
张家口市	6842059	4793809	5796853	4134413	63633	3261	981573	656135
承德市	9878449	3823791	9732347	3793858	87726	9967	58376	19966
沧州市	21905956	5797186	19322159	4859397	650994	301548	1932803	636241
廊坊市	16456822	3675776	12611490	1385024	2004051	1302244	1841281	988508
衡水市	7001267	2966910	6440347	2697845	273002	229940	287918	39125
山西省	**87412479**	**35828406**	**81855701**	**33942865**	**1176691**	**299758**	**4380087**	**1585783**
太原市	15668104	14273299	14369540	13199104	36515	36515	1262049	1037680
大同市	5359700	4329000	4980500	4257400	27900		351300	71600
阳泉市	4421816	3309050	4297839	3197528	32793	32793	91184	78729
长治市	11589996	3410031	11127681	3363965	17912	10465	444403	35601
晋城市	7133453	2397262	6182230	2234413	20024		931199	162849
朔州市	6495347	4185986	6316334	4023945	42680	42680	136333	119361
晋中市	7700620	990234	7094410	861474	353135	78933	253075	49827
运城市	8200627	577048	7976391	551694	28141		196095	25354
忻州市	2431088	421212	2418191	421212	4330		8567	
临汾市	9933000	1410291	9442504	1307137	441140	98372	49356	4782
吕梁市	8478728	524993	7650081	524993	172121		656526	
内蒙古自治区	**84980089**	**45872483**	**86915614**	**40080539**	**2768347**	**1742105**	**7659245**	**4049840**
呼和浩特市	11534865	6321553	7965276	4331923	1391191	1038878	2178398	950752
包头市	22222278	19332351	20878490	18099280	159213	110648	1184575	1122423
乌海市	4028900	4028900	3978400	3978400	5000	5000	45500	45500
赤峰市	9692735	4278815	9042586	3646449	407711	389928	242438	242438
通辽市		4988276	10804488	4146005	136882	1611	1421747	840660
鄂尔多斯市	20324800	3179700	18276800	2529000	196600	31400	1851400	619300
呼伦贝尔市	5367700	1081490	4955100	919633	73800	8240	338800	153617
巴彦淖尔市	6015800	1815900	5274800	1603200	389400	156400	351600	56300
乌兰察布市	5793011	845498	5739674	826649	8550		44788	18850

2-17 续表 1　　　　单位：万元

城　市	工业总产值（当年价）		(1)内资企业		(2)港、澳、台商投资企业		(3)外商投资企业	
	全市	市辖区	全市	市辖区	全市	市辖区	全市	市辖区
辽宁省	**275545872**	**185303759**	**218860382**	**136610705**	**12800739**	**11075262**	**43884751**	**37617792**
沈阳市	76370998	64224231	59117461	47454517	4010773	3911673	13242764	12858041
大连市	63301908	46792459	40511460	27770223	1726100	1140086	21064348	17882150
鞍山市	20493072	11018594	19618137	10681049	286161	84596	588774	252949
抚顺市	12033541	9735281	11131898	8907023	352551	320778	549092	507480
本溪市	11000994	9784368	7766649	6644479	2579716	2551679	654629	588210
丹东市	7080924	2637693	5787292	1960172	287938	162400	1005694	515121
锦州市	12362583	6700875	10365609	5044914	489334	413444	1507640	1242517
营口市	16840552	10665971	12466687	7534002	1154849	928193	3219016	2203776
阜新市	3137525	2586707	2929487	2415523	67955	38577	140083	132607
辽阳市	11823113	6366691	9688257	4346891	1372503	1287305	762353	732495
盘锦市	12562385	8037091	12062851	7745468	71208	7576	428326	284047
铁岭市	14352892	3207628	13677593	2752472	300945	222269	374354	232887
朝阳市	7361180	1750904	7182456	1740525	78164	1904	100560	8475
葫芦岛市	6824205	1795266	6554545	1613447	22542	4782	247118	177037
吉林省	**96459871**	**68909546**	**72254253**	**48631044**	**1564604**	**851805**	**22641014**	**19426697**
长春市	44928953	40608059	23677598	21956000	628627	407000	20622728	18245059
吉林市	16975200	11587500	16063800	10985500	285500	233000	625900	369000
四平市	7548608	3281957	6920036	2992691	295117	102401	333455	186865
辽源市	4230868	2621241	4035194	2453410	69403	69403	126271	98428
通化市	6567147	3595398	6398833	3580107	54995	6561	113319	8730
白山市	4863367	2823493	4433921	2754350	207841	33440	221605	35703
松原市	9455486	3920846	9074008	3582264			381478	338582
白城市	1890242	471052	1650863	326722	23121		216258	144330
黑龙江省	**70130709**	**54562713**	**62607878**	**49324961**	**1086326**	**622457**	**6436505**	**4615295**
哈尔滨市	19906135	15414727	15781860	12006558	211192	205758	3913083	3202411
齐齐哈尔市	6302178	4399698	5382963	3985892	31113	31113	888102	382693
鸡西市	2058282	1278067	1806037	1038294	236321	236321	15924	3452
鹤岗市	2142363	1678692	2110946	1668646	10244		21173	10046
双鸭山市	2868821	1811468	2856918	1811468	11903			
大庆市	24805201	23551078	24196421	23293751	229954	25026	378826	232301
伊春市	1228940	1048817	1133304	988352	28474	19794	67162	40671
佳木斯市	2148142	1214280	1642339	813323	47869	38869	457934	362088
七台河市	2874600	2427100	2872400	2424900	1700	1700	500	500
牡丹江市	3073236	1398847	2398194	964491	264490	61747	410552	372609
黑河市	594936	198586	569997	192947	300		24639	5639
绥化市	2127875	141353	1856499	136339	12766	2129	258610	2885
上海市	**240912649**	**238163555**	**97852656**	**95462283**	**40669969**	**40398534**	**102390024**	**102302738**
江苏省	**718900429**	**328161068**	**420340588**	**172725082**	**84461905**	**34583549**	**214097936**	**120852437**
南京市	67997652	61380011	42085597	36681482	4634566	4103270	21277489	20595259
无锡市	108415288	49274005	64804378	21479993	13774584	5486215	29836326	22307797
徐州市	35975051	14429438	32039456	12153064	1688812	891244	2246783	1385130

2-17 续表 2

单位：万元

城市	工业总产值(当年价)		(1)内资企业		(2)港、澳、台商投资企业		(3)外商投资企业	
	全市	市辖区	全市	市辖区	全市	市辖区	全市	市辖区
常州市	59829073	48011691	38605575	31271133	10913229	8074092	10310269	8666466
苏州市	202844954	58751173	70107948	10824799	29536042	8115780	103200964	39810594
南通市	60948900	23931000	37517500	12909400	8207100	1899000	15224300	9122600
连云港市	13142654	6543019	8885860	3109015	1147474	664908	3109320	2769096
淮安市	16218953	9722605	13771922	7917151	524533	244298	1922498	1561156
盐城市	30903888	9684425	24223623	5955735	1553239	300353	5127026	3428337
扬州市	44596774	18607912	33920788	12080566	5486930	3030194	5189056	3497152
镇江市	32400566	13462606	21325744	7002972	3900625	1253196	7174197	5206438
泰州市	37694634	10979134	25619611	8247011	2905911	424511	9169112	2307612
宿迁市	7932042	3384049	7432586	3092761	188860	96488	310596	194800
浙江省	**409276295**	**197275612**	**305806592**	**135885924**	**46895061**	**27066907**	**56574642**	**34322782**
杭州市	93907333	74059755	66838833	50348066	10504282	8704426	16564218	15007263
宁波市	82728470	53563095	47945358	28313768	18902072	13267675	15881040	11981652
温州市	36487149	14267065	33612238	12725148	667676	337612	2207235	1204305
嘉兴市	38639862	9210570	25135081	5990622	4511765	1021166	8993016	2198782
湖州市	21980861	10180201	17024039	8463164	2430468	787298	2526354	929739
绍兴市	55189053	8225619	43140237	5111134	6803202	1788550	5245614	1325936
金华市	26736585	4929171	24093852	4242427	1097602	369389	1545131	317355
衢州市	8325949	3836427	7644081	3473792	372527	253233	309341	109402
舟山市	7905601	5879522	6782714	5259992	91482	47124	1031405	572406
台州市	28698750	10749742	25248516	9651197	1447964	489260	2002270	609285
丽水市	8676682	2374445	8341643	2306614	66021	1174	269018	66657
安徽省	**130588048**	**79176394**	**112593822**	**64243393**	**5356302**	**3939619**	**12637924**	**10993382**
合肥市	27664011	21124568	20553351	14439260	1482838	1296977	5627822	5388331
芜湖市	16059417	12461868	12604254	9190230	965307	863957	2489856	2407681
蚌埠市	5301139	3596511	4463614	2956789	529290	434047	308235	205675
淮南市	6383515	4513210	5858289	3988717	485668	485668	39558	38825
马鞍山市	11305231	9168356	9901320	7930686	239877	171711	1164034	1065959
淮北市	5765711	4632286	5453502	4392694	120011	106511	192198	133081
铜陵市	6431051	5620433	5947304	5162425	325450	310747	158297	147261
安庆市	9587587	3789019	9152159	3634336	215093	17210	220335	137473
黄山市	2246116	1107281	2171216	1064128	50664	24388	24236	18765
滁州市	6904292	2424978	5820935	1458093	70012	35958	1013345	930927
阜阳市	5042282	1859906	4729336	1597223	31439	10029	281507	252654
宿州市	4739275	2199477	4609677	2190169	26052	799	103546	8509
巢湖市	5938600	1752100	5567900	1550800	149900	94500	220800	106800
六安市	5566729	1503950	4834603	1437693	498844	42929	233282	23328
亳州市	2379005	1038722	2356215	1021990			22790	16732
池州市	1969778	1076483	1845863	1024859	57324	31308	66591	20316
宣城市	7304309	1307246	6724284	1203301	108533	12880	471492	91065

2-17 续表 3

单位：万元

城市	工业总产值(当年价)		(1)内资企业		(2)港、澳、台商投资企业		(3)外商投资企业	
	全市	市辖区	全市	市辖区	全市	市辖区	全市	市辖区
福建省	**167605710**	**78159507**	**84292685**	**33567090**	**44556816**	**19950748**	**38756209**	**24641669**
福州市	36346560	13968333	17841359	7241120	9574765	2821757	8930436	3905456
厦门市	28127627	28127627	7175303	7175303	7868277	7868277	13084047	13084047
莆田市	9590918	8406906	5495704	4629026	2319256	2200583	1775958	1577297
三明市	9742752	3071121	8883771	2976897	568911	80328	290070	13896
泉州市	48835925	13221224	21424139	3736433	17459163	4788759	9952623	4696032
漳州市	14361809	3646785	6188436	1686059	5166610	1547586	3006763	413140
南平市	5970695	1972766	4981739	1595038	369949	110573	619007	267155
龙岩市	8456135	4802251	6645203	3666654	962556	526465	848376	609132
宁德市	6173289	942494	5657031	860560	267329	6420	248929	75514
江西省	**97903594**	**38365899**	**82292202**	**31714700**	**6741562**	**2036989**	**8869830**	**4614210**
南昌市	21042413	12950624	16021821	10047697	1241585	962531	3779007	1940396
景德镇市	4938079	2791833	4660871	2635001	143785	49312	133423	107520
萍乡市	7159556	4478419	7029324	4380491	80409	57482	49823	40446
九江市	10538420	3834179	9250074	3473716	593342	100491	695004	259972
新余市	8010641	6673465	6313060	5038991	95838	95838	1601743	1538636
鹰潭市	7995991	1530862	7919875	1483401	49733	29671	26383	17790
赣州市	8860755	2201778	5886552	1241153	1702377	488162	1271826	472463
吉安市	7468173	863958	6126178	681664	694831	23265	647164	159029
宜春市	8618200	601883	7357805	510526	824198	79611	436197	11746
抚州市	5272180	1895737	4780422	1701264	386905	129959	104853	64514
上饶市	7999186	543161	6946220	520796	928559	20667	124407	1698
山东省	**707072457**	**292563617**	**577762937**	**221119702**	**26325445**	**12795056**	**102984075**	**58648859**
济南市	39507662	25176583	35733816	22829727	1119910	587307	2653936	1759549
青岛市	93786155	49091721	64588047	33138101	4396018	2081554	24802090	13872066
淄博市	60519565	47426036	52859427	41945450	3131427	2776068	4528711	2704518
枣庄市	25386400	15130900	23843800	14169500	671600	443600	871000	517800
东营市	43228350	18529255	39559297	15127314	1291220	1169377	2377833	2232564
烟台市	90772988	33556454	55605164	9894784	6949095	2411290	28218729	21250380
潍坊市	60792058	14799220	50834350	11532392	2939553	693089	7018155	2573739
济宁市	32242247	10554000	27253395	7857000	288350	237000	4700502	2460000
泰安市	31211614	6640107	30253421	5967246	128858	63992	829335	608869
威海市	48848273	10973694	32945040	7437676	1265643	647434	14637590	2888584
日照市	18662204	13504782	14862090	9984669	539655	484327	3260459	3035786
莱芜市	10228287	10228287	9939243	9939243	101469	101469	187575	187575
临沂市	37485566	16530102	31769259	13566160	1275233	681712	4441074	2282230
德州市	32160970	6534401	30012593	5393343	276546	141117	1871831	999941
聊城市	31768238	3775367	30794546	3470094	274396	29052	699296	276221
滨州市	31241932	5660157	29133400	5034741	1221803	228729	886729	396687
菏泽市	19229948	4452551	17776049	3832262	454669	17939	999230	602350

2-17 续表 4

单位：万元

城 市	工业总产值(当年价)		(1)内资企业		(2)港、澳、台商投资企业		(3)外商投资企业	
	全市	市辖区	全市	市辖区	全市	市辖区	全市	市辖区
河南省	**266246826**	**79878523**	**248563348**	**70383010**	**7247837**	**4331798**	**10435641**	**5163715**
郑州市	47529761	12052292	42908953	10096218	1643354	837538	2977454	1118536
开封市	7677208	2107662	7483728	1998558	39727	26587	153753	82517
洛阳市	28116746	12401203	27105231	11791696	146252	18993	865263	590514
平顶山市	16041713	8126772	14783662	7293865	764636	602449	493415	230458
安阳市	18512168	5259364	18264455	5074501	137014	86175	110699	98688
鹤壁市	6732216	3163704	6474335	2932350	105332	80079	152549	151275
新乡市	15505788	4227884	13923373	2947189	284328	178514	1298087	1102181
焦作市	20701907	4677785	19249380	4474067	645571	131713	806956	72005
濮阳市	11156095	3754289	10711739	3686475	240212	9652	204144	58162
许昌市	17931269	3363655	17092109	3121645	193099	111694	646061	130316
漯河市	11487503	6467781	8903835	4190096	2146639	1840656	437029	437029
三门峡市	15172997	2710962	13808101	2515188	323169	189053	1041727	6721
南阳市	16375831	3712204	15684260	3303329	334585	115030	356986	293845
商丘市	9058248	2215334	8953821	2156337	63982	17165	40445	41832
信阳市	7436012	2528452	7224710	2425593	65078	9605	146224	93254
周口市	9327057	788138	8975849	488460	34206	15330	317002	284348
驻马店市	7484307	2321042	7015807	1887443	80653	61565	387847	372034
湖北省	**145574414**	**99216002**	**116276799**	**74158396**	**6566459**	**4116380**	**22731156**	**20941226**
武汉市	57988800	53111088	43788300	39524119	2787600	2698012	11412900	10888957
黄石市	8646200	5698700	6368300	3435400	116100	106900	2161800	2156400
十堰市	8324000	6397700	5193300	3306700	30500	21100	3100200	3069900
宜昌市	15311150	7470769	13910830	6938568	1081531	310667	318789	221534
襄樊市	15236100	10019100	10999700	6371200	364500	186200	3871900	3461700
鄂州市	4230265	4230265	3989973	3989973	117975	117975	122317	122317
荆门市	8832340	4390546	8303766	4273976	213408	86296	315166	30274
孝感市	6881438	935292	6147694	700845	418799	43839	314945	190608
荆州市	6699200	3285900	5924700	2639000	370500	283700	404000	363200
黄冈市	5709000	727100	5083600	628200	406500	65600	218900	33300
咸宁市	4431421	1380242	3718836	1089715	415046	45091	297539	245436
随州市	3284500	1569300	2847800	1260700	244000	151000	192700	157600
湖南省	**135935067**	**63434384**	**125820039**	**58198566**	**4965972**	**2368345**	**5149056**	**2867473**
长沙市	33728555	15614191	30796053	15070007	1097706	315661	1834796	228523
株洲市	12316926	8014293	11001302	7003162	553939	432827	761685	578304
湘潭市	10862656	7674901	10020574	6876445	136818	127950	705264	670506
衡阳市	12764494	4355692	12074718	4005055	524642	188600	165134	162037
邵阳市	5084029	1529056	4910461	1420969	82804	41501	90764	66586
岳阳市	19974148	9596599	18633439	8588945	447182	286580	893527	721074
常德市	9068700	5089600	8215800	4731700	590900	205500	262000	152400
张家界市	750504	283548	688430	255797	43170	12566	18904	15185

2-17 续表 5

单位：万元

城　　市	工业总产值(当年价)		(1)内资企业		(2)港、澳、台商投资企业		(3)外商投资企业	
	全市	市辖区	全市	市辖区	全市	市辖区	全市	市辖区
益阳市	5671218	2873599	5297043	2546721	252279	233977	121896	92901
郴州市	9133076	2758716	8383041	2379920	701074	345502	48961	33294
永州市	4215111	1728163	3732613	1540800	351500	69600	130998	117763
怀化市	4838349	657038	4699560	622332	78233	28112	60556	6594
娄底市	7527301	3258988	7367005	3156713	105725	79969	54571	22306
广东省	**680860342**	**602852490**	**309950211**	**263029533**	**181337965**	**159034509**	**189572166**	**180788448**
广州市	113767645	102976809	38851258	33193544	22563252	19792890	52353135	49990375
韶关市	5992275	3758864	4747765	3222743	1137720	455258	106790	80863
深圳市	154162429	154162429	56636624	56636624	43456676	43456676	54069129	54069129
珠海市	24050448	24050448	8078949	8078949	5542949	5542949	10428550	10428550
汕头市	15310965	15281070	11356511	11337649	1960133	1955793	1994321	1987628
佛山市	117796240	117796240	76077080	76077080	25134950	25134950	16584210	16584210
江门市	28529181	18186628	13456315	8815978	10957195	6702858	4115671	2667792
湛江市	10287949	7314576	5477127	2828077	4254290	3978701	556532	507798
茂名市	10981262	8556609	10400500	8378549	345195	35804	235567	142256
肇庆市	11790133	5222805	6692889	1732701	3503715	2542718	1593529	947386
惠州市	30051367	25078083	7820182	5917618	9774290	7282673	12456895	11877792
梅州市	3511108	1003493	2543369	750682	728613	211644	239126	41167
汕尾市	3196030	1739565	1646106	744871	1426725	942606	123199	52088
河源市	6046828	2187453	3621946	620188	1649364	926623	775518	640642
阳江市	5045620	1697563	3454561	1184862	952807	132022	638252	380679
清远市	20240602	9146053	11292228	6139427	7505077	2332991	1443297	673635
东莞市	59351547	59351547	14701242	14701242	25644950	25644950	19005355	19005355
中山市	40579706	40579706	19049859	19049859	11039090	11039090	10490757	10490757
潮州市	5810710	1314755	3942359	822490	908056	380790	960295	111475
揭阳市	11219997	2938494	8421641	2466200	2039918	384523	758438	87771
云浮市	3138300	509300	1681700	330200	813000	158000	643600	21100
广西壮族自治区	**67755303**	**41425343**	**52758630**	**30138588**	**3890870**	**2124634**	**11105803**	**9162121**
南宁市	9816480	7159730	8438423	6115633	737267	585279	640790	458818
柳州市	17715986	15207230	12915289	10547965	253978	202181	4546719	4457084
桂林市	7020702	2662950	6307371	2286156	84921	41884	628410	334910
梧州市	4780195	1504553	3735305	1231832	714895	112515	329995	160206
北海市	2308850	1739514	1849638	1479890	223262	119034	235950	140590
防城港市	3426513	2940172	1698227	1229693	256270	252893	1472016	1457586
钦州市	2714469	1926530	1986158	1282589	436570	376361	291741	267580
贵港市	3281383	1796831	2679900	1477951	336005	294310	265478	24570
玉林市	4865215	2214199	2983952	857928	240363	39177	1640900	1317094
百色市	3804571	1020722	3570278	970001	181340	50721	52953	
贺州市	1191890	580525	1038504	540424	108362	18879	45024	21222
河池市	2422018	839337	2279492	835310	25323		117203	4027
来宾市	2239053	1330063	1813756	1040510	45110	1469	380187	288084
崇左市	2167978	502987	1462337	242706	247204	29931	458437	230350

2-17 续表 6

单位：万元

城市	工业总产值(当年价)		(1)内资企业		(2)港、澳、台商投资企业		(3)外商投资企业	
	全市	市辖区	全市	市辖区	全市	市辖区	全市	市辖区
海南省	**3407408**	**3407408**	**2602478**	**2602478**	**130745**	**130745**	**674185**	**674185**
海口市	3092223	3092223	2331396	2331396	130745	130745	630082	630082
三亚市	315185	315185	271082	271082			44103	44103
重庆市	**67729015**	**56396000**	**54444456**	**43322060**	**3536267**	**3486206**	**9748292**	**9587734**
四川省	**168437483**	**90967331**	**153753514**	**80469521**	**4165852**	**2767426**	**10518117**	**7730384**
成都市	48643430	33126203	39417011	25961487	1919297	1522984	7307122	5641732
自贡市	8094126	6159138	7694258	5761020	31900	31900	367968	366218
攀枝花市	7262652	6150042	7056809	5944199	19660	19660	186183	186183
泸州市	6831298	3963045	6692583	3843174	12502	12502	126213	107369
德阳市	12687986	3874912	11311742	3509921	742388	279862	633856	85129
绵阳市	10710264	7273973	9646441	6289036	292866	256293	770957	728644
广元市	2076792	1221217	1936469	1084733	5642	3555	134681	132929
遂宁市	4887668	2035781	4743076	1949553	68971	67390	75621	18838
内江市	9326051	3190676	9031721	2921053	133131	133131	161199	136492
乐山市	9903422	5135116	9424655	4944606	241408	55016	237359	135494
南充市	9924988	5213283	9679263	5051872	206253	139675	39472	21736
眉山市	5219825	1871669	4887204	1751820	100169	66549	232452	53300
宜宾市	9210535	4351352	8986744	4189703	117945	101575	105846	60074
广安市	4171000	1210000	4032500	1155100	92400	54900	46100	
达州市	7544075	1813591	7478812	1813591	65263			
雅安市	2288140	590977	2160888	547893	92303	22434	34949	20650
巴中市	1205192	303555	1195119	303555	10073			
资阳市	8450039	3482801	8378219	3447205	13681		58139	35596
贵州省	**21262108**	**10404245**	**20309239**	**9880974**	**317118**	**182129**	**635751**	**341142**
贵阳市	8967496	6071671	8359273	5666358	243830	154870	364393	250443
六盘水市	4943284	2064963	4749565	2027522	477	477	193242	36964
遵义市	5656652	1623196	5577422	1568843	20121	19015	59109	35338
安顺市	1694676	644415	1622979	618251	52690	7767	19007	18397
云南省	**38428630**	**22146278**	**35742816**	**20375102**	**914986**	**721927**	**1770828**	**1049249**
昆明市	18408255	12010811	16566384	10570874	630100	538011	1211771	901926
曲靖市	8088583	3436945	7704370	3403345	35573	12700	348640	20900
玉溪市	7516491	5270631	7299052	5100644	119281	95778	98158	74209
保山市	835206	345094	760592	330943	41644	14151	32970	
昭通市	1631300	700400	1581200	651200	50100	49200		
丽江市	517933	115041	490858	115041			27075	
思茅市	788362	195956	727760	136055	12788	12087	47814	47814
临沧市	642500	71400	612600	67000	25500		4400	4400

2-17 续表 7

单位：万元

城市	工业总产值(当年价)		(1)内资企业		(2)港、澳、台商投资企业		(3)外商投资企业	
	全市	市辖区	全市	市辖区	全市	市辖区	全市	市辖区
西藏自治区	**367220**	**227908**	**324202**	**184890**			**43018**	**43018**
拉萨市	367220	227908	324202	184890			43018	43018
陕西省	**81382963**	**42112257**	**73355568**	**37702137**	**1106260**	**954339**	**6921135**	**3455781**
西安市	24682652	17703669	19371646	14824640	271816	253018	5039190	2626011
铜川市	1964800	1891700	1823100	1750000			141700	141700
宝鸡市	9959943	6534282	9350768	6128743	29450	6546	579725	398993
咸阳市	9436400	4589000	7997100	3698800	709400	646400	729900	243800
渭南市	6909046	874258	6659523	827640	24284	18873	225239	27745
延安市	9101151	7988011	9069631	7988011			31520	
汉中市	3012279	471100	2995089	465400	14574	3100	2616	2600
榆林市	14155900	1468300	14007287	1440500	26334	21000	122279	6800
安康市	1116892	262837	1063224	249303	5402	5402	48266	8132
商洛市	1043900	329100	1018200	329100	25000		700	
甘肃省	**36349262**	**26609306**	**35500643**	**25918064**	**238429**	**172871**	**610190**	**518371**
兰州市	13248800	11474200	12753900	11047400	162900	153100	332000	273700
嘉峪关市	4174200	4174200	4174200	4174200				
金昌市	4295974	3883170	4295974	3883170				
白银市	3285898	2940680	3102083	2760643	7363	3585	176452	176452
天水市	1235115	1019975	1209433	994293	8020	10408	17662	15274
武威市	1303189	1004585	1297411	998807	5778	5778		
张掖市	1131145	436939	1107138	425570			24007	11369
平凉市	1155000	315200	1155000	315200				
酒泉市	2686930	675762	2646711	671065	20268		19951	4697
庆阳市	2885452	542871	2846391	505992			39061	36879
定西市	445159	114359	444102	114359			1057	
陇南市	502400	27365	468300	27365	34100			
青海省	**5456162**	**3068840**	**4874607**	**2834808**	**20481**	**15117**	**561074**	**218915**
西宁市	5456162	3068840	4874607	2834808	20481	15117	561074	218915
宁夏回族自治区	**14567172**	**7995932**	**13732331**	**7429620**	**57761**	**53441**	**777080**	**512871**
银川市	6885276	3598719	6371170	3125052	39622	38457	474484	435210
石嘴山市	3950613	3070619	3839811	2979116	18139	14984	92663	76519
吴忠市	2369366	661849	2198247	660707			171119	1142
固原市	114177	31947	114177	31947				
中卫市	1247740	632798	1208926	632798			38814	
新疆维吾尔自治区	**21551764**	**21504442**	**21306653**	**21259331**	**83853**	**83853**	**161258**	**161258**
乌鲁木齐市	12748017	12700695	12514867	12467545	79014	79014	154136	154136
克拉玛依市	8803747	8803747	8791786	8791786	4839	4839	7122	7122

2-18 规模以上工业企业财务(一)

单位：万元

城市	其中：产品销售税金及附加		本年应交增值税		利润总额	
	全市	市辖区	全市	市辖区	全市	市辖区
城市合计	**86670712**	**66735919**	**165247391**	**97653939**	**347980092**	**192740388**
北京市	**1657780**	**1646731**	**3464650**	**3386709**	**7429216**	**7281284**
天津市	**1488940**	**1463137**	**4671699**	**4467583**	**8312768**	**7847226**
河北省	**2546566**	**1283632**	**7436109**	**3298571**	**14402783**	**4240286**
石家庄市	716011	322889	1126240	278966	2934503	207888
唐山市	199023	125137	1934628	964934	3604613	1426353
秦皇岛市	49628	34449	224419	133543	100959	91253
邯郸市	111467	51250	960310	490377	1215107	261738
邢台市	48990	19459	466367	193238	1069447	274345
保定市	201476	126655	923749	585516	1433286	555022
张家口市	263495	227001	295592	209252	256193	137192
承德市	87142	13722	384127	73384	582634	73015
沧州市	788585	339014	547430	183394	1819535	820570
廊坊市	49800	7450	417818	119563	978481	218685
衡水市	30949	16606	155429	66404	408025	174225
山西省	**962419**	**484424**	**5258694**	**2230705**	**4942959**	**2536055**
太原市	196551	180731	691806	636985	544410	555942
大同市	74100	61400	426800	368200	170100	125100
阳泉市	79553	71276	447925	398448	318205	254277
长治市	74869	11706	625671	105564	838974	149399
晋城市	57650	25880	577842	271851	1142917	867030
朔州市	117984	97218	520972	342991	731672	647499
晋中市	84212	5328	447939	24654	157717	-18183
运城市	29424	1511	296595	14349	73395	-104416
忻州市	27188	1263	141349	7433	241899	12589
临汾市	95378	23341	522780	39987	107411	51233
吕梁市	125510	4770	559015	20243	616259	-4415
内蒙古自治区	**1417788**	**625666**	**3710652**	**1680455**	**10328234**	**3489429**
呼和浩特市	301465	287304	538544	304162	792712	372827
包头市	154332	101471	912781	693133	649887	339224
乌海市	44200	44200	193000	193000	593400	593400
赤峰市	100317	34728	281488	143547	888065	348602
通辽市	136122	69642	376687	82375	1401822	426578
鄂尔多斯市	523500	61900	1041100	202800	5026800	1113600
呼伦贝尔市	57133	8998	156997	28217	549744	94630
巴彦淖尔市	51900	14100	95500	14200	337500	146300
乌兰察布市	48818	3323	114555	19021	88304	54267

2-18 续表 1

单位：万元

城　　市	其中：产品销售税金及附加		本年应交增值税		利润总额	
	全市	市辖区	全市	市辖区	全市	市辖区
辽宁省	**5758745**	**4806475**	**7437434**	**5059319**	**14577582**	**7975410**
沈阳市	812461	751480	2296866	1909652	3829812	2908880
大连市	1673931	1538671	971714	766726	3002540	2147103
鞍山市	180389	108881	772664	493253	1376882	752334
抚顺市	812903	796005	246184	195051	460066	249230
本溪市	45944	34903	190644	145099	51758	-65835
丹东市	52574	15619	251354	88505	444747	130676
锦州市	621553	538056	404323	257204	870798	310606
营口市	229668	163217	798733	397064	1177651	649685
阜新市	24601	20288	130900	121774	112999	103221
辽阳市	363114	319528	219073	135752	1439435	468088
盘锦市	352860	317610	486148	441157	162710	68669
铁岭市	135731	51433	314310	36979	600281	165225
朝阳市	62270	10779	193582	45103	565459	100957
葫芦岛市	390746	140005	160939	26000	482444	-13429
吉林省	**3069345**	**2749017**	**2649939**	**2133004**	**5091054**	**3752014**
长春市	1813440	1743869	1472495	1382908	3086668	2983681
吉林市	628700	582500	385100	269300	481400	147500
四平市	67870	50936	128892	58525	263702	98124
辽源市	186967	163286	73047	53346	113750	61451
通化市	33690	8886	165635	58775	228270	57135
白山市	38541	23421	122334	74291	155430	105282
松原市	262942	172613	263950	220795	667011	251447
白城市	37195	3506	38486	15064	94823	47394
黑龙江省	**2282906**	**2168150**	**3519152**	**3070757**	**13275750**	**8040188**
哈尔滨市	591311	572023	597466	508037	1049035	834917
齐齐哈尔市	37164	23116	292925	209365	4404947	306300
鸡西市	22980	16488	122397	104047	41592	1620
鹤岗市	45139	42502	102192	94384	58931	53990
双鸭山市	49866	24292	139521	109412	145345	86179
大庆市	1414718	1411352	1745325	1701514	6620961	6490836
伊春市	8661	7596	48756	44178	77374	49270
佳木斯市	9673	6956	58148	32254	145676	56501
七台河市	27300	26000	208800	194000	326700	99200
牡丹江市	44195	34756	96835	58082	122302	36179
黑河市	4575	1957	28917	13844	18078	13002
绥化市	27324	1112	77870	1640	264809	12194
上海市	**4217928**	**4210670**	**6907399**	**6780131**	**14319722**	**14216185**
江苏省	**5644431**	**4181430**	**20841325**	**9402519**	**41450688**	**18620576**
南京市	1948539	1919851	1898588	1670244	3541788	3145619
无锡市	282091	121028	2235847	923897	7374052	3145338
徐州市	994897	711054	2051026	825946	2941696	1312646

2-18 续表 2

单位：万元

城　　市	其中：产品销售税金及附加		本年应交增值税		利润总额	
	全市	市辖区	全市	市辖区	全市	市辖区
常州市	160072	115842	1566051	1134333	2767689	2098435
苏州市	280839	66371	4578667	1481595	10388855	3035564
南通市	184100	79300	2052300	708400	4021000	1458100
连云港市	97644	30159	546861	315456	1059474	659518
淮安市	490019	445924	490045	333336	778897	529939
盐城市	491200	337679	1147110	428833	1376213	428176
扬州市	234442	128006	1540383	606522	2297409	983454
镇江市	106476	45154	961761	358965	1562361	856655
泰州市	307807	162207	1470409	486409	2517303	581503
宿迁市	66305	18855	302277	128583	823951	385629
浙江省	**4370773**	**3438087**	**10678211**	**5106163**	**21192728**	**10608319**
杭州市	1293045	1227989	2423441	1991692	5109668	4392445
宁波市	2001396	1905007	2051012	1343156	4621083	3362400
温州市	187744	74530	1144195	435935	1815436	655673
嘉兴市	132237	23350	1148871	228708	2029096	416577
湖州市	123573	61195	574836	235327	1051384	431314
绍兴市	212034	26733	1268423	193067	2984838	328125
金华市	141810	20103	714116	128217	1191972	108591
衢州市	76702	15189	220316	101738	466126	180496
舟山市	16979	13794	86122	69231	260431	119283
台州市	148411	60560	835932	303535	1326342	507354
丽水市	36842	9637	210947	75557	336352	106061
安徽省	**2329227**	**1875100**	**5067899**	**3451398**	**8165167**	**4557084**
合肥市	474306	437542	1071586	854083	2000604	1584273
芜湖市	350259	323818	609460	505636	843987	590903
蚌埠市	263780	249548	177028	157722	302609	252033
淮南市	73530	72498	466431	436157	285779	225100
马鞍山市	58095	51439	557711	464055	568912	508657
淮北市	86170	59773	387439	361695	358415	290182
铜陵市	26600	21123	186717	148964	204475	177229
安庆市	443954	376867	268785	148378	632135	67272
黄山市	8633	5238	55761	35162	121554	83249
滁州市	142057	106982	202561	80638	433939	139763
阜阳市	168791	112948	220460	65135	518445	140108
宿州市	39517	6569	139698	12119	249234	24498
巢湖市	32000	7700	204000	43800	350000	83000
六安市	79614	9250	116519	6860	334267	129112
亳州市	34244	14373	63648	20626	240771	138642
池州市	17554	10989	60030	39076	111866	62779
宣城市	30123	8443	280065	71292	608175	60284

2-18 续表 3 单位：万元

城 市	其中：产品销售税金及附加		本年应交增值税		利润总额	
	全市	市辖区	全市	市辖区	全市	市辖区
福建省	**2051958**	**1356092**	**4352867**	**1823647**	**11056925**	**4619976**
福州市	205749	60450	750508	295827	1958091	708849
厦门市	364078	364078	594855	594855	1898567	1898567
莆田市	71348	67414	182886	155380	455328	417634
三明市	69818	15758	315699	82356	176146	99302
泉州市	724888	382535	1423173	290391	4217233	739444
漳州市	36770	11222	507088	96192	1027309	234691
南平市	24630	5398	134831	46999	222488	80596
龙岩市	492367	447845	342515	239634	876611	398655
宁德市	62310	1392	101312	22013	225152	42238
江西省	**1627822**	**1062920**	**3113742**	**1217664**	**5168968**	**1998342**
南昌市	487711	459112	664648	468621	967836	681633
景德镇市	201705	106556	36926	35025	131963	33324
萍乡市	127901	50863	360214	232929	690477	437915
九江市	398081	376521	308664	137076	462374	81865
新余市	49204	31760	134926	106580	542476	425239
鹰潭市	32487	2783	239578	29080	396525	67455
赣州市	123053	14257	327077	78802	378666	116495
吉安市	54328	4309	297267	30623	460501	38824
宜春市	91064	1465	352469	39165	639141	34407
抚州市	24158	12906	129173	47144	182293	64413
上饶市	38130	2388	262800	12619	316716	16772
山东省	**8481959**	**4696770**	**19578374**	**8896223**	**43881311**	**18900287**
济南市	953898	853018	1295000	793829	2758469	1395719
青岛市	1568098	1007235	2617475	1152356	4674839	2015558
淄博市	1031350	862250	2213931	1872421	3855300	2888692
枣庄市	208500	142300	748400	415500	2227900	1125700
东营市	1107931	874743	1521241	1016910	4802255	2709774
烟台市	277934	109952	1689766	679254	6204633	1894637
潍坊市	587141	78376	1395062	442317	3483055	893670
济宁市	236827	52000	1091625	382000	2327426	851000
泰安市	356266	37801	1081416	202442	2182394	468646
威海市	262386	40115	934697	255641	2188280	608507
日照市	288295	260994	510581	359121	1314691	984504
莱芜市	90338	90338	263704	263704	588209	588209
临沂市	389745	84030	835959	364622	242876	1249835
德州市	394070	41929	1376171	289766	2113684	463904
聊城市	208732	13250	1017188	57581	2160629	248094
滨州市	342178	116441	699906	247499	1593178	223879
菏泽市	178270	31998	286252	101260	1163493	289959

2-18 续表 4

单位：万元

城市	其中：产品销售税金及附加		本年应交增值税		利润总额	
	全市	市辖区	全市	市辖区	全市	市辖区
河南省	**3965747**	**1857013**	**9646779**	**2704436**	**26915635**	**3387411**
郑州市	679920	230972	2217128	484524	7869940	1035582
开封市	101666	8628	273946	36563	1127899	92657
洛阳市	672374	568215	959162	327824	1755739	213045
平顶山市	191333	88286	703200	391538	1159947	405474
安阳市	271144	172831	789341	216416	1468731	-40737
鹤壁市	72713	54368	219280	116359	394740	80448
新乡市	63169	10322	367328	123700	1229043	255941
焦作市	233705	31125	851619	193942	2135859	117745
濮阳市	254035	181924	280329	168637	804424	-228064
许昌市	570356	263285	850259	156998	2122908	250495
漯河市	50585	29744	206762	142694	1530301	847445
三门峡市	112691	3924	330490	41026	1275996	10142
南阳市	318572	137915	597458	132501	1022024	155011
商丘市	89788	28728	290633	28211	803240	22998
信阳市	68728	12346	231306	57939	414401	47042
周口市	143849	26406	276536	39605	1247912	66353
驻马店市	71119	7994	202002	45959	552531	55834
湖北省	**3937935**	**3077075**	**4356003**	**3192396**	**9827254**	**7153950**
武汉市	2343200	2009735	1951700	1841598	2964400	2738244
黄石市	59000	23700	207800	138600	379000	240400
十堰市	46500	35700	204500	159600	1148300	1071300
宜昌市	205164	98332	572343	324686	2044149	1610212
襄樊市	197913	158094	344935	252300	623232	459268
鄂州市	305846	305846	143390	143390	244073	244073
荆门市	437597	394063	185751	116034	435877	254523
孝感市	106547	5459	165597	22183	651069	63572
荆州市	85600	19400	160900	70200	352300	150300
黄冈市	66200	8300	175600	28700	355800	40100
咸宁市	33268	13446	119687	35705	329854	103758
随州市	51100	5000	123800	59400	299200	178200
湖南省	**6415946**	**4999092**	**5858672**	**3252953**	**8083994**	**3892820**
长沙市	2617761	2298728	1504850	943977	3341951	1547199
株洲市	126343	50262	718191	576944	416335	266459
湘潭市	504164	363055	337395	212557	553100	425229
衡阳市	123502	32408	458072	128407	490119	282799
邵阳市	104269	24622	140470	48052	210964	71938
岳阳市	976791	638605	801985	510857	359903	137933
常德市	1248000	1226000	492800	393700	831800	723200
张家界市	6967	4331	23331	6155	31069	16766

2-18 续表 5

单位：万元

城　市	其中：产品销售税金及附加		本年应交增值税		利润总额	
	全市	市辖区	全市	市辖区	全市	市辖区
益阳市	68456	43468	172667	87726	221726	63113
郴州市	346373	142421	482909	138775	832527	228686
永州市	193700	155906	150200	63548	252700	72482
怀化市	36637	4455	162188	8249	214611	2095
娄底市	62983	14831	413614	134006	327189	54921
广东省	**8505148**	**7898788**	**16975018**	**14423559**	**45035818**	**39441324**
广州市	3249519	3207531	3853828	3477117	7791165	7448350
韶关市	195681	175442	226729	142674	288521	133827
深圳市	593785	593785	2921062	2921062	10874205	10874205
珠海市	48772	48772	465885	465885	1292731	1292731
汕头市	86894	86724	429634	427084	1257178	1252902
佛山市	1371021	1371021	2855309	2855309	10525290	10525290
江门市	455540	242676	585827	336304	1472053	923038
湛江市	403774	375705	247507	180070	1078626	979720
茂名市	897352	860565	420425	335476	1025853	762494
肇庆市	54809	17690	432475	144775	623413	144484
惠州市	403561	390300	952349	829285	1152592	876470
梅州市	241921	231414	181421	80118	353703	115118
汕尾市	14364	3443	23640	11877	118820	96601
河源市	61248	3922	209602	59981	470507	92453
阳江市	18790	6854	177976	73028	793516	148484
清远市	51190	20178	436053	93707	857603	96020
东莞市	81044	81044	844956	844956	1555526	1555526
中山市	164386	164386	1007036	1007036	1959582	1959582
潮州市	23440	4208	242437	48799	375035	54044
揭阳市	70457	9528	358167	73616	985999	99985
云浮市	17600	3600	102700	15400	183900	10000
广西壮族自治区	**1331573**	**1125739**	**2342088**	**1377943**	**3170091**	**1920132**
南宁市	266426	246708	323188	246354	411423	285844
柳州市	648629	624873	581565	508464	769290	682999
桂林市	67437	40861	221745	82884	357549	178901
梧州市	50781	21804	143411	63712	231305	88615
北海市	80222	72463	72934	61857	73475	49285
防城港市	14773	11797	59005	46344	373309	332225
钦州市	81130	69678	71809	53675	7443	-1544
贵港市	21824	4929	93159	60730	105361	43132
玉林市	17027	9607	179702	82244	199423	111940
百色市	34307	4165	187140	40194	99076	32151
贺州市	5652	1778	39372	16572	40214	4236
河池市	16265	3449	149735	27821	177210	1239
来宾市	18941	12508	114146	67042	92089	71393
崇左市	8159	1119	105177	20050	232924	39716

2-18 续表 6

单位：万元

城　　市	其中：产品销售税金及附加		本年应交增值税		利润总额	
	全市	市辖区	全市	市辖区	全市	市辖区
海南省	**94036**	**94036**	**130022**	**130022**	**196527**	**196527**
海口市	92719	92719	116016	116016	176082	176082
三亚市	1317	1317	14006	14006	20445	20445
重庆市	**1112736**	**1005353**	**2418063**	**2046785**	**3560249**	**2924753**
四川省	**2913915**	**1836132**	**5638883**	**3005841**	**10812365**	**6032413**
成都市	1013588	952439	1319115	905007	2901359	1880844
自贡市	100880	94295	233390	188510	252385	219570
攀枝花市	88322	70998	333246	245867	168716	111262
泸州市	231598	164388	295582	185425	705430	487530
德阳市	271554	20209	364991	117834	866211	249463
绵阳市	111949	96737	291700	149088	994637	661966
广元市	12358	7242	53912	44127	97283	81566
遂宁市	99423	22253	203096	107410	321697	99238
内江市	152095	35977	479528	172542	471470	144936
乐山市	75361	22666	294059	150650	879393	602240
南充市	297926	167463	428621	232735	821411	525760
眉山市	41305	17150	220368	57699	243082	73142
宜宾市	159181	95522	377086	198244	839667	485563
广安市	79700	6700	168000	42200	229765	53706
达州市	42682	11677	212555	66416	246736	58241
雅安市	15630	4076	91985	21698	212891	67799
巴中市	23832	1359	22478	2654	21647	1084
资阳市	96531	44981	249171	117735	538585	228503
贵州省	**740813**	**467312**	**997705**	**459238**	**2361145**	**596736**
贵阳市	475039	433530	372903	320506	430131	290421
六盘水市	59985	14702	255411	71083	558505	207196
遵义市	177543	10444	298282	41047	1261810	64702
安顺市	28246	8636	71109	26602	110699	34417
云南省	**3405694**	**3073959**	**2060575**	**1090331**	**2645447**	**1880553**
昆明市	1045625	991862	820645	546410	1119798	1084916
曲靖市	640065	430400	469282	21500	507104	222100
玉溪市	1463828	1438469	518500	416471	615573	445263
保山市	9345	3042	47643	15673	64332	25818
昭通市	224700	206900	83800	63900	170900	76500
丽江市	9745	1283	24440	10047	46970	6903
思茅市	5786	1003	53065	11030	25670	9353
临沧市	6600	1000	43200	5300	95100	9700

2-18 续表 7　　　　单位：万元

城　市	其中：产品销售税金及附加		本年应交增值税		利润总额	
	全市	市辖区	全市	市辖区	全市	市辖区
西藏自治区	**3801**	**2181**	**21155**	**10830**	**27050**	**-4775**
拉萨市	3801	2181	21155	10830	27050	-4775
陕西省	**2722215**	**2115558**	**3239733**	**1760449**	**6921665**	**3011570**
西安市	253963	175463	780889	568246	1771960	1340750
铜川市	17300	16500	99700	97700	104300	92900
宝鸡市	269857	234964	377846	292820	372754	257000
咸阳市	444100	407800	294800	109700	784800	219400
渭南市	91841	4215	224200	10383	255499	50835
延安市	1280100	1247100	649309	553987	674140	490286
汉中市	97665	4500	75122	11300	258981	94500
榆林市	246775	19200	680972	102600	2467601	352400
安康市	13914	5316	30195	11213	129630	51599
商洛市	6700	500	26700	2500	102000	61900
甘肃省	**1764257**	**1329484**	**1314380**	**902954**	**1951565**	**1079355**
兰州市	1275400	1266200	546500	496800	653200	630300
嘉峪关市	21200	21200	184200	184200	127400	127400
金昌市	10596	9350	85559	75687	250091	243812
白银市	19151	14359	92598	83479	56599	31567
天水市	6753	3834	34163	23282	24804	40097
武威市	8871	7324	19328	5821	21194	10641
张掖市	7131	1182	38391	14835	34769	120
平凉市	19300	1300	89700	8100	45800	-19600
酒泉市	229149	1879	63593	3473	-22213	28100
庆阳市	151811	2230	128632	810	719881	-15449
定西市	2395	410	11716	5071	13940	1687
陇南市	12500	216	20000	1396	26100	680
青海省	**134867**	**127641**	**187329**	**89098**	**49404**	**17137**
西宁市	134867	127641	187329	89098	49404	17137
宁夏回族自治区	**258617**	**223529**	**489045**	**321597**	**687285**	**403238**
银川市	187169	169472	171662	120580	350344	208047
石嘴山市	40745	37613	157453	133995	159285	161685
吴忠市	24644	13753	79927	12689	48414	-42
固原市	1079	233	5854	471	24738	2052
中卫市	4980	2458	74149	53862	104504	31496
新疆维吾尔自治区	**1454825**	**1454726**	**883795**	**880659**	**2138743**	**2124583**
乌鲁木齐市	600546	600447	316933	313797	1145867	1131707
克拉玛依市	854279	854279	566862	566862	992876	992876

2-19 规模以上工业企业财务(二)

单位：万元

城　市	流动资产合计		固定资产合计	
	全市	市辖区	全市	市辖区
城市合计	**2223542429**	**1437155857**	**1911353057**	**1203986082**
北京市	**72933455**	**71662536**	**49898274**	**49153240**
天津市	**63394712**	**59500047**	**49697948**	**47309202**
河北省	**74803536**	**40253944**	**94657918**	**52847817**
石家庄市	8909265	4267350	12467974	5273241
唐山市	22277775	14948636	31046025	22780494
秦皇岛市	5509087	4221931	4571868	2978004
邯郸市	10786612	5233240	12009041	6360401
邢台市	5499087	1846038	6244075	2456201
保定市	728076	265705	2363062	1266406
张家口市	3670378	2596147	4698916	2676273
承德市	4475318	2066451	5183671	2960183
沧州市	4790759	1572717	8846216	3245239
廊坊市	5729863	2033152	5158146	1881384
衡水市	2427316	1202577	2068924	969991
山西省	**61566433**	**27155566**	**63471635**	**26936559**
太原市	12364969	10335577	10376454	9108675
大同市	5191700	4671700	4548000	3738400
阳泉市	4382179	3661970	4587809	3743306
长治市	8022678	1751303	6699729	1802372
晋城市	4843295	2272947	6066695	2047180
朔州市	2630953	1837787	4011459	3230799
晋中市	4796541	690081	5184366	732018
运城市	4965601	724709	6848538	1128708
忻州市	2129968	249412	3103992	349237
临汾市	5317041	676641	5600512	672485
吕梁市	6921508	283439	6444081	383379
内蒙古自治区	**35263397**	**17724137**	**55568932**	**24043219**
呼和浩特市	3951623	2577930	5003200	2764860
包头市	9298152	8361011	10892496	9573924
乌海市	1941900	1941900	2098800	2098800
赤峰市	2531333	1269850	5005870	2658757
通辽市	1957089	589015	4207533	1593157
鄂尔多斯市	10566500	2183200	13168600	3274400
呼伦贝尔市	1827072	261193	3774060	532515
巴彦淖尔市	1978700	380200	3718600	1082600
乌兰察布市	1211027	159838	7699774	464206

2-19 续表 1

单位：万元

城　　市	流动资产合计		固定资产合计	
	全市	市辖区	全市	市辖区
辽宁省	**113112715**	**90988914**	**102866541**	**76622311**
沈阳市	24971705	23521856	22575341	18906933
大连市	36102780	32953330	22792627	18758632
鞍山市	10225159	6945402	9681899	5623476
抚顺市	3984339	3494306	4179589	3748723
本溪市	5992595	5466738	8363255	7886043
丹东市	2032638	1034658	1799513	590285
锦州市	3096963	2242744	2860066	1652768
营口市	4770373	3250343	6717054	5829423
阜新市	1586704	1350020	2397931	2104497
辽阳市	5389208	3978729	3644930	2457469
盘锦市	5907203	5053455	7731372	6974288
铁岭市	2498470	422747	4397994	897413
朝阳市	2103138	592637	2032935	443055
葫芦岛市	4451440	681949	3692035	749306
吉林省	**27091680**	**20466810**	**41822192**	**28688746**
长春市	12402314	11044053	14839539	12573196
吉林市	5036300	3355900	7811300	4999600
四平市	1858206	908506	2549747	896195
辽源市	1032018	716409	2007370	1538774
通化市	3088595	1889289	3106592	1865680
白山市	883754	507227	1971192	1199162
松原市	2210339	1832542	8691837	5389585
白城市	580154	212884	844615	226554
黑龙江省	**34128846**	**28550392**	**44041089**	**37858374**
哈尔滨市	15853604	14042929	8170864	6320935
齐齐哈尔市	3232851	2628320	2736865	2154781
鸡西市	1127881	831420	1171437	905037
鹤岗市	584165	493340	1193474	1089068
双鸭山市	1111911	746689	1938969	1593220
大庆市	6821475	6552237	22027024	21569134
伊春市	691205	611149	713352	639952
佳木斯市	990201	690553	1234735	608296
七台河市	1260400	998700	1178600	1546400
牡丹江市	1311476	784213	1922633	1176556
黑河市	313709	112755	557850	202700
绥化市	829968	58087	1195286	52295
上海市	**131383721**	**129278775**	**84012532**	**82355566**
江苏省	**284934839**	**141699244**	**190952845**	**99231261**
南京市	29330305	27467245	21548510	20282718
无锡市	51696537	23589985	30087444	14335278
徐州市	10846380	7287473	11088605	7000454

2-19 续表 2

单位：万元

城市	流动资产合计		固定资产合计	
	全市	市辖区	全市	市辖区
常州市	25003223	21265378	12196350	10011857
苏州市	92221790	28534207	59129504	17878079
南通市	19960900	8790300	11537400	5825900
连云港市	5193745	3569198	6351016	4313344
淮安市	4628480	3336966	4349151	3093219
盐城市	7266850	3066654	6229992	1846205
扬州市	11427592	5102307	8722380	4832464
镇江市	11435816	4167139	9750711	5270877
泰州市	13203327	3837927	7730533	3265633
宿迁市	2719894	1684465	2231249	1275233
浙江省	**219833054**	**102508769**	**130129225**	**64100805**
杭州市	49682100	40181259	23851680	19093441
宁波市	43997516	25690331	31116564	21270166
温州市	21128733	7015931	9818177	3915080
嘉兴市	19690840	4845288	17415575	4415618
湖州市	8723091	4080104	6090103	2486038
绍兴市	32012470	4663060	15946064	3165492
金华市	15952350	2772979	9031148	2096725
衢州市	3589372	1853454	3009431	1620380
舟山市	5430530	3787698	3495718	2121733
台州市	15811636	6375826	7423816	3111311
丽水市	3814416	1242839	2930949	804821
安徽省	**50017563**	**34687954**	**55583559**	**39860873**
合肥市	10485072	8883482	7201964	5764863
芜湖市	7200766	6036568	4971554	3761425
蚌埠市	2312143	1915848	1954864	1245646
淮南市	2845614	2661490	8916223	8477411
马鞍山市	5166578	4369148	6720327	5892039
淮北市	2499039	2109400	4204346	3694114
铜陵市	3448753	3089559	3730362	2907294
安庆市	2352411	922402	2978058	1302718
黄山市	814672	394064	476963	208893
滁州市	2630905	875425	2363490	1101651
阜阳市	1453369	688265	2146163	821386
宿州市	899870	431718	1651511	1119657
巢湖市	2546900	573900	2399800	1099200
六安市	1745352	444317	1822669	625551
亳州市	669804	339144	1135944	396234
池州市	697440	475168	1015270	775950
宣城市	2248875	478056	1894051	666841

2-19 续表 3 单位：万元

城市	流动资产合计		固定资产合计	
	全市	市辖区	全市	市辖区
福建省	**65629228**	**34358079**	**51637798**	**25361569**
福州市	13119024	5562132	10588324	3873616
厦门市	15068285	15068285	8391431	8391431
莆田市	2865495	2485498	2622921	2412508
三明市	3105647	1253032	3335830	1092047
泉州市	16927349	4853232	14513173	5922367
漳州市	6203019	1687951	4038217	841406
南平市	2390755	1038561	2262542	893943
龙岩市	4089269	2195645	3263069	1507786
宁德市	1860385	213743	2622291	426465
江西省	**27182580**	**13758719**	**33941791**	**14971349**
南昌市	7015112	5163959	7485290	4594180
景德镇市	2045210	1733247	2379581	1507577
萍乡市	1293248	1019104	1742852	1357904
九江市	2605868	903916	4068550	1587125
新余市	3075399	2854972	4496363	4039464
鹰潭市	3065796	288574	3023354	145636
赣州市	2446852	791242	2395219	468249
吉安市	1040101	219808	2390379	614620
宜春市	1911232	253283	2172370	191644
抚州市	921691	378948	958398	325238
上饶市	1762071	151666	2829435	139712
山东省	**233930980**	**99226376**	**194418043**	**89191017**
济南市	17831030	13759403	10300861	6491576
青岛市	28934924	20673746	18087073	11539916
淄博市	14773187	11644531	16685578	11321324
枣庄市	46576000	3368700	6582900	4158200
东营市	10215360	4209578	18853721	12102810
烟台市	19266481	9550705	19960304	6890673
潍坊市	16889886	5383003	16825200	6161500
济宁市	11760686	3907000	13274806	3535000
泰安市	7906612	2577133	8959824	2251751
威海市	12025361	4255232	9222508	3516790
日照市	5873573	4768050	6721952	5761609
莱芜市	5125217	5125217	4726402	4726402
临沂市	8729802	4978294	8878987	4398198
德州市	7373787	1736803	9940345	2207057
聊城市	7937101	1038297	10470557	1047969
滨州市	9402183	1419786	9720218	1721871
菏泽市	3309790	830898	5206807	1358371

2-19 续表 4

单位：万元

城　　市	流动资产合计		固定资产合计	
	全市	市辖区	全市	市辖区
河南省	**75332176**	**34313862**	**91206295**	**40448019**
郑州市	13498713	5917314	14906133	5830395
开封市	2270833	1032285	3106119	1138056
洛阳市	10575602	5483884	11909695	4804940
平顶山市	6700310	4273086	9052380	5673932
安阳市	4362021	2552592	5558828	3152646
鹤壁市	1673800	1083396	2379514	1746261
新乡市	4717386	2311436	5318162	2218032
焦作市	4354682	1981429	5278552	2757683
濮阳市	1950589	1207001	5137622	4214421
许昌市	5096139	2298048	4873744	1590143
漯河市	2135951	1328566	2480535	1280474
三门峡市	4341068	673973	5626650	1102906
南阳市	4806746	1671788	5830460	2063813
商丘市	2915549	551822	3760816	833249
信阳市	1450892	617402		
周口市	2344393	232894	2913065	463649
驻马店市	2137502	1096946	3074020	1577419
湖北省	**63160744**	**48785007**	**78584823**	**61652526**
武汉市	27458000	25369807	25822500	23789344
黄石市	4061300	2863000	2467200	1720100
十堰市	8049300	7220000	8155200	7127600
宜昌市	6863005	4068206	24420421	20728971
襄樊市	5182773	3758619	3772600	2429300
鄂州市	1083970	1083970	1943120	1943120
荆门市	2142322	1113718	3043100	1830082
孝感市	2121469	695045	2606408	42074
荆州市	2731400	1369200	2035200	1044300
黄冈市	1520800	275200	2201000	250700
咸宁市	1162005	439542	1390074	360235
随州市	784400	528700	728000	386700
湖南省	**39264272**	**24040733**	**51394546**	**29615634**
长沙市	14094846	7618787	12853030	6868842
株洲市	4585395	3994637	4102119	3176994
湘潭市	3355668	2981089	4987179	4605399
衡阳市	2535130	1506172	3528146	1996375
邵阳市	837764	425220	1555253	636220
岳阳市	2259781	1493073	4721477	3429199
常德市	3657400	2325200	3734600	1635500
张家界市	538812	39376	661431	162625

2-19 续表 5

单位：万元

城　　市	流动资产合计		固定资产合计	
	全市	市辖区	全市	市辖区
益阳市	1061607	525998	2182448	1233548
郴州市	2064535	1130668	3290627	1467595
永州市	959003	590448	1786243	937006
怀化市	950848	97233	2677798	335280
娄底市	2363483	1312832	5314195	3131051
广东省	**279084331**	**254828727**	**177570582**	**155194348**
广州市	50733991	47079606	33232430	31088072
韶关市	2657675	1787496	4125939	2639035
深圳市	80431621	80431621	30674539	30674539
珠海市	16752727	16752727	6808077	6808077
汕头市	4814719	4788786	5132609	5053583
佛山市	31050624	31050624	24314319	24314319
江门市	9505027	5498350	7055194	3787803
湛江市	3231755	2379844	4703650	3819087
茂名市	1752467	1262727	2904595	2279422
肇庆市	3781153	1870449	2916288	1397000
惠州市	12651624	10828311	10908492	9380489
梅州市	1710421	528815	2066295	335759
汕尾市	985777	598680	1467757	1116354
河源市	1841775	811400	1984222	1063922
阳江市	1166244	402735	1013840	460436
清远市	3550753	1608125	3752751	1341505
东莞市	31335701	31335701	20775969	20775969
中山市	14354147	14354147	7250032	7250032
潮州市	1936059	460472	2154654	441656
揭阳市	3504071	727011	3303030	864589
云浮市	1336000	271100	1025900	302700
广西壮族自治区	**27129985**	**18485269**	**32278860**	**17267419**
南宁市	3583043	2800200	4060481	3091708
柳州市	7870309	6773608	4885613	3634406
桂林市	2597809	1486290	2445407	1079986
梧州市	1007869	639261	1534390	524983
北海市	983326	718643	891362	697114
防城港市	1571136	1385086	1161468	1007264
钦州市	979355	770177	1101049	962580
贵港市	1019836	656532	2053867	1458072
玉林市	1920393	1060643	1460527	751968
百色市	1680951	397991	4557612	1145187
贺州市	397219	209312	591467	315663
河池市	1479160	651103	3964843	627117
来宾市	1071453	678399	2387136	1594411
崇左市	968126	258024	1183638	376960

2-19 续表 6

单位：万元

城市	流动资产合计		固定资产合计	
	全市	市辖区	全市	市辖区
海南省	**2035983**	**2035983**	**1202019**	**1202019**
海口市	1882533	1882533	927144	927144
三亚市	153450	153450	274875	274875
重庆市	**28630140**	**25465329**	**26881260**	**21473238**
四川省	**70045215**	**43654352**	**63000146**	**30086449**
成都市	21920617	16148775	17222050	10675268
自贡市	3885944	3546403	1387817	1057130
攀枝花市	4395916	3546591	9317662	3442578
泸州市	2120100	1428371	2097288	1535303
德阳市	10506509	3518299	3756306	1664278
绵阳市	6311023	5025391	3622846	1762392
广元市	834112	676120	976537	753267
遂宁市	897948	218467	1897138	771399
内江市	1908476	653741	1330449	480122
乐山市	3734294	2150253	4010674	1982399
南充市	2124984	1293114	3045444	1032855
眉山市	1823735	875099	2489168	843800
宜宾市	4277327	3100640	3255918	1759150
广安市	695500	252400	1710900	888700
达州市	1387607	35881	2387991	54923
雅安市	1208456	317702	2950377	929706
巴中市	196854	43488	289307	62741
资阳市	1815813	823617	1252274	390438
贵州省	**42420656**	**5605189**	**11122535**	**5746586**
贵阳市	5139883	3864681	5451740	2844501
六盘水市	2595462	899944	499940	1741342
遵义市	33987801	504789	4038477	725365
安顺市	697510	335775	1132378	435378
云南省	**23545893**	**13664413**	**24071657**	**8411101**
昆明市	11607782	7883748	8707026	3803087
曲靖市	4397194	1921200	5431819	1411700
玉溪市	4271206	2876579	2314043	1360902
保山市	627922	307229	728962	366338
昭通市	1355800	433200	1509700	611400
丽江市	320298	56266	432998	178780
思茅市	549891	135191	1920109	495794
临沧市	415800	51000	3027000	183100

2-19 续表 7 单位：万元

城市	流动资产合计		固定资产合计	
	全市	市辖区	全市	市辖区
西藏自治区	**507634**	**342522**	**1139025**	**1040627**
拉萨市	507634	342522	1139025	1040627
陕西省	**39279881**	**25103931**	**49380118**	**29414734**
西安市	17155053	13672654	9865236	7808057
铜川市	1060900	1037200	1900600	1870600
宝鸡市	5376354	4020691	3798174	2010909
咸阳市	3202100	1314200	3263600	981000
渭南市	4700085	533673	4536231	465001
延安市	4394100	3519800	15745700	13888200
汉中市	1938091	248300	1966664	436900
榆林市	647636	507700	6746781	1157800
安康市	387462	133813	808532	518267
商洛市	418100	115900	748600	278000
甘肃省	**18052455**	**13796360**	**25167741**	**16155218**
兰州市	4920300	4258500	7075800	5926700
嘉峪关市	2867700	2867700	3292800	3292800
金昌市	3401079	3168150	2361804	2200005
白银市	1998183	1853712	1970489	1815123
天水市	695517	601772	786609	471928
武威市	478079	324945	631978	498976
张掖市	593863	222653	1096445	572416
平凉市	643300	124100	1825500	794300
酒泉市	1087682	264058	2313862	154415
庆阳市	686332	53281	2688379	239250
定西市	189120	40565	566875	140410
陇南市	491300	16924	557200	48895
青海省	**2396368**	**1256406**	**3514852**	**1576668**
西宁市	2396368	1256406	3514852	1576668
宁夏回族自治区	**8084200**	**4623235**	**12984269**	**7210053**
银川市	3019578	1718165	5128416	3039173
石嘴山市	2536588	1996736	2798653	2455998
吴忠市	1471964	341785	3750308	998195
固原市	85104	15847	158541	23707
中卫市	970966	550702	1148351	692980
新疆维吾尔自治区	**9365757**	**9334277**	**19154007**	**18959535**
乌鲁木齐市	5403084	5371604	9039435	8844963
克拉玛依市	3962673	3962673	10114572	10114572

2-20 固定资产投资

单位：万元

城　　市	全社会固定资产投资总额		其中：房地产开发投资完成额		其中：住宅	
	全市	市辖区	全市	市辖区	全市	市辖区
城市合计	**2151219357**	**1155668044**	**356659726**	**277246704**	**249481767**	**188819324**
北京市	**48584051**	**46974367**	**23377124**	**23059902**	**9066168**	**8868119**
天津市	**50063247**	**45485685**	**7351836**	**6895096**	**4948563**	**4642598**
河北省	**124435749**	**44616806**	**15200387**	**9191392**	**12192376**	**7105799**
石家庄市	24363602	9642048	3739781	3215996	2834460	2364993
唐山市	21799760	14066343	1917890	1258164	1427799	981796
秦皇岛市	4210405	2572739	944489	713977	716946	531847
邯郸市	14669012	5053592	1133818	853787	887528	704723
邢台市	8404665	1173679	476109	291078	397530	233095
保定市	11304295	3350547	1744327	1135461	1437485	909572
张家口市	6574816	1602179	962753	501828	764103	379093
承德市	5672020	1392198	671901	416496	477452	308364
沧州市	11028152	3095183	696143	392707	583532	328761
廊坊市	12796878	1848880	2484308	217339	2299290	181018
衡水市	3612144	819418	428868	194559	366251	182537
山西省	**45760661**	**19484016**	**4837162**	**3920472**	**3792578**	**3135687**
太原市	7820157	6989425	1650122	1620946	1151346	1127592
大同市	4394570	3379336	836614	826265	746157	741108
阳泉市	2424632	1543746	319788	264585	253947	211931
长治市	4436983	1054360	264998	129055	221650	110511
晋城市	3666119	993115	265430	204479	221029	166882
朔州市	3015248	1862147	161463	115699	127467	104700
晋中市	3959383	736191	208135	95070	183868	86789
运城市	4814997	1255253	401944	270209	294591	208994
忻州市	3526672	473165	208819	122140	144405	111343
临汾市	4189568	940862	389268	254769	338718	252038
吕梁市	3512332	256416	130581	17255	109400	13799
内蒙古自治区	**66503088**	**29202660**	**7532637**	**5771826**	**5357388**	**4041101**
呼和浩特市	8348102	5945819	1782909	1775233	1269283	1262346
包头市	15002586	10960481	1404316	1356377	1121850	1079970
乌海市	1811623	1811623	230515	230515	182237	182237
赤峰市	6550256	2155581	545738	339087	438388	267831
通辽市	5860000	2188077	205298	33950	198229	28460
鄂尔多斯市	15624140	4005333	2194432	1448045	1154230	668487
呼伦贝尔市	5348000	591621	423742	96541	329563	96541
巴彦淖尔市	5621793	1113658	509481	372528	453641	345739
乌兰察布市	2336588	430467	236206	119550	209967	109490

2-20 续表 1 单位：万元

城　　市	全社会固定资产投资总额		其中：房地产开发投资完成额		其中：住宅	
	全市	市辖区	全市	市辖区	全市	市辖区
辽宁省	**123810807**	**83358429**	**26405639**	**23351114**	**19339201**	**16931475**
沈阳市	35199470	31299089	11887007	11580617	8021159	7789868
大连市	31136950	22653990	5789421	5213016	4772414	4315642
鞍山市	8750298	4637510	1796060	1334600	1132383	732624
抚顺市	4960093	3623757	642703	592514	441952	402254
本溪市	3400658	2501610	465111	343822	348494	264100
丹东市	4920225	2009759	884127	674901	760671	601422
锦州市	3240989	1406851	494903	334299	409254	284879
营口市	7625589	5469689	1134714	1001853	961815	858729
阜新市	2014566	1077526	203944	170017	162306	142241
辽阳市	3466204	1993106	431852	394013	260586	233175
盘锦市	5040306	2431676	580648	485117	482768	396231
铁岭市	6960720	2247434	1096187	629694	781089	422295
朝阳市	4554166	1100972	591524	290409	458303	228881
葫芦岛市	2540573	905460	407438	306242	346007	259134
吉林省	**67102513**	**36772233**	**7334083**	**5793634**	**6152056**	**5015205**
长春市	22915489	16776467	4439252	4161618	3786710	3686654
吉林市	14900020	8534942	992619	710255	851876	591105
四平市	4324283	1417895	282703	125130	217892	102895
辽源市	4073208	2550376	367234	312888	315523	274968
通化市	5812494	1562467	764535	231881	619110	183387
白山市	4066869	1804845	150143	100919	106848	69167
松原市	7524862	3143009	281543	126843	208752	88329
白城市	3485288	982232	56054	24100	45345	18700
黑龙江省	**45825546**	**29687238**	**5987397**	**4443738**	**4775679**	**3603400**
哈尔滨市	18920970	14757477	2787469	2645969	2202755	2098086
齐齐哈尔市	3500561	1814852	435976	333936	357639	279705
鸡西市	1388306	792795	231532	119252	175015	68622
鹤岗市	1091943	917984	73406	67076	57981	57521
双鸭山市	1952102	768245	79750	39836	69118	36934
大庆市	7535024	6739862	837994	739409	761379	698622
伊春市	1022369	659961	81846	66938	72831	57931
佳木斯市	1709370	375284	260638	155056	198966	123316
七台河市	1354154	1189609	45129	37881		
牡丹江市	3695060	1174446	457795	172872	313771	129361
黑河市	1314818	195332	329875	21181	271517	21180
绥化市	2340869	301391	365987	44332	294707	32122
上海市	**52733299**	**52035638**	**14641764**	**14553408**	**9186847**	**9108910**
江苏省	**207742979**	**109058506**	**33384926**	**22132573**	**24239379**	**16067902**
南京市	26479817	23398575	5956796	5798848	4394100	4255423
无锡市	23875622	15992119	4633706	3489061	2997320	2239318
徐州市	16245718	6367431	1590593	797912	1234603	578883

2-20 续表 2

单位：万元

城市	全社会固定资产投资总额		其中：房地产开发投资完成额		其中：住宅	
	全市	市辖区	全市	市辖区	全市	市辖区
常州市	17047690	13340391	3062037	2680042	2014385	1785353
苏州市	29673482	11900091	7243408	3200743	5146610	2502727
南通市	18023780	7192342	2007915	1239946	1466177	838401
连云港市	10000980	3374262	1108117	661875	834067	486157
淮安市	11000000	6258000	1821460	1184673	1411138	925718
盐城市	15002554	4664613	1298549	693000	1001226	511736
扬州市	10639197	4134826	1295292	681550	1063437	562657
镇江市	10105736	5893604	954670	575590	831729	512933
泰州市	11661970	3455704	1238801	657406	949501	536265
宿迁市	7986433	3086548	1173582	471927	895086	332331
浙江省	**106252865**	**53939798**	**22542664**	**14368816**	**15813232**	**9832589**
杭州市	22916543	18172403	7046752	6261562	5096425	4458247
宁波市	20042179	13628360	3745119	2594222	2376419	1568011
温州市	8377764	3931578	2533424	1391507	1742866	901724
嘉兴市	12334071	3734768	1871781	879293	1276870	629629
湖州市	6386873	3178766	1113006	630883	757539	393989
绍兴市	10550321	2291186	2104629	655664	1399917	447720
金华市	6351588	1455447	1326377	359330	1084931	270193
衢州市	4153976	1608484	375893	169108	287015	137626
舟山市	4006632	2312899	489896	410122	351155	283281
台州市	8340996	2793942	1522741	758216	1141388	557636
丽水市	2791922	831965	413046	258909	298707	184533
安徽省	**90363416**	**50692856**	**16698263**	**12786935**	**11755778**	**8949421**
合肥市	24684233	19566036	6703559	6059226	4681890	4243184
芜湖市	9006875	5752082	2068717	1901287	1585383	1447719
蚌埠市	3557120	2149219	373955	302627	314979	256525
淮南市	2860277	2504530	547050	493601	407556	361246
马鞍山市	5461396	3721379	627592	442230	459030	297897
淮北市	2803234	2181675	315140	293422	252722	231609
铜陵市	2829408	1739033	464708	385378	336268	287771
安庆市	6015456	1646872	653325	292077	474853	217960
黄山市	3413352	1922585	884393	667545	487829	358637
滁州市	5248500	1173178	663695	231490	448529	162458
阜阳市	2504656	1183748	431191	244092	320917	187663
宿州市	2953863	1507516	363187	219550	320607	201399
巢湖市	4440329	1053444	602211	274439	454258	177703
六安市	3551524	1142536	434959	219316	329694	95292
亳州市	2450658	941153	216438	83343	145664	72724
池州市	2574585	1410122	469671	371589	199323	168087
宣城市	6007950	1097748	878472	305723	536276	181547

2-20 续表 3 单位：万元

城　　市	全社会固定资产投资总额		其中：房地产开发投资完成额		其中：住宅	
	全市	市辖区	全市	市辖区	全市	市辖区
福建省	**63486249**	**32192929**	**11635264**	**7863135**	**7702831**	**5339374**
福州市	16467177	9441461	3617991	2573088	2521901	1915631
厦门市	8821159	8821159	2945940	2945940	2090948	2090948
莆田市	3627046	2994372	633311	540178	311167	274485
三明市	6782606	1738253	748058	180522	422858	89274
泉州市	9764677	2863708	1467187	506654	935717	356998
漳州市	5792055	1632697	993051	544120	601708	338996
南平市	5020295	1135385	407742	91330	306621	67340
龙岩市	4339687	2010301	496510	303563	272685	135853
宁德市	2871547	1555593	325474	177740	239226	69849
江西省	**63958840**	**27391546**	**6345238**	**3505433**	**5092923**	**2855897**
南昌市	14793151	10591863	1982468	1511931	1586647	1155273
景德镇市	3305533	1877361	249760	202047	210456	170251
萍乡市	5074306	3078929	199201	171311	162665	138720
九江市	6589557	1873143	490023	160488	400919	146224
新余市	5099784	4220867	241359	206491	204302	169688
鹰潭市	1857143	492942	109982	65829	91413	57467
赣州市	5299299	797188	766242	272389	520524	189711
吉安市	5892339	685929	341586	130396	286353	123221
宜春市	5104443	790161	429049	114481	366438	101708
抚州市	4819516	1674908	629909	407549	584136	391019
上饶市	6123769	1308255	905659	262521	679070	212615
山东省	**190309736**	**84058651**	**24287324**	**17147561**	**18605150**	**12757973**
济南市	16553668	12152158	3325576	3104108	2555230	2365791
青岛市	24588889	11067951	4594829	3760360	3137527	2478786
淄博市	10096016	7596185	1406086	1254443	1050039	919808
枣庄市	5797950	3844262	681366	329799	552100	259180
东营市	10955916	6822424	846357	661977	632884	517202
烟台市	22221747	8809111	2711968	2011262	1970397	1453284
潍坊市	18587661	5857096	2665047	1300773	2078851	1068516
济宁市	10846283	2180699	823668	377245	666826	372808
泰安市	10319329	3187550	521644	305103	435745	246159
威海市	11655355	4035377	2095083	1117315	1881796	850511
日照市	6318569	4831093	611355	557384	478918	429029
莱芜市	2605500	2605500	163852	163852	118616	118616
临沂市	11505056	5140553	1463814	1052183	1134374	826407
德州市	9269209	1903307	733088	303050	614622	236122
聊城市	7000386	1145628	324413	167242	273354	130795
滨州市	7234067	1700874	698316	439990	489417	278689
菏泽市	4754135	1178883	620862	241475	534454	206270

2-20 续表 4

单位：万元

城市	全社会固定资产投资总额		其中：房地产开发投资完成额		其中：住宅	
	全市	市辖区	全市	市辖区	全市	市辖区
河南省	**135174166**	**35920522**	**15395877**	**9930007**	**12324101**	**7592969**
郑州市	22890810	8841513	5138302	4388401	3941601	3258234
开封市	4062248	1234458	369437	262508	283081	200922
洛阳市	14472812	3488938	1379407	966448	1097337	753448
平顶山市	5777366	1203815	413103	311245	274729	197017
安阳市	7406399	2091831	745931	527229	624608	415297
鹤壁市	2869334	1709686	152435	104974	126445	84860
新乡市	10183129	2070000	1021602	588491	846761	430114
焦作市	8035997	1498276	625012	339941	528476	272526
濮阳市	4345619	1364910	359736	266836	282079	193911
许昌市	6783718	1151875	584276	252100	464567	221829
漯河市	3239876	1968117	165244	143464	144349	129515
三门峡市	5533056	684010	265036	126844	191721	95629
南阳市	11531755	2859692	561243	397308	437673	298360
商丘市	6931744	1804636	763052	342687	659036	314845
信阳市	8581443	2065799	1125093	319478	883866	221202
周口市	6905921	913594	958495	346629	838680	297614
驻马店市	5622939	969372	768473	245424	699092	207646
湖北省	**73807248**	**43905460**	**11688352**	**9265373**	**8050691**	**6061705**
武汉市	30011045	25319689	7785946	6772605	4980414	4287558
黄石市	3430501	1731507	253017	175555	177724	121029
十堰市	2783528	1061754	357267	270190	285907	157054
宜昌市	7502664	3939048	793311	661351	517753	421130
襄樊市	5747851	3274675	553851	376030	375704	258045
鄂州市	2200000	2200000	81000	81000	72000	72000
荆门市	3171808	1145587	271877	190827	216965	148397
孝感市	3972584	874397	324017	129117	288426	115881
荆州市	4351559	1810966	328720	194630	327535	169151
黄冈市	5532900	770520	373300	101371	316646	74579
咸宁市	3015805	955325	395501	171316	365028	132638
随州市	2087003	821992	170545	141381	126589	104243
湖南省	**77198730**	**35716145**	**10645792**	**7160963**	**8239261**	**5467010**
长沙市	24417763	15178838	4974692	3692160	3929930	2885079
株洲市	5629725	3137742	1040848	800763	716561	555212
湘潭市	4639600	3342000	482081	383892	391428	314937
衡阳市	4785139	1644337	412686	285039	297868	200507
邵阳市	4945099	776764	362911	169574	267973	99429
岳阳市	6194472	1826971	513404	279175	418129	221918
常德市	4597800	2117000	503693	284594	390461	215646
张家界市	1123902	636232	177610	124829	154310	109118

2-20 续表 5

单位：万元

城市	全社会固定资产投资总额		其中：房地产开发投资完成额		其中：住宅	
	全市	市辖区	全市	市辖区	全市	市辖区
益阳市	3533107	1695958	518388	308983	398266	230503
郴州市	5372082	1561107	425137	237336	307292	171234
永州市	6001396	1537138	619726	287792	515493	236958
怀化市	2823880	695085	332896	145261	261166	109972
娄底市	3134765	1566973	281720	161565	190384	116497
广东省	**133531471**	**102452292**	**29613189**	**26107537**	**20868357**	**18181372**
广州市	26598516	24556506	8173449	7034417	5017195	4149319
韶关市	3564979	1586116	464458	308040	336284	204755
深圳市	17091514	17091514	4374590	4374590	2897848	2897848
珠海市	4105052	4105052	1684427	1684427	1022226	1022226
汕头市	2918958	2861480	380890	380890	280582	280582
佛山市	14705603	14705603	3582508	3582508	2625557	2625557
江门市	4920698	2118533	956503	576133	750592	408197
湛江市	3932270	1984134	472728	401713	305966	250062
茂名市	1800099	649118	250424	147989	200074	126512
肇庆市	4627665	1764272	606597	355834	470509	284754
惠州市	7589682	5649486	1753332	1490110	1331950	1123329
梅州市	1629809	42660	153760	31818	117768	25489
汕尾市	2894336	706228	145046	39192	129369	36576
河源市	1981479	652970	201839	134954	166678	112782
阳江市	2394946	1144599	330886	154469	154238	126123
清远市	8412402	3427544	899949	464751	735960	397998
东莞市	10940753	10940753	2776623	2776623	2513852	2513852
中山市	5456051	5456051	1923674	1923674	1409965	1409965
潮州市	1629762	726176	171304	130291	125551	86253
揭阳市	3934955	1178515	193127	82145	173658	69094
云浮市	2401942	1104982	117075	32969	102535	30099
广西壮族自治区	**58807815**	**24368868**	**8136811**	**5902173**	**5778650**	**4150988**
南宁市	10439120	2936062	2267250	2025636	1584649	1396582
柳州市	6818560	3887871	1200886	954044	667415	515522
桂林市	6593474	1458132	922764	449383	658530	347577
梧州市	3303516	999266	250739	133125	184987	112542
北海市	3218477	2586256	581172	538843	367781	325849
防城港市	2541000	1836002	513345	393345	440774	371980
钦州市	3746478	2778687	391649	342972	287373	243757
贵港市	2901848	1540650	335632	198009	259863	122171
玉林市	4446061	1815113	663444	473861	607604	444745
百色市	5301615	1068351	379428	121938	312166	93690
贺州市	2546809	1381263	86497	58459	51452	39800
河池市	2777983	612023	175589	73143	108679	34962
来宾市	2050108	1033266	136280	91459	95498	64352
崇左市	2122766	435926	232136	47956	151879	37459

2-20 续表 6

单位：万元

城市	全社会固定资产投资总额		其中：房地产开发投资完成额		其中：住宅	
	全市	市辖区	全市	市辖区	全市	市辖区
海南省	**4884229**	**4884229**	**1758938**	**1758938**	**1468294**	**1468294**
海口市	2770332	2770332	780008	780008	531095	531095
三亚市	2113897	2113897	978930	978930	937199	937199
重庆市	**53179185**	**37779956**	**12389125**	**11092214**	**7890183**	**6923312**
四川省	**108769160**	**47102017**	**15771625**	**11031769**	**11375664**	**7405063**
成都市	40258902	23469220	9451448	7445132	6344271	4667921
自贡市	2430036	1582358	363127	305794	275650	230859
攀枝花市	2647569	1874833	222536	196525	143603	124848
泸州市	3511670	1792517	421867	297104	372795	269284
德阳市	7477025	1698531	393561	153853	330784	124437
绵阳市	8021356	2871742	680321	489151	548218	387247
广元市	4391410	1305304	124008	88443	80259	53347
遂宁市	4033367	1911457	588168	378725	502146	322108
内江市	2691074	1200894	281056	107595	251650	96281
乐山市	3981041	2071090	409193	278421	321875	235546
南充市	5027375	1676439	469409	334374	383276	270359
眉山市	3708559	1163005	334635	93352	305730	87947
宜宾市	4076894	701535	439696	214497	308432	127801
广安市	2992377	1035478	246246	100967	217111	85820
达州市	5453234	700206	497624	127761	403827	115162
雅安市	3348595	581157	73121	26873	26873	22724
巴中市	1862200	572617	228497	114236	200257	52142
资阳市	2856476	893634	547112	278966	358907	131230
贵州省	**14760732**	**7823837**	**2845752**	**2442120**	**1843433**	**1437174**
贵阳市	7827910	5821247	2103225	1949635	1364636	1267518
六盘水市	2447835	816520	190982	136069	139398	95178
遵义市	3760743	826119	405849	255593	233523	
安顺市	724244	359951	145696	100823	105876	74478
云南省	**32529991**	**14344921**	**5814329**	**4078952**	**1803632**	**1079122**
昆明市	16006555	9861100	3694331	2872152	197181	101286
曲靖市	5550310	1467900	848249	474211	641327	365593
玉溪市	2402130	812391	402000	245838	356294	223755
保山市	1681659	557528	177754	92006	129516	91000
昭通市	2518795	506838	147107	97981	103028	76027
丽江市	1502292	434151	209648	121097	165057	96851
思茅市	1722938	522638	192798	116874	116969	81149
临沧市	1145312	182375	142442	58793	94260	43461

2-20 续表 7 单位：万元

城　市	全社会固定资产投资总额		其中：房地产开发投资完成额		其中：住宅	
	全市	市辖区	全市	市辖区	全市	市辖区
西藏自治区	**1361055**	**188645**	**128099**	**73466**		
拉萨市	1361055	188645	128099	73466		
陕西省	**66776327**	**33492155**	**9494517**	**8823770**	**7868328**	**7373296**
西安市	25001278	21793361	6963350	6831811	5683026	5648611
铜川市	881180	808017	190872	187072	162776	160976
宝鸡市	6391360	1656703	584904	558074	500022	466214
咸阳市	8015268	3861360	734019	657041	701756	631068
渭南市	5093856	1356388	281980	143937	226437	112129
延安市	5574794	1052302	81805	71175	58711	48541
汉中市	2384268	539100	242110	133282	208971	119727
榆林市	8503253	1547201	229801	127698	170288	90880
安康市	2727670	459023	126676	68728	106941	59451
商洛市	2203400	418700	59000	44952	49400	35699
甘肃省	**23908389**	**9880567**	**2004028**	**1680203**	**1320865**	**1011556**
兰州市	5061800	3270712	986100	953236	516985	491696
嘉峪关市	404403	404403	109098	109098	86887	86887
金昌市	891369	722289	59790	36592	26554	9189
白银市	1482830	889016	68368	48986	59187	41347
天水市	2028886	886163	150620	83074	119588	61159
武威市	1338170	751937	104407	93913	70929	30828
张掖市	951653	332406	49021	30430	43275	25132
平凉市	1946200	566378	127200	95937	113800	88447
酒泉市	3001638	552757	105316	81417	96258	72584
庆阳市	3535307	748118	107840	84203	75160	59548
定西市	1256633	232888	99519	45830	75493	27252
陇南市	2009500	523500	36749	17487	36749	17487
青海省	**3120429**	**2366801**	**638393**	**632123**	**474937**	**471777**
西宁市	3120429	2366801	638393	632123	474937	471777
宁夏回族自治区	**10545617**	**4664947**	**1623108**	**1345899**	**1246143**	**1045078**
银川市	4921031	1574646	995984	847354	743543	637465
石嘴山市	2062483	1524096	197459	161373	197459	161373
吴忠市	1657135	676298	204373	155379	174242	136402
固原市	859924	349392	69803	49304	78	6
中卫市	1045044	540515	155489	132489	130821	109832
新疆维吾尔自治区	**5931767**	**5825324**	**1150083**	**1136162**	**909079**	**895158**
乌鲁木齐市	4120500	4014057	1049500	1035579	820000	806079
克拉玛依市	1811267	1811267	100583	100583	89079	89079

2-21 商业经济

城　　市	限额以上批发零售贸易业商品销售总额(万元)		社会消费品零售总额(万元)		限额以上批发零售贸易企业数(法人数)(个)	
	全市	市辖区	全市	市辖区	全市	市辖区
城市合计	**2043707572**	**1787411827**	**1285687160**	**805718735**	**97203**	**69570**
北京市	**266692029**	**265733151**	**53098869**	**52119941**	**9068**	**8954**
天津市	**97181903**	**95163187**	**24308297**	**22786973**	**3904**	**3693**
河北省	**39280120**	**32975912**	**57648571**	**17127479**	**1815**	**1015**
石家庄市	10775095	10330234	11905536	3035115	300	215
唐山市	10469879	8795938	9585621	4565523	314	199
秦皇岛市	3517132	3366626	2832525	1931510	178	145
邯郸市	2309312	1775269	6060469	1822826	184	87
邢台市	1539731	877076	3896296	684699	105	39
保定市	4124703	2829641	7302912	1126133	182	84
张家口市	1061047	810666	2743957	1193545	114	62
承德市	930397	682605	2181967	674177	104	48
沧州市	1727497	1170349	4906937	649815	110	41
廊坊市	1752427	1430873	3545452	736430	139	59
衡水市	1072900	906635	2686899	707706	85	36
山西省	**39489540**	**27732163**	**28675483**	**17063121**	**1514**	**912**
太原市	15621794	15475723	7216982	6697822	356	333
大同市	1636659	1590744	2647366	1734637	143	135
阳泉市	2391873	2018222	1494460	1091093	78	56
长治市	3987756	2314767	2447580	1483196	232	130
晋城市	2582517	1200864	1777862	931923	125	64
朔州市	1859856	944707	1285942	546005	98	46
晋中市	4964857	1633372	2490453	655834	137	44
运城市	2596057	962060	3281631	1055934	105	36
忻州市	1037951	534101	1337328	930009	75	14
临汾市	1995293	852008	2725510	1013668	102	43
吕梁市	814927	205595	1970369	923000	63	11
内蒙古自治区	**19315821**	**13250287**	**26246144**	**17407062**	**1263**	**920**
呼和浩特市	4682564	4492691	6412127	5649192	453	422
包头市	4084826	3798820	6177157	5768086	218	204
乌海市	661916	661916	609190	609190	54	54
赤峰市	884552	738935	2869997	1514951	72	30
通辽市	119611	654457	2043771	927091	102	55
鄂尔多斯市	6500534	1976234	3210058	1578126	181	108
呼伦贝尔市	1346954	309205	2472864	564411	120	14
巴彦淖尔市	676399	481114	1087932	475005	51	23
乌兰察布市	358465	136915	1363048	321010	12	10

2-21 续表 1

城市	限额以上批发零售贸易业商品销售总额(万元)		社会消费品零售总额(万元)		限额以上批发零售贸易企业数(法人数)(个)	
	全市	市辖区	全市	市辖区	全市	市辖区
辽宁省	**81364959**	**78576334**	**58670396**	**43745695**	**4438**	**3483**
沈阳市	43880794	43402367	17785858	16304021	1218	1132
大连市	18224875	18150700	13967483	11468651	950	925
鞍山市	8366010	7518084	4359517	2364459	1173	608
抚顺市	1481041	1144612	3380923	2972422	156	107
本溪市	663258	659597	1674164	1215435	69	52
丹东市	1041264	923717	2340246	1055353	62	54
锦州市	1584203	1338456	2698830	1604129	157	101
营口市	1029744	889324	2114411	1206890	117	97
阜新市	753210	733670	1265703	1023101	69	61
辽阳市	827269	830843	1771094	976633	60	51
盘锦市	1228641	1055875	1568965	1208064	151	128
铁岭市	717271	618871	1932235	644912	59	43
朝阳市	814891	608221	1827148	454000	104	49
葫芦岛市	752488	701997	1983819	1247625	93	75
吉林省	**19450778**	**15761706**	**27395134**	**16532610**	**748**	**454**
长春市	7231164	7055825	10893752	8565246	217	189
吉林市	4073713	3777410	5787669	3970542	241	154
四平市	1030826	451850	2425159	771354	59	20
辽源市	244027	149970	905003	602465	18	12
通化市	743244	421508	2078088	654779	110	37
白山市	294634	277000	1178271	478708	17	12
松原市	909213	427322	2759752	728484	58	17
白城市	4923957	3200821	1367440	761032	28	13
黑龙江省	**34113518**	**26938732**	**33450771**	**22071297**	**1267**	**921**
哈尔滨市	12492077	12048851	15078539	12249136	639	575
齐齐哈尔市	7723582	7336032	3069814	210009	43	29
鸡西市	255066	252297	1167834	644255	43	22
鹤岗市	271672	268057	606129	519149	44	36
双鸭山市	278904	226068	566382	334341	17	10
大庆市	5305846	5225108	5026110	4645365	166	163
伊春市	170474	167342	476580	342824	6	5
佳木斯市	684476	445270	1780850	1065296	48	24
七台河市	212811	212811	430019	430019	11	11
牡丹江市	5786311	631130	2386171	1227983	190	31
黑河市	354125	42583	653496	44897	23	9
绥化市	578174	83183	2208847	358023	37	6
上海市	**235115346**	**234219034**	**51732408**	**51337084**	**5464**	**5439**
江苏省	**184734621**	**118581416**	**114840953**	**65347728**	**13286**	**7626**
南京市	53124922	52225641	19354933	17931456	1985	1892
无锡市	23206606	12550336	15426908	9840461	2360	1678
徐州市	5242247	3468815	8059882	4415454	713	453

2-21 续表 2

城 市	限额以上批发零售贸易业商品销售总额(万元)		社会消费品零售总额(万元)		限额以上批发零售贸易企业数(法人数)(个)	
	全市	市辖区	全市	市辖区	全市	市辖区
常州市	12953227	12374894	8915444	6745496	939	815
苏州市	52667098	15273551	20268405	8900283	3825	1121
南通市	10441867	8344625	10802211	3945720	975	534
连云港市	2147943	1682016	3627308	1481586	314	179
淮安市	1473727	980033	3947477	2543483	219	142
盐城市	3144519	1451813	6448130	2109267	475	110
扬州市	9901384	4669281	6125862	2768587	358	238
镇江市	3985839	2476492	4757379	2312540	440	243
泰州市	5481192	2625773	4673600	1382409	471	132
宿迁市	964050	458146	2433414	970986	212	89
浙江省	**170561154**	**139963573**	**86175276**	**44514990**	**8942**	**6086**
杭州市	78053674	75323315	18049303	15498992	3034	2791
宁波市	36587285	30575961	14296750	7619023	1824	1360
温州市	13505150	10327266	12647227	6837586	974	615
嘉兴市	8226395	4040721	6942960	1968865	668	243
湖州市	4472044	2801593	4425700	2264902	279	130
绍兴市	8217190	2883512	7179042	1893901	626	170
金华市	6471994	2753172	7809937	1890767	468	165
衢州市	2361228	1818878	2502501	958985	164	100
舟山市	2493182	2342107	1816860	1405124	163	139
台州市	8074732	5617291	8178784	3466197	558	293
丽水市	2098280	1479757	2326212	710648	184	80
安徽省	**38653664**	**33515086**	**35277844**	**19670017**	**1854**	**1222**
合肥市	21219072	20477383	7034168	6183640	597	550
芜湖市	2088456	1889195	2415072	1719473	173	122
蚌埠市	1042109	958145	2269774	1405428	53	38
淮南市	719572	705700	1590974	1310997	44	39
马鞍山市	1863615	1658063	1257477	964457	82	72
淮北市	465962	424231	1059316	768383	28	20
铜陵市	628701	606846	838221	715095	47	37
安庆市	1030661	806343	2879350	1173951	151	56
黄山市	467823	408805	1075604	559190	53	28
滁州市	903126	701312	1836153	436770	90	35
阜阳市	3328717	1999610	2821561	1034229	88	55
宿州市	770691	170412	1676533	447146	53	15
巢湖市	789498	613119	1796870	450870	64	23
六安市	1060095	791188	2355499	639154	114	47
亳州市	532136	215640	1908172	788083	49	9
池州市	429874	372114	791784	419851	68	42
宣城市	1313556	716980	1671316	653300	100	34

2-21 续表 3

城 市	限额以上批发零售贸易业商品销售总额(万元)		社会消费品零售总额(万元)		限额以上批发零售贸易企业数(法人数)(个)	
	全市	市辖区	全市	市辖区	全市	市辖区
福建省	**59614337**	**54279350**	**45021765**	**24241409**	**3347**	**2554**
福州市	13589967	12866383	13386447	9712232	695	603
厦门市	29182752	29182752	5661225	5661225	1217	1217
莆田市	1394698	1337258	2461311	2053885	86	82
三明市	2408875	1921832	2066536	579046	266	141
泉州市	6685824	4044521	10551989	2806066	484	199
漳州市	2487390	2104830	4002101	1301822	202	143
南平市	1143170	701500	2252168	577577	108	34
龙岩市	1916097	1600720	2619733	1113524	191	104
宁德市	805564	519554	2020255	436032	98	31
江西省	**14514132**	**11760873**	**24844266**	**12726948**	**791**	**528**
南昌市	7248422	6994654	6344337	5167738	317	285
景德镇市	382427	344865	1185402	1315065	39	27
萍乡市	306893	299466	1336380	880271	26	22
九江市	914233	786347	2405051	1075534	66	31
新余市	749280	739263	948331	752971	50	42
鹰潭市	677365	248071	726707	339870	33	20
赣州市	1015482	465121	3171375	806841	61	29
吉安市	567653	514854	1710044	334040	33	10
宜春市	1472691	732025	2261011	673516	72	30
抚州市	552231	254206	1992064	755256	38	15
上饶市	627455	382001	2763564	625846	56	17
山东省	**118472068**	**81203861**	**124016814**	**58533405**	**10029**	**4390**
济南市	16991426	16077285	15956509	12924772	823	664
青岛市	20815759	18138203	17302231	9918170	880	645
淄博市	9397684	8482374	8605746	6837367	687	465
枣庄市	1832549	942804	3589650	1912006	256	160
东营市	3229890	1989533	3237073	2071228	246	115
烟台市	10248683	6632656	12151521	4844083	855	423
潍坊市	13364320	7222625	9679413	3160345	726	246
济宁市	6566552	1969966	8459544	2469024	869	207
泰安市	6156720	3024844	5630351	1972413	917	410
威海市	3330674	2057015	5759960	1993392	345	120
日照市	3007229	2632543	2644286	171276	149	103
莱芜市	1667450	1667450	1606046	1606046	121	121
临沂市	7691302	4830914	9742056	4063500	836	314
德州市	3484799	1482311	5670375	1423203	916	120
聊城市	3258870	1920808	4781685	1045543	344	105
滨州市	2944681	897163	3523413	990083	333	56
菏泽市	4483480	1235367	5676955	1130954	726	116

2-21 续表 4

城 市	限额以上批发零售贸易业商品销售总额(万元)		社会消费品零售总额(万元)		限额以上批发零售贸易企业数(法人数)(个)	
	全市	市辖区	全市	市辖区	全市	市辖区
河南省	**47321725**	**36322629**	**63208099**	**25753779**	**6116**	**2571**
郑州市	18647821	17033697	14347614	8939313	1178	919
开封市	1611533	1039264	699731	363527	422	160
洛阳市	3462038	2858504	6799184	3057392	572	333
平顶山市	3396051	2958766	2958522	1352986	321	128
安阳市	2548123	1983298	2925235	1351638	308	126
鹤壁市	324407	258090	800177	397980	94	58
新乡市	2305228	1613379	3302811	1529335	379	153
焦作市	1402221	635981	2636968	840506	228	78
濮阳市	851764	791758	1968619	519098	168	53
许昌市	1416514	881867	2970141	760463	237	46
漯河市	997842	721995	1827407	1082116	144	90
三门峡市	919777	703772	1717546	387347	167	43
南阳市	3412271	1609530	6766579	2088748	644	171
商丘市	1691681	1061927	2433605	773951	200	60
信阳市	1310548	819188	3737515	1083347	248	54
周口市	1373741	664234	4135903	583049	316	38
驻马店市	1650165	687379	3180542	642983	490	61
湖北省	**56507148**	**52111739**	**53604454**	**34479446**	**2018**	**1428**
武汉市	45396623	44242232	21640873	19120010	923	857
黄石市	707613	543687	2560900	1332300	103	33
十堰市	1644608	1380437	2542475	1359439	183	133
宜昌市	1860314	1773295	4704116	2537464	138	116
襄樊市	1258423	949278	5005574	2788365	172	90
鄂州市	336576	336576	1266789	1266789	25	25
荆门市	907017	640856	2288245	836510	87	33
孝感市	1042985	780640	3268950	576577	97	24
荆州市	851896	752488	3447200	2869890	70	33
黄冈市	1687000	193600	3400000	507085	100	25
咸宁市	556356	414414	1658844	476906	79	34
随州市	257737	104236	1820488	808111	41	25
湖南省	**37200063**	**22975975**	**47467275**	**25517893**	**2156**	**1220**
长沙市	16418541	13813408	15249091	11813549	854	679
株洲市	2174324	1808763	3643919	1829661	133	64
湘潭市	1220706	981095	2232397	1382448	94	75
衡阳市	1490762	947657	3980302	1592420	127	56
邵阳市	906450	496638	2354509	518505	113	30
岳阳市	1735021	1247790	4311585	2486692	143	73
常德市	1028448	578174	4052609	1603741	119	57
张家界市	582979	331190	699382	393407	28	16

2-21 续表 5

城 市	限额以上批发零售贸易业商品销售总额(万元)		社会消费品零售总额(万元)		限额以上批发零售贸易企业数(法人数)(个)	
	全市	市辖区	全市	市辖区	全市	市辖区
益阳市	661543	464406	2231079	790192	51	22
郴州市	1334734	764621	3494318	1633698	189	56
永州市	1299960	707716	2035980	585825	166	45
怀化市	7714971	514758	1992469	626734	86	27
娄底市	631624	319759	1189635	261021	53	20
广东省	**263224186**	**250294724**	**148938343**	**116227678**	**9204**	**8417**
广州市	114604144	113245815	36157655	34301889	3457	3339
韶关市	1006718	909701	2783597	1755020	29	26
深圳市	48094172	48094172	25679436	25679436	1411	1411
珠海市	5755507	5755507	4044564	4044564	498	498
汕头市	2206102	2172498	6619550	6521774	129	124
佛山市	36802970	36802970	14087766	14087766	1060	1060
江门市	3445091	2673073	5620674	2411397	290	194
湛江市	9486106	5292511	5599430	312569	142	111
茂名市	3644713	3354774	5910461	2264492	307	240
肇庆市	3918973	1762443	2757848	988688	120	79
惠州市	3440852	3293490	4910993	3027752	216	157
梅州市	1181106	748234	2679766	449942	63	35
汕尾市	630277	407910	2820582	561362	32	18
河源市	614559	351846	1425819	471047	36	25
阳江市	496800	415475	3053773	1305763	26	15
清远市	970420	859344	3035588	1103426	91	58
东莞市	15819703	15819073	9590727	9590727	532	532
中山市	6815756	6815756	5497615	5497615	342	342
潮州市	1391057	612436	2078860	578128	92	42
揭阳市	2172534	754383	3404535	1010633	279	99
云浮市	726626	153313	1179104	263688	52	12
广西壮族自治区	**20336809**	**19508643**	**27912293**	**17036933**	**1322**	**1129**
南宁市	9382998	9294345	7570122	6198823	541	511
柳州市	4365835	4305411	4009786	3202570	233	216
桂林市	1301391	1165368	3309181	1842829	98	81
梧州市	789094	737723	1710946	786025	54	45
北海市	369025	365072	954002	587309	26	24
防城港市	225529	186228	453310	283515	34	26
钦州市	749463	706820	1450930	732596	58	47
贵港市	558371	546643	1810840	962505	49	44
玉林市	918569	855361	2629183	1178224	65	52
百色市	554812	503638	970959	242141	39	17
贺州市	280780	176041	689366	357244	24	22
河池市	547206	475022	1150717	261513	41	22
来宾市	107334	93970	668407	295826	20	12
崇左市	186402	97001	534544	105813	40	10

2-21 续表 6

城　　市	限额以上批发零售贸易业商品销售总额(万元)		社会消费品零售总额(万元)		限额以上批发零售贸易企业数(法人数)(个)	
	全市	市辖区	全市	市辖区	全市	市辖区
海南省	**6284599**	**6284599**	**3280984**	**3280984**	**437**	**437**
海口市	5785579	5785579	2771961	2771961	403	403
三亚市	499020	499020	509023	509023	34	34
重庆市	**39384807**	**36506206**	**24790110**	**19689475**	**2084**	**1607**
四川省	**46563613**	**40386588**	**52596448**	**28764108**	**1820**	**1266**
成都市	28134670	26933265	19499459	15923992	824	709
自贡市	634430	498988	2041025	1342280	95	62
攀枝花市	1345236	1283459	1191985	1002845	74	72
泸州市	512058	450745	2135576	1105541	56	33
德阳市	1599320	867094	2458012	613690	95	46
绵阳市	2629318	1037651	3410986	1300693	88	46
广元市	418494	409386	1221307	630970	24	18
遂宁市	404246	228780	1776270	683134	57	35
内江市	566842	428554	1702660	725297	69	24
乐山市	785683	662215	2329926	1044440	119	62
南充市	639803	568942	2915682	1253364	47	23
眉山市	511591	369435	1527188	520919	41	23
宜宾市	883161	790287	2542934	902303	73	43
广安市	281516	14757	1756797	49949	29	9
达州市	6524008	5248811	2521162	526991	51	22
雅安市	220499	207341	842609	281900	13	10
巴中市	92746	81583	949818	394986	13	9
资阳市	379992	305295	1773052	460814	52	20
贵州省	**9364580**	**7260628**	**8269362**	**5682976**	**462**	**401**
贵阳市	5536944	5467679	4127229	3664996	299	294
六盘水市	757054	522142	1108774	610462	40	23
遵义市	2599538	808032	2442438	1107302	99	64
安顺市	471044	462775	590921	300216	24	20
云南省	**29286674**	**27591207**	**14847835**	**9673960**	**1089**	**868**
昆明市	19097345	17618736	8646103	7413308	726	634
曲靖市	1976702	1816980	1900428	491061	64	40
玉溪市	3522180	3403715	1154467	530351	116	82
保山市	524473	477850	696680	351690	41	22
昭通市	821607	783584	878468	361727	56	29
丽江市	483879	440117	366090	172294	30	23
思茅市	48663	452562	611583	194266	37	23
临沧市	2811825	2597663	594016	159263	19	15

2-21 续表 7

城　　市	限额以上批发零售贸易业商品销售总额(万元)		社会消费品零售总额(万元)		限额以上批发零售贸易企业数(法人数)(个)	
	全市	市辖区	全市	市辖区	全市	市辖区
西藏自治区	**521480**		**759112**		**47**	
拉萨市	521480		759112		47	
陕西省	**28252408**	**21020898**	**26803219**	**17333723**	**1204**	**690**
西安市	15237432	15219112	13811242	12497942	422	408
铜川市	127540	122072	444771	418029	35	34
宝鸡市	2437202	1978591	2600973	1198787	69	31
咸阳市	434537	286655	2505892	888609	136	44
渭南市	2739080	714925	1877800	502769	97	25
延安市	613554	551742	946603	430075	46	25
汉中市	659155	586336	1300183	498602	59	29
榆林市	5359642	1267784	1652140	302161	253	66
安康市	416835	96516	935615	415107	66	20
商洛市	227431	197165	728000	181642	21	8
甘肃省	**14817018**	**13030884**	**11369572**	**7824749**	**528**	**444**
兰州市	10348264	10347229	4697711	4476705	249	247
嘉峪关市	474324	474324	204509	204509	22	22
金昌市	174867	157893	321122	222355	26	18
白银市	332800	285507	742658	474136	24	14
天水市	533998	516841	1096252	558144	67	53
武威市	251638	244246	648944	383309	22	17
张掖市	232001	222236	572465	348609	26	20
平凉市	261443	148337	741200	318500	16	9
酒泉市	1434747	175115	758256	320463	35	25
庆阳市	347180	301814	781743	245032	11	6
定西市	323146	78791	454166	153070	14	8
陇南市	102610	78551	350546	119917	16	5
青海省	**1965333**	**1826118**	**2015968**	**1856625**	**121**	**115**
西宁市	1965333	1826118	2015968	1856625	121	115
宁夏回族自治区	**6540847**	**5067395**	**3391240**	**2403022**	**374**	**291**
银川市	4107606	3337144	1854756	1473802	246	191
石嘴山市	1795685	1282620	522746	398627	47	45
吴忠市	344760	313928	443400	232700	38	26
固原市	59605	28251	295195	138608	15	9
中卫市	233191	105452	275143	159285	28	20
新疆维吾尔自治区	**17582293**	**17568929**	**5029855**	**4967625**	**491**	**489**
乌鲁木齐市	17057121	17043757	4734172	4671942	446	444
克拉玛依市	525172	525172	295683	295683	45	45

2-22 外商直接投资

城市	当年新签项目(合同)个数(个)		当年实际使用外资金额(万美元)	
	全市	市辖区	全市	市辖区
城市合计	**24603**	**17101**	**15757614**	**11407103**
北京市	**1423**	**1406**	**612094**	**606976**
天津市	**596**	**577**	**901985**	**878246**
河北省	**215**	**85**	**359824**	**202722**
石家庄市	31	15	54350	42330
唐山市	24	11	79275	51020
秦皇岛市	16	13	45713	32241
邯郸市	41	13	33236	13203
邢台市	10	2	20424	2152
保定市	18	7	42478	36947
张家口市	13	3	8053	8
承德市	8	1	6697	3540
沧州市	20	3	16484	7017
廊坊市	26	14	46229	12045
衡水市	8	3	6885	2219
山西省	**74**	**42**	**108442**	**66195**
太原市	30	26	26163	25680
大同市	2	1	9170	9090
阳泉市	8	3	4330	
长治市	3	2	10967	1442
晋城市	1	1	19433	19317
朔州市	4		5088	4469
晋中市	8	3	7048	1124
运城市	4	2	4215	3515
忻州市	3	1	6832	440
临汾市	9	2	11650	1118
吕梁市	2	1	3546	
内蒙古自治区	**111**	**43**	**297232**	**106262**
呼和浩特市	11	5	77576	33891
包头市	24	17	94900	56520
乌海市				
赤峰市	7	5	5038	4131
通辽市	8	8	2728	2728
鄂尔多斯市	17	3	100000	5910
呼伦贝尔市	38	4	8300	870
巴彦淖尔市	2	1	4806	2212
乌兰察布市	4		3884	

2-22 续表 1

城　市	当年新签项目(合同)个数(个)		当年实际使用外资金额(万美元)	
	全市	市辖区	全市	市辖区
辽宁省	**1559**	**1342**	**1555889**	**1392538**
沈阳市	710	633	541039	522639
大连市	473	436	601697	545897
鞍山市	52	42	74177	60207
抚顺市	53	41	31284	21656
本溪市	11	10	20108	17982
丹东市	77	65	50003	34542
锦州市	42	27	36805	27987
营口市			50491	36421
阜新市	27	17	6413	3289
辽阳市	28	22	81718	79147
盘锦市	28	15	30178	25737
铁岭市	20	14	17197	9021
朝阳市	14	3	7332	1281
葫芦岛市	24	17	7447	6732
吉林省	**176**	**111**	**154812**	**112225**
长春市	27	25	63501	59229
吉林市	106	70	37200	26028
四平市	4	2	5920	5000
辽源市	3	3	10812	10812
通化市	15	3	13978	2417
白山市	13	5	6110	2884
松原市	6	3	10789	5855
白城市	2		6502	
黑龙江省	**158**	**110**	**122642**	**82253**
哈尔滨市	99	82	60492	53233
齐齐哈尔市	4	1	8287	952
鸡西市	3	3	2425	824
鹤岗市	3	2	9818	2542
双鸭山市	2	1	980	439
大庆市	9	7	13997	13159
伊春市	3	1	2769	2069
佳木斯市			5128	4254
七台河市			407	407
牡丹江市	21	11	11093	3684
黑河市	5	1	4005	350
绥化市	9	1	3241	340
上海市	**3090**	**3090**	**1053835**	**1053835**
江苏省	**4213**	**2053**	**2667840**	**1452248**
南京市	333	293	239199	229090
无锡市	271	153	320308	205005
徐州市	145	60	69781	46698

2-22 续表 2

城 市	当年新签项目(合同)个数 (个)		当年实际使用外资金额 (万美元)	
	全市	市辖区	全市	市辖区
常州市	252	171	258199	198119
苏州市	1426	612	822653	338543
南通市	401	121	200481	60608
连云港市	159	103	103992	42932
淮安市	164	99	61418	43636
盐城市	315	78	104376	28384
扬州市	362	176	226563	122309
镇江市	164	95	144081	90178
泰州市	166	68	105626	39638
宿迁市	55	24	11163	7108
浙江省	**1939**	**1130**	**1019759**	**647867**
杭州市	554	483	401370	355179
宁波市	403	303	220541	160769
温州市	21	13	23448	12673
嘉兴市	255	100	133460	33183
湖州市	374	145	81095	38970
绍兴市	174	31	81117	13766
金华市	93	22	40034	13586
衢州市	20	6	6380	3261
舟山市	12	11	10595	9262
台州市	25	13	18806	6636
丽水市	8	3	2913	582
安徽省	**306**	**157**	**415221**	**289910**
合肥市	59	50	85746	75971
芜湖市	35	24	65836	51912
蚌埠市	15	8	24069	20403
淮南市	2	2	12022	11974
马鞍山市	16	15	57238	51121
淮北市	3	3	13412	8393
铜陵市	10	10	26026	20159
安庆市	25	7	16518	13579
黄山市	28	12	14424	9955
滁州市	15	4	9331	1957
阜阳市	7	3	4842	3763
宿州市	3		11020	200
巢湖市	12	3	25003	7207
六安市	10	3	11442	2651
亳州市	14	4	11651	1600
池州市	24	7	11932	8341
宣城市	28	2	14709	724

2-22 续表 3

城　市	当年新签项目(合同)个数(个)		当年实际使用外资金额(万美元)	
	全市	市辖区	全市	市辖区
福建省	**939**	**505**	**573745**	**345486**
福州市	144	87	103227	61762
厦门市	325	325	168674	168674
莆田市	25	17	40302	39319
三明市	46	6	7460	1554
泉州市	103	29	172000	50544
漳州市	154	17	55018	12150
南平市	61	13	6167	1907
龙岩市	64	9	15225	7816
宁德市	17	2	5672	1760
江西省	**822**	**227**	**491872**	**212817**
南昌市	145	111	158295	112133
景德镇市	17		10072	5071
萍乡市	39	18	13939	6974
九江市	172	37	52072	16071
新余市	12	6	42831	41070
鹰潭市	30	10	11079	3871
赣州市	166	22	87999	14890
吉安市	78	11	34481	6672
宜春市	46	6	32614	1945
抚州市	48	1	13599	1032
上饶市	69	5	34891	3088
山东省	**1471**	**841**	**775030**	**430134**
济南市	74	54	98062	54595
青岛市	647	410	186397	122542
淄博市	36	32	38759	16451
枣庄市	26	15	21626	14326
东营市	15	9	16506	10896
烟台市	259	139	108503	61357
潍坊市	79	33	67777	20167
济宁市	61	22	41600	13324
泰安市	26	15	8761	2158
威海市	99	46	55037	37061
日照市	25	17	36376	30150
莱芜市	23	23	8874	8874
临沂市	36	10	30515	25077
德州市	23	9	13877	5769
聊城市	11	1	16922	2162
滨州市	12	2	16922	3643
菏泽市	19	4	8516	1582

2-22 续表 4

城　市	当年新签项目(合同)个数(个)		当年实际使用外资金额(万美元)	
	全市	市辖区	全市	市辖区
河南省	**274**	**171**	**474458**	**235541**
郑州市	90	79	162400	109500
开封市	9	5	6511	3871
洛阳市	22	13	91548	27020
平顶山市	7	2	14041	4780
安阳市	10	6	11763	9953
鹤壁市	15	12	14827	11292
新乡市	20	13	25310	11954
焦作市	8	2	19807	4838
濮阳市	3	1	7506	2481
许昌市	8	3	18491	5242
漯河市	10	9	24974	20874
三门峡市	8	5	26355	10966
南阳市	16	9	13302	6488
商丘市	11	4	8430	2420
信阳市	9	3	9485	1610
周口市	9	2	11342	1000
驻马店市	19	3	8366	1252
湖北省	**293**	**212**	**461142**	**366180**
武汉市	145	137	293501	263653
黄石市	10	4	34500	30996
十堰市	6	3	5733	3812
宜昌市	18	13	18136	11631
襄樊市	25	17	25073	15356
鄂州市	7	7	10514	10514
荆门市	7	2	13892	5684
孝感市	17	3	15688	4277
荆州市	8	3	13089	4420
黄冈市	30	14	15379	7149
咸宁市	11	6	11235	5913
随州市	9	3	4402	2775
湖南省	**561**	**278**	**465801**	**265365**
长沙市	160	105	203260	145587
株洲市	67	35	36163	26567
湘潭市	36	32	35027	27843
衡阳市	83	17	36166	7729
邵阳市	21	6	7024	3125
岳阳市	37	18	18360	6251
常德市	29	12	23637	8267
张家界市	7	6	2900	2500

2-22 续表 5

城　　市	当年新签项目(合同)个数 (个)		当年实际使用外资金额 (万美元)	
	全市	市辖区	全市	市辖区
益阳市	21	11	9189	6221
郴州市	61	23	46493	19263
永州市	27	5	33500	7960
怀化市	9	5	5073	2393
娄底市	3	3	9009	1659
广东省	**4346**	**3872**	**1984670**	**1711782**
广州市	844	801	377339	345410
韶关市	45	16	18950	8104
深圳市	1498	1498	416001	416001
珠海市	197	197	118030	118030
汕头市	31	30	20413	20389
佛山市	162	162	187367	187367
江门市	178	118	103667	50051
湛江市	8	5	2926	1821
茂名市	13	1	3150	912
肇庆市	82	48	88795	46833
惠州市	279	181	139484	107143
梅州市	43	2	8006	3461
汕尾市	18	6	27604	18006
河源市	29	11	22705	14942
阳江市	53	7	17433	7078
清远市	47	11	54913	20203
东莞市	579	579	259400	259400
中山市	155	155	76601	76601
潮州市	23	11	10119	1122
揭阳市	23	7	24655	6384
云浮市	39	26	7112	2524
广西壮族自治区	**467**	**63**	**136520**	**61464**
南宁市	56		27845	
柳州市	6	5	12000	10200
桂林市	20	14	19308	15532
梧州市	14	9	16000	9096
北海市	19	17	5018	4321
防城港市	4	4	3964	1732
钦州市	295		22146	
贵港市	9	4	13551	11483
玉林市	16	3	4837	3741
百色市	6		1955	
贺州市	3	3	911	469
河池市	4	1	1976	1212
来宾市	13	3	1114	233
崇左市	2		5895	3445

2-22 续表 6

城市	当年新签项目(合同)个数(个)		当年实际使用外资金额(万美元)	
	全市	市辖区	全市	市辖区
海南省	**65**	**65**	**81694**	**81694**
海口市	45	45	64783	64783
三亚市	20	20	16911	16911
重庆市	**220**	**115**	**401643**	**321681**
四川省	**446**	**229**	**367854**	**304216**
成都市	214	182	279700	257389
自贡市	2	2	241	241
攀枝花市	3	3	17907	17907
泸州市	5	4	1952	1160
德阳市	10	3	12150	4361
绵阳市	8	6	25828	15634
广元市				
遂宁市	2	1	1015	
内江市	6	1	700	300
乐山市	12	7	8330	4142
南充市	23	6	1016	758
眉山市	5	3	11146	1035
宜宾市	2	1	1986	482
广安市	5	5	307	216
达州市	143	1	1780	55
雅安市	3	2	2722	465
巴中市	1		64	
资阳市	2	2	1010	71
贵州省	**24**	**17**	**15639**	**14605**
贵阳市	19	12	11220	10186
六盘水市	1	1	703	703
遵义市	2	2	2991	2991
安顺市	2	2	725	725
云南省	**135**	**78**	**82192**	**11772**
昆明市	115	70	73000	10937
曲靖市	7	1	3695	38
玉溪市	1	1	501	260
保山市	3		1851	
昭通市	1	1	300	300
丽江市	4	4	25	25
思茅市	1	1	313	210
临沧市	3		2507	2

2-22 续表 7

城　市	当年新签项目(合同)个数(个)		当年实际使用外资金额(万美元)	
	全市	市辖区	全市	市辖区
西藏自治区				
拉萨市				
陕西省	**373**	**164**	**145892**	**129461**
西安市	65	64	121872	119732
铜川市	2	2	500	500
宝鸡市	4	4	3600	3600
咸阳市	24	12	4058	3043
渭南市	264	23	4470	936
延安市	1		366	
汉中市	3	59	2927	650
榆林市	3		3510	1000
安康市			575	
商洛市	7		4014	
甘肃省	**252**	**66**	**9969**	**5455**
兰州市	17	17	4320	4320
嘉峪关市				
金昌市				
白银市				
天水市	151	49	1164	1135
武威市				
张掖市				
平凉市				
酒泉市	84		4485	
庆阳市				
定西市				
陇南市				
青海省	**11**	**11**	**2985**	**2985**
西宁市	11	11	2985	2985
宁夏回族自治区	**12**	**9**	**4433**	**2688**
银川市	10	8	3029	2688
石嘴山市	2	1	1404	
吴忠市				
固原市				
中卫市				
新疆维吾尔自治区	**32**	**32**	**12500**	**12500**
乌鲁木齐市	32	32	12500	12500
克拉玛依市				

2-23 财政(全市)

单位：万元

城　　市	地方财政一般预算内收入	地方财政一般预算内支出	科学支出	教育支出
城市合计	**272603505**	**467375640**	**10914025**	**80301786**
北京市	**20268089**	**23193658**	**1263072**	**3656677**
天津市	**8219916**	**11242778**	**339953**	**1736062**
河北省	**8033326**	**18261694**	**198674**	**4010301**
石家庄市	1259614	2409171	38732	612552
唐山市	1697161	2857675	38572	513967
秦皇岛市	563332	1037192	5986	178492
邯郸市	871760	1977222	20145	494687
邢台市	430323	1326306	9614	313897
保定市	732559	2003560	8998	453761
张家口市	469952	1552291	30870	266082
承德市	451789	1297273	9519	271866
沧州市	647331	1575413	10110	412295
廊坊市	692629	1321476	20618	285204
衡水市	216876	904115	5510	207498
山西省	**5990070**	**11428207**	**114063**	**2407832**
太原市	1175322	1599051	37219	287394
大同市	476174	1111142	7002	288180
阳泉市	297740	489685	5960	104870
长治市	695730	1126539	11906	239046
晋城市	480742	764896	10231	163171
朔州市	462213	721488	6209	138410
晋中市	577568	1030873	8495	204272
运城市	262742	1035827	6192	238811
忻州市	335438	1020222	6967	209868
临汾市	629205	1310754	7612	249954
吕梁市	597196	1217730	6270	283856
内蒙古自治区	**6107379**	**13869353**	**128536**	**1952127**
呼和浩特市	1067947	1651584	17595	221858
包头市	1303120	1955634	27231	239935
乌海市	217788	550425	5930	57976
赤峰市	458221	1870653	6945	392512
通辽市	507032	1524310	13333	239650
鄂尔多斯市	1620408	2316345	32606	268642
呼伦贝尔市	492947	1805773	15631	240175
巴彦淖尔市	299983	1054775	3726	133512
乌兰察布市	139933	1139854	5539	157867

2-23 续表 1

单位：万元

城　　市	地方财政一般预算内收入	地方财政一般预算内支出	科学支出	教育支出
辽宁省	**13403890**	**22361108**	**434836**	**2902814**
沈阳市	3202070	4758822	136292	663651
大连市	4002340	4711648	185188	585612
鞍山市	1231230	1778665	15862	218652
抚顺市	537671	1181225	7599	110429
本溪市	503177	966118	9399	153675
丹东市	501352	1114247	7147	153037
锦州市	480088	1114530	10545	142364
营口市	571465	1063752	15069	128020
阜新市	185978	797723	2047	82841
辽阳市	479746	806803	12470	96419
盘锦市	434322	829837	7813	111519
铁岭市	479851	1097129	11787	179472
朝阳市	421494	1214473	8427	156438
葫芦岛市	373106	926136	5191	120685
吉林省	**3236754**	**9583750**	**90928**	**1642682**
长春市	1426506	3060062	29889	481813
吉林市	609955	1647383	29274	322533
四平市	213578	907641	2311	171959
辽源市	144253	529870	2968	86227
通化市	260058	933776	15499	159430
白山市	197769	764146	2787	114794
松原市	258289	930056	3958	172597
白城市	126346	810816	4242	133329
黑龙江省	**4572565**	**11688018**	**118100**	**2188408**
哈尔滨市	1933598	3484127	63155	640524
齐齐哈尔市	345336	917119	7973	294170
鸡西市	183823	390008	2600	88316
鹤岗市	117467	411471	1969	73620
双鸭山市	178123	596818	1171	91072
大庆市	844833	1197155	13540	231863
伊春市	58612	512960	3432	59050
佳木斯市	145400	884835	3300	150700
七台河市	167846	427139	1244	59273
牡丹江市	305663	1031683	11234	151053
黑河市	98711	581778	3084	103134
绥化市	193153	1252925	5398	245633
上海市	**25402974**	**29896500**	**2153111**	**3469520**
江苏省	**29196586**	**33448324**	**977668**	**5665630**
南京市	4345080	4612662	137913	640703
无锡市	4159143	4056142	146915	644921
徐州市	1643440	2565349	37033	506643

2-23 续表 2

单位：万元

城　　市	地方财政一般预算内收入	地方财政一般预算内支出	科学支出	教育支出
常州市	2158888	2187465	57968	352349
苏州市	7451800	6867778	287710	1024853
南通市	1989873	2374668	71348	505138
连云港市	902133	1403077	25956	234909
淮安市	964504	1482720	29008	270033
盐城市	1268290	2065341	44782	375442
扬州市	1280788	1590064	40905	293208
镇江市	1015693	1213152	37078	223628
泰州市	1386244	1729288	37075	293703
宿迁市	630710	1300618	23977	300100
浙江省	**19207289**	**23195108**	**788824**	**4636222**
杭州市	5207899	4903983	220721	862769
宁波市	4328003	5060788	169678	771087
温州市	1956445	2515604	56927	685935
嘉兴市	1417039	1611135	59007	348888
湖州市	800106	1085102	32490	215076
绍兴市	1604310	1695366	77951	382071
金华市	1292755	1653599	62193	417280
衢州市	378521	953945	21800	182005
舟山市	487786	827392	21057	105797
台州市	1360227	1759524	45914	449578
丽水市	374198	1128670	21086	215736
安徽省	**7269257**	**16756644**	**314110**	**2883637**
合肥市	1808977	2458575	88094	300537
芜湖市	694123	1084741	72630	135531
蚌埠市	317195	877276	23764	134837
淮南市	372847	696485	9451	109576
马鞍山市	637281	800721	18550	89689
淮北市	221226	542611	6692	98929
铜陵市	330450	486384	8547	55557
安庆市	415553	1399597	16894	318254
黄山市	207809	580432	9745	66834
滁州市	370655	1078925	7440	169420
阜阳市	299226	1339949	4035	297959
宿州市	185322	954915	5019	255620
巢湖市	309447	912097	8477	192664
六安市	330759	1329039	16163	274374
亳州市	173185	801010	1813	171882
池州市	240977	547496	5604	78631
宣城市	354225	866391	11192	133343

2-23 续表 3 单位：万元

城　　市	地方财政一般预算内收入	地方财政一般预算内支出	科学支出	教育支出
福建省	**8459580**	**11471294**	**219296**	**2465316**
福州市	1952612	2050925	33118	458679
厦门市	2405608	2680527	83952	377230
莆田市	379066	625898	9222	205592
三明市	379648	751466	12707	183980
泉州市	1500538	1869038	37001	476059
漳州市	709464	1207303	14804	231053
南平市	313852	702391	8686	158993
龙岩市	543378	890415	13745	211695
宁德市	275414	693331	6061	162035
江西省	**5083229**	**12774156**	**97164**	**2133827**
南昌市	1158798	1817495	32812	266697
景德镇市	243328	579303	4319	77792
萍乡市	273057	696353	3386	85022
九江市	505023	1346264	6033	231897
新余市	330298	586740	4690	67990
鹰潭市	181148	408107	3878	55986
赣州市	680858	2083492	11317	369743
吉安市	397408	1280670	6660	226937
宜春市	476570	1385270	8316	248952
抚州市	355950	1051513	7167	186960
上饶市	480791	1538949	8586	315851
山东省	**19524203**	**28002343**	**528433**	**5519984**
济南市	2101923	2599178	52625	368010
青岛市	3770086	4335754	102229	719182
淄博市	1287699	1619741	37019	352334
枣庄市	608037	1010421	12313	204907
东营市	808719	1052619	17894	218193
烟台市	1891166	2480328	52757	438429
潍坊市	1579518	2277162	55431	583367
济宁市	1346606	1984911	39110	476681
泰安市	914354	1344699	22272	240841
威海市	1025211	1369102	38934	237023
日照市	434837	728517	6273	153159
莱芜市	327009	446068	10531	110922
临沂市	915066	1873418	21937	416993
德州市	552772	1148099	14179	222391
聊城市	553762	1072570	16418	238664
滨州市	801707	1248044	13415	242018
菏泽市	605731	1411712	15096	296870

2-23 续表 4

单位：万元

城　　市	地方财政一般预算内收入	地方财政一般预算内支出	科学支出	教育支出
河南省	**10196461**	**23305251**	**296180**	**4702520**
郑州市	3019248	3530483	55183	619427
开封市	295495	972264	10251	176032
洛阳市	1202907	2046260	36699	405009
平顶山市	702997	1314721	15100	223927
安阳市	551931	1217311	22014	278310
鹤壁市	180061	463360	3803	76979
新乡市	558896	1315836	18881	274500
焦作市	544235	1035039	23365	170359
濮阳市	253387	815487	9845	190619
许昌市	470786	1002894	12323	203594
漯河市	204159	590659	4033	102095
三门峡市	415008	856571	12007	147905
南阳市	561666	2035311	28861	390348
商丘市	353666	1511126	10351	388872
信阳市	280210	1533685	9129	353375
周口市	308618	1629281	10180	393420
驻马店市	293191	1434963	14155	307749
湖北省	**5987827**	**15875159**	**198173**	**2532154**
武汉市	3160716	5036430	101520	664917
黄石市	260300	808350	1255	124471
十堰市	257590	1141039	6862	171930
宜昌市	549391	1565296	22891	222285
襄樊市	370210	1481637	14311	246414
鄂州市	136000	356712	2697	58659
荆门市	181377	816588	6572	106291
孝感市	269674	1097861	9318	218167
荆州市	223569	802419	4990	202126
黄冈市	321636	1517880	14880	304600
咸宁市	181380	789879	8316	124785
随州市	75984	461068	4561	87509
湖南省	**8012086**	**17149045**	**234098**	**2979747**
长沙市	2463300	3140820	107816	471281
株洲市	665815	1220985	27137	188042
湘潭市	387074	874886	18607	132217
衡阳市	466127	1506442	8000	268824
邵阳市	254823	1349964	6463	264116
岳阳市	1644225	1549318	15692	244301
常德市	511654	1368056	8613	254123
张家界市	120381	464708	1892	70753

2-23 续表 5

单位：万元

城 市	地方财政一般预算内收入	地方财政一般预算内支出	科学支出	教育支出
益阳市	205965	981056	4654	189412
郴州市	488357	1312925	19252	259248
永州市	267889	1235476	6906	266338
怀化市	255395	889777	3875	158067
娄底市	281081	1254632	5191	213025
广东省	**29226370**	**38399378**	**1559393**	**6668957**
广州市	7026527	7899155	323623	1103199
韶关市	407094	885895	12064	164614
深圳市	8808168	10008394	791591	1366266
珠海市	1014106	1212918	39795	232402
汕头市	585353	993505	13205	245168
佛山市	2546988	2669855	84083	589466
江门市	836323	1110750	22519	232082
湛江市	526515	1232697	6242	299518
茂名市	417043	977015	6028	268594
肇庆市	559151	1069336	21464	215116
惠州市	1015651	1347527	23766	258872
梅州市	307699	972618	9062	216802
汕尾市	197136	532082	3926	124118
河源市	201839	790470	6279	169765
阳江市	201553	566367	6752	96566
清远市	500355	1000529	7166	232515
东莞市	2311561	2259371	116821	129678
中山市	1104412	1171169	47840	294645
潮州市	182457	442984	5024	98958
揭阳市	288656	771324	4419	221281
云浮市	187783	485417	7724	109332
广西壮族自治区	**4686147**	**12481282**	**88387**	**2545174**
南宁市	1204628	2035519	24241	319819
柳州市	614148	1274760	16069	234645
桂林市	551498	1417138	15934	283863
梧州市	234922	720251	1992	160207
北海市	172227	509923	2458	96877
防城港市	184676	401032	1198	53261
钦州市	210135	665057	1629	152845
贵港市	195250	642379	1265	198160
玉林市	306117	962090	3503	268480
百色市	285452	1114616	5562	215869
贺州市	103901	476627	2193	114622
河池市	210426	949401	5920	218425
来宾市	204833	611933	2442	117405
崇左市	207934	700556	3981	110696

2-23 续表 6 单位：万元

城　　市	地方财政一般预算内收入	地方财政一般预算内支出	科学支出	教育支出
海南省	**651569**	**1070580**	**18255**	**180332**
海口市	384416	666116	6732	121578
三亚市	267153	404464	11523	58754
重庆市	**6818189**	**13180913**	**155544**	**1902818**
四川省	**7680161**	**25747874**	**201146**	**3523354**
成都市	3873626	6009694	92646	796866
自贡市	170236	719935	6094	100515
攀枝花市	349028	751663	6340	95795
泸州市	321166	978931	4854	190152
德阳市	318339	1940542	10848	147974
绵阳市	337148	2666275	13895	214267
广元市	102497	1847505	6467	152920
遂宁市	131384	790947	4099	134039
内江市	161785	744038	2837	135677
乐山市	342998	982787	8565	137571
南充市	235237	1611725	7026	331916
眉山市	184398	831390	3448	111799
宜宾市	410470	1231173	12438	214050
广安市	162018	803294	2145	151937
达州市	234138	1295541	6376	238966
雅安市	109017	820015	3519	67813
巴中市	53699	875293	2876	158227
资阳市	182977	847126	6673	142870
贵州省	**2116544**	**4708565**	**50006**	**945779**
贵阳市	1053636	1698423	28859	276730
六盘水市	371240	821500	5309	173930
遵义市	462843	1541731	11873	369383
安顺市	228825	646911	3965	125736
云南省	**3938699**	**8763185**	**77558**	**1694798**
昆明市	2016125	2707475	42412	386504
曲靖市	631875	1401667	8626	370433
玉溪市	541595	896495	8977	161713
保山市	158071	617897	3363	130430
昭通市	207906	1114971	4845	287476
丽江市	116584	474537	3405	76923
思茅市	166000	854788	4156	145713
临沧市	100543	695355	1774	135606

2-23 续表 7

单位：万元

城 市	地方财政一般预算内收入	地方财政一般预算内支出	科学支出	教育支出
西藏自治区	**155564**	**3349425**	**23118**	**298835**
拉萨市	155564	3349425	23118	298835
陕西省	**4962379**	**12248613**	**112669**	**2462776**
西安市	1813992	2768502	38080	392412
铜川市	100785	338082	1980	68793
宝鸡市	301362	1022083	9008	217620
咸阳市	316707	1071672	7298	270563
渭南市	282463	1165422	4734	281223
延安市	904660	1569339	15126	261448
汉中市	143880	1166323	5697	209208
榆林市	911750	1710836	23392	404878
安康市	97195	785702	3928	188309
商洛市	89585	650652	3426	168322
甘肃省	**1610112**	**8536792**	**56289**	**1609346**
兰州市	570385	1198342	17909	269714
嘉峪关市	74808	103122	1088	13290
金昌市	92328	213872	1215	33936
白银市	99240	589799	3001	131843
天水市	113718	993037	6414	203530
武威市	48443	612604	1709	122622
张掖市	63169	531209	4291	79304
平凉市	95226	758415	3509	158159
酒泉市	96490	459725	3798	81248
庆阳市	226429	888352	5535	181728
定西市	50439	726790	4464	172474
陇南市	79437	1461525	3356	161498
青海省	**281495**	**851191**	**20698**	**135371**
西宁市	281495	851191	20698	135371
宁夏回族自治区	**836652**	**2769488**	**21586**	**525681**
银川市	440581	724989	10554	130572
石嘴山市	171290	418398	1338	68105
吴忠市	123291	583063	3313	108448
固原市	35290	600008	3466	128971
中卫市	66200	443030	2915	89585
新疆维吾尔自治区	**1468143**	**1765964**	**34157**	**323105**
乌鲁木齐市	1135380	1338811	26083	227404
克拉玛依市	332763	427153	8074	95701

2-24 财政(市辖区)

单位：万元

城　　市	地方财政一般预算内收入	地方财政一般预算内支出	科学支出	教育支出
城市合计	**190237290**	**257593938**	**8582331**	**37804139**
北京市	**20075320**	**22191935**	**1250475**	**3526325**
天津市	**7988065**	**10785366**	**335944**	**1581211**
河北省	**4414625**	**7100311**	**111803**	**1221127**
石家庄市	754369	1108075	24448	248822
唐山市	1086181	1648755	23021	253970
秦皇岛市	439709	634867	4908	86735
邯郸市	422130	597186	7084	124646
邢台市	216238	320038	3966	58333
保定市	312434	484452	4642	80792
张家口市	288366	691793	26906	89734
承德市	237894	444892	3693	71463
沧州市	265947	454504	4876	87155
廊坊市	284171	470574	6022	76626
衡水市	107186	245175	2237	42851
山西省	**2769231**	**3842938**	**59398**	**759995**
太原市	1036236	1333232	34300	228939
大同市	402549	649999	4207	177311
阳泉市	216273	310829	4216	58927
长治市	313924	370280	5269	67118
晋城市	209252	266772	4916	41677
朔州市	316915	381439	3357	65614
晋中市	63255	121160	1405	26937
运城市	31047	93317	397	21409
忻州市	19893	84632	702	20102
临汾市	91356	139819	382	32104
吕梁市	68531	91459	247	19857
内蒙古自治区	**3012837**	**4476535**	**50883**	**634051**
呼和浩特市	788992	1103465	13611	143148
包头市	1054505	1493026	23691	191876
乌海市	217788	550425	5930	57976
赤峰市	246510	343465	2438	99675
通辽市	109335	226400	216	33282
鄂尔多斯市	452769	399503	3098	44539
呼伦贝尔市	43653	100325	1386	17237
巴彦淖尔市	72862	143136	359	30015
乌兰察布市	26423	116790	154	16303

2-24 续表 1

单位：万元

城　　市	地方财政一般预算内收入	地方财政一般预算内支出	科学支出	教育支出
辽宁省	**10336686**	**15993131**	**396549**	**1796790**
沈阳市	2952074	4194694	134909	525019
大连市	3409222	3900557	181470	424663
鞍山市	938538	1245942	14664	132393
抚顺市	422755	880927	4680	69944
本溪市	415026	740673	6245	109674
丹东市	239320	566270	6159	49126
锦州市	304025	609643	6633	67380
营口市	414499	716175	11571	70327
阜新市	138406	555674	1734	45495
辽阳市	200731	554009	9050	59723
盘锦市	321819	535324	6100	71221
铁岭市	161102	419960	5000	68698
朝阳市	147110	495861	3778	45982
葫芦岛市	272059	577422	4556	57145
吉林省	**2165344**	**4812771**	**64310**	**708480**
长春市	1232407	2147142	26995	289189
吉林市	396036	875208	25844	164637
四平市	83703	276818	990	46574
辽源市	103566	296375	2053	35389
通化市	85309	278289	2767	41314
白山市	106000	355090	1848	51267
松原市	116028	315575	1072	49125
白城市	42295	268274	2741	30985
黑龙江省	**3529668**	**6400690**	**83225**	**1044897**
哈尔滨市	1703015	2433726	51315	410981
齐齐哈尔市	268103	472632	5575	116975
鸡西市	136635	224965	1301	40488
鹤岗市	102805	312479	1226	52391
双鸭山市	119991	317122	613	40429
大庆市	747413	975333	11924	178439
伊春市	45586	375162	2647	40985
佳木斯市	63492	289600	2047	33492
七台河市	143303	324847	829	43702
牡丹江市	142854	418087	4556	53905
黑河市	38433	176547	1061	8888
绥化市	18038	80190	131	24222
上海市	**25168864**	**29198143**	**2150816**	**3381037**
江苏省	**17116420**	**18158595**	**598097**	**2743586**
南京市	4094190	4243370	128300	584426
无锡市	2601256	2552168	114529	378621
徐州市	825975	1048541	16535	165716

2-24 续表 2

单位：万元

城　　市	地方财政一般预算内收入	地方财政一般预算内支出	科学支出	教育支出
常州市	1786378	1715610	48552	244471
苏州市	2999670	2871835	140456	447353
南通市	1023914	1023903	32268	199367
连云港市	450489	423337	9791	81805
淮安市	670074	897688	18010	154399
盐城市	468480	609014	14655	87357
扬州市	738796	913690	26778	107459
镇江市	560153	643396	18665	105613
泰州市	624033	713609	19471	83922
宿迁市	273012	502434	10087	103077
浙江省	**11373023**	**12415420**	**448241**	**2008143**
杭州市	4535191	4000324	186783	633369
宁波市	2956346	3495868	108454	445756
温州市	989598	1047412	31763	219482
嘉兴市	475050	555082	18238	91435
湖州市	361736	496511	15456	93301
绍兴市	430134	405810	20648	82714
金华市	314800	460274	14702	96399
衢州市	192062	404517	7202	69225
舟山市	399800	622292	16490	80322
台州市	590145	637063	21975	146148
丽水市	128161	290267	6530	49992
安徽省	**4632858**	**8124866**	**226356**	**977467**
合肥市	1552465	1888746	74328	153087
芜湖市	497891	699791	69526	72475
蚌埠市	243380	488886	19875	46814
淮南市	272355	527465	7406	79906
马鞍山市	545381	630877	16509	53034
淮北市	170590	377742	6456	58170
铜陵市	279786	391437	7248	33589
安庆市	157434	368071	4507	44773
黄山市	133616	291565	4187	23213
滁州市	141070	336221	2583	34598
阜阳市	148888	456669	1456	78478
宿州市	57548	213785	1795	67614
巢湖市	105397	293276	2136	37618
六安市	52696	481079	2765	77954
亳州市	72134	265187	1071	42854
池州市	137113	253404	2550	36077
宣城市	65114	160665	1958	37213

2-24 续表 3

单位：万元

城　　市	地方财政一般预算内收入	地方财政一般预算内支出	科学支出	教育支出
福建省	**5355227**	**5846823**	**149282**	**1029302**
福州市	1264771	1067934	23552	196689
厦门市	2405608	2680527	83952	377230
莆田市	322400	474716	8143	147342
三明市	136875	166762	4378	32515
泉州市	470523	490298	12965	112098
漳州市	239755	281961	4315	37848
南平市	106596	177060	3338	30682
龙岩市	321818	344307	7043	65518
宁德市	86881	163258	1596	29380
江西省	**1988635**	**3361381**	**45460**	**405773**
南昌市	935303	1199358	27149	146536
景德镇市	151420	314918	3656	31203
萍乡市	193181	441179	2564	44251
九江市	128776	155233	1014	19202
新余市	256964	458529	4010	53074
鹰潭市	70271	145767	1953	13706
赣州市	93442	158862	1357	19997
吉安市	36126	118671	511	26344
宜春市	34405	172561	808	33134
抚州市	53437	129637	2208	8974
上饶市	35310	66666	230	9352
山东省	**10862927**	**13791611**	**305784**	**2227359**
济南市	1781047	2029776	47583	251025
青岛市	2767693	2983882	78810	392671
淄博市	792867	832581	19913	190079
枣庄市	381431	679478	11299	119350
东营市	575440	677595	11051	128980
烟台市	889482	1197992	25115	152271
潍坊市	531408	809173	22032	163158
济宁市	537006	698682	22105	122486
泰安市	383107	549098	9604	86307
威海市	401974	558786	19987	74726
日照市	369172	500858	4446	93125
莱芜市	327009	446068	10531	110922
临沂市	547381	776694	11167	154538
德州市	103872	164551	1004	28031
聊城市	50387	118269	2067	28540
滨州市	240877	385813	3671	64487
菏泽市	182774	382315	5399	66663

2-24 续表 4

单位：万元

城　　市	地方财政一般预算内收入	地方财政一般预算内支出	科学支出	教育支出
河南省	**5790295**	**9065437**	**131845**	**1415562**
郑州市	2265569	2299355	40726	380272
开封市	166914	380226	4795	46534
洛阳市	612397	853433	13673	145421
平顶山市	393014	551631	6941	73517
安阳市	324549	508662	13389	82955
鹤壁市	141358	292916	2050	42653
新乡市	273040	430039	8121	72573
焦作市	240165	416743	6968	65576
濮阳市	174088	299304	4914	67029
许昌市	159493	280255	4856	38709
漯河市	157010	383127	2472	60487
三门峡市	122741	271856	2363	32504
南阳市	237869	632640	8547	84198
商丘市	162944	458821	4592	79081
信阳市	130180	451031	3185	71937
周口市	98147	252725	1567	28565
驻马店市	130817	302673	2686	43551
湖北省	**4255303**	**8215426**	**138903**	**1060880**
武汉市	2822130	4238369	95113	482879
黄石市	154161	409219	855	45535
十堰市	144224	314933	2421	50973
宜昌市	301755	681972	13501	92200
襄樊市	230086	697358	9328	114342
鄂州市	136000	356712	2697	58659
荆门市	95825	297470	2608	35070
孝感市	83688	291855	2920	41034
荆州市	116409	243906	2022	45461
黄冈市	55867	199758	2217	30829
咸宁市	72129	263178	3329	34031
随州市	43029	220696	1892	29867
湖南省	**5241421**	**7935070**	**146885**	**977916**
长沙市	1951718	2117024	82823	294961
株洲市	428344	646966	19502	79466
湘潭市	266134	502168	9290	76829
衡阳市	201437	548356	3660	62496
邵阳市	78682	361504	1557	37461
岳阳市	1370062	1475749	11133	87652
常德市	341871	574883	5181	92854
张家界市	79518	227709	1467	27481

2-24 续表 5

单位：万元

城　　市	地方财政一般预算内收入	地方财政一般预算内支出	科学支出	教育支出
益阳市	116740	425266	3055	54431
郴州市	240653	516917	6507	77194
永州市	121177	408015	2080	57454
怀化市	20719	65080	505	13853
娄底市	24366	65433	125	15784
广东省	**26257252**	**30945671**	**1487408**	**4728549**
广州市	6556596	7347085	312159	973931
韶关市	273100	494580	5788	70608
深圳市	8808168	10008394	791591	1366266
珠海市	1014106	1212918	39795	232402
汕头市	580538	967731	12962	241812
佛山市	2546988	2669855	84083	589466
江门市	497436	628620	17589	118266
湛江市	387661	659449	4865	124014
茂名市	250908	408675	3936	75363
肇庆市	235821	425917	10147	61731
惠州市	786440	885683	18761	147205
梅州市	132775	250545	2731	43567
汕尾市	74850	185267	1760	25531
河源市	92611	252513	3029	41636
阳江市	107815	272314	3281	33364
清远市	218771	329670	4477	70545
东莞市	2311561	2259371	116821	129678
中山市	1104412	1171169	47840	294645
潮州市	88812	158789	1391	22155
揭阳市	120231	221011	1853	43994
云浮市	67652	136115	2549	22370
广西壮族自治区	**2819449**	**5135894**	**48180**	**829214**
南宁市	1047127	1440978	17652	180696
柳州市	517373	769101	12315	127654
桂林市	192911	373872	7916	55493
梧州市	129905	277554	1113	41975
北海市	150354	309467	2031	46046
防城港市	131377	269129	624	34055
钦州市	127635	370736	1246	55419
贵港市	109223	318218	503	76444
玉林市	143465	303774	1451	51695
百色市	23650	63649	864	18280
贺州市	69759	231203	735	55938
河池市	18008	53154	185	16281
来宾市	129390	296138	956	55133
崇左市	29272	58921	589	14105

2-24 续表 6

单位：万元

城　　市	地方财政一般预算内收入	地方财政一般预算内支出	科学支出	教育支出
海南省	**651569**	**1070580**	**18255**	**180332**
海口市	384416	666116	6732	121578
三亚市	267153	404464	11523	58754
重庆市	**2736848**	**5399757**	**63163**	**878700**
四川省	**3995842**	**9423449**	**102059**	**1237164**
成都市	1958815	2554846	46656	399759
自贡市	126862	455743	5499	50479
攀枝花市	280512	570021	5656	66912
泸州市	209060	440359	3528	68875
德阳市	114690	581051	4046	41685
绵阳市	225024	746948	9685	79109
广元市	63357	781714	4449	52717
遂宁市	75283	366657	1742	55348
内江市	67898	333062	1687	49952
乐山市	198848	451389	1847	52826
南充市	134167	555456	4300	106451
眉山市	91274	278185	1745	34575
宜宾市	273503	446707	6096	51898
广安市	44970	110089	514	6681
达州市	22055	84566	458	22272
雅安市	8042	89470	483	11031
巴中市	26306	302027	1109	49519
资阳市	75176	275159	2559	37075
贵州省	**1218071**	**1943303**	**30968**	**323398**
贵阳市	917138	1340741	25572	196090
六盘水市	147428	287161	2208	44679
遵义市	95410	175685	1917	46146
安顺市	58095	139716	1271	36483
云南省	**959514**	**1657350**	**15426**	**317330**
昆明市	637677	862838	10818	139779
曲靖市	76108	151542	737	39879
玉溪市	70136	118491	1478	25769
保山市	50741	154873	1165	35193
昭通市	40711	148513	151	33976
丽江市	36743	63295	640	10099
思茅市	33100	77274	328	17327
临沧市	14298	80524	109	15308

2-24 续表 7

单位：万元

城　　市	地方财政一般预算内收入	地方财政一般预算内支出	科学支出	教育支出
西藏自治区				
拉萨市				
陕西省	**2455361**	**4321146**	**51423**	**724711**
西安市	1731146	2400763	36603	300409
铜川市	95652	297739	1696	59656
宝鸡市	218875	561933	6446	90916
咸阳市	175082	342443	2884	51375
渭南市	21164	129574	220	35871
延安市	76015	110881	1071	30176
汉中市	37366	83230	422	19986
榆林市	66293	140059	1579	47096
安康市	18165	162875	192	60436
商洛市	15603	91649	310	28790
甘肃省	**975456**	**2900147**	**26688**	**529753**
兰州市	517170	915828	16672	189471
嘉峪关市	74808	103122	1088	13290
金昌市	19780	47464	124	5021
白银市	82424	293553	2640	44267
天水市	45207	300493	1263	62749
武威市	18100	237803	152	48684
张掖市	16681	123287	162	27748
平凉市	16409	133403	802	22567
酒泉市	11391	88301	499	20208
庆阳市	155864	281608	2058	41349
定西市	9522	117280	925	27874
陇南市	8100	258005	303	26525
青海省	**95103**	**161926**	**543**	**28888**
西宁市	95103	161926	543	28888
宁夏回族自治区	**542960**	**1188462**	**10280**	**213111**
银川市	317434	409940	6301	78780
石嘴山市	129179	292829	989	43099
吴忠市	53919	188711	751	30547
固原市	6608	125655	1161	31505
中卫市	35820	171327	1078	29180
新疆维吾尔自治区	**1453116**	**1729804**	**33682**	**313088**
乌鲁木齐市	1120353	1302651	25608	217387
克拉玛依市	332763	427153	8074	95701

2-25 金　融

单位：万元

城　市	年末金融机构存款余额		年末金融机构各项贷款余额		其中：城乡居民储蓄年末余额	
	全市	市辖区	全市	市辖区	全市	市辖区
城市合计	**5668796445**	**4311931975**	**3796227168**	**3032718072**	**2529223845**	**1661639902**
北京市	**527302569**	**523414332**	**243649662**	**242132597**	**145658843**	**143452966**
天津市	**138871100**	**138871100**	**111521900**	**111521900**	**49730500**	**49730500**
河北省	**221607563**	**118909288**	**120879717**	**75323591**	**135407437**	**57584333**
石家庄市	51630561	36848311	28865696	23904286	25674597	14627453
唐山市	36578537	23394792	21973485	13010961	21391664	12161684
秦皇岛市	12882264	9508318	7304219	6173211	7408291	4766170
邯郸市	18486892	9935992	11335732	6866026	12134082	5266363
邢台市	13841744	5565977	6632859	3586744	9575222	3066649
保定市	24341536	8374784	9665537	4243230	17497310	4564321
张家口市	11330660	6152850	7826730	5191249	7239869	3445590
承德市	8969876	4404656	5985995	3746084	5471410	2200468
沧州市	17654854	4832238	7113886	3181755	11977164	2418996
廊坊市	16050910	6369312	10479344	3705174	9828868	3057758
衡水市	9839729	3522058	3696234	1714871	7208960	2008881
山西省	**156671595**	**105785220**	**78336125**	**60007717**	**81044247**	**45802863**
太原市	58921456	56357143	41564608	40644712	20850017	18988535
大同市	14863892	12396102	4564807	4092510	8455114	6630614
阳泉市	6985851	4819710	2929384	2288191	4052276	2466347
长治市	11315201	6088741	4758196	2454739	6368653	3208742
晋城市	11070426	6941321	4271572	3021845	5438723	3087649
朔州市	6418108	3909430	1945327	1327879	3994153	2128835
晋中市	10642551	3582670	3624062	1401933	7060430	2160771
运城市	8278837	2727404	4795957	1682896	5793728	1514775
忻州市	8039181	2250971	2941219	823541	5595304	1566685
临汾市	10970652	4714093	4306471	1728614	7487928	3045165
吕梁市	9165440	1997635	2634522	540857	5947921	1004745
内蒙古自治区	**78440433**	**56471581**	**58339143**	**43670990**	**35969308**	**23394793**
呼和浩特市	21257139	19981711	19704801	18956019	7758896	6981782
包头市	14962084	13338783	8140452	7215104	6860044	5853091
乌海市	3312386	3312386	2175605	2175605	1703762	1703762
赤峰市	7204197	4166757	3955279	2559230	4447220	2548360
通辽市	3807575	1812526	3971379	1598376	2132394	1008852
鄂尔多斯市	13942000	8103720	12057000	7697743	4648000	2265643
呼伦贝尔市	6502419	2019271	3413769	1113059	3800101	929876
巴彦淖尔市	3943600	2153280	2809400	1563565	2324400	1144247
乌兰察布市	3509033	1583147	2111458	792289	2294491	959180

2-25 续表 1

单位：万元

城　　市	年末金融机构存款余额		年末金融机构各项贷款余额		其中：城乡居民储蓄年末余额	
	全市	市辖区	全市	市辖区	全市	市辖区
辽宁省	**227448056**	**191329887**	**155663938**	**137262172**	**120332829**	**91927584**
沈阳市	66574455	64266273	50848567	49522931	29485416	27640997
大连市	68747790	61542845	48942788	45843597	29306487	23738351
鞍山市	16749734	12822703	9377382	7617515	10206374	6774207
抚顺市	8021366	6989783	3330637	2990246	5524233	4755296
本溪市	6246757	5018009	4511403	4164537	4143270	3245721
丹东市	7611854	4563574	3746770	2371273	5640325	3078490
锦州市	8463765	5744065	4905294	3329168	6034845	3862815
营口市	8275875	5615820	6795514	5573447	5236201	3214434
阜新市	4219411	3210689	3005633	2254695	2764009	2031771
辽阳市	6921566	5130299	4181066	3074474	4721444	3322893
盘锦市	7273584	6080594	3657061	3028885	4601194	3683490
铁岭市	5655250	2763723	4240334	2271923	3825416	1867048
朝阳市	5795458	2841600	3604151	2258018	4219718	1863772
葫芦岛市	6891191	4739910	4517338	2961463	4623897	2848299
吉林省	**76603948**	**58546744**	**59264616**	**46460048**	**41529809**	**28332828**
长春市	43087774	39366808	38192518	35054163	18341564	15512984
吉林市	11812021	8435971	6209744	4082252	8143372	5846440
四平市	4745109	2176423	3588571	1755534	3520043	1561110
辽源市	2161694	1502377	1666431	1133173	1531123	1056475
通化市	4770916	1804830	3077859	1447703	3445971	1173565
白山市	3322575	1860319	2178463	1424924	2276687	1220478
松原市	4054678	2229339	2404342	867872	2629776	1202000
白城市	2649181	1170677	1946688	694427	1641273	759776
黑龙江省	**108641442**	**82629822**	**59766459**	**45659485**	**63433979**	**43562647**
哈尔滨市	50311499	45633035	34332924	32139668	22495467	18876631
齐齐哈尔市	7672016	4954221	4754310	3030875	5308983	3299905
鸡西市	4831520	2900357	2124313	920023	3580792	2041815
鹤岗市	2903769	2143867	2077689	1519925	2037078	1356980
双鸭山市	3662098	1739100	2093560	1048638	2618907	1238677
大庆市	13564278	12387833	3240004	2567858	8328749	7476956
伊春市	2834171	2178534	864445	630525	2053736	1520823
佳木斯市	5439654	2952567	2808584	919498	3937009	2166114
七台河市	2214596	1791626	1264415	1043416	1623563	1314380
牡丹江市	7152762	3647190	2469208	1092100	5478221	2629108
黑河市	3339595	992095	1366280	288728	2338006	650808
绥化市	4715484	1309397	2370727	458231	3633468	990450
上海市	**446202700**	**446202700**	**296841000**	**296841000**	**143576500**	**143576500**
江苏省	**488502948**	**315955609**	**352967292**	**238060221**	**200806340**	**110644529**
南京市	108869194	106633344	90641285	89183030	30563486	29335226
无锡市	72166915	46980467	52634224	33041239	27005499	16932878
徐州市	21726238	12559571	11325649	6455224	11397620	5401609

2-25 续表 2

单位：万元

城　　市	年末金融机构存款余额		年末金融机构各项贷款余额		其中：城乡居民储蓄年末余额	
	全市	市辖区	全市	市辖区	全市	市辖区
常州市	37659100	31418900	25139700	21002400	17562400	13727400
苏州市	109502460	50494480	85053331	40574804	39540797	16071252
南通市	39264655	20083035	23156837	13247558	22680507	9269525
连云港市	10079641	6429964	6837578	4711776	4497307	2215243
淮安市	9333139	6125817	6584561	4575781	4849075	2978542
盐城市	16452467	6116257	10335503	4513433	9940085	2837185
扬州市	20671300	10773905	12127472	7251676	10953113	4559840
镇江市	17852949	9367720	12866432	6820811	8476398	3738276
泰州市	18853943	6534948	11603728	4537157	9978748	2486368
宿迁市	6070947	2437201	4660992	2145332	3361305	1091185
浙江省	**451120068**	**289408924**	**392907490**	**260555939**	**181694052**	**97882015**
杭州市	142842104	131800233	131133023	121473548	42869189	37837815
宁波市	82414306	58223309	77159070	53630545	29017634	17559053
温州市	53524371	31016499	44866753	26663813	27527763	14628724
嘉兴市	29042125	10195026	22786501	8127965	13856243	4094288
湖州市	13976868	7649694	11507123	6084952	6883264	3760078
绍兴市	41395407	14965015	33637939	12539512	17070064	4987202
金华市	32208301	6411201	25103463	5692526	17182117	2861342
衢州市	7550894	3666388	6269785	3240093	3711846	1583434
舟山市	9439328	8015187	8540188	7534581	3563604	2895480
台州市	29356051	14328191	25180611	12708608	14497185	6222237
丽水市	9370313	3138181	6723034	2859796	5515143	1452362
安徽省	**132516893**	**88119262**	**90932302**	**71201021**	**66064777**	**34825939**
合肥市	37353091	34515121	34925338	33589513	10318141	8610550
芜湖市	9533974	7451695	8048337	6672568	4070790	2756459
蚌埠市	5777765	3999674	3356295	2536830	3332430	2064941
淮南市	7190634	6380841	5114777	4753658	3790682	3248173
马鞍山市	6786830	5691267	4103251	3511740	3036270	2374410
淮北市	4710964	3734596	2419802	2250211	2502098	1790010
铜陵市	3476529	2849516	3128860	2806176	1690926	1297559
安庆市	9416204	3489890	4403517	1974326	6063923	1823260
黄山市	3729809	2149964	2110847	1395964	2164815	999491
滁州市	6144831	2160713	3808899	1530725	3527039	951139
阜阳市	8604956	3305578	3729747	2190000	6285317	2086201
宿州市	5655683	2815698	2562231	1728802	3906223	1696664
巢湖市	5749371	1699610	2894423	1193810	4062027	982331
六安市	6804925	2858057	3774414	1858063	4030375	1476536
亳州市	4337757	1737453	2022439	967787	3022243	1027208
池州市	2875152	1647021	1694873	1150930	1688191	803421
宣城市	4368418	1632568	2834252	1089918	2573287	837586

2-25 续表 3

单位：万元

城　　市	年末金融机构存款余额		年末金融机构各项贷款余额		其中：城乡居民储蓄年末余额	
	全市	市辖区	全市	市辖区	全市	市辖区
福建省	**148762198**	**98267007**	**125867924**	**92534075**	**70912762**	**37508246**
福州市	47779931	36939903	40895689	35191612	20482724	12793086
厦门市	34804410	34804410	29896456	29896456	11580996	11580996
莆田市	5949636	4861075	4921537	4308156	4080976	3214966
三明市	6372382	2210667	5570083	2308899	3515275	965973
泉州市	27183742	9043058	21602405	9684283	16693324	4296054
漳州市	8681223	3646245	6558024	3695259	5031383	1763722
南平市	6267130	1996638	4938222	2174221	3608395	885326
龙岩市	6867480	3321718	5783980	3529944	3552295	1561491
宁德市	4856264	1443293	5701528	1745245	2367394	446632
江西省	**92977344**	**52476591**	**63149561**	**41715630**	**50936616**	**21905778**
南昌市	32639025	28631217	28939631	26674837	11818238	9092245
景德镇市	3190652	2053656	1790919	1255969	2069623	1249135
萍乡市	3025288	2134455	1779597	1448974	1920191	1282494
九江市	8590600	4131014	5008800	2778978	4863800	1869090
新余市	3707447	3218232	2741232	2472895	2043253	1713754
鹰潭市	2597378	1137690	1855200	653145	1471563	645069
赣州市	11230865	3532570	6347146	2428242	7356983	1683323
吉安市	6978537	1828302	3116702	413600	4815047	973096
宜春市	7808087	1824997	4046462	952158	5456873	1055659
抚州市	5391271	2129106	2526237	1060068	3744122	1342276
上饶市	7818194	1855352	4997635	1576764	5376923	999637
山东省	**346059905**	**228265508**	**259437574**	**179430526**	**170814905**	**91930977**
济南市	63632994	59708378	57008584	54820687	19115340	16445864
青岛市	63019764	52321858	48735326	42444896	25278658	17803250
淄博市	21452166	18040407	13952888	11135516	11849753	9973963
枣庄市	8076973	5408974	5858317	3117616	4425900	2736409
东营市	13009727	8983737	8993602	4068232	6402154	4486816
烟台市	33422626	17686280	21051444	12990607	18511868	7966140
潍坊市	27389571	11712740	20426253	9024401	16051100	4891882
济宁市	18956020	7226369	11287130	5172062	10730013	3230168
泰安市	12131725	5958670	7695791	3866752	7225066	3258467
威海市	13807995	6656644	9530465	4921137	8263789	3369036
日照市	8119849	5826988	7267405	6124788	3894420	2392980
莱芜市	5624396	5624396	4268906	4268906	2619500	2619500
临沂市	17623351	9153590	12874211	7891243	11781144	5354398
德州市	10884135	4452735	7731963	2877851	7078300	2256145
聊城市	10742773	3868718	7710415	2451839	6688300	2129104
滨州市	9182707	2764287	8469878	2281864	4445400	1259036
菏泽市	8983133	2870737	6574996	1972129	6454200	1757819

2-25 续表 4

单位：万元

城市	年末金融机构存款余额		年末金融机构各项贷款余额		其中：城乡居民储蓄年末余额	
	全市	市辖区	全市	市辖区	全市	市辖区
河南省	**189447013**	**116666087**	**122237149**	**85450284**	**111137319**	**54141339**
郑州市	65402663	57333541	49221860	45575079	25111685	19124582
开封市	5685036	3419189	3287732	2322811	4012550	2138796
洛阳市	17197438	11593991	8670348	6310953	9926729	6143369
平顶山市	9748005	6040358	5577676	3793444	6476697	3631018
安阳市	8843928	4334398	4951645	2990097	5898195	2193017
鹤壁市	2631025	1652161	2252306	1242848	1697793	942199
新乡市	9409811	4206627	6209059	3018899	6351289	2340920
焦作市	6620867	3448491	4091068	2448837	4651043	2104317
濮阳市	5256473	3165665	1984370	1185182	3903346	2177541
许昌市	6594722	2389673	4792316	2394074	4665024	1375373
漯河市	3537219	2562940	2473865	1885900	2260296	1471269
三门峡市	5089127	1701809	2642771	847916	3419863	1019277
南阳市	11459032	4861983	6990756	3544079	8038076	2970553
商丘市	7224835	2756779	5189467	2084390	5518191	1951021
信阳市	8889140	3094727	4708744	1952378	6749004	2015146
周口市	7924973	1645456	4997853	1696067	6504412	1094515
驻马店市	7932719	2458299	4195313	2157330	5953126	1448426
湖北省	**163777809**	**124339518**	**116645681**	**100479544**	**75884580**	**48509968**
武汉市	87616226	83078640	75353208	73152856	30101111	27267608
黄石市	5761700	3723918	3560600	2782714	3128700	1875308
十堰市	6946498	3995839	3101770	1985256	4027507	2217958
宜昌市	16020708	11827925	12594900	10644069	6088545	3286057
襄樊市	10518330	6278803	5182636	3512626	6875842	3754311
鄂州市	2025100	2025100	995600	995600	1210900	1210900
荆门市	5255080	2662675	2664429	1602870	3670906	2050158
孝感市	6271680	2227615	3187876	1169405	4291188	1297608
荆州市	8652102	3595164	3876737	2148986	6195022	2418029
黄冈市	7734500	1237685	3171900	682432	5530200	728472
咸宁市	3471936	1228304	1715208	831509	2225524	671030
随州市	3503949	2457850	1240817	971221	2539135	1732529
湖南省	**136271233**	**85449995**	**93042249**	**70602410**	**76491727**	**37189864**
长沙市	53258375	46724489	52007565	47922545	18813226	14516609
株洲市	9449678	6399942	4850278	3712931	5833286	3463957
湘潭市	6908845	4590885	4381799	3363569	4475306	2492461
衡阳市	11086429	5067552	4580499	2321191	8248732	3149621
邵阳市	8030356	2321700	2766921	971900	5940310	1339700
岳阳市	6828434	3748504	3627303	2134718	4608007	2194709
常德市	7921264	3676840	4042276	1855192	5618494	2163196
张家界市	1929575	1041116	1564425	1042436	1217368	567286

2-25 续表 5

单位：万元

城　　市	年末金融机构存款余额		年末金融机构各项贷款余额		其中：城乡居民储蓄年末余额	
	全市	市辖区	全市	市辖区	全市	市辖区
益阳市	5155708	2396882	2674352	1486284	3669058	1546164
郴州市	7954694	3343331	3147424	1583661	5573577	2089481
永州市	6305079	2274894	3201617	1524023	4623768	1419700
怀化市	5601087	2039508	2817246	1471974	3965703	1205745
娄底市	5841709	1824352	3380544	1211986	3904892	1041235
广东省	**679345854**	**613309963**	**408403728**	**383557723**	**317422225**	**267967853**
广州市	209441900	201420822	138518300	134748189	82142100	77457757
韶关市	7898453	4937613	2980066	2212631	4863393	2627282
深圳市	169381900	169381900	116463400	116463400	57237600	57237600
珠海市	21052044	21052044	10624370	10624370	8280421	8280421
汕头市	16230613	16230613	5704710	5704710	11687253	11687253
佛山市	72111412	72111412	41019722	41019722	39450053	39450053
江门市	19130300	10900000	8285000	5352700	12890600	6675700
湛江市	13068824	8419669	6133708	4734693	8107935	4351703
茂名市	8525570	3456867	2973829	1255067	6400785	2072939
肇庆市	9095669	4445237	5543506	3075406	5541367	2211495
惠州市	17347202	13170893	9249371	7587319	8674938	5659286
梅州市	7000844	2380287	2734015	1655131	4969019	955964
汕尾市	2797810	1008742	985632	570455	1973478	568564
河源市	4095868	1873171	2942590	1687640	2636044	910548
阳江市	4737185		2238641		3201446	
清远市	8218569	4015396	4207009	2413915	4965641	1995320
东莞市	49866100	49866100	29038000	29038000	29045700	29045700
中山市	21595903	21595903	11425334	11425334	12209529	12209529
潮州市	5563115	2953704	1927078	1282157	4044819	2027260
揭阳市	8133109	2572342	3260158	1554560	6226625	1686699
云浮市	4053464	1517248	2149289	1152324	2873479	856780
广西壮族自治区	**94930073**	**64731243**	**70945548**	**55178967**	**46810923**	**25726627**
南宁市	32313624	29267585	32781209	31351026	11161975	8893991
柳州市	12125170	9875116	8619899	7376738	5535302	4031171
桂林市	11098791	6303093	6533867	3829840	6416780	3120758
梧州市	3968957	1769986	2529319	1473816	2408791	937429
北海市	3742693	2775960	1894436	1508543	2266066	1496843
防城港市	2360207	1603675	1226979	889474	1235868	687778
钦州市	3719256	2446264	2518328	2003716	2069306	1101300
贵港市	4259266	2263033	2305014	1464761	2881784	1282529
玉林市	6320565	2848294	3120920	1507893	4558753	1630438
百色市	4300061	1381530	3361167	1057353	2128836	566612
贺州市	1955633	1160239	1109860	694409	1214852	658612
河池市	3937088	1197038	2344714	757056	2210441	554230
来宾市	2331900	1213413	1456969	940389	1191444	505985
崇左市	2496862	626017	1142867	323953	1530725	258951

2-25 续表 6

单位：万元

城 市	年末金融机构存款余额		年末金融机构各项贷款余额		其中：城乡居民储蓄年末余额	
	全市	市辖区	全市	市辖区	全市	市辖区
海南省	**22283058**	**22283058**	**17047897**	**17047897**	**7812703**	**7812703**
海口市	17500670	17500670	15588700	15588700	6102900	6102900
三亚市	4782388	4782388	1459197	1459197	1709803	1709803
重庆市	**109330028**	**85412412**	**87660640**	**98134493**	**49086801**	**35060595**
四川省	**236483511**	**154689236**	**149244636**	**115077006**	**110237957**	**58637851**
成都市	124159316	101814299	98694021	87698230	42337109	30778000
自贡市	4898523	3004921	2005989	1418273	3328996	1767881
攀枝花市	4916779	4197880	3310843	2871751	2443152	2034273
泸州市	6733806	4059251	3099106	2105097	4334349	2337783
德阳市	12142221	4565278	4980846	2364121	5942499	1902931
绵阳市	15246570	7935509	6802503	3960420	7071802	3295700
广元市	6101150	3157041	1963503	1145394	2800905	1252807
遂宁市	4451979	2301412	2191821	1182957	3141237	1464436
内江市	5077090	2173722	2386843	1171331	3756627	1442277
乐山市	6693658	3341695	4380007	2467315	4371885	1991835
南充市	9213967	4039346	3503597	1728606	6478399	2628031
眉山市	5089350	1797951	2290917	1053789	3648427	1212310
宜宾市	7422752	3942810	3451951	1638619	3849687	1431303
广安市	4244083	1421060	2046729	1046927	3181278	1096844
达州市	7635219	2387104	2995161	1140263	5767527	1509610
雅安市	3943175	1547165	1928925	946093	1871202	628858
巴中市	2928577	1282561	1026925	367851	1992914	845803
资阳市	5585296	1720231	2184949	769969	3919962	1017169
贵州省	**40769637**	**30830797**	**30688236**	**24893210**	**17336371**	**12019404**
贵阳市	24544282	23173423	20703407	19687964	9219442	8421912
六盘水市	4240533	2351188	3082486	1970631	1868662	991468
遵义市	9205923	3771765	4856064	2359645	4857191	1830980
安顺市	2778899	1534421	2046279	874970	1391076	775044
云南省	**87178345**	**21310899**	**72383392**	**12915013**	**33641681**	**9691467**
昆明市	58494300	7599318	54507900	3942117	19229200	4109469
曲靖市	8359235	3958523	5265499	2274524	4214246	1576402
玉溪市	6993704	4178830	3804620	2193272	3186495	1525147
保山市	2603712	1131562	1829451	847836	1554784	616158
昭通市	3861775	1489724	2133409	892435	1871024	572087
丽江市	2187073	1191620	1526186	1104703	1171930	556330
思茅市	2726000	995226	1904000	965929	1475000	491205
临沧市	1952546	766096	1412327	694197	939002	244669

2-25 续表 7

单位：万元

城　　市	年末金融机构存款余额		年末金融机构各项贷款余额		其中：城乡居民储蓄年末余额	
	全市	市辖区	全市	市辖区	全市	市辖区
西藏自治区	**6843300**		**1639400**		**1273000**	
拉萨市	6843300		1639400		1273000	
陕西省	**136184713**	**95325008**	**72047407**	**55098868**	**67067603**	**40786473**
西安市	75220800	67902700	44826300	42655600	30842000	26117700
铜川市	2066206	1949275	808265	783382	1258668	1201672
宝鸡市	9128400	5873122	3581500	2269286	5682900	3333435
咸阳市	9360021	4859536	3667934	1998975	5886141	2671737
渭南市	8472334	2643696	3863798	934502	5553718	1359244
延安市	6453612	2766802	3020516	1350156	3208059	1328875
汉中市	6765716	2515179	2415661	735886	4252718	1389174
榆林市	11686694	3741720	6770442	2791884	5930127	1555371
安康市	3831291	1750383	1773934	966147	2371530	1080634
商洛市	3199639	1322595	1319057	613050	2081742	748631
甘肃省	**56356401**	**40382228**	**36098710**	**28441514**	**30495530**	**18554007**
兰州市	26211979	24668067	20071912	19231555	10899721	9929912
嘉峪关市	1544385	1544385	1804341	1804341	632476	632476
金昌市	1605228	1236301	1620511	1419820	848471	598932
白银市	3127972	2286936	1389411	873799	1653527	1079120
天水市	3860747	2518437	1595420	1040409	2574323	1615193
武威市	2611183	1703921	1171598	788953	1801166	1171407
张掖市	2143600	1149060	1133653	709878	1377925	743353
平凉市	2747400	1093100	2127900	764400	1672200	632900
酒泉市	4057800	1477226	1488700	659562	4057800	872733
庆阳市	2895656	1035729	1046253	407960	1991278	650188
定西市	2132651	751106	1162411	366737	1380343	376793
陇南市	3417800	917960	1486600	374100	1606300	251000
青海省	**13006326**	**12139608**	**11743785**	**10738890**	**4802171**	**4282021**
西宁市	13006326	12139608	11743785	10738890	4802171	4282021
宁夏回族自治区	**20587173**	**16241350**	**19182973**	**15097401**	**9679304**	**7117994**
银川市	12789671	11411224	12891250	11279346	5194029	4356194
石嘴山市	2920558	2466446	2280844	1925441	1734326	1388869
吴忠市	2136426	993113	2116145	846830	1264632	599499
固原市	1155059	596788	608303	415711	587675	318000
中卫市	1585459	773779	1286431	630073	898642	455432
新疆维吾尔自治区	**34273209**	**34166998**	**17691034**	**17627940**	**12131046**	**12079238**
乌鲁木齐市	29351804	29245593	16268773	16205679	10407070	10355262
克拉玛依市	4921405	4921405	1422261	1422261	1723976	1723976

2-26 劳动工资

城市	在岗职工平均人数（万人）		在岗职工工资总额（万元）		职工平均工资（元）	
	全市	市辖区	全市	市辖区	全市	市辖区
城市合计	**10905.03**	**6722.40**	**342939330**	**240340654**	**31447.81**	**35752.21**
北京市	**555.07**	**541.22**	**32271711**	**31826169**	**58139.89**	**58804.50**
天津市	**182.69**	**173.87**	**8234840**	**7867212**	**45075.48**	**45247.67**
河北省	**471.40**	**236.75**	**13673441**	**7694843**	**29006.03**	**32501.98**
石家庄市	80.68	50.52	2208199	1548247	27369.84	30646.22
唐山市	74.46	48.75	2481815	1785555	33330.85	36626.77
秦皇岛市	27.14	18.56	874679	667967	32228.41	35989.60
邯郸市	51.97	27.33	1435300	895023	27617.86	32748.74
邢台市	31.97	13.29	828181	417116	25904.94	31385.70
保定市	59.46	21.63	1484579	607459	24967.69	28084.10
张家口市	31.20	14.25	832444	442380	26680.90	31044.21
承德市	25.28	10.51	675611	320320	26725.12	30477.64
沧州市	39.98	11.00	1484579	294286	37133.04	26753.27
廊坊市	28.33	12.41	891681	495378	31474.80	39917.65
衡水市	20.93	8.50	476373	221112	22760.30	26013.18
山西省	**366.53**	**197.59**	**10259763**	**6116311**	**27991.61**	**30954.56**
太原市	78.70	75.13	2608144	2524074	33140.33	33596.09
大同市	41.00	34.10	1155053	988055	28172.02	28975.22
阳泉市	21.80	17.45	757133	632777	34730.87	36262.29
长治市	34.53	13.50	993612	324983	28775.33	24072.81
晋城市	25.92	12.41	886389	526492	34197.11	42424.82
朔州市	16.48	8.86	460318	285030	27931.92	32170.43
晋中市	34.00	9.47	806025	197852	23706.62	20892.50
运城市	31.89	6.91	641996	165667	20131.58	23974.96
忻州市	22.70	6.50	456317	120100	20102.07	18476.92
临汾市	32.51	9.00	787289	243575	24216.83	27063.89
吕梁市	27.00	4.26	707487	107706	26203.22	25283.10
内蒙古自治区	**199.87**	**104.68**	**6228806**	**3725903**	**31164.29**	**35593.26**
呼和浩特市	31.10	24.39	1057177	1039369	33992.83	42614.56
包头市	32.30	27.84	1186242	1036552	36725.76	37232.47
乌海市	10.37	10.37	369072	369072	35590.36	35590.36
赤峰市	31.11	11.84	852777	398604	27411.67	33665.88
通辽市	23.37	8.72	511295	185182	21878.27	21236.47
鄂尔多斯市	15.35	4.84	687923	227398	44815.83	46983.06
呼伦贝尔市	27.70	4.35	782460	135800	28247.65	31218.39
巴彦淖尔市	14.75	6.61	381788	177436	25883.93	26843.57
乌兰察布市	13.82	5.72	400072	156490	28948.78	27358.36
辽宁省	**478.33**	**356.70**	**14913280**	**12251628**	**31177.81**	**34347.15**
沈阳市	98.66	92.34	3805993	3622865	38576.86	39233.97
大连市	84.69	72.65	3283039	2914109	38765.37	40111.62

2-26 续表 1

城市	在岗职工平均人数（万人）		在岗职工工资总额（万元）		职工平均工资（元）	
	全市	市辖区	全市	市辖区	全市	市辖区
鞍山市	38.19	29.47	1162223	974121	30432.65	33054.67
抚顺市	26.15	22.10	806123	697996	30826.88	31583.53
本溪市	22.97	19.74	652020	581886	28385.72	29477.51
丹东市	20.09	13.88	468952	310051	23342.56	22337.97
锦州市	23.28	14.83	602846	448164	25895.45	30220.09
营口市	17.78	13.89	487590	388201	27423.51	27948.24
阜新市	16.83	12.83	387213	312719	23007.31	24374.05
辽阳市	16.90	12.80	469578	386241	27785.68	30175.08
盘锦市	47.00	25.05	1145001	951148	24361.72	37969.98
铁岭市	21.77	2.15	523968			
朝阳市	22.32	7.70	592784	217126	26558.42	28198.18
葫芦岛市	21.70	17.27	525950	447001	24237.33	25883.09
吉林省	**225.48**	**144.20**	**5975699**	**4394039**	**26502.12**	**30471.84**
长春市	87.05	72.03	2650534	2376940	30448.41	32999.31
吉林市	32.74	19.69	959257	682078	29299.24	34640.83
四平市	20.32	8.37	405729	188096	19966.98	22472.64
辽源市	8.89	5.88	195695	132005	22012.94	22449.83
通化市	19.56	7.50	422271	181692	21588.50	24225.60
白山市	16.40	9.60	360042	224799	21953.78	23416.56
松原市	23.46	12.51	676060	449113	28817.56	35900.32
白城市	17.06	8.62	306111	159316	17943.20	18482.13
黑龙江省	**377.23**	**245.94**	**9772962**	**7567067**	**25907.17**	**30767.94**
哈尔滨市	135.70	111.20	3969321	3503570	29250.71	31506.92
齐齐哈尔市	41.83	22.49	893986	605702	21371.89	26932.06
鸡西市	18.86	13.94	442033	335599	23437.59	24074.53
鹤岗市	14.42	12.15	364069	323662	25247.50	26638.85
双鸭山市	21.11	8.14	339395	224703	16077.45	27604.79
大庆市	50.32	44.42	2081878	1968684	41372.77	44319.77
伊春市						
佳木斯市	16.48	8.35	382672	232655	23220.39	27862.87
七台河市	13.25	11.49				
牡丹江市	21.83	8.94	516050	256130	23639.49	28649.89
黑河市	19.93	2.62	365665	78159	18347.47	29831.68
绥化市	23.50	2.20	417893	38203	17782.68	17365.00
上海市	**318.45**	**315.39**	**20237137**	**20041674**	**63548.87**	**63545.69**
江苏省	**669.61**	**377.95**	**24032741**	**15264762**	**35890.65**	**40388.31**
南京市	109.32	102.81	4768889	4556677	43623.21	44321.34
无锡市	58.25	37.58	2524961	1674517	43346.97	44558.73
徐州市	58.00	29.95	1808200	1179983	31175.86	39398.43
常州市	35.96	25.70	1410417	1087858	39221.83	42329.11

2-26 续表 2

城　市	在岗职工平均人数(万人)		在岗职工工资总额(万元)		职工平均工资(元)	
	全市	市辖区	全市	市辖区	全市	市辖区
苏州市	114.52	54.50	4610823	2337748	40262.16	42894.46
南通市	57.57	26.72	2027713	1035853	35221.70	38766.95
连云港市	30.01	15.60	886828	534699	29551.08	34275.58
淮安市	34.63	20.56	975837	641295	28178.95	31191.39
盐城市	48.10	14.50	1283084	456615	26675.34	31490.69
扬州市	36.86	14.48	1128207	509830	30607.89	35209.25
镇江市	34.49	17.92	1179747	687864	34205.48	38385.27
泰州市	32.10	10.55	956559	353607	29799.35	33517.25
宿迁市	19.80	7.08	471476	208216	23811.92	29409.04
浙江省	**731.79**	**382.09**	**27381142**	**15577258**	**37416.67**	**40768.56**
杭州市	171.78	147.63	7549145	6665279	43946.59	45148.54
宁波市	120.01	72.83	4696906	3032558	39137.62	41638.86
温州市	99.35	36.19	3367158	1423824	33891.88	39343.02
嘉兴市	72.05	20.31	2302949	700004	31963.21	34465.98
湖州市	31.48	15.20	1065337	520707	33841.71	34257.04
绍兴市	89.95	26.45	2923702	823254	32503.64	31124.91
金华市	45.68	14.19	1588234	535485	34768.70	37736.79
衢州市	14.46	7.22	565293	284230	39093.57	39367.04
舟山市	14.31	11.51	580553	470024	40569.74	40836.14
台州市	57.85	25.82	2130097	917011	36821.04	35515.53
丽水市	14.87	4.74	611768	204882	41141.09	43224.05
安徽省	**329.46**	**192.82**	**9750063**	**6242268**	**29594.07**	**32373.55**
合肥市	56.95	45.63	1944479	1618540	34143.62	35470.96
芜湖市	21.53	17.77	692347	565008	32157.32	31795.61
蚌埠市	16.27	10.33	415084	289198	25512.23	27995.93
淮南市	27.45	23.26	1098611	970503	40022.26	41724.12
马鞍山市	14.28	12.83	545837	497846	38223.88	38803.27
淮北市	20.41	17.77	725820	658478	35561.98	37055.60
铜陵市	10.51	9.27	326078	283061	31025.50	30535.17
安庆市	21.71	8.90	521567	209975	24024.27	23592.70
黄山市	8.53	5.24	230778	143824	27054.87	27447.33
滁州市	17.20	5.40	417559	146174	24276.69	27069.26
阜阳市	26.49	11.49	586982	246186	22158.63	21426.11
宿州市	21.20	3.20	523308	58421	24684.34	18256.56
巢湖市	15.84	4.75	431572	122348	27245.71	25757.47
六安市	19.20	7.67	460802	188410	24000.10	24564.54
亳州市	14.61	4.69	335310	113307	22950.72	24159.28
池州市	6.44	3.07	177721	88700	27596.43	28892.51
宣城市	10.84	1.55	316208	42289	29170.48	27283.23

2-26 续表 3

城市	在岗职工平均人数(万人)		在岗职工工资总额(万元)		职工平均工资(元)	
	全市	市辖区	全市	市辖区	全市	市辖区
福建省	**441.95**	**222.43**	**12607506**	**7110901**	**28527.00**	**31969.16**
福州市	93.21	54.09	2861961	1822666	30704.44	33696.91
厦门市	74.60	74.60	2719542	2719542	36454.99	36454.99
莆田市	26.64	22.49	656784	557191	24654.05	24775.06
三明市	20.67	6.98	565934	212933	27379.49	30506.16
泉州市	128.78	32.21	3254612	855113	25272.65	26548.06
漳州市	34.76	9.57	858932	274833	24710.36	28718.18
南平市	21.90	6.75	553410	183303	25269.86	27156.00
龙岩市	26.24	11.42	725350	352887	27642.91	30900.79
宁德市	15.15	4.32	410981	132433	27127.46	30655.79
江西省	**265.51**	**117.55**	**6194845**	**3249819**	**23331.87**	**27646.27**
南昌市	61.09	47.00	1860182	1565294	30449.86	33304.13
景德镇市	15.82	9.16	324741	203797	20527.24	22248.58
萍乡市	12.87	9.86	285317	229126	22169.15	23237.93
九江市	29.59	10.63	622967	292720	21053.30	27537.16
新余市	9.40	8.03	254584	220488	27083.40	27458.03
鹰潭市	7.94	1.99	161915	48581	20392.32	24412.56
赣州市	40.00	7.81	822479	206974	20561.98	26501.15
吉安市	18.54	3.32	382125	74413	20610.84	22413.55
宜春市	23.23	8.12	556339	165102	23949.16	20332.76
抚州市	20.40	7.17	371384	143657	18205.10	20035.84
上饶市	26.63	4.46	552812	99667	20758.99	22346.86
山东省	**883.07**	**469.44**	**26134839**	**15636212**	**29595.43**	**33308.22**
济南市	115.13	89.07	4105687	3432666	35661.31	38538.97
青岛市	118.24	69.22	3932325	2655412	33257.15	38361.92
淄博市	59.49	45.31	1781717	1420113	29949.86	31342.15
枣庄市	33.10	24.11	893296	650675	26987.79	26987.76
东营市	36.95	27.21	1364204	1085740	36920.27	39902.24
烟台市	81.73	45.22	2549988	1582065	31200.15	34985.96
潍坊市	70.30	25.67	2024898	771214	28803.67	30043.40
济宁市	56.88	19.49	1763050	557247	30995.96	28591.43
泰安市	51.83	16.81	1328409	403606	25630.12	24009.88
威海市	38.36	19.58	1049937	526986	27370.62	26914.50
日照市	18.55	12.15	526515	404381	28383.56	33282.39
莱芜市	13.58	13.58	429083	429083	31596.69	31596.69
临沂市	51.26	21.40	1418202	690355	27666.84	32259.58
德州市	35.80	10.67	774978	274516	21647.43	25727.84
聊城市	33.60	9.99	718436	252462	21382.02	25271.47
滨州市	34.77	9.58	829160	251073	23846.99	26208.04
菏泽市	33.50	10.38	644954	248618	19252.36	23951.64

2-26 续表 4

城　市	在岗职工平均人数（万人）		在岗职工工资总额（万元）		职工平均工资（元）	
	全市	市辖区	全市	市辖区	全市	市辖区
河南省	**682.04**	**328.05**	**16133472**	**8634459**	**23654.73**	**26320.56**
郑州市	97.41	66.00	2906395	2155290	29836.72	32655.91
开封市	30.57	14.62	649073	326175	21232.35	22310.19
洛阳市	50.36	31.80	1317004	821890	26151.79	25845.60
平顶山市	46.10	27.98	1310856	884499	28435.05	31611.83
安阳市	37.73	16.70	909019	503405	24092.74	30144.01
鹤壁市	16.60	12.17	350758	275855	21130.00	22666.80
新乡市	43.23	18.74	863266	426184	19969.14	22741.94
焦作市	31.92	16.33	781632	437308	24487.22	26779.42
濮阳市	28.96	18.67	696378	531015	24046.20	28442.15
许昌市	27.55	7.98	628500	191271	22813.07	23968.80
漯河市	21.40	14.30	404717	291310	18912.01	20371.33
三门峡市	22.40	6.65	597979	175514	26695.49	26393.08
南阳市	67.79	29.21	1410318	719262	20804.22	24623.83
商丘市	37.37	13.20	809183	226723	21653.28	17175.98
信阳市	41.83	13.17	895508	268234	21408.27	20367.05
周口市	43.52	9.62	894288	221704	20548.90	23046.15
驻马店市	37.30	10.91	708598	178820	18997.27	16390.47
湖北省	**338.82**	**146.35**	**6309543**	**2984025**	**18622.11**	**20389.65**
武汉市						
黄石市	32.06	18.87	553744	323530	17272.11	17145.20
十堰市	38.42	24.00	806507	551270	20991.85	22969.58
宜昌市	50.82	21.30	982452	472096	19332.00	22164.13
襄樊市	33.56	16.88	680947	398857	20290.44	23628.97
鄂州市	16.12	16.12	205066	205066	12721.22	12721.22
荆门市	17.87	7.57	418631	193606	23426.47	25575.43
孝感市	41.14	11.64	678435	213205	16490.88	18316.58
荆州市	36.00	13.51	680317	288000	18897.69	21317.54
黄冈市	34.65	5.12	605900	89900	17486.29	17558.59
咸宁市	27.80	6.54	489692	137280	17614.82	20990.83
随州市	10.38	4.80	207852	111215	20024.28	23169.79
湖南省	**419.10**	**197.11**	**11224151**	**6056805**	**26781.56**	**30728.05**
长沙市	91.94	61.42	3207591	2241290	34887.87	36491.21
株洲市	31.22	19.18	912513	621383	29228.48	32397.45
湘潭市	24.68	15.21	625568	404796	25347.16	26613.81
衡阳市	43.21	16.72	1097239	538279	25393.17	32193.72
邵阳市	29.24	9.13	655536	216694	22419.15	23734.28
岳阳市	40.12	16.91	874651	424441	21800.87	25100.00
常德市	31.89	13.07	798919	386994	25052.34	29609.33

2-26 续表 5

城 市	在岗职工平均人数（万人）		在岗职工工资总额（万元）		职工平均工资（元）	
	全市	市辖区	全市	市辖区	全市	市辖区
张家界市	7.26	3.52	184699	97310	25440.63	27644.89
益阳市	21.29	10.43	496251	247225	23309.11	23703.26
郴州市	26.03	9.10	687689	289896	26419.09	31856.70
永州市	26.36	8.60	662059	225697	25116.05	26243.84
怀化市	22.99	5.70	591986	170237	25749.72	29866.14
娄底市	22.87	8.12	429450	192563	18777.87	23714.66
广东省	**976.85**	**768.24**	**35168872**	**30293296**	**36002.33**	**39432.07**
广州市	224.13	208.35	11098493	10588768	49518.11	50822.02
韶关市	28.39	14.42	802674	486506	28273.12	33738.28
深圳市	214.70	214.70	10029764	10029764	46715.25	46715.25
珠海市	56.92	56.92	1807817	1807817	31760.66	31760.66
汕头市	30.60	30.09	776837	767004	25386.83	25490.33
佛山市	53.20	53.20				
江门市			979836	631212		
湛江市	38.35	16.40	918225	552992	23943.29	33719.02
茂名市	29.61	9.29	718286	326533	24258.22	35148.87
肇庆市	25.86	12.75	680635	354752	26319.99	27823.69
惠州市	74.80	54.24	1928867	1454222	25786.99	26810.88
梅州市	22.14	5.01	533565	178353	24099.59	35599.40
汕尾市	13.70	4.88	318462	148290	23245.40	30387.30
河源市	23.88	10.93	568486	288093	23805.95	26358.01
阳江市	16.87	7.02	361740	158143	21442.80	22527.49
清远市	26.07	8.45	739750	267715	28375.53	31682.25
东莞市	22.17	22.17	944243	944243	42591.02	42591.02
中山市	25.10	25.10	907602	907602	36159.44	36159.44
潮州市	13.13	5.29	279506	149930	21287.59	28342.16
揭阳市	20.55	4.93	408487	126366	19877.71	25632.05
云浮市	16.68	4.10	365597	124991	21918.29	30485.61
广西壮族自治区	**269.45**	**146.83**	**7509718**	**4339640**	**27870.54**	**29555.54**
南宁市	62.81	48.95	2047363	1426201	32596.13	29135.87
柳州市	32.96	23.55	1108934	852203	33644.84	36186.96
桂林市	29.61	14.80	824458	443489	27843.90	29965.47
梧州市	13.42	6.50	327105	186757	24374.44	28731.85
北海市	9.35	6.19	231518	166009	24761.28	26818.90
防城港市	8.09	5.93	213768	163635	26423.73	27594.44
钦州市	12.05	6.14	298350	158863	24759.34	25873.45
贵港市	13.05	6.12	292150	145547	22386.97	23782.19
玉林市	22.59	8.59	545286	252577	24138.38	29403.61
百色市	16.84	5.03	461585	139353	27410.04	27704.37

2-26 续表 6

城　市	在岗职工平均人数(万人)		在岗职工工资总额(万元)		职工平均工资(元)	
	全市	市辖区	全市	市辖区	全市	市辖区
贺州市	8.33	3.92	191297	104085	22964.83	26552.30
河池市	17.75	4.10	404018	100888	22761.58	24606.83
来宾市	10.25	4.77	286752	143254	27975.80	30032.29
崇左市	12.35	2.24	277134	56779	22440.00	25347.77
海南省	**36.45**	**36.45**	**1104178**	**1104178**	**30292.95**	**30292.95**
海口市	30.79	30.79	943375	943375	30639.01	30639.01
三亚市	5.66	5.66	160803	160803	28410.42	28410.42
重庆市	**231.27**	**176.12**				
四川省	**498.06**	**275.52**	**13849641**	**8485060**	**27807.17**	**30796.53**
成都市	157.36	115.27	5380951	4149609	34195.16	35999.04
自贡市	19.38	14.36	493325	371969	25455.37	25903.13
攀枝花市	17.83	15.78	569176	511457	31922.38	32411.72
泸州市	25.26	14.80	588958	364718	23315.84	24643.11
德阳市	20.96	8.85	715918	343934	34156.39	38862.60
绵阳市	34.44	18.27	902758	525785	26212.49	28778.60
广元市	14.79	8.65	363197	206227	24556.93	23841.27
遂宁市	17.31	6.04	371320	145235	21451.18	24045.53
内江市	19.93	7.63	462730	188770	23217.76	24740.50
乐山市	29.40	14.61	679513	350565	23112.69	23994.87
南充市	26.26	11.29	569244	256483	21677.23	22717.71
眉山市	12.31	3.87	294995	102555	23963.85	26500.00
宜宾市	31.48	11.63	792618	343357	25178.46	29523.39
广安市	10.94	3.80	275453	93778	25178.52	24678.42
达州市	23.86	5.98	543266	178395	22768.90	29831.94
雅安市	8.98	4.16	207788	104966	23138.98	25232.21
巴中市	13.09	5.72	287584	117840	21969.75	20601.40
资阳市	14.48	4.81	350847	129417	24229.77	26905.82
贵州省	**121.36**	**80.27**	**3411672**	**2226163**	**28112.00**	**27733.44**
贵阳市	65.39	56.73	1803395	1554893	27579.06	27408.66
六盘水市	17.54	7.65	489915	222438	27931.30	29076.86
遵义市	27.26	9.84	824910	287389	30260.82	29206.20
安顺市	11.17	6.05	293452	161443	26271.44	26684.79
云南省	**195.31**	**71.07**	**5483768**	**2549592**	**28077.25**	**35874.38**
昆明市	89.22	38.03	2666716	1609977	29889.22	42334.39
曲靖市	30.60	6.33	894531	220890	29233.04	34895.73
玉溪市	17.15	6.20	474476	198655	27666.24	32041.13
保山市	13.31	7.03	284935	142230	21407.59	20231.86
昭通市	17.35	5.53	463484	160473	26713.78	29018.63
丽江市	7.48	2.81	200335	73499	26782.69	26156.23
思茅市	11.37	2.97	281759	79184	24780.91	26661.28
临沧市	8.83	2.17	217532	64684	24635.56	29808.29

2-26 续表 7

城市	在岗职工平均人数（万人）		在岗职工工资总额（万元）		职工平均工资（元）	
	全市	市辖区	全市	市辖区	全市	市辖区
西藏自治区	**9.10**		**424769**		**46677.91**	
拉萨市	9.10		424769		46677.91	
陕西省	**325.57**	**198.65**	**5419165**	**2138666**	**16645.16**	**10766.00**
西安市	129.22	120.49				
铜川市	9.39	8.82	264845	248282	28205.01	28149.89
宝鸡市	28.52	17.30	756833	457951	26536.92	26471.16
咸阳市	35.99	14.49	861370	353180	23933.59	24374.05
渭南市	34.30	9.42	843300	241200	24586.01	25605.10
延安市	20.49	7.31	703602	219066	34338.80	29967.99
汉中市	21.35	6.23	568566	179544	26630.73	28819.26
榆林市	22.80	6.09	832074	217804	36494.47	35764.20
安康市	12.01	4.79	329621	131690	27445.55	27492.69
商洛市	11.50	3.71	258954	89949	22517.74	24245.01
甘肃省	**164.03**	**102.10**	**4457830**	**2846018**	**27176.92**	**27874.81**
兰州市	49.98	45.22	1449199	1323215	28995.58	29261.72
嘉峪关市	4.45	4.45	175262	175262	39384.72	39384.72
金昌市	7.12	5.30	265319	221252	37263.90	41745.66
白银市	14.79	9.89	450483	326084	30458.62	32971.08
天水市	17.31	10.93	380706	221682	21993.41	20281.98
武威市	9.68	6.54	184935	120236	19104.86	18384.71
张掖市	9.06	4.49	191447	84895	21131.02	18907.57
平凉市	12.27	4.34	346600	81700	28247.76	18824.88
酒泉市	8.95	3.59	273488	96893	30557.32	26989.69
庆阳市	8.93	2.70	243192	73985	27233.15	27401.85
定西市	10.28	2.59	235284	66798	22887.55	25790.73
陇南市	11.21	2.06	261915	54016	23364.41	26221.36
青海省	**26.15**	**19.63**	**735454**	**573552**	**28124.44**	**29218.14**
西宁市	26.15	19.63	735454	573552	28124.44	29218.14
宁夏回族自治区	**54.57**	**37.39**	**1819045**	**1340122**	**33334.15**	**35841.71**
银川市	28.73	23.61	1057127	928497	36795.22	39326.42
石嘴山市	7.90	6.30	239531	197905	30320.38	31413.49
吴忠市	7.59	2.97	226669	83209	29864.16	28016.50
固原市	5.84	2.29	171152	71249	29306.85	31113.10
中卫市	4.51	2.22	124566	59262	27619.96	26694.59
新疆维吾尔自治区	**60.46**	**60.00**	**2219278**	**2203013**	**36706.55**	**36716.88**
乌鲁木齐市	47.36	46.90	1728659	1712394	36500.40	36511.60
克拉玛依市	13.10	13.10	490619	490619	37451.83	37451.83

2-27 学校数

单位：所

城　　市	普通高等学校		普通中学		小　学	
	全市	市辖区	全市	市辖区	全市	市辖区
城市合计	**2185**	**1956**	**64806**	**19890**	**253523**	**50833**
北京市	**88**	**88**	**647**	**602**	**1160**	**1071**
天津市	**55**	**55**	**571**	**425**	**983**	**697**
河北省	**102**	**94**	**3548**	**582**	**14447**	**1553**
石家庄市	40	39	487	90	1825	202
唐山市	8	8	380	130	1281	424
秦皇岛市	6	6	186	46	531	76
邯郸市	4	4	453	62	2134	157
邢台市	4	4	382	47	1644	90
保定市	12	12	508	37	2289	106
张家口市	4	4	200	41	695	111
承德市	4	4	166	21	677	88
沧州市	7	4	375	53	1491	86
廊坊市	11	7	192	34	856	153
衡水市	2	2	219	21	1024	60
山西省	**64**	**59**	**2865**	**621**	**14728**	**1985**
太原市	36	36	234	167	640	363
大同市	1	1	263	102	1221	362
阳泉市	1	1	89	38	402	93
长治市	6	6	245	50	1625	107
晋城市	2	2	165	26	939	63
朔州市			112	35	627	172
晋中市	7	4	250	32	1000	111
运城市	3	3	437	46	1624	140
忻州市	2	1	365	40	2698	292
临汾市	4	4	345	61	1843	207
吕梁市	2	1	360	24	2109	75
内蒙古自治区	**43**	**39**	**1034**	**317**	**2824**	**954**
呼和浩特市	21	21	120	69	429	81
包头市	9	9	101	81	198	145
乌海市	1	1	23	23	31	31
赤峰市	2	2	196	54	735	556
通辽市	3		176	18	639	35
鄂尔多斯市	2	2	68	9	130	25
呼伦贝尔市	2	1	204	23	277	14
巴彦淖尔市	1	1	67	21	143	35
乌兰察布市	2	2	79	19	242	32

2-27 续表 1 单位：所

城市	普通高等学校		普通中学		小学	
	全市	市辖区	全市	市辖区	全市	市辖区
辽宁省	**104**	**104**	**2105**	**886**	**6037**	**1431**
沈阳市	40	40	334	235	482	291
大连市	31	31	279	157	794	264
鞍山市	3	3	166	64	683	82
抚顺市	5	5	130	69	215	78
本溪市	1	1	72	43	69	44
丹东市	3	3	128	37	474	82
锦州市	7	7	159	45	468	86
营口市	2	2	97	39	271	64
阜新市	2	2	117	40	257	76
辽阳市	4	4	89	28	307	35
盘锦市	2	2	74	33	62	43
铁岭市	2	2	128	20	519	39
朝阳市	1	1	190	26	748	101
葫芦岛市	1	1	142	50	688	146
吉林省	**44**	**44**	**1327**	**389**	**5956**	**931**
长春市	26	26	342	144	1540	343
吉林市	8	8	191	69	787	173
四平市	3	3	189	28	1002	70
辽源市	2	2	70	24	411	60
通化市	1	1	147	25	490	48
白山市	1	1	114	36	253	59
松原市	1	1	143	28	736	90
白城市	2	2	131	35	737	88
黑龙江省	**75**	**72**	**2258**	**788**	**7177**	**1478**
哈尔滨市	48	46	577	283	1768	504
齐齐哈尔市	5	5	319	102	1315	185
鸡西市	1	1	129	44	118	35
鹤岗市	1	1	64	31	109	50
双鸭山市	1	1	133	38	184	38
大庆市	6	6	159	88	606	191
伊春市	1	1	69	44	130	60
佳木斯市	2	2	151	41	425	84
七台河市	1	1	57	35	94	54
牡丹江市	7	6	149	35	385	49
黑河市	1	1	131	5	268	7
绥化市	1	1	320	42	1775	221
上海市	**66**	**66**	**760**	**723**	**751**	**714**
江苏省	**122**	**124**	**2891**	**1053**	**5013**	**1601**
南京市	42	52	218	184	347	290
无锡市	11	10	184	94	223	110
徐州市	7	7	350	71	879	131

2-27 续表 2 单位：所

城市	普通高等学校		普通中学		小学	
	全市	市辖区	全市	市辖区	全市	市辖区
常州市	9	9	166	135	206	135
苏州市	19	12	257	96	334	120
南通市	6	6	271	70	382	101
连云港市	3	3	205	42	503	79
淮安市	6	6	204	104	455	235
盐城市	5	5	301	55	573	110
扬州市	5	5	186	55	271	47
镇江市	5	5	114	44	138	50
泰州市	3	3	217	40	166	30
宿迁市	1	1	218	63	536	163
浙江省	**91**	**85**	**2353**	**763**	**4147**	**1148**
杭州市	36	35	327	202	417	234
宁波市	15	15	306	125	536	207
温州市	6	6	487	101	749	167
嘉兴市	5	5	160	45	225	57
湖州市	3	3	130	55	150	55
绍兴市	7	7	188	19	471	56
金华市	8	5	243	50	468	89
衢州市	1	1	99	35	220	61
舟山市	3	3	52	41	62	41
台州市	4	2	259	67	575	142
丽水市	3	3	102	23	274	39
安徽省	**101**	**93**	**3856**	**1098**	**14974**	**3458**
合肥市	43	43	256	110	730	155
芜湖市	10	10	122	48	231	82
蚌埠市	5	5	188	48	893	131
淮南市	5	5	132	99	476	292
马鞍山市	6	6	57	25	158	43
淮北市	3	3	139	80	393	178
铜陵市	3	3	49	30	107	54
安庆市	3	3	408	41	1824	137
黄山市	1	1	125	36	541	137
滁州市	3	2	287	28	721	62
阜阳市	4	3	506	116	2420	461
宿州市	3		310	96	1240	373
巢湖市	2		260	53	1087	199
六安市	4	3	422	120	1918	450
亳州市	2	2	323	76	1487	412
池州市	3	3	111	40	425	172
宣城市	1	1	161	52	323	120

2-27 续表 3

单位：所

城市	普通高等学校		普通中学		小学	
	全市	市辖区	全市	市辖区	全市	市辖区
福建省	**88**	**74**	**1931**	**460**	**7849**	**1574**
福州市	34	30	367	86	1350	204
厦门市	17	17	95	95	300	300
莆田市	2	2	158	95	765	485
三明市	3	2	177	17	524	36
泉州市	17	10	367	55	1535	173
漳州市	7	7	220	30	1346	113
南平市	4	2	173	26	585	106
龙岩市	2	2	179	28	543	72
宁德市	2	2	195	28	901	85
江西省	**75**	**71**	**2579**	**436**	**13021**	**1563**
南昌市	44	44	263	118	1064	195
景德镇市	3	3	104	29	495	63
萍乡市	1	1	113	48	420	165
九江市	7	4	310	41	1430	73
新余市	1	1	48	30	162	91
鹰潭市	1	1	70	12	359	28
赣州市	8	7	447	25	2628	75
吉安市	1	1	307	25	1211	135
宜春市	2	2	245	41	1640	331
抚州市	4	4	215	43	1388	338
上饶市	3	3	457	24	2224	69
山东省	**168**	**154**	**3750**	**1120**	**12859**	**3096**
济南市	66	65	218	130	672	369
青岛市	25	25	305	109	932	251
淄博市	8	8	208	148	380	242
枣庄市	3	2	148	91	603	359
东营市	5	4	95	51	176	65
烟台市	10	8	312	76	584	153
潍坊市	11	8	378	66	1201	227
济宁市	6	3	310	43	1306	106
泰安市	7	7	178	61	675	194
威海市	7	5	112	29	135	43
日照市	2	2	122	48	433	164
莱芜市	2	2	57	57	171	171
临沂市	3	3	362	63	1668	245
德州市	4	4	205	18	971	72
聊城市	3	3	205	40	786	125
滨州市	3	3	161	30	457	75
菏泽市	3	2	374	60	1709	235

2-27 续表 4　　单位：所

城　市	普通高等学校		普通中学		小　学	
	全市	市辖区	全市	市辖区	全市	市辖区
河南省	**88**	**77**	**5530**	**1036**	**29302**	**3166**
郑州市	41	31	379	149	1030	304
开封市	3	3	288	44	1422	125
洛阳市	3	3	448	89	2249	154
平顶山市	4	4	267	62	1481	151
安阳市	3	3	326	59	1534	141
鹤壁市	1	1	101	40	466	125
新乡市	6	6	409	66	1690	147
焦作市	3	3	253	47	645	80
濮阳市	1	1	208	64	1271	111
许昌市	2	2	249	31	1117	46
漯河市	3	3	118	53	524	237
三门峡市	1	1	141	16	566	55
南阳市	4	4	523	95	3754	358
商丘市	5	4	476	88	2680	466
信阳市	3	3	387	68	2464	413
周口市	3	3	613	25	4065	113
驻马店市	2	2	344	40	2344	140
湖北省	**114**	**99**	**2554**	**755**	**7356**	**1561**
武汉市	78	63	408	265	681	336
黄石市	3	3	149	37	625	71
十堰市	4	4	205	37	807	60
宜昌市	5	5	189	57	380	93
襄樊市	4	4	256	95	863	328
鄂州市	1	1	60	60	263	263
荆门市	1	1	139	36	311	67
孝感市	2	2	235	41	713	109
荆州市	9	9	275	53	585	73
黄冈市	4	4	369	7	1422	36
咸宁市	2	2	161	34	506	82
随州市	1	1	108	33	200	43
湖南省	**103**	**90**	**3846**	**636**	**12854**	**1505**
长沙市	48	35	291	81	1055	259
株洲市	9	9	195	39	513	73
湘潭市	9	9	190	36	515	68
衡阳市	7	7	425	50	1925	163
邵阳市	3	3	483	40	1752	94
岳阳市	5	5	338	58	1022	149
常德市	4	4	300	75	784	153
张家界市	2	2	104	29	218	77

2-27 续表 5 单位：所

城市	普通高等学校		普通中学		小学	
	全市	市辖区	全市	市辖区	全市	市辖区
益阳市	4	4	247	64	601	161
郴州市	2	2	292	54	1516	114
永州市	3	3	331	58	490	90
怀化市	4	4	364	27	1525	50
娄底市	3	3	286	25	938	54
广东省	**130**	**54**	**4345**	**2073**	**18506**	**4999**
广州市	74		471	396	1022	817
韶关市	2	2	168	51	846	162
深圳市	8	8	285	285	346	346
珠海市	10	10	58	58	130	130
汕头市	1	1	256	250	808	792
佛山市	3	3	179	179	429	429
江门市	3	3	221	94	417	132
湛江市	3	3	347	88	2105	322
茂名市	2	2	287	59	2003	309
肇庆市	4	4	182	32	1056	78
惠州市	1	1	210	91	785	289
梅州市	1	1	254	18	1546	47
汕尾市	1	1	171	24	785	83
河源市	1	1	190	30	1271	48
阳江市	1	1	99	30	754	144
清远市	1	1	177	30	819	78
东莞市	5	5	186	186	337	337
中山市	5	5	99	99	212	212
潮州市	1	1	123	24	704	55
揭阳市	2	1	271	34	1365	107
云浮市	1		111	15	766	82
广西壮族自治区	**66**	**59**	**2503**	**730**	**14602**	**3127**
南宁市	30	30	355	167	1548	476
柳州市	7	7	187	67	1017	158
桂林市	9	8	256	48	1265	88
梧州市	1	1	141	21	896	83
北海市	4	4	84	42	394	117
防城港市			46	26	622	246
钦州市	2		122	35	1076	398
贵港市	1	1	244	104	1147	434
玉林市	1	1	298	52	1458	222
百色市	4	3	205	22	1441	112
贺州市	1	1	120	58	713	313
河池市	2	1	220	24	1500	111
来宾市	1	1	110	49	741	266
崇左市	3	1	115	15	784	103

2-27 续表 6 单位：所

城市	普通高等学校		普通中学		小学	
	全市	市辖区	全市	市辖区	全市	市辖区
海南省	**15**	**15**	**140**	**140**	**484**	**484**
海口市	10	10	96	96	346	346
三亚市	5	5	44	44	138	138
重庆市	**51**	**50**	**1304**	**618**	**7096**	**2211**
四川省	**87**	**71**	**4511**	**1214**	**9699**	**1928**
成都市	42	31	486	209	503	262
自贡市	2	2	138	58	462	152
攀枝花市	2	2	65	42	299	119
泸州市	4	4	217	61	282	40
德阳市	6	3	172	29	430	45
绵阳市	12	11	271	59	480	87
广元市	1	1	194	55	243	84
遂宁市	1	1	168	67	431	172
内江市	2	2	215	70	369	123
乐山市	1	1	232	78	552	104
南充市	4	4	521	117	262	95
眉山市	2	1	245	51	207	51
宜宾市	2	2	314	40	1588	140
广安市	1	1	281	76	267	54
达州市	2	2	390	23	1714	82
雅安市	3	3	85	15	320	56
巴中市			198	93	254	78
资阳市			319	71	1036	184
贵州省	**35**	**34**	**1168**	**382**	**4861**	**909**
贵阳市	25	24	290	202	815	392
六盘水市	2	2	219	48	920	91
遵义市	6	6	513	82	2127	171
安顺市	2	2	146	50	999	255
云南省	**52**	**35**	**1342**	**283**	**9832**	**1337**
昆明市	38	24	284	106	1335	369
曲靖市	3	3	247	34	1766	109
玉溪市	2	2	121	24	607	78
保山市	3	3	130	40	1440	387
昭通市	1	1	216	30	2128	184
丽江市	2		88	12	563	50
思茅市	2	2	135	15	833	51
临沧市	1		121	22	1160	109

2-27 续表 7 单位：所

城 市	普通高等学校		普通中学		小 学	
	全市	市辖区	全市	市辖区	全市	市辖区
西藏自治区	**4**		**23**		**99**	
拉萨市	4		23		99	
陕西省	**74**	**72**	**2501**	**831**	**11687**	**2818**
西安市	49	47	439	302	1666	875
铜川市	1	1	70	63	290	223
宝鸡市	3	3	246	97	1081	306
咸阳市	13	13	322	62	1772	123
渭南市	1	1	397	70	1609	241
延安市	2	2	152	35	591	107
汉中市	1	1	232	37	1325	156
榆林市	2	2	241	45	739	119
安康市	1	1	216	79	1000	371
商洛市	1	1	186	41	1614	297
甘肃省	**37**	**36**	**1921**	**578**	**12455**	**2810**
兰州市	25	25	221	129	733	275
嘉峪关市	1	1	11	11	20	20
金昌市			27	13	123	32
白银市			169	42	818	117
天水市	3	3	275	93	1910	588
武威市	1	1	147	77	1144	475
张掖市	2	2	101	40	580	108
平凉市	1	1	167	37	1416	215
酒泉市	1	1	84	31	322	135
庆阳市	1	1	194	28	1497	120
定西市	1	1	293	39	1607	262
陇南市	1		232	38	2285	463
青海省	**9**	**9**	**140**	**44**	**458**	**67**
西宁市	9	9	140	44	458	67
宁夏回族自治区	**15**	**14**	**331**	**135**	**2132**	**496**
银川市	12	11	68	42	233	107
石嘴山市	1	1	50	30	99	40
吴忠市	1	1	52	15	391	67
固原市	1	1	95	23	981	203
中卫市			66	25	428	79
新疆维吾尔自治区	**19**	**19**	**172**	**172**	**174**	**161**
乌鲁木齐市	18	18	153	153	144	131
克拉玛依市	1	1	19	19	30	30

2-28 专任教师数

单位：人

城市	普通高等学校		普通中学		小学	
	全市	市辖区	全市	市辖区	全市	市辖区
城市合计	**1272908**	**1132370**	**4670413**	**1576506**	**5128811**	**1564224**
北京市	**57133**	**56887**	**50237**	**46842**	**49257**	**46123**
天津市	**27118**	**27118**	**41464**	**31956**	**37942**	**30157**
河北省	**58607**	**54023**	**267944**	**57196**	**321238**	**50008**
石家庄市	20891	19673	37082	10522	41574	7170
唐山市	5303	5303	30329	11298	29989	10782
秦皇岛市	4865	4865	12251	3812	13080	3934
邯郸市	3362	3362	35427	7291	42937	6573
邢台市	2454	2454	26401	4141	32133	3085
保定市	8726	8609	37579	3293	46238	3401
张家口市	2547	2547	16109	4204	20052	3560
承德市	1914	1914	12678	2422	16443	2052
沧州市	2182	1506	25244	4003	36588	3797
廊坊市	5466	2893	16928	3205	22008	3310
衡水市	897	897	17916	3005	20196	2344
山西省	**37742**	**33541**	**173442**	**49902**	**194342**	**49558**
太原市	22447	22447	17188	12930	17492	12546
大同市	2262	1701	15814	7777	20567	10318
阳泉市	429	429	5879	2875	6397	3161
长治市	2206	2206	14746	3827	17894	3366
晋城市	413	413	10017	2391	11718	1936
朔州市			8646	3086	11455	4063
晋中市	4819	1554	16880	2661	16335	2697
运城市	966	966	28833	4639	28273	3410
忻州市	980	850	14792	2956	18409	2100
临汾市	2606	2606	21692	4807	23426	4213
吕梁市	614	369	18955	1953	22376	1748
内蒙古自治区	**21571**	**19785**	**85358**	**32129**	**100735**	**29912**
呼和浩特市	11538	11538	8768	5868	10374	5905
包头市	3995	3995	8979	7193	9006	6424
乌海市	163	163	2031	2031	2248	2248
赤峰市	1383	1383	19156	6242	24124	6219
通辽市	1576		12623	3496	18056	3205
鄂尔多斯市	293	293	6442	1044	5983	1205
呼伦贝尔市	925	828	12381	1646	13470	819
巴彦淖尔市	508	508	6030	2087	7332	2388
乌兰察布市	1190	1077	8948	2522	10142	1499

2-28 续表 1 单位：人

城 市	普通高等学校		普通中学		小 学	
	全市	市辖区	全市	市辖区	全市	市辖区
辽宁省	**57209**	**57209**	**149888**	**71167**	**152142**	**59187**
沈阳市	22756	22756	23943	17971	22852	14871
大连市	16595	16595	20658	12060	17581	9453
鞍山市	1971	1971	11805	5467	12557	3615
抚顺市	2068	2068	7516	4673	7459	3856
本溪市	1315	1315	7279	4375	6479	3798
丹东市	1491	1491	7834	2506	8639	2131
锦州市	4479	4479	9643	3155	10638	3009
营口市	789	789	7611	3387	7699	2950
阜新市	1986	1986	6679	2804	8863	3342
辽阳市	1500	1500	6915	3374	6416	2430
盘锦市	541	541	5106	2710	5467	2170
铁岭市	611	611	9470	1811	11073	1355
朝阳市	459	459	13828	2439	15308	2165
葫芦岛市	648	648	11601	4435	11111	4042
吉林省	**31430**	**31430**	**87314**	**31283**	**119927**	**32834**
长春市	22516	22516	25192	11644	35847	13153
吉林市	4727	4727	14227	5973	18378	6188
四平市	1891	1891	11429	2626	15576	2544
辽源市	588	588	5077	2006	6724	2018
通化市	678	678	8764	1953	10892	1547
白山市	231	231	5682	2291	6591	2594
松原市	338	338	9649	2781	14514	2665
白城市	461	461	7294	2009	11405	2125
黑龙江省	**42012**	**41161**	**147239**	**59275**	**158877**	**51400**
哈尔滨市	29888	29308	37191	21044	39115	15151
齐齐哈尔市	2855	2855	16717	5814	19517	4573
鸡西市	383	383	9400	3808	8132	5116
鹤岗市	221	221	4982	2669	4472	2195
双鸭山市	154	154	7699	2283	7221	1915
大庆市	3288	3288	12787	7735	12567	5675
伊春市	209	209	5212	3425	5282	3161
佳木斯市	1419	1419	9998	3288	12836	3858
七台河市	112	112	3602	2597	3093	2018
牡丹江市	2564	2308	9561	2983	10579	2795
黑河市	462	447	7823	928	9315	818
绥化市	457	457	22267	2701	26748	4125
上海市	**38134**	**38134**	**50513**	**48101**	**44278**	**42436**
江苏省	**99912**	**96315**	**286885**	**100688**	**254665**	**91266**
南京市	48263	48176	22292	19183	19327	16609
无锡市	5751	5020	19915	9457	17930	9543
徐州市	6388	6670	39112	6608	36553	6639

2-28 续表 2

单位：人

城市	普通高等学校		普通中学		小学	
	全市	市辖区	全市	市辖区	全市	市辖区
常州市	5169	5488	13883	8493	11876	7583
苏州市	9721	6767	25270	10390	22668	8646
南通市	4410	3992	26077	6947	19444	5939
连云港市	1781	1781	20938	4352	20957	4040
淮安市	3447	3447	20340	10459	19803	10350
盐城市	2808	2808	29483	6441	26173	5318
扬州市	4247	4247	17526	5070	13631	4161
镇江市	5040	5040	10219	3637	8300	3224
泰州市	2219	2219	20607	3732	15814	2752
宿迁市	668	660	21223	5919	22189	6462
浙江省	**49724**	**46628**	**180316**	**60765**	**170102**	**57596**
杭州市	24765	23509	26068	16462	25242	16458
宁波市	6933	6933	22718	10016	21184	9455
温州市	4413	4413	32643	7523	31080	7001
嘉兴市	1995	1995	13829	3670	12054	2977
湖州市	1185	1185	9755	3934	8874	3609
绍兴市	2561	2561	17431	2301	14625	2255
金华市	3654	2744	17962	3826	16001	3375
衢州市	527	527	8071	3114	7693	2721
舟山市	1017	1017	3407	2585	3199	2316
台州市	1520	590	20003	5631	20319	5794
丽水市	1154	1154	8429	1703	9831	1635
安徽省	**45249**	**42399**	**224626**	**70044**	**248595**	**73027**
合肥市	19186	19186	18379	8348	16783	6481
芜湖市	5802	5802	7427	3095	6964	3136
蚌埠市	2791	2791	11968	3156	12911	3230
淮南市	2947	2947	8751	6642	10192	7403
马鞍山市	2169	2169	4669	2517	4660	2437
淮北市	1608	1608	8277	4648	9432	5371
铜陵市	1152	1152	3054	1974	2961	1674
安庆市	1504	1504	24156	3249	22917	2719
黄山市	629	629	5036	1619	5784	1715
滁州市	1699	996	15800	2263	15703	2185
阜阳市	1234	990	25143	6472	37936	9039
宿州市	738		21456	5615	24536	6827
巢湖市	892		15422	3460	14920	2997
六安市	1473	1200	22779	6718	23226	6197
亳州市	449	449	16612	4372	24011	6237
池州市	778	778	5994	2453	5942	2403
宣城市	198	198	9703	3443	9717	2976

2-28 续表 3 单位：人

城市	普通高等学校		普通中学		小学	
	全市	市辖区	全市	市辖区	全市	市辖区
福建省	**36221**	**30935**	**151785**	**43425**	**156779**	**43213**
福州市	15763	12767	26406	8108	26093	7558
厦门市	8251	8251	9020	9020	9176	9176
莆田市	659	495	14335	9866	15973	11131
三明市	792	601	12308	1394	13726	1394
泉州市	5792	4433	31221	6168	29511	5332
漳州市	2726	2726	18895	2827	19633	2137
南平市	868	292	11751	1884	15670	2397
龙岩市	920	920	14233	2237	12124	2029
宁德市	450	450	13616	1921	14873	2059
江西省	**47295**	**46776**	**166679**	**33522**	**201461**	**36585**
南昌市	29453	29453	17144	8251	21472	8471
景德镇市	1461	1461	6486	2575	7065	1849
萍乡市	498	498	7790	3448	7939	3419
九江市	4478	3959	18040	2970	20629	2700
新余市	520	520	4587	3518	5263	3920
鹰潭市	235	235	4361	861	5012	811
赣州市	5035	5035	29740	2109	38378	2165
吉安市	965	965	18325	2237	19352	2691
宜春市	1603	1603	18192	2931	23634	4060
抚州市	1981	1981	15876	3486	19730	5005
上饶市	1066	1066	26138	1136	32987	1494
山东省	**96363**	**89776**	**384703**	**114951**	**394263**	**112428**
济南市	29312	28920	21738	12692	25036	13672
青岛市	16870	16870	30562	9506	32204	10789
淄博市	5451	5451	20286	14255	16006	10921
枣庄市	1341	901	13940	7784	18346	10754
东营市	3032	2811	10544	5014	8516	4098
烟台市	7679	6068	31896	8307	21142	5773
潍坊市	5978	5206	39934	7091	37830	7447
济宁市	4282	1743	29799	4693	32984	3721
泰安市	5027	5027	19530	5455	22211	5618
威海市	2509	2041	12933	3500	6918	2258
日照市	1021	1021	11675	5222	11426	4785
莱芜市	644	644	6266	6266	5654	5654
临沂市	4257	4257	46209	11204	45068	10006
德州市	2628	2628	19390	1471	27288	2162
聊城市	2115	2115	24026	4356	22695	4568
滨州市	2645	2645	14687	2650	16202	3043
菏泽市	1572	1428	31288	5485	44737	7159

2-28 续表 4

单位：人

城　　市	普通高等学校		普通中学		小 学	
	全市	市辖区	全市	市辖区	全市	市辖区
河南省	**70913**	**64555**	**379997**	**77936**	**485503**	**84138**
郑州市	30095	24188	31805	11531	32102	12563
开封市	4017	4017	17662	3263	23260	3569
洛阳市	4174	4174	26087	6712	29760	6131
平顶山市	2818	2818	17757	4435	24551	5040
安阳市	2324	2324	19329	4051	24588	5048
鹤壁市	443	443	6321	2718	7361	2986
新乡市	6023	6023	22852	3953	24754	3946
焦作市	3392	3392	14453	3044	15624	3058
濮阳市	640	640	16511	4756	19197	3651
许昌市	1726	1726	18379	1940	22432	1567
漯河市	1460	1460	9762	4668	11751	5805
三门峡市	696	696	10126	1201	10771	1555
南阳市	3543	3543	35830	6984	49527	7494
商丘市	4115	3664	33275	6589	51611	9236
信阳市	2605	2605	34544	6774	41699	6541
周口市	1687	1687	36952	2389	55563	2768
驻马店市	1155	1155	28352	2928	40952	3180
湖北省	**70992**	**63953**	**203744**	**60703**	**173658**	**53321**
武汉市	50275	43236	33010	19476	27568	16367
黄石市	1864	1864	10746	2753	9895	2257
十堰市	1748	1748	14607	3156	14608	2712
宜昌市	2940	2940	13578	4888	11177	3986
襄樊市	2029	2029	21609	8521	22493	9441
鄂州市	937	937	4473	4473	4889	4889
荆门市	871	871	11226	3060	9359	2493
孝感市	1466	1466	20755	3524	18892	3216
荆州市	4914	4914	23353	4200	15757	2882
黄冈市	2053	2053	29212	875	22655	1420
咸宁市	1452	1452	11237	2506	9371	1904
随州市	443	443	9938	3271	6994	1754
湖南省	**57556**	**50925**	**236178**	**50873**	**238083**	**47901**
长沙市	29625	22994	21035	8408	20962	7390
株洲市	3454	3454	12749	3422	12252	2936
湘潭市	5284	5284	9958	2532	9496	2386
衡阳市	4617	4617	25182	3564	27782	3896
邵阳市	1372	1372	25067	2355	25971	2454
岳阳市	3406	3406	24332	5856	19571	5459
常德市	2007	2007	22115	5827	18627	4674
张家界市	638	638	5194	1490	5645	2180

2-28 续表 5 单位：人

城　　市	普通高等学校		普通中学		小 学	
	全市	市辖区	全市	市辖区	全市	市辖区
益阳市	1647	1647	18115	5454	16468	4840
郴州市	1041	1041	15867	3153	20213	3197
永州市	1627	1627	23358	4729	24946	4705
怀化市	1393	1393	17155	1907	20296	1832
娄底市	1445	1445	16051	2176	15854	1952
广东省	**73189**	**26664**	**374979**	**175574**	**418311**	**195279**
广州市	46033		37105	30050	42275	34568
韶关市	1439	1439	13247	3833	13900	3621
深圳市	3592	3592	21335	21335	28906	28906
珠海市	4638	4638	5522	5522	5651	5651
汕头市	709	709	21308	20934	21800	21441
佛山市	1448	1448	19941	19941	19567	19567
江门市	1066	1066	17039	6515	15778	6354
湛江市	2779	2779	29500	7544	36798	7691
茂名市	1368	1368	35051	5566	32166	6497
肇庆市	1874	1874	17127	2548	18279	2262
惠州市	629	629	16735	7954	20137	8870
梅州市	934	934	22727	2123	20736	1629
汕尾市	228	228	11809	1799	15455	2037
河源市	424	424	14550	2861	15726	2276
阳江市	276	276	10344	2905	12553	3076
清远市	415	415	16858	3242	17202	2852
东莞市	1890	1890	13598	13598	21130	21130
中山市	1980	1980	8906	8906	10152	10152
潮州市	754	754	10459	2233	10154	1658
揭阳市	437	221	23574	3820	28119	3585
云浮市	276		8244	2345	11827	1456
广西壮族自治区	**29724**	**27465**	**160001**	**47472**	**220870**	**58948**
南宁市	13950	13950	22482	9444	28949	11485
柳州市	3339	3339	11939	4745	15412	4598
桂林市	5486	5370	16289	3241	19270	3130
梧州市	812	812	10116	1560	14328	2123
北海市	847	847	5764	2714	6981	2862
防城港市			2669	1567	4749	2642
钦州市	902		9530	2552	15588	6238
贵港市	125	125	16745	7297	20634	7489
玉林市	725	725	21299	4243	27222	3793
百色市	1175	974	10455	878	17056	1678
贺州市	531	531	7241	3455	10121	4644
河池市	615	182	11304	1273	19726	1647
来宾市	325	325	7841	3571	10659	4882
崇左市	892	285	6327	932	10175	1737

2-28 续表 6

单位：人

城　　市	普通高等学校		普通中学		小 学	
	全市	市辖区	全市	市辖区	全市	市辖区
海南省	**6792**	**6792**	**9310**	**9310**	**13088**	**13088**
海口市	5263	5263	6789	6789	9530	9530
三亚市	1529	1529	2521	2521	3558	3558
重庆市	**29883**	**29796**	**106544**	**52977**	**117460**	**51374**
四川省	**61615**	**43303**	**264057**	**86534**	**273916**	**82754**
成都市	36732	20627	41699	19913	38349	18918
自贡市	1470	1470	8301	3593	8383	4158
攀枝花市	1051	1051	4605	3112	5131	2875
泸州市	1936	1936	14158	4418	15264	4418
德阳市	2870	1423	11125	2254	11643	2334
绵阳市	5212	5049	17967	5714	17401	4434
广元市	220	220	11078	3306	13854	4332
遂宁市	535	535	12918	6252	12277	4799
内江市	1088	1088	12000	3883	14141	4747
乐山市	830	830	10645	3780	12433	3845
南充市	2535	2535	26354	7746	24844	7666
眉山市	753	156	10691	2594	10951	2593
宜宾市	1190	1190	17364	3522	18618	3083
广安市	249	249	14379	3976	13370	3548
达州市	1132	1132	21153	1711	24110	1908
雅安市	3812	3812	4891	1136	6237	1224
巴中市			11198	6265	13622	4630
资阳市			13531	3359	13288	3242
贵州省	**15161**	**15055**	**60455**	**18239**	**79244**	**21653**
贵阳市	11835	11729	14090	9089	17242	10760
六盘水市	559	559	10511	2197	15079	2864
遵义市	2086	2086	27251	3876	33396	3963
安顺市	681	681	8603	3077	13527	4066
云南省	**21831**	**4199**	**97457**	**23417**	**143924**	**28635**
昆明市	17933	1392	19580	9237	25804	11219
曲靖市	950	950	23068	3105	31767	3266
玉溪市	667	667	8567	2025	11049	1744
保山市	466	466	9232	3083	12194	4115
昭通市	317	317	17152	2484	30273	4305
丽江市	763		5501	1040	7335	1034
思茅市	407	407	7480	1141	12371	1183
临沧市	328		6877	1302	13131	1769

2-28 续表 7

单位：人

城　市	普通高等学校		普通中学		小 学	
	全市	市辖区	全市	市辖区	全市	市辖区
西藏自治区	**921**		**2372**		**3320**	
拉萨市	921		2372		3320	
陕西省	**52207**	**51452**	**169090**	**54699**	**177564**	**53440**
西安市	40605	39850	31415	21918	30334	21008
铜川市	291	291	3783	3360	4619	3952
宝鸡市	1621	1621	17460	6450	16220	5586
咸阳市	4290	4290	24760	4103	27323	3653
渭南市	1005	1005	27435	4390	24548	3603
延安市	1259	1259	11143	2768	13510	2830
汉中市	1603	1603	13643	2199	16016	2263
榆林市	678	678	17186	3355	19248	2902
安康市	488	488	11334	3855	14866	4997
商洛市	367	367	10931	2301	10880	2646
甘肃省	**18814**	**18708**	**109028**	**38277**	**125646**	**40314**
兰州市	14845	14845	13703	8622	14120	8413
嘉峪关市	178	178	939	939	830	830
金昌市			2176	1105	2198	1038
白银市			10849	3011	11660	3172
天水市	1413	1413	15232	5614	18527	6735
武威市	164	164	10004	5082	11466	5775
张掖市	649	649	6062	2593	6322	2367
平凉市	285	285	10263	1906	12321	2476
酒泉市	318	433	4526	1968	4833	1770
庆阳市	494	521	11191	2684	15015	2548
定西市	220	220	13785	2635	14737	2620
陇南市	248		10298	2118	13617	2570
青海省	**3757**	**3757**	**8798**	**3949**	**7919**	**3414**
西宁市	3757	3757	8798	3949	7919	3414
宁夏回族自治区	**4566**	**4362**	**26806**	**12425**	**33402**	**12460**
银川市	3655	3451	7185	4599	7200	3997
石嘴山市	336	336	3484	2206	3558	2182
吴忠市	160	160	5179	1670	7514	1781
固原市	415	415	6517	2227	9074	2725
中卫市			4441	1723	6056	1775
新疆维吾尔自治区	**9267**	**9267**	**13204**	**12875**	**12300**	**11775**
乌鲁木齐市	8987	8987	11085	10756	10512	9987
克拉玛依市	280	280	2119	2119	1788	1788

2-29 在校学生数

城　市	普通高等学校（人）		高中阶段在校学生数（人）		普通中学（万人）		小　学（万人）	
	全市	市辖区	全市	市辖区	全市	市辖区	全市	市辖区
城市合计	**21749005**	**19563987**	**36954627**	**16799551**	**7167.51**	**2337.17**	**9128.05**	**2783.69**
北京市	**577154**	**573901**	**421522**	**420876**	**52.24**	**48.84**	**64.71**	**61.27**
天津市	**405968**	**405968**	**357755**	**318629**	**47.46**	**36.08**	**50.74**	**39.01**
河北省	**1058548**	**971949**	**2440288**	**877086**	**372.73**	**81.50**	**488.65**	**84.32**
石家庄市	366531	337602	491642	253673	57.53	14.09	64.79	15.72
唐山市	91138	91138	243183	118613	35.32	13.86	43.12	16.38
秦皇岛市	88235	88235	70309	25960	14.02	4.39	16.61	5.16
邯郸市	59246	59246	322305	113639	49.06	13.67	79.19	11.71
邢台市	45824	45824	267402	86907	38.72	6.33	55.03	5.86
保定市	161624	160002	360055	74823	53.34	5.42	76.74	6.53
张家口市	44832	44832	120940	14015	23.52	6.32	29.06	5.29
承德市	35532	35532	104345	39780	18.79	3.24	22.73	3.16
沧州市	42976	32536	171365	53703	33.23	5.45	45.67	6.00
廊坊市	105760	60152	142922	40108	23.89	4.42	27.42	5.15
衡水市	16850	16850	145820	55865	25.31	4.31	28.29	3.36
山西省	**538993**	**501217**	**1027519**	**410206**	**252.94**	**76.25**	**305.14**	**82.43**
太原市	323321	323321	82072	68448	24.16	18.28	28.02	20.58
大同市	37449	30223	120006	74625	22.60	10.96	28.99	14.54
阳泉市	7140	7140	46896	32361	9.02	4.50	9.40	4.78
长治市	30357	30357	132587	62744	23.44	7.23	25.63	6.30
晋城市	8125	8125	52009	17168	17.19	4.12	18.70	4.19
朔州市			64170	24853	14.88	6.17	19.71	8.17
晋中市	54130	31131	56906	10143	20.00	3.14	25.00	4.06
运城市	18376	18376	143562	21851	39.90	7.91	42.41	3.90
忻州市	9500	8600	64551	17351	21.77	3.12	31.06	4.88
临汾市	36324	36324	141939	51497	29.98	7.36	37.22	7.23
吕梁市	14271	7620	122821	29165	30.00	3.46	39.00	3.80
内蒙古自治区	**374180**	**344832**	**597862**	**310188**	**115.82**	**46.41**	**133.43**	**51.43**
呼和浩特市	203891	203891	120857	94316	15.30	8.96	18.30	12.21
包头市	83349	83349	50207	42680	14.00	11.42	15.16	11.96
乌海市	3682	3682	11174	11174	1.87	1.87	3.31	3.31
赤峰市	13893	13893	180860	78556	28.50	9.47	28.80	8.25
通辽市	26814		65951	26071	17.36	5.90	21.39	5.30
鄂尔多斯市	2113	2113	34084	10566	9.11	1.77	10.63	2.86
呼伦贝尔市	14062	11528	52032	12765	12.66	2.18	12.42	1.53
巴彦淖尔市	7176	7176	32577	12115	9.32	3.64	10.27	3.61
乌兰察布市	19200	19200	50120	21945	7.70	1.20	13.15	2.40

2-29 续表 1

城　　市	普通高等学校（人）		高中阶段在校学生数（人）		普通中学（万人）		小　学（万人）	
	全市	市辖区	全市	市辖区	全市	市辖区	全市	市辖区
辽宁省	**869121**	**869121**	**1159132**	**725860**	**200.67**	**89.51**	**225.60**	**91.51**
沈阳市	341863	341863	229034	192181	31.63	22.71	34.27	22.87
大连市	236784	236784	202613	153199	28.87	16.13	30.32	18.51
鞍山市	35869	35869	93041	56234	16.80	7.01	19.11	5.38
抚顺市	37508	37508	49518	36772	9.54	6.18	8.83	4.85
本溪市	15161	15161	53083	37092	7.31	4.26	6.71	3.81
丹东市	27607	27607	67753	21003	8.08	2.18	13.16	3.13
锦州市	79886	79886	77629	41623	14.90	4.71	16.41	4.66
营口市	12967	12967	73442	61601	11.52	4.85	13.57	5.37
阜新市	36211	36211	32380	14113	9.89	4.04	10.05	3.49
辽阳市	18918	18918	40477	30692	8.75	4.28	10.35	3.82
盘锦市	6232	6232	28048	17442	4.96	2.63	7.56	3.79
铁岭市	8776	8776	61596	23047	14.06	2.53	16.02	2.26
朝阳市	4201	4201	104768	24424	20.22	3.60	21.70	3.76
葫芦岛市	7138	7138	45750	16437	14.14	4.40	17.54	5.81
吉林省	**510260**	**510260**	**712773**	**380868**	**119.15**	**40.35**	**137.03**	**42.51**
长春市	359423	359423	234312	145947	39.67	16.92	43.15	17.49
吉林市	88065	88065	138064	80314	21.11	8.84	22.60	8.60
四平市	31093	31093	126827	70014	15.42	1.98	17.77	2.89
辽源市	7874	7874	32744	16482	5.70	2.18	5.75	1.93
通化市	10637	10637	65561	20655	11.79	2.35	13.18	2.27
白山市	3574	3574	35417	16293	6.69	2.72	6.26	2.54
松原市	3033	3033	49499	19477	9.38	2.41	17.02	4.00
白城市	6561	6561	30349	11686	9.39	2.95	11.30	2.79
黑龙江省	**708462**	**685080**	**822626**	**403489**	**189.80**	**89.74**	**190.95**	**62.05**
哈尔滨市	468903	459122	259063	186387	44.84	23.88	46.38	19.35
齐齐哈尔市	50304	44018	127432	50950	23.72	12.78	25.47	6.90
鸡西市	10335	10335	32892	17425	11.08	2.34	8.51	3.03
鹤岗市	2977	2977	26839	16986	6.73	3.84	5.29	2.62
双鸭山市	2164	2164	45323	16059	9.93	2.85	9.38	2.40
大庆市	64851	64851	57082	36959	18.61	10.97	14.26	7.64
伊春市	2482	2482	22281	14809	5.78	3.54	5.31	2.78
佳木斯市	32472	32472	44467	17834	10.80	3.40	18.72	5.45
七台河市	2424	2424	15526	10859	3.31	2.48	4.18	2.66
牡丹江市	53492	46177	69862	27669	12.89	4.11	13.81	3.89
黑河市	8657	8657	41545	4598	11.34	1.13	12.09	1.18
绥化市	9401	9401	80314	2954	30.77	3.40	27.55	4.15
上海市	**512809**	**512809**	**374350**	**374350**	**60.37**	**57.63**	**67.12**	**65.20**
江苏省	**1805283**	**1734133**	**2813946**	**1355768**	**398.46**	**133.48**	**396.01**	**146.96**
南京市	773394	771729	257940	233056	26.11	21.90	28.32	24.66
无锡市	112715	96939	216025	142160	23.77	11.43	30.32	15.72
徐州市	125676	125676	340181	131468	59.39	9.03	51.79	10.13

2-29 续表 2

城　　市	普通高等学校（人）		高中阶段在校学生数（人）		普通中学（万人）		小　学（万人）	
	全市	市辖区	全市	市辖区	全市	市辖区	全市	市辖区
常州市	125468	125468	143143	104088	20.10	12.80	21.68	15.31
苏州市	187678	135252	213807	104831	28.60	10.71	37.02	13.48
南通市	89390	88107	233980	79211	36.70	10.17	32.81	10.37
连云港市	29192	29192	216699	69629	33.25	5.68	32.64	5.91
淮安市	79465	79465	235136	141774	32.12	16.73	30.63	15.85
盐城市	55668	55668	250040	100975	36.42	8.37	35.87	8.17
扬州市	76028	76028	189458	66671	23.61	6.90	22.93	7.15
镇江市	86637	86637	97870	46409	13.44	4.69	12.90	4.90
泰州市	43819	43819	145689	32022	25.83	4.07	22.66	4.21
宿迁市	20153	20153	273978	103474	39.12	11.00	36.44	11.10
浙江省	**891233**	**840474**	**1506098**	**549882**	**262.46**	**84.91**	**325.14**	**112.42**
杭州市	394087	375075	214601	132002	36.00	21.85	44.51	30.33
宁波市	135098	135098	185175	82103	33.29	13.95	45.03	19.53
温州市	74239	74239	240108	68310	44.56	9.87	56.57	14.62
嘉兴市	38932	38932	127111	37994	21.57	5.73	22.48	5.72
湖州市	24409	24409	81835	30545	14.93	6.04	16.31	6.97
绍兴市	52898	52898	168311	28610	27.76	4.02	30.02	5.23
金华市	75429	53856	164463	54851	26.39	5.24	34.21	6.24
衢州市	10186	10186	84023	40126	12.67	4.68	14.72	5.15
舟山市	22389	22389	24835	20269	4.00	3.01	4.69	3.61
台州市	29164	18990	154048	43183	28.91	8.25	41.08	12.17
丽水市	34402	34402	61588	11889	12.38	2.27	15.52	2.85
安徽省	**893100**	**863171**	**1660528**	**604574**	**426.99**	**124.82**	**486.88**	**134.55**
合肥市	352091	352091	300048	206761	32.02	13.71	33.42	15.21
芜湖市	124196	124196	46382	19367	13.28	5.29	11.87	4.88
蚌埠市	52048	50628	70719	17425	22.47	4.94	27.58	5.46
淮南市	59727	59727	44905	35073	14.84	10.66	16.27	11.26
马鞍山市	39930	39930	29079	15486	8.05	4.02	7.19	3.78
淮北市	29685	29685	51369	30247	16.05	7.63	18.82	8.17
铜陵市	24681	24681	14536	9831	4.33	2.78	4.22	2.70
安庆市	28158	28158	171740	24672	49.40	5.89	41.25	4.77
黄山市	14125	14125	52073	24429	7.88	2.59	6.75	2.20
滁州市	37419	21115	143869	29184	27.21	3.37	30.78	3.57
阜阳市	29572	29225	142775	39806	59.87	15.58	90.64	18.85
宿州市	19996	27132	177863	19172	41.47	9.56	47.23	11.66
巢湖市	18697		82168	18410	28.26	5.40	30.40	5.44
六安市	30706	30409	131068	51574	42.64	13.63	45.31	12.59
亳州市	8810	8810	122201	28390	34.11	10.02	50.63	14.83
池州市	19165	19165	36255	16052	10.99	4.62	10.40	4.36
宣城市	4094	4094	43478	18695	14.12	5.13	14.12	4.82

2-29 续表 3

城市	普通高等学校（人）		高中阶段在校学生数（人）		普通中学（万人）		小学（万人）	
	全市	市辖区	全市	市辖区	全市	市辖区	全市	市辖区
福建省	**634003**	**541803**	**1347864**	**584987**	**213.41**	**59.36**	**239.77**	**72.12**
福州市	265682	219352	273569	137113	37.99	11.19	44.63	15.44
厦门市	131451	131451	185197	185197	12.02	12.02	17.79	17.79
莆田市	16535	13302	123113	80533	21.31	13.71	21.67	14.35
三明市	15571	11484	60317	13643	15.50	2.00	15.86	2.18
泉州市	106613	81883	261566	80458	47.42	8.65	52.53	8.02
漳州市	56764	56764	139735	30600	26.01	3.94	34.24	4.63
南平市	20446	6626	95530	22365	16.09	2.58	18.85	3.93
龙岩市	13434	13434	111237	26384	16.92	2.57	16.27	3.52
宁德市	7507	7507	97600	8694	20.15	2.70	17.93	2.26
江西省	**805170**	**790070**	**1025060**	**292651**	**266.47**	**47.90**	**422.75**	**73.12**
南昌市	484890	484890	78543	43128	29.66	13.51	44.58	17.83
景德镇市	26588	26588	26804	11802	8.77	3.18	14.08	4.13
萍乡市	9393	9393	66654	40466	10.77	4.72	14.35	5.67
九江市	81599	66852	156360	45179	29.57	3.92	42.53	4.54
新余市	11908	11908	21301	17497	5.64	4.43	8.75	6.61
鹰潭市	4292	4292	44547	18094	6.24	1.32	10.40	1.68
赣州市	77055	77055	141861	11708	48.74	3.11	92.33	5.13
吉安市	18645	18645	88297	5253	28.17	2.56	37.16	3.79
宜春市	30777	30424	151742	36175	30.10	4.95	47.63	9.19
抚州市	39856	39856	67753	17678	24.57	4.93	40.46	11.40
上饶市	20167	20167	181198	45671	44.24	1.27	70.48	3.15
山东省	**1812851**	**1693860**	**2997884**	**1208184**	**503.36**	**155.50**	**626.82**	**182.87**
济南市	632572	624283	247213	204385	29.20	16.61	39.06	21.87
青岛市	269506	269506	306477	151341	37.74	12.03	46.50	16.72
淄博市	101406	101406	165849	120087	29.36	19.46	23.49	15.43
枣庄市	20523	14782	146749	85979	23.43	13.56	27.00	16.67
东营市	51558	47726	60682	28487	11.54	6.02	13.75	6.82
烟台市	135529	114173	248295	97633	38.09	10.65	26.81	7.78
潍坊市	120265	96716	163257	27659	48.34	8.71	55.47	11.30
济宁市	76620	30157	232076	52857	42.32	7.09	54.04	6.71
泰安市	93093	93093	158718	72560	20.92	7.25	37.87	11.21
威海市	61031	51967	84442	28986	15.19	4.57	10.15	3.87
日照市	26288	26288	78106	43021	14.28	6.77	18.95	8.99
莱芜市	12030	12030	21927	21927	8.37	8.37	7.09	7.09
临沂市	56226	56226	249159	70178	54.50	12.63	72.53	16.51
德州市	40207	40207	171983	16584	25.07	2.19	42.33	5.42
聊城市	37844	37844	283244	76580	32.20	7.00	39.84	9.23
滨州市	48112	48112	122761	37314	18.80	3.20	26.31	4.49
菏泽市	30041	29344	256946	72606	54.01	9.39	85.63	12.76

2-29 续表 4

城 市	普通高等学校（人）		高中阶段在校学生数（人）		普通中学（万人）		小 学（万人）	
	全市	市辖区	全市	市辖区	全市	市辖区	全市	市辖区
河南省	**1358785**	**1230893**	**3858436**	**1483313**	**671.30**	**126.28**	**1046.92**	**173.86**
郑州市	617394	497470	538823	367745	45.25	19.62	58.60	27.39
开封市	71271	71271	183889	72198	30.42	5.07	49.62	6.47
洛阳市	80791	80791	318831	175464	43.95	10.84	63.58	12.61
平顶山市	57929	57929	141665	66980	24.90	5.15	41.49	7.82
安阳市	40513	40513	158900	50222	29.52	6.18	48.97	9.86
鹤壁市	8750	8750	66152	38496	10.59	4.26	18.39	6.05
新乡市	104930	104930	220926	73252	34.84	5.85	56.89	8.19
焦作市	60563	60563	138075	50458	23.14	4.53	31.39	6.61
濮阳市	11641	11641	159300	52496	29.52	8.88	46.14	7.38
许昌市	32357	32357	183413	46212	30.72	3.08	40.56	3.47
漯河市	23855	23855	111628	69360	16.28	8.81	21.84	11.69
三门峡市	14302	14302	108666	31724	15.78	1.97	18.65	2.99
南阳市	63494	63494	297416	120737	56.26	9.99	105.36	17.10
商丘市	74877	66909	305872	81878	72.20	13.46	112.61	20.81
信阳市	48146	48146	304835	60195	59.52	8.35	86.69	11.13
周口市	31067	31067	338324	58516	88.81	4.64	145.88	6.54
驻马店市	16905	16905	281721	67380	59.60	5.60	100.26	7.75
湖北省	**1244075**	**1134054**	**1948237**	**933779**	**319.86**	**94.75**	**314.59**	**89.17**
武汉市	846315	736294	449943	319459	41.36	25.41	41.32	28.06
黄石市	32242	32242	105000	54614	20.48	5.05	23.37	4.21
十堰市	32479	32479	69405	23422	22.19	4.89	23.05	4.73
宜昌市	49062	49062	172795	92000	18.29	6.58	16.99	6.37
襄樊市	36813	36813	214414	123055	31.69	14.43	33.22	13.93
鄂州市	9332	9332	23481	23481	7.25	7.25	7.46	7.46
荆门市	18371	18371	91121	31100	14.98	4.21	13.16	3.68
孝感市	31670	31670	178242	68325	34.10	6.30	30.00	5.30
荆州市	117433	117433	250583	95031	37.94	7.18	36.25	5.33
黄冈市	38300	38300	182300	12500	56.63	3.60	53.99	2.60
咸宁市	25420	25420	123353	35800	19.69	4.39	21.30	3.81
随州市	6638	6638	87600	54992	15.26	5.46	14.48	3.69
湖南省	**1008844**	**872653**	**1545527**	**581269**	**268.63**	**62.45**	**444.89**	**88.07**
长沙市	502972	366781	284746	167001	29.53	13.15	40.36	15.54
株洲市	73913	73913	126647	74948	14.55	3.92	21.16	5.86
湘潭市	108838	108838	53485	12627	13.40	2.84	15.33	4.25
衡阳市	89488	89488	109164	21347	25.83	3.43	60.60	8.05
邵阳市	24151	24151	120812	15139	25.75	2.48	59.60	5.90
岳阳市	35985	35985	170590	57564	26.78	6.06	34.70	7.97
常德市	34638	34638	171061	65467	27.76	7.51	27.83	6.43
张家界市	12885	12885	24303	7711	7.30	2.47	10.17	3.85

2-29 续表 5

城 市	普通高等学校（人）		高中阶段在校学生数（人）		普通中学（万人）		小 学（万人）	
	全市	市辖区	全市	市辖区	全市	市辖区	全市	市辖区
益阳市	27548	27548	113746	52356	19.32	6.58	24.23	7.39
郴州市	20124	20124	105985	42946	20.28	4.39	41.42	6.65
永州市	24251	24251	133052	40333	28.89	5.62	46.02	7.74
怀化市	29686	29686	57753	9771	14.00	1.70	31.80	4.10
娄底市	24365	24365	74183	14059	15.24	2.30	31.67	4.34
广东省	**1357933**	**548564**	**2476943**	**1280839**	**663.42**	**299.91**	**887.71**	**430.07**
广州市	796006		174397	145008	57.52	45.62	82.89	69.74
韶关市	29070	29070	196058	73124	20.73	6.26	21.80	6.41
深圳市	66952	66952	138586	138586	31.60	31.60	58.95	58.95
珠海市	101564	101564	30148	30148	9.39	9.39	12.56	12.56
汕头市	9115	9115	191513	189513	45.63	44.97	61.02	60.66
佛山市	37048	37048	111551	111551	32.31	32.31	43.42	43.42
江门市	21667	21667	81896	33727	26.97	10.06	31.66	12.82
湛江市	65031	65031	164485	48757	65.88	14.88	83.77	16.11
茂名市	23151	23151	300823	90914	65.35	10.61	72.45	12.35
肇庆市	48227	48227	165884	70905	32.24	4.46	39.65	5.21
惠州市	12038	12038	76578	41189	30.59	14.73	40.13	19.01
梅州市	19282	19282	164099	42435	11.49	1.98	34.74	3.41
汕尾市	3862	3862	68936	13374	27.96	3.83	39.17	4.34
河源市	10147	10147	61758	15211	24.14	4.77	26.85	5.01
阳江市	6225	6225	61485	16935	19.70	5.40	18.50	4.70
清远市	8437	8437	76297	17736	28.69	5.21	29.72	5.88
东莞市	33992	33992	112388	112388	24.95	24.95	51.12	51.12
中山市	34598	34598	44012	44012	14.77	14.77	23.68	23.68
潮州市	14714	14714	60428	13520	20.57	3.84	21.48	3.49
揭阳市	9431	3444	144245	23561	57.10	7.82	72.44	7.85
云浮市	7376		51376	8245	15.84	2.45	21.71	3.35
广西壮族自治区	**560144**	**510384**	**995849**	**453596**	**276.69**	**79.38**	**436.28**	**116.91**
南宁市	257576	257576	118596	53647	38.53	16.09	52.66	24.08
柳州市	59450	59450	145040	107870	18.01	7.46	25.09	8.89
桂林市	102247	99771	78571	17117	22.65	4.20	27.77	5.40
梧州市	10932	10932	44739	19026	19.94	2.81	31.94	3.74
北海市	15887	15887	53179	33805	10.81	4.47	15.30	5.49
防城港市			10546	8093	4.65	2.80	8.58	4.73
钦州市	21807		45880	15312	16.13	4.15	40.16	13.19
贵港市	2805	2805	82248	40585	33.19	13.11	51.87	17.59
玉林市	18967	18967	168459	83049	39.19	6.56	65.82	8.82
百色市	22833	17721	71605	15817	18.51	1.51	31.80	2.36
贺州市	9684	9684	27546	11148	11.71	6.09	18.99	9.92
河池市	12188	5050	56897	9482	20.33	2.14	33.75	2.08
来宾市	5935	5935	70511	38645	14.22	7.12	17.80	8.50
崇左市	19833	6606	22032		8.82	0.87	14.75	2.12

2-29 续表 6

城　市	普通高等学校（人）		高中阶段在校学生数（人）		普通中学（万人）		小　学（万人）	
	全市	市辖区	全市	市辖区	全市	市辖区	全市	市辖区
海南省	**127012**	**94153.33**	**43059**	**43059**	**12.90**	**12.90**	**24.50**	**24.50**
海口市	94153	94153	32201	32201	8.49	8.49	17.66	17.66
三亚市	32859	32859	10858	10858	4.41	4.41	6.84	6.84
重庆市	**523279**	**521965**	**1137253**	**641106**	**192.02**	**86.55**	**208.14**	**85.93**
四川省	**1069694**	**776098**	**2176526**	**872924**	**465.83**	**146.66**	**542.47**	**159.71**
成都市	589291	330919	426605	244080	63.65	30.52	69.42	37.15
自贡市	33771	33771	42651	16049	15.02	6.12	17.84	7.81
攀枝花市	20190	20190	18537	14729	6.75	4.43	9.87	5.63
泸州市	40723	40723	81470	24244	28.24	7.70	38.80	9.82
德阳市	51820	27895	51641	14117	18.12	3.92	18.76	3.76
绵阳市	103301	102216	105919	44773	31.47	10.12	28.99	7.56
广元市	3925	3925	63488	20323	20.20	6.36	19.48	6.22
遂宁市	9635	9635	262783	102929	21.15	11.18	22.05	9.43
内江市	20243	20243	111648	53171	20.57	7.14	23.68	8.74
乐山市	13471	13471	97789	53948	17.13	6.14	18.49	5.52
南充市	71065	71065	237459	105125	47.24	12.43	52.86	14.57
眉山市	14047	4733	117125	35636	19.44	4.81	18.38	4.11
宜宾市	21298	21298	77749	22555	31.06	5.85	39.11	5.77
广安市	4169	4169	114187	35707	29.00	9.00	35.00	10.00
达州市	23110	22210	167711	21701	39.96	3.94	56.77	4.85
雅安市	49635	49635	18406	4623	8.17	1.80	9.85	2.14
巴中市			69608	31165	27.16	10.37	36.28	11.04
资阳市			111750	28049	21.50	4.83	26.84	5.59
贵州省	**298377**	**296843**	**442889**	**259468**	**112.13**	**35.04**	**175.80**	**49.94**
贵阳市	245768	244234	221162	197816	24.42	16.64	35.77	23.87
六盘水市	7368	7368	77289	24303	20.60	5.10	38.24	7.83
遵义市	34816	34816	113944	23185	50.28	7.39	72.01	9.57
安顺市	10425	10425	30494	14164	16.83	5.91	29.78	8.67
云南省	**344638**	**318849**	**453251**	**140228**	**171.26**	**34.10**	**286.87**	**53.38**
昆明市	269922	265391	82178	28518	31.27	10.84	53.08	17.32
曲靖市	18804	18804	126116	43402	44.66	5.70	66.02	7.67
玉溪市	11171	11171	50753	17099	12.93	2.81	19.75	3.83
保山市	10298	10298	57502	12959	15.67	4.45	22.67	8.10
昭通市	5555	5555	81419	23895	36.04	5.47	74.59	10.04
丽江市	15911		21592	5027	7.34	1.27	10.98	1.40
思茅市	7630	7630	12371	3091	11.73	1.85	18.84	2.43
临沧市	5347		21320	6237	11.62	1.71	20.94	2.59

2-29 续表 7

城　　市	普通高等学校（人）		高中阶段在校学生数（人）		普通中学（万人）		小　学（万人）	
	全市	市辖区	全市	市辖区	全市	市辖区	全市	市辖区
西藏自治区	**12179**		**13220**		**2.34**		**4.80**	
拉萨市	12179		13220		2.34		4.80	
陕西省	**844537**	**826858**	**1309708**	**638336**	**271.17**	**85.41**	**270.01**	**90.55**
西安市	632200	617334	492500	413700	50.63	35.15	52.52	38.64
铜川市	3898	3898	21846	21063	4.02	3.59	5.34	4.78
宝鸡市	25906	25906	91415	38202	26.44	9.78	25.02	9.26
咸阳市	90725	90725	181575	48076	43.21	7.07	40.35	6.29
渭南市	15700	15700	161218	30150	42.36	7.60	35.89	5.87
延安市	24891	24891	66638	21501	18.03	4.69	18.94	4.35
汉中市	21544	18731	94554	11882	21.75	3.19	24.90	3.44
榆林市	13974	13974	93385	23878	28.31	4.06	26.36	5.26
安康市	8478	8478	56637	19356	19.13	6.54	21.96	8.27
商洛市	7221	7221	49940	10528	17.29	3.74	18.73	4.39
甘肃省	**348790**	**343961**	**896976**	**400037**	**182.75**	**56.78**	**219.05**	**67.40**
兰州市	261847	261847	184187	151022	20.35	12.10	22.16	14.53
嘉峪关市	2789	2789	6853	6853	0.88	0.88	1.61	1.61
金昌市			36817	7041	3.60	1.70	3.70	1.80
白银市			61701	17495	19.52	4.86	16.77	4.25
天水市	32400	32400	157173	73424	25.58	8.34	40.98	12.41
武威市	2824	2824	53995	26710	16.55	8.24	16.60	8.25
张掖市	16585	16585	29794	13195	9.14	3.81	9.58	3.83
平凉市	6100	6100	82766	23788	17.95	2.30	21.41	4.85
酒泉市	5768	5768	21579	12017	7.00	2.94	9.02	3.04
庆阳市	11196	11196	91573	23969	20.73	3.43	22.61	3.34
定西市	4452	4452	118320	34284	22.20	3.99	25.25	3.71
陇南市	4829		52218	10239	19.25	4.19	29.36	5.78
青海省	**43782**	**43782**	**46570**	**22089**	**12.03**	**5.80**	**16.36**	**6.27**
西宁市	43782	43782	46570	22089	12.03	5.80	16.36	6.27
宁夏回族自治区	**75564**	**72045**	**272550**	**159917**	**43.95**	**20.31**	**67.07**	**24.92**
银川市	62432	58913	112334	96630	12.06	8.16	14.77	8.76
石嘴山市	5324	5324	17362	12437	4.86	3.27	5.87	3.67
吴忠市	1816	1816	25250	8600	8.79	2.58	14.25	3.67
固原市	5992	5992	31108	10552	10.49	3.48	19.08	5.44
中卫市			86496	31698	7.75	2.82	13.10	3.38
新疆维吾尔自治区	**134237**	**134237**	**72426**	**71993**	**18.90**	**18.57**	**21.85**	**21.24**
乌鲁木齐市	130264	130264	63487	63054	16.40	16.07	19.28	18.67
克拉玛依市	3973	3973	8939	8939	2.50	2.50	2.57	2.57

2-30 在校学生数

城 市	中等职业技术学校（人）		成人高等学校在校学生数（人）		每万人在校大学生数（人）	
	全市	市辖区	全市	市辖区	全市	市辖区
城市合计	**18515453**	**10975342**	**5526331**	**4675910**	**176.28**	**512.83**
北京市	**218045**	**213955**	**281490**	**281490**	**463.27**	**488.58**
天津市	**156532**	**156532**	**77533**	**77533**	**414.32**	**505.63**
河北省	**1131598**	**577394**	**197517**	**186927**	**146.68**	**773.16**
石家庄市	273538	184422	73705	73705	375.00	1390.57
唐山市	111296	68001	20468	20468	124.18	296.87
秦皇岛市	25361	12375	21434	21434	307.18	1067.83
邯郸市	155377	68834	13795	13795	62.84	401.94
邢台市	132087	53821	1125	1125	63.77	745.35
保定市	168167	50906	25275	25275	139.90	1505.90
张家口市	57415	29420	11485	11485	96.97	500.08
承德市	45085	24828	11806	11806	95.54	651.84
沧州市	52789	27326	1823	1346	59.90	610.55
廊坊市	59455	23222	15896	5783	255.87	742.34
衡水市	51028	34239	705	705	38.62	541.80
山西省	**576311**	**315439**	**178211**	**158349**	**155.64**	**519.30**
太原市	145000	142933	87305	87305	885.52	1133.82
大同市	51674	21105	12458	12458	118.66	195.38
阳泉市	20428	17626	1643	1643	54.81	103.84
长治市	51869	30153	11184	11184	92.09	434.91
晋城市	17574	8631	4372	4372	37.52	236.88
朔州市	12521	6511	5052	3847		
晋中市	70095	17121	3629	2672	169.16	528.72
运城市	82482	16543	11665	2376	36.49	278.89
忻州市	39279	13501	16911	8500	30.95	162.69
临汾市	51319	23373	20566	20566	83.11	436.06
吕梁市	34070	17942	3426	3426	37.45	277.60
内蒙古自治区	**460638**	**207384**	**89338**	**55874**	**173.45**	**536.90**
呼和浩特市	64476	59619	34913	34913	896.74	1716.40
包头市	29475	29475	4527	4527	379.57	589.12
乌海市	2928	2928	3868	3868	76.61	76.61
赤峰市	63594	31680	8946	8946	30.26	114.40
通辽市	234081	10589	34081		84.09	
鄂尔多斯市	10827	10164			14.14	83.48
呼伦贝尔市	28045	2717	2583	3200	51.74	428.23
巴彦淖尔市	8212	8212			41.41	133.88
乌兰察布市	19000	52000	420	420	66.27	632.20

2-30 续表 1

城 市	中等职业技术学校（人）		成人高等学校在校学生数（人）		每万人在校大学生数（人）	
	全市	市辖区	全市	市辖区	全市	市辖区
辽宁省	**523574**	**423480**	**229236**	**228714**	**204.21**	**464.21**
沈阳市	123035	113270	93586	93586	477.10	667.40
大连市	96317	87916	63863	63863	404.90	784.03
鞍山市	41595	29214	12990	12990	101.89	243.61
抚顺市	21479	19366	4138	4138	168.49	269.74
本溪市	26830	21832	5127	5127	97.52	158.69
丹东市	24843	24843	5780	5780	113.78	349.77
锦州市	27054	23537	22335	22335	257.54	855.49
营口市	31535	27873	2324	2324	55.17	145.24
阜新市	21893	18406	9267	9267	188.33	466.70
辽阳市	14613	11859	149	149	103.11	260.22
盘锦市	14210	8672	1027	1027	47.93	102.80
铁岭市	19451	11857	2274	2274	28.67	196.38
朝阳市	45577	13289	4520	4520	12.26	70.25
葫芦岛市	15142	11546	1856	1334	25.29	71.97
吉林省	**325367**	**205791**	**140213**	**138695**	**203.71**	**588.85**
长春市	95297	81776	92901	92901	475.11	992.00
吉林市	61394	47382	29969	29969	201.33	475.85
四平市	93352	41590	14305	12787	91.69	510.14
辽源市	13206	8797			63.61	164.76
通化市	26955	11152	505	505	46.90	236.75
白山市	11854	6836			27.55	60.24
松原市	13815	4208			10.52	54.89
白城市	9494	4050	2533	2533	32.29	128.93
黑龙江省	**265850**	**179998**	**91450**	**80790**	**186.85**	**502.90**
哈尔滨市	118511	104411	21017	21017	472.88	967.18
齐齐哈尔市	10722	10722	10699	10042	88.01	310.01
鸡西市	31760	22115	1553	1553	54.19	117.30
鹤岗市	3496	2412	2792	2792	27.21	43.86
双鸭山市	13418	5418	1706	951	14.35	43.12
大庆市	10121	5829	11539	11539	231.47	489.33
伊春市	9895	9236	1242	1242	19.50	30.63
佳木斯市	13189	5586	14500	14500	128.72	398.48
七台河市	1629	1287	2500	2500	26.13	43.82
牡丹江市	18184	10399	7158	7038	197.70	577.86
黑河市	16524	2358	7632	1501	49.69	450.65
绥化市	18401	225	9112	6115	16.20	104.56
上海市	**166884**	**166884**	**213298**	**213298**	**366.11**	**385.08**
江苏省	**1313838**	**835726**	**371675**	**379781**	**243.32**	**656.49**
南京市	138066	130503	169991	169991	1228.06	1413.50
无锡市	128014	98019	16462	14443	242.06	407.10
徐州市	129588	92748	32554	32554	131.24	674.88

2-30 续表 2

城市	中等职业技术学校(人)		成人高等学校在校学生数(人)		每万人在校大学生数(人)	
	全市	市辖区	全市	市辖区	全市	市辖区
常州市	72506	59961	26581	32173	348.70	553.53
苏州市	114120	66526	39768	31561	296.35	563.06
南通市	98029	43476	14222	24487	117.21	416.50
连云港市	85755	45881	4310	4310	59.50	329.15
淮安市	113818	83068	9272	9272	148.77	289.47
盐城市	108110	64147	9740	9740	68.53	342.47
扬州市	88968	37152	17339	17339	165.71	623.23
镇江市	46739	30008	26750	26750	321.02	837.48
泰州市	43363	16068	3256		86.95	533.92
宿迁市	146762	68169	1430	7161	37.28	126.34
浙江省	**651979**	**265338**	**332703**	**287305**	**188.97**	**564.31**
杭州市	96544	61639	130954	128994	576.67	873.40
宁波市	81293	38390	52139	52139	236.59	609.02
温州市	90157	30047	34319	34319	95.29	512.81
嘉兴市	54504	15072	27513	10584	114.64	468.38
湖州市	33554	10949	2710	2710	94.18	224.84
绍兴市	66678	15947	19028	11229	120.84	815.07
金华市	79070	36049	2459	2459	162.67	580.97
衢州市	41776	22626	24637	18865	40.77	123.95
舟山市	9131	7965	3056	3056	231.36	321.40
台州市	67761	17501	24256	11318	50.42	123.50
丽水市	31511	9153	11632	11632	133.66	894.49
安徽省	**902357**	**489422**	**184430**	**153656**	**131.44**	**442.37**
合肥市	189936	155881	59914	59914	716.46	1688.04
芜湖市	27434	17426	11679	11679	539.75	1183.72
蚌埠市	38892	26567	6580	6580	144.32	547.21
淮南市	43155	41672	19540	19540	246.28	330.40
马鞍山市	22076	17399	6692	6692	310.47	627.73
淮北市	36410	30710	1482	1304	136.33	272.29
铜陵市	12564	9052	5773	5773	333.57	549.08
安庆市	91275	32001	15120	11277	45.72	380.72
黄山市	24551	13613	6780	6780	95.05	302.72
滁州市	52677	16060	11750	7080	83.11	396.60
阜阳市	74553	45210	7518	7518	29.56	143.10
宿州市	56215	3316	8678		31.48	147.54
巢湖市	51668	12881	737	737	40.77	
六安市	70664	25021	3937	499	43.50	164.24
亳州市	50814	14055	8542	3300	14.76	55.23
池州市	23207	14570	3868	3868	119.87	291.22
宣城市	36266	13988	5840	1115	14.74	47.74

2-30 续表 3

城市	中等职业技术学校（人）		成人高等学校在校学生数（人）		每万人在校大学生数（人）	
	全市	市辖区	全市	市辖区	全市	市辖区
福建省	**561630**	**288605**	**113892**	**94586**	**181.27**	**599.37**
福州市	148631	96095	63705	53839	416.48	1170.94
厦门市	39493	39493	16648	16648	742.66	742.66
莆田市	50033	29832	6623	6623	51.73	62.46
三明市	43131	18137	6273	1202	57.44	404.94
泉州市	99916	47179	9277	9277	156.59	795.44
漳州市	56166	16000	3130	3130	120.32	1031.89
南平市	32006	7873	5894	1585	65.93	134.48
龙岩市	54621	26313	1027	1027	45.80	280.99
宁德市	37633	7683	1315	1255	22.35	173.53
江西省	**694257**	**436015**	**193859**	**183641**	**173.40**	**873.42**
南昌市	220420	208582	66245	66245	974.99	2179.28
景德镇市	11123	5870	1549	1549	165.95	580.65
萍乡市	38568	25937	9525	9525	50.25	110.54
九江市	51597	29307	13877	13877	166.18	1047.84
新余市	56832	53520	38596	38596	95.56	129.10
鹰潭市	23648	12066	2044	2044	35.82	193.07
赣州市	94271	43703	27878	27878	85.90	1193.36
吉安市	29012	7031	16110	5296	38.12	347.47
宜春市	68161	24289	7335	7931	55.97	291.92
抚州市	30456	4483	3393	3393	99.85	358.71
上饶市	70169	21227	7307	7307	27.69	510.82
山东省	**1449767**	**782382**	**418733**	**373539**	**191.85**	**618.38**
济南市	145731	138445	127876	127876	1048.57	1792.68
青岛市	200019	111752	79472	79472	353.26	978.35
淄博市	84377	63543	16078	16078	240.64	363.76
枣庄市	65762	40359	11100	9552	53.06	67.32
东营市	22959	10990	57357	57357	279.31	573.08
烟台市	144801	67335	25081	19435	207.87	636.98
潍坊市	124643	48115	23953		138.58	533.61
济宁市	101530	32148	22358	8311	92.17	252.13
泰安市	66178	35713	2557	2557	167.48	584.57
威海市	43911	24338	3500	3500	241.26	805.19
日照市	35496	21412	7887	7887	91.99	214.02
莱芜市	13410	13410	1582	1582	95.19	95.19
临沂市	75820	30783			53.98	281.89
德州市	83032	29864	6758	6758	70.66	633.78
聊城市	70002	33056	14336	14336	64.05	360.35
滨州市	58309	24455	14268	14268	127.45	760.90
菏泽市	113787	56664	4570	4570	31.98	196.15

2-30 续表 4

城　　市	中等职业技术学校（人）		成人高等学校在校学生数（人）		每万人在校大学生数（人）	
	全市	市辖区	全市	市辖区	全市	市辖区
河南省	**1862832**	**811001**	**277008**	**269840**	**128.24**	**652.80**
郑州市	360885	235829	90532	83364	844.05	1745.45
开封市	91726	33041	23936	23936	135.20	834.75
洛阳市	184608	93873	9970	9970	116.26	504.72
平顶山市	62208	31619	18113	18113	108.82	568.71
安阳市	66209	24280	12842	12842	70.68	376.76
鹤壁市	37590	24652	629	629	54.76	143.51
新乡市	110531	26856	32962	32962	175.69	1034.81
焦作市	67014	22727	23824	23824	165.99	725.13
濮阳市	79678	17912	58	58	28.80	173.38
许昌市	85568	28843	4451	4451	66.69	785.94
漯河市	56932	33525	640	640	86.41	171.41
三门峡市	50689	17165	467	467	62.30	489.79
南阳市	139318	79585	14707	14707	54.38	342.62
商丘市	102509	31982	14262	14262	82.20	386.31
信阳市	129441	23125	6594	6594	55.92	330.33
周口市	116826	41747	10220	10220	25.74	589.17
驻马店市	121100	44240	12801	12801	19.36	255.59
湖北省	**1051325**	**664827**	**274163**	**196274**	**233.64**	**738.35**
武汉市	289679	260711	176576	118456	1012.88	1429.78
黄石市	44032	35877	9713	9713	124.70	450.68
十堰市	98542	43160	28067	28067	91.95	615.37
宜昌市	105093	56228	23897	10515	122.24	393.16
襄樊市	98678	64753	12210	12210	62.51	166.01
鄂州市	16835	16835	560	560	87.02	87.02
荆门市	28325	11633	2056	2056	61.02	270.48
孝感市	71354	46183	2811	2811	59.90	327.10
荆州市	97795	62008	5383	5383	177.38	1004.99
黄冈市	103900	10820	9200	2813	51.78	1040.76
咸宁市	64230	28963	1032	1032	87.47	425.23
随州市	32862	27656	2658	2658	25.75	102.63
湖南省	**807704**	**450942**	**260104**	**234492**	**152.06**	**688.74**
长沙市	170549	110034	93924	85872	771.91	1522.23
株洲市	52171	37105	14251	14251	193.09	737.58
湘潭市	52216	31709	2117	2117	368.62	1240.32
衡阳市	108093	62088	36421	36421	120.96	858.23
邵阳市	59904	19728	3663	3663	31.61	358.86
岳阳市	77181	32091	10541	10541	64.41	411.21
常德市	68907	35463	12991	12991	56.17	246.43
张家界市	11355	6311	2221	1298	77.96	258.32

2-30 续表 5

城市	中等职业技术学校（人）		成人高等学校在校学生数（人）		每万人在校大学生数（人）	
	全市	市辖区	全市	市辖区	全市	市辖区
益阳市	44196	25264	51096	34459	58.54	207.55
郴州市	36362	26255	5684	5684	42.47	302.07
永州市	41390	17894	10077	10077	41.34	221.29
怀化市	43540	26603	9512	9512	58.34	853.54
娄底市	41840	20397	7606	7606	57.94	543.01
广东省	**1270864**	**884005**	**500822**	**188310**	**162.32**	**167.53**
广州市	251077	246992	273410		1001.74	
韶关市	53047	38631	18255	14584	89.30	315.67
深圳市	28604	28604	25219	25219	272.21	272.21
珠海市	22842	22842	8555	8555	989.42	989.42
汕头市	68895	68824			17.85	18.11
佛山市	96837	96837	12848	12848	100.78	100.78
江门市	71868	44734	22679	22679	55.34	157.50
湛江市	99178	80414			85.22	428.37
茂名市	90953	37489	10415	10415	31.48	177.16
肇庆市	81745	54759	12123	12123	116.58	906.69
惠州市	76596		15426	9369	37.11	93.30
梅州市	49201	22640	13000	6020	38.00	612.32
汕尾市	9911	4267	6060	2304	11.34	73.63
河源市	28910	17710	9000	4200	29.08	340.16
阳江市	16366	5906	7906	5763	22.58	93.17
清远市	41984	14054	6833	2426	20.64	131.07
东莞市	46538	46538	21464	21464	190.19	190.19
中山市	28772	28772	24142	24142	233.99	233.99
潮州市	13531	10098	1797	1797	57.06	420.76
揭阳市	61626	11744	7506	2548	14.53	49.57
云浮市	32383	2150	4184	1854	26.74	
广西壮族自治区	**655837**	**432513**	**150477**	**149738**	**107.65**	**379.84**
南宁市	174465	157325	82147	82147	369.07	964.20
柳州市	88527	76677	20830	20830	161.74	572.57
桂林市	64000	48000	25524	25524	199.85	1316.41
梧州市	42366	20399	1153	1003	34.58	218.38
北海市	21913	19137	2950	2950	99.18	262.94
防城港市	5527	3371	2068	1479		
钦州市	44232	708			58.75	
贵港市	25324	13037	3231	3231	5.50	15.09
玉林市	78148	61837	6287	6287	29.03	193.92
百色市	21564	624	4749	4749	57.29	509.66
贺州市	12248	7585	1538	1538	43.25	90.36
河池市	31476	10965			29.76	152.48
来宾市	27554	12848			23.32	56.38
崇左市	18493				81.97	184.53

2-30 续表 6

城 市	中等职业技术学校（人）		成人高等学校在校学生数（人）		每万人在校大学生数（人）	
	全市	市辖区	全市	市辖区	全市	市辖区
海南省	**81531**	**81531**	**21903**	**21903**	**593.65**	**440.07**
海口市	74281	74281	21903	21903	595.00	595.00
三亚市	7250	7250			589.82	0.01
重庆市	**545270**	**329866**	**134644**	**134466**	**159.75**	**338.33**
四川省	**1183205**	**641098**	**329281**	**299602**	**128.72**	**324.53**
成都市	221132	148010	203687	193703	517.09	635.33
自贡市	33446	28049	16876	10414	102.81	224.27
攀枝花市	14147	14147	9273	9273	180.95	291.76
泸州市	89513	27610	3799	3799	81.91	279.83
德阳市	78761	43316	6491	6357	133.42	423.29
绵阳市	88554	57797	11210	11210	189.66	835.71
广元市	58757	44283	4954	4954	12.55	42.10
遂宁市	51240	37263	6994	6994	24.89	63.88
内江市	50979	33863	5183	3785	47.56	142.83
乐山市	46377	32340	8201	8201	38.14	117.13
南充市	89940	46186	12881	12881	94.31	367.55
眉山市	55254	18585	400	400	40.36	55.36
宜宾市	67209	24060	12159	6486	39.81	266.13
广安市	31896	8132	1852	1852	8.87	33.06
达州市	93864	30975	4578	2746	35.15	502.38
雅安市	16442	7556	15087	15087	319.92	1410.49
巴中市	46668	25493				
资阳市	49026	13433	5656	1460		
贵州省	**206721**	**165866**	**17270**	**13512**	**174.41**	**671.99**
贵阳市	146800	142646	3683	3472	669.52	1116.29
六盘水市	32517	8239	5351	5351	23.07	139.15
遵义市	13743	10993			46.37	408.16
安顺市	13661	3988	8236	4689	38.12	123.08
云南省	**218036**	**137664**	**166868**	**16113**	**123.72**	**531.16**
昆明市	65211	59578	147500	3400	505.48	1060.55
曲靖市	36816	27738	5083	5083	30.52	270.68
玉溪市	26170	15532	10232	3608	52.11	265.60
保山市	21231	3147	3075	3075	41.15	115.64
昭通市	23635	10717	947	947	9.90	68.00
丽江市	6050				132.01	
思茅市	8002	8002			30.56	350.64
临沧市	30921	12950	31		22.32	

2-30 续表 7

城　　市	中等职业技术学校（人）		成人高等学校在校学生数（人）		每万人在校大学生数（人）	
	全市	市辖区	全市	市辖区	全市	市辖区
西藏自治区	**2442**				**236.35**	
拉萨市	2442				236.35	
陕西省	**683483**	**432698**	**86847**	**76957**	**220.29**	**650.55**
西安市	308890	296878	21970	19773	808.78	1099.28
铜川市	8664	8020	3770	3770	45.69	51.48
宝鸡市	70517	45820	9122	9122	68.39	183.25
咸阳市	73018	20105	10825	10825	175.69	1011.43
渭南市	70929	27360	1432	1432	28.19	162.19
延安市	29018	7385	15396	15396	109.41	554.74
汉中市	26254	2044	12355	10125	56.46	338.96
榆林市	38590	8056	1450	1210	38.91	274.38
安康市	29318	12580	6747	2722	27.93	84.87
商洛市	28285	4450	3780	2582	29.71	131.55
甘肃省	**335169**	**208953**	**124288**	**113124**	**143.75**	**423.81**
兰州市	99294	94173	77764	77764	809.19	1244.11
嘉峪关市	3780	3780	2447	2447	133.64	133.64
金昌市	1235	827	962	963		
白银市	10855	9966	4431	2682		
天水市	81353	46605	2713	2713	90.08	257.02
武威市	9532	3625	15020	10458	14.20	27.27
张掖市	13284	6046	2436	2436	127.21	319.74
平凉市	25545	13348	3406	3406	26.55	122.02
酒泉市	6503	6079	300	306	59.82	143.77
庆阳市	31858	15243	5982	6232	42.90	314.76
定西市	25668	6862	3717	3717	14.87	95.27
陇南市	26262	2399	5110		17.30	
青海省	**22601**	**22601**	**1000**	**1000**	**225.75**	**383.62**
西宁市	22601	22601	1000	1000	225.75	383.62
宁夏回族自治区	**96098**	**73724**	**27881**	**26204**	**119.17**	**278.97**
银川市	54963	51886	23875	23875	401.36	644.42
石嘴山市	10146	8843	513	513	71.44	117.22
吴忠市	2472	1677	3493	1816	13.24	47.65
固原市	19531	7825			39.91	136.00
中卫市	8986	3493				
新疆维吾尔自治区	**93708**	**93708**	**40197**	**40197**	**478.50**	**494.92**
乌鲁木齐市	92614	92614	40197	40197	540.09	561.77
克拉玛依市	1094	1094			100.97	100.97

2-31 文 化

城市	剧场、影剧院数（个）		公共图书馆图书总藏量（千册、件）		每百人公共图书馆藏书（册、件）	
	全市	市辖区	全市	市辖区	全市	市辖区
城市合计	**3715**	**1843**	**571166**	**441479**	**48.45**	**115.72**
北京市	**150**	**148**	**43680**	**43040**	**350.61**	**366.41**
天津市	**37**	**35**	**11924**	**11565**	**121.69**	**144.04**
河北省	**102**	**38**	**15492**	**8313**	**21.47**	**66.13**
石家庄市	23	6	4654	3202	47.62	131.89
唐山市	13	9	1756	1131	23.93	36.84
秦皇岛市	12	1	880	546	30.64	66.08
邯郸市	9	2	1299	506	13.78	34.33
邢台市	11	3	896	331	12.47	53.84
保定市	6	2	1674	727	14.49	68.42
张家口市	3	2	1116	706	24.14	78.75
承德市	11	7	767	334	20.62	61.27
沧州市	6	3	752	249	10.48	46.73
廊坊市	4	2	1330	473	32.18	58.37
衡水市	4	1	368	108	8.44	34.73
山西省	**127**	**40**	**13844**	**10752**	**76.65**	**111.40**
太原市	16	13	3736	3512	102.32	123.16
大同市	11	5	515	330	16.32	21.33
阳泉市	3	2	567	435	43.52	63.26
长治市	15	4	1121	51	34.01	7.31
晋城市	12	4	272	77	12.56	22.45
朔州市	6	3	312	107	19.83	16.70
晋中市	6	1		2050	396.88	348.17
运城市	12	1	950	175	18.86	26.56
忻州市	15	2	690	158	22.48	29.89
临汾市	22	4	4935	3748	112.92	449.94
吕梁市	9	1	746	109	19.58	39.71
内蒙古自治区	**70**	**39**	**9867**	**7387**	**45.74**	**115.01**
呼和浩特市	8	6	2441	2335	107.36	196.57
包头市	15	14	3036	2958	138.26	209.08
乌海市	2	2	443	443	92.18	92.18
赤峰市	2	2	875	418	19.06	34.42
通辽市	6	5	812	300	25.48	39.32
鄂尔多斯市	5	2	639	341	42.75	134.73
呼伦贝尔市	14	1	723	47	26.60	17.46
巴彦淖尔市	6	2	400	260	23.08	48.51
乌兰察布市	12	5	498	285	17.19	93.84

2-31 续表 1

城　市	剧场、影剧院数（个）		公共图书馆图书总藏量（千册、件）		每百人公共图书馆藏书（册、件）	
	全市	市辖区	全市	市辖区	全市	市辖区
辽宁省	**111**	**88**	**30800**	**27292**	**72.37**	**145.77**
沈阳市	36	36	10207	9830	142.45	191.91
大连市	5	5	9353	8685	159.94	287.57
鞍山市	11	8	2061	1852	58.55	125.78
抚顺市	15	15	1056	905	47.44	65.08
本溪市	5	5	959	798	61.69	83.53
丹东市	9	3	1289	1019	53.12	129.10
锦州市	7	5	1225	876	39.49	93.81
营口市	4	3	939	739	39.95	82.77
阜新市	4	2	446	310	23.20	39.95
辽阳市	1	1	865	795	47.14	109.35
盘锦市	3	1	454	313	34.92	51.63
铁岭市	2	1	600	312	19.60	69.81
朝阳市	6	2	711	444	20.75	74.25
葫芦岛市	3	1	635	414	22.50	41.74
吉林省	**55**	**29**	**8833**	**6551**	**35.26**	**75.60**
长春市	19	15	3147	2822	41.60	77.89
吉林市	4	3	2003	1491	45.79	80.56
四平市	7	2	663	462	19.55	75.80
辽源市	3	3	1005	910	81.19	190.42
通化市	2	1	755	306	33.29	68.11
白山市	4		430	280	33.15	47.19
松原市	4	1	480	100	16.65	18.10
白城市	12	4	350	180	17.23	35.37
黑龙江省	**145**	**76**	**15191**	**11753**	**40.07**	**86.28**
哈尔滨市	70	43	6728	6118	67.85	128.88
齐齐哈尔市	8	3	1784	1255	31.21	88.39
鸡西市	1	1	320	160	16.78	18.16
鹤岗市	3	1	236	176	21.57	25.93
双鸭山市	1	1	291	187	19.30	37.27
大庆市	15	11	2450	2190	87.45	165.25
伊春市	8	6	606	508	47.60	62.69
佳木斯市	15	4	734	440	29.10	53.99
七台河市	2	2	191	141	20.59	25.49
牡丹江市	3	2	758	385	28.01	48.18
黑河市	5	1	135	42	7.75	21.86
绥化市	14	1	958	151	16.51	16.79
上海市	**105**	**104**	**65934**	**65450**	**470.72**	**491.48**
江苏省	**325**	**117**	**40704**	**27351**	**54.86**	**103.54**
南京市	21	20	12979	12520	206.09	229.32
无锡市	63	23	2951	1996	63.37	83.82
徐州市	9	2	1691	829	17.66	44.52

2-31 续表 2

城　市	剧场、影剧院数（个）		公共图书馆图书总藏量（千册、件）		每百人公共图书馆藏书（册、件）	
	全市	市辖区	全市	市辖区	全市	市辖区
常州市	45	29	2317	1874	64.39	82.68
苏州市	87	11	7136	2972	112.68	123.73
南通市	9	4	2767	1374	36.28	64.95
连云港市	7	3	1622	738	33.06	83.21
淮安市	8	4	1198	800	22.43	29.14
盐城市	11	3	1751	714	21.55	43.92
扬州市	7	1	2357	1534	51.37	125.75
镇江市	48	13	1851	1251	68.59	120.93
泰州市	8	3	1472	493	29.21	60.07
宿迁市	2	1	612	256	11.32	16.05
浙江省	**247**	**97**	**37225**	**24001**	**78.93**	**161.15**
杭州市	34	27	12210	11122	178.67	258.99
宁波市	31	25	6330	4770	110.85	215.03
温州市	22	10	3044	1793	39.07	123.85
嘉兴市	39	7	3521	1319	103.67	158.72
湖州市	6	2	2029	769	78.29	70.84
绍兴市	31	5	2356	866	53.82	133.44
金华市	18	4	3015	1583	65.02	170.77
衢州市	10	5	1135	615	45.43	74.84
舟山市	6	3	691	449	71.41	64.46
台州市	36	7	1691	487	29.23	31.67
丽水市	14	2	1203	228	46.74	59.28
安徽省	**113**	**49**	**10482**	**5706**	**15.43**	**29.24**
合肥市	9	7	2905	2650	59.11	127.05
芜湖市	4	1	610	401	26.51	38.22
蚌埠市	11	7	397	55	11.01	5.94
淮南市	2	1	320	294	13.19	16.26
马鞍山市	2	2	550	490	42.76	77.03
淮北市	4	3	255	210	11.71	19.26
铜陵市	3	2	542	407	73.25	90.55
安庆市	14	4	983	300	15.96	40.56
黄山市	5	3	469	156	31.56	33.43
滁州市	6	2	556	97	12.35	18.22
阜阳市	9	4	384	112	3.84	5.48
宿州市	8	3	157	33	2.47	1.79
巢湖市	5	1	853	164	18.60	18.50
六安市	12	2	460	55	6.52	2.97
亳州市	4	1	332	120	5.56	7.52
池州市	7	4	251	87	15.70	13.22
宣城市	8	2	458	75	16.49	8.75

2-31 续表 3

城　市	剧场、影剧院数（个）		公共图书馆图书总藏量（千册、件）		每百人公共图书馆藏书（册、件）	
	全市	市辖区	全市	市辖区	全市	市辖区
福建省	**115**	**63**	**15187**	**9628**	**43.42**	**106.51**
福州市	25	20	4775	3898	74.85	208.08
厦门市	13	13	2988	2988	168.81	168.81
莆田市	3	2	186	109	5.82	5.12
三明市	6	3	1232	549	45.45	193.58
泉州市	31	15	2322	806	34.10	78.30
漳州市	11	3	975	431	20.67	78.35
南平市	9	2	1353	462	43.63	93.77
龙岩市	9	3	746	285	25.43	59.61
宁德市	8	2	610	100	18.16	23.12
江西省	**110**	**33**	**14452**	**7383**	**31.12**	**81.62**
南昌市	9	7	4198	3612	84.41	162.34
景德镇市	5	4	673	595	42.00	129.94
萍乡市	8	4	674	551	36.06	64.85
九江市	7	1	1536	985	31.28	154.39
新余市	2	1	513	429	41.17	46.51
鹰潭市	6	3	342	219	28.54	98.52
赣州市	8	1	1713	300	19.10	46.46
吉安市	14	2	1798	251	36.76	46.78
宜春市	18	3	1168	144	21.24	13.82
抚州市	19	5	920	138	23.05	12.42
上饶市	14	2	917	159	12.59	40.27
山东省	**271**	**129**	**50835**	**37420**	**53.80**	**136.61**
济南市	9	9	9084	8908	150.58	255.80
青岛市	40	20	4247	3159	55.67	114.68
淄博市	8	2	2177	1790	51.66	64.21
枣庄市	4	2	1009	781	26.09	35.57
东营市	18	14	643	326	34.83	39.15
烟台市	23	5	5128	2283	78.65	127.37
潍坊市	35	9	2050	625	23.62	34.48
济宁市	50	13	1632	991	19.63	82.85
泰安市	3	2	8328	7387	149.83	463.86
威海市	2	1	1125	317	44.47	49.12
日照市	2	2	317	103	11.09	8.39
莱芜市	10	10	380	380	30.07	30.07
临沂市	6	3	5506	4044	52.86	202.75
德州市	9	2	1070	78	18.80	12.30
聊城市	12	8	4738	4200	80.18	399.92
滨州市	11	3	1184	364	31.37	57.57
菏泽市	29	24	2217	1684	23.60	112.57

2-31 续表 4

城　　市	剧场、影剧院数（个）		公共图书馆图书总藏量（千册、件）		每百人公共图书馆藏书（册、件）	
	全市	市辖区	全市	市辖区	全市	市辖区
河南省	**164**	**62**	**17124**	**10520**	**16.16**	**55.79**
郑州市	14	11	5240	4236	71.64	148.63
开封市	8	3	780	540	14.80	63.25
洛阳市	29	17	1319	669	18.98	41.79
平顶山市	8	2	803	431	15.08	42.31
安阳市	9	6	1006	693	17.55	64.45
鹤壁市	2	1	384	315	24.03	51.66
新乡市	11	4	1010	682	16.91	67.26
焦作市	12	4	689	331	18.88	39.63
濮阳市	8	3	642	393	15.88	58.53
许昌市	4	1	626	200	12.90	48.58
漯河市	2	1	396	270	14.34	19.40
三门峡市	6	1	683	312	29.75	106.85
南阳市	13	2	1390	780	11.91	42.09
商丘市	8	2	560	288	6.15	16.63
信阳市	7	1	579	193	6.72	13.24
周口市	10	1	426	62	3.53	11.76
驻马店市	13	2	591	125	6.77	18.90
湖北省	**168**	**116**	**22301**	**14548**	**41.88**	**94.72**
武汉市	64	59	9979	8054	119.43	156.40
黄石市	6	4	991	837	38.33	117.00
十堰市	4	2	1420	582	40.20	110.27
宜昌市	19	10	1623	887	40.44	71.08
襄樊市	9	3	1312	748	22.28	33.73
鄂州市	25	25	358	358	33.38	33.38
荆门市	6	4	589	297	19.56	43.73
孝感市	5	1	739	366	13.98	37.80
荆州市	8	3	1048	546	15.83	46.73
黄冈市	13	2	1437	460	19.43	125.00
咸宁市	2		665	194	22.88	32.45
随州市	7	3	2140	1219	83.02	188.47
湖南省	**104**	**37**	**18393**	**10237**	**27.72**	**80.80**
长沙市	8	6	5872	5326	90.12	221.04
株洲市	2		1150	458	30.04	45.70
湘潭市	12	6	809	225	27.40	25.64
衡阳市	5	2	1520	636	20.55	61.00
邵阳市	7	2	1350	460	17.67	68.35
岳阳市	11	4	1938	1366	34.69	156.10
常德市	9	3	1298	513	21.05	36.50
张家界市	7	3	191	37	11.56	7.42

2-31 续表 5

城 市	剧场、影剧院数（个）		公共图书馆图书总藏量（千册、件）		每百人公共图书馆藏书（册、件）	
	全市	市辖区	全市	市辖区	全市	市辖区
益阳市	6	3	867	383	18.43	28.86
郴州市	5	1	768	246	16.21	36.93
永州市	11	2	867	230	14.78	20.99
怀化市	15	3	965	145	18.96	41.69
娄底市	6	2	798	212	18.98	47.25
广东省	**500**	**278**	**55974**	**49500**	**66.91**	**151.18**
广州市	29	27	16920	16360	212.93	249.89
韶关市	12	3	805	244	24.73	26.50
深圳市	44	44	14954	14954	607.99	607.99
珠海市	7	7	705	705	68.68	68.68
汕头市	20	18	2895	2879	56.68	57.19
佛山市	48	48	2700	2700	73.44	73.44
江门市	9	5	1600	1010	40.87	73.42
湛江市	4	3	1126	699	14.75	46.04
茂名市	5	2	545	165	7.41	12.63
肇庆市	35	11	1011	323	24.44	60.73
惠州市	15	5	718	528	22.15	40.90
梅州市	112	2	1233	32	24.30	10.16
汕尾市	19	11	171	60	5.02	11.44
河源市	7	2	520	518	14.90	173.65
阳江市	2	1	601	426	21.79	63.76
清远市	9	2	831	296	20.33	45.98
东莞市	63	63	5990	5990	335.14	335.14
中山市	18	18	927	927	62.69	62.69
潮州市	3	2	415	316	16.09	90.36
揭阳市	15	2	665	281	10.24	40.44
云浮市	24	2	642	87	23.28	29.36
广西壮族自治区	**138**	**42**	**17601**	**10010**	**33.83**	**74.50**
南宁市	10	8	4662	3927	66.80	147.00
柳州市	3	3	1298	783	35.31	75.41
桂林市	21	9	3648	2265	71.30	298.85
梧州市	6	2	944	516	29.86	103.08
北海市	2	1	481	305	30.03	50.48
防城港市	4	1	235	147	27.04	28.35
钦州市	3		489	489	13.17	36.28
贵港市	5	3	616	151	12.09	8.13
玉林市	71	12	1597	483	24.44	49.38
百色市			1060	166	26.60	47.74
贺州市	10	2	551	403	24.61	37.60
河池市	1	1	888	114	21.68	34.42
来宾市			466	137	18.31	13.01
崇左市	2		666	124	27.53	34.64

2-31 续表 6

城市	剧场、影剧院数(个)		公共图书馆图书总藏量(千册、件)		每百人公共图书馆藏书(册、件)	
	全市	市辖区	全市	市辖区	全市	市辖区
海南省	**9**	**9**	**607**	**607**	**28.37**	**28.37**
海口市	7	7	427	427	26.98	26.98
三亚市	2	2	180	180	32.31	32.31
重庆市	**30**	**23**	**9880**	**8396**	**30.16**	**54.42**
四川省	**116**	**54**	**23448**	**14245**	**28.22**	**59.57**
成都市	15	9	11703	9599	102.69	184.29
自贡市	3	2	335	239	10.20	15.87
攀枝花市	2	1	579	353	51.89	51.01
泸州市	6	3	914	614	18.38	42.19
德阳市	9	3	745	140	19.18	21.24
绵阳市	5	2	1219	454	22.38	37.12
广元市	12	6	573	288	18.32	30.89
遂宁市	4	3	354	223	9.15	14.78
内江市	9	4	459	231	10.78	16.30
乐山市	1	1	457	188	12.94	16.35
南充市	7	5	920	488	12.21	25.24
眉山市	4	2	195	24	5.60	2.81
宜宾市	6	2	1111	480	20.77	59.98
广安市	3	1	1483	89	31.55	7.06
达州市	11	3	922	199	14.02	45.01
雅安市	4	1	562	327	36.22	92.92
巴中市	7	4	347	100	8.65	6.98
资阳市	8	2	570	209	11.37	19.24
贵州省	**25**	**9**	**4119**	**2745**	**24.08**	**62.14**
贵阳市	4	3	2167	1986	59.03	90.77
六盘水市	1	1	326	169	10.21	31.92
遵义市	19	4	1305	450	17.38	52.75
安顺市	1	1	321	140	11.74	16.53
云南省	**86**	**41**	**7410**	**2562**	**26.60**	**42.69**
昆明市	38	24	1814	864	33.97	34.53
曲靖市	22	5	1010	53	16.39	7.63
玉溪市	21	8	1681	871	78.42	207.09
保山市	1	1	516	285	20.62	32.00
昭通市			741	216	13.21	26.44
丽江市	3	2	440	62	36.47	40.72
思茅市			628		25.16	
临沧市	1	1	580	211	24.21	68.75

2-31 续表 7

城　市	剧场、影剧院数（个）		公共图书馆图书总藏量（千册、件）		每百人公共图书馆藏书（册、件）	
	全市	市辖区	全市	市辖区	全市	市辖区
西藏自治区	**2**		**360**		**69.86**	
拉萨市	2		360		69.86	
陕西省	**115**	**37**	**7276**	**3287**	**18.98**	**25.86**
西安市	14	10	979	562	12.52	10.01
铜川市	5	4	400	370	46.89	48.86
宝鸡市	15	3	1032	740	27.25	52.34
咸阳市	12	2	1067	600	20.66	66.89
渭南市	19	5	870	80	15.62	8.26
延安市	10	3	550	265	24.17	59.06
汉中市	11	6	565	198	14.81	35.83
榆林市	13	1	914	140	25.45	27.49
安康市	6	1	425	86	14.00	8.61
商洛市	10	2	474	246	19.50	44.82
甘肃省	**149**	**35**	**8963**	**5611**	**36.94**	**69.14**
兰州市	7	7	3934	3763	121.57	178.79
嘉峪关市	11	11	113	113	54.14	54.14
金昌市	4	3	120	60	25.23	27.87
白银市	6	2	520	379	28.96	76.32
天水市	6	3	860	450	23.91	35.70
武威市			340	200	17.09	19.31
张掖市	6	2	343	133	26.31	25.64
平凉市	8	2	430	94	18.71	18.80
酒泉市	75	2	453	100	46.98	24.93
庆阳市	11	1	582	138	22.30	38.80
定西市	7	1	654	167	21.84	35.74
陇南市	8	1	614	14	21.99	2.54
青海省	**2**	**2**	**595**	**298**	**30.68**	**26.11**
西宁市	2	2	595	298	30.68	26.11
宁夏回族自治区	**19**	**8**	**4266**	**3078**	**67.28**	**119.19**
银川市	4	4	2138	1856	137.45	203.02
石嘴山市			375	335	50.32	73.76
吴忠市	3	1	700	400	51.02	104.96
固原市	9	2	660	262	43.96	59.46
中卫市	3	1	393	225	33.69	57.34
新疆维吾尔自治区	**5**	**5**	**2243**	**2243**	**79.95**	**82.70**
乌鲁木齐市	3	3	1963	1963	81.39	84.66
克拉玛依市	2	2	280	280	71.16	71.16

2-32 卫 生

城 市	医院、卫生院数(个)		医院、卫生院床位数(张)		医生数(执业医师+执业助理医师)(人)	
	全市	市辖区	全市	市辖区	全市	市辖区
城市合计	**59701**	**21378**	**3905611**	**2166174**	**2122476**	**1158373**
北京市	**638**	**627**	**84896**	**83191**	**62348**	**60411**
天津市	**437**	**201**	**41921**	**38537**	**27261**	**24161**
河北省	**3085**	**1132**	**213528**	**117159**	**114378**	**64703**
石家庄市	397	192	33883	22800	20119	14534
唐山市	293	180	27782	20273	13964	8156
秦皇岛市	146	54	10001	5185	5754	3146
邯郸市	359	131	26232	13930	12062	6507
邢台市	299	92	19700	8316	9654	4235
保定市	430	123	28397	13706	14712	7784
张家口市	275	42	13343	5021	6420	2844
承德市	247	31	11947	3933	7056	2189
沧州市	255	121	18908	11688	10687	7116
廊坊市	180	92	12064	7180	7387	4703
衡水市	204	74	11271	5127	6563	3489
山西省	**3983**	**1394**	**137579**	**65528**	**96250**	**44827**
太原市	258	196	24740	21969	15319	14072
大同市	287	133	12687	8966	8699	6487
阳泉市	494	432	6241	4900	4151	3100
长治市	247	54	13702	5856	10586	6979
晋城市	229	73	7287	2761	3972	1375
朔州市	128	60	5443	3042	3625	1862
晋中市	252	41	11139	3070	7605	1802
运城市	423	70	22254	5508	17713	3563
忻州市	704	144	10321	3304	6222	2159
临汾市	316	76	14185	4753	6155	2540
吕梁市	645	115	9580	1399	12203	888
内蒙古自治区	**1791**	**595**	**79382**	**43340**	**53209**	**23123**
呼和浩特市	144	65	13495	11922	6211	5024
包头市	118	50	10909	9385	6800	5779
乌海市	284	284	2726	2726	1261	1261
赤峰市	304	78	15432	6377	8072	2712
通辽市	197	46	7073	3526	7446	2574
鄂尔多斯市	156	14	9260	3232	4635	1544
呼伦贝尔市	237	17	10463	1796	7103	778
巴彦淖尔市	139	29	5432	2483	3936	1799
乌兰察布市	212	12	4592	1893	7745	1652

2-32 续表 1

城　　市	医院、卫生院数(个)		医院、卫生院床位数(张)		医生数(执业医师+执业助理医师)(人)	
	全市	市辖区	全市	市辖区	全市	市辖区
辽宁省	**2981**	**1595**	**178010**	**120554**	**88050**	**60605**
沈阳市	301	206	36433	32343	20303	17548
大连市	225	121	29839	21577	15894	12043
鞍山市	147	56	15442	9712	6678	4276
抚顺市	99	45	8518	6393	4577	3515
本溪市	118	77	9065	6623	3788	3011
丹东市	115	37	11432	5756	4522	2171
锦州市	114	23	10500	7058	5309	2654
营口市	111	50	8702	5346	4859	3158
阜新市	103	37	6796	4760	3390	2175
辽阳市	611	391	9684	7528	3495	2478
盘锦市	602	460	6428	5142	3512	2743
铁岭市	116	17	7341	2162	3485	1710
朝阳市	162	19	9298	2387	3602	1057
葫芦岛市	157	56	8532	3767	4636	2066
吉林省	**1358**	**530**	**92059**	**53489**	**51833**	**27072**
长春市	309	158	33249	24630	16598	11806
吉林市	248	121	16951	10345	10706	6054
四平市	147	36	10698	4655	6399	2029
辽源市	185	124	4589	2835	2397	1327
通化市	133	25	9053	3235	3749	1096
白山市	105	22	7000	3235	4470	2405
松原市	109	9	4576	2111	4285	1290
白城市	122	35	5943	2443	3229	1065
黑龙江省	**2587**	**1108**	**139782**	**90818**	**88767**	**46747**
哈尔滨市	457	282	43765	40189	19008	14066
齐齐哈尔市	791	387	17013	10059	21971	11761
鸡西市	124	54	8060	5390	4050	2035
鹤岗市	73	39	5812	4152	2946	1843
双鸭山市	112	35	8207	2631	4811	1321
大庆市	145	82	10623	8417	7107	5119
伊春市	51	42	4882	4664	3142	3071
佳木斯市	251	86	9550	5051	4991	2709
七台河市	43	26	3088	2432	1404	1140
牡丹江市	120	37	10473	6359	4081	2141
黑河市	134	15	6875	683	5680	723
绥化市	286	23	11434	791	9576	818
上海市	**936**	**891**	**97980**	**94585**	**42384**	**41204**
江苏省	**2554**	**884**	**234652**	**121172**	**122333**	**65042**
南京市	208	170	26026	23547	16593	15596
无锡市	141	54	20064	12007	11286	7122
徐州市	268	79	25081	13603	11613	5361

2-32 续表 2

城　　市	医院、卫生院数(个)		医院、卫生院床位数(张)		医生数(执业医师+执业助理医师)(人)	
	全市	市辖区	全市	市辖区	全市	市辖区
常州市	99	50	14728	10968	7597	5536
苏州市	234	70	35408	14668	15982	7291
南通市	333	81	24278	10289	12747	5261
连云港市	161	43	10795	4662	5745	2674
淮安市	184	91	11812	7553	5620	3602
盐城市	260	56	17858	5420	9197	2946
扬州市	193	55	14464	6503	7841	3173
镇江市	101	43	8381	4704	5079	2706
泰州市	173	32	13883	3301	7949	1992
宿迁市	199	60	11874	3947	5084	1782
浙江省	**2520**	**698**	**160948**	**84159**	**112113**	**53253**
杭州市	324	160	34832	28590	22753	17996
宁波市	250	106	22843	13760	16160	9038
温州市	427	87	20380	10634	16156	6308
嘉兴市	119	25	12842	5053	7525	2701
湖州市	129	41	9304	4698	5690	2735
绍兴市	244	14	14552	3771	9298	2048
金华市	254	62	14148	4130	10188	2864
衢州市	162	55	6618	3109	5968	2521
舟山市	82	55	3755	2959	2370	1834
台州市	239	66	15160	4960	11237	3681
丽水市	290	27	6514	2495	4768	1527
安徽省	**2421**	**798**	**164677**	**82366**	**79232**	**40038**
合肥市	223	102	24793	18380	10759	8586
芜湖市	127	62	8768	6223	4746	3226
蚌埠市	134	56	11250	6446	4896	2851
淮南市	104	85	8825	7895	4067	3473
马鞍山市	56	25	2894	2783	2508	1904
淮北市	100	72	8624	6331	4342	3028
铜陵市	38	23	3581	3041	1816	1460
安庆市	252	32	13056	3913	6190	2016
黄山市	128	42	4670	2271	2376	1095
滁州市	192	20	9661	2433	4915	1234
阜阳市	219	52	15992	5396	6877	2532
宿州市	128	37	9074	3042	5037	2036
巢湖市	185	55	10504	3209	4992	1290
六安市	200	46	13480	4287	6772	2615
亳州市	118	25	8152	2343	3152	796
池州市	87	34	3873	1845	2055	867
宣城市	130	30	7480	2528	3732	1029

2-32 续表 3

城　　市	医院、卫生院数(个)		医院、卫生院床位数(张)		医生数(执业医师+执业助理医师)(人)	
	全市	市辖区	全市	市辖区	全市	市辖区
福建省	**1536**	**483**	**97367**	**46294**	**50316**	**26194**
福州市	216	65	21746	14499	13413	9162
厦门市	49	49	9509	9509	7008	7008
莆田市	273	212	5177	4085	3049	2358
三明市	155	12	8657	1939	3105	575
泉州市	226	51	17591	5803	8083	2439
漳州市	183	27	8930	2865	4602	1256
南平市	148	21	8829	2079	3973	898
龙岩市	152	28	9525	3727	4259	1768
宁德市	134	18	7403	1788	2824	730
江西省	**2304**	**399**	**106130**	**42016**	**52825**	**22566**
南昌市	186	76	16096	11929	7016	4861
景德镇市	76	18	4860	2822	2235	1457
萍乡市	70	32	5754	4084	2581	1789
九江市	272	32	11159	3646	6794	2410
新余市	48	30	3197	2516	1715	1396
鹰潭市	61	16	2654	1139	1561	727
赣州市	375	21	16986	4352	8113	1951
吉安市	271	24	10453	2305	5520	986
宜春市	221	42	11968	3068	6593	1314
抚州市	433	76	9192	2338	4027	1915
上饶市	291	32	13811	3817	6670	3760
山东省	**3185**	**1188**	**323998**	**142254**	**151897**	**67723**
济南市	281	210	30920	23302	16467	12888
青岛市	252	105	30527	16180	16734	9751
淄博市	217	160	19290	14946	7765	6000
枣庄市	120	80	10776	6947	5598	3567
东营市	107	64	9356	6086	4012	2603
烟台市	279	92	25958	9743	14226	5369
潍坊市	232	64	30242	8402	13943	3501
济宁市	271	51	25602	8221	12772	3578
泰安市	152	44	17109	6050	9447	3761
威海市	96	22	16180	3990	7045	1831
日照市	72	30	7034	3736	2973	1615
莱芜市	37	37	4307	4307	2096	2096
临沂市	273	69	31340	11224	9044	3435
德州市	184	19	13895	2833	7502	1451
聊城市	196	48	16596	6665	6276	2248
滨州市	133	30	13061	4366	6280	1938
菏泽市	283	63	21805	5256	9717	2091

2-32 续表 4

城　　市	医院、卫生院数(个)		医院、卫生院床位数(张)		医生数(执业医师+执业助理医师)(人)	
	全市	市辖区	全市	市辖区	全市	市辖区
河南省	**3302**	**929**	**283986**	**118266**	**142063**	**54083**
郑州市	270	126	40578	27762	18418	13248
开封市	157	55	13983	6326	6216	2599
洛阳市	264	84	24328	13416	11883	5904
平顶山市	197	64	17747	8024	7568	2606
安阳市	172	55	16334	6404	6276	2687
鹤壁市	55	31	5373	3001	2697	1445
新乡市	240	59	20396	7378	7931	2643
焦作市	151	54	12396	5726	6742	2715
濮阳市	132	39	10519	4639	5036	2512
许昌市	165	39	12349	3870	6963	1755
漯河市	72	47	7070	4480	3246	1843
三门峡市	125	18	8065	2444	3960	1033
南阳市	312	105	22800	8197	10893	3367
商丘市	228	41	17827	4815	17610	4435
信阳市	265	59	13118	4595	6632	1875
周口市	265	29	20219	2894	10669	1773
驻马店市	232	24	20884	4295	9323	1643
湖北省	**1644**	**516**	**156576**	**84306**	**87469**	**42583**
武汉市	227	128	42865	34947	23997	18540
黄石市	75	33	9345	5966	4090	2334
十堰市	153	29	12722	5593	6746	2041
宜昌市	153	45	13956	6689	8054	3987
襄樊市	191	68	16003	8349	8646	3867
鄂州市	43	43	3579	3579	2565	2565
荆门市	96	29	8680	3916	4384	1815
孝感市	149	25	10077	2821	5804	1567
荆州市	175	41	14455	6368	6314	2569
黄冈市	204	18	13301	2156	9000	1120
咸宁市	82	15	6493	1831	3548	851
随州市	96	42	5100	2091	4321	1327
湖南省	**3030**	**1009**	**192468**	**100053**	**110737**	**47488**
长沙市	265	127	35909	24957	17153	11912
株洲市	177	85	14193	9802	7229	4239
湘潭市	109	47	9167	5088	5253	2907
衡阳市	298	272	18970	18185	9943	5192
邵阳市	265	26	16900	4410	12600	3288
岳阳市	295	98	13510	9600	7809	4453
常德市	277	71	15534	5313	13961	5426
张家界市	123	42	5146	2107	2430	1132

2-32 续表 5

城 市	医院、卫生院数(个)		医院、卫生院床位数(张)		医生数(执业医师+执业助理医师)(人)	
	全市	市辖区	全市	市辖区	全市	市辖区
益阳市	145	34	10107	3402	5107	1496
郴州市	328	29	16128	5796	7918	1576
永州市	259	58	13053	4687	6458	2162
怀化市	351	92	15056	3906	9233	2395
娄底市	138	28	8795	2800	5643	1310
广东省	**2456**	**1040**	**251725**	**177097**	**159478**	**114971**
广州市	253	221	51690	48472	32926	30381
韶关市	174	51	10650	5393	5081	2212
深圳市	101	101	19872	19872	21388	21388
珠海市	48	48	5867	5867	4260	4260
汕头市	80	76	9661	9540	4435	4379
佛山市	97	97	19883	19883	11391	11391
江门市	126	46	11658	6408	6600	3404
湛江市	167	55	16267	7810	7613	3151
茂名市	144	22	12571	3724	5359	1569
肇庆市	141	25	8458	3489	4727	1555
惠州市	124	55	10112	5861	5802	3730
梅州市	171	6	8593	2272	4599	747
汕尾市	79	17	5058	1314	2905	786
河源市	123	10	5376	1359	3451	872
阳江市	79	27	5458	2346	7262	2365
清远市	161	30	8815	2687	4168	1522
东莞市	65	65	17685	17685	12884	12884
中山市	42	42	8707	8707	4915	4915
潮州市	67	16	3233	1683	3149	1803
揭阳市	136	17	6851	1632	4013	1132
云浮市	78	13	5260	1093	2550	525
广西壮族自治区	**1753**	**440**	**126776**	**48975**	**63524**	**30948**
南宁市	202	101	23501	16119	12908	9282
柳州市	170		14980		7192	4828
桂林市	192	30	13486	5239	8008	3281
梧州市	92	19	7389	3537	3892	1730
北海市	48	24	4150	2029	2388	1455
防城港市	37	19	1998	1325	826	512
钦州市	83	54	7363	3163	2881	1164
贵港市	103	40	7588	3375	3874	1737
玉林市	156	32	12629	4454	6249	2301
百色市	208	17	10196	2724	4229	1027
贺州市	86	37	4647	2419	2272	1297
河池市	186	22	9168	1769	4165	822
来宾市	92	33	5380	2146	2172	972
崇左市	98	12	4301	676	2468	540

2-32 续表 6

城　　市	医院、卫生院数(个)		医院、卫生院床位数(张)		医生数(执业医师+执业助理医师)(人)	
	全市	市辖区	全市	市辖区	全市	市辖区
海南省	**99**	**99**	**9042**	**9042**	**6297**	**6297**
海口市	73	73	7120	7120	4994	4994
三亚市	26	26	1922	1922	1303	1303
重庆市	**1404**	**619**	**86960**	**55125**	**41943**	**24107**
四川省	**4717**	**1379**	**243931**	**115241**	**119856**	**57761**
成都市	562	265	57109	38192	32456	22375
自贡市	145	81	8253	6346	3832	2663
攀枝花市	67	34	6386	5267	3257	2651
泸州市	188	59	11025	5466	5141	2719
德阳市	213	46	11973	3683	4432	1268
绵阳市	417	90	18707	7414	6527	2691
广元市	303	86	10732	5492	4708	2125
遂宁市	140	52	8582	4879	4301	2963
内江市	154	62	10714	5066	4457	1993
乐山市	286	100	11691	5770	5595	2628
南充市	543	136	17283	6165	7655	2987
眉山市	176	45	8012	3057	3199	1156
宜宾市	240	41	15625	5883	4697	1642
广安市	211	54	8073	2407	6690	2048
达州市	362	22	13790	2963	11205	2369
雅安市	187	35	6299	2480	2897	987
巴中市	311	132	8932	1625	3935	1244
资阳市	212	39	10745	3086	4872	1252
贵州省	**763**	**252**	**47375**	**26811**	**21549**	**13455**
贵阳市	219	145	18037	14882	10113	8673
六盘水市	138	32	8201	3489	3165	1448
遵义市	284	36	15244	5523	6611	2525
安顺市	122	39	5893	2917	1660	809
云南省	**1594**	**388**	**81852**	**40385**	**50766**	**23237**
昆明市	314	205	29944	23809	31547	16613
曲靖市	172	30	15686	4417	4377	1607
玉溪市	178	46	9002	3449	3870	1462
保山市	419	35	5344	2504	2556	1151
昭通市	194	30	8667	2241	2491	754
丽江市	82	13	3229	817	948	287
思茅市	129	15	5418	1936	2863	826
临沧市	106	14	4562	1212	2114	537

2-32 续表 7

城　　市	医院、卫生院数(个)		医院、卫生院床位数(张)		医生数(执业医师+执业助理医师)(人)	
	全市	市辖区	全市	市辖区	全市	市辖区
西藏自治区	**315**		**2946**		**1422**	
拉萨市	315		2946		1422	
陕西省	**3354**	**837**	**126977**	**67636**	**59064**	**30913**
西安市	415	298	34904	30922	14694	12841
铜川市	95	84	4258	3952	1508	1391
宝鸡市	263	90	14322	7131	5596	3051
咸阳市	319	83	16857	7351	8767	4472
渭南市	279	43	13125	3003	5017	1288
延安市	207	27	7343	2909	3084	1191
汉中市	1050	33	12200	4385	5669	1407
榆林市	300	80	11320	2815	4690	1292
安康市	249	60	7250	3245	7183	3018
商洛市	177	39	5398	1923	2856	962
甘肃省	**1528**	**502**	**78844**	**44366**	**39229**	**22791**
兰州市	159	100	21873	19753	9440	8471
嘉峪关市	8	8	1386	1386	730	730
金昌市	21	7	1781	1046	1279	635
白银市	92	29	5499	3054	2493	1426
天水市	169	68	9416	5076	5914	3344
武威市	192	120	6068	3720	4952	2914
张掖市	111	33	4773	2070	1839	1336
平凉市	127	22	6625	1565	2728	879
酒泉市	108	34	4480	2032	2311	970
庆阳市	147	17	5438	2083	2494	736
定西市	158	27	6836	1336	2218	574
陇南市	236	37	4669	1245	2831	776
青海省	**105**	**40**	**10134**	**8019**	**4023**	**3234**
西宁市	105	40	10134	8019	4023	3234
宁夏回族自治区	**1065**	**561**	**20763**	**13143**	**10609**	**7677**
银川市	101	57	8016	6718	3725	4329
石嘴山市	341	250	3475	2658	1853	1344
吴忠市	303	140	3847	1771	1749	798
固原市	266	97	3390	946	1948	579
中卫市	54	17	2035	1050	1334	627
新疆维吾尔自治区	**256**	**244**	**32347**	**32247**	**11251**	**11159**
乌鲁木齐市	166	154	30617	30517	10232	10140
克拉玛依市	90	90	1730	1730	1019	1019

2-33 交通运输（全市）(一)

城　　市	客运总量（万人）	铁路旅客运量（万人）	公路客运量（万人）	水运客运量（万人）	民用航空客运量（人）
城市合计	**2964639.06**	**177150.77**	**2728718.76**	**20679.45**	**380900773**
北京市	**133872.46**	**8160.50**	**121372.67**		**43392900**
天津市	**25299.00**	**2384.00**	**22566.00**	**15.00**	**3340000**
河北省	**80014.99**	**9286.96**	**70579.00**	**5.59**	**1434402**
石家庄市	10027.02	1100.00	8795.00		1320241
唐山市	10503.20	635.20	9868.00		
秦皇岛市	2526.80	706.00	1812.00	5.59	32054
邯郸市	9755.21	701.00	9046.00		82107
邢台市	6483.98	346.98	6137.00		
保定市	12762.00	824.00	11938.00		
张家口市	2974.10	400.10	2574.00		
承德市	4773.40	493.40	4280.00		
沧州市	12764.00	3597.00	9167.00		
廊坊市	5122.00	130.00	4992.00		
衡水市	2323.28	353.28	1970.00		
山西省	**39555.21**	**5766.81**	**33220.80**	**8.90**	**5587006**
太原市	4627.22	1884.00	2280.00		4632179
大同市	3630.35	878.00	2741.00		113527
阳泉市	2593.30	165.30	2428.00		
长治市	3474.87	155.27	3282.00	3.60	340000
晋城市	2813.13	328.13	2485.00		
朔州市	3275.00	375.00	2900.00		
晋中市	3449.00	545.00	2904.00		
运城市	5108.13	308.00	4750.00		501300
忻州市	4075.93	549.15	3526.78		
临汾市	4626.68	508.66	4118.02		
吕梁市	1881.60	70.30	1806.00	5.30	
内蒙古自治区	**20978.63**	**3679.01**	**16953.00**		**3466205**
呼和浩特市	2145.10	617.00	1383.00		1451003
包头市	1941.30	621.00	1267.00		533000
乌海市	572.65	279.10	282.00		115500
赤峰市	4145.52	383.00	3746.00		165202
通辽市	2895.45	696.50	2194.00		49500
鄂尔多斯市	2084.81	89.51	1948.00		473000
呼伦贝尔市	2870.70	789.80	2013.00		679000
巴彦淖尔市	2145.00		2145.00		
乌兰察布市	2178.10	203.10	1975.00		

2-33 续表 1

城　　市	客运总量(万人)	铁路旅客运量(万人)	公路客运量(万人)	水运客运量(万人)	民用航空客运量(人)
辽宁省	**96294.37**	**13295.99**	**81585.25**	**543.00**	**8701336**
沈阳市	27667.80	3982.00	23316.00		3698000
大连市	17463.42	2063.05	14460.00	457.00	4833690
鞍山市	5837.70	735.70	5102.00		
抚顺市	2883.41	179.41	2704.00		
本溪市	4741.21	2495.21	2246.00		
丹东市	4976.44	496.44	4439.00	32.00	90000
锦州市	4285.70	817.67	3462.25		57767
营口市	4897.84	425.84	4472.00		
阜新市	1204.52	201.52	1003.00		
辽阳市	4463.17	381.17	4082.00		
盘锦市	3068.50	117.50	2951.00		
铁岭市	5216.03	671.03	4545.00		
朝阳市	3704.20	248.01	3454.00		21879
葫芦岛市	5884.44	481.44	5349.00	54.00	
吉林省	**50565.42**	**5270.58**	**44958.00**	**139.30**	**1975441**
长春市	12238.31	2268.77	9750.00	22.00	1975441
吉林市	11059.46	868.46	10100.00	91.00	
四平市	4708.65	737.65	3971.00		
辽源市	1366.47	79.47	1287.00		
通化市	7833.72	386.72	7447.00		
白山市	4753.44	194.44	4559.00		
松原市	6286.36	324.36	5937.00	25.00	
白城市	2319.01	410.71	1907.00	1.30	
黑龙江省	**61775.52**	**9318.16**	**52012.62**	**39.37**	**4053655**
哈尔滨市	12603.52	3562.00	8712.00		3295200
齐齐哈尔市	6263.00	1629.00	4622.00		120000
鸡西市	4167.56	466.00	3700.00		15600
鹤岗市	452.79	109.03	340.00	3.76	
双鸭山市	4072.00	117.00	3955.00		
大庆市	20223.66	1027.00	19185.00	1.50	101553
伊春市	1217.03	374.00	842.00		10252
佳木斯市	3093.80	471.00	2591.00	15.20	166000
七台河市	1486.10	74.10	1412.00		
牡丹江市	3988.30	872.29	3090.00		260063
黑河市	1302.24	143.31	1131.52	18.91	84987
绥化市	2905.53	473.43	2432.10		
上海市	**15720.60**	**5161.07**	**2995.00**	**1414.00**	**61505300**
江苏省	**197967.69**	**9014.31**	**186852.80**	**765.20**	**13353837**
南京市	36072.72	2092.00	32895.00	2.00	10837200
无锡市	18087.97	1119.32	16309.00	549.00	1106485
徐州市	17082.68	1262.53	15769.00		511469

2-33 续表 2

城　　市	客运总量(万人)	铁路旅客运量(万人)	公路客运量(万人)	水运客运量(万人)	民用航空客运量(人)
常州市	11289.72	840.15	10349.00	78.00	225664
苏州市	41278.17	1939.87	39263.80	74.50	
南通市	14099.03	253.00	13824.00		220260
连云港市	12315.11	228.00	12040.00	18.00	291059
淮安市	6675.70	105.00	6560.00	10.70	
盐城市	10943.17	183.00	10744.00		161700
扬州市	6507.43	144.43	6330.00	33.00	
镇江市	7813.25	562.25	7251.00		
泰州市	7647.16	263.16	7384.00		
宿迁市	8155.60	21.60	8134.00		
浙江省	**216567.86**	**7151.71**	**204137.22**	**3685.16**	**15937719**
杭州市	30116.25	2494.38	26454.00	372.28	7955888
宁波市	33790.15	1700.00	31545.00	142.00	4031500
温州市	34018.43	450.13	33259.90	53.53	2548701
嘉兴市	11675.16	575.19	11056.00	43.97	
湖州市	9752.20		9735.40	16.80	
绍兴市	17561.07	473.07	17025.00	63.00	
金华市	29012.11	1083.32	27865.00	8.50	552918
衢州市	10973.66	210.27	10747.00	3.55	128389
舟山市	11241.22		8437.42	2759.00	447956
台州市	22658.09	39.85	22398.00	193.00	272367
丽水市	5769.53	125.50	5614.50	29.53	
安徽省	**145000.52**	**8626.71**	**135984.00**	**184.55**	**2052597**
合肥市	17322.21	2101.25	15044.00	5.00	1719565
芜湖市	8390.60	390.60	8000.00		
蚌埠市	9887.80	567.80	9320.00		
淮南市	4518.90	206.90	4312.00		
马鞍山市	2290.90	225.50	2042.00	23.40	
淮北市	5737.30	173.30	5564.00		
铜陵市	7651.63	68.63	7583.00		
安庆市	5984.02	170.00	5787.00	24.00	30187
黄山市	2111.57	137.90	1851.00	94.15	285179
滁州市	7049.60	216.60	6833.00		
阜阳市	17699.77	915.00	16783.00		17666
宿州市	5855.00		5855.00		
巢湖市	10035.30	59.30	9963.00	13.00	
六安市	22882.00	3132.00	19736.00	14.00	
亳州市	4925.00	70.00	4855.00		
池州市	4253.70	52.70	4201.00		
宣城市	8405.23	139.23	8255.00	11.00	

2-33 续表 3

城　　市	客运总量(万人)	铁路旅客运量(万人)	公路客运量(万人)	水运客运量(万人)	民用航空客运量(人)
福建省	**77946.87**	**2015.14**	**72635.58**	**1415.11**	**18810391**
福州市	18018.90	669.00	16750.00	54.78	5451196
厦门市	11597.46	366.04	9426.79	692.24	11123900
莆田市	9960.39		9818.99	141.40	
三明市	3661.18	138.13	3491.91	31.14	
泉州市	14051.80	58.70	13818.89	8.61	1655986
漳州市	5480.52	59.52	5332.00	89.00	
南平市	3641.88	432.39	3039.00	116.92	535713
龙岩市	4674.67	259.32	4368.00	42.99	43596
宁德市	6860.07	32.04	6590.00	238.03	
江西省	**70979.94**	**5220.99**	**65223.45**	**297.00**	**2384988**
南昌市	8673.31	1486.44	7008.45		1784232
景德镇市	2357.28	128.00	2205.00		242753
萍乡市	5336.82	187.82	5149.00		
九江市	9803.30	558.00	9184.00	55.00	63038
新余市	2020.00	206.00	1784.00	30.00	
鹰潭市	5066.52	400.52	4626.00	40.00	
赣州市	10182.62	1155.60	8928.00	80.10	189199
吉安市	3925.09	435.61	3460.00	18.90	105766
宜春市	6040.00	169.00	5871.00		
抚州市	3623.32	98.32	3525.00		
上饶市	13951.68	395.68	13483.00	73.00	
山东省	**237709.64**	**8327.39**	**226160.92**	**2229.22**	**9921146**
济南市	14650.80	3072.40	11246.00	10.40	3220000
青岛市	22622.38	1425.10	19611.70	1144.69	4408947
淄博市	37622.34	370.08	37251.00	1.26	
枣庄市	7055.28	233.21	6801.70	20.37	
东营市	3916.46	45.23	3860.40	3.23	76000
烟台市	31243.34	339.50	30333.00	457.62	1132200
潍坊市	20974.04	559.02	20404.30		107172
济宁市	8719.16	484.75	8140.79	93.62	
泰安市	4983.22	301.99	4673.03	8.20	
威海市	15235.41	246.06	14585.00	336.80	675486
日照市	4134.30	101.30	3953.00	80.00	
莱芜市	2791.01	8.22	2774.00	8.79	
临沂市	24660.35	219.18	24346.80	64.24	301341
德州市	9756.16	357.96	9398.20		
聊城市	8072.61	167.61	7905.00		
滨州市	6147.71	6.71	6141.00		
菏泽市	15125.07	389.07	14736.00		

2-33 续表 4

城　　市	客运总量（万人）	铁路旅客运量（万人）	公路客运量（万人）	水运客运量（万人）	民用航空客运量（人）
河南省	**142721.37**	**8122.76**	**133967.01**	**201.00**	**4305968**
郑州市	26090.00	2720.00	22974.00	2.00	3940000
开封市	5610.92	473.92	5119.00	18.00	
洛阳市	11921.64	755.44	11127.00	16.00	231968
平顶山市	7322.21	113.09	7201.12	8.00	
安阳市	7037.60	688.60	6349.00		
鹤壁市	5676.17	23.17	5653.00		
新乡市	5546.32	425.79	5120.53		
焦作市	3944.92	124.00	3820.92		
濮阳市	3573.00		3573.00		
许昌市	5428.90	190.90	5238.00		
漯河市	3353.00	290.00	3063.00		
三门峡市	3573.70	292.70	3281.00		
南阳市	13074.78	404.38	12601.00	56.00	134000
商丘市	11340.90	688.90	10652.00		
信阳市	9052.71	559.27	8424.44	69.00	
周口市	8076.00	50.00	7994.00	32.00	
驻马店市	12098.60	322.60	11776.00		
湖北省	**91061.75**	**9642.87**	**80042.21**	**533.40**	**8432719**
武汉市	21735.82	6440.00	14532.00		7638191
黄石市	4041.00	146.00	3895.00		
十堰市	4645.60	237.60	4357.00	51.00	
宜昌市	9071.45	302.70	8565.00	138.00	657528
襄樊市	9867.57	591.97	9250.00	11.90	137000
鄂州市	1615.22	28.22	1557.00	30.00	
荆门市	5346.80	219.30	5111.00	16.50	
孝感市	9948.47	674.26	9224.21	50.00	
荆州市	7846.80	19.80	7827.00		
黄冈市	7805.00	732.00	6972.00	101.00	
咸宁市	4989.12	154.12	4750.00	85.00	
随州市	4148.90	96.90	4002.00	50.00	
湖南省	**146775.34**	**15345.47**	**129697.10**	**699.68**	**10330856**
长沙市	31304.44	1478.52	28868.03	15.79	9421000
株洲市	10765.61	692.61	10073.00		
湘潭市	3779.37	123.47	3653.90	2.00	
衡阳市	15163.21	850.00	14313.21		
邵阳市	10893.50	153.40	10692.00	48.10	
岳阳市	9597.11	928.59	8654.52	14.00	
常德市	11388.82	184.56	11168.02	12.61	236263
张家界市	4990.96	131.50	4675.00	125.00	594568

2-33 续表 5

城　　市	客运总量（万人）	铁路旅客运量（万人）	公路客运量（万人）	水运客运量（万人）	民用航空客运量（人）
益阳市	8036.45	91.45	7882.36	62.64	
郴州市	7393.99	348.00	6824.31	221.68	
永州市	7531.96	471.37	6878.00	182.00	5931
怀化市	7709.17	792.00	6903.00	6.86	73094
娄底市	18220.75	9100.00	9111.75	9.00	
广东省	**433252.60**	**12065.91**	**411840.85**	**2029.58**	**73162634**
广州市	57053.19	7953.19	43921.00	237.00	49420000
韶关市	9389.38	528.38	8861.00		
深圳市	146281.01	2238.00	141790.00	202.00	20510100
珠海市	16944.47		16492.00	366.00	864700
汕头市	2612.80	116.20	2302.00		1946000
佛山市	21202.75	161.60	20972.00	68.58	5734
江门市	17607.00		17440.00	167.00	
湛江市	12234.00	175.40	11363.00	656.00	396000
茂名市	6523.00	125.00	6371.00	27.00	
肇庆市	6043.00		6043.00		
惠州市	12162.00	502.00	11657.00	3.00	
梅州市	4357.01	130.00	4200.00	25.00	20100
汕尾市	5014.00		5014.00		
河源市	3025.00		2987.00	38.00	
阳江市	3735.00		3735.00		
清远市	13421.47	87.62	13231.85	102.00	
东莞市	73324.00		73291.00	33.00	
中山市	12103.00		12005.00	98.00	
潮州市	1697.00	27.00	1663.00	7.00	
揭阳市	4237.52	21.52	4216.00		
云浮市	4286.00		4286.00		
广西壮族自治区	**69573.26**	**2796.25**	**65818.28**	**369.07**	**5896638**
南宁市	8975.43	943.83	7801.00		2306000
柳州市	2753.53	539.91	2192.00	4.60	170198
桂林市	14204.54	396.54	13360.00	168.00	2800000
梧州市	2636.67	13.97	2618.00		47000
北海市	2856.54	31.00	2699.00	76.00	505440
防城港市	2073.54	24.70	2039.18	9.66	
钦州市	3674.00	27.00	3635.00	12.00	
贵港市	6103.61	109.61	5989.00	5.00	
玉林市	5821.53	252.53	5569.00		
百色市	5173.71	106.45	4990.00	70.46	68000
贺州市	3374.30		3373.00	1.30	
河池市	6096.41	76.41	5999.00	21.00	
来宾市	3251.02	133.92	3117.10		
崇左市	2578.43	140.38	2437.00	1.05	

2-33 续表 6

城　　市	客运总量（万人）	铁路旅客运量（万人）	公路客运量（万人）	水运客运量（万人）	民用航空客运量（人）
海南省	**26327.44**	**131.13**	**24000.00**	**659.00**	**15373100**
海口市	23535.06	87.20	21575.00	449.80	14230600
三亚市	2792.38	43.93	2425.00	209.20	1142500
重庆市	**114597.91**	**2602.90**	**110150.00**	**1226.38**	**6186300**
四川省	**238051.82**	**14028.92**	**219752.10**	**3039.20**	**12315979**
成都市	102329.27	11060.80	90075.00	71.67	11218000
自贡市	7900.94	74.94	7728.00	98.00	
攀枝花市	5172.51	218.70	4906.00	30.00	178082
泸州市	17975.89		17824.10	131.43	203567
德阳市	7190.41	141.41	7049.00		
绵阳市	8682.19	396.10	8231.00	27.00	280903
广元市	4543.90	174.25	4304.00	64.00	16533
遂宁市	4302.00	276.00	3617.00	409.00	
内江市	14850.37	185.37	14410.00	255.00	
乐山市	6307.60	113.60	5954.00	240.00	
南充市	11227.60	354.23	10231.00	636.00	63697
眉山市	6718.02	40.02	6601.00	77.00	
宜宾市	10034.12	240.00	9633.00	140.00	211197
广安市	9350.33	125.33	9056.00	169.00	
达州市	8898.85	560.35	7918.00	406.10	144000
雅安市	2500.00		2500.00		
巴中市	4098.00		3919.00	179.00	
资阳市	5969.82	67.82	5796.00	106.00	
贵州省	**70589.54**	**1920.64**	**67681.00**	**418.90**	**5690000**
贵阳市	26713.40	978.50	25007.00	158.90	5690000
六盘水市	20897.00	548.00	20349.00		
遵义市	16395.14	290.14	15845.00	260.00	
安顺市	6584.00	104.00	6480.00		
云南省	**24586.16**	**1982.00**	**21477.84**	**130.00**	**9963203**
昆明市	9346.00	1399.00	7159.00	67.00	7210000
曲靖市	4360.00	415.00	3945.00		
玉溪市	2676.48		2676.48		
保山市	1463.62		1450.00		136203
昭通市	2048.65	168.00	1879.00		16500
丽江市	1714.86		1485.36		2295000
思茅市	2315.10		2233.00	63.00	191000
临沧市	661.45		650.00		114500

2-33 续表 7

城　　市	客运总量(万人)	铁路旅客运量(万人)	公路客运量(万人)	水运客运量(万人)	民用航空客运量(人)
西藏自治区	**206.48**	**74.00**	**0.68**		**1318000**
拉萨市	206.48	74.00	0.68		1318000
陕西省	**81838.91**	**3044.88**	**76599.00**	**592.32**	**16027076**
西安市	29385.48	2585.00	25271.00		15294811
铜川市	1257.00		1257.00		
宝鸡市	7294.00		7294.00		
咸阳市	9612.78	183.78	9429.00		
渭南市	8654.00		8654.00		
延安市	5993.63		5985.00		86285
汉中市	6466.65	216.51	6249.00		11367
榆林市	5401.77	59.59	5279.00		631800
安康市	6543.60		5951.00	592.32	2813
商洛市	1230.00		1230.00		
甘肃省	**32833.64**	**1509.74**	**31143.72**		**1801752**
兰州市	3369.24	870.39	2346.24		1526061
嘉峪关市	2384.97	130.54	2245.47		89604
金昌市	320.57	36.19	284.38		
白银市	1771.46	21.46	1750.00		
天水市	2118.93	240.68	1877.00		12510
武威市	1851.00		1851.00		
张掖市	2233.05	71.10	2161.95		
平凉市	3670.95	104.95	3566.00		
酒泉市	1801.30		1786.00		153000
庆阳市	8117.06		8115.00		20577
定西市	4306.11	34.43	4271.68		
陇南市	889.00		889.00		
青海省	**4621.24**	**333.40**	**4221.66**		**661800**
西宁市	4621.24	333.40	4221.66		661800
宁夏回族自治区	**13286.69**	**197.67**	**12034.00**	**39.52**	**10154950**
银川市	3509.24		2498.00	2.00	10092350
石嘴山市	1936.00		1936.00		
吴忠市	3304.20	42.20	3262.00		
固原市	2206.20	89.20	2117.00		
中卫市	2331.05	66.27	2221.00	37.52	62600
新疆维吾尔自治区	**4066.19**	**672.90**	**3057.00**		**3362875**
乌鲁木齐市	3526.90	672.90	2521.00		3330000
克拉玛依市	539.29		536.00		32875

2-34 交通运输(全市)(二)

城　　市	货运总量量(万吨)	铁路货物运量(万吨)	公路货运量(万吨)	水运货运量(万吨)	民用航空货邮运量(吨)
城市合计	**2737801.59**	**338658.44**	**2084829.96**	**313608.02**	**7051691.09**
北京市	**20485.87**	**1635.00**	**18753.00**		**978700.00**
天津市	**42744.00**	**11284.00**	**19800.00**	**11656.00**	**40000.00**
河北省	**125554.92**	**17187.00**	**106530.00**	**1836.00**	**19203.00**
石家庄市	15150.87	1400.00	13749.00		18672.00
唐山市	25187.00	2584.00	22008.00	595.00	
秦皇岛市	6007.02	1555.00	3608.00	844.00	163.00
邯郸市	19135.04	2469.00	16666.00		368.00
邢台市	8544.00	735.00	7809.00		
保定市	11711.00	508.00	11203.00		
张家口市	5199.00	1483.00	3716.00		
承德市	4796.00	517.00	4279.00		
沧州市	18445.00	5055.00	12993.00	397.00	
廊坊市	7951.00	200.00	7751.00		
衡水市	3429.00	681.00	2748.00		
山西省	**118478.82**	**54555.00**	**63898.00**	**22.00**	**38239.00**
太原市	13559.45	4956.00	8600.00		34496.00
大同市	16483.11	9963.00	6520.00		1103.00
阳泉市	6780.00	3940.00	2840.00		
长治市	8826.15	3589.00	5217.00	20.00	1490.00
晋城市	8119.00	5316.00	2803.00		
朔州市	21185.00	12520.00	8665.00		
晋中市	9436.00	4018.00	5418.00		
运城市	5839.12	1300.00	4537.00	2.00	1150.00
忻州市	9618.00	3387.00	6231.00		
临汾市	10620.00	2202.00	8418.00		
吕梁市	8013.00	3364.00	4649.00		
内蒙古自治区	**109794.79**	**42336.64**	**67428.00**		**301527.09**
呼和浩特市	8183.50	1138.00	7045.00		4962.00
包头市	22493.11	8787.00	13706.00		1073.00
乌海市	6807.25	2630.64	4148.00		286100.00
赤峰市	9554.02	1279.00	8275.00		212.49
通辽市	8428.04	3750.00	4678.00		366.60
鄂尔多斯市	37059.18	18455.00	18604.00		1823.00
呼伦贝尔市	10097.70	5998.00	4099.00		6990.00
巴彦淖尔市	2860.00		2860.00		
乌兰察布市	4312.00	299.00	4013.00		

2-34 续表 1

城　　市	货运总量量（万吨）	铁路货物运量（万吨）	公路货运量（万吨）	水运货运量（万吨）	民用航空货邮运量（吨）
辽宁省	**132284.56**	**18226.00**	**104371.00**	**9676.00**	**115561.00**
沈阳市	15164.39	431.00	14728.00		53900.00
大连市	27611.06	2669.00	16538.00	8398.00	60615.00
鞍山市	13627.00	1979.00	11648.00		
抚顺市	5724.00	1013.00	4711.00		
本溪市	7360.00	2857.00	4503.00		
丹东市	5912.05	457.00	5049.00	406.00	500.00
锦州市	7695.05	608.00	6998.00	89.00	546.00
营口市	11083.00	2260.00	8242.00	581.00	
阜新市	4181.00	1415.00	2766.00		
辽阳市	7905.00	1671.00	6234.00		
盘锦市	5761.00	194.00	5555.00	12.00	
铁岭市	8330.00	1359.00	6971.00		
朝阳市	3702.00	681.00	3021.00		
葫芦岛市	8229.00	632.00	7407.00	190.00	
吉林省	**31238.66**	**6322.00**	**24644.00**	**271.00**	**16582.00**
长春市	9692.66	695.00	8811.00	185.00	16582.00
吉林市	6489.00	2087.00	4392.00	10.00	
四平市	4425.00	536.00	3889.00		
辽源市	1419.00	464.00	955.00		
通化市	2818.00	1410.00	1408.00		
白山市	1877.00	447.00	1430.00		
松原市	2950.00	252.00	2650.00	48.00	
白城市	1568.00	431.00	1109.00	28.00	
黑龙江省	**51624.24**	**14390.00**	**36549.00**	**595.00**	**902363.00**
哈尔滨市	9349.76	1892.00	7085.00	371.00	17600.00
齐齐哈尔市	8188.05	1593.00	6595.00		462.00
鸡西市	5007.00	2381.00	2626.00		27.00
鹤岗市	3447.00	1624.00	1820.00	3.00	
双鸭山市	4479.00	1618.00	2860.00	1.00	
大庆市	4308.29	1309.00	2773.00	138.00	882856.00
伊春市	1357.00	324.00	1033.00		
佳木斯市	3251.05	284.00	2897.00	70.00	518.00
七台河市	4338.00	1827.00	2511.00		
牡丹江市	4102.08	1163.00	2939.00		760.00
黑河市	1164.01	98.00	1054.00	12.00	140.00
绥化市	2633.00	277.00	2356.00		
上海市	**76821.06**	**941.00**	**37745.00**	**37983.00**	**1520600.00**
江苏省	**154430.14**	**6519.00**	**107440.00**	**40447.00**	**241417.00**
南京市	26014.01	1450.00	14983.00	9561.00	200099.00
无锡市	10797.64	192.00	9813.00	790.00	26402.00
徐州市	15624.33	2191.00	11300.00	2133.00	3251.00

2-34 续表 2

城　　市	货运总量量(万吨)	铁路货物运量(万吨)	公路货运量(万吨)	水运货运量(万吨)	民用航空货邮运量(吨)
常州市	11147.53	232.00	9781.00	1134.00	5298.00
苏州市	11487.00	118.00	10820.00	549.00	
南通市	15916.29	80.00	12336.00	3500.00	2923.00
连云港市	10554.22	1680.00	7670.00	1204.00	2244.00
淮安市	7889.00	226.00	4842.00	2821.00	
盐城市	11904.12	47.00	5093.00	6764.00	1200.00
扬州市	8022.00	21.00	5069.00	2932.00	
镇江市	9613.00	208.00	8740.00	665.00	
泰州市	9826.00	28.00	3148.00	6650.00	
宿迁市	5635.00	46.00	3845.00	1744.00	
浙江省	**144839.00**	**4211.30**	**87905.91**	**52698.00**	**237924.00**
杭州市	22372.49	427.00	16536.00	5396.00	134909.00
宁波市	29027.87	2377.00	15594.00	11050.00	68700.00
温州市	10481.42	232.00	7325.00	2922.00	24178.00
嘉兴市	10782.71	25.71	3394.00	7363.00	
湖州市	16353.00		6332.00	10021.00	
绍兴市	8666.00	138.00	7612.00	916.00	
金华市	7278.34	244.59	6821.00	212.00	7513.00
衢州市	6657.02	637.00	6013.00	7.00	172.00
舟山市	10942.95		2873.91	8069.00	435.00
台州市	15383.20		8859.00	6524.00	2017.00
丽水市	6894.00	130.00	6546.00	218.00	
安徽省	**198265.43**	**16500.00**	**157991.00**	**23773.00**	**14267.00**
合肥市	14798.31	1076.00	13665.00	56.00	13116.00
芜湖市	13715.00	410.00	7636.00	5669.00	
蚌埠市	12539.00	215.00	8878.00	3446.00	
淮南市	9440.00	4846.00	3932.00	662.00	
马鞍山市	12030.00	1744.00	9012.00	1274.00	
淮北市	7333.00	2945.00	4388.00		
铜陵市	6227.00	181.00	6046.00		
安庆市	18099.01	450.00	16556.00	1093.00	120.00
黄山市	4780.10	4.00	4771.00	5.00	963.00
滁州市	8640.00	111.00	7412.00	1117.00	
阜阳市	22306.01	2600.00	17600.00	2106.00	68.00
宿州市	13434.00		13332.00	102.00	
巢湖市	7812.00	104.00	5943.00	1765.00	
六安市	21054.00	1650.00	18580.00	824.00	
亳州市	9812.00	28.00	9172.00	612.00	
池州市	6456.00	12.00	4200.00	2244.00	
宣城市	9790.00	124.00	6868.00	2798.00	

2-34 续表 3

城　　市	货运总量量(万吨)	铁路货物运量(万吨)	公路货运量(万吨)	水运货运量(万吨)	民用航空货邮运量(吨)
福建省	**59536.66**	**3289.00**	**40790.00**	**15436.00**	**216570.00**
福州市	15426.44	327.00	7631.00	7462.00	64401.00
厦门市	8370.66	621.00	5018.00	2719.00	126600.00
莆田市	2238.00		1998.00	240.00	
三明市	6927.00	926.00	6000.00	1.00	
泉州市	9370.19	471.00	5473.00	3424.00	21902.00
漳州市	4475.00	107.00	3658.00	710.00	
南平市	2933.35	376.00	2300.00	257.00	3548.00
龙岩市	7740.01	444.00	7296.00		119.00
宁德市	2056.00	17.00	1416.00	623.00	
江西省	**88869.11**	**7261.00**	**75804.00**	**5802.00**	**21098.00**
南昌市	7542.91	435.00	6620.00	486.00	19123.00
景德镇市	1625.03	219.00	1386.00	20.00	308.00
萍乡市	6769.00	1011.00	5758.00		
九江市	8861.00	781.00	7331.00	749.00	15.00
新余市	7323.00	660.00	6581.00	82.00	
鹰潭市	3552.00	437.00	2865.00	250.00	
赣州市	13882.15	688.00	12517.00	677.00	1500.00
吉安市	7585.02	320.00	5997.00	1268.00	152.00
宜春市	12593.00	2157.00	8595.00	1841.00	
抚州市	7531.00	102.00	7342.00	87.00	
上饶市	11605.00	451.00	10812.00	342.00	
山东省	**295722.92**	**27492.30**	**252951.00**	**15266.00**	**136226.00**
济南市	20998.60	9028.00	11827.00	141.00	26000.00
青岛市	24408.19	3772.00	16297.00	4332.00	71900.00
淄博市	26883.20	1018.20	25865.00		
枣庄市	24331.00	1254.00	22286.00	791.00	
东营市	6502.07	488.00	5898.00	116.00	671.00
烟台市	17388.70	1450.00	12639.00	3298.00	17000.00
潍坊市	19802.65	491.00	18732.00	578.00	16487.00
济宁市	24598.00	2042.00	18360.00	4196.00	
泰安市	10896.00	916.00	9895.00	85.00	
威海市	3870.30	45.00	2869.00	956.00	3005.00
日照市	14588.00	4523.00	9559.00	506.00	
莱芜市	6072.00	357.00	5715.00		
临沂市	26830.12	1350.00	25480.00		1163.00
德州市	13482.10	275.10	13207.00		
聊城市	13126.00	214.00	12912.00		
滨州市	14491.00	45.00	14370.00	76.00	
菏泽市	27455.00	224.00	27040.00	191.00	

2-34 续表 4

城　　市	货运总量量(万吨)	铁路货物运量(万吨)	公路货运量(万吨)	水运货运量(万吨)	民用航空货邮运量(吨)
河南省	**168720.18**	**15554.00**	**148741.00**	**4421.00**	**41820.00**
郑州市	16958.00	2992.00	13953.00	9.00	40000.00
开封市	5361.00	201.00	5160.00		
洛阳市	11709.12	873.00	10805.00	31.00	1240.00
平顶山市	13722.00	3438.00	10265.00	19.00	
安阳市	14697.00	181.00	14516.00		
鹤壁市	4685.00	400.00	4285.00		
新乡市	6835.00	241.00	6594.00		
焦作市	11521.00	1599.00	9922.00		
濮阳市	3360.00	549.00	2771.00	40.00	
许昌市	12519.00	148.00	12371.00		
漯河市	3531.00	264.00	3106.00	161.00	
三门峡市	4052.00	1257.00	2795.00		
南阳市	13366.06	587.00	12520.00	259.00	580.00
商丘市	14296.00	233.00	13979.00	84.00	
信阳市	6778.00	389.00	5163.00	1226.00	
周口市	11122.00	1867.00	7425.00	1830.00	
驻马店市	14208.00	335.00	13111.00	762.00	
湖北省	**90660.90**	**16922.00**	**59517.00**	**14214.00**	**78957.00**
武汉市	34409.09	9839.00	16679.00	7884.00	70899.00
黄石市	6397.00	523.00	5019.00	855.00	
十堰市	3236.00	289.00	2691.00	256.00	
宜昌市	9389.77	534.00	7155.00	1700.00	7698.00
襄樊市	8405.04	694.00	7311.00	400.00	360.00
鄂州市	2387.00	1023.00	1196.00	168.00	
荆门市	7017.00	947.00	6019.00	51.00	
孝感市	8102.00	2216.00	5756.00	130.00	
荆州市	3922.00	125.00	2993.00	804.00	
黄冈市	3305.00	370.00	1055.00	1880.00	
咸宁市	2072.00	142.00	1864.00	66.00	
随州市	2019.00	220.00	1779.00	20.00	
湖南省	**148623.88**	**14646.00**	**117395.00**	**16574.00**	**88761.00**
长沙市	20919.70	158.00	18084.00	2669.00	87000.00
株洲市	11769.00	419.00	10772.00	578.00	
湘潭市	5908.00	667.00	4321.00	920.00	
衡阳市	14366.00	1006.00	12714.00	646.00	
邵阳市	12219.00	289.00	11450.00	480.00	
岳阳市	26080.00	1801.00	16664.00	7615.00	
常德市	8118.01	308.00	6676.00	1134.00	112.00
张家界市	1210.16	14.00	1072.00	124.00	1634.00

2-34 续表 5

城　　市	货运总量量 (万吨)	铁路货物运量 (万吨)	公路货运量 (万吨)	水运货运量 (万吨)	民用航空货邮运量 (吨)
益阳市	7051.00	48.00	5712.00	1291.00	
郴州市	14265.00	436.00	13639.00	190.00	
永州市	6573.00	329.00	5731.00	513.00	11.00
怀化市	3564.00	861.00	2599.00	104.00	4.00
娄底市	16581.00	8310.00	7961.00	310.00	
广东省	**177822.55**	**12381.00**	**128611.00**	**36706.00**	**1245477.00**
广州市	51797.27	6358.00	36983.00	8388.00	682699.00
韶关市	6313.00	830.00	3806.00	1677.00	
深圳市	22367.39	480.00	17621.00	4213.00	533900.00
珠海市	6683.03		4892.00	1790.00	10340.00
汕头市	2865.49	82.00	2184.00	598.00	14900.00
佛山市	17989.00	340.00	13162.00	4487.00	38.00
江门市	6691.00		4060.00	2631.00	
湛江市	8089.36	2578.00	4080.00	1431.00	3600.00
茂名市	4280.00	620.00	3440.00	220.00	
肇庆市	2647.00		1986.00	661.00	
惠州市	8645.00	232.00	4061.00	4352.00	
梅州市	4658.00	500.00	4100.00	58.00	
汕尾市	860.00		860.00		
河源市	2025.00		2017.00	8.00	
阳江市	1538.00	116.00	1292.00	130.00	
清远市	6242.00	71.00	5043.00	1128.00	
东莞市	8733.00		6944.00	1789.00	
中山市	9182.00		7150.00	2032.00	
潮州市	2386.00	19.00	1879.00	488.00	
揭阳市	1746.00	155.00	1567.00	24.00	
云浮市	2085.00		1484.00	601.00	
广西壮族自治区	**92220.87**	**6464.00**	**76017.00**	**9734.00**	**58650.00**
南宁市	15522.80	664.00	13272.00	1583.00	38000.00
柳州市	7012.17	993.00	5626.00	393.00	1681.00
桂林市	3829.78	146.00	3677.00	5.00	17830.00
梧州市	2521.00		1727.00	794.00	8.00
北海市	3420.11	360.00	2466.00	594.00	1131.00
防城港市	8599.00	2790.00	5086.00	723.00	
钦州市	12189.00	431.00	11002.00	756.00	
贵港市	5300.00	134.00	1294.00	3872.00	
玉林市	10250.00	123.00	9954.00	173.00	
百色市	9058.00	328.00	8490.00	240.00	
贺州市	1097.00		1076.00	21.00	
河池市	7062.00	166.00	6830.00	66.00	
来宾市	3431.00	116.00	2995.00	320.00	
崇左市	2929.00	213.00	2522.00	194.00	

2-34 续表 6

城　　市	货运总量量（万吨）	铁路货物运量（万吨）	公路货运量（万吨）	水运货运量（万吨）	民用航空货邮运量（吨）
海南省	**9687.00**	**625.00**	**4634.00**	**4407.00**	**210000.00**
海口市	8139.00	625.00	3103.00	4391.00	200000.00
三亚市	1548.00		1531.00	16.00	10000.00
重庆市	**67891.12**	**2182.00**	**58532.00**	**7171.00**	**61200.00**
四川省	**129375.59**	**21311.00**	**104116.40**	**3928.42**	**197654.00**
成都市	41768.50	14120.00	27630.00		185000.00
自贡市	3649.00	177.00	3243.00	229.00	
攀枝花市	10144.24	2416.00	7713.00	15.00	2367.00
泸州市	5785.99	136.00	5195.40	454.42	1663.00
德阳市	6842.00	298.00	6544.00		
绵阳市	3662.54	106.00	3555.00	1.00	5392.00
广元市	4566.00	254.00	4059.00	253.00	
遂宁市	2911.00	67.00	2322.00	522.00	
内江市	6594.00	185.00	6152.00	257.00	
乐山市	7204.00	1135.00	5942.00	127.00	
南充市	4694.01	279.00	3891.00	524.00	124.00
眉山市	3420.00	165.00	3251.00	4.00	
宜宾市	5653.20	1245.00	4006.00	402.00	2008.00
广安市	3989.00	278.00	3271.00	440.00	
达州市	7969.11	277.00	7404.00	288.00	1100.00
雅安市	2644.00		2644.00		
巴中市	3941.00	117.00	3635.00	189.00	
资阳市	3938.00	56.00	3659.00	223.00	
贵州省	**25091.00**	**4038.20**	**20678.00**	**369.60**	**52000.00**
贵阳市	9062.00	1378.20	7645.00	33.60	52000.00
六盘水市	8404.00	2006.00	6398.00		
遵义市	5753.00	446.00	4985.00	322.00	
安顺市	1872.00	208.00	1650.00	14.00	
云南省	**34164.62**	**3362.00**	**30662.65**	**139.00**	**9721.50**
昆明市	13771.77	2046.00	11606.00	119.00	7700.00
曲靖市	8049.00	882.00	7167.00		
玉溪市	4314.00	236.00	4078.00		
保山市	1350.01		1350.00		137.00
昭通市	2308.00	198.00	2110.00		
丽江市	728.82		728.65		1673.00
思茅市	2183.02		2163.00	20.00	211.50
临沧市	1460.00		1460.00		

2-34 续表 7

城　市	货运总量量 (万吨)	铁路货物运量 (万吨)	公路货运量 (万吨)	水运货运量 (万吨)	民用航空货邮运量 (吨)
西藏自治区	**409.36**	**23.00**	**385.00**		**13600.00**
拉萨市	409.36	23.00	385.00		13600.00
陕西省	**69698.89**	**1159.00**	**68099.00**	**428.00**	**128880.00**
西安市	30612.85	614.00	29986.00		128500.00
铜川市	2235.00		2235.00		
宝鸡市	5875.00		5875.00		
咸阳市	4714.00	279.00	4435.00		
渭南市	7427.00		7427.00		
延安市	3733.00		3733.00		28.00
汉中市	3517.00	266.00	3251.00		24.00
榆林市	5893.03		5893.00		327.00
安康市	4972.00		4544.00	428.00	1.00
商洛市	720.00		720.00		
甘肃省	**29899.06**	**4695.00**	**25203.00**		**10614.00**
兰州市	7332.04	1176.00	6155.00		10359.00
嘉峪关市	2479.01	541.00	1938.00		83.00
金昌市	1109.00	235.00	874.00		
白银市	4023.00	1332.00	2691.00		
天水市	1809.00	46.00	1763.00		3.00
武威市	1573.00		1573.00		
张掖市	1031.00	82.00	949.00		
平凉市	3237.00	1244.00	1993.00		
酒泉市	1673.02		1673.00		169.00
庆阳市	3035.00		3035.00		
定西市	1612.00	39.00	1573.00		
陇南市	986.00		986.00		
青海省	**2575.62**	**367.00**	**2208.00**		**6200.00**
西宁市	2575.62	367.00	2208.00		6200.00
宁夏回族自治区	**24024.54**	**706.00**	**23263.00**	**55.00**	**5376.00**
银川市	9433.54		9433.00		5376.00
石嘴山市	4629.00		4629.00		
吴忠市	5145.00	102.00	5043.00		
固原市	2705.00	109.00	2596.00		
中卫市	2112.00	495.00	1562.00	55.00	
新疆维吾尔自治区	**16246.25**	**2074.00**	**14168.00**		**42503.50**
乌鲁木齐市	14066.25	2074.00	11988.00		42500.00
克拉玛依市	2180.00		2180.00		3.50

2-35 邮　　电

城　　市	年末邮政局(所)数(处)		邮政业务总量(万元)	电信业务总量(万元)
	全市	市辖区	全市	全市
城市合计	**48565**	**17018**	**8317945**	**110736943**
北京市	**777**	**736**	**507618**	**8667454**
天津市	**823**	**693**	**269100**	**3597600**
河北省	**1811**	**369**	**243367**	**3453467**
石家庄市	226	73	46487	607441
唐山市	177	71	30922	465526
秦皇岛市	93	38	13455	202199
邯郸市	176	35	21043	298421
邢台市	169	22	12842	231647
保定市	251	23	38210	509675
张家口市	154	24	12909	201157
承德市	118	26	11439	161691
沧州市	125	18	23860	318065
廊坊市	201	23	22456	310648
衡水市	121	16	9744	146997
山西省	**1542**	**415**	**270180**	**3529580**
太原市	187	148	35911	506577
大同市	93	22	15783	178084
阳泉市	70	37	18128	259338
长治市	177	19	10328	157344
晋城市	98	34	20460	336901
朔州市	55	24	15411	110887
晋中市	158	38	37965	176806
运城市	215	28	33000	567000
忻州市	174	27	13334	89218
临汾市	172	23	39560	616325
吕梁市	143	15	30300	531100
内蒙古自治区	**1309**	**372**	**90557**	**2304048**
呼和浩特市	115	50	20016	668008
包头市	112	77	12627	690803
乌海市	37	37	5498	41147
赤峰市	268	100	13138	133097
通辽市	142	23	5948	115500
鄂尔多斯市	164	16	7227	146129
呼伦贝尔市	161	20	10832	136507
巴彦淖尔市	138	33	7872	292957
乌兰察布市	172	16	7400	79900

2-35 续表 1

城　　市	年末邮政局(所)数(处)		邮政业务总量(万元)	电信业务总量(万元)
	全市	市辖区	全市	全市
辽宁省	**1715**	**687**	**240292**	**3531241**
沈阳市	208	138	39498	944570
大连市	243	137	42183	811925
鞍山市	105	35	19504	255562
抚顺市	80	34	10986	138848
本溪市	87	44	8034	98000
丹东市	205	51	12464	144931
锦州市	101	34	13033	160368
营口市	71	36	11073	164600
阜新市	69	14	8848	197371
辽阳市	97	43	12055	119000
盘锦市	79	31	20352	103269
铁岭市	102	20	18276	126194
朝阳市	161	22	11986	129914
葫芦岛市	107	48	12000	136689
吉林省	**961**	**347**	**154218**	**1287014**
长春市	201	106	54858	540000
吉林市	143	68	31736	228580
四平市	137	21	12136	122050
辽源市	66	15	8658	63145
通化市	125	27	14764	101868
白山市	117	44	15463	60237
松原市	102	40	9680	99618
白城市	70	26	6923	71516
黑龙江省	**1961**	**743**	**311311**	**1912877**
哈尔滨市	404	122	74739	739348
齐齐哈尔市	218	74	34650	49381
鸡西市	162	56	34000	98211
鹤岗市	62	34	12985	102831
双鸭山市	127	81	12599	64111
大庆市	156	101	27793	232035
伊春市	84	59	14037	80488
佳木斯市	205	89	29826	228000
七台河市	41	23	4700	48026
牡丹江市	153	54	37682	144885
黑河市	103	16	9321	118631
绥化市	246	34	18979	6930
上海市	**631**	**631**	**685933**	**8068551**
江苏省	**2642**	**944**	**605019**	**6157913**
南京市	189	151	60835	872602
无锡市	191	94	69299	763207
徐州市	253	48	39998	411905

2-35 续表 2

城　　市	年末邮政局(所)数(处)		邮政业务总量(万元)	电信业务总量(万元)
	全市	市辖区	全市	全市
常州市	190	118	44507	475696
苏州市	255	86	128308	1437025
南通市	323	80	60451	515987
连云港市	142	33	27430	220591
淮安市	179	80	20133	172488
盐城市	243	48	27867	319413
扬州市	239	89	34283	316504
镇江市	121	43	28959	211643
泰州市	179	31	45400	286081
宿迁市	138	43	17549	154771
浙江省	**1898**	**620**	**459623**	**7081022**
杭州市	329	173	93701	1261713
宁波市	327	126	72659	1846302
温州市	168	54	66174	993362
嘉兴市	154	40	41888	622905
湖州市	117	53	15378	252537
绍兴市	119	16	41970	431476
金华市	206	36	58647	554009
衢州市	68	19	9932	243471
舟山市	55	35	9030	122251
台州市	169	46	29757	595634
丽水市	186	22	20487	157362
安徽省	**1908**	**626**	**312167**	**3882708**
合肥市	133	65	40901	961606
芜湖市	89	38	15756	330018
蚌埠市	96	28	16930	372517
淮南市	83	66	9492	101700
马鞍山市	52	29	6900	75805
淮北市	63	37	6287	107817
铜陵市	32	18	5037	46161
安庆市	203	23	45500	338600
黄山市	96	38	11414	138313
滁州市	158	30	10518	155885
阜阳市	178	45	38782	207827
宿州市	124	41	24345	136389
巢湖市	129	37	27574	290527
六安市	178	41	22979	346995
亳州市	92	36	13140	122588
池州市	70	29	6959	42588
宣城市	132	25	9653	107372

2-35 续表 3

城　　市	年末邮政局(所)数(处)		邮政业务总量(万元)	电信业务总量(万元)
	全市	市辖区	全市	全市
福建省	**1438**	**376**	**313338**	**2753919**
福州市	243	71	66012	270695
厦门市	89	89	43300	533000
莆田市	61	44	22599	189870
三明市	167	17	21387	150189
泉州市	278	61	63050	785808
漳州市	141	19	22419	303056
南平市	198	32	29906	152790
龙岩市	127	22	18982	175540
宁德市	134	21	25683	192971
江西省	**2036**	**417**	**265726**	**2030452**
南昌市	161	94	42137	480713
景德镇市	150	60	7279	108288
萍乡市	106	52	10730	77760
九江市	205	22	24036	88155
新余市	61	46	7156	47688
鹰潭市	48	10	10857	43119
赣州市	472	34	48197	259846
吉安市	231	23	26503	144131
宜春市	204	35	36000	157200
抚州市	185	28	26217	70447
上饶市	213	13	26614	553105
山东省	**3137**	**890**	**477037**	**6349530**
济南市	209	129	51000	515000
青岛市	239	68	62928	751901
淄博市	139	95	25094	218833
枣庄市	105	76	15633	519110
东营市	88	42	12652	163091
烟台市	287	75	42484	402487
潍坊市	269	50	38000	619598
济宁市	210	22	27467	269662
泰安市	139	37	26323	622411
威海市	99	26	16834	266071
日照市	77	32	9304	174720
莱芜市	44	44	6806	57560
临沂市	277	44	21425	411782
德州市	235	26	41000	677000
聊城市	184	33	42000	155632
滨州市	123	25	14578	242882
菏泽市	413	66	23509	281790

2-35 续表 4

城 市	年末邮政局(所)数(处)		邮政业务总量(万元)	电信业务总量(万元)
	全市	市辖区	全市	全市
河南省	**2513**	**405**	**442314**	**3460570**
郑州市	258	125	67297	752290
开封市	111	23	17484	132495
洛阳市	186	30	36724	282388
平顶山市	129	26	21809	171668
安阳市	116	19	26629	183958
鹤壁市	24	8	5515	87134
新乡市	150	25	34102	215751
焦作市	109	22	19235	132324
濮阳市	96	17	14139	116169
许昌市	114	17	18907	152017
漯河市	59	10	10824	81774
三门峡市	78	8	13076	97697
南阳市	271	25	37012	276956
商丘市	201	13	32485	200441
信阳市	230	13	25758	189510
周口市	187	7	31138	206245
驻马店市	194	17	30180	181753
湖北省	**1644**	**523**	**257205**	**2569774**
武汉市	342	194	71731	1052249
黄石市	61	18	15200	264705
十堰市	143	26	13799	111836
宜昌市	145	45	13577	192714
襄樊市	184	68	19326	176828
鄂州市	38	38	8260	45326
荆门市	88	18	12244	99059
孝感市	138	22	19908	92100
荆州市	168	38	26460	223193
黄冈市	185	12	31000	148800
咸宁市	88	20	15192	78495
随州市	64	24	10508	84469
湖南省	**2752**	**608**	**255318**	**5224142**
长沙市	885	246	42218	1463836
株洲市	112	18	19200	601700
湘潭市	96	23	18800	460500
衡阳市	208	38	33500	686600
邵阳市	209	21	21754	182274
岳阳市	155	41	22237	241075
常德市	204	62	16297	230264
张家界市	66	15	4158	210500

2-35 续表 5

城　　市	年末邮政局(所)数(处)		邮政业务总量(万元)	电信业务总量(万元)
	全市	市辖区	全市	全市
益阳市	127	42	12846	148365
郴州市	145	25	20625	188468
永州市	207	46	13840	393337
怀化市	258	16	13343	47723
娄底市	80	15	16500	369500
广东省	**3673**	**2320**	**851360**	**19079124**
广州市	131	106	159056	2520952
韶关市	150	40	16600	152443
深圳市	736	736	258900	6506300
珠海市	76	76	21986	315305
汕头市	73	69	18641	434723
佛山市	207	207		
江门市	127	42	39431	1155698
湛江市	180	28	42221	1301508
茂名市	137	28	30277	642754
肇庆市	138	31	22916	735707
惠州市	188	104	21674	461069
梅州市	189	18	16870	151930
汕尾市	54		9281	464913
河源市	119	15	8606	126468
阳江市	72	21	13184	127790
清远市	148	21	15655	227620
东莞市	546	546	71500	1491600
中山市	163	163	34362	1491213
潮州市	62	50	10787	156143
揭阳市	91	8	22549	370790
云浮市	86	11	16864	244198
广西壮族自治区	**1616**	**352**	**131121**	**1999875**
南宁市	203	93	24479	459878
柳州市	141		9759	219482
桂林市	210	39	14009	236453
梧州市	91	24	8520	98424
北海市	38	8	4142	97535
防城港市	40	23	2797	54860
钦州市	72	23	7628	92157
贵港市	77	30	13105	110745
玉林市	113	18	15155	177905
百色市	192	22	6969	122811
贺州市	74	39	3775	57558
河池市	176	22	8763	118207
来宾市	89		4818	73823
崇左市	100	11	7202	80037

2-35 续表 6

城　　市	年末邮政局(所)数(处)		邮政业务总量(万元)	电信业务总量(万元)
	全市	市辖区	全市	全市
海南省	**134**	**134**	**25208**	**899561**
海口市	110	110	20425	867973
三亚市	24	24	4783	31588
重庆市	**1838**	**738**	**156200**	**1477100**
四川省	**4693**	**1156**	**482354**	**6264414**
成都市	474	204	88274	3638000
自贡市	177	51	12996	92193
攀枝花市	52	34	6666	83491
泸州市	226	56	16696	141157
德阳市	182	25	16104	149044
绵阳市	422	65	21848	212951
广元市	256	57	11115	104350
遂宁市	128	53	9320	73377
内江市	220	94	9101	100195
乐山市	216	63	17185	387777
南充市	567	121	21163	169856
眉山市	225	63	8320	92264
宜宾市	255	34	21767	553584
广安市	134	38	12048	78641
达州市	426	25	176834	157874
雅安市	77	14	4112	63185
巴中市	302	94	13839	81700
资阳市	354	65	14966	84775
贵州省	**619**	**238**	**58621**	**706074**
贵阳市	178	126	27630	364192
六盘水市	57	10	6850	43613
遵义市	296	74	19301	224505
安顺市	88	28	4840	73764
云南省	**1005**	**315**	**84329**	**1048520**
昆明市	302	196	36087	602836
曲靖市	148	23	12750	147824
玉溪市	73	11	7586	95374
保山市	81	31	5595	19700
昭通市	136	17	6782	20589
丽江市	62	13	4714	12051
思茅市	101	9	6804	86339
临沧市	102	15	4011	63807

2-35 续表 7

城　　市	年末邮政局(所)数 (处)		邮政业务总量 (万元)	电信业务总量 (万元)
	全市	市辖区	全市	全市
西藏自治区	**40**		**2700**	**24800**
拉萨市	40		2700	24800
陕西省	**1623**	**487**	**213063**	**1962484**
西安市	300	205	79460	951343
铜川市	40	33	4567	10607
宝鸡市	190	65	20211	142429
咸阳市	153	40	18076	174779
渭南市	232	35	17600	185100
延安市	149	23	12687	30562
汉中市	179	17	17739	112458
榆林市	174	24	12800	218600
安康市	115	31	13223	84806
商洛市	91	14	16700	51800
甘肃省	**1192**	**429**	**75003**	**555988**
兰州市	165	108	20340	84702
嘉峪关市	16	16	1402	30176
金昌市	17	9	2785	23762
白银市	79	26	5315	62236
天水市	137	60	7844	24700
武威市	120	80	5404	36730
张掖市	91	28	3860	38694
平凉市	119	22	3431	39600
酒泉市	76	25	4896	71800
庆阳市	130	11	7077	30499
定西市	118	21	8184	59648
陇南市	124	23	4465	53441
青海省	**80**	**59**	**14156**	**328545**
西宁市	80	59	14156	328545
宁夏回族自治区	**304**	**158**	**24920**	**149561**
银川市	115	84	9577	51619
石嘴山市	45	34	5854	47175
吴忠市	43	10	3000	12140
固原市	85	24	3401	9554
中卫市	16	6	3088	29073
新疆维吾尔自治区	**250**	**230**	**38587**	**379035**
乌鲁木齐市	211	191	33300	366700
克拉玛依市	39	39	5287	12335

2-36 通 信

城 市	本地电话年末用户数（万户）		移动电话年末用户数（万户）		国际互联网用户数（户）	
	全市	市辖区	全市	市辖区	全市	市辖区
城市合计	**29763.92**	**15888.17**	**79888.87**	**44855.36**	**129233758**	**88418100**
北京市	**893.10**	**869.80**	**1825.40**	**1777.05**	**5049323**	**4963373**
天津市	**385.23**	**385.23**	**992.52**	**992.52**	**5333900**	**5333900**
河北省	**1343.93**	**400.19**	**3810.21**	**1705.31**	**5833876**	**2956952**
石家庄市	214.07	41.86	612.32	428.62	1049859	738497
唐山市	179.43	90.95	474.21	312.73	702732	340649
秦皇岛市	76.56	33.06	200.54	101.27	396870	301999
邯郸市	121.34	35.67	398.71	136.81	999056	457892
邢台市	106.49	27.56	303.83	74.59	374612	142759
保定市	172.85	32.00	553.11	231.00	702460	255418
张家口市	81.27	47.30	206.40	116.55	305704	236195
承德市	53.75	14.93	163.19	80.05	202390	122023
沧州市	129.06	17.29	391.09	94.00	412512	135231
廊坊市	109.10	31.84	305.33	71.22	400906	130438
衡水市	100.01	27.73	201.48	58.47	286775	95851
山西省	**765.47**	**364.35**	**1979.93**	**913.32**	**2970442**	**1588619**
太原市	162.87	146.52	409.84	382.16	841973	790144
大同市	63.00	42.60	157.00	66.42	242986	182665
阳泉市	33.03	22.51	100.00	60.56	159400	109366
长治市	58.10	37.07	181.95	73.31	239653	135044
晋城市	44.90	18.90	125.10	80.06	147961	82974
朔州市	21.62	8.67	85.47	41.10	75827	38342
晋中市	82.00	23.65	169.00	48.78	244928	79851
运城市	86.00	16.49	276.00	42.38	363000	5927
忻州市	70.11	18.02	92.58	18.15	118518	40823
临汾市	80.84	24.70	212.99	67.70	326196	108683
吕梁市	63.00	5.22	170.00	32.70	210000	14800
内蒙古自治区	**366.58**	**211.92**	**1623.80**	**762.90**	**1250434**	**860669**
呼和浩特市	78.26	69.82	252.00	185.47	330765	312573
包头市	55.31	49.53	223.62	195.80	199979	190932
乌海市	10.72	10.72	53.98	53.98	69700	69700
赤峰市	53.21	21.66	224.51	101.00	125500	71000
通辽市	34.00	21.50	161.00	35.20	100000	53304
鄂尔多斯市	19.30	8.14	253.30	85.40	71570	28400
呼伦贝尔市	53.37	14.75	215.69	27.85	183800	55000
巴彦淖尔市	23.60	8.80	171.00	47.20	90000	31000
乌兰察布市	38.81	7.00	68.70	31.00	79120	48760

2-36 续表 1

城 市	本地电话年末用户数(万户)		移动电话年末用户数(万户)		国际互联网用户数(户)	
	全市	市辖区	全市	市辖区	全市	市辖区
辽宁省	**1485.36**	**911.75**	**3314.45**	**2367.44**	**5427794**	**4257049**
沈阳市	336.60	287.82	747.05	680.61	1283000	1244510
大连市	303.34	202.26	630.01	537.52	1231956	1047198
鞍山市	135.81	79.87	255.68	163.32	431700	317700
抚顺市	80.76	50.27	196.38	143.24	314600	229467
本溪市	46.99	32.86	137.93	100.03	192185	172966
丹东市	70.20	22.37	149.86	64.97	265100	132381
锦州市	88.85	41.89	199.59	122.68	338545	230021
营口市	65.30	32.57	146.20	85.22	232000	150382
阜新市	55.21	35.28	125.86	81.68	139600	102520
辽阳市	46.00	24.40	129.90	101.10	229000	169485
盘锦市	38.50	33.12	95.20	66.50	206674	158249
铁岭市	64.70	14.00	188.90	88.60	170000	68858
朝阳市	80.90	24.50	173.39	53.97	196434	88419
葫芦岛市	72.20	30.54	138.50	78.00	197000	144893
吉林省	**481.88**	**215.74**	**1880.73**	**1012.94**	**3550863**	**2558154**
长春市	176.00	118.79	514.00	345.94	2476000	1980800
吉林市	84.89	40.95	364.46	261.12	380320	270024
四平市	69.16	11.28	234.69	94.46	171607	73884
辽源市	16.00	10.97	67.85	34.34	63425	45578
通化市	52.56	8.76	147.13	40.20	126692	45609
白山市	26.54	10.52	88.71	45.21	116401	65329
松原市	27.10	10.70	273.50	96.76	104000	59599
白城市	29.63	3.77	190.39	94.91	112418	17331
黑龙江省	**808.76**	**279.27**	**2203.60**	**665.81**	**2805787**	**1148406**
哈尔滨市	293.29		844.26		946879	
齐齐哈尔市	73.80	43.55	230.29	103.50	307337	150865
鸡西市	42.04	21.12	111.14	56.72	118157	77451
鹤岗市	20.58	14.51	63.41	46.96	71429	57225
双鸭山市	25.70	10.24	107.41	39.90	77234	47427
大庆市	87.78	70.84	245.87	145.91	419819	379825
伊春市	35.40	26.33	56.00	43.32	101000	81614
佳木斯市	40.70	28.30	176.60	101.30	176342	130621
七台河市	14.00	10.00	57.60	40.25	55610	52121
牡丹江市	77.08	30.49	137.71	39.70	262712	101514
黑河市	42.05	9.29	91.18	32.10	87853	21278
绥化市	56.34	14.60	82.13	16.15	181415	48465
上海市	**935.48**	**935.48**	**2106.32**	**2106.32**	**12500000**	**12500000**
江苏省	**2567.12**	**1228.71**	**5850.45**	**2926.58**	**9326022**	**5458990**
南京市	300.12	277.52	801.14	742.23	1421028	1364439
无锡市	246.51	142.46	677.39	399.08	1170222	764308
徐州市	187.04	81.48	516.58	198.29	591750	354198

2-36 续表 2

城 市	本地电话年末用户数(万户)		移动电话年末用户数(万户)		国际互联网用户数(户)	
	全市	市辖区	全市	市辖区	全市	市辖区
常州市	169.19	115.65	424.61	325.58	820336	660997
苏州市	413.86	162.84	1146.15	467.57	1852094	824802
南通市	273.05	93.61	510.16	201.29	593035	254408
连云港市	133.92	49.94	246.60	92.18	621630	260161
淮安市	142.01	82.63	170.12	103.27	285569	189290
盐城市	215.52	47.00	269.88	16.35	428667	121544
扬州市	164.85	59.87	347.01	144.08	569255	283164
镇江市	114.75	54.25	231.01	85.57	370800	182200
泰州市	111.17	19.14	300.63	73.99	391192	107306
宿迁市	95.13	42.32	209.17	77.10	210444	92173
浙江省	**2137.66**	**921.36**	**5358.00**	**2454.96**	**11501680**	**5537615**
杭州市	390.38	307.09	1011.93	805.47	1783282	1466399
宁波市	301.41	135.85	866.87	435.07	1473000	813411
温州市	356.02	127.00	858.75	344.91	4396035	1903927
嘉兴市	170.21	49.72	424.67	129.28	646741	209331
湖州市	112.52	54.88	245.50	119.25	394934	208831
绍兴市	226.28	43.29	378.52	101.61	732847	161730
金华市	211.10	46.39	527.59	102.77	758157	160003
衢州市	68.08	28.90	153.44	68.99	173538	91640
舟山市	56.82	44.49	107.96	82.83	197199	159866
台州市	189.95	68.03	567.19	203.96	752645	295070
丽水市	54.89	15.72	215.58	60.82	193302	67407
安徽省	**1256.19**	**514.66**	**2218.02**	**1055.80**	**2487899**	**1537119**
合肥市	159.56	105.02	308.11	229.94	412092	326706
芜湖市	66.00	42.15	131.54	82.58	245791	174594
蚌埠市	70.53	32.27	134.78	62.46	159600	107300
淮南市	47.50	36.30	104.00	81.04	125000	103297
马鞍山市	38.63	21.15	82.85	57.12	127658	106654
淮北市	40.03	20.13	80.53	49.86	87130	80542
铜陵市	22.11	17.57	55.09	40.22	96040	78918
安庆市	129.95	23.02	155.15	42.94	196100	92607
黄山市	43.06	18.61	65.27	34.71	93546	55151
滁州市	77.70	16.57	148.31	39.96	126700	46994
阜阳市	122.36	36.71	229.90	75.87	118156	43507
宿州市	91.77	34.92	162.86	61.36	139405	74351
巢湖市	82.66	23.29	106.40	40.80	137267	90258
六安市	98.88	27.15	161.20	52.84	126362	39883
亳州市	73.62	26.85	136.26	46.94	109866	43312
池州市	33.62	13.68	52.10	23.21	69486	34045
宣城市	58.21	19.27	103.67	33.95	117700	39000

2-36 续表 3

城　　市	本地电话年末用户数（万户）		移动电话年末用户数（万户）		国际互联网用户数（户）	
	全市	市辖区	全市	市辖区	全市	市辖区
福建省	**1208.33**	**536.84**	**2912.99**	**1165.05**	**3823448**	**2138962**
福州市	256.96	130.88	655.82	304.36	840775	573682
厦门市	201.35	201.35	354.79	354.79	645200	645200
莆田市	67.76	45.39	182.33	132.26	223224	170920
三明市	63.66	14.11	165.01	33.44	183815	55361
泉州市	300.94	71.98	675.57	111.40	978903	357646
漳州市	122.51	24.90	320.44	93.10	341073	138981
南平市	62.89	15.06	172.99	36.10	186865	57421
龙岩市	63.40	21.20	189.60	63.50	179000	95600
宁德市	68.86	11.97	196.44	36.10	244593	44151
江西省	**726.92**	**318.64**	**2102.98**	**907.03**	**2609386**	**1723513**
南昌市	161.23	117.00	457.03	399.00	814152	790000
景德镇市	36.27	20.04	37.26	24.74	110668	92940
萍乡市	26.68	16.05	120.44	97.48	149519	113408
九江市	94.03	47.68	239.61	91.04	303767	130296
新余市	22.12	17.62	76.79	59.98	93113	78520
鹰潭市	20.25	7.92	53.91	20.57	61219	30626
赣州市	113.51	22.71	361.72	62.20	392247	129262
吉安市	66.40	15.31	160.84	24.13	122719	35996
宜春市	56.62	24.19	207.90	26.32	153411	171013
抚州市	42.60	12.92	140.00	67.32	207171	91230
上饶市	87.21	17.20	247.48	34.25	201400	60222
山东省	**2313.49**	**1040.65**	**6190.97**	**3362.61**	**8091193**	**4766350**
济南市	237.00	192.00	582.10	523.90	1059000	1006050
青岛市	295.97	164.22	839.15	530.17	1614347	1019927
淄博市	131.07	105.34	290.69	226.18	443125	400390
枣庄市	116.89	87.06	184.03	100.86	266312	170986
东营市	62.85	40.69	295.96	184.51	276593	209147
烟台市	185.22	66.35	604.90	263.60	696200	338000
潍坊市	206.03	42.87	532.25	204.12	679866	252545
济宁市	150.13	36.67	376.95	132.59	373938	161138
泰安市	114.90	45.35	325.40	125.53	416935	175109
威海市	149.76	44.70	200.73	70.00	320903	150000
日照市	54.19	21.84	179.02	104.64	209000	164100
莱芜市	28.19	28.19	89.23	89.23	106673	106673
临沂市	138.29	42.46	568.49	442.99	453388	202762
德州市	115.59	26.16	233.83	65.62	250991	91200
聊城市	103.84	30.63	270.51	87.04	273038	120076
滨州市	109.21	28.84	262.93	105.25	271960	79131
菏泽市	114.36	37.28	354.80	106.38	378924	119116

2-36 续表 4

城市	本地电话年末用户数(万户)		移动电话年末用户数(万户)		国际互联网用户数(户)	
	全市	市辖区	全市	市辖区	全市	市辖区
河南省	**1439.68**	**618.04**	**3990.50**	**1690.26**	**6127543**	**3480534**
郑州市	261.22	91.42	741.60	524.05	1333612	969492
开封市	65.75	49.43	178.73	64.93	297200	136303
洛阳市	140.36	86.72	313.29	147.42	556800	343404
平顶山市	55.30	25.89	227.14	80.58	286665	176680
安阳市	98.27	19.50	219.16	80.76	435504	252909
鹤壁市	31.42	18.04	75.71	50.56	130362	95427
新乡市	127.12	39.05	262.24	104.60	490000	265807
焦作市	65.15	26.64	171.93	108.49	326100	116924
濮阳市	39.73	18.51	144.80	42.68	168300	61039
许昌市	66.46	14.05	190.12	44.56	338700	188675
漯河市	31.45	19.58	109.33	71.71	168100	117973
三门峡市	36.85	27.13	131.99	27.69	212900	156729
南阳市	121.74	38.19	294.82	116.97	351700	127264
商丘市	78.41	48.55	237.08	66.17	245000	129506
信阳市	80.18	41.40	213.71	71.90	263400	111547
周口市	74.94	42.31	251.16	39.60	274200	106381
驻马店市	65.33	11.63	227.69	47.59	249000	124474
湖北省	**1029.35**	**514.27**	**3216.50**	**1678.19**	**3632887**	**2525040**
武汉市	339.00	281.00	1037.00	874.00	1660000	1517100
黄石市	63.20	38.50	150.00	94.20	177000	125051
十堰市	63.28	27.26	239.89	96.47	161059	92769
宜昌市	74.89	32.70	252.53	97.01	285150	149402
襄樊市	67.25	27.88	262.46	129.04	288417	191889
鄂州市	18.12	18.12	63.27	63.27	71898	71898
荆门市	37.59	13.73	131.68	48.41	155874	76637
孝感市	85.12	15.36	190.22	49.41	202000	39462
荆州市	76.08	28.16	296.82	82.26	262416	124604
黄冈市	102.24	9.11	374.20	24.10	157900	24000
咸宁市	72.78	13.05	101.73	33.72	118473	53528
随州市	29.80	9.40	116.70	86.30	92700	58700
湖南省	**1119.50**	**420.22**	**2739.42**	**1134.29**	**2857530**	**1535473**
长沙市	221.09	139.98	644.13	386.00	756300	571656
株洲市	82.25	42.00	187.07	82.60	185253	117979
湘潭市	62.12	35.24	138.27	80.50	150000	120000
衡阳市	106.26	36.23	235.40	60.26	266100	83699
邵阳市	102.67	24.15	182.17	51.06	187731	70431
岳阳市	96.53	24.18	240.44	75.20	263669	121564
常德市	97.88	20.06	199.24	68.35	219239	94899
张家界市	29.29	7.70	63.58	35.17	91400	51184

2-36 续表 5

城 市	本地电话年末用户数(万户)		移动电话年末用户数(万户)		国际互联网用户数(户)	
	全市	市辖区	全市	市辖区	全市	市辖区
益阳市	59.53	23.33	154.08	62.93	130570	62677
郴州市	64.77	19.07	204.98	63.93	164571	71071
永州市	52.30	14.03	180.59	60.65	121514	53388
怀化市	80.28	19.32	164.73	57.43	169283	70600
娄底市	64.53	14.93	144.74	50.21	151900	46325
广东省	**3305.04**	**2470.03**	**10862.78**	**8745.49**	**12936896.53**	**10543220.03**
广州市	633.31	575.12	2099.44	1966.51	2801900	2652300
韶关市	68.83	32.35	186.82	86.38	214402	128352
深圳市	469.20	469.20	1856.00	1856.00	2475800	2475800
珠海市	89.52	89.52	213.70	213.70	298000	298000
汕头市	147.01	146.42	440.70	440.70	569000	569000
佛山市	269.46	269.46	944.31	944.31	1116493	1116493
江门市	144.82	66.03	391.00	208.00	236.53	91.03
湛江市	99.20	55.80	366.30	308.40	317000	220608
茂名市	103.40	35.91	277.53	96.60	196275	92166
肇庆市	86.36	29.86	246.25	113.51	279800	113200
惠州市	152.16	91.58	466.12	280.49	563293	361669
梅州市	87.02	16.11	205.35	39.96	229700	68598
汕尾市	53.15		159.57		100000	
河源市	61.62	14.99	134.83	46.84	126024	47869
阳江市	60.50	29.67	134.80	52.40	143960	62793
清远市	62.45	20.16	221.40	74.00	998180	347006
东莞市	378.40	378.40	1409.29	1409.29	1180200	1180200
中山市	92.15	92.15	435.78	435.78	538500	538500
潮州市	69.80	25.83	181.96	58.63	185600	102899
揭阳市	107.50	23.82	355.51	98.94	251385	75992
云浮市	69.18	7.65	136.12	15.05	351148	91684
广西壮族自治区	**746.66**	**339.83**	**1961.57**	**847.28**	**4367177**	**2359106**
南宁市	115.92	77.39	400.42	278.26	679400	574800
柳州市	73.42	44.75	212.00	111.25	539268	365878
桂林市	95.17	49.57	237.02	75.81	605226	308410
梧州市	46.75	16.43	97.47	28.01	242544	109072
北海市	34.90	22.61	90.32	53.66	231410	162162
防城港市	15.70	9.58	53.91	27.68	111207	64739
钦州市	44.02	20.29	90.22	37.81	237313	138608
贵港市	65.16	28.46	108.51	45.82	258020	122773
玉林市	89.32	25.91	174.32	53.05	408773	166483
百色市	52.69	11.83	124.90	22.64	298985	82992
贺州市	22.10	11.28	69.72	35.34	152107	86660
河池市	45.91	8.42	125.40	19.00	280959	74086
来宾市	23.37	9.38	86.53	40.47	149785	69396
崇左市	22.23	3.93	90.83	18.48	172180	33047

2-36 续表 6

城　　市	本地电话年末用户数(万户)		移动电话年末用户数(万户)		国际互联网用户数(户)	
	全市	市辖区	全市	市辖区	全市	市辖区
海南省	**103.16**	**103.16**	**218.30**	**218.30**	**373000**	**373000**
海口市	80.79	80.79	188.70	188.70	310000	310000
三亚市	22.37	22.37	29.60	29.60	63000	63000
重庆市	**627.73**	**289.73**	**1440.92**	**1156.86**	**2038000**	**1630419**
四川省	**1411.29**	**734.50**	**4411.58**	**1790.00**	**3938025**	**2390385**
成都市	437.36	331.86	1449.00	695.44	1230000	1003842
自贡市	51.63	25.46	111.79	74.34	162031	128046
攀枝花市	32.76	27.41	100.24	77.09	120355	102989
泸州市	70.93	33.37	200.83	97.21	154252	98501
德阳市	57.98	24.50	231.75	68.50	218539	103380
绵阳市	84.04	42.04	336.82	137.10	272893	170912
广元市	47.91	22.24	162.39	51.57	110091	70567
遂宁市	36.60	15.91	129.50	56.03	100195	59534
内江市	53.54	23.27	151.92	57.52	129963	65161
乐山市	66.95	27.40	215.82	95.28	196805	111177
南充市	103.02	40.11	249.48	98.23	232366	125770
眉山市	50.23	17.41	128.50	43.05	269832	59130
宜宾市	71.77	25.39	221.96	66.57	204901	96588
广安市	45.07	15.69	129.89	40.18	88877	34596
达州市	74.61	12.89	230.82	35.80	156691	48967
雅安市	27.95	12.54	96.25	24.67	76855	14654
巴中市	41.45	19.34	124.56	32.60	110855	57400
资阳市	57.49	17.67	140.06	38.82	102524	39171
贵州省	**247.81**	**134.40**	**784.37**	**473.27**	**740811**	**623414**
贵阳市	97.48	85.03	367.75	314.06	391818	356372
六盘水市	34.26	6.89	52.32	26.90	76013	38852
遵义市	88.00	29.70	254.00	90.30	205280	187890
安顺市	28.07	12.78	110.30	42.01	67700	40300
云南省	**526.25**	**190.90**	**1482.83**	**560.89**	**5190971**	**2233839**
昆明市	173.92	93.56	539.41	288.36	4550700	1960082
曲靖市	39.59	11.77	236.10	66.73	153200	16282
玉溪市	29.19	10.76	139.63	45.45	165451	100216
保山市	15.30	10.50	114.50	43.50	56330	53099
昭通市	192.05	41.11	173.12	41.20	79722	12826
丽江市	15.69	7.59	65.86	26.58	44435	29833
思茅市	37.87	9.80	128.70	31.61	95349	34356
临沧市	22.64	5.81	85.51	17.46	45784	27145

2-36 续表 7

城 市	本地电话年末用户数 (万户)		移动电话年末用户数 (万户)		国际互联网用户数 (户)	
	全市	市辖区	全市	市辖区	全市	市辖区
西藏自治区	**18.77**		**39.95**			
拉萨市	18.77		39.95			
陕西省	**775.68**	**417.80**	**2900.34**	**1546.05**	**2580907**	**1834171**
西安市	289.10	262.10	1120.07	1001.98	1167916	1108012
铜川市	11.89	9.72	60.00	57.80	40612	38412
宝鸡市	83.98	48.19	220.01	149.27	315180	282618
咸阳市	61.67	25.28	302.77	100.82	216272	131926
渭南市	91.73	16.76	272.78	47.03	205300	46281
延安市	38.27	15.52	206.20	66.79	122784	57924
汉中市	64.01	13.76	177.57	47.15	156068	60806
榆林市	51.88		325.09		181776	
安康市	46.05	15.99	140.65	54.69	110930	89814
商洛市	37.10	10.48	75.20	20.52	64069	18378
甘肃省	**395.77**	**223.09**	**807.41**	**325.00**	**914931**	**683900**
兰州市	98.38	84.71	37.33	28.40	395900	368000
嘉峪关市	7.45	7.45	26.48	26.48	40793	40793
金昌市	9.03	5.54	41.00	20.66	17261	13012
白银市	23.28	12.22	88.45	39.04	62775	46302
天水市	44.91	24.01	107.00	52.99	59000	44000
武威市	44.00	28.00	59.00	31.00	41572	35935
张掖市	31.62	15.58	50.63	25.68	49300	32700
平凉市	22.37	8.07	75.67	28.00	48200	25833
酒泉市	24.06	10.28	79.71	27.44	72700	31007
庆阳市	33.05	13.20	119.43	15.08	55000	23864
定西市	31.80	7.30	40.10	11.90	34000	11700
陇南市	25.82	6.73	82.61	18.33	38430	10754
青海省	**64.32**	**52.28**	**150.80**	**123.01**	**176388**	**146207**
西宁市	64.32	52.28	150.80	123.01	176388	146207
宁夏回族自治区	**103.98**	**74.60**	**245.96**	**126.88**	**321919**	**258524**
银川市	40.98	32.39	16.52	14.26	160079	140150
石嘴山市	24.03	19.00	58.16	46.53	63000	50400
吴忠市	12.40	3.72	70.20	19.02	42000	31351
固原市	14.67	13.42	53.43	24.95	27800	21563
中卫市	11.90	6.07	47.65	22.12	29040	15060
新疆维吾尔自治区	**173.43**	**170.73**	**265.27**	**263.95**	**474725**	**471197**
乌鲁木齐市	153.51	150.81	237.43	236.11	401900	398372
克拉玛依市	19.92	19.92	27.84	27.84	72825	72825

2-37 供水、供电(市辖区)

城　　市	供水总量(万吨)	其中：居民生活用水量	全社会用电量(万千瓦时)	其中：工业用电(万千瓦时)	城乡居民生活用电(万千瓦时)
城市合计	**4261890**	**1448744**	**192466212**	**132536923**	**24344544**
北京市	**151815**	**58954**	**7222517**	**2791228**	**1256047**
天津市	**70138**	**20897**	**5769200**	**4133000**	**646100**
河北省	**121060**	**39793**	**9791292**	**8074452**	**620058**
石家庄市	24353	7525	1270267	859736	124100
唐山市	27612	10582	4247116	3980260	70156
秦皇岛市	10202	2892	719755	482861	68806
邯郸市	17235	4656	502482	392955	55951
邢台市	7183	2176	534610	447669	51951
保定市	8573	3339	654786	498844	62703
张家口市	9345	2262	611354	477210	33646
承德市	5738	2151	475837	420565	23770
沧州市	4506	1480	272506	180716	36437
廊坊市	3952	1838	295809	184537	52381
衡水市	2361	892	206770	149099	40157
山西省	**71379**	**29740**	**3906609**	**2752151**	**402360**
太原市	27227	13357	1569268	1181306	159050
大同市	12948	4069	499331	358486	54197
阳泉市	5881	2016	419532	326361	20035
长治市	8458	4205	352391	291119	27119
晋城市	1896	742	161267	124495	15033
朔州市	4846	840	73862	48216	11422
晋中市	2560	1153	169017	46307	24872
运城市	1496	967	291380	185126	33264
忻州市	1924	890	74611	44572	12603
临汾市	2906	1106	240705	123910	33089
吕梁市	1237	395	55245	22253	11676
内蒙古自治区	**82961**	**13994**	**4287917**	**3558668**	**310925**
呼和浩特市	12602	2614	364834	176486	69600
包头市	24666	3023	1609348	1512160	90450
乌海市	11250	3520	1014540	974689	17318
赤峰市	6252	1247	395997	207734	40623
通辽市	19260	725	481449	414816	20059
鄂尔多斯市	2097	688	139127	89089	22007
呼伦贝尔市	2127	625	86314	50684	13909
巴彦淖尔市	1609	964	124286	90450	14184
乌兰察布市	3098	588	72022	42560	22775

2-37 续表 1

城　　市	供水总量（万吨）	其中：居民生活用水量	全社会用电量（万千瓦时）	其中：工业用电（万千瓦时）	城乡居民生活用电（万千瓦时）
辽宁省	**263441**	**48681**	**10513172**	**7445293**	**1028175**
沈阳市	56935	16980	1781666	927058	357218
大连市	40454	6685	1799860	1207604	214224
鞍山市	48044	3126	1405450	1230995	69195
抚顺市	17170	1925	854158	755446	51275
本溪市	31573	1313	1255812	1172541	40778
丹东市	5175	1583	214156	143485	36581
锦州市	14925	4971	191723	125722	28379
营口市	6934	2130	677019	506783	71009
阜新市	7733	2302	304287	243978	30882
辽阳市	16518	1609	948886	659809	30506
盘锦市	7451	2525	406108	307919	24356
铁岭市	3878	1320	83977	38617	23039
朝阳市	2744	857	127883	84003	19451
葫芦岛市	3907	1355	462187	41333	31282
吉林省	**74873**	**17549**	**2999646**	**2176097**	**406378**
长春市	30287	6813	1088051	615117	201814
吉林市	24268	4100	882392	778467	86390
四平市	2398	427	352683	291368	30398
辽源市	3060	396	134877	103869	19991
通化市	3829	989	218859	195422	21011
白山市	2880	820	117883	84918	19646
松原市	4650	2730	167977	91834	15647
白城市	3501	1274	36924	15102	11481
黑龙江省	**164186**	**37827**	**4809733**	**3658987**	**567089**
哈尔滨市	39223	15701	1212452	677576	211809
齐齐哈尔市	7002	2268	440021	336211	86000
鸡西市	7610	5590	284762	235267	21534
鹤岗市	4550	899	151593	117885	23596
双鸭山市	2554	1352	206322	181283	13358
大庆市	39972	4052	1629960	1499374	69963
伊春市	3840	1251	140800	103700	37100
佳木斯市	7732	3186	123041	79977	38695
七台河市	5349	783	219976	133747	10034
牡丹江市	43361	1589	294117	239026	13202
黑河市	[illegible]578	195	59152	40851	8351
绥化市	2415	961	47537	14090	33447
上海市	**341389**	**97327**	**11533784**	**7015838**	**1525192**
江苏省	**332311**	**102502**	**14735641**	**10389500**	**1664621**
南京市	108735	28324	3224717	2142048	426110
无锡市	39449	14559	2154395	1648934	214529
徐州市	19001	6010	981887	772010	91300

2-37 续表 2

城 市	供水总量（万吨）	其中：居民生活用水量	全社会用电量（万千瓦时）	其中：工业用电（万千瓦时）	城乡居民生活用电（万千瓦时）
常州市	32794	8104	1872958	1478420	174911
苏州市	49341	18079	2296425	1627878	257839
南通市	20041	7885	957646	737395	107655
连云港市	9900	2797	280041	164951	46911
淮安市	11486	3849	628970	481319	79224
盐城市	6318	2684	298574	186796	56728
扬州市	10959	3079	642170	46513	75191
镇江市	16432	4225	785822	649300	61442
泰州市	4903	1849	371976	282488	39292
宿迁市	2952	1058	240060	171448	33489
浙江省	**192271**	**63000**	**10161488**	**7224019**	**1259137**
杭州市	69499	28108	3469277	2302033	453118
宁波市	38357	14750	2237757	1715773	208897
温州市	24982	1054	1022082	661223	188384
嘉兴市	6243	1869	634418	509462	50703
湖州市	8510	3582	522405	387682	61153
绍兴市	10573	2289	423091	311058	46453
金华市	5243	2103	305179	190923	52021
衢州市	8690	1204	480679	418240	29535
舟山市	4046	1383	271355	172520	40784
台州市	12457	5181	671955	478449	106998
丽水市	3671	1477	123290	76656	21091
安徽省	**144022**	**46288**	**5086246**	**3686004**	**716278**
合肥市	27713	13781	750319	318066	198088
芜湖市	14338	4857	479730	371368	52420
蚌埠市	18999	3274	258628	172446	38863
淮南市	11093	3534	463277	365292	55254
马鞍山市	24128	3422	915470	849392	30651
淮北市	4610	2387	293108	248440	24639
铜陵市	2673	1004	431922	390273	18449
安庆市	6691	2258	286422	219366	47056
黄山市	2717	1059	78536	32299	18030
滁州市	2898	1066	126750	83480	25000
阜阳市	5879	2576	224575	154018	41306
宿州市	6031	1950	188242	119805	35949
巢湖市	4812	916	166444	123989	25239
六安市	4565	1340	111817	40955	36398
亳州市	2315	1035	67166	20823	29402
池州市	2328	903	145504	117602	16313
宣城市	2232	926	98336	58390	23221

2-37 续表 3

城　　市	供水总量（万吨）	其中：居民生活用水量	全社会用电量（万千瓦时）	其中：工业用电（万千瓦时）	城乡居民生活用电（万千瓦时）
福建省	**97585**	**36517**	**4776857**	**2762423**	**1006205**
福州市	24334	11292	1069861	441365	317805
厦门市	29454	9933	1281795	698673	275143
莆田市	5856	2734	331186	186242	87170
三明市	7468	1508	324737	279746	20819
泉州市	13375	4937	648138	407697	121245
漳州市	4188	2266	455732	279738	79854
南平市	6570	1117	289587	227356	32718
龙岩市	4635	1709	305621	215116	50142
宁德市	1705	1021	70200	26490	21309
江西省	**79608**	**31555**	**2655207**	**1683679**	**412167**
南昌市	35166	12600	906520	473277	139414
景德镇市	6134	2316	67965	48567	13595
萍乡市	4882	1353	316892	252543	41684
九江市	7834	2534	375792	224369	62607
新余市	4225	2016	485051	419491	31905
鹰潭市	1656	627	51268	19711	16702
赣州市	4860	2435	134003	86120	35502
吉安市	2946	1159	91616	61583	16239
宜春市	3165	1584	82455	26954	24919
抚州市	5563	3593	93600	53000	22700
上饶市	3177	1338	50045	18064	6900
山东省	**191634**	**66842**	**14488485**	**11410839**	**1648007**
济南市	27757	13492	1653649	1038042	262368
青岛市	33490	12250	1653309	1076634	532873
淄博市	26377	5672	2358563	2090875	136104
枣庄市	7982	2750	476911	377809	51535
东营市	9277	2418	929733	860565	28213
烟台市	12295	3408	825563	593989	98160
潍坊市	8937	4619	831290	654749	69893
济宁市	10085	3816	865290	744522	54701
泰安市	6401	2040	323811	205522	50382
威海市	5602	1579	368631	249767	55894
日照市	6012	1258	877210	764934	42881
莱芜市	4148	2150	844025	784684	28029
临沂市	11045	3590	1145899	947197	103491
德州市	5990	1770	385162	293687	30226
聊城市	4335	2186	221403	142505	38038
滨州市	4951	1904	448957	381716	28604
菏泽市	6950	1940	279079	203642	36615

2-37 续表 4

城　　市	供水总量（万吨）	其中：居民生活用水量	全社会用电量（万千瓦时）	其中：工业用电（万千瓦时）	城乡居民生活用电（万千瓦时）
河南省	**141665**	**44285**	**11463788**	**9397191**	**914946**
郑州市	35475	12522	2644973	1898613	270389
开封市	7213	2097	308429	212930	53230
洛阳市	13546	5819	1958609	1777776	63434
平顶山市	10197	3758	661662	572572	44578
安阳市	10995	1998	958634	844203	63732
鹤壁市	4840	1732	243508	206083	14322
新乡市	10824	2525	505770	383235	63960
焦作市	7996	1953	1366590	1330209	36381
濮阳市	5037	1385	341889	282686	23909
许昌市	4142	1089	197093	137739	30554
漯河市	9972	1685	245701	179709	36457
三门峡市	1825	769	235077	211003	15185
南阳市	5668	1765	561744	425109	64954
商丘市	4608	2065	642203	548263	49068
信阳市	3713	1376	257816	146778	46557
周口市	1881	736	108571	71987	16745
驻马店市	3733	1011	225519	168296	21491
湖北省	**201491**	**83806**	**5679403**	**3744171**	**904675**
武汉市	97612	39736	2727838	1518617	484456
黄石市	12933	5195	496635	423829	39013
十堰市	11029	3589	279801	205026	38783
宜昌市	10221	4170	640431	523550	58890
襄樊市	30954	15138	338874	224157	80513
鄂州市	6021	2965	387694	331784	34062
荆门市	7408	3188	228681	184424	23331
孝感市	2933	1786	44519	11167	22112
荆州市	11026	3160	251864	152913	51519
黄冈市	3893	1967	55030	26910	17760
咸宁市	3712	1462	118867	85284	21512
随州市	3749	1450	109169	56510	32724
湖南省	**154090**	**67479**	**4608849**	**2608128**	**882239**
长沙市	45144	26597	817921	185517	343932
株洲市	16206	5524	585141	413612	59811
湘潭市	12402	3507	689177	475981	60848
衡阳市	15968	4575	452873	348923	48939
邵阳市	9049	2917	104127	48506	33050
岳阳市	16828	6920	555338	380205	83110
常德市	6374	2962	188318	86245	55013
张家界市	1983	1000	104219	37433	16945

2-37 续表 5

城　　市	供水总量（万吨）	其中：居民生活用水量	全社会用电量（万千瓦时）	其中：工业用电（万千瓦时）	城乡居民生活用电（万千瓦时）
益阳市	3771	2142	145619	75064	47953
郴州市	8055	2476	303585	114157	50602
永州市	9575	3442	166300	102950	45100
怀化市	4603	2176	244475	102548	22167
娄底市	4132	3241	251756	236987	14769
广东省	**717666**	**258881**	**28367105**	**18312482**	**4096380**
广州市	184752	80170	5115964	2713005	1018670
韶关市	5345	3374	413074	347934	39275
深圳市	150094	48729	5856808	3237528	791322
珠海市	30518	8883	917187	574507	122631
汕头市	28629	13069	1203995	726150	263072
佛山市	43052	16840	4167685	3135614	432375
江门市	22968	6475	741422	502480	89169
湛江市	9154	4703	342635	196475	91041
茂名市	6030	2857	368570	298149	34354
肇庆市	10331	3323	275779	178808	35499
惠州市	19343	6852	959714	623364	116659
梅州市	4262	2143	119546	65138	32758
汕尾市	3039	1164	86482	29376	37031
河源市	4733	2493	155777	92714	26206
阳江市	4960	2637	179118	58677	29263
清远市	8961	2654	376506	295800	37497
东莞市	160782	40699	4955747	3761046	545838
中山市	7393	5990	1615772	1099071	234863
潮州市	4480	2544	125573	39900	82306
揭阳市	6622	2261	326722	294796	24771
云浮市	2218	1021	63029	41950	11780
广西壮族自治区	**125434**	**48377**	**4005130**	**2808098**	**579323**
南宁市	35576	15717	792994	385942	171173
柳州市	35793	8986	669939	504558	84642
桂林市	9339	4683	267548	136836	57640
梧州市	4813	2114	176980	127399	25220
北海市	4568	1966	115612	40287	34610
防城港市	2526	936	129224	95175	17013
钦州市	4002	2010	186935	128799	27351
贵港市	10210	2322	321399	261363	39133
玉林市	4625	2281	187486	121818	35145
百色市	3855	2025	340809	307491	19355
贺州市	2794	1418	261549	224335	23666
河池市	4007	1687	120778	89829	11988
来宾市	2150	1525	390928	353966	24100
崇左市	1176	707	42949	30300	8287

2-37 续表 6

城 市	供水总量（万吨）	其中：居民生活用水量	全社会用电量（万千瓦时）	其中：工业用电（万千瓦时）	城乡居民生活用电（万千瓦时）
海南省	**21655**	**10231**	**488284**	**119832**	**84142**
海口市	14208	8000	351727	102395	49428
三亚市	7447	2231	136557	17437	34714
重庆市	**77146**	**36705**	**3986079**	**2705385**	**670870**
四川省	**138004**	**73844**	**5860770**	**3787927**	**894227**
成都市	61096	41939	1892301	889964	370213
自贡市	4622	2354	301768	200904	22437
攀枝花市	11328	3046	790997	712538	25712
泸州市	8414	2373	228855	130436	39929
德阳市	4774	2038	222419	156514	29952
绵阳市	7695	3471	257627	112813	53262
广元市	2542	1487	277433	214315	24969
遂宁市	2668	1240	118010	50871	24700
内江市	3667	1383	86979	32680	32487
乐山市	4301	2172	597017	518510	59423
南充市	6820	3250	184096	105310	47130
眉山市	2954	1822	174748	118253	41735
宜宾市	4881	2060	290744	245001	42794
广安市	2319	1102	52966	36311	6385
达州市	3698	1937	184344	141037	23478
雅安市	2250	384	85667	63295	14047
巴中市	1325	708	34773	12691	15292
资阳市	2650	1078	80026	46484	20282
贵州省	**30101**	**16546**	**2299077**	**1676576**	**388112**
贵阳市	21257	12367	1238358	839833	277183
六盘水市	2168	955	326696	310008	16688
遵义市	4871	2213	532330	361224	75541
安顺市	1805	1011	201693	165511	18700
云南省	**45677**	**20257**	**2844306**	**1424122**	**402634**
昆明市	32855	13619	1170808	840334	311110
曲靖市	3863	1668	1080000	224302	27000
玉溪市	2345	1210	260470	220147	15043
保山市	2160	1700	56585	34671	15845
昭通市	1296	662	102907	46746	10503
丽江市	1553	526	48883	8972	7821
思茅市	1203	572	70952	42989	6633
临沧市	402	300	53701	5961	8679

2-37 续表 7

城　　市	供水总量（万吨）	其中：居民生活用水量	全社会用电量（万千瓦时）	其中：工业用电（万千瓦时）	城乡居民生活用电（万千瓦时）
西藏自治区	**5750**	**860**			
拉萨市	5750	860			
陕西省	**88651**	**32194**	**2965876**	**1589875**	**522167**
西安市	38307	18513	1591089	660459	335476
铜川市	1579	608	525123	491406	12629
宝鸡市	6646	2922	281132	179370	32238
咸阳市	25706	4400	128554	45370	40624
渭南市	2925	984	53316	16217	13643
延安市	1500	708	99201	56066	16927
汉中市	2061	873	72650	39116	21395
榆林市	1348	410	101783	57268	15330
安康市	7218	2018	92858	37507	25019
商洛市	1361	758	20170	7096	8886
甘肃省	**66378**	**19672**	**3195378**	**2394696**	**226986**
兰州市	27462	9596	1352332	981574	98964
嘉峪关市	8300	430	604251	546735	18180
金昌市	8065	888			
白银市	10734	3250	646382	598916	21561
天水市	3600	1790	149797	40718	41079
武威市	2133	1090	108800	53200	11600
张掖市	1010	606	152400	60721	11655
平凉市	800	328	91455	58242	8351
酒泉市	2462	714	51242	41104	1184
庆阳市	1096	732	20918	10150	6824
定西市	503	165	8055	1500	2100
陇南市	213	83	9746	1836	5488
青海省	**11277**	**4249**	**522711**	**375754**	**70782**
西宁市	11277	4249	522711	375754	70782
宁夏回族自治区	**16889**	**6410**	**2095807**	**1835567**	**100196**
银川市	10225	4452	410829	272798	63234
石嘴山市	3412	870	1136800	1123600	13200
吴忠市	2312	700	202800	166946	9800
固原市	513	257	31049	12779	6446
中卫市	427	131	314329	259444	7516
新疆维吾尔自治区	**41343**	**13482**	**1345855**	**994941**	**138126**
乌鲁木齐市	29771	12255	975855	664941	126126
克拉玛依市	11572	1227	370000	330000	12000

2-38 城市煤气用量(市辖区)

城　市	煤气(人工、天然气)供气总量(万立方米)	其中:家庭用量	用煤气人口(人)	液化石油气供气总量(吨)	其中:家庭用量	用液化气人口(人)
城市合计	**8248958**	**1211294**	**159783263**	**10469017**	**5260273**	**121149236**
北京市	**682839**	**89087**	**11432000**	**367323**	**226538**	**3486000**
天津市	**128080**	**21140**	**6697271**	**58963**	**32596**	**268296**
河北省	**132243**	**35955**	**7522600**	**98198**	**72002**	**3831400**
石家庄市	11027	1474	1649000	14790	12790	880000
唐山市	50790	8637	1286800	26097	17398	680600
秦皇岛市	4965	1208	758600	10117	1715	170800
邯郸市	20327	13258	1366400	2001	2001	110000
邢台市	16520	1200	410900	8596	8596	220000
保定市	7409	1739	520000	8639	4013	670000
张家口市	5959	4046	580700	11310	9629	180000
承德市	2639	1070	100000	5588	4800	370000
沧州市	4300	607	290200	4964	4964	260000
廊坊市	7650	2706	420000	2200	2200	90000
衡水市	657	10	140000	3896	3896	200000
山西省	**210015**	**67185**	**5684800**	**73206**	**46229**	**1614600**
太原市	72387	23436	2350000	47000	24000	582900
大同市	7672	2487	910000	4980	4790	168000
阳泉市	45456	12908	444900	1389	1314	50000
长治市	12589	4512	436000	5310	5310	179000
晋城市	7036	3938	176800	1911	1613	109600
朔州市	3693	1600	211300	1300	300	15000
晋中市	3896	1715	194200	1765	1227	167800
运城市	945	531	290000	1578	1315	122000
忻州市	8192	3075	210200	3000	1700	68000
临汾市	45364	11423	349100	3723	3560	76300
吕梁市	2785	1560	112300	1250	1100	76000
内蒙古自治区	**90398**	**36559**	**2604210**	**72809**	**52954**	**2777910**
呼和浩特市	21281	2565	945900	20000	9760	285400
包头市	21952	18692	1097100	11190	10583	459800
乌海市	37702	11350	107000	947	662	86000
赤峰市				11871	8092	762500
通辽市	604	204	112400	3030	2800	290700
鄂尔多斯市	3687	776	150000	2737	2737	280000
呼伦贝尔市				2834	2350	173000
巴彦淖尔市	2	2	1300	15010	13000	250000
乌兰察布市	5170	2970	190510	5190	2970	190510

2-38 续表 1

城　　市	煤气(人工、天然气)供气总量(万立方米)	其中:家庭用量	用煤气人口(人)	液化石油气供气总量(吨)	其中:家庭用量	用液化气人口(人)
辽宁省	**103665**	**62000**	**12455819**	**310322**	**163057**	**4410051**
沈阳市	26594	11563	4240000	35300	5790	494200
大连市	22788	16038	2024000	155485	59705	874100
鞍山市	15027	6972	1380000	5321	5291	91000
抚顺市	8869	5793	662000	38831	27159	640000
本溪市	4512	3699	575219	4680	3480	203151
丹东市	4090	3358	499000	5490	4910	147000
锦州市	8290	5980	813000	7500	7200	137100
营口市	953	822	416000	20000	15000	450000
阜新市	2826	1342	362000	4890	4703	162000
辽阳市	1153	914	282900	10306	9390	386000
盘锦市	1049	869	260700	14684	14499	471000
铁岭市	3142	1793	340000	2835	1400	100500
朝阳市	1822	1504	340000	4020	3670	120000
葫芦岛市	2550	1353	261000	980	860	134000
吉林省	**49511**	**20607**	**4005900**	**171919**	**73568**	**2475200**
长春市	34788	13853	2074200	83313	10161	572200
吉林市	5472	2661	582000	48429	29763	644500
四平市	2748	947	420000	6100	6000	87500
辽源市	0	0	477900	6040	2760	340000
通化市	2232	1706	309000	2100	2100	55000
白山市	71	40	50000	3337	3334	217000
松原市	4200	1400	92800	15000	11850	340000
白城市				7600	7600	219000
黑龙江省	**68448**	**29057**	**6797751**	**149902**	**70917**	**3577801**
哈尔滨市	31383	14605	3969900	86400	24900	820000
齐齐哈尔市	9876	3032	704679	6930	5400	182001
鸡西市	821	440	452872	3504	3000	156000
鹤岗市	1382	1073	135800	2719	2379	123000
双鸭山市	693	597	81000	1964	1191	160000
大庆市	17105	5100	900000	13735	9045	378200
伊春市				6545	5772	554800
佳木斯市	2031	629	230500	3100	2000	205800
七台河市	3657	2281	143000	2300	1130	183000
牡丹江市				20005	14000	520000
黑河市				1200	800	115000
绥化市	1500	1300	180000	1500	1300	180000
上海市	**497120**	**138895**	**12019900**	**400176**	**241100**	**7193300**
江苏省	**1924794**	**49446**	**9542300**	**579585**	**325025**	**8341981**
南京市	1757470	12357	2360200	154454	83298	2532100
无锡市	30741	6048	1433100	67305	31893	953700
徐州市	7750	4085	1000000	29937	24575	376281

2-38 续表 2

城　　市	煤气(人工、天然气)供气总量(万立方米)	其中:家庭用量	用煤气人口(人)	液化石油气供气总量(吨)	其中:家庭用量	用液化气人口(人)
常州市	40790	9916	1470300	23532	15215	284100
苏州市	42945	6087	1167800	126052	38215	426900
南通市	4877	3320	314000	33693	24667	530200
连云港市	7140	1327	380000	9540	7400	319100
淮安市	5411	961	289900	26566	22826	800000
盐城市	4300	1070	219000	25549	17254	454300
扬州市	5034	1283	400000	22760	17380	313900
镇江市	15761	2907	492200	31635	16985	361500
泰州市				20420	18267	604400
宿迁市	2575	85	15800	8142	7050	385500
浙江省	**74844**	**18883**	**4174600**	**644577**	**362460**	**6525400**
杭州市	35995	7285	1866000	101056	62530	1155100
宁波市	13698	2675	824000	234847	74221	808500
温州市	783	38	50000	107226	71099	1142700
嘉兴市	3333	580	280000	28820	9962	335100
湖州市	7003	442	106600	10924	7133	668700
绍兴市	10718	6339	350900	19480	18345	355800
金华市	733	212	70200	22545	19860	500600
衢州市	1318	668	113000	7010	6895	161700
舟山市	1263	645	513900	28930	28428	99000
台州市				71261	52148	985400
丽水市				12478	11839	312800
安徽省	**89824**	**20523**	**5364900**	**576811**	**151096**	**4814100**
合肥市	18626	5234	1340000	47238	27155	830000
芜湖市	15531	2487	697400	29560	15841	410200
蚌埠市	7661	1271	379200	24000	5000	427800
淮南市	6641	2824	545900	13499	12633	356000
马鞍山市	9510	2341	562000	2244	2019	41000
淮北市	2354	2116	378000	18663	15366	381600
铜陵市	8541		360000	20946	695	14000
安庆市	2032	979	170000	356381	15416	392600
黄山市				10714	9168	256000
滁州市	7667	733	189100	6121	4590	127700
阜阳市	4870	850	239500	7110	6640	224300
宿州市	1294	380	150000	7820	7727	483000
巢湖市	1861	276	120000	6400	6200	18000
六安市	1290	305	94800	7600	7600	320000
亳州市	1119	580	45000	12300	10200	169900
池州市	613	107	85000	3115	2146	161000
宣城市	214	40	9000	3100	2700	201000

2-38 续表 3

城　　市	煤气(人工、天然气)供气总量(万立方米)	其中:家庭用量	用煤气人口(人)	液化石油气供气总量(吨)	其中:家庭用量	用液化气人口(人)
福建省	**8752**	**3933**	**2052100**	**283049**	**141041**	**5013500**
福州市	2460	1451	894900	84086	47705	1105200
厦门市	977	219	870000	82047	24496	1529300
莆田市	1293	67	50000	18006	17600	463300
三明市	2537	1922	139300	4106	3646	79600
泉州市	1180	223	49600	58510	15000	766700
漳州市	305	51	48300	15816	12568	365700
南平市				4100	4100	197800
龙岩市				8940	8601	283600
宁德市				7438	7325	222300
江西省	**42603**	**12856**	**2259300**	**146465**	**120830**	**3379400**
南昌市	10197	4375	748100	60043	58009	1232400
景德镇市	21990	905	177500	21127	11800	250300
萍乡市	3156	2900	190000	4473	4350	135000
九江市	858	333	98300	18055	14515	493000
新余市	3136	2546	346600	1565	1500	26000
鹰潭市	2	1	1000	8000	600	90000
赣州市	1545	709	305000	5400	4870	284500
吉安市	581	375	152000	5142	5142	128300
宜春市	594	466	125600	5120	3880	137900
抚州市	132	23	28000	9100	9100	447000
上饶市	412	223	87200	8440	7064	155000
山东省	**225429**	**58534**	**10404856**	**628568**	**255026**	**7212600**
济南市	26754	6873	1909000	77000	36500	911000
青岛市	34471	9080	2162700	96721	33419	597700
淄博市	48638	9365	958600	123613	29780	554900
枣庄市	5923	2818	417000	13106	10687	333600
东营市	24039	7520	492500	8321	7897	132400
烟台市	11348	2192	670700	34626	24025	769300
潍坊市	12864	5136	773600	14675	13975	450400
济宁市	5991	1474	604000	6007	6007	469000
泰安市	10050	1500	550000	800	500	48200
威海市	4558	811	364000	6728	5162	220000
日照市	1450	1104	152300	9677	9029	451000
莱芜市	2287	1324	207600	14649	13340	259300
临沂市	16583	2694	51900	59812	42100	1039500
德州市	5948	1014	431000	3403	3395	165600
聊城市	5366	1208	235000	4600	4500	320000
滨州市	6286	1846	335000	4700	4200	365000
菏泽市	2873	2575	89956	150130	10510	125700

2-38 续表 4

城　　市	煤气(人工、天然气)供气总量(万立方米)	其中:家庭用量	用煤气人口(人)	液化石油气供气总量(吨)	其中:家庭用量	用液化气人口(人)
河南省	**201083**	**43059**	**7849400**	**194679**	**162616**	**4095700**
郑州市	48089	15015	3334900	64800	47120	553000
开封市	5114	2571	439000	8500	8500	189000
洛阳市	31216	2201	431000	27052	20689	401500
平顶山市	15197	4383	840000	172	172	3400
安阳市	67503	4085	582800	7810	3718	98500
鹤壁市	1463	523	120000	4800	4800	175000
新乡市	7178	2369	493000	6877	6877	219500
焦作市	10326	4081	530400	3575	3575	154900
濮阳市	5121	3240	378000			
许昌市	894	891	61000	8275	8275	229800
漯河市	1705	1164	136800	10595	9800	302300
三门峡市	88	50	25500	2618	2438	115000
南阳市	1819	1162	229400	18213	17695	550000
商丘市	736	646	59000	14525	13210	494000
信阳市	2363	217	47900	10000	8900	364800
周口市	1032	66	32700	3900	3880	140000
驻马店市	1239	395	108000	2967	2967	105000
湖北省	**111300**	**33283**	**6009788**	**260497**	**154518**	**5256750**
武汉市	65249	20930	4010000	133134	36843	1590000
黄石市	9185	932	91600	26528	26327	595200
十堰市	1934	1235	300000	15998	12091	498500
宜昌市	8630	1754	569000	4164	4164	126700
襄樊市	8902	5008	417500	22240	22025	703700
鄂州市	2650	900	93000	7500	7500	260000
荆门市	5247	482	48000	16584	13260	298200
孝感市	439	422	44568	3161	3000	209200
荆州市	6628	948	290000	8500	8300	335000
黄冈市	1006	162	46550	7668	7488	229900
咸宁市	476	91	33900	4650	3150	233500
随州市	954	419	65670	10370	10370	176850
湖南省	**194753**	**28053**	**3563632**	**252038**	**159807**	**5054656**
长沙市	32948	10618	1647000	63024	39283	754600
株洲市	10518	2794	563400	13897	10144	168600
湘潭市	115359	1137	281500	15175	1137	439400
衡阳市	17408	7467	307700	53695	21694	715000
邵阳市	1498	1162	166000	4017	3000	180000
岳阳市	5408	1684	175000	22829	20870	656345
常德市	7959	1015	149300	12489	12203	460000
张家界市				6650	4880	156000

2-38 续表 5

城　　市	煤气(人工、天然气)供气总量(万立方米)	其中:家庭用量	用煤气人口(人)	液化石油气供气总量(吨)	其中:家庭用量	用液化气人口(人)
益阳市	1596	664	60000	7000	6800	370000
郴州市	180	100	22500	14350	8883	363700
永州市				17065	17008	419300
怀化市				18560	10790	215000
娄底市	1879	1412	191232	3287	3115	156711
广东省	**346735**	**72260**	**4936531**	**3365193**	**1753155**	**27174643**
广州市				1004716	396220	5462600
韶关市	936	482	120000	23000	22000	333000
深圳市	32000	18897	3290000	405207	303281	6100000
珠海市				246100	89700	1322200
汕头市	577	95	29700	313000	262000	4700000
佛山市	12848	2458	518500	92823	44551	1400700
江门市	29	14	18000	70155	49578	1099100
湛江市	2578	577	90000	50000	35000	550000
茂名市	7	7	800	90829	23926	485700
肇庆市	1311	10	40600	34636	28898	441400
惠州市				100428	76680	1364266
梅州市	311	68	13600	23950	23950	351000
汕尾市				20030	17040	253000
河源市				27745	24972	270600
阳江市	768	118	25630	148653	17960	306431
清远市	309	216	62000	11513	9722	432200
东莞市	29255	1078	111501	351893	215357	873246
中山市	3181	677	227000	49854	32405	201000
潮州市	262625	47563	389200	262625	47563	389200
揭阳市				27036	22352	694000
云浮市				11000	10000	145000
广西壮族自治区	**19584**	**14400**	**1878776**	**265329**	**214402**	**5474300**
南宁市	2849	1423	433700	84135	66794	1668200
柳州市	5703	4431	557100	53055	31619	870400
桂林市	852	346	166700	22684	22684	579700
梧州市	71	7	1500	6496	5855	307300
北海市	860	300	40000	14590	10800	290000
防城港市	6	2	1100	10783	9778	130600
钦州市	8451	7614	225900	8310	7569	200000
贵港市	425	62	17000	8200	8200	270100
玉林市	170	108	428900	29020	25020	428900
百色市				5694	5497	120600
贺州市				6650	6050	170500
河池市	197	107	6876	5018	4563	175800
来宾市				7970	7250	145000
崇左市				2724	2723	117200

2-38 续表 6

城　　市	煤气(人工、天然气)供气总量(万立方米)	其中:家庭用量	用煤气人口(人)	液化石油气供气总量(吨)	其中:家庭用量	用液化气人口(人)
海南省	**11754**	**1879**	**702700**	**41908**	**27781**	**129470**
海口市	9244	1557	544700	35500	26500	54470
三亚市	2510	322	158000	6408	1281	75000
重庆市	**205164**	**66456**	**7298400**	**70066**	**32569**	**1103800**
四川省	**672567**	**117367**	**10071841**	**145751**	**66986**	**662513**
成都市	199810	58322	3747700	102655	39875	96143
自贡市	67888	6376	792600	489	381	6170
攀枝花市	162826	5282	395500	7020	6194	144400
泸州市	71021	4511	548000	1901	1360	21600
德阳市	56355	3092	328000	5199	2418	24500
绵阳市	37274	7141	736500	2340	1010	18000
广元市	4739	2426	195400	2696	2438	54700
遂宁市	8061	3457	361700			
内江市	4915	2588	308100	8612	1640	21500
乐山市	13904	3866	364600	120	5	100
南充市	8440	4730	644000	5327	4333	45600
眉山市	7237	2194	256000	2906	2600	38600
宜宾市	10146	3521	335400	600	600	18800
广安市	2713	1554	240000			
达州市	5897	3115	313841	198	48	1500
雅安市	2350	1698	138500	1531	1410	38900
巴中市	2515	2094	220000	800	640	41000
资阳市	6476	1400	146000	3357	2034	91000
贵州省	**26826**	**10492**	**1645800**	**47510**	**45543**	**1240300**
贵阳市	22851	9141	1435000	34000	34000	730000
六盘水市	2935	1350	200000			
遵义市	1035		10000	10010	8663	400000
安顺市	5	1	800	3500	2880	110300
云南省	**38971**	**16730**	**2321281**	**131582**	**76023**	**1454720**
昆明市	26270	14047	2140000	116875	65450	882100
曲靖市	9600			6200	2700	70000
玉溪市				4940	4630	136620
保山市	266	107	13681	284	146	50000
昭通市	45	18	40000	1123	1123	110000
丽江市	2790	2558	127600			
思茅市				1360	1274	120000
临沧市				800	700	86000

2-38 续表 7

城　　市	煤气(人工、天然气)供气总量(万立方米)	其中:家庭用量	用煤气人口(人)	液化石油气供气总量(吨)	其中:家庭用量	用液化气人口(人)
西藏自治区				**826000**	**54310**	**343000**
拉萨市				826000	54310	343000
陕西省	**142484**	**29153**	**4487514**	**103973**	**67731**	**1484419**
西安市	95885	15473	2849800	74913	46275	505000
铜川市	3101	942	155000	1700	1200	139200
宝鸡市	11073	2760	578700	375	360	159000
咸阳市	14265	1950	560000	10900	6600	210000
渭南市	2854	1034	14	4554	3976	19
延安市	5016	1131	138000	5781	5781	193800
汉中市						
榆林市	10165	5738	195000	3000	1100	21000
安康市				2000	1700	200400
商洛市	125	125	11000	750	739	56000
甘肃省	**67284**	**13822**	**1940593**	**142059**	**62713**	**1503264**
兰州市	57615	7296	1621000	101000	26000	117000
嘉峪关市	7310	5210	185000	400	385	19800
金昌市				800	584	100000
白银市	1764	1176	98303	1710	1677	101210
天水市	242	92	19600	9015	9015	392000
武威市				3936	3817	207700
张掖市				4840	2220	148000
平凉市	14	14	10560	1796	1670	131090
酒泉市	339	34	6130	15430	15430	30016
庆阳市				1960	820	137848
定西市				601	550	79000
陇南市				571	545	39600
青海省	**47416**	**4528**	**755200**	**5560**	**5393**	**103500**
西宁市	47416	4528	755200	5560	5393	103500
宁夏回族自治区	**846825**	**76255**	**1064800**	**13711**	**10869**	**772162**
银川市	96823	28387	585000	7890	7890	450000
石嘴山市	745182	44359	283000	573	566	98000
吴忠市	3507	2590	60000	2676	300	94500
固原市	1298	908	123000	1367	908	69562
中卫市	15	11	13800	1205	1205	60100
新疆维吾尔自治区	**987647**	**18897**	**2238700**	**41288**	**31418**	**374500**
乌鲁木齐市	984802	18700	2221300	19505	18063	18100
克拉玛依市	2845	197	17400	21783	13355	356400

2-39 城市道路与交通(市辖区)

城　　市	年末实有城市道路面积(万平方米)	年末实有公共汽(电)车营运车辆数(辆)	全年公共汽(电)车客运总量(万人次)	年末实有出租汽车数(辆)	每万人拥有公共汽车(辆)	人均城市道路面积(平方米)
城市合计	**367495**	**341742**	**5928358**	**846891**	**8.96**	**9.63**
北京市	**9179**	**21716**	**516517**	**66646**	**18.49**	**7.81**
天津市	**8357**	**7897**	**116425**	**31940**	**9.84**	**10.41**
河北省	**16984**	**17451**	**182783**	**59747**	**13.88**	**13.51**
石家庄市	3813	4139	46277	9201	17.05	15.71
唐山市	2726	1924	30033	4642	6.27	8.88
秦皇岛市	1424	1028	14039	4292	12.44	17.23
邯郸市	2411	2381	22905	6769	16.15	16.36
邢台市	1214	1836	10411	3772	29.86	19.75
保定市	1416	2122	20510	5965	19.97	13.33
张家口市	1173	925	8052	5030	10.32	13.08
承德市	505	613	11289	5791	11.25	9.26
沧州市	883	1110	11238	6965	20.83	16.57
廊坊市	789	471	4099	5327	5.81	9.74
衡水市	630	902	3930	1993	29.00	20.26
山西省	**7465**	**5893**	**91154**	**25185**	**6.11**	**7.73**
太原市	2357	1878	33947	8292	6.59	8.27
大同市	1484	974	14886	4625	6.30	9.59
阳泉市	545	589	15439	1560	8.57	7.93
长治市	470	557	8314	1800	7.98	6.73
晋城市	379	278	4600	1453	8.10	11.05
朔州市	487	195	4216	1728	3.04	7.60
晋中市	592	502	3375	902	8.53	10.05
运城市	267	398	295	1800	6.04	4.05
忻州市	166	112	1170	713	2.12	3.14
临汾市	475	333	3742	1862	4.00	5.70
吕梁市	243	77	1170	450	2.81	8.85
内蒙古自治区	**8478**	**5020**	**86046**	**26286**	**7.82**	**13.20**
呼和浩特市	1520	2018	42324	5267	16.99	12.80
包头市	2075	1308	21916	5884	9.25	14.67
乌海市	528	380	3825	953	7.91	10.99
赤峰市	744	447	7588	3773	3.68	6.13
通辽市	658	210	1850	2749	2.75	8.62
鄂尔多斯市	1572	229	3925	1810	9.05	62.11
呼伦贝尔市	288	200	2800	2114	7.43	10.70
巴彦淖尔市	714	111	828	936	2.07	13.32
乌兰察布市	379	117	990	2800	3.85	12.48

2-39 续表 1

城　　市	年末实有城市道路面积(万平方米)	年末实有公共汽(电)车营运车辆数(辆)	全年公共汽(电)车客运总量(万人次)	年末实有出租汽车数(辆)	每万人拥有公共汽车(辆)	人均城市道路面积(平方米)
辽宁省	**17890**	**17354**	**348797**	**67446**	**9.27**	**9.56**
沈阳市	5261	5081	116000	17357	9.92	10.27
大连市	4085	4711	96151	9773	15.60	13.53
鞍山市	1207	1494	23180	5375	10.15	8.20
抚顺市	774	1171	32135	4121	8.42	5.57
本溪市	615	700	21032	2644	7.33	6.44
丹东市	743	470	9634	1932	5.95	9.41
锦州市	908	683	11287	4911	7.31	9.72
营口市	713	676	8871	4854	7.57	7.99
阜新市	453	392	5289	2458	5.05	5.84
辽阳市	674	421	4170	2560	5.79	9.27
盘锦市	899	395	7880	3232	6.52	14.83
铁岭市	806	360	3118	2123	8.06	18.04
朝阳市	364	198	2698	1971	3.31	6.09
葫芦岛市	388	602	7352	4135	6.07	3.91
吉林省	**7909**	**7343**	**109342**	**31584**	**8.47**	**9.13**
长春市	4497	4419	65700	15401	12.20	12.41
吉林市	1290	941	21567	4997	5.08	6.97
四平市	314	303	3425	2722	4.97	5.15
辽源市	490	362	684	1840	7.57	10.25
通化市	245	277	6659	1287	6.17	5.45
白山市	352	317	3070	1472	5.34	5.93
松原市	485	500	5937	2116	9.05	8.78
白城市	236	224	2300	1749	4.40	4.64
黑龙江省	**12183**	**11795**	**178651**	**44648**	**8.66**	**8.94**
哈尔滨市	2931	5010	107492	13636	10.55	6.17
齐齐哈尔市	855	1027	93	3159	7.23	6.02
鸡西市	539	706	7341	3103	8.01	6.12
鹤岗市	312	410	9820	1773	6.04	4.60
双鸭山市	311	364	4900	1100	7.25	6.20
大庆市	2602	2100	17977	5456	15.85	19.63
伊春市	683	235	2560	2831	2.90	8.43
佳木斯市	374	523	11026	6316	6.42	4.59
七台河市	392	398	1221	1000	7.19	7.09
牡丹江市	872	680	13320	2619	8.51	10.91
黑河市	152	71	59	1043	3.70	7.91
绥化市	2160	271	2842	2612	3.01	24.02
上海市	**9281**	**16272**	**270600**	**49111**	**12.22**	**6.97**
江苏省	**36848**	**21682**	**315932**	**32796**	**8.21**	**13.95**
南京市	9314	6081	103847	10364	11.14	17.06
无锡市	5379	2984	33881	4040	12.53	22.59
徐州市	1956	1969	28903	3625	10.57	10.50

2-39 续表 2

城　　市	年末实有城市道路面积(万平方米)	年末实有公共汽(电)车营运车辆数(辆)	全年公共汽(电)车客运总量(万人次)	年末实有出租汽车数(辆)	每万人拥有公共汽车(辆)	人均城市道路面积(平方米)
常州市	2809	2500	35583	2142	11.03	12.39
苏州市	5746	2957	49634	3203	12.31	23.92
南通市	1451	759	9544	1277	3.59	6.86
连云港市	1586	562	12000	1611	6.34	17.88
淮安市	1651	831	11500	913	3.03	6.01
盐城市	1255	391	3507	1010	2.41	7.72
扬州市	1460	1012	13000	1838	8.30	11.97
镇江市	1715	990	9301	1254	9.57	16.58
泰州市	1314	251	2282	739	3.06	16.01
宿迁市	1212	395	2950	780	2.48	7.60
浙江省	**17612**	**18329**	**265338**	**22861**	**12.31**	**11.82**
杭州市	4485	8072	142907	9305	18.80	10.44
宁波市	2291	3245	46274	3551	14.63	10.33
温州市	1745	1929	26148	3329	13.32	12.05
嘉兴市	903	921	7144	873	11.08	10.86
湖州市	1800	653	6100	815	6.02	16.58
绍兴市	1135	835	10468	895	12.87	17.49
金华市	1357	777	7671	796	8.38	14.64
衢州市	735	589	6445	401	7.17	8.94
舟山市	485	647	4966	1098	9.29	6.96
台州市	2278	496	4773	1389	3.23	14.81
丽水市	398	165	2442	409	4.29	10.35
安徽省	**17240**	**10527**	**187299**	**36623**	**5.40**	**8.84**
合肥市	3945	2661	60458	7995	12.76	18.91
芜湖市	2084	1395	23654	3024	13.30	19.86
蚌埠市	1132	701	17482	2291	7.58	12.24
淮南市	1041	967	15416	3275	5.35	5.76
马鞍山市	871	476	11000	2298	7.48	13.69
淮北市	844	1003	6947	1626	9.20	7.74
铜陵市	476	271	3857	1584	6.03	10.59
安庆市	885	319	4900	1782	4.31	11.97
黄山市	451	313	1984	467	6.71	9.67
滁州市	647	267	2300	1257	5.02	12.15
阜阳市	1062	612	9036	3305	3.00	5.20
宿州市	783	457	5610	2278	2.49	4.26
巢湖市	549	238	3570	1259	2.69	6.19
六安市	373	297	15199	1849	1.60	2.01
亳州市	1022	260	1600	1000	1.63	6.41
池州市	546	148	2345	600	2.25	8.30
宣城市	529	142	1941	733	1.66	6.17

2-39 续表 3

城　　市	年末实有城市道路面积(万平方米)	年末实有公共汽(电)车营运车辆数(辆)	全年公共汽(电)车客运总量(万人次)	年末实有出租汽车数(辆)	每万人拥有公共汽车(辆)	人均城市道路面积(平方米)
福建省	**8959**	**8543**	**154989**	**12937**	**9.45**	**9.91**
福州市	2111	2654	49335	3745	14.17	11.27
厦门市	2977	3120	63000	4263	17.63	16.82
莆田市	779	658	7545	622	3.09	3.66
三明市	330	293	5915	339	10.33	11.64
泉州市	1120	793	11551	1970	7.70	10.88
漳州市	756	235	2665	982	4.27	13.74
南平市	236	221	5071	241	4.49	4.79
龙岩市	375	365	6853	381	7.63	7.84
宁德市	275	204	3054	394	4.72	6.36
江西省	**7168**	**5721**	**104128**	**9399**	**6.32**	**7.92**
南昌市	1596	2606	52600	3703	11.71	7.17
景德镇市	668	438	8660	595	9.57	14.59
萍乡市	372	304	6269	600	3.58	4.38
九江市	944	369	7422	1487	5.78	14.80
新余市	740	386	5528	531	4.18	8.02
鹰潭市	204	182	1758	271	8.19	9.18
赣州市	583	483	5967	592	7.48	9.03
吉安市	365	242	4323	376	4.51	6.80
宜春市	380	232	4954	404	2.23	3.65
抚州市	884	249	3002	329	2.24	7.96
上饶市	432	230	3645	511	5.83	10.94
山东省	**40585**	**22042**	**305710**	**48046**	**8.05**	**14.82**
济南市	6461	4371	80392	8986	12.55	18.55
青岛市	5763	4288	81768	9316	15.57	20.92
淄博市	2433	2165	14780	6079	7.77	8.73
枣庄市	1538	761	4754	774	3.47	7.00
东营市	1819	644	5320	3244	7.73	21.84
烟台市	2744	1658	30687	2143	9.25	15.31
潍坊市	2526	991	12289	2158	5.47	13.94
济宁市	1757	1004	12095	1260	8.39	14.69
泰安市	987	654	7300	1292	4.11	6.20
威海市	1778	884	12982	1526	13.70	27.55
日照市	1495	413	5606	1066	3.36	12.17
莱芜市	1364	341	2491	1600	2.70	10.79
临沂市	3251	1993	21198	2750	9.99	16.30
德州市	1101	745	4876	2405	11.74	17.35
聊城市	1700	496	5100	1416	4.72	16.19
滨州市	1048	345	2051	714	5.46	16.57
菏泽市	2820	289	2021	1317	1.93	18.85

2-39 续表 4

城　　市	年末实有城市道路面积(万平方米)	年末实有公共汽(电)车营运车辆数(辆)	全年公共汽(电)车客运总量(万人次)	年末实有出租汽车数(辆)	每万人拥有公共汽车(辆)	人均城市道路面积(平方米)
河南省	**15472**	**13302**	**180837**	**37649**	**7.05**	**8.21**
郑州市	3052	4427	78282	10718	15.53	10.71
开封市	876	604	4517	2214	7.07	10.26
洛阳市	1487	1172	19738	4260	7.32	9.29
平顶山市	842	683	8302	2050	6.71	8.27
安阳市	862	656	7150	1359	6.10	8.02
鹤壁市	577	340	2938	721	5.58	9.46
新乡市	977	909	10353	1530	8.96	9.64
焦作市	1026	663	7982	1398	7.94	12.28
濮阳市	405	366	3557	1745	5.45	6.03
许昌市	533	477	4198	1388	11.59	12.95
漯河市	716	833	9155	1100	5.99	5.14
三门峡市	188	243	4165	540	8.32	6.44
南阳市	1033	440	6270	1405	2.37	5.57
商丘市	719	811	6900	2842	4.68	4.15
信阳市	765	240	2530	1903	1.65	5.25
周口市	579	196	1800	928	3.72	10.98
驻马店市	835	242	3000	1548	3.66	12.62
湖北省	**15272**	**14048**	**259569**	**21814**	**9.15**	**9.94**
武汉市	6802	7241	165610	12137	14.06	13.21
黄石市	1158	828	12443	822	11.57	16.19
十堰市	733	709	14238	677	13.43	13.89
宜昌市	1301	957	15580	1704	7.67	10.43
襄樊市	1306	1283	15836	1700	5.79	5.89
鄂州市	701	524	4760	400	4.89	6.54
荆门市	613	365	7470	500	5.37	9.03
孝感市	540	406	4327	687	4.19	5.58
荆州市	755	733	12034	1588	6.27	6.46
黄冈市	693	368	2440	593	10.00	18.83
咸宁市	383	148	2350	456	2.48	6.41
随州市	287	486	2481	550	7.51	4.44
湖南省	**12261**	**10658**	**242185**	**20303**	**8.41**	**9.68**
长沙市	3489	3553	124460	6280	14.75	14.48
株洲市	1119	965	17274	1955	9.63	11.17
湘潭市	1103	949	9994	1600	10.81	12.57
衡阳市	1340	939	18000	1398	9.01	12.85
邵阳市	746	337	5050	629	5.01	11.08
岳阳市	968	922	16000	1651	10.54	11.06
常德市	816	515	10975	1126	3.66	5.81
张家界市	291	214	2750	765	4.29	5.83

2-39 续表 5

城　市	年末实有城市道路面积（万平方米）	年末实有公共汽(电)车营运车辆数（辆）	全年公共汽(电)车客运总量（万人次）	年末实有出租汽车数（辆）	每万人拥有公共汽车（辆）	人均城市道路面积（平方米）
益阳市	615	380	7729	860	2.86	4.63
郴州市	431	747	13547	1678	11.21	6.47
永州市	570	469	5609	540	4.28	5.20
怀化市	276	427	7384	800	12.28	7.94
娄底市	497	241	3413	1021	5.37	11.08
广东省	**37354**	**46647**	**613043**	**55068**	**14.25**	**11.41**
广州市	9502	8788	243965	19345	13.42	14.51
韶关市	586	402	7526	745	4.37	6.36
深圳市	8864	25339	213603	13411		36.04
珠海市	3338	1293	27424	1852	12.60	32.52
汕头市	2479	774	9289	1143	1.54	4.92
佛山市	2295	3297	26373	2622	8.97	6.24
江门市	1865	653		484	4.75	13.56
湛江市	1558	689	7538	1234	4.54	10.26
茂名市	435	188	1276	285	1.44	3.33
肇庆市	788	302	4924	883	5.68	14.81
惠州市	1492	1062	19233	1229	8.23	11.56
梅州市	640	220	4200	534	6.99	20.32
汕尾市	232					4.42
河源市	288	108	1450	626	3.62	9.65
阳江市	298	111	1449	493	1.66	4.46
清远市	604	490	4716	391	7.61	9.38
东莞市		1407	22536	6811	7.87	
中山市	1286	1107	12617	1284	7.49	8.70
潮州市	391	226	2997	785	6.46	11.18
揭阳市	351	126	712	715	1.81	5.05
云浮市	62	65	1215	196	2.19	2.09
广西壮族自治区	**8212**	**5346**	**111600**	**13191**	**3.98**	**6.11**
南宁市	1735	2678	59637	4940	10.02	6.49
柳州市	1410			1982		13.58
桂林市	634	802	23944	1930	10.58	8.37
梧州市	279	301	4793	743	6.01	5.57
北海市	685	185	1674	555	3.06	11.34
防城港市	386	122	964	98	2.35	7.44
钦州市	667	234	2215	200	1.74	4.95
贵港市	581	201	2960	366	1.08	3.13
玉林市	688	199	4217	599	2.03	7.03
百色市	308	106	3500	535	3.05	8.86
贺州市	297	158	1610	460	1.47	2.77
河池市	156	137	4346	266	4.14	4.71
来宾市	201	187	1468	365	1.78	1.91
崇左市	185	36	272	152	1.01	5.17

2-39 续表 6

城　　市	年末实有城市道路面积(万平方米)	年末实有公共汽(电)车营运车辆数(辆)	全年公共汽(电)车客运总量(万人次)	年末实有出租汽车数(辆)	每万人拥有公共汽车(辆)	人均城市道路面积(平方米)
海南省	**1564**	**1441**	**260524**	**2673**	**6.74**	**7.31**
海口市	1215	1031	251850	1591	6.52	7.68
三亚市	349	410	8674	1082	7.36	6.26
重庆市	**8953**	**6411**	**138700**	**15516**	**4.16**	**5.80**
四川省	**14309**	**13850**	**251000**	**27560**	**5.79**	**5.98**
成都市	6289	7552	119861	13979	14.50	12.07
自贡市	630	788	17513	1347	5.23	4.18
攀枝花市	561	660	11140	1475	9.54	8.11
泸州市	740	719	15581	1503	4.94	5.08
德阳市	500	270	7484	550	4.10	7.59
绵阳市	974	981	20196	1077	8.02	7.96
广元市	350	196		560	2.10	3.75
遂宁市	597	207	3741	434	1.37	3.96
内江市	301	564	9973	700	3.98	2.12
乐山市	659	229	1519	933	1.99	5.73
南充市	875	540	11525	965	2.79	4.53
眉山市	434	243	1750	418	2.84	5.08
宜宾市	233	437	18500	1052	5.46	2.91
广安市	271	40	1296	359	0.32	2.15
达州市	154	134	5636	978	3.03	3.48
雅安市	202	48	1125	637	1.36	5.74
巴中市	269	93	2270	324	0.65	1.88
资阳市	270	149	1890	269	1.37	2.49
贵州省	**2111**	**3666**	**84309**	**6434**	**8.30**	**4.78**
贵阳市	1163	2531	59082	3605	11.57	5.32
六盘水市	320	367	4573	1229	6.93	6.04
遵义市	385	509	15587	1137	5.97	4.51
安顺市	243	259	5067	463	3.06	2.87
云南省	**4263**	**6543**	**109801**	**12042**	**10.90**	**7.10**
昆明市	2492	5286	88747	7780	21.12	9.96
曲靖市	670	517	7936	1589	7.44	9.64
玉溪市	326	128	2600	317	3.04	7.75
保山市	236	199	1356	450	2.23	2.65
昭通市	205	106	4300	581	1.30	2.51
丽江市	120	152	3190	776	9.92	7.84
思茅市	95	101	1612	249	4.64	4.37
临沧市	119	54	60	300	1.76	3.88

2-39 续表 7

城　　市	年末实有城市道路面积（万平方米）	年末实有公共汽(电)车营运车辆数（辆）	全年公共汽(电)车客运总量（万人次）	年末实有出租汽车数（辆）	每万人拥有公共汽车（辆）	人均城市道路面积（平方米）
西藏自治区	**292**	**133**	**2050**	**1160**	**6.14**	**13.47**
拉萨市	292	133	2050	1160	6.14	13.47
陕西省	**9858**	**9365**	**206820**	**19411**	**7.37**	**7.76**
西安市	5057	7039	161782	11879	12.53	9.00
铜川市	409	216	2800	913	2.85	5.40
宝鸡市	1139	753	19090	1771	5.33	8.06
咸阳市	1075	456	8522	1305	5.08	11.98
渭南市	666	210	31	795	2.17	6.88
延安市	172	174	4000	700	3.88	3.83
汉中市	267	170	2400	607	3.08	4.83
榆林市	437	196	5760	710	3.85	8.58
安康市	463	81	1493	411	0.81	4.64
商洛市	173	70	942	320	1.28	3.15
甘肃省	**5542**	**3986**	**81037**	**21103**	**4.91**	**6.83**
兰州市	1822	2118	58854	7551	10.06	8.66
嘉峪关市	314	92	1077	612	4.41	15.05
金昌市	322	110	1440	529	5.11	14.96
白银市	538	240	5780	3166	4.83	10.83
天水市	592	295	40	1400	2.34	4.70
武威市	376	172	2403	2902	1.66	3.63
张掖市	262	177	672	1266	3.41	5.05
平凉市	398	136	1704	957	2.72	7.96
酒泉市	421	262	5144	810	6.53	10.49
庆阳市	285	309	2680	1200	8.69	8.01
定西市	148	53	659	440	1.13	3.17
陇南市	64	22	584	270	0.40	1.16
青海省	**554**	**1712**	**55170**	**5116**	**15.00**	**4.85**
西宁市	554	1712	55170	5116	15.00	4.85
宁夏回族自治区	**2678**	**2707**	**21963**	**13129**	**10.48**	**10.37**
银川市	1594	1321	17378	5006	14.45	17.44
石嘴山市	14	602	908	2698	13.25	0.31
吴忠市	363	315	1500	1046	8.27	9.53
固原市	359	122	2117	3259	2.77	8.15
中卫市	348	347	60	1120	8.84	8.86
新疆维吾尔自治区	**2662**	**4342**	**76038**	**9467**	**16.01**	**9.81**
乌鲁木齐市	1922	3862	71318	7942	16.66	8.29
克拉玛依市	740	480	4720	1525	12.20	18.81

2-40 环境治理投资额(全市)

单位：万元

城市	三废综合利用产品产值	城市	三废综合利用产品产值
城市合计	**14960643**	**辽宁省**	**443279**
北京市	**71680**	沈阳市	20004
天津市	**187882**	大连市	31868
河北省	**935882**	鞍山市	143833
石家庄市	65087	抚顺市	96295
唐山市	310959	本溪市	5745
秦皇岛市	35661	丹东市	6657
邯郸市	314439	锦州市	12018
邢台市	58650	营口市	24061
保定市	56255	阜新市	10671
张家口市	17554	辽阳市	17348
承德市	9433	盘锦市	2575
沧州市	30235	铁岭市	6663
廊坊市	21166	朝阳市	10318
衡水市	16443	葫芦岛市	55223
山西省	**403089**	**吉林省**	**276089**
太原市	74284	长春市	77191
大同市	72969	吉林市	13670
阳泉市	13340	四平市	52417
长治市	33749	辽源市	2071
晋城市	52019	通化市	120147
朔州市	2726	白山市	8813
晋中市	20172	松原市	1263
运城市	53155	白城市	517
忻州市	8236	**黑龙江省**	**200267**
临汾市	31354	哈尔滨市	49001
吕梁市	41085	齐齐哈尔市	9483
内蒙古自治区	**175052**	鸡西市	5348
呼和浩特市	26489	鹤岗市	4722
包头市	52656	双鸭山市	4551
乌海市	20403	大庆市	39157
赤峰市	23394	伊春市	1075
通辽市	18235	佳木斯市	5430
鄂尔多斯市	10459	七台河市	33812
呼伦贝尔市	8349	牡丹江市	17553
巴彦淖尔市		黑河市	1809
乌兰察布市	15067	绥化市	28326

2-40 续表 1 单位：万元

城　　市	三废综合利用产品产值	城　　市	三废综合利用产品产值
上海市	**161409**	巢湖市	52806
江苏省	**1923847**	六安市	10638
南京市	196510	亳州市	7309
无锡市	163146	池州市	7563
徐州市	137105	宣城市	13292
常州市	346308	**福建省**	**492685**
苏州市	494885	福州市	33844
南通市	69211	厦门市	76761
连云港市	13108	莆田市	13396
淮安市	159582	三明市	73361
盐城市	202365	泉州市	52906
扬州市	21941	漳州市	8850
镇江市	45636	南平市	20196
泰州市	53679	龙岩市	211965
宿迁市	20371	宁德市	1406
浙江省	**2513472**	**江西省**	**470405**
杭州市	1586099	南昌市	31901
宁波市	278885	景德镇市	33422
温州市	20709	萍乡市	13389
嘉兴市	135219	九江市	32888
湖州市	70519	新余市	72304
绍兴市	109301	鹰潭市	123000
金华市	78784	赣州市	16899
衢州市	54035	吉安市	8688
舟山市	14729	宜春市	89647
台州市	138422	抚州市	7160
丽水市	26770	上饶市	41107
安徽省	**562623**	**山东省**	**1424959**
合肥市	31899	济南市	126297
芜湖市	74944	青岛市	83646
蚌埠市	36701	淄博市	340757
淮南市	46820	枣庄市	52584
马鞍山市	13738	东营市	
淮北市	32603	烟台市	54003
铜陵市	118903	潍坊市	105820
安庆市	37072	济宁市	87057
黄山市	373	泰安市	
滁州市	25058	威海市	15333
阜阳市	47897	日照市	145356
宿州市	5007	莱芜市	76315

2-40 续表 2

单位：万元

城　　市	三废综合利用产品产值	城　　市	三废综合利用产品产值
临沂市	42690	衡阳市	54633
德州市	84643	邵阳市	11077
聊城市	181578	岳阳市	51473
滨州市		常德市	23608
菏泽市	28880	张家界市	4174
河南省	**651498**	益阳市	51216
郑州市	28949	郴州市	128955
开封市	3276	永州市	9106
洛阳市	85914	怀化市	34589
平顶山市	38642	娄底市	170928
安阳市	126008	**广东省**	**389307**
鹤壁市	6232	广州市	
新乡市	39733	韶关市	37268
焦作市	94502	深圳市	38516
濮阳市	16448	珠海市	9600
许昌市	32344	汕头市	3980
漯河市	5141	佛山市	58682
三门峡市	16118	江门市	
南阳市	52119	湛江市	28013
商丘市	47794	茂名市	63562
信阳市	19330	肇庆市	6297
周口市	33386	惠州市	8579
驻马店市	5562	梅州市	15877
湖北省	**715161**	汕尾市	14882
武汉市	211828	河源市	2447
黄石市	109396	阳江市	7659
十堰市	37445	清远市	7978
宜昌市	72948	东莞市	40379
襄樊市	47252	中山市	25321
鄂州市	52094	潮州市	2203
荆门市	97310	揭阳市	1882
孝感市	23719	云浮市	16182
荆州市	24165	**广西壮族自治区**	**311540**
黄冈市	23482	南宁市	69746
咸宁市	11621	柳州市	
随州市	3901	桂林市	
湖南省	**710994**	梧州市	5221
长沙市	53816	北海市	5519
株洲市	68855	防城港市	6119
湘潭市	48564	钦州市	

2-40 续表 3 单位：万元

城　　市	三废综合利用产品产值	城　　市	三废综合利用产品产值
贵港市	140728	丽江市	23513
玉林市	7428	思茅市	17858
百色市		临沧市	10083
贺州市	5449	**西藏自治区**	
河池市	42637	拉萨市	
来宾市	10921	**陕西省**	**222046**
崇左市	17772	西安市	9067
海南省	**1593**	铜川市	11581
海口市	1591	宝鸡市	22893
三亚市	2	咸阳市	14624
重庆市	**274133**	渭南市	63901
四川省	**566579**	延安市	27537
成都市	171696	汉中市	28190
自贡市	6903	榆林市	30011
攀枝花市	96600	安康市	6951
泸州市	16200	商洛市	7291
德阳市	29644	**甘肃省**	**256927**
绵阳市	21208	兰州市	119160
广元市	3816	嘉峪关市	4168
遂宁市	37593	金昌市	71528
内江市	26306	白银市	15426
乐山市	66499	天水市	12750
南充市	4791	武威市	1721
眉山市	750	张掖市	22763
宜宾市	37855	平凉市	7414
广安市	4390	酒泉市	
达州市	33505	庆阳市	654
雅安市	4344	定西市	821
巴中市	1453	陇南市	522
资阳市	3026	**青海省**	**10075**
贵州省	**116775**	西宁市	10075
贵阳市	36277	**宁夏回族自治区**	**65704**
六盘水市	42424	银川市	29324
遵义市	29834	石嘴山市	24458
安顺市	8240	吴忠市	5135
云南省	**400997**	固原市	
昆明市	201834	中卫市	6787
曲靖市	95389	**新疆维吾尔自治区**	**24695**
玉溪市	41895	乌鲁木齐市	23025
保山市	7294	克拉玛依市	1670
昭通市	3131		

2-41 环境治理主要指标(全市)

城　市	工业废水排放量(万吨)	工业废水排放达标量(万吨)	工业二氧化硫去除量(吨)	工业二氧化硫排放量(吨)	工业烟尘去除量(吨)	工业烟尘排放量(吨)
城市合计	**2195493**	**2091530**	**25414975**	**16724501**	**295304710**	**5432830**
北京市	**8713**	**8594**	**112829**	**59922**	**1816769**	**19077**
天津市	**19441**	**19440**	**256518**	**172980**	**4203247**	**58687**
河北省	**109652**	**107548**	**1253361**	**1042891**	**24331348**	**329487**
石家庄市	19045	18988	277478	143523	3982391	31305
唐山市	20047	19660	281783	243702	7819038	105689
秦皇岛市	5130	5114	48148	45161	1259737	10471
邯郸市	7733	7658	258757	160121	3607701	35280
邢台市	8678	8325	59846	100454	1635027	41891
保定市	13448	13113	51019	58420	900046	12125
张家口市	9791	9593	91384	114677	2399031	15310
承德市	6098	6017	34636	76352	899685	30675
沧州市	8098	7519	71446	23905	608789	5271
廊坊市	5971	5970	26291	32417	395526	9824
衡水市	5613	5591	52573	44159	824377	31646
山西省	**39431**	**32485**	**1341561**	**1030571**	**18513575**	**449001**
太原市	2483	2417	172334	90487	3090000	38607
大同市	4663	4322	150030	98816	380337	80659
阳泉市	548	539	140770	100147	1760950	15766
长治市	3677	3641	161157	104331	3805289	50104
晋城市	5495	5495	53975	86904	1941803	34400
朔州市	1522	1511	128622	142240	3724406	24106
晋中市	2018	1928	106492	75387	644144	29460
运城市	8130	4487	234250	117397	1445494	42490
忻州市	3328	1352	43017	76138	174114	31336
临汾市	3815	3738	60609	67078	634594	62482
吕梁市	3752	3055	90305	71646	912444	39591
内蒙古自治区	**25042**	**22922**	**1380788**	**1075699**	**21665079**	**189659**
呼和浩特市	2374	2374	179785	74041	4193630	12731
包头市	4417	4340	254511	158292	3134538	27288
乌海市	491	489	142796	98405	1532076	19063
赤峰市	2612	2510	386172	185212	2467806	10660
通辽市	3220	2861	41967	77373	3495394	37171
鄂尔多斯市	2085	1945	235600	225500	3718100	37800
呼伦贝尔市	4711	3651	1196	87398	1452090	15884
巴彦淖尔市	4383	4027		74664		15224
乌兰察布市	749	725	138760	94814	1671446	13839

2-41 续表 1

城　　市	工业废水排放量(万吨)	工业废水排放达标量(万吨)	工业二氧化硫去除量(吨)	工业二氧化硫排放量(吨)	工业烟尘去除量(吨)	工业烟尘排放量(吨)
辽宁省	**75325**	**65442**	**1042149**	**929970**	**18580032**	**401620**
沈阳市	6259	5722	44132	82362	1644314	52941
大连市	27820	26503	248088	83765	3026825	23220
鞍山市	5034	4784	26896	91613	2160728	40965
抚顺市	3806	3281	27934	73639	1780316	27895
本溪市	5654	4432	41278	95600	1525276	25132
丹东市	5196	3598	4400	32900	463100	15900
锦州市	3745	3215	23815	76543	1976446	47977
营口市	3326	3319	29396	92007	1060697	51074
阜新市	986	581	79008	61923	1416340	26902
辽阳市	3600	2584	18656	31191	169704	23282
盘锦市	1751	1494	12710	17443	106484	5328
铁岭市	1645	1337	21304	65750	1506409	20839
朝阳市	4349	2977	18228	59982	634899	32128
葫芦岛市	2154	1615	446304	65252	1108494	8037
吉林省	**33891**	**29836**	**117398**	**287917**	**8197206**	**266860**
长春市	5489	5133	14817	54693	1591062	68922
吉林市	15037	14771	51834	51961	3313376	49566
四平市	967	861	6250	57325	994824	15318
辽源市	579	328	9802	16737	659461	10533
通化市	6387	5088	19789	33779	730828	39754
白山市	1608	1084	13244	30543	562280	38074
松原市	1485	1332	1608	28746	207793	28865
白城市	2339	1239	54	14133	137582	15828
黑龙江省	**31917**	**29690**	**60052**	**400787**	**8664976**	**273624**
哈尔滨市	3510	3417	27578	51879	1519911	50271
齐齐哈尔市	4967	4716	5478	48755	24757	3839
鸡西市	1239	986	384	20060	845220	22584
鹤岗市	2790	2643		36277	139709	15123
双鸭山市	930	751	2119	47382	322982	22747
大庆市	8578	8186	6719	59814	1768581	30007
伊春市	1129	1103	90	10086	231743	31750
佳木斯市	3276	3057		33770	631570	21801
七台河市	1680	1112	11743	29858	1297427	20267
牡丹江市	3291	3269	5091	40597	1057782	42219
黑河市	189	136	228	20313	451818	12036
绥化市	338	314	622	1996	373476	980
上海市	**41192**	**40687**	**384624**	**239348**	**5135132**	**36450**
江苏省	**251905**	**248056**	**1837034**	**915563**	**20911305**	**294725**
南京市	35446	33821	495107	134026	2427126	31168
无锡市	41637	41085	178165	93710	3396332	41823
徐州市	6981	6883	171290	86519	2941298	24014

2-41 续表 2

城　　市	工业废水排放量(万吨)	工业废水排放达标量(万吨)	工业二氧化硫去除量(吨)	工业二氧化硫排放量(吨)	工业烟尘去除量(吨)	工业烟尘排放量(吨)
常州市	35942	35942	53924	62255	1309736	24917
苏州市	57349	57315	474355	147286	3578196	48054
南通市	15551	15377	93103	66166	1023935	38899
连云港市	3021	2966	28182	27245	689007	7334
淮安市	8130	8130	35630	51037	1579382	16603
盐城市	8655	8264	30476	29285	618873	13810
扬州市	8956	8807	95847	82960	1649562	10648
镇江市	8782	8477	120028	59007	1549161	12233
泰州市	16449	16078	50210	57816	40265	15378
宿迁市	5006	4911	10717	18251	108432	9844
浙江省	**203674**	**194271**	**1329043**	**621368**	**12309199**	**178593**
杭州市	79959	76925	80713	92926	1210749	35418
宁波市	17735	15504	711281	128709	5446629	27970
温州市	7900	6784	65221	53337	516278	5835
嘉兴市	17488	17218	104628	102805	1056008	19996
湖州市	10518	10018	71387	58695	824630	11935
绍兴市	29862	29351	41934	57880	333623	18792
金华市	11074	10697	51100	29175	1000013	22953
衢州市	13977	13456	56989	29752	339345	10331
舟山市	2091	2022	11460	23358	282578	15630
台州市	5125	4747	131365	30878	1279023	6975
丽水市	7945	7549	2965	13853	20323	2758
安徽省	**73399**	**70650**	**1586277**	**486807**	**13435404**	**230591**
合肥市	2036	1961	17619	30453	1054716	10602
芜湖市	4723	4687	27949	41203	279792	12214
蚌埠市	5975	5952	17178	17432	684298	11557
淮南市	5778	5657	227889	113076	3971695	41554
马鞍山市	8060	7846	48836	51569	1436568	9227
淮北市	1749	1721	6350	61805	1378674	25064
铜陵市	4222	4184	1034139	40637	960108	11509
安庆市	5479	4762	50808	20156	568421	7920
黄山市	2052	2052	200	2405	4640	2503
滁州市	9145	8944	4517	15129	42254	20548
阜阳市	2947	2890	28971	9071	1003689	3838
宿州市	3147	2985	23268	13743	688860	10184
巢湖市	3789	3318	38834	21726	736802	17714
六安市	5315	5224	3887	10601	90308	4727
亳州市	1669	1454	1251	4257	11021	1287
池州市	1306	1233	39037	23537	449215	33916
宣城市	6007	5780	15544	10007	74343	6227

2-41 续表 3

城 市	工业废水排放量（万吨）	工业废水排放达标量（万吨）	工业二氧化硫去除量（吨）	工业二氧化硫排放量（吨）	工业烟尘去除量（吨）	工业烟尘排放量（吨）
福建省	**142777**	**140972**	**354489**	**398879**	**5443865**	**70582**
福州市	4288	3860	91877	90277	1462428	7027
厦门市	3776	3775	42915	45471	690136	1662
莆田市	1571	1498	3776	29491	157771	2083
三明市	14508	14158	18358	66813	654009	9347
泉州市	26283	26240	48126	50990	344173	22895
漳州市	77089	76782	111190	17871	909914	4748
南平市	8759	8285	3177	32124	698584	6267
龙岩市	4438	4368	12201	52894	526376	12319
宁德市	2065	2006	22869	12948	474	4234
江西省	**66711**	**62800**	**1430975**	**490448**	**7238791**	**139649**
南昌市	10118	9555	13014	22514	184384	8104
景德镇市	4566	4250	8059	43270	836312	8392
萍乡市	1334	1275	6121	44577	655127	16119
九江市	6457	6129	59900	72570	1073300	18634
新余市	4351	3947	28276	49718	749104	4403
鹰潭市	3708	3626	1157183	41001	651321	1996
赣州市	9435	8970	28440	31816	23505	20365
吉安市	11529	10643	6314	52117	535282	14008
宜春市	3639	3542	75188	76503	1631598	12200
抚州市	6925	6697	1907	20622	4473	24087
上饶市	4649	4166	46573	35740	894385	11341
山东省	**154572**	**152878**	**2232615**	**1152605**	**26570048**	**270103**
济南市	5014	4954	141691	65944	1633220	20146
青岛市	10402	10390	165096	84262	1643082	20509
淄博市	19608	19608	342669	164752	3108678	37842
枣庄市	13504	13462	91977	71371	1568727	14544
东营市						
烟台市	7600	7600	153034	87364	2270974	13291
潍坊市	17485	17279	209793	106033	2989428	24594
济宁市	13798	13535	223949	109853	4619304	26577
泰安市						
威海市	2385	2385	926	48863	253939	6755
日照市	8826	8826	85846	50951	1273269	9776
莱芜市	1663	1657	152695	59136	395590	11746
临沂市	9733	9710	86776	75678	2004074	19766
德州市	17977	17326	175347	106704	2619024	32281
聊城市	19210	18831	355425	68482	1168802	19191
滨州市						
菏泽市	7365	7314	47391	53212	1021937	13085

2-41 续表 4

城　　市	工业废水排放量(万吨)	工业废水排放达标量(万吨)	工业二氧化硫去除量(吨)	工业二氧化硫排放量(吨)	工业烟尘去除量(吨)	工业烟尘排放量(吨)
河南省	**138441**	**133008**	**1027094**	**1132692**	**26072904**	**511952**
郑州市	11240	11155	59191	112167	2785352	51410
开封市	5503	5107	2877	27421	809189	37463
洛阳市	5741	5685	168092	211027	3096929	92344
平顶山市	6331	6127	66914	121755	3912978	51566
安阳市	12595	12153	53767	98336	1342680	27402
鹤壁市	5019	4406	49760	54416	2210463	15185
新乡市	17389	17074	42430	42598	1268598	14610
焦作市	19125	18591	72438	67955	1543341	39244
濮阳市	10730	9828	10904	20768	528567	13280
许昌市	3020	2938	21680	18262	704626	8475
漯河市	7475	7475	3907	23043	180630	9148
三门峡市	3071	2655	405893	125225	2555197	64163
南阳市	13743	13547	16917	83057	2004751	20038
商丘市	4542	4365	27661	53475	1272607	24458
信阳市	4739	4389	3181	42326	929352	22183
周口市	2653	2471	1071	12902	242501	5922
驻马店市	5525	5042	20411	17959	685143	15061
湖北省	**86716**	**82857**	**854576**	**506129**	**7767688**	**168216**
武汉市	22532	22334	107400	114579	2160838	30890
黄石市	7685	7554	417568	83603	1012988	9692
十堰市	2772	2713	2489	25073	159797	5959
宜昌市	12665	12165	53867	34870	568518	11257
襄樊市	11098	10747	50042	64762	491710	17805
鄂州市	3012	2981	25141	34311	127785	16210
荆门市	6959	5912	85233	42125	1770916	21309
孝感市	5262	4914	77801	41699	459504	16953
荆州市	5398	5057	9133	31653	193571	16542
黄冈市	4500	4280	3860	11690	23108	5023
咸宁市	2949	2706	22022	13839	795415	12709
随州市	1884	1494	20	7925	3538	3867
湖南省	**94920**	**86856**	**861206**	**639803**	**6600259**	**274044**
长沙市	3726	3354	38484	52052	100415	34704
株洲市	8180	7722	358306	65197	707530	33090
湘潭市	10479	9659	68478	67637	853452	19658
衡阳市	7441	6276	49388	56680	644500	30113
邵阳市	6158	5419	16896	18514	51640	3595
岳阳市	11707	10775	41682	62699	919641	16249
常德市	13091	12742	29746	63613	910332	9734
张家界市	664	647	15632	6654	53237	4124

2-41 续表 5

城　　市	工业废水排放量(万吨)	工业废水排放达标量(万吨)	工业二氧化硫去除量(吨)	工业二氧化硫排放量(吨)	工业烟尘去除量(吨)	工业烟尘排放量(吨)
益阳市	7420	5837	32878	62647	111271	23723
郴州市	6526	5596	90780	45340	1873713	36467
永州市	4053	3855	4448	21806	33792	31460
怀化市	5973	5550	23899	42218	49389	16395
娄底市	9502	9424	90589	74746	291347	14732
广东省	**191462**	**177142**	**1335387**	**889645**	**9512319**	**235535**
广州市	26023	25116	350200	86100	1806500	11900
韶关市	10958	8831	40575	40739	1042606	8652
深圳市	8073	7773	48818	31347	467272	2450
珠海市	5891	5774	82380	34650	722355	8417
汕头市	4972	4494	33205	18377	386135	3944
佛山市	25136	23541	57604	102294	702691	29866
江门市	11431	10790	68219	48132	1096881	20934
湛江市	5273	4471	35781	43284	247428	10781
茂名市	7476	6497	285233	54513	216968	19054
肇庆市	9213	8846	4736	29093	87294	22433
惠州市	5782	5601	2008	35620	17625	3182
梅州市	3971	3564	64658	55389	523677	7473
汕尾市	4217	1981	21023	15204	50483	3720
河源市	3023	2983	14739	20200	14598	8261
阳江市	2426	1900	4643	15713	95308	8131
清远市	3214	2796	19149	53016	506678	8258
东莞市	29962	29309	129820	94031	648502	30040
中山市	12629	12396	4934	32900	119239	162
潮州市	3922	3274	18431	10231	345693	9644
揭阳市	4406	4212	29840	26334	171146	8508
云浮市	3464	2993	19391	42478	243240	9725
广西壮族自治区	**124065**	**118026**	**431078**	**592389**	**2142385**	**202643**
南宁市	12315	11260	20577	57487	359529	26585
柳州市						
桂林市						
梧州市	3985	3890	1987	42067	19205	17100
北海市	1211	1115	10868	30151	291703	4094
防城港市	3862	3529	20717	24776	140575	8414
钦州市						
贵港市	15196	14104	85758	75157	739143	57932
玉林市	5280	5101	1937	73567	9256	44013
百色市						
贺州市	3231	2512	1468	28738	7946	8228
河池市	17330	17290	41138	74758	25531	2620
来宾市	55259	53111	244137	163609	414733	21532
崇左市	6396	6114	2491	22079	134764	12125

2-41 续表 6

城　　市	工业废水排放量(万吨)	工业废水排放达标量(万吨)	工业二氧化硫去除量(吨)	工业二氧化硫排放量(吨)	工业烟尘去除量(吨)	工业烟尘排放量(吨)
海南省	**501**	**454**		**226**	**579**	**176**
海口市	476	429		103	579	94
三亚市	25	25		123		82
重庆市	**65684**	**61925**	**780181**	**586117**	**4390483**	**108674**
四川省	**94904**	**92905**	**637281**	**856754**	**9499147**	**199276**
成都市	24553	24486	55251	93045	1398631	36670
自贡市	2329	2041	9706	33321	60372	5676
攀枝花市	1771	1714	21349	102724	762201	6293
泸州市	6522	6177	16642	83707	920468	8098
德阳市	5372	5231	4035	20016	196427	3959
绵阳市	9781	9733	25889	43758	638106	19468
广元市	2790	2492	435	32153	61239	13712
遂宁市	3095	3095	4207	8089	8421	7089
内江市	3409	3360	102966	51891	795729	3605
乐山市	6874	6724	15075	80304	988804	25416
南充市	1220	1110	1439	3671	2399	1269
眉山市	4238	4162	2372	17298	255589	27103
宜宾市	11143	11069	151200	80954	593773	7641
广安市	1934	1872	165364	63059	1719289	7850
达州市	3822	3674	27345	106933	1026432	7530
雅安市	1514	1479	33477	5487	43427	2993
巴中市	980	980	7	8786	4556	8407
资阳市	3557	3506	522	21558	23284	6497
贵州省	**8931**	**7972**	**847703**	**321218**	**8473314**	**71115**
贵阳市	2356	2292	278597	84488	694191	13831
六盘水市	3932	3350	278884	92159	4951576	36027
遵义市	2030	1740	163522	48671	2013147	14857
安顺市	613	590	126700	95900	814400	6400
云南省	**18164**	**17632**	**1040515**	**239570**	**10257926**	**83827**
昆明市	4111	4103	593326	88337	1254100	7504
曲靖市	3098	2998	347400	105095	8688800	62700
玉溪市	1879	1843	87297	11478	56388	3892
保山市	3709	3523	7072	8186	140508	1610
昭通市	463	421	5420	9348	36951	3444
丽江市	156	153		4241	2357	1491
思茅市	2585	2549		9645	51329	2319
临沧市	2163	2042		3240	27493	867

2-41 续表 7

城　　市	工业废水排放量(万吨)	工业废水排放达标量(万吨)	工业二氧化硫去除量(吨)	工业二氧化硫排放量(吨)	工业烟尘去除量(吨)	工业烟尘排放量(吨)
西藏自治区						
拉萨市						
陕西省	**48015**	**46262**	**718462**	**777387**	**6884533**	**150829**
西安市	13168	12106	48880	82864	780446	20410
铜川市	411	409	56266	14749	162825	3806
宝鸡市	11653	11615	55499	62564	556816	8645
咸阳市	6939	6939	8294	96173	747322	12480
渭南市	5341	4962	321919	337164	2923013	42857
延安市	1075	1056	2997	12125	35790	6728
汉中市	2450	2378	93056	44880	288157	24087
榆林市	4534	4498	44954	109428	1311771	20652
安康市	368	362	6032	5870	57404	4885
商洛市	2076	1937	80565	11570	20989	6279
甘肃省	**14434**	**12575**	**1913209**	**390002**	**1620758**	**77084**
兰州市	2945	2905	207025	70687	113682	8378
嘉峪关市	2716	2706	5478	18712	148548	7629
金昌市	1851	1516	1274200	84900	405900	19300
白银市	1956	1521	366121	114199	516608	13870
天水市	529	451	8430	5404	127783	4639
武威市	648	632	690	4859	11024	2743
张掖市	769	505	12185	10102	172312	4526
平凉市	1458	1090	29201	52299	104540	5918
酒泉市	636	606	2518	13900	12300	3063
庆阳市	122	106	348	3697	711	1293
定西市	214	140	111	2992	5518	1329
陇南市	590	397	6902	8251	1832	4396
青海省	**4387**	**3828**	**13402**	**70403**	**798552**	**24687**
西宁市	4387	3828	13402	70403	798552	24687
宁夏回族自治区	**19828**	**17161**	**214963**	**265662**	**3503836**	**76413**
银川市	4986	4956	40162	20403	157002	7077
石嘴山市	2107	1808	101407	113425	2146259	31006
吴忠市	6167	4544	3625	84959	869298	8603
固原市	117	3		4210	320	880
中卫市	6451	5850	69769	42665	330957	28847
新疆维吾尔自治区	**7398**	**6655**	**20206**	**150748**	**764051**	**39651**
乌鲁木齐市	5992	5251	20206	107971	764051	35058
克拉玛依市	1406	1404		42777		4593

2-42 废物处理率(全市)

单位: %

城 市	工业固体废物综合利用率	城镇生活污水处理率	生活垃圾无害化处理率
城市合计			
北京市	**68.87**	**77.85**	**98.22**
天津市	**98.31**	**80.10**	**94.30**
河北省			
石家庄市	92.50	83.28	100.00
唐山市	80.53	92.50	91.13
秦皇岛市	78.90	89.20	96.93
邯郸市	88.78	84.10	100.00
邢台市	94.48	84.01	85.00
保定市	69.88	89.02	100.00
张家口市	43.10	82.28	69.80
承德市	30.64	82.96	90.52
沧州市	99.57	76.98	90.89
廊坊市	99.39	85.78	94.93
衡水市	99.87	89.97	9.40
山西省			
太原市	48.57	70.00	94.80
大同市	68.36	81.69	79.00
阳泉市	23.00	78.00	51.00
长治市	67.00	85.00	100.00
晋城市	76.26	95.00	93.11
朔州市	19.11	96.00	100.00
晋中市	84.00	77.00	22.00
运城市	69.73	85.00	85.00
忻州市	84.81	45.57	61.00
临汾市	89.12	32.28	32.12
吕梁市	76.00	47.00	100.00
内蒙古自治区			
呼和浩特市	67.88	73.80	95.20
包头市	80.49	82.01	92.00
乌海市	70.44	68.86	81.53
赤峰市	64.55	58.39	25.22
通辽市	86.22	72.00	50.24
鄂尔多斯市	88.31	78.32	87.22
呼伦贝尔市	33.03	60.64	14.00
巴彦淖尔市	8.01	43.90	37.20
乌兰察布市	71.94	46.00	92.00

2-42 续表 1

单位：%

城 市	工业固体废物综合利用率	城镇生活污水处理率	生活垃圾无害化处理率
辽宁省			
沈阳市	93.93	78.00	100.00
大连市	94.87	92.91	94.02
鞍山市	17.94	35.99	100.00
抚顺市	60.44	57.36	100.00
本溪市	36.72	43.00	100.00
丹东市	60.00		34.00
锦州市	48.66	50.65	85.36
营口市	100.00	59.00	
阜新市	90.45	58.80	85.00
辽阳市	95.54	75.23	77.25
盘锦市	94.24	61.36	91.25
铁岭市	32.70	85.40	86.17
朝阳市	26.90	36.45	90.00
葫芦岛市	71.47	42.52	
吉林省			
长春市	99.50	84.67	76.14
吉林市	51.00	90.00	56.00
四平市	85.79	42.47	
辽源市	100.00	55.91	90.00
通化市	81.33		100.00
白山市	35.43		94.87
松原市	92.83	60.00	60.00
白城市	93.83		
黑龙江省			
哈尔滨市	76.30	64.00	53.90
齐齐哈尔市	67.10	42.93	32.37
鸡西市	81.00		82.50
鹤岗市	85.07		
双鸭山市	81.05		48.10
大庆市	70.63	90.13	20.89
伊春市	84.05		78.60
佳木斯市	81.41	66.53	47.21
七台河市	71.65		75.25
牡丹江市	90.10	57.61	100.00
黑河市	100.00	19.00	100.00
绥化市	100.00		
上海市	**95.67**	**78.90**	**82.30**
江苏省			
南京市	91.37	58.65	74.88
无锡市	98.61	86.51	100.00
徐州市	99.26	74.92	93.12

2-42 续表 2

单位：%

城　　市	工业固体废物综合利用率	城镇生活污水处理率	生活垃圾无害化处理率
常州市	95.48	73.00	100.00
苏州市	98.59	69.80	100.00
南通市	98.68	82.90	100.00
连云港市	92.05	61.78	100.00
淮安市	99.83	58.00	100.00
盐城市	94.93	60.61	100.00
扬州市	97.43	66.47	100.00
镇江市	92.52	66.91	100.00
泰州市	99.74	56.09	100.00
宿迁市	99.83	73.82	100.00
浙江省			
杭州市	95.43	88.87	100.00
宁波市	83.50	68.87	100.00
温州市	93.86	59.18	61.56
嘉兴市	97.88	82.51	100.00
湖州市	96.85	83.08	100.00
绍兴市	80.88	75.93	100.00
金华市	98.59	61.71	98.97
衢州市	96.70	66.32	100.00
舟山市	99.27	70.54	92.73
台州市	92.98	72.05	95.90
丽水市	90.35	61.02	98.86
安徽省			
合肥市	98.71	83.00	99.97
芜湖市	96.31	67.98	98.90
蚌埠市	98.00	79.90	53.90
淮南市	90.50	37.54	
马鞍山市	60.40	69.80	100.00
淮北市	91.04	74.09	88.34
铜陵市	82.41	71.70	83.08
安庆市	96.68	60.51	
黄山市	87.60	67.89	39.05
滁州市	97.62	62.23	27.45
阜阳市	89.83	64.65	
宿州市	96.95	47.71	40.54
巢湖市	80.92	75.00	100.00
六安市	71.23	80.80	95.51
亳州市	99.75	87.65	53.00
池州市	84.93	33.55	47.84
宣城市	94.48	27.27	

2-42 续表 3

单位：%

城　　市	工业固体废物综合利用率	城镇生活污水处理率	生活垃圾无害化处理率
福建省			
福州市	94.36	72.76	98.20
厦门市	90.24	90.26	100.00
莆田市	96.02	76.00	90.60
三明市	61.22	17.96	81.90
泉州市	94.37	79.42	98.94
漳州市	99.32	45.14	99.02
南平市	83.20	27.37	19.82
龙岩市	87.23	71.96	90.81
宁德市	81.10	35.75	57.48
江西省			
南昌市	96.88	86.07	100.00
景德镇市	94.21	82.43	87.19
萍乡市	87.80	75.60	95.00
九江市	60.02	49.02	100.00
新余市	64.10	83.07	76.17
鹰潭市	87.74	85.00	100.00
赣州市	79.17	16.43	100.00
吉安市	96.23	80.01	100.00
宜春市	92.36	96.31	100.00
抚州市	57.52	38.97	49.47
上饶市	5.04	82.06	100.00
山东省			
济南市	93.94	78.21	77.68
青岛市	98.16	85.14	100.00
淄博市	89.20	88.87	100.00
枣庄市	98.82	87.42	78.89
东营市		83.54	98.39
烟台市	87.23	89.10	92.69
潍坊市	93.53	89.22	88.44
济宁市	98.26	93.34	99.73
泰安市			
威海市	67.83	88.74	100.00
日照市	99.99	79.34	54.75
莱芜市	95.68	91.38	96.62
临沂市	96.51	91.30	100.00
德州市	99.97	73.63	70.12
聊城市	96.18	81.93	100.00
滨州市		82.21	61.98
菏泽市	100.00	79.46	92.11

2-42 续表 4 单位：%

城　市	工业固体废物综合利用率	城镇生活污水处理率	生活垃圾无害化处理率
河南省			
郑州市	82.61	97.20	86.78
开封市	100.00	88.05	
洛阳市	35.19	94.34	67.00
平顶山市	76.46	93.62	85.18
安阳市	93.75	82.42	94.00
鹤壁市	90.94	77.60	83.00
新乡市	100.00	86.71	95.00
焦作市	75.26	77.09	78.00
濮阳市	91.78	53.42	94.00
许昌市	96.70	89.31	95.36
漯河市	100.00	47.32	78.97
三门峡市	35.53	100.00	97.00
南阳市	87.91	46.84	76.00
商丘市	99.86	95.63	68.00
信阳市	99.99	80.41	92.00
周口市	99.00	69.88	
驻马店市	95.93	89.37	90.00
湖北省			
武汉市	89.60	89.80	77.95
黄石市	49.75	72.22	85.23
十堰市	80.56	53.46	90.90
宜昌市	42.01	87.17	91.01
襄樊市	98.85	81.00	100.00
鄂州市	98.00	70.00	100.00
荆门市	85.91	43.42	70.03
孝感市	99.21	19.79	37.16
荆州市	100.00	41.15	45.70
黄冈市	95.70	72.40	97.10
咸宁市	98.33	35.57	20.00
随州市	97.92	84.00	73.00
湖南省			
长沙市	90.60	81.40	100.00
株洲市	80.97	50.83	100.00
湘潭市	95.61	49.03	100.00
衡阳市	75.00	22.00	58.00
邵阳市	87.31	44.10	100.00
岳阳市	90.72	68.00	100.00
常德市	98.49	49.68	100.00
张家界市	96.32	52.70	40.00

2-42 续表 5

单位: %

城　　市	工业固体废物综合利用率	城镇生活污水处理率	生活垃圾无害化处理率
益阳市	68.72	68.58	100.00
郴州市	74.24	27.26	37.78
永州市	93.20	39.30	63.10
怀化市	41.40	35.00	27.83
娄底市	99.14	48.45	100.00
广东省			
广州市	92.35		
韶关市	85.12	60.47	100.00
深圳市	90.06	80.17	94.30
珠海市	98.53	69.25	87.18
汕头市	95.04	53.19	100.00
佛山市	97.51	68.83	95.47
江门市	99.75	66.76	50.30
湛江市	92.47	38.27	97.40
茂名市	91.01	35.76	
肇庆市	63.19	40.44	33.29
惠州市	80.20	63.20	100.00
梅州市	86.60	61.20	100.00
汕尾市	87.39	55.60	
河源市	94.84	62.87	
阳江市	99.15	45.95	100.00
清远市	86.58	37.36	54.77
东莞市	94.97	67.07	28.79
中山市	82.93	90.90	87.48
潮州市	99.73	30.36	100.00
揭阳市	99.63		
云浮市	78.00	41.97	100.00
广西壮族自治区			
南宁市	90.69	80.32	73.46
柳州市			
桂林市		63.71	55.20
梧州市	95.19	25.95	88.35
北海市	52.90	44.60	87.00
防城港市	99.88	6.68	18.41
钦州市			
贵港市	86.62	0.16	47.41
玉林市	94.77	25.66	56.01
百色市			
贺州市	47.80	60.00	93.00
河池市	38.29	87.75	100.00
来宾市	93.03	35.00	100.00
崇左市	93.59	1.55	0.44

2-42　续表 6　　单位：%

城　　市	工业固体废物综合利用率	城镇生活污水处理率	生活垃圾无害化处理率
海南省			
海口市	98.69	83.56	94.77
三亚市	99.17	77.60	100.00
重庆市	**79.80**	**78.76**	**89.00**
四川省			
成都市	99.00	78.78	83.63
自贡市	84.90	74.94	61.20
攀枝花市	19.98	25.22	91.07
泸州市	76.40	13.25	46.43
德阳市	73.89	44.65	32.99
绵阳市	81.48	49.72	99.48
广元市	94.20	74.34	75.71
遂宁市	100.00	73.32	100.00
内江市	91.50	41.87	20.88
乐山市	98.20	47.54	54.57
南充市	100.00	44.57	82.50
眉山市	89.00	32.09	59.58
宜宾市	92.80	20.72	12.50
广安市	97.29	41.03	70.02
达州市	99.83	18.63	13.79
雅安市	66.59	68.00	36.00
巴中市	98.30	25.27	72.95
资阳市	100.00	67.55	95.20
贵州省			
贵阳市	45.83	44.27	95.04
六盘水市	44.60	33.26	89.03
遵义市	82.77	52.54	100.00
安顺市	57.66		51.21
云南省			
昆明市	95.11	79.94	78.94
曲靖市	49.86	70.78	89.06
玉溪市	96.76	74.01	86.52
保山市	62.47	29.79	95.00
昭通市	42.36	47.19	
丽江市	75.03	75.00	85.00
思茅市	80.40	29.50	100.00
临沧市	97.96		

2-42 续表 7 单位：%

城市	工业固体废物综合利用率	城镇生活污水处理率	生活垃圾无害化处理率
西藏自治区			
拉萨市			
陕西省			
西安市	97.83	62.73	81.85
铜川市	81.12	57.55	31.76
宝鸡市	29.49	85.36	100.00
咸阳市	90.10	49.87	
渭南市	57.99	56.32	85.93
延安市	94.33	84.97	81.93
汉中市	40.62	39.44	82.00
榆林市	79.93	32.00	46.00
安康市	91.83	45.00	
商洛市	4.28		
甘肃省			
兰州市	73.47	74.18	80.91
嘉峪关市	26.23	83.99	100.00
金昌市	15.18	65.52	37.80
白银市	23.46	36.13	62.03
天水市	88.36	46.78	99.75
武威市	69.00	83.12	94.00
张掖市	74.45	80.87	94.43
平凉市	90.63	71.65	100.00
酒泉市	90.00	31.63	79.86
庆阳市	95.30	85.00	100.00
定西市	72.24	53.04	30.00
陇南市	1.85	27.10	
青海省			
西宁市	91.96	54.47	66.80
宁夏回族自治区			
银川市	90.80	90.93	100.00
石嘴山市	66.53	86.91	
吴忠市	80.04	62.81	99.46
固原市	96.57	90.00	98.00
中卫市	66.07	83.53	55.35
新疆维吾尔自治区			
乌鲁木齐市	65.30	49.92	84.67
克拉玛依市	56.83	91.81	94.03

2-43 城市绿化(市辖区)

城市	绿地面积 (公顷)	其中：公园绿地面积 (公顷)	人均绿地面积 (平方米)	建成区绿化覆盖面积 (公顷)	建成区绿化覆盖率 (%)
城市合计	**1674017**	**352366**	**43.88**	**1202270**	**39.89**
北京市	**61695**	**18070**	**52.52**	**64373**	**47.68**
天津市	**17369**	**5219**	**21.63**	**20066**	**30.31**
河北省	**47941**	**14032**	**38.14**	**47680**	**41.90**
石家庄市	8227	2904	33.89	8348	41.53
唐山市	8736	2718	28.46	10080	45.00
秦皇岛市	4129	1289	49.97	4080	45.84
邯郸市	6094	1916	41.34	4860	45.00
邢台市	3771	773	61.34	2779	39.70
保定市	4465	1063	42.02	5234	39.95
张家口市	2709	722	30.22	2923	35.65
承德市	3228	1238	59.22	3555	41.34
沧州市	1413	385	26.52	1727	39.25
廊坊市	4197	650	51.80	2728	46.24
衡水市	972	374	31.25	1366	31.05
山西省	**22703**	**6183**	**23.52**	**24346**	**35.18**
太原市	7703	2442	27.01	8519	34.77
大同市	3931	658	25.41	3931	36.40
阳泉市	1810	504	26.32	1999	39.20
长治市	2021	439	28.95	2166	48.13
晋城市	1467	163	42.77	1500	36.59
朔州市	1527	273	23.83	1355	42.34
晋中市	1338	484	22.72	1527	39.15
运城市	925	320	14.04	1215	22.09
忻州市	232	105	4.39	326	15.52
临汾市	1195	500	14.35	1174	31.73
吕梁市	554	295	20.18	634	35.22
内蒙古自治区	**24003**	**8111**	**37.37**	**23271**	**30.31**
呼和浩特市	2644	2146	22.26	5459	35.45
包头市	7043	2006	49.78	7098	39.00
乌海市	957	472	19.91	1238	16.08
赤峰市	2548	574	20.98	2548	32.25
通辽市	1823	469	23.89		
鄂尔多斯市	6183	890	244.29	3958	36.31
呼伦贝尔市	885	549	32.88	900	32.14
巴彦淖尔市	950	225	17.72	1140	30.00
乌兰察布市	970	780	31.94	899	25.69

2-43 续表 1

城　　市	绿地面积（公顷）	其中：公园绿地面积（公顷）	人均绿地面积（平方米）	建成区绿化覆盖面积（公顷）	建成区绿化覆盖率（%）
辽宁省	**75347**	**18010**	**40.24**	**66067**	**40.14**
沈阳市	25994	6046	50.75	16523	41.83
大连市	12191	3148	40.37	11545	44.75
鞍山市	5597	1417	38.01	5697	36.99
抚顺市	4468	1103	32.13	5009	39.75
本溪市	4772	799	49.95	5007	46.79
丹东市	2109	430	26.72	2109	39.79
锦州市	2597	874	27.81	2739	38.58
营口市	3426	939	38.37	3764	38.80
阜新市	2306	673	29.72	2578	38.48
辽阳市	2922	647	40.19	3194	34.34
盘锦市	2042	482	33.69	2298	38.95
铁岭市	1718	431	38.44	1718	39.05
朝阳市	2482	460	41.51	1093	21.86
葫芦岛市	2723	561	27.46	2793	38.79
吉林省	**25910**	**7407**	**29.90**	**29043**	**36.90**
长春市	11569	3706	31.93	13191	36.14
吉林市	6501	1519	35.13	7570	45.60
四平市	1461	412	23.97	1427	31.02
辽源市	1285	261	26.89	1314	30.56
通化市	1482	428	32.98	1482	31.53
白山市	978	380	16.48	1188	29.70
松原市	1520	492	27.51	1672	39.81
白城市	1114	209	21.89	1199	31.55
黑龙江省	**59162**	**12308**	**43.43**	**46477**	**36.67**
哈尔滨市	12174	3909	25.65	13504	39.14
齐齐哈尔市	4880	969	34.37	4084	35.51
鸡西市	2460	675	27.92	3328	42.13
鹤岗市	2179	839	32.11	1687	39.23
双鸭山市	2337	734	46.57	2513	38.66
大庆市	20053	1765	151.31	7770	37.54
伊春市	4289	1462	52.93	4187	26.01
佳木斯市	2475	666	30.37	2578	40.28
七台河市	2174	448	39.30	2421	31.70
牡丹江市	5062	560	63.35	2911	44.78
黑河市	425	139	22.12	479	25.21
绥化市	654	142	7.27	1015	36.25
上海市	**116929**	**15406**	**87.81**	**38051**	**42.95**
江苏省	**158360**	**24535**	**59.95**	**91691**	**42.16**
南京市	77236	6699	141.47	26384	44.12
无锡市	16557	3229	69.53	9348	43.08
徐州市	10422	1907	55.97	8309	40.33

2-43 续表 2

城　　市	绿地面积(公顷)	其中：公园绿地面积(公顷)	人均绿地面积(平方米)	建成区绿化覆盖面积(公顷)	建成区绿化覆盖率(%)
常州市	6773	1561	29.88	5640	42.09
苏州市	13005	3556	54.14	13636	42.09
南通市	3808	918	18.00	3794	40.36
连云港市	3613	822	40.74	4067	40.67
淮安市	4599	1174	16.75	4345	39.50
盐城市	3485	790	21.44	3326	39.13
扬州市	3419	1441	28.03	3420	43.29
镇江市	6399	1360	61.86	4386	42.17
泰州市	2225	558	27.11	2476	40.59
宿迁市	6819	520	42.75	2560	40.63
浙江省	**51128**	**13194**	**34.33**	**53166**	**38.31**
杭州市	15686	4676	36.53	15686	39.91
宁波市	8629	1692	38.90	9492	37.82
温州市	3418	862	23.61	3695	21.74
嘉兴市	3906	794	46.99	3469	42.52
湖州市	3355	967	30.90	3377	44.43
绍兴市	3462	1075	53.34	4031	43.14
金华市	2613	692	28.19	2803	39.71
衢州市	2003	381	24.37	2287	42.35
舟山市	1807	668	25.94	2075	40.66
台州市	5123	1063	33.32	4982	42.95
丽水市	1126	324	29.28	1269	40.94
安徽省	**66257**	**12412**	**33.96**	**50245**	**38.53**
合肥市	10537	3563	50.52	10763	38.44
芜湖市	4979	1019	47.46	4958	38.14
蚌埠市	3119	686	33.71	3484	33.83
淮南市	3843	1206	21.26	4372	45.07
马鞍山市	4859	746	76.39	3214	42.29
淮北市	3725	1045	34.17	2710	43.02
铜陵市	4645	454	103.34	2483	52.83
安庆市	2687	571	36.33	2818	39.14
黄山市	12372	395	265.15	2092	49.81
滁州市	2524	263	47.41	1715	34.30
阜阳市	2959	516	14.49	2327	32.77
宿州市	1330	374	7.23	1827	36.54
巢湖市	1540	235	17.37	1325	34.87
六安市	2400	516	12.96	2260	40.36
亳州市	915	256	5.74	1308	22.95
池州市	1142	377	17.35	1256	38.06
宣城市	2681	190	31.26	1333	34.18

2-43 续表 3

城　　市	绿地面积 (公顷)	其中：公园绿地面积 (公顷)	人均绿地面积 (平方米)	建成区绿化覆盖面积 (公顷)	建成区绿化覆盖率 (%)
福建省	**33073**	**7539**	**36.59**	**27145**	**38.89**
福州市	7621	2149	40.68	7182	39.25
厦门市	14304	2616	80.81	8367	39.47
莆田市	2280	475	10.71	2005	37.83
三明市	940	243	33.15	1054	40.54
泉州市	3229	825	31.37	3498	36.44
漳州市	1944	408	35.34	2015	41.98
南平市	781	228	15.85	907	34.88
龙岩市	1356	294	28.36	1440	38.92
宁德市	618	301	14.29	677	39.82
江西省	**29148**	**6714**	**32.22**	**29762**	**44.22**
南昌市	7430	1816	33.39	7863	42.27
景德镇市	3627	679	79.21	3854	52.79
萍乡市	1512	334	17.79	1721	40.98
九江市	4005	775	62.77	4210	47.30
新余市	2369	547	25.68	2402	47.10
鹰潭市	950	170	42.74	1073	39.74
赣州市	2787	562	43.16	2253	38.19
吉安市	1437	337	26.78	1337	41.78
宜春市	1458	401	13.99	1468	41.94
抚州市	2085	745	18.77	2229	46.44
上饶市	1488	348	37.69	1352	43.61
山东省	**105735**	**28500**	**38.60**	**94075**	**41.50**
济南市	10967	3710	31.49	12255	36.47
青岛市	16003	4003	58.09	11836	43.36
淄博市	14726	2271	52.82	9142	41.74
枣庄市	3694	986	16.82	4016	37.53
东营市	5527	1098	66.37	4033	39.16
烟台市	9034	2555	50.40	9667	41.14
潍坊市	7711	1336	42.54	5386	39.60
济宁市	4448	753	37.19	3784	42.52
泰安市	3904	1079	24.51	4400	42.31
威海市	5547	1413	85.95	5998	46.50
日照市	3011	1231	24.51	3217	42.33
莱芜市	2952	892	23.36	2565	45.00
临沂市	8435	3145	42.29	7294	47.99
德州市	1777	1140	28.01	1894	46.20
聊城市	2428	1074	23.12	2905	44.69
滨州市	2678	1093	42.35	3128	38.15
菏泽市	2893	721	19.34	2555	40.56

2-43 续表 4

城　　市	绿地面积（公顷）	其中：公园绿地面积（公顷）	人均绿地面积（平方米）	建成区绿化覆盖面积（公顷）	建成区绿化覆盖率（%）
河南省	**49591**	**13313**	**26.30**	**54200**	**37.07**
郑州市	10299	2772	36.14	11628	34.50
开封市	2807	437	32.88	3163	33.65
洛阳市	4924	1571	30.76	5743	34.60
平顶山市	2149	759	21.10	2362	37.49
安阳市	2417	596	22.48	2786	37.15
鹤壁市	1657	461	27.18	1898	38.73
新乡市	3659	680	36.08	3933	40.97
焦作市	2763	708	33.08	3164	35.16
濮阳市	1492	535	22.22	1632	45.33
许昌市	2802	505	68.06	3048	41.19
漯河市	1870	815	13.44	2288	44.00
三门峡市	1197	482	40.99	1281	44.17
南阳市	2400	1256	12.95	2817	32.38
商丘市	1953	495	11.28	2242	38.00
信阳市	3599	626	24.69	2593	41.82
周口市	1873	256	35.52	1669	37.93
驻马店市	1730	359	26.16	1953	39.86
湖北省	**58755**	**10984**	**38.25**	**45673**	**41.83**
武汉市	15266	5584	29.64	17794	37.46
黄石市	2379	850	33.25	2546	41.06
十堰市	12394	487	234.82	4818	69.83
宜昌市	3044	816	24.39	3499	40.69
襄樊市	4962	812	22.38	5806	60.48
鄂州市	1330	466	12.40	1796	38.21
荆门市	1994	385	29.36	2217	44.34
孝感市	1504	263	15.53	1430	43.33
荆州市	1845	415	15.79	2295	36.43
黄冈市	1006	295	27.34	1100	40.74
咸宁市	1251	300	20.93	1002	23.86
随州市	11780	311	182.13	1370	32.62
湖南省	**36835**	**8537**	**29.07**	**37463**	**36.76**
长沙市	8134	2348	33.76	9304	37.37
株洲市	3460	810	34.53	3633	34.60
湘潭市	3486	801	39.73	2886	39.53
衡阳市	3554	871	34.08	3859	38.98
邵阳市	1400	485	20.80	1548	29.77
岳阳市	3911	554	44.69	3401	35.80
常德市	2856	876	20.32	3188	43.08
张家界市	1293	165	25.92	947	43.05

2-43 续表 5

城　　市	绿地面积（公顷）	其中：公园绿地面积（公顷）	人均绿地面积（平方米）	建成区绿化覆盖面积（公顷）	建成区绿化覆盖率（%）
益阳市	1758	366	13.24	2025	38.21
郴州市	1628	332	24.44	1798	36.69
永州市	1548	272	14.13	1612	29.31
怀化市	1694	326	48.71	1480	28.46
娄底市	2113	331	47.09	1782	43.46
广东省	**334677**	**66321**	**102.21**	**156008**	**48.99**
广州市	124420	9006	190.05	35420	38.21
韶关市	3098	608	33.64	3335	42.76
深圳市	96374	14527	391.83	36609	45.03
珠海市	5217	1365	50.82	5322	45.10
汕头市	6797	2687	13.50	6966	40.50
佛山市	8390	1777	22.82	5523	36.58
江门市	4603	865	33.46	4882	40.54
湛江市	11124	830	73.28	3602	45.75
茂名市	2824	465	21.61	3076	44.58
肇庆市	4891	1092	91.95	2830	38.24
惠州市	5398	1290	41.84	6083	37.78
梅州市	1639	467	52.05	1777	42.31
汕尾市	563	262	10.73	582	41.57
河源市	21606	19048	724.30	1130	40.36
阳江市	1137	429	17.02	1164	27.58
清远市	2017	801	31.33	2254	40.25
东莞市	28003	9061	156.68	29558	338.62
中山市	1409	349	9.53	1556	38.90
潮州市	1572	402	44.95	1755	41.79
揭阳市	2753	957	39.62	1853	34.96
云浮市	842	33	28.42	731	40.61
广西壮族自治区	**54973**	**6700**	**40.91**	**26759**	**33.49**
南宁市	34929	2103	130.75	7530	39.63
柳州市	5851	1736	56.35	4999	38.16
桂林市	2282	553	30.11	2473	40.54
梧州市	1949	281	38.93	1158	32.17
北海市	2020	203	33.43	1724	30.25
防城港市	426	100	8.21	471	15.70
钦州市	1036	180	7.69	1504	23.87
贵港市	1353	487	7.28	1440	26.67
玉林市	1823	529	18.64	1710	32.26
百色市	1246	159	35.84	1121	33.97
贺州市	647	91	6.04	647	22.31
河池市	470	84	14.19	527	29.28
来宾市	360	100	3.42	859	33.04
崇左市	581	94	16.23	596	33.11

2-43 续表 6

城　　市	绿地面积 (公顷)	其中：公园绿地面积 (公顷)	人均绿地面积 (平方米)	建成区绿化覆盖面积 (公顷)	建成区绿化覆盖率 (%)
海南省	**4858**	**1409**	**22.71**	**5279**	**44.29**
海口市	3613	1063	22.83	4002	43.98
三亚市	1245	346	22.35	1277	45.28
重庆市	**92451**	**10294**	**59.93**	**30143**	**42.57**
四川省	**44686**	**12252**	**18.69**	**45707**	**37.21**
成都市	16123	5347	30.95	17048	38.83
自贡市	2046	457	13.59	2380	35.00
攀枝花市	2020	523	29.19	2186	40.04
泸州市	2923	587	20.09	2746	38.20
德阳市	1894	389	28.74	1894	37.14
绵阳市	3545	678	28.98	3157	38.04
广元市	1315	283	14.10	1285	37.79
遂宁市	1690	354	11.20	1775	36.22
内江市	1030	259	7.27	1111	28.49
乐山市	1882	376	16.36	2032	39.08
南充市	3000	626	15.52	2710	38.17
眉山市	1353	391	15.82	1342	31.95
宜宾市	1747	556	21.83	1911	36.06
广安市	1016	429	8.06	994	36.81
达州市	1097	387	24.81	1133	45.32
雅安市	449	195	12.76	459	22.95
巴中市	472	247	3.29	471	27.71
资阳市	1084	168	9.98	1073	33.53
贵州省	**10521**	**3014**	**23.82**	**9229**	**27.55**
贵阳市	5748	2378	26.27	5926	38.48
六盘水市	213	77	4.02	950	9.13
遵义市	2378	497	27.88	1909	42.42
安顺市	2182	62	25.76	444	13.88
云南省	**17240**	**4624**	**28.72**	**16131**	**34.64**
昆明市	10038	2536	40.11	11112	38.99
曲靖市	3262	982	46.96	1930	37.12
玉溪市	993	204	23.61	948	41.22
保山市	697	167	7.83	512	25.60
昭通市	285	86	3.49	704	30.61
丽江市	581	312	37.90	580	23.20
思茅市	992	310	45.59		
临沧市	392	27	12.77	338	24.14

2-43 续表 7

城　　市	绿地面积（公顷）	其中：公园绿地面积（公顷）	人均绿地面积（平方米）	建成区绿化覆盖面积（公顷）	建成区绿化覆盖率（%）
西藏自治区	**2058**	**164**	**94.97**	**1906**	
拉萨市	2058	164	94.97	1906	
陕西省	**25984**	**6978**	**20.44**	**25837**	**35.93**
西安市	12059	2700	21.47	11442	40.43
铜川市	1572	379	20.76	1513	37.83
宝鸡市	3316	1067	23.46	3502	29.68
咸阳市	2107	792	23.49	2237	29.05
渭南市	1356	385	14.01	1432	36.72
延安市	897	337	19.99	935	35.96
汉中市	1167	650	21.12	1361	43.90
榆林市	2112	200	41.47	1294	24.88
安康市	877	339	8.78	1600	55.17
商洛市	521	129	9.49	521	21.71
甘肃省	**13572**	**4045**	**16.72**	**15273**	**27.77**
兰州市	4374	1691	20.78	4848	26.35
嘉峪关市	1510	328	72.35	1594	36.23
金昌市	654	252	30.38	1160	31.35
白银市	1069	283	21.53	1207	22.35
天水市	1291	384	10.24	1487	35.40
武威市	834	163	8.05	846	31.33
张掖市	739	302	14.25	901	32.18
平凉市	1008	167	20.16	1085	22.14
酒泉市	1153	276	28.74	1262	34.11
庆阳市	260	16	7.31	274	16.12
定西市	657	164	14.06	587	25.52
陇南市	23	19	0.42	22	2.75
青海省	**1360**	**707**	**11.92**	**1665**	**38.72**
西宁市	1360	707	11.92	1665	38.72
宁夏回族自治区	**14115**	**3140**	**54.66**	**11493**	**36.37**
银川市	5181	1545	56.67	4967	43.19
石嘴山市	6100	988	134.30	3992	35.02
吴忠市	951	313	24.95	890	31.79
固原市	904	82	20.52	818	25.56
中卫市	979	212	24.95	826	30.59
新疆维吾尔自治区	**17581**	**2245**	**64.82**	**14046**	**35.47**
乌鲁木齐市	15380	1930	66.33	11618	34.27
克拉玛依市	2201	315	55.93	2428	42.60

三、2009 年县级城市资料

3-1 人口

城 市	年末总人口（万人）	自然增长率（‰）	城 市	年末总人口（万人）	自然增长率（‰）
河北省			满洲里市	30.0	1.2
辛集市	61.9	4.6	牙克石市	37.5	-1.9
藁城市	77.3	8.3	扎兰屯市	43.0	1.4
晋州市	53.3	6.8	额尔古纳市	8.5	0.6
新乐市	48.5	16.4	根河市	16.1	-2.1
鹿泉市	38.0	7.4	丰镇市	34.1	8.7
遵化市	72.3	7.6	乌兰浩特市	31.7	3.6
迁安市	72.1	8.5	阿尔山市	4.8	0.8
武安市	76.4	11.3	二连浩特市	8.9	2.8
南宫市	47.0	0.7	锡林浩特市	17.0	7.1
沙河市	47.3	10.9	**辽宁省**		
涿州市	63.5	5.3	新民市	69.9	1.0
定州市	120.6	7.4	瓦房店市	102.6	1.4
安国市	41.2	9.9	普兰店市	81.9	-8.7
高碑店市	55.3	11.4	庄河市	90.8	-15.9
泊头市	58.5	18.6	海城市	114.7	3.8
任丘市	82.4	3.7	东港市	61.2	0.0
黄骅市	43.8	9.1	凤城市	58.7	0.6
河间市	80.1	3.3	凌海市	53.3	0.1
霸州市	59.7	11.8	北镇市	52.7	-1.5
三河市	53.1	6.5	盖州市	73.2	3.8
冀州市	36.7	0.5	大石桥市	72.5	3.0
深州市	57.2	4.3	灯塔市	51.5	3.4
山西省			调兵山市	24.2	0.6
古交市	22.0	13.9	开原市	59.1	-1.3
潞城市	22.3	8.9	北票市	60.0	0.4
高平市	47.6	1.1	凌源市	65.0	9.7
介休市	40.2	8.1	兴城市	55.6	2.8
永济市	43.5	6.0	**吉林省**		
河津市	39.1	14.0	九台市	71.1	3.6
原平市	47.9	7.8	榆树市	129.7	7.0
侯马市	24.5	5.8	德惠市	83.4	9.4
霍州市	30.6	12.1	蛟河市	45.3	3.4
孝义市	46.8	12.3	桦甸市	45.6	4.3
汾阳市	41.6	7.3	舒兰市	66.3	4.9
内蒙古自治区			磐石市	54.1	4.8
霍林郭勒市	8.2	7.8	公主岭市	108.8	4.3

3-1 续表 1

城　市	年末总人口(万人)	自然增长率(‰)	城　市	年末总人口(万人)	自然增长率(‰)
双辽市	41.7	5.2	昆山市	70.0	3.7
梅河口市	61.9	4.0	吴江市	79.7	0.2
集安市	22.5	-0.8	太仓市	46.7	-2.1
临江市	17.2	3.1	启东市	111.6	-1.3
洮南市	43.8	6.5	如皋市	140.7	-0.6
大安市	42.0	2.7	海门市	99.8	-1.3
延吉市	50.4	1.7	东台市	113.8	-0.3
图们市	13.0	-3.3	大丰市	72.4	0.1
敦化市	48.4	1.5	仪征市	56.6	-3.3
珲春市	22.3	2.2	高邮市	82.0	-3.5
龙井市	18.3	-4.2	江都市	106.6	-2.0
和龙市	20.1	-2.2	丹阳市	80.8	-1.2
黑龙江省			扬中市	27.7	-2.2
双城市	82.2	5.0	句容市	58.0	1.7
尚志市	61.6	6.6	兴化市	155.9	6.6
五常市	98.0	7.1	靖江市	66.7	-1.2
讷河市	74.1	3.5	泰兴市	119.7	1.9
虎林市	16.0	1.6	姜堰市	79.5	-3.0
密山市	36.4	3.7	**浙江省**		
铁力市	38.7	0.6	建德市	51.3	1.0
同江市	13.2	5.6	富阳市	64.7	2.7
富锦市	39.3	7.0	临安市	52.6	1.3
绥芬河市	6.4	5.5	余姚市	83.2	-0.8
海林市	42.8	1.2	慈溪市	103.5	1.3
宁安市	44.1	3.4	奉化市	48.2	0.3
穆棱市	32.6	3.2	瑞安市	118.8	6.5
北安市	39.6	2.7	乐清市	122.5	12.5
五大连池市	36.8	3.9	海宁市	65.5	1.3
安达市	51.9	5.8	平湖市	48.5	-1.2
肇东市	93.4	5.5	桐乡市	67.1	-0.6
海伦市	84.7	6.7	诸暨市	106.7	0.5
江苏省			上虞市	77.4	-1.2
江阴市	120.3	0.6	嵊州市	73.4	-1.4
宜兴市	107.2	-1.0	兰溪市	66.0	3.9
新沂市	102.0	9.4	义乌市	73.0	4.1
邳州市	171.9	-3.9	东阳市	81.6	2.5
溧阳市	78.1	-0.7	永康市	56.8	4.3
金坛市	55.0	-3.6	江山市	59.4	3.9
常熟市	106.6	-1.6	温岭市	118.5	4.2
张家港市	90.0	-0.3	临海市	115.5	6.0

3-1 续表 2

城市	年末总人口（万人）	自然增长率（‰）	城市	年末总人口（万人）	自然增长率（‰）
龙泉市	28.7	7.4	莱西市	73.5	1.3
安徽省			滕州市	167.2	6.6
桐城市	75.4	3.4	龙口市	63.0	-0.8
天长市	63.2	3.3	莱阳市	87.6	0.0
明光市	65.5	4.7	莱州市	85.9	-3.2
界首市	78.1	7.7	蓬莱市	45.0	-1.6
宁国市	38.6	2.2	招远市	57.1	-3.0
福建省			栖霞市	63.0	-1.4
福清市	125.3	7.3	海阳市	66.7	-3.6
长乐市	67.2	4.1	青州市	90.9	3.2
永安市	32.2	5.5	诸城市	107.4	2.6
石狮市	31.5	5.1	寿光市	103.3	2.8
晋江市	105.0	4.6	安丘市	93.9	6.7
南安市	150.1	5.2	高密市	85.7	3.1
龙海市	81.0	3.9	昌邑市	58.1	-0.6
邵武市	30.3	4.6	曲阜市	63.7	1.3
武夷山市	22.8	6.6	兖州市	62.9	0.1
建瓯市	53.0	11.5	邹城市	114.7	3.3
建阳市	33.9	6.3	新泰市	138.4	3.1
漳平市	27.7	7.9	肥城市	97.5	0.8
福安市	64.4		文登市	64.3	-2.8
福鼎市	57.6	2.3	荣成市	66.8	-3.2
江西省			乳山市	57.3	-3.7
乐平市	86.1	18.9	乐陵市	69.0	7.1
瑞昌市	44.5	11.5	禹城市	52.0	4.7
贵溪市	59.5	15.8	临清市	74.8	5.3
瑞金市	65.4	11.0	**河南省**		
南康市	80.3	10.5	巩义市	81.0	5.5
井冈山市	15.8	7.4	荥阳市	60.0	4.3
丰城市	136.1	7.3	新密市	81.0	4.2
樟树市	54.3	11.0	新郑市	62.0	4.8
高安市	82.1	11.8	登封市	65.5	4.4
德兴市	31.7	9.4	偃师市	85.9	4.5
山东省			舞钢市	31.9	5.1
章丘市	101.2	-0.1	汝州市	95.1	4.9
胶州市	80.0	1.4	林州市	104.0	6.1
即墨市	112.6	0.6	卫辉市	49.8	9.7
平度市	137.6	1.6	辉县市	81.7	5.2
胶南市	83.7	-0.5	沁阳市	49.5	5.6

3-1 续表 3

城　市	年末总人口（万人）	自然增长率（‰）	城　市	年末总人口（万人）	自然增长率（‰）
孟州市	37.9	2.8	武冈市	75.7	5.3
禹州市	125.7	4.4	汨罗市	73.3	4.5
长葛市	70.9	4.6	临湘市	49.7	7.4
义马市	16.9	5.5	津市市	27.4	4.5
灵宝市	74.8	5.4	沅江市	75.0	1.6
邓州市	157.0	4.9	资兴市	37.0	8.0
永城市	148.9	5.6	洪江市	45.1	5.8
项城市	131.0	11.1	冷水江市	37.7	5.5
济源市	68.2	6.3	涟源市	112.8	6.5
湖北省			吉首市	29.2	6.9
大冶市	93.8	6.2	**广东省**		
丹江口市	49.7	6.0	增城市	83.4	7.0
宜都市	39.5	2.6	从化市	56.6	1.5
当阳市	48.5	0.9	乐昌市	52.7	5.4
枝江市	50.2	1.7	南雄市	46.8	7.6
老河口市	53.2	7.9	台山市	98.6	1.5
枣阳市	111.8	8.0	开平市	68.7	2.9
宜城市	56.4	0.1	鹤山市	36.5	4.1
钟祥市	104.8	3.1	恩平市	50.1	-3.1
应城市	68.1	4.2	廉江市	163.5	12.3
安陆市	63.0	0.6	雷州市	163.2	10.8
汉川市	112.1	9.8	吴川市	108.3	13.7
石首市	63.4	5.1	高州市	168.8	7.8
洪湖市	92.5	3.6	化州市	157.8	13.0
松滋市	84.7	4.7	信宜市	137.0	9.8
麻城市	118.0	2.7	高要市	75.1	6.0
武穴市	76.6	5.1	四会市	51.1	4.3
赤壁市	51.5	6.5	兴宁市	114.0	5.5
广水市	94.3	6.9	陆丰市	173.4	13.2
恩施市	79.4	6.0	阳春市	110.7	8.5
利川市	88.3	0.3	英德市	109.8	5.4
仙桃市	149.7	4.4	连州市	52.5	5.9
潜江市	101.6	2.2	普宁市	225.6	9.6
天门市	162.2	1.7	罗定市	117.6	6.0
湖南省			**广西壮族自治区**		
浏阳市	140.4	7.0	岑溪市	87.5	16.8
醴陵市	98.3	13.8	东兴市	12.5	
湘乡市	89.2	5.5	桂平市	182.2	15.9
韶山市	10.1	6.9	北流市	133.3	16.5
耒阳市	127.5	5.7	宜州市	64.9	8.4
常宁市	87.3	4.0	合山市	13.9	5.7

3-1 续表 4

城　市	年末总人口(万人)	自然增长率(‰)	城　市	年末总人口(万人)	自然增长率(‰)
凭祥市	11.0	11.2	大理市	61.6	3.4
海南省			瑞丽市	12.4	7.2
五指山市	11.4	12.5	潞西市	36.0	3.7
琼海市	48.9	9.3	**西藏自治区**		
儋州市	100.8		日喀则市	11.0	10.2
文昌市	57.4	8.4	**陕西省**		
万宁市	60.1	10.6	兴平市	59.0	5.3
东方市	45.6	6.4	韩城市	40.0	4.4
四川省			华阴市	26.0	10.0
都江堰市	61.0	-4.3	**甘肃省**		
彭州市	80.3	4.0	玉门市	18.2	2.4
邛崃市	66.0	3.1	敦煌市	18.4	1.7
崇州市	67.4	3.4	临夏市	22.3	6.7
广汉市	60.1	0.7	合作市	8.6	9.4
什邡市	43.5	0.3	**青海省**		
绵竹市	51.5	-0.6	格尔木市	12.1	7.0
江油市	88.7	3.9	德令哈市	7.2	6.3
峨眉山市	43.5	1.1	**宁夏回族自治区**		
阆中市	88.3	6.6	灵武市	23.6	14.3
华蓥市	35.9	7.6	青铜峡市	27.7	12.0
万源市	60.4	4.4	**新疆维吾尔自治区**		
简阳市	145.7	0.8	吐鲁番市	27.0	10.4
西昌市	61.4	8.1	哈密市	44.3	5.0
贵州省			昌吉市	38.3	6.5
清镇市	50.4	8.0	阜康市	16.8	5.3
赤水市	30.2	5.7	博乐市	26.1	7.8
仁怀市	64.9	5.5	库尔勒市	51.4	7.1
铜仁市	37.7	5.5	阿克苏市	47.6	12.8
兴义市	81.1	8.6	阿图什市	24.1	
毕节市	141.6	14.9	喀什市	45.9	15.3
凯里市	48.5	8.1	和田市	29.5	
都匀市	48.1	2.2	伊宁市	45.9	8.6
福泉市	31.9	10.4	奎屯市	15.3	1.5
云南省			塔城市	16.7	8.8
安宁市	26.7	3.1	乌苏市	22.4	10.6
宣威市	145.9	11.6	阿勒泰市	19.6	6.9
楚雄市	51.0	3.2	石河子市	63.5	0.9
个旧市	39.1	3.7	阿拉尔市	17.6	2.1
开远市	27.0	7.2	图木舒克市	15.3	8.1
景洪市	39.6	8.8	五家渠市	9.6	-1.3

3-2 劳动力与就业

单位：人

城市	年末单位从业人员数	其中：第二产业	第三产业	城镇登记失业人员数
河北省				
辛集市	26143	8070	18024	1560
藁城市	29665	11725	17917	321
晋州市	17602	3182	14282	1052
新乐市	16225	4754	11272	923
鹿泉市	23505	9956	13549	427
遵化市	28457	5057	23110	1390
迁安市	61176	35630	25036	1640
武安市	33341	4316	29025	1433
南宫市	13044	2385	10635	2050
沙河市	22328	5923	16175	890
涿州市	47847	16129	31701	1980
定州市	39625	19451	20077	7397
安国市	13548	3136	10102	533
高碑店市	28880	14536	14305	1609
泊头市	23964	7718	16242	8480
任丘市	79897	34626	44691	1428
黄骅市	30702	10107	20558	1178
河间市	25834	7632	18005	1846
霸州市	21523	1370	20145	1127
三河市	37133	12808	24325	1873
冀州市	16166	6083	10042	234
深州市	19836	6216	13435	1281
山西省				
古交市	12125	2417	9532	1540
潞城市	23573	14624	8882	1432
高平市	41697	24615	16854	1115
介休市	64920	48302	16567	1038
永济市	28061	11001	14056	200
河津市	39931	22308	17522	827
原平市	39032	20773	17468	2280
侯马市	31885	15501	15423	402
霍州市	41066	30924	10132	432
孝义市	55796	32907	22570	2192
汾阳市	27560	14010	13404	1177
内蒙古自治区				
霍林郭勒市	31504	15694	6052	951
满洲里市	31741	17155	13843	3898
牙克石市	27764	10421	14072	8077

3-2 续表 1

单位：人

城　　市	年末单位从业人员数	其中：第二产业	第三产业	城镇登记失业人员数
扎兰屯市	24097	4530	11951	6883
额尔古纳市	17197	2255	5746	1427
根河市	12440	5060	7289	2452
丰镇市	14810	2721	11677	2434
乌兰浩特市	38138	19013	56987	3225
阿尔山市	6224	227	3128	239
二连浩特市	6489	1753	4729	706
锡林浩特市	47514	14971	26157	3510
辽宁省				
新民市	22907	2041	19568	4631
瓦房店市	40121	16236	22896	7561
普兰店市	38535	19236	19201	13201
庄河市	37855	18178	19229	4700
海城市	46538	12633	32311	12561
东港市	25939	5864	18022	4121
凤城市	21713	5624	15784	5946
凌海市	20425	1613	13244	1069
北镇市	14728	673	11721	1300
盖州市	16308	1118	14725	8473
大石桥市	22899	4184	18525	2683
灯塔市	13760	1725	10881	2256
调兵山市	60476	49382	11094	1351
开原市	120323	64428	55145	2230
北票市	30982	12109	18477	3644
凌源市	33750	13170	18238	19643
兴城市	18025	2860	14715	3510
吉林省				
九台市	38042	8556	26734	4380
榆树市	34006	3885	28575	4515
德惠市	40590	13346	24274	5964
蛟河市	26418	8946	14251	2413
桦甸市	26136	6589	14320	1970
舒兰市	35002	13821	17514	1642
磐石市	31753	13247	17215	1899
公主岭市	40885	9423	29020	5324
双辽市	22273	2788	17160	2945
梅河口市	38849	15616	22367	1669
集安市	19188	7094	11107	1310
临江市	15725	3995	8768	6106
洮南市	24938	4230	16169	2212

3-2 续表 2

单位：人

城　　市	年末单位从业人员数	其中：第二产业	第三产业	城镇登记失业人员数
大安市	23327	1235	18249	2093
延吉市	78519	18477	59652	8082
图们市	10050	4052	5775	1077
敦化市	47142	13240	19999	5912
珲春市	26893	14410	11006	1659
龙井市	10035	2181	7334	1255
和龙市	20995	4742	9111	2507
黑龙江省				
双城市	25897	4423	19636	2200
尚志市	34493	6614	15983	1454
五常市	41495	13225	19155	3095
讷河市	28016	5439	15131	1637
虎林市	21605	2366	9311	2438
密山市	15984	2944	11553	1785
铁力市	27164	1345	7286	1339
同江市	9161	2764	6120	849
富锦市	17417	2411	13093	8982
绥芬河市	10072	2049	7906	1395
海林市	36002	8219	11355	1720
宁安市	28125	4627	13685	1309
穆棱市	25481	4811	9864	879
北安市	24567	2872	13594	2235
五大连池市	27318	429	11856	919
安达市	19226	3979	14948	1227
肇东市	39927	15266	23650	2296
海伦市	25002	2189	21423	15723
江苏省				
江阴市	141430	79225	62188	5718
宜兴市	75340	30815	43049	4052
新沂市	51585	22867	28034	2801
邳州市	63400	19738	42266	3901
溧阳市	52403	23108	28819	4425
金坛市	52701	32696	19827	2537
常熟市	114293	69617	44596	4060
张家港市	125066	79194	45685	3826
昆山市	169846	134965	34382	6141
吴江市	93090	61811	30999	2717
太仓市	112352	83437	28587	1706
启东市	59360	32606	25252	3940
如皋市	62735	33991	28017	4470

3-2 续表 3

单位：人

城　　市	年末单位从业人员数	其中：第二产业	第三产业	城镇登记失业人员数
海门市	68548	40977	25252	3533
东台市	65094	27703	28067	3236
大丰市	57002	31097	23214	2801
仪征市	54905	37892	16933	4336
高邮市	52180	29428	22656	4462
江都市	57556	25153	31676	4581
丹阳市	79470	49831	29539	4616
扬中市	39870	25203	14628	902
句容市	56967	33533	21182	2338
兴化市	55031	18346	35182	4030
靖江市	65553	36341	29096	3511
泰兴市	64499	28527	35546	4387
姜堰市	52206	24833	26943	4018
浙江省				
建德市	37606	16882	20587	2076
富阳市	84414	51891	32459	4106
临安市	68013	43113	24894	2420
余姚市	66371	27894	38327	1900
慈溪市	86130	45684	20081	3055
奉化市		175100	96400	2747
瑞安市	129162	91658	37394	3460
乐清市	221671	181190	40419	5986
海宁市	127322	90300	36900	4247
平湖市	134437	104849	29523	3273
桐乡市	249458	206852	42228	3556
诸暨市	248335	201481	46793	8993
上虞市	126445	96327	30118	3839
嵊州市	55720	33422	22198	3612
兰溪市	45808	25834	19769	3906
义乌市	78840	20760	58087	4283
东阳市	94816	61414	33278	4347
永康市	40161	12087	28074	3065
江山市	26503	11950	14499	1540
温岭市	86818	45420	38853	4583
临海市	95358	57865	37246	3132
龙泉市	16176	5468	10324	763
安徽省				
桐城市	21717	1135	20210	1715
天长市	23368	7322	15132	2119
明光市	21218	4424	12766	991
界首市	22228	6524	15091	930
宁国市	26687	15665	10951	1504

3-2 续表 4 单位：人

城　　市	年末单位从业人员数	其中：第二产业	第三产业	城镇登记失业人员数
福建省				
福清市	194322	151108	41208	2291
长乐市	39076	20930	17607	1852
永安市	31031	15339	15582	3587
石狮市	74905	66047	8817	163
晋江市	512854	469884	42786	284
南安市	84178	53185	30783	892
龙海市	72006	52683	18063	2388
邵武市	34727	18210	14734	1863
武夷山市	21088	4636	15459	849
建瓯市	24274	7497	15599	1562
建阳市	18956	4681	12957	2105
漳平市	23490	11383	11625	835
福安市	27397	7007	20055	2325
福鼎市	21820	4625	16862	1780
江西省				
乐平市	49869	24332	20161	
瑞昌市	26297	10784	14955	1354
贵溪市	37464	20599	13779	4108
瑞金市	20902	7568	13120	1233
南康市	20591	4196	16227	919
井冈山市	18251	7319	8706	256
丰城市	58425	29684	27831	5543
樟树市	29691	12120	14143	3685
高安市	23594	5182	18279	2550
德兴市	18285	7462	10072	1096
山东省				
章丘市	145608	102530	42952	1310
胶州市	135428	98485	36352	9712
即墨市	129124	95276	33289	1690
平度市	72724	37796	33641	2337
胶南市	192632	145052	47260	3375
莱西市	94577	67307	23681	4567
滕州市	205849	119000	81700	8365
龙口市	70209	43926	25637	912
莱阳市	67218	37893	29243	1048
莱州市	87159	32141	24199	1698
蓬莱市	63012	29097	13715	283

3-2 续表 5

单位：人

城　　市	年末单位从业人员数	其中：第二产业	第三产业	城镇登记失业人员数
招远市	58054	35558	22331	1364
栖霞市	34420	13150	21173	976
海阳市	33754	16109	17437	1850
青州市	55615	28423	27177	2877
诸城市	89992	44376	44666	3450
寿光市	70102	35648	34012	2394
安丘市	97214	57259	39955	3080
高密市	70132	44368	25150	2138
昌邑市	30561	13436	17125	2054
曲阜市	62515	40005	22440	22
兖州市	40461	17715	22316	1562
邹城市	153657	119320	33808	5982
新泰市	162941	126135	36688	5316
肥城市	102296	64716	36701	2376
文登市	64962	37765	25646	726
荣成市	84812	52368	31368	1374
乳山市	40100	21127	18553	968
乐陵市	29232	10622	18215	1326
禹城市	50237	25060	22227	1589
临清市	39828	19368	20358	4876
河南省				
巩义市	55705	28410	27185	1143
荥阳市	62753	38463	24290	1827
新密市	40833	16766	24065	1558
新郑市	61870	33157	28402	434
登封市	56468	27730	28738	600
偃师市	35591	11713	23750	1609
舞钢市	37977	24456	13298	1769
汝州市	44772	16591	27926	1730
林州市	74442	47256	26665	2936
卫辉市	37556	13111	24134	1862
辉县市	44149	18466	25572	2817
沁阳市	25731	7614	18107	2050
孟州市	29317	16486	12831	1238
禹州市	60008	33219	26536	1256
长葛市	44821	21895	22851	482
义马市	54148	48476	5672	1157
灵宝市	49558	20631	27869	1116
邓州市	64968	18970	44733	2570
永城市	73520	41366	31970	1030
项城市	51897	21878	29933	1570
济源市	72967	42566	30189	12120

3-2 续表 6 单位：人

城　　市	年末单位从业人员数	其中：第二产业	第三产业	城镇登记失业人员数
湖北省				
大冶市	73089	46581	26500	2400
丹江口市	55200	29100	23464	3650
宜都市	57720	35398	22123	5302
当阳市	27092	12368	14682	3360
枝江市	52818	34131	18617	3475
老河口市	36760	18703	17918	3536
枣阳市	38358	9548	28096	9360
宜城市	25257	8786	15878	3758
钟祥市		127000	212000	1900
应城市	64929	35017	27985	3246
安陆市	56407	30738	25581	1011
汉川市	118785	80330	38053	2600
石首市	24912	7563	16781	5116
洪湖市	45108	16357	27958	4520
松滋市	41708	16261	24757	5338
麻城市	49159	9931	25509	2123
武穴市	41700	11918	29352	4510
赤壁市	52857	22815	26041	3013
广水市	42638	17043	25054	2018
恩施市	49289	11176	37570	1892
利川市	27377	10244	17133	1300
仙桃市	171798	82250	88898	6505
潜江市	108465	37647	43251	6560
天门市	56583	27162	28278	5830
湖南省				
浏阳市	74350	37498	36852	4987
醴陵市	51992	32002	19903	4952
湘乡市	46747	29153	17561	1337
韶山市	6746	1224	5522	339
耒阳市	59897	28215	31682	132
常宁市	42992	20553	22439	3224
武冈市	24669	6728	17941	2867
汨罗市	79774	23744	24552	3400
临湘市	12599	6442	6157	8510
津市市	22064	13999	8065	5307
沅江市	29158	7340	21663	3073

3-2 续表 7

单位：人

城　　市	年末单位从业人员数	其中：第二产业	第三产业	城镇登记失业人员数
资兴市	37962	22432	15530	2849
洪江市	24073	8514	15428	532
冷水江市	62243	42793	19422	2408
涟源市	43806	14340	28718	1348
吉首市	43754	10158	33522	2107
广东省				
增城市	86001	45166	40456	4864
从化市	69576	45010	23335	2124
乐昌市	29291	13158	15526	3350
南雄市	17659	3952	13042	1252
台山市	46948	20057	26118	5637
开平市	71091	47049	23826	9841
鹤山市	36489	19442	16979	2291
恩平市	33847	17214	16581	1592
廉江市	57868	19854	35611	6276
雷州市	55315	15520	33072	735
吴川市	36529	13118	23169	2780
高州市	58632	17069	38099	3525
化州市	60960	19122	35837	3880
信宜市	39318	6684	31885	3484
高要市	22809	3897	18912	1060
四会市	68605	38418	28034	725
兴宁市	112679	21927	35059	
陆丰市	46108	10907	28517	5714
阳春市	47407	18323	27034	5972
英德市	39944	15307	23511	796
连州市	18977	6195	12517	1194
普宁市	60719	10681	47697	2351
罗定市				1603
广西壮族自治区				
岑溪市	25442	5360	19925	1652
东兴市	7476	933	5904	566
桂平市	39374	6196	32441	221
北流市	56272	25891	28641	2565
宜州市	23633	6740	16085	1706
合山市	13491	7332	5189	2906
凭祥市	10999	1432	7901	487
海南省				
五指山市	12737	1019	9968	342

3-2 续表 8 单位：人

城　　市	年末单位从业人员数	其中：第二产业	第三产业	城镇登记失业人员数
琼海市	42452	6254	22962	1246
儋州市	78876	9631	38427	1684
文昌市	52483	13954	19471	5000
万宁市	54461	4686	26697	870
东方市	25361	4268	16580	843
四川省				
都江堰市	102550	27895	45689	2175
彭州市	52123	29695	22158	6435
邛崃市	35847	20377	15322	1296
崇州市	26064	5995	20069	4555
广汉市	30326	8855	21464	1852
什邡市	36712	23557	13022	874
绵竹市	33795	19008	14483	2513
江油市	50439	26128	24311	5469
峨眉山市	43097	28922	14175	3417
阆中市	21173	3153	18020	1813
华蓥市	16290	8649	7627	1127
万源市	15875	2693	12858	2965
简阳市	50407	22118	28289	4066
西昌市	65884	14739	50217	3133
贵州省				
清镇市	36811	22922	13628	4157
赤水市	25539	11302	13699	1183
仁怀市		39900	49600	1082
铜仁市	40555	11463	28909	2508
兴义市	57557	22630	34253	2420
毕节市	53940	9650	34290	2633
凯里市	51931	14507	37059	3943
都匀市	42450	12861	28832	4541
福泉市	8270	3325	4715	12334
云南省				
安宁市	66985	43925	18432	2534
宣威市		85302	106211	1800
楚雄市	53932	19597	34335	4126
个旧市	62438	42921	18884	3665
开远市	31176	17326	13242	7243
景洪市	54413	5976	23001	3084
大理市	110016	50025	58996	4835
瑞丽市	19925	4447	11521	733
潞西市	33519	6983	24583	2336

3-2 续表 9

单位：人

城　　市	年末单位从业人员数	其中：第二产业	第三产业	城镇登记失业人员数
西藏自治区				
日喀则市	3334	628	2706	
陕西省				
兴平市	42691	26358	15981	4720
韩城市	48472	29431	18247	
华阴市	22868	9851	13017	1893
甘肃省				
玉门市	22324	13066	6685	1334
敦煌市	12274	1513	9171	931
临夏市	29985	6262	23545	2238
合作市	14053	1554	11324	1515
青海省				
格尔木市	24342	14482	9448	3585
德令哈市	10346	1702	8080	2336
宁夏回族自治区				
灵武市	16306	1798	10163	1200
青铜峡市	27082	13451	11155	6200
新疆维吾尔自治区				
吐鲁番市	26125	6167	18366	785
哈密市	59810	19182	29246	3013
昌吉市	56386	13877	41227	778
阜康市	17109	8455	8629	510
博乐市	14010	1006	13004	3425
库尔勒市	74672	22544	43895	9050
阿克苏市	43169	9677	29825	32762
阿图什市	18665	853	16595	2098
喀什市	51884	17234	34140	4106
和田市	22314	4121	17981	
伊宁市	63418	9751	51957	3739
奎屯市	15403	3488	11915	1606
塔城市	23221	3100	16100	1999
乌苏市	27715	3708	10302	427
阿勒泰市	33999	2827	17079	2375
石河子市	162000	47000	39000	4462
阿拉尔市	42092	4977	7515	
图木舒克市	53121	4965	8879	1719
五家渠市	18432	2665	7959	3197

3-3 土地资源

单位：平方公里

城　　市	行政区域土地面积	其中：建成区面积	城　　市	行政区域土地面积	其中：建成区面积
河北省			扎兰屯市	16800	20
辛集市	951	24	额尔古纳市	28958	10.4
藁城市	836	17.6	根河市	20012	32.9
晋州市	619	16	丰镇市	2704	18.4
新乐市	525	13	乌兰浩特市	2331.7	24.3
鹿泉市	603.1	18	阿尔山市	7409	10.4
遵化市	1513	19.1	二连浩特市	4015.1	26.6
迁安市	1208	32	锡林浩特市	14592	34
武安市	1806	26	**辽宁省**		
南宫市	854	16	新民市	3315	18
沙河市	999	14.3	瓦房店市	3793.5	32.5
涿州市	742	25.4	普兰店市	2922	65
定州市	1274	25.2	庄河市	4086	40
安国市	486	12.7	海城市	2732	33
高碑店市	618	22	东港市	2396	28
泊头市	1007	19.7	凤城市	5513	17
任丘市	1012	41.9	凌海市	2585.5	20.3
黄骅市	1544.7	22.1	北镇市	1694	8
河间市	1333	15.1	盖州市	2945.9	30
霸州市	784	17.6	大石桥市	1598	30.2
三河市	643	18.6	灯塔市	1332.6	10
冀州市	917.2	15.5	调兵山市	262	13.5
深州市	1245.2	16.9	开原市	2838.4	32
山西省			北票市	4469	14
古交市	1584	15.8	凌源市	3278	18.5
潞城市	630	7.3	兴城市	2116	23
高平市	946	13	**吉林省**		
介休市	757	18	九台市	3375	25
永济市	1221	23	榆树市	4712	26
河津市	593	18.1	德惠市	3435	23
原平市	2556	10	蛟河市	6364	9
侯马市	220.7	18.4	桦甸市	6625	17
霍州市	764.3	15.4	舒兰市	4557	26
孝义市	945.8	17.5	磐石市	3867	13
汾阳市	1175.3	12	公主岭市	4028	35
内蒙古自治区			双辽市	3121	28
霍林郭勒市	585	22	梅河口市	2174	23
满洲里市	732	27	集安市	3342	14
牙克石市	27830	94	临江市	3008	8

3-3 续表 1

单位：平方公里

城　市	行政区域土地面积	其中：建成区面积	城　市	行政区域土地面积	其中：建成区面积
洮南市	5031	17	如皋市	1492	15
大安市	4879	14	海门市	939	20
延吉市	1748	41	东台市	3221	28
图们市	1142	9	大丰市	3059	16
敦化市	11957	17	仪征市	857	38
珲春市	5145	18	高邮市	1962	21
龙井市	2208	10	江都市	1330	30
和龙市	5069	9	丹阳市	1047	23
黑龙江省			扬中市	331	11
双城市	3112	217	句容市	1387	17
尚志市	8825	32	兴化市	2394	20
五常市	7512	21	靖江市	665	33
讷河市	6648	10	泰兴市	1172	22
虎林市	9334	11	姜堰市	927	20
密山市	7843	22	**浙江省**		
铁力市	6730	44	建德市	2364	8
同江市	6300	12	富阳市	1808	25
富锦市	8227	16	临安市	3124	12
绥芬河市	422	16	余姚市	1501	40
海林市	8814	12	慈溪市	1361	37
宁安市	7924	8	奉化市	1268	19
穆棱市	6673	11	瑞安市	1271	71
北安市	7194	20	乐清市	1174	26
五大连池市	9874	15	海宁市	668	30
安达市	3586	26	平湖市	537	16
肇东市	3905	49	桐乡市	727	33
海伦市	4667	20	诸暨市	2311	38
江苏省			上虞市	1403	22
江阴市	988	53	嵊州市	1790	33
宜兴市	2177	66	兰溪市	1313	28
新沂市	1571	31	义乌市	1105	83
邳州市	2088	40	东阳市	1739	36
溧阳市	1536	21	永康市	1049	37
金坛市	976	22	江山市	2019	15
常熟市	1094	98	温岭市	836	31
张家港市	772	64	临海市	2171	37
昆山市	865	46	龙泉市	3059	12
吴江市	1093	78	**安徽省**		
太仓市	620	32	桐城市	1546	18
启东市	1208	15	天长市	1751	25

3-3 续表 2

单位：平方公里

城　　市	行政区域土地面积	其中：建成区面积	城　　市	行政区域土地面积	其中：建成区面积
明光市	2359	19	蓬莱市	1129	35
界首市	666	18	招远市	1433	27
宁国市	2487	18	栖霞市	2016	15
福建省			海阳市	1887	51
福清市	1971	30	青州市	1569	46
长乐市	658	20	诸城市	2183	41
永安市	2932	24	寿光市	2057	37
石狮市	160	33	安丘市	1710	35
晋江市	642	260	高密市	1527	45
南安市	1985	112	昌邑市	1628	25
龙海市	1313	16	曲阜市	815	21
邵武市	2852	14	兖州市	648	31
武夷山市	2814	9	邹城市	1616	38
建瓯市	4214	9	新泰市	1933	62
建阳市	3378	9	肥城市	1277	42
漳平市	2975	8	文登市	1780	42
福安市	1880	10	荣成市	1495	43
福鼎市	1526	15	乳山市	1654	27
江西省			乐陵市	1172	17
乐平市	1975	17	禹城市	990	40
瑞昌市	1423	14	临清市	950	22
贵溪市	2480	21	**河南省**		
瑞金市	2448	19	巩义市	1041	24
南康市	1845	24	荥阳市	908	22
井冈山市	1276	8	新密市	978	28
丰城市	2845	37	新郑市	887	23
樟树市	1287	20	登封市	1219	27
高安市	2439	20	偃师市	948	65
德兴市	2082	7	舞钢市	641	37
山东省			汝州市	957	17
章丘市	1855	36	林州市	2046	19
胶州市	1313	41	卫辉市	862	19
即墨市	1780	51	辉县市	2007	22
平度市	3167	43	沁阳市	624	17
胶南市	1802	54	孟州市	542	22
莱西市	1568	165	禹州市	1461	32
滕州市	1496	44	长葛市	650	41
龙口市	893	40	义马市	112	15
莱阳市	1732	33	灵宝市	3011	15
莱州市	1878	35	邓州市	2370	17

3-3 续表 3

单位：平方公里

城　市	行政区域土地面积	其中：建成区面积	城　市	行政区域土地面积	其中：建成区面积
永城市	1994	20	津市市	558	11
项城市	1083	37	沅江市	1797	13
济源市	1894	31	资兴市	2747	20
湖北省			洪江市	2174	5
大冶市	1566	20	冷水江市	439	19
丹江口市	3121	28	涟源市	1895	16
宜都市	1357	17	吉首市	1059	20
当阳市	2159	21	**广东省**		
枝江市	1310	20	增城市	1616	28
老河口市	1032	22	从化市	1975	25
枣阳市	3277	24	乐昌市	2421	20
宜城市	2115	6	南雄市	2361	11
钟祥市	4488	18	台山市	3296	25
应城市	1103	18	开平市	1659	30
安陆市	1355	20	鹤山市	1083	20
汉川市	1663	20	恩平市	1698	19
石首市	1427	23	廉江市	2840	82
洪湖市	2519	40	雷州市	3662	21
松滋市	2176	25	吴川市	849	16
麻城市	3747	30	高州市	3276	22
武穴市	1246	24	化州市	2354	25
赤壁市	1723	24	信宜市	3081	23
广水市	2641	72	高要市	2200	18
恩施市	3972	20	四会市	1259	50
利川市	4607	14	兴宁市	2104	16
仙桃市	2538	39	陆丰市	1681	20
潜江市	2004	43	阳春市	4054	20
天门市	2622	80	英德市	5671	21
湖南省			连州市	2663	12
浏阳市	4998	23	普宁市	1635	27
醴陵市	2157	26	罗定市	2327	20
湘乡市	2011	21	**广西壮族自治区**		
韶山市	210	5	岑溪市	2783	18
耒阳市	2656	32	东兴市	549	10
常宁市	2064	10	桂平市	4047	14
武冈市	1549	14	北流市	2457	17
汨罗市	1562	74	宜州市	3869	14
临湘市	1744	14	合山市	360	6

3-3 续表 4

单位：平方公里

城　　市	行政区域土地面积	其中：建成区面积	城　　市	行政区域土地面积	其中：建成区面积
凭祥市	650	5	大理市	1815	39
海南省			瑞丽市	1020	22
五指山市	1128	6	潞西市	2987	16
琼海市	1710	23	**西藏自治区**		
儋州市	3625	25	日喀则市	3654	18
文昌市	2485	15	**陕西省**		
万宁市	1884	10	兴平市	508	14
东方市	2256	16	韩城市	1621	18
四川省			华阴市	817	7
都江堰市	1208	26	**甘肃省**		
彭州市	1421	19	玉门市	13496	26
邛崃市	1384	19	敦煌市	31200	12
崇州市	1090	20	临夏市	88	14
广汉市	549	35	合作市	2291	9
什邡市	820	11	**青海省**		
绵竹市	1246	12	格尔木市	118954	
江油市	2719	24	德令哈市	27358	15
峨眉山市	1168	14	**宁夏回族自治区**		
阆中市	1877	18	灵武市	4539	7
华蓥市	466	8	青铜峡市	2445	21
万源市	4065	7	**新疆维吾尔自治区**		
简阳市	2215	20	吐鲁番市	13589	12
西昌市	2654	36	哈密市	85035	34
贵州省			昌吉市	8385	31
清镇市	1492	52	阜康市	11726	6
赤水市	1883	9	博乐市	7956	14
仁怀市	1788	9	库尔勒市	7219	48
铜仁市	1514	23	阿克苏市	18000	28
兴义市	2911	29	阿图什市	16151	8
毕节市	3412	21	喀什市	555	42
凯里市	1306	32	和田市	496	18
都匀市	2274	20	伊宁市	676	37
福泉市	1688	11	奎屯市	1110	25
云南省			塔城市	4353	14
安宁市	1302	20	乌苏市	13729	16
宣威市	6053	27	阿勒泰市	10829	11
楚雄市	4482	35	石河子市	7762	25
个旧市	1587	12	阿拉尔市	4196	21
开远市	1950	20	图木舒克市	1914	14
景洪市	6959	19	五家渠市	711	14

3-4 综合经济

单位：万元

城　　市	第二产业增加值	城　　市	第二产业增加值
河北省		扎兰屯市	379754
辛集市	1212065	额尔古纳市	53625
藁城市	1506231	根河市	54942
晋州市	679826	丰镇市	488997
新乐市	615698	乌兰浩特市	331080
鹿泉市	1176684	阿尔山市	14942
遵化市	2252149	二连浩特市	133736
迁安市	3294574	锡林浩特市	824021
武安市	2779527	**辽宁省**	
南宫市	259510	新民市	1021126
沙河市	793241	瓦房店市	2855866
涿州市	547690	普兰店市	2412597
定州市	664765	庄河市	2092733
安国市	274585	海城市	2533270
高碑店市	402218	东港市	1317356
泊头市	501373	凤城市	1087967
任丘市	2075856	凌海市	703729
黄骅市	516598	北镇市	223163
河间市	640649	盖州市	549387
霸州市	1411916	大石桥市	2036749
三河市	1348002	灯塔市	762479
冀州市	314402	调兵山市	729670
深州市	345395	开原市	1550416
山西省		北票市	664673
古交市	135904	凌源市	498487
潞城市	510148	兴城市	152946
高平市	981170	**吉林省**	
介休市	1053549	九台市	837640
永济市	352221	榆树市	428475
河津市	1078486	德惠市	758036
原平市	238400	蛟河市	450622
侯马市	269849	桦甸市	777127
霍州市	414132	舒兰市	288677
孝义市	1094128	磐石市	1248150
汾阳市	342234	公主岭市	745143
内蒙古自治区		双辽市	520333
霍林郭勒市	995618	梅河口市	732330
满洲里市	332690	集安市	340558
牙克石市	335376	临江市	237010

3-4 续表 1

单位：万元

城　　市	第二产业增加值	城　　市	第二产业增加值
洮南市	260845	如皋市	1982800
大安市	391288	海门市	2479700
延吉市	760545	东台市	1467600
图们市	111680	大丰市	1098200
敦化市	374408	仪征市	1372700
珲春市	433508	高邮市	1062500
龙井市	61938	江都市	2280400
和龙市	127399	丹阳市	2853700
黑龙江省		扬中市	1258400
双城市	700556	句容市	1192500
尚志市	629184	兴化市	1549500
五常市	381612	靖江市	2146900
讷河市	200161	泰兴市	1932300
虎林市	62329	姜堰市	1433000
密山市	102624	**浙江省**	
铁力市	106336	建德市	901608
同江市	40830	富阳市	2114104
富锦市	126792	临安市	1308668
绥芬河市	110818	余姚市	2889840
海林市	387048	慈溪市	3711013
宁安市	234482	奉化市	934402
穆棱市	428666	瑞安市	1927390
北安市	64347	乐清市	2559541
五大连池市	32490	海宁市	2268766
安达市	512719	平湖市	1805482
肇东市	835289	桐乡市	1869065
海伦市	98292	诸暨市	3151384
江苏省		上虞市	2169438
江阴市	10284000	嵊州市	1259350
宜兴市	3825500	兰溪市	863737
新沂市	817000	义乌市	2279597
邳州市	1292100	东阳市	1279836
溧阳市	2071400	永康市	1691644
金坛市	1471000	江山市	801513
常熟市	6917700	温岭市	2692411
张家港市	8703200	临海市	1477814
昆山市	11371500	龙泉市	218706
吴江市	5193900	**安徽省**	
太仓市	3553500	桐城市	554884
启东市	1884800	天长市	677226

3-4 续表 2

单位：万元

城　　市	第二产业增加值	城　　市	第二产业增加值
明光市	159877	莱州市	2730003
界首市	277407	蓬莱市	2038184
宁国市	606158	招远市	2603834
福建省		栖霞市	687776
福清市	2004157	海阳市	964237
长乐市	1588804	青州市	1726648
永安市	767893	诸城市	2511325
石狮市	1766606	寿光市	2046970
晋江市	5108663	安丘市	806961
南安市	2563557	高密市	1821083
龙海市	1736639	昌邑市	1176783
邵武市	379242	曲阜市	926900
武夷山市	175282	兖州市	2033600
建瓯市	286374	邹城市	2966100
建阳市	274909	新泰市	3019000
漳平市	295480	肥城市	2522500
福安市	739248	文登市	3233916
福鼎市	504651	荣成市	3603893
江西省		乳山市	1920980
乐平市	700208	乐陵市	594300
瑞昌市	341853	禹城市	717300
贵溪市	1098676	临清市	1252946
瑞金市	181857	**河南省**	
南康市	353745	巩义市	2658287
井冈山市	100598	荥阳市	2227647
丰城市	1038150	新密市	2571837
樟树市	626829	新郑市	2356084
高安市	430123	登封市	1994218
德兴市	463320	偃师市	2181979
山东省		舞钢市	678164
章丘市	2442001	汝州市	1415347
胶州市	2924700	林州市	1910644
即墨市	2915700	卫辉市	295731
平度市	2331000	辉县市	1149114
胶南市	2815200	沁阳市	1374114
莱西市	1764400	孟州市	1107517
滕州市	3050300	禹州市	2120466
龙口市	4042488	长葛市	1640875
莱阳市	1832473	义马市	873397

3-4 续表 3

单位：万元

城　　市	第二产业增加值	城　　市	第二产业增加值
灵宝市	1621451	临湘市	481985
邓州市	1014249	津市市	214116
永城市	1675180	沅江市	323695
项城市	973908	资兴市	760267
济源市	2135886	洪江市	131046
湖北省		冷水江市	849271
大冶市	934600	涟源市	468551
丹江口市	352834	吉首市	205124
宜都市	817500	**广东省**	
当阳市	595273	增城市	3587919
枝江市	570236	从化市	710201
老河口市	456385	乐昌市	189790
枣阳市	637100	南雄市	111746
宜城市	392000	台山市	1122807
钟祥市	731015	开平市	795438
应城市	437732	鹤山市	807079
安陆市	234525	恩平市	275131
汉川市	861720	廉江市	522403
石首市	273450	雷州市	168201
洪湖市	243111	吴川市	347137
松滋市	283900	高州市	670048
麻城市	304800	化州市	492471
武穴市	415800	信宜市	500400
赤壁市	560700	高要市	708553
广水市	533600	四会市	919670
恩施市	263400	兴宁市	267192
利川市	88800	陆丰市	461126
仙桃市	1232400	阳春市	621546
潜江市	1210900	英德市	729106
天门市	857200	连州市	379126
湖南省		普宁市	1366273
浏阳市	2590713	罗定市	283745
醴陵市	1208799	**广西壮族自治区**	
湘乡市	569533	岑溪市	660792
韶山市	128491	东兴市	95751
耒阳市	822032	桂平市	563081
常宁市	474318	北流市	542914
武冈市	103397	宜州市	180832
汨罗市	733565	合山市	76642

3-4 续表 4

单位：万元

城　市	第二产业增加值	城　市	第二产业增加值
凭祥市	56556	大理市	797524
海南省		瑞丽市	60599
五指山市	16494	潞西市	103349
琼海市	130588	**西藏自治区**	
儋州市	194738	日喀则市	88678
文昌市	197562	**陕西省**	
万宁市	184137	兴平市	481990
东方市	324792	韩城市	841790
四川省		华阴市	214550
都江堰市	395704	**甘肃省**	
彭州市	594213	玉门市	697783
邛崃市	344144	敦煌市	103611
崇州市	372811	临夏市	45509
广汉市	852888	合作市	26047
什邡市	637160	**青海省**	
绵竹市	827781	格尔木市	1247124
江油市	696704	德令哈市	139589
峨眉山市	556933	**宁夏回族自治区**	
阆中市	343511	灵武市	882282
华蓥市	370683	青铜峡市	510962
万源市	233576	**新疆维吾尔自治区**	
简阳市	869531	吐鲁番市	129942
西昌市	712492	哈密市	440530
贵州省		昌吉市	666989
清镇市	428040	阜康市	454045
赤水市	150858	博乐市	132390
仁怀市	1020538	库尔勒市	2763699
铜仁市	164429	阿克苏市	173722
兴义市	552656	阿图什市	20690
毕节市	381719	喀什市	256600
凯里市	236088	和田市	64327
都匀市	281502	伊宁市	227679
福泉市	222398	奎屯市	342524
云南省		塔城市	75761
安宁市	715278	乌苏市	284249
宣威市	566604	阿勒泰市	47254
楚雄市	795697	石河子市	580153
个旧市	658426	阿拉尔市	92216
开远市	352621	图木舒克市	26528
景洪市	247607	五家渠市	185767

3-5 主要农产品产量

单位：吨

城　　市	水果产量	肉类总产量	奶类产量	蔬菜产量	水产品产量
河北省					
辛集市	531385	77350	55000	721543	152
藁城市	182001	74207	84094	2687020	76
晋州市	415884	50740	19300	400645	44
新乐市	30000	51459	81194	799241	20
鹿泉市	43815	26916	59283	856702	6020
遵化市	237498	71573	50861	699835	3220
迁安市	143896	77439	92781	828645	590
武安市	21297	59909	3740	71675	955
南宫市	25980	21160	1200	243134	282
沙河市	7326	18034	5600	69191	270
涿州市	29995	38146	23337	515807	1200
定州市	119800	90748	147370	2143658	122
安国市	35145	21570	11783	176380	
高碑店市	12102	31313	16355	344636	215
泊头市	535271	31051	904	76974	673
任丘市	25167	37175	7024	391091	14500
黄骅市	54670	29524	4702	80363	79586
河间市	32588	27806	392	389357	589
霸州市	38605	24626	5907	530351	6450
三河市	114170	77147	61948	785075	11250
冀州市	85470	12643	2586	184824	1706
深州市	324895	49920	4421	212130	210
山西省					
古交市	363	1548.3	110	35456	70
潞城市	2575	4058.8	1287.1	65706	150
高平市	24373	46528	809	46526	81
介休市	2923.1	15288	5688	12515.3	52
永济市	79769.7	5466	5108	49643	8100
河津市	26480	9030	2010	59445	125
原平市	37843	16198	5037	44360	460
侯马市	5239	2487	1107	105381	352
霍州市	9498.5	3934.1	1298.5	59733.5	40
孝义市	4786	22655.3	3325.8	19189.9	96
汾阳市	8296.7	18059.9	9344.5	18021.2	65
内蒙古自治区					
霍林郭勒市	220	6235	4500	4144	150
满洲里市	170	2814	3600	42140	12520
牙克石市		21328	165800	82616	200

3-5 续表 1 单位：吨

城　市	水果产量	肉类总产量	奶类产量	蔬菜产量	水产品产量
扎兰屯市	12800	45595	203411	62930	900
额尔古纳市	70	4814	116964	484	520
根河市		2377	2172	4119	
丰镇市	1908	23465	118589	248267	140
乌兰浩特市	842	6370	126502	93891	1
阿尔山市		2124	806	5421	9
二连浩特市		1449	2150	5760	
锡林浩特市		15536	90120	40130	50
辽宁省					
新民市	17710	143657	93404	1726936	55182
瓦房店市	613305	157182	12862	665212	230060
普兰店市	381635	183605	22988	717773	176606
庄河市	280686	161746	1819	457978	504286
海城市	185704	115525	7856	937073	21905
东港市	111798	68542	10070	453565	430495
凤城市	10893	77991	3237	190257	22608
凌海市	47464	139084	30418	655115	179820
北镇市	231227	117653	3414	853336	12594
盖州市	438011	53843	2144	340961	206000
大石桥市	43520	84943	6486	423477	81500
灯塔市	22330	65679	6353	260230	51644
调兵山市	4665	22867	11860	96961	572
开原市	99772	199035	15491	634990	6372
北票市	21507	121240	12884	592603	600
凌源市	14083	85949	14754	835750	700
兴城市	71990	33793	10809	106940	205050
吉林省					
九台市	13470	151548.7	13143.7	378398	4760
榆树市	14645	364323.7	29804.3	418761	4608
德惠市	23145	375618.3	10559.6	686376	4580
蛟河市	47107	103126.1	1838.7	241567	6416
桦甸市	101744	99250.1	11226.2	318932	3627
舒兰市	27837	160769.5	884.6	271551	6911
磐石市	52033	168290.1	509.2	432232	8426
公主岭市	12738	299592.8	50797.9	436672	1575
双辽市	809	131326.3	37197.1	100972	160
梅河口市	5291	92623.9	2247.1	99993	5900
集安市	23932	9467.3		30700	6026
临江市	8284	9459.6	401.1	75478	1970
洮南市	342	33635.9	125916.9	32540	3012

3-5 续表 2

单位：吨

城 市	水果产量	肉类总产量	奶类产量	蔬菜产量	水产品产量
大安市	97	57255.7	17828	96962	4528
延吉市	17256	6432.8	720	107214	122
图们市	2431	2793.8	276.8	26063	65
敦化市	11279	22486.6	17507.9	162442	3710
珲春市	16677	6194.3	609.7	60081	1401
龙井市	22389	9024.6	843	26548	330
和龙市	6214	8691.2	492.6	25646	170
黑龙江省					
双城市	2200	87265	886964	105840	7100
尚志市	17604	38588	33958	125611	7520
五常市	22258	58285	53740	65094	18300
讷河市	721	122694	24126	19545	8047
虎林市	3090	7562	17559	6536	6000
密山市	4007	30053	41979	20370	23000
铁力市	1400	44117	48889	38696	1700
同江市		8446	285	133328	4500
富锦市	1680	37186	13309	200376	10410
绥芬河市	82	2054	246	6620	202
海林市	2992	13796	3169	125110	2416
宁安市	26021	40583	1622	188870	6955
穆棱市	33909	27653	4329	83150	1500
北安市		4475	75400	42269	1800
五大连池市	18	9958	22631	26750	2537
安达市	936	69547	493149	148429	11200
肇东市	16257	206752	321007	128983	26926
海伦市	3010	77376	95054	62790	6247
江苏省					
江阴市	37778	51015	33924	427799	22646
宜兴市	18534	35746	1700	460421	77312
新沂市	42890	98802	14470	763213	48502
邳州市	70437	174837	4140	2141765	24150
溧阳市	11546	19792		261662	42025
金坛市	5278	31965	905	161910	45779
常熟市	11121	21319	8434	420581	39379
张家港市	23516	16050	19503	165122	17604
昆山市	14392	9299	15855	129273	50097
吴江市	13146	20781	409	229927	70305
太仓市	6727	68625	13159	404257	36172
启东市	16879	54058	6315	646437	329198
如皋市	4590	100472	1110	345100	21355

3-5 续表 3

单位：吨

城　　市	水果产量	肉类总产量	奶类产量	蔬菜产量	水产品产量
海门市	14351	39781	6930	424239	78347
东台市	49000	130488	4500	2770745	161765
大丰市	61000	99588	7592	2052942	146222
仪征市	7460	22180	700	205165	5692.1
高邮市	12047	42931	1541	235917	149736.2
江都市	10043	36508	3830	381718	41843.8
丹阳市	4727	22312	1873	218416	36350
扬中市	3650	9285		70250	6363
句容市	31000	14997	8929	182938	23136
兴化市	5431	46942	5238	671327	216754
靖江市	11240	28106	2070	208332	8590
泰兴市	9610	73184	12112	480796	17041
姜堰市	4243	50876	4522	572749	31689
浙江省					
建德市	164757	28830	523	205889	12490
富阳市	119954	47264	5914	420923	9530
临安市	41950	31738	4820	128772	3831
余姚市	185443	47388	1790	824903	29220
慈溪市	294101	21880	1300	796613	42618
奉化市	102252	21518	1406	50031	101574
瑞安市	74706	13207	4517	264915	105455
乐清市	64817	18283	4799	133427	79515
海宁市	76040	47716	6550	242180	36585
平湖市	38390	30944	2128	208247	32938
桐乡市	79380	55893	255	576285	10829
诸暨市	139794	46979	38	493946	15150
上虞市	225199	40301	580	767396	34479
嵊州市	112246	25840	2509	349629	3640
兰溪市	100095	36962	1044	114952	17516
义乌市	83653	39467	1004	171470	3450
东阳市	64232	18508	18	119507	9515
永康市	60684	9678		78184	7282
江山市	57129	68470	872	229663	9810
温岭市	262393	29711	826	409297	489176
临海市	297435	19785	1575	262762	109963
龙泉市	12327	10331	93	122519	2300
安徽省					
桐城市	1761	32596		268181	27122
天长市	120	29500		163177	53500
明光市	6586	44293		162383	68317
界首市	8978	33198	90	394755	3680
宁国市	3996	52662		89666	4700

3-5 续表 4

单位：吨

城 市	水果产量	肉类总产量	奶类产量	蔬菜产量	水产品产量
福建省					
福清市	51105	113214	1062	451647	302178
长乐市	18563	23998	7672	336879	110030
永安市	98887	23542	540	344018	8906
石狮市	1037	1820	275	39925	355840
晋江市	7106	23762	3655	215431	203669
南安市	76721	58885	3761	221493	34515
龙海市	82895	41127	2165	349916	338551
邵武市	40191	18585	4401	122332	16125
武夷山市	28814	11451	72	126399	7964
建瓯市	282147	15945	17137	439343	14674
建阳市	80889	9665	9297	199691	7739
漳平市	49264	22618		246617	7507
福安市	138021	18777	306	224055	61965
福鼎市	13128	7003	545	141897	137189
江西省					
乐平市	6101	32422		621713	19707
瑞昌市	6670	26124	16	87089	27363
贵溪市	24853	32554	22	111612	26303
瑞金市	75244	41326	128	132131	18490
南康市	34931	63478	44	176299	18560
井冈山市	3293	5799		34000	3338
丰城市	3433	71369		497429	86019
樟树市	5967	82068	442	145961	40389
高安市	7075	113498	39	271250	42661
德兴市	2731	10053	14	30040	7709
山东省					
章丘市	63637	100724	60425	1698164	10600
胶州市	63359	52872	21861	590572	125058
即墨市	23552	67299	41737	573715	292056
平度市	320949	188709	22799	2180883	11006
胶南市	171802	60682	13401	500841	295132
莱西市	217395	171009	239805	1129695	11110
滕州市	49916	114897	1446	2475351	15188
龙口市	393675	36851	45019	232338	116130
莱阳市	301130	70728	88695	638239	50000
莱州市	216215	91036	11907	225078	323750
蓬莱市	610176	47831	7752	126911	315000

3-5 续表 5

单位：吨

城　　市	水果产量	肉类总产量	奶类产量	蔬菜产量	水产品产量
招远市	449867	40806	9426	42604	24100
栖霞市	1459332	19522	2425	218227	4200
海阳市	280953	36692	18757	452156	321514
青州市	102536	71184	29295	1256460	610
诸城市	94836	309538	4502	943771	9920
寿光市	117895	117198	10287	3921339	190000
安丘市	122519	102980	569	1444644	5010
高密市	83613	174216	19546	714230	4195
昌邑市	72753	100934	230	517505	101985
曲阜市	42709	77188	8665	170219	984
兖州市	3116	92851	12495	958789	1417
邹城市	42066	87239	18115	569814	18511
新泰市	113036	133845	90860	1203858	1500
肥城市	147626	61088	54468	1897197	1900
文登市	145994	49645	170725	256068	320268
荣成市	132111	32789	57930	263957	1080000
乳山市	356321	28810	30589	486584	281358
乐陵市	239065	68304	5834	192239	1843
禹城市	10396	70988	29428	827430	27296
临清市	55101	20936	2925	359285	8620
河南省					
巩义市	22000	22648	4974	42258	1170
荥阳市	34488	41281	137245	404301	12144
新密市	14072	18150	24647	196980	689
新郑市	103947	42600	43120	332269	696
登封市	24652	22201	4421	74035	1906
偃师市	53358	37067	127859	435326	229
舞钢市	4369	35977	6926	101136	2110
汝州市	26881	82859	36348	288135	2458
林州市	69386	60068	6689	135907	1752
卫辉市	11763	52268	14753	227824	3027
辉县市	20314	83456	15650	379839	443
沁阳市	32637	23161	22538	388708	670
孟州市	170294	18874	45333	298662	1070
禹州市	15427	73375	24840	222198	1400
长葛市	3065	58900	10297	280452	1300
义马市	630	2070	338	25590	60
灵宝市	964600	20069	6999	464339	2350
邓州市	44494	134352	16313	1991714	6200
永城市	265765	82500	4472	1203108	13918
项城市	46090	49050	1596	875191	4700
济源市	43360	40330	27930	290721	10800

3-5 续表 6

单位：吨

城　　市	水果产量	肉类总产量	奶类产量	蔬菜产量	水产品产量
湖北省					
大冶市	4466	65241		230850	58443
丹江口市	221319	36293		146942	48439
宜都市	385906	66418	15	146163	11360
当阳市	270181	93361	3090	671809	45017
枝江市	301180	88402		252692	62498
老河口市	117364	60115	637	546495	33329
枣阳市	239294	156013		683689	40100
宜城市	18805	74171		260689	27953
钟祥市	193297	110062		575146	110001
应城市	17000	54315		539634	50977
安陆市	9042	79131	1210	220337	21353
汉川市	11602	73218		594346	129980
石首市	24373	39172		248757	103076
洪湖市	1266	31433		225466	345121
松滋市	123971	99473		175324	25178
麻城市	3702	89824	3100	625127	21600
武穴市	46600	67544	3600	279414	44587
赤壁市	12047	23347		344714	73007
广水市	44148	57098	92	687480	25258
恩施市	13354	77797	394	412813	453
利川市	36526	65516	184	518361	2146
仙桃市	27318	94242		309792	258181
潜江市	23889	91504		554475	86292
天门市	13353	94044	261	406335	103609
湖南省					
浏阳市	132890	163564	820	930811	21411
醴陵市	58751	96130	55	505462	19635
湘乡市	11240	145285	150	648554	28015
韶山市	1567	19987	17	34004	2670
耒阳市	76657	124683	171	567835	27335
常宁市	60854	109153	448	229299	24418
武冈市	26886	116279	272	188787	7657
汨罗市	124576	112358		272175	34099
临湘市	64012	51801		200430	28588
津市市	24491	32336	798	116298	14319
沅江市	136621	57689		281103	104035

3-5 续表 7

单位：吨

城　　市	水果产量	肉类总产量	奶类产量	蔬菜产量	水产品产量
资兴市	112428	44879	120	242627	25525
洪江市	127282	30277	120	103492	5870
冷水江市	12789	23672	505	42035	3065
涟源市	25022	83024	220	268312	12785
吉首市	116208	7212	630	101284	2355
广东省					
增城市	79607	79618	10167	957533	40690
从化市	70465	34855	6380	314667	8791
乐昌市	94605	21134	4	224394	3891
南雄市	15047	33682	17	130159	13212
台山市	27561	38175		240278	367602
开平市	24450	66346		247592	33757
鹤山市	8254	48101	35	230261	35132
恩平市	47718	25363		89763	27976
廉江市	266684	124139		652881	144182
雷州市	481947	50234	259	496246	137101
吴川市	65757	44114	55	88379	61824
高州市	957567	150683	4	531019	53062
化州市	391687	129822		419169	89332
信宜市	578881	146835	300	293914	23536
高要市	152282	76731		723395	146260
四会市	204863	108655		193037	81838
兴宁市	95762	55996	1872	396000	13647
陆丰市	69965	53296		335231	207242
阳春市	366355	89983		366370	33818
英德市	106934	31378	13087	457587	21860
连州市	44981	35430		415534	6150
普宁市	198030	43798	2420	367965	10025
罗定市	58779	39899	5	65677	40517
广西壮族自治区					
岑溪市	84379	72648	136	361458	14051
东兴市	9518	6170	183	37401	97213
桂平市	64579	107066	144	452936	52524
北流市	159700	82134	3056	467536	24623
宜州市	58000	25357		312137	12219
合山市	2190	5030	26	41575	1655
凭祥市	8257	5143		29743	2137

3-5 续表 8 单位：吨

城　　市	水果产量	肉类总产量	奶类产量	蔬菜产量	水产品产量
海南省					
五指山市	17597	3938		14724	1525
琼海市	217678	67071	2	441345	73787
儋州市	68196	86124		374086	341597
文昌市	102429	71226		390521	185298
万宁市	116385	42671		192232	53653
东方市	367811	19841		160446	33209
四川省					
都江堰市	11889	65035	2348	159108	2600
彭州市	15404	90191	10071	912386	5000
邛崃市	54694	140690	7023	242587	9493
崇州市	21005	105109	11425	270442	13500
广汉市	22000	74655	2100	516861	11728
什邡市	6539	36571	220	300050	4120
绵竹市	16945	54001	1800	224474	7600
江油市	34699	79359	2300	313424	10600
峨眉山市	18100	39183	741	120075	3008
阆中市	92212	91669	30	365365	12980
华蓥市	1536	29851	321	100216	3400
万源市	7250	67382	15	157495	2770
简阳市	75000	189086	12788	310925	43900
西昌市	41804	88649	32854	381218	12800
贵州省					
清镇市	9360	28726	1575	243844	2680
赤水市	7034	11708		108725	1270
仁怀市	16434	41083		154190	1092
铜仁市	6788	18596		151200	2530
兴义市	23308	40755	580	306236	12408
毕节市	18403	52881	79	347913	369
凯里市	4221	20163	808	204508	1827
都匀市	6585	20433	1105	124990	1615
福泉市	9500	12173	98	31777	488
云南省					
安宁市	13418	41615	3198	172239	1620
宣威市	14322	325335	440	213131	8756
楚雄市	9500	46682	2122	96822	3956
个旧市	31990	33535	12769	107004	4204
开远市	20912	28991	602	134933	4150
景洪市	163297	11662		31926	13093
大理市	11781	67474	151729	158543	13324
瑞丽市	13189	13343	45	14129	5657
潞西市	5827	19233	1680	58414	4840

3-5 续表 9

单位：吨

城　　市	水果产量	肉类总产量	奶类产量	蔬菜产量	水产品产量
西藏自治区					
日喀则市	26	3747	8973	61948	
陕西省					
兴平市	116205	34156	21216	268915	840
韩城市	84833	6819	1300	127090	390
华阴市	6069	2324	2190	36592	1470
甘肃省					
玉门市	2953.3	7309.7	5436	110341	148.7
敦煌市	78989.3	5699.8	3636	150249.4	258
临夏市	7314	3608.3	2424	84926	156
合作市		3544.8	5664	1600	
青海省					
格尔木市	123	3527	1238	36468	35
德令哈市	15	2892	1782	5554	226
宁夏回族自治区					
灵武市	57332	13840	57009	65049	1590
青铜峡市	77391	25022	67159	168576	5846
新疆维吾尔自治区					
吐鲁番市	394074	20386	8882	125585	232
哈密市	83160	19663	30013	82640	1180
昌吉市	52915.2	68149.5	134270	983475.1	8700
阜康市	13087	56987	35272	306477	240
博乐市	919	7499	9606	41813	525
库尔勒市	304810	18117	17820	97215	649
阿克苏市	226545	35102	15002	219751	2028
阿图什市	88564	12110	13649	10199	167
喀什市	64826	22508	11000	197600	685
和田市	15729	8732	2100	68537	633
伊宁市	17528	10014	29096	216434	3230
奎屯市		2769	560	40488	
塔城市	7644	15307	35420	104031	480
乌苏市	3003	27161	17376	785922	987
阿勒泰市	433	15352	62360	12886	530
石河子市	64188	43814	120788	1041190	4191
阿拉尔市	163432	9939	12035	62764	2090
图木舒克市	38478	7278	3369	40445	565
五家渠市	3435	15963	10907	455269	1323

3-6 房地产开发投资完成额

单位：万元

城 市	房地产开发投资完成额
河北省	
辛集市	39363
藁城市	3094
晋州市	
新乐市	103494
鹿泉市	106469
遵化市	18700
迁安市	56219
武安市	89876
南宫市	22357
沙河市	36769
涿州市	77910
定州市	165400
安国市	20496
高碑店市	39966
泊头市	69214
任丘市	32778
黄骅市	57619
河间市	32345
霸州市	427578
三河市	1422611
冀州市	26899
深州市	21900
山西省	
古交市	17068
潞城市	7785
高平市	22188
介休市	21061
永济市	22585
河津市	21012
原平市	
侯马市	63357
霍州市	8331
孝义市	60865
汾阳市	30616
内蒙古自治区	
霍林郭勒市	34903
满洲里市	117000
牙克石市	9389
扎兰屯市	73122
额尔古纳市	2545
根河市	3700
丰镇市	4518
乌兰浩特市	86149
阿尔山市	4863
二连浩特市	70710
锡林浩特市	180518
辽宁省	
新民市	144562
瓦房店市	311489
普兰店市	42844
庄河市	213256
海城市	267227
东港市	59931
凤城市	112835
凌海市	30800
北镇市	28860
盖州市	48093
大石桥市	84768
灯塔市	15651
调兵山市	157904
开原市	243040
北票市	51105
凌源市	75855
兴城市	52627
吉林省	
九台市	58934
榆树市	82000
德惠市	74320
蛟河市	8659
桦甸市	52035
舒兰市	54970
磐石市	64200
公主岭市	31780
双辽市	60000
梅河口市	257000
集安市	19590
临江市	500
洮南市	20954
大安市	11000

3-6 续表 1

单位：万元

城　　市	房地产开发投资完成额	城　　市	房地产开发投资完成额
延吉市	108697	东台市	129838
图们市	27024	大丰市	119808
敦化市	32100	仪征市	82771
珲春市	36800	高邮市	85222
龙井市	12228	江都市	308725
和龙市	2620	丹阳市	156104
黑龙江省		扬中市	87100
双城市	25213	句容市	135876
尚志市	27001	兴化市	114809
五常市	8720	靖江市	212824
讷河市	17502	泰兴市	95591
虎林市	7750	姜堰市	158171
密山市	11600	**浙江省**	
铁力市	13088	建德市	65946
同江市	50980	富阳市	263314
富锦市	39925	临安市	142460
绥芬河市	86765	余姚市	335155
海林市	83399	慈溪市	282815
宁安市	31240	奉化市	134790
穆棱市	15077	瑞安市	397095
北安市	1420	乐清市	241625
五大连池市	11389	海宁市	200827
安达市		平湖市	226515
肇东市	27606	桐乡市	240056
海伦市	8000	诸暨市	270687
江苏省		上虞市	359935
江阴市	789512	嵊州市	86401
宜兴市	355133	兰溪市	87284
新沂市	175000	义乌市	468951
邳州市	152443	东阳市	111782
溧阳市	177743	永康市	166316
金坛市	204252	江山市	97225
常熟市	780599	温岭市	266215
张家港市	479719	临海市	181302
昆山市	1551908	龙泉市	15709
吴江市	820113	**安徽省**	
太仓市	410326	桐城市	51439
启东市	114423	天长市	46332
如皋市	148480	明光市	60369
海门市	198352	界首市	17234

3-6 续表 2

单位：万元

城　　市	房地产开发投资完成额	城　　市	房地产开发投资完成额
宁国市	243147	栖霞市	51285
福建省		海阳市	221180
福清市	297196	青州市	292985
长乐市	158081	诸城市	306629
永安市	138237	寿光市	240285
石狮市	140144	安丘市	50523
晋江市	405110	高密市	198600
南安市	164578	昌邑市	77830
龙海市	220291	曲阜市	58766
邵武市	63431	兖州市	47174
武夷山市	61640	邹城市	40419
建瓯市	42451	新泰市	39636
建阳市	56006	肥城市	95318
漳平市	43745	文登市	301753
福安市	55643	荣成市	171875
福鼎市	76836	乳山市	504140
江西省		乐陵市	49868
乐平市	38880	禹城市	64082
瑞昌市	67933	临清市	24056
贵溪市	36457	**河南省**	
瑞金市	36590	巩义市	151220
南康市	109746	荥阳市	83229
井冈山市	34000	新密市	70733
丰城市	86152	新郑市	249987
樟树市	42232	登封市	47566
高安市	34357	偃师市	11195
德兴市	22814	舞钢市	40981
山东省		汝州市	33789
章丘市	122840	林州市	131699
胶州市	268596	卫辉市	34779
即墨市	144699	辉县市	144797
平度市	137102	沁阳市	87334
胶南市	214464	孟州市	42200
莱西市	69608	禹州市	101938
滕州市	351567	长葛市	85268
龙口市	136727	义马市	12288
莱阳市	61473	灵宝市	88754
莱州市	71901	邓州市	38863
蓬莱市	132548	永城市	71099
招远市	73645	项城市	55436

3-6 续表 3

单位：万元

城　　市	房地产开发投资完成额	城　　市	房地产开发投资完成额
济源市	141736	冷水江市	24210
湖北省		涟源市	20441
大冶市	49461	吉首市	161493
丹江口市	35241	**广东省**	
宜都市	34091	增城市	800861
当阳市	26231	从化市	338171
枝江市	27205	乐昌市	54857
老河口市	33916	南雄市	28565
枣阳市	44183	台山市	58136
宜城市	25400	开平市	52456
钟祥市	47092	鹤山市	219421
应城市	31664	恩平市	50357
安陆市	46451	廉江市	26701
汉川市	31137	雷州市	14731
石首市	14862	吴川市	17167
洪湖市	43469	高州市	22607
松滋市	20894	化州市	7068
麻城市	56050	信宜市	24544
武穴市	31706	高要市	69733
赤壁市	108898	四会市	130988
广水市	25264	兴宁市	50798
恩施市	95001	陆丰市	77306
利川市	38636	阳春市	47469
仙桃市	47856	英德市	74530
潜江市	37915	连州市	21090
天门市	62653	普宁市	75948
湖南省		罗定市	31105
浏阳市	200353	**广西壮族自治区**	
醴陵市	113150	岑溪市	20662
湘乡市	44474	东兴市	97998
韶山市	18700	桂平市	61922
耒阳市	34771	北流市	86102
常宁市	21881	宜州市	41849
武冈市	11007	合山市	8099
汨罗市	20843	凭祥市	56901
临湘市	22890	**海南省**	
津市市	13322	五指山市	54074
沅江市	144600	琼海市	341392
资兴市	33196	儋州市	6335
洪江市	38330	文昌市	112690

3-6 续表 4

单位：万元

城市	房地产开发投资完成额	城市	房地产开发投资完成额
万宁市	43665	**西藏自治区**	
东方市		日喀则市	
四川省		**陕西省**	
都江堰市	408632	兴平市	5100
彭州市	42080	韩城市	46280
邛崃市	85706	华阴市	12773
崇州市	56878	**甘肃省**	
广汉市	80518	玉门市	5870
什邡市	38610	敦煌市	10000
绵竹市	55891	临夏市	17877
江油市	49455	合作市	
峨眉山市	84829	**青海省**	
阆中市	54370	格尔木市	
华蓥市	4818	德令哈市	8222
万源市	14840	**宁夏回族自治区**	
简阳市	132440	灵武市	45987
西昌市	82617	青铜峡市	22956
贵州省		**新疆维吾尔自治区**	
清镇市	58399	吐鲁番市	16438
赤水市	24810	哈密市	73871
仁怀市	12314	昌吉市	74473
铜仁市	126011	阜康市	19882
兴义市	88768	博乐市	13590
毕节市	57258	库尔勒市	186779
凯里市	105684	阿克苏市	56435
都匀市	72655	阿图什市	2100
福泉市	11514	喀什市	92022
云南省		和田市	3951
安宁市	298139	伊宁市	117939
宣威市	65632	奎屯市	24581
楚雄市	204628	塔城市	7366
个旧市	60091	乌苏市	5320
开远市	91422	阿勒泰市	51133
景洪市	149569	石河子市	53105
大理市	203284	阿拉尔市	12422
瑞丽市	45466	图木舒克市	500
潞西市	40616	五家渠市	38285

3-7 商业外贸

单位：万元

城　　市	限额以上批发零售贸易商品销售总额	城　　市	限额以上批发零售贸易商品销售总额
河北省		额尔古纳市	51194
辛集市	63568	根河市	12580
藁城市	11497	丰镇市	56264
晋州市	5275	乌兰浩特市	76991
新乐市	8048	阿尔山市	
鹿泉市	14738	二连浩特市	215928
遵化市	68005	锡林浩特市	185607
迁安市	578353	**辽宁省**	
武安市	51920	新民市	298637
南宫市	817	瓦房店市	203916
沙河市	22188	普兰店市	50128
涿州市	107058	庄河市	196822
定州市	78927	海城市	237021
安国市	814	东港市	1106
高碑店市	45898	凤城市	5433
泊头市	46574	凌海市	100442
任丘市	127453	北镇市	104285
黄骅市	74289	盖州市	22828
河间市	85338	大石桥市	138932
霸州市	94401	灯塔市	9330
三河市	103869	调兵山市	18972
冀州市	37035	开原市	25228
深州市	39116	北票市	38924
山西省		凌源市	33121
古交市	57999	兴城市	15901
潞城市	111095	**吉林省**	
高平市	477600	九台市	6556
介休市	181306	榆树市	18684
永济市	13826	德惠市	107527
河津市	66792	蛟河市	80009
原平市	149600	桦甸市	55566
侯马市	106667	舒兰市	96190
霍州市	36963	磐石市	51746
孝义市	399823	公主岭市	445251
汾阳市	11548	双辽市	22946
内蒙古自治区		梅河口市	117529
霍林郭勒市	62000	集安市	11343
满洲里市	1282721	临江市	28513
牙克石市	54853	洮南市	110692
扎兰屯市	39774	大安市	

3-7 续表 1

单位：万元

城　市	限额以上批发零售贸易商品销售总额	城　市	限额以上批发零售贸易商品销售总额
延吉市	690753	海门市	410708
图们市	120539	东台市	341762
敦化市	82095	大丰市	122365
珲春市	956	仪征市	940740
龙井市		高邮市	896333
和龙市	33680	江都市	1824665
黑龙江省		丹阳市	898302
双城市	1984	扬中市	354575
尚志市	14568	句容市	256470
五常市	131447	兴化市	1112593
讷河市	19630	靖江市	1046930
虎林市		泰兴市	362037
密山市	2769	姜堰市	333859
铁力市		**浙江省**	
同江市	14067	建德市	291951
富锦市	44778	富阳市	1334674
绥芬河市	2381479	临安市	460955
海林市	4627	余姚市	2376473
宁安市	93570	慈溪市	2108114
穆棱市	17928	奉化市	405883
北安市	26870	瑞安市	1334776
五大连池市		乐清市	753821
安达市	12985	海宁市	1442981
肇东市	56913	平湖市	957707
海伦市	9873	桐乡市	856891
江苏省		诸暨市	1798172
江阴市	9077450	上虞市	759073
宜兴市	1578820	嵊州市	275137
新沂市	121106	兰溪市	547082
邳州市	199767	义乌市	1448464
溧阳市	348833	东阳市	530072
金坛市	229500	永康市	1023473
常熟市	5260637	江山市	219845
张家港市		温岭市	1035067
昆山市	4816136	临海市	504750
吴江市	2765701	龙泉市	88393
太仓市	2754206	**安徽省**	
启东市	288013	桐城市	48730
如皋市	744812	天长市	57991

3-7 续表 2

单位：万元

城　市	限额以上批发零售贸易商品销售总额	城　市	限额以上批发零售贸易商品销售总额
明光市	16556	莱州市	535163
界首市	23625	蓬莱市	447014
宁国市	78968	招远市	628743
福建省		栖霞市	84469
福清市	322762	海阳市	383453
长乐市	207401	青州市	908820
永安市	115312	诸城市	1349581
石狮市	279900	寿光市	1245385
晋江市	1031443	安丘市	260476
南安市	296792	高密市	416736
龙海市	82654	昌邑市	148796
邵武市	74159	曲阜市	231101
武夷山市	29673	兖州市	561341
建瓯市	61398	邹城市	1337508
建阳市	79568	新泰市	1684963
漳平市	59767	肥城市	486218
福安市	172838	文登市	674701
福鼎市	52241	荣成市	572566
江西省		乳山市	336457
乐平市	11568	乐陵市	127984
瑞昌市	42478	禹城市	169738
贵溪市	236469	临清市	406475
瑞金市	58452	**河南省**	
南康市	76424	巩义市	95878
井冈山市	1309	荥阳市	63081
丰城市	37218	新密市	381982
樟树市	527239	新郑市	208318
高安市	78781	登封市	126554
德兴市	38303	偃师市	70556
山东省		舞钢市	143398
章丘市	586600	汝州市	90448
胶州市	297139	林州市	307985
即墨市	566864	卫辉市	93401
平度市	594780	辉县市	157413
胶南市	195952	沁阳市	133231
莱西市	217225	孟州市	102674
滕州市	1227220	禹州市	190908
龙口市	1117525	长葛市	212144
莱阳市	590198	义马市	27046

3-7 续表 3

单位：万元

城　　市	限额以上批发零售贸易商品销售总额	城　　市	限额以上批发零售贸易商品销售总额
灵宝市	228943	临湘市	47175
邓州市	199832	津市市	47153
永城市	372061	沅江市	55718
项城市	91629	资兴市	69563
济源市	321814	洪江市	36518
湖北省		冷水江市	129572
大冶市	60999	涟源市	59287
丹江口市	31833	吉首市	550537
宜都市	68418	**广东省**	
当阳市	57934	增城市	1040477
枝江市	225756	从化市	230722
老河口市	15854	乐昌市	3900
枣阳市	24224	南雄市	75753
宜城市	30233	台山市	1729609
钟祥市	49188	开平市	135994
应城市	66044	鹤山市	81255
安陆市	36039	恩平市	79465
汉川市	302244	廉江市	168717
石首市	23451	雷州市	144436
洪湖市	41139	吴川市	131581
松滋市	26298	高州市	105058
麻城市	32522	化州市	46895
武穴市	67601	信宜市	74266
赤壁市	67521	高要市	101774
广水市	80258	四会市	53623
恩施市	141884	兴宁市	92694
利川市	12054	陆丰市	104525
仙桃市	271393	阳春市	53581
潜江市	99075	英德市	180284
天门市	100483	连州市	102823
湖南省		普宁市	601825
浏阳市	642047	罗定市	36955
醴陵市	107358	**广西壮族自治区**	
湘乡市	115420	岑溪市	26231
韶山市	71994	东兴市	39301
耒阳市	108519	桂平市	8474
常宁市	35695	北流市	6162
武冈市	48879	宜州市	40060
汨罗市	81259	合山市	

3-7 续表 4 单位：万元

城　　市	限额以上批发零售贸易商品销售总额	城　　市	限额以上批发零售贸易商品销售总额
凭祥市	77750	大理市	1169172
海南省		瑞丽市	305516
五指山市		潞西市	217079
琼海市	111292	**西藏自治区**	
儋州市	67116	日喀则市	49096
文昌市	780	**陕西省**	
万宁市	3039	兴平市	26338
东方市	15912	韩城市	30771
四川省		华阴市	16337
都江堰市	270606	**甘肃省**	
彭州市	20673	玉门市	1157848
邛崃市	8052	敦煌市	40986
崇州市	59510	临夏市	51151
广汉市	593770	合作市	19138
什邡市	74114	**青海省**	
绵竹市	20430	格尔木市	58509
江油市	144572	德令哈市	7341
峨眉山市	36333	**宁夏回族自治区**	
阆中市	46179	灵武市	196714
华蓥市	3775	青铜峡市	20973
万源市	13568	**新疆维吾尔自治区**	
简阳市	117515	吐鲁番市	91482
西昌市	528255	哈密市	381820
贵州省		昌吉市	68983
清镇市	21976	阜康市	42975
赤水市	11242	博乐市	76308
仁怀市	139480	库尔勒市	728424
铜仁市	41224	阿克苏市	615426
兴义市	669890	阿图什市	43880
毕节市	398013	喀什市	460994
凯里市	173698	和田市	120938
都匀市	411640	伊宁市	199555
福泉市	13003	奎屯市	127199
云南省		塔城市	359115
安宁市	947848	乌苏市	1186
宣威市	220553	阿勒泰市	156532
楚雄市	791309	石河子市	1088444
个旧市	202773	阿拉尔市	10520
开远市	90329	图木舒克市	3200
景洪市	353775	五家渠市	193701

3-8 教　育

城　市	普　通中学数(所)	小学数(所)	普通中学专任教师数(人)	小学专任教师数(人)	普通中学在校学生数(人)	其中：女生(人)
河北省						
辛集市	36	118	2836	2689	41087	20481
藁城市	36	106	3256	3664	43992	23811
晋州市	27	162	1818	2003	25853	13127
新乐市	30	76	2148	2116	38092	19445
鹿泉市	14	68	1710	1864	20621	10469
遵化市	38	133	3023	3536	35337	17963
迁安市	44	138	4605	3157	44450	20918
武安市	44	125	3941	4515	51249	24599
南宫市	24	112	1802	2079	25181	12447
沙河市	36	134	2875	3069	40625	20239
涿州市	24	91	1953	2133	24341	12295
定州市	46	245	4201	4522	61348	31789
安国市	11	98	1730	1880	20927	10977
高碑店市	27	99	1701	1719	22807	10902
泊头市	20	77	1884	3051	23273	11643
任丘市	62	158	3395	4369	31949	15507
黄骅市	27	110	1750	2376	25806	11700
河间市	36	160	2403	4152	25356	13211
霸州市	26	138	2406	3357	42904	19954
三河市	19	74	2273	2272	32269	16383
冀州市	16	43	1756	1625	24609	12271
深州市	37	187	2091	2404	28010	13655
山西省						
古交市	20	63	1300	1721	16101	7925
潞城市	12	70	926	1423	12784	6408
高平市	38	209	2231	2072	37712	19891
介休市	28	126	2016	1957	26448	12832
永济市	27	111	1822	2490	20955	10648
河津市	47	140	2884	2687	34981	15900
原平市	44	326	2208	2677	29031	14063
侯马市	17	55	1139	1335	14257	7115
霍州市	33	119	1659	1798	21749	10323
孝义市	41	150	2990	2598	41013	20613
汾阳市	33	156	2062	2555	33114	16754
内蒙古自治区						
霍林郭勒市	8	8	551	393	6633	3370
满洲里市	13	14	1082	841	13263	6600
牙克石市	28	27	1902	1506	18734	9247
扎兰屯市	28	77	1376	1736	13846	7577

3-8 续表 1

城 市	普 通中学数(所)	小学数(所)	普通中学专任教师数(人)	小学专任教 师 数(人)	普通中学在校学生数(人)	其中：女生(人)
额尔古纳市	10	8	662	644	4037	2013
根河市	14	13	843	1028	6254	3140
丰镇市	9	24	763	1552	10284	4809
乌兰浩特市	21	24	1673	1377	25282	12828
阿尔山市	3	6	158	224	1364	580
二连浩特市	3	6	322	283	3969	1271
锡林浩特市	8	13	1322	933	19833	10496
辽宁省						
新民市	31	15	2063	2677	26744	13350
瓦房店市	43	150	3804	3310	43873	21199
普兰店市	39	182	2816	3263	33196	12915
庄河市	34	208	3720	2568	57085	20922
海城市	53	322	3597	4901	56973	27224
东港市	30	133	1504	1929	25919	12007
凤城市	30	143	1780	2113	29625	14781
凌海市	30	62	1555	1830	26423	13570
北镇市	28	106	1783	1863	26674	13579
盖州市	32	103	1892	2515	32110	14603
大石桥市	26	104	2332	2234	45876	24588
灯塔市	22	115	1355	1545	17288	8079
调兵山市	11	14	783	1014	7678	3620
开原市	27	95	1724	2011	26783	13700
北票市	39	119	2326	2315	32404	16216
凌源市	26	163	1904	2913	40189	17386
兴城市	32	161	1975	2418	28729	13753
吉林省						
九台市	35	248	3129	6521	40960	19708
榆树市	57	357	2881	5315	63703	31469
德惠市	50	259	2855	4450	54288	26373
蛟河市	28	141	1837	3025	21100	10436
桦甸市	24	100	1557	2331	25827	12714
舒兰市	31	176	1800	3030	27277	13093
磐石市	24	148	1932	2793	30197	14226
公主岭市	53	304	3587	4537	47693	23781
双辽市	29	159	1271	2005	16903	8230
梅河口市	31	152	2168	2973	33325	16691
集安市	18	73	939	1381	11098	5330
临江市	17	62	699	822	8355	4260
洮南市	25	192	1334	2185	17489	8779
大安市	24	182	1342	2938	10424	5080

3-8 续表 2

城　　市	普　通中学数(所)	小学数(所)	普通中学专任教师数(人)	小学专任教 师 数(人)	普通中学在校学生数(人)	其中：女生(人)
延吉市	27	26	2250	1787	28139	13993
图们市	10	12	476	418	4666	2276
敦化市	30	82	1895	2032	24170	11888
珲春市	16	15	1078	1192	10909	5314
龙井市	14	13	626	551	5138	2705
和龙市	19	30	792	1018	5744	2765
黑龙江省						
双城市	46	223	2525	2037	36586	18297
尚志市	34	64	2089	3211	31234	16688
五常市	38	189	2365	4118	26730	13360
讷河市	24	187	2316	2770	15565	7800
虎林市	16	37	636	1336	13155	6432
密山市	35	29	1939	1770	20032	9678
铁力市	19	47	1017	1664	18338	5707
同江市	4	31	696	1008	10583	5290
富锦市	15	35	1691	2152	25910	12896
绥芬河市	4	9	419	413	6684	3233
海林市	26	77	1478	1552	18972	9598
宁安市	30	78	1810	1829	25230	12575
穆棱市	22	70	1067	1508	11817	5948
北安市	23	89	1135	1521	17602	8867
五大连池市	32	64	1241	1599	16705	8234
安达市	28	129	1658	2170	22893	10981
肇东市	47	294	3159	3341	59074	22135
海伦市	44	281	2706	3320	51342	19400
江苏省						
江阴市	40	39	5901	4787	67257	30207
宜兴市	50	74	4557	3600	56125	27264
新沂市	39	96	4498	3499	57777	26385
邳州市	54	161	6634	6592	100189	46440
溧阳市	39	41	3021	2477	43359	19635
金坛市	26	30	2369	1816	27996	13442
常熟市	40	65	3543	3693	45957	22666
张家港市	37	39	3401	3043	38875	18672
昆山市	30	45	2790	2522	33305	16067
吴江市	35	37	3454	3011	39793	19384
太仓市	19	28	1692	1753	20974	10369
启东市	42	57	3391	2630	47926	24087
如皋市	40	58	4912	2812	72858	33532
海门市	41	46	3917	2929	51186	25670

3-8 续表 3

城　　市	普　通 中学数 (所)	小学数 (所)	普通中学 专任教师数 (人)	小学专任 教 师 数 (人)	普通中学 在校学生数 (人)	其中：女生 (人)
东台市	45	35	4024	2741	49639	22811
大丰市	28	37	2700	2280	31662	15666
仪征市	26	37	2286	1694	29401	13828
高邮市	35	69	2789	2202	43370	21511
江都市	43	65	3586	2931	46733	21861
丹阳市	41	44	3478	2655	46142	21695
扬中市	12	11	1270	981	13685	6768
句容市	17	33	1834	1440	27607	13686
兴化市	65	22	5282	5054	67122	26355
靖江市	29	31	3107	2176	32772	15097
泰兴市	52	55	5466	3528	74761	30905
姜堰市	31	28	3020	2304	42836	19228
浙江省						
建德市	29	26	1885	1532	28372	13275
富阳市	27	57	2708	2545	40057	19227
临安市	31	40	1931	1765	28095	14076
余姚市	58	99	3137	2757	49703	24449
慈溪市	51	99	4151	4228	62500	31484
奉化市	22	42	1690	1561	26861	12893
瑞安市	80	96	4670	4573	57740	26984
乐清市	81	148	5438	5009	70345	31610
海宁市	28	45	2459	2269	35916	18122
平湖市	17	35	1942	1620	30399	15515
桐乡市	33	34	2632	2372	43100	21629
诸暨市	45	112	4812	3440	81266	36603
上虞市	35	74	2923	2623	46441	22997
嵊州市	37	67	2694	2091	37591	18168
兰溪市	31	58	2408	1982	37265	17143
义乌市	35	77	3056	3014	48195	21811
东阳市	51	91	2984	2582	45240	20594
永康市	28	62	2290	1914	31688	14651
江山市	23	50	1913	1663	30578	14227
温岭市	49	96	4115	3916	55772	25225
临海市	48	135	3718	3958	60806	28778
龙泉市	10	43	876	1399	14243	7307
安徽省						
桐城市	56	224	3432	3080	65996	30690
天长市	42	62	2358	2241	37740	17678
明光市	38	77	1829	2014	37303	17923
界首市	52	182	2300	3212	45178	20046
宁国市	22	41	1530	1428	21224	10192

3-8 续表 4

城　　市	普　通 中学数 (所)	小学数 (所)	普通中学 专任教师数 (人)	小学专任 教 师 数 (人)	普通中学 在校学生数 (人)	其中：女生 (人)
福建省						
福清市	73	367	5441	5018	90810	40837
长乐市	41	125	2368	2357	35773	16884
永安市	20	99	1530	1651	17573	9184
石狮市	16	64	1632	1682	23896	10721
晋江市	57	292	5143	4986	86618	38523
南安市	80	326	6493	5498	97600	43188
龙海市	33	210	3381	3110	46855	23427
邵武市	22	35	1201	1592	16577	8543
武夷山市	11	40	912	1264	10847	5466
建瓯市	23	102	1751	2399	25020	12643
建阳市	17	47	1269	1685	17946	8706
漳平市	22	77	1333	1462	16450	7943
福安市	28	198	2731	2687	44752	21279
福鼎市	30	156	2328	2553	36043	17778
江西省						
乐平市	6	287	2709	3824	40801	16233
瑞昌市	26	103	1836	1905	24856	11338
贵溪市	38	188	2192	2469	38546	16266
瑞金市	31	169	1881	2832	36030	14008
南康市	40	179	2484	3546	47503	19098
井冈山市	13	28	623	776	8732	4347
丰城市	51	412	4597	6646	84061	36888
樟树市	33	121	2265	2280	27770	12040
高安市	30	277	2888	3429	54282	20153
德兴市	22	68	1143	1318	13699	6738
山东省						
章丘市	36	142	4269	4517	58651	27381
胶州市	28	108	3216	3920	43655	21070
即墨市	42	185	5145	5087	64599	31635
平度市	54	201	5557	5576	66939	32579
胶南市	33	86	4044	4070	42947	20870
莱西市	37	101	3751	2762	45789	22203
滕州市	54	258	6154	6061	95983	36674
龙口市	46	76	4823	2134	56212	26667
莱阳市	30	78	3079	3035	49306	23945
莱州市	41	71	4031	2370	48855	23618
蓬莱市	19	49	2168	1555	25804	10485

3-8 续表 5

城　市	普　通 中学数 (所)	小学数 (所)	普通中学 专任教师数 (人)	小学专任 教 师 数 (人)	普通中学 在校学生数 (人)	其中：女生 (人)
招远市	32	57	3063	1837	35807	17419
栖霞市	31	44	3732	2140	35831	17626
海阳市	28	54	3033	2415	37298	18695
青州市	46	145	4175	4216	55922	26353
诸城市	39	128	4591	4234	65826	30816
寿光市	41	154	4610	4400	63058	29491
安丘市	49	168	4658	3910	49877	22017
高密市	42	91	4236	3817	46765	22619
昌邑市	28	82	2496	2371	33677	15836
曲阜市	29	95	2580	2635	27562	11576
兖州市	19	73	2442	1804	23865	11113
邹城市	39	177	5122	5586	62972	28182
新泰市	37	177	4699	5898	100660	45300
肥城市	34	109	4941	4558	50921	24563
文登市	25	33	4653	3579	53661	26775
荣成市	34	43	3897	1940	41835	21065
乳山市	26	20	2776	1304	29898	15165
乐陵市	30	115	2176	3244	25697	12238
禹城市	21	106	1793	2411	22288	10826
临清市	25	103	2382	2578	29611	14565
河南省						
巩义市	50	96	5255	3221	46292	23028
荥阳市	24	58	2737	2741	35153	17220
新密市	46	130	3729	4201	50957	24029
新郑市	36	131	3034	2514	41279	19030
登封市	38	128	2957	3481	39147	19572
偃师市	62	261	3525	3764	53244	25942
舞钢市	16	112	1239	1553	17285	7949
汝州市	58	371	2644	4563	32210	15663
林州市	56	397	3139	4800	54402	24255
卫辉市	35	161	1930	2056	28511	1652
辉县市	46	169	3458	2688	43652	20826
沁阳市	32	97	1884	1968	32811	16153
孟州市	29	45	1372	1435	19913	10221
禹州市	92	381	4753	5927	94285	44095
长葛市	43	164	2987	4048	46898	22009
义马市	9	18	609	686	7786	4032
灵宝市	43	176	3866	3390	60655	29033
邓州市	82	569	4714	6826	92053	44541
永城市	85	446	4785	7577	98487	47377
项城市	65	388	4038	5728	102147	47663
济源市	41	118	2919	2636	41619	19889

3-8 续表 6

城　　市	普　通中学数(所)	小学数(所)	普通中学专任教师数(人)	小学专任教 师 数(人)	普通中学在校学生数(人)	其中：女生(人)
湖北省						
大冶市	59	206	4125	3974	68093	30271
丹江口市	26	64	1782	1765	27685	13105
宜都市	17	31	1416	871	17589	8706
当阳市	24	38	1563	1137	22767	6432
枝江市	23	47	1682	1190	22498	11244
老河口市	17	45	1611	1845	24689	11283
枣阳市	43	141	4251	3988	57466	28513
宜城市	26	119	2065	2139	30945	15186
钟祥市	48	117	3529	3215	53787	26900
应城市	25	63	2604	2308	43678	19756
安陆市	29	60	3471	2887	36103	18677
汉川市	56	138	4059	3515	51313	19627
石首市	23	64	2710	1811	41149	13964
洪湖市	52	92	4040	2389	54329	27608
松滋市	33	66	2448	1885	44080	20886
麻城市	51	236	5168	3818	79747	32882
武穴市	45	146	3379	2598	53068	22660
赤壁市	40	76	2308	1913	36875	17705
广水市	40	70	4429	3177	58636	34267
恩施市	30	146	2209	2385	43100	21254
利川市	34	153	2393	3148	45924	16992
仙桃市	71	165	6857	3897	98327	35270
潜江市	47	105	4369	3618	57552	17225
天门市	49	143	5172	2736	85927	34072
湖南省						
浏阳市	63	233	4157	4147	49081	15596
醴陵市	51	177	2957	2865	34854	22703
湘乡市	67	188	3258	3488	42405	19521
韶山市	7	18	328	382	3925	1968
耒阳市	61	363	3801	5133	52534	17317
常宁市	53	230	2838	3623	40412	15445
武冈市	50	173	2394	2771	41035	18790
汨罗市	50	125	2918	2283	36170	12750
临湘市	31	92	2071	1570	27185	13461
津市市	12	20	964	751	9879	4802

3-8 续表 7

城　　市	普　通 中学数 (所)	小学数 (所)	普通中学 专任教师数 (人)	小学专任 教 师 数 (人)	普通中学 在校学生数 (人)	其中：女生 (人)
沅江市	48	74	3785	2677	32306	16038
资兴市	28	31	1417	1701	15210	7366
洪江市	33	37	1864	2016	22610	10968
冷水江市	31	58	1932	1843	21140	13307
涟源市	60	261	3914	4185	63765	30336
吉首市	21	93	1296	1413	21194	10713
广东省						
增城市	50	140	4578	4628	75059	36962
从化市	25	65	2477	3079	44005	21585
乐昌市	28	169	2121	2221	30027	14377
南雄市	20	80	1830	2318	30984	14744
台山市	52	122	3645	3011	58503	28706
开平市	36	56	3690	2878	61160	30121
鹤山市	15	45	1559	1464	25116	12521
恩平市	29	41	617	2342	33844	15984
廉江市	72	403	5541	6914	128901	59297
雷州市	46	554	5259	7918	137861	64465
吴川市	59	326	4396	5040	102957	48078
高州市	69	539	8149	6131	161381	70165
化州市	69	409	6226	7383	139313	64874
信宜市	53	362	6831	6008	127326	60566
高要市	34	246	3114	2896	59093	27084
四会市	25	106	2027	1998	35182	16451
兴宁市	50	372	6117	5274	86004	40035
陆丰市	89	383	5122	7335	136084	61043
阳春市	29	321	3420	4477	72494	33057
英德市	41	237	4228	4095	79434	38922
连州市	24	94	1916	1974	25721	13609
普宁市	84	476	8585	10728	212354	97255
罗定市	37	366	4197	4980	89208	35893
广西壮族自治区						
岑溪市	37	281	2946	3772	62191	29508
东兴市	8	35	467	797	7067	3112
桂平市	75	430	5224	7029	114092	54292
北流市	51	295	4603	5860	86867	39546
宜州市	29	189	1712	2445	30825	16010
合山市	6	30	460	580	5403	2837
凭祥市	6	37	339	665	4780	2524

3-8 续表 8

城　　市	普　通 中学数 (所)	小学数 (所)	普通中学 专任教师数 (人)	小学专任 教 师 数 (人)	普通中学 在校学生数 (人)	其中：女生 (人)
海南省						
五指山市	5	64	443	810	7973	3456
琼海市	27	163	1865	2291	30979	12371
儋州市	53	383	4382	6494	81108	36081
文昌市	31	181	2051	2754	32656	15497
万宁市	28	114	2158	3252	34562	16213
东方市	20	175	1348	2898	32033	14823
四川省						
都江堰市	28	24	2437	2059	34732	17463
彭州市	31	23	2341	2112	39285	19446
邛崃市	35	28	2057	1956	36621	18111
崇州市	22	31	2209	2137	30984	16011
广汉市	29	57	2080	1834	29329	14886
什邡市	17	35	1486	1622	20655	10117
绵竹市	13	29	1198	1405	18903	9443
江油市	30	73	2506	2808	42989	21397
峨眉山市	22	50	1209	1441	21093	10544
阆中市	76	17	3100	2487	48590	23019
华蓥市	24	13	1386	1283	25301	10648
万源市	35	254	1787	2093	38508	18526
简阳市	106	319	4072	3922	69700	24443
西昌市	34	169	2724	3168	54176	26220
贵州省						
清镇市	25	159	1743	2179	32033	15822
赤水市	18	57	903	1446	14468	7203
仁怀市	37	207	2345	3518	46019	21709
铜仁市	25	132	1649	2027	31963	14755
兴义市	55	225	3469	4051	62281	28104
毕节市	114	420	4561	6304	98632	45645
凯里市	40	129	1997	2221	35123	16384
都匀市	30	180	1912	2244	31287	15612
福泉市	19	116	1207	1595	21508	10505
云南省						
安宁市	13	63	973	1498	15329	5946
宣威市	55	358	5120	6819	113068	49621
楚雄市	26	151	2277	2232	34231	17410
个旧市	23	118	1362	2032	20579	10615
开远市	17	116	1011	1565	15013	7437
景洪市	23	114	1423	2344	23974	11842
大理市	38	135	2326	2233	38644	20350
瑞丽市	8	39	410	829	7722	3980
潞西市	18	93	1216	1950	19598	9618

3-8 续表 9

城　　市	普　通中学数（所）	小学数（所）	普通中学专任教师数（人）	小学专任教师数（人）	普通中学在校学生数（人）	其中：女生（人）
西藏自治区						
日喀则市	3	18	363	491	4488	2262
陕西省						
兴平市	29	199	2469	3159	31596	15177
韩城市	38	152	2164	2020	29733	13987
华阴市	25	90	1196	1447	9925	4842
甘肃省						
玉门市	17	37	642	727	8004	3370
敦煌市	14	46	771	690	12016	6108
临夏市	13	54	1224	1181	18785	5852
合作市	5	34	427	622	7439	3617
青海省						
格尔木市	20	14	904	724	10620	5043
德令哈市	8	17	329	400	4429	1849
宁夏回族自治区						
灵武市	9	30	989	1195	13690	6714
青铜峡市	16	79	1040	1758	16069	7949
新疆维吾尔自治区						
吐鲁番市	24	20	1420	1676	15229	7871
哈密市	59	27	2679	2542	32412	15956
昌吉市	17	24	2211	1675	28578	14256
阜康市	4	8	756	794	7983	3918
博乐市	13	20	1027	1450	10920	5508
库尔勒市	33	24	1873	2837	23031	11623
阿克苏市	38	49	1960	2124	26659	16252
阿图什市	21	71	1752	2005	18824	10314
喀什市	27	76	2692	3045	36562	19868
和田市	18	80	1601	1776	19376	8403
伊宁市	32	64	2493	2949	34064	17527
奎屯市	13	17	1181	709	18718	9738
塔城市	7	24	899	1150	6700	3400
乌苏市	26	20	1445	1420	15301	5203
阿勒泰市	20	13	1264	1412	11139	
石河子市	46	28	6010	2845	45506	23208
阿拉尔市	13	23	801	771	10066	4932
图木舒克市	13	17	846	1050	10702	5103
五家渠市	6	7	546	459	8720	4354

3-9 医疗服务

城　　市	医院、卫生院数（所）	医院、卫生院床位数（床）	医院、卫生院卫生技术人员数（人）
河北省			
辛集市	27	1472	1487
藁城市	17	1483	1203
晋州市	14	827	917
新乐市	16	1356	1248
鹿泉市	21	1023	851
遵化市	33	1623	1910
迁安市	27	2470	2817
武安市	36	2078	1698
南宫市	17	810	735
沙河市	21	1069	1013
涿州市	22	2066	1790
定州市	28	1732	1989
安国市	14	935	926
高碑店市	21	1096	1428
泊头市	16	838	1413
任丘市	45	2807	3577
黄骅市	21	1903	1946
河间市	26	1494	1188
霸州市	25	1555	1654
三河市	26	2476	2359
冀州市	16	750	805
深州市	22	954	1051
山西省			
古交市	20	1190	1405
潞城市	14	425	676
高平市	29	1295	1931
介休市	31	1432	1692
永济市	5	396	632
河津市	34	1880	2000
原平市	23	1385	1280
侯马市	22	1360	1319
霍州市	29	1177	1375
孝义市	36	2102	2806
汾阳市	29	1425	1481
内蒙古自治区			
霍林郭勒市	4	495	394
满洲里市	9	748	1548
牙克石市	34	2266	3702
扎兰屯市	122	1267	1491

3-9 续表 1

城　　市	医院、卫生院数（所）	医院、卫生院床位数（床）	医院、卫生院卫生技术人员数（人）
额尔古纳市	10	419	507
根河市	12	653	957
丰镇市	20	443	482
乌兰浩特市	17	1727	2467
阿尔山市	40	381	224
二连浩特市	5	219	266
锡林浩特市	21	784	1322
辽宁省			
新民市	34	1943	2965
瓦房店市	35	3626	4526
普兰店市	38	2030	1827
庄河市	42	2790	3215
海城市	49	3500	2819
东港市	26	2073	1749
凤城市	29	2067	1918
凌海市	24	1237	960
北镇市	21	985	1020
盖州市	36	1625	1489
大石桥市	26	3253	3390
灯塔市	19	654	575
调兵山市	3	832	1063
开原市	30	1992	1904
北票市	42	1817	1967
凌源市	27	2650	1749
兴城市	41	1355	1506
吉林省			
九台市	35	2612	2368
榆树市	40	1266	2246
德惠市	26	948	2210
蛟河市	22	1143	1976
桦甸市	26	1514	1535
舒兰市	31	2120	1684
磐石市	30	1884	2845
公主岭市	42	2554	2849
双辽市	17	662	1230
梅河口市	25	2060	2191
集安市	24	699	734
临江市	19	940	1146
洮南市	22	1841	2147
大安市	30	1440	1680

3-9 续表 2

城　　市	医院、卫生院数（所）	医院、卫生院床位数（床）	医院、卫生院卫生技术人员数（人）
延吉市	96	3570	4637
图们市	18	462	679
敦化市	33	1846	2390
珲春市	17	453	1083
龙井市	11	409	667
和龙市	15	568	553
黑龙江省			
双城市	31	1414	1190
尚志市	26	979	1095
五常市	29	1446	1607
讷河市	21	716	990
虎林市	23	832	974
密山市	24	1024	1014
铁力市	15	1254	1676
同江市	19	227	485
富锦市	24	892	1258
绥芬河市	4	280	331
海林市	18	1008	1129
宁安市	22	1011	1830
穆棱市	14	676	1678
北安市	25	1869	1873
五大连池市	20	422	1346
安达市	30	1193	1958
肇东市	29	1701	1571
海伦市	32	967	2110
江苏省			
江阴市	36	5000	4805
宜兴市	51	3057	3540
新沂市	30	1793	2233
邳州市	41	2074	4336
溧阳市	31	2105	2378
金坛市	18	1655	1940
常熟市	43	4727	4811
张家港市	37	4916	4583
昆山市	34	4089	4803
吴江市	22	4528	4617
太仓市	28	2480	2546
启东市	44	2285	2623
如皋市	61	3200	3175
海门市	38	3080	2931

3-9 续表 3

城　　市	医院、卫生院数（所）	医院、卫生院床位数（床）	医院、卫生院卫生技术人员数（人）
东台市	41	2772	2718
大丰市	32	1755	1900
仪征市	24	1652	1890
高邮市	31	1451	1770
江都市	50	3275	3641
丹阳市	28	1992	2400
扬中市	8	564	860
句容市	22	1121	1416
兴化市	52	3131	2979
靖江市	23	2410	2752
泰兴市	36	2908	3489
姜堰市	31	2133	2265
浙江省			
建德市	35	1546	1840
富阳市	35	1527	1882
临安市	52	1528	1883
余姚市	27	2291	4250
慈溪市	34	2546	6085
奉化市	29	1700	1793
瑞安市	56	2485	4300
乐清市	48	2408	3406
海宁市	24	2033	3349
平湖市	14	1367	2669
桐乡市	20	2242	3468
诸暨市	102	2838	4789
上虞市	26	1864	2654
嵊州市	56	1883	2296
兰溪市	49	1322	2021
义乌市	25	2696	3426
东阳市	23	2013	2563
永康市	20	1620	1858
江山市	26	1302	1810
温岭市	35	3465	4473
临海市	49	3032	3593
龙泉市	42	493	767
安徽省			
桐城市	28	1888	1813
天长市	40	1855	2037
明光市	28	1267	1203
界首市	29	1410	1704
宁国市	29	1410	2049

3-9 续表 4

城市	医院、卫生院数(所)	医院、卫生院床位数(床)	医院、卫生院卫生技术人员数(人)
福建省			
福清市	33	2225	2622
长乐市	26	1546	1644
永安市	28	1692	1402
石狮市	18	1344	1534
晋江市	63	3243	3213
南安市	32	2782	2963
龙海市	17	1409	1239
邵武市	27	1085	1543
武夷山市	15	506	720
建瓯市	16	1076	1094
建阳市	18	1235	1268
漳平市	20	748	474
福安市	22	1810	1900
福鼎市	22	1096	1978
江西省			
乐平市	30	1348	1212
瑞昌市	27	763	970
贵溪市	29	934	1627
瑞金市	26	941	1200
南康市	33	1760	2296
井冈山市	18	422	455
丰城市	153	3014	3506
樟树市	21	1034	1311
高安市	30	1533	2243
德兴市	24	746	878
山东省			
章丘市	39	4571	5132
胶州市	24	2521	2987
即墨市	35	4320	5136
平度市	44	2829	4769
胶南市	22	2155	2493
莱西市	42	2835	3972
滕州市	48	3827	5336
龙口市	32	3940	3990
莱阳市	34	3199	3595
莱州市	42	2931	3190
蓬莱市	23	2968	2437

3-9 续表 5

城市	医院、卫生院数（所）	医院、卫生院床位数（床）	医院、卫生院卫生技术人员数（人）
招远市	20	2515	3206
栖霞市	19	1390	2394
海阳市	22	2388	1845
青州市	29	4582	5509
诸城市	35	4218	6167
寿光市	31	3640	4929
安丘市	28	2453	2803
高密市	14	2266	2898
昌邑市	8	1525	1432
曲阜市	18	1346	1600
兖州市	27	3556	3362
邹城市	48	5653	6555
新泰市	67	5922	7206
肥城市	52	3629	4038
文登市	26	4288	3998
荣成市	37	5850	5147
乳山市	20	3088	3302
乐陵市	18	1318	1227
禹城市	18	1315	1586
临清市	28	2002	2494
河南省			
巩义市	31	2900	3260
荥阳市	21	1689	2260
新密市	30	2672	2925
新郑市	47	1520	2326
登封市	25	2386	2631
偃师市	22	1413	1258
舞钢市	14	982	1062
汝州市	21	1772	1640
林州市	26	2839	2212
卫辉市	30	1771	2220
辉县市	31	2035	2325
沁阳市	17	1043	1798
孟州市	13	884	1323
禹州市	44	2562	3649
长葛市	21	1581	2596
义马市	18	1450	1478
灵宝市	28	1773	1933
邓州市	35	1788	1259
永城市	36	3048	3332
项城市	22	1895	1508
济源市	22	2295	2324

3-9 续表 6

城　　市	医院、卫生院数（所）	医院、卫生院床位数（床）	医院、卫生院卫生技术人员数（人）
湖北省			
大冶市	17	1708	2014
丹江口市	27	1952	2119
宜都市	17	1324	1644
当阳市	13	1152	2144
枝江市	18	1325	796
老河口市	16	1358	1365
枣阳市	32	1741	3228
宜城市	23	965	1410
钟祥市	33	2708	2368
应城市	23	1088	2595
安陆市	24	1160	2065
汉川市	48	1483	2092
石首市	18	1197	1305
洪湖市	42	1494	2478
松滋市	20	1355	2223
麻城市	22	1453	2881
武穴市	20	1474	1933
赤壁市	27	1316	2005
广水市	20	1501	3023
恩施市	19	2680	2831
利川市	16	870	1960
仙桃市	20	2825	2492
潜江市	29	2919	4584
天门市	31	3007	3229
湖南省			
浏阳市	42	4061	3246
醴陵市	40	2166	2424
湘乡市	27	1877	2008
韶山市	8	345	340
耒阳市	51	1824	2309
常宁市	29	969	1186
武冈市	27	1283	1642
汨罗市	30	963	1550
临湘市	30	1004	1424
津市市	12	280	410

3-9 续表 7

城市	医院、卫生院数（所）	医院、卫生院床位数（床）	医院、卫生院卫生技术人员数（人）
沅江市	27	1000	1877
资兴市	39	1242	1299
洪江市	29	1075	922
冷水江市	25	1341	1407
涟源市	32	1663	1868
吉首市	25	1900	1901
广东省			
增城市	21	2113	4028
从化市	16	1504	1945
乐昌市	24	1758	1619
南雄市	21	755	936
台山市	25	1923	1986
开平市	25	1607	2401
鹤山市	14	810	982
恩平市	18	872	1312
廉江市	35	2369	2866
雷州市	34	3048	2632
吴川市	26	1047	1470
高州市	40	4253	3682
化州市	30	1542	2096
信宜市	31	1749	1721
高要市	20	1168	1760
四会市	68	1073	2019
兴宁市	40	1662	2243
陆丰市	32	1782	2233
阳春市	26	1933	1809
英德市	33	2036	2264
连州市	31	1142	1496
普宁市	29	1943	2715
罗定市	31	2117	2277
广西壮族自治区			
岑溪市	20	1310	1348
东兴市	4	204	330
桂平市	34	2219	2648
北流市	27	2303	2097
宜州市	25	2042	1921
合山市	5	537	503
凭祥市	6	188	286

3-9 续表 8

城　　市	医院、卫生院数（所）	医院、卫生院床位数（床）	医院、卫生院卫生技术人员数（人）
海南省			
五指山市	15	809	584
琼海市	35	1186	2493
儋州市	44	1932	2340
文昌市	157	1240	2317
万宁市	25	1188	1912
东方市	29	933	1289
四川省			
都江堰市	41	2806	2993
彭州市	34	2150	2303
邛崃市	26	1467	1421
崇州市	45	2558	2091
广汉市	32	1763	1864
什邡市	25	1684	1751
绵竹市	35	2131	1070
江油市	81	4480	3794
峨眉山市	33	1591	1544
阆中市	74	1897	1618
华蓥市	16	804	855
万源市	56	1270	1021
简阳市	69	3322	2686
西昌市	56	3329	3287
贵州省			
清镇市	25	1149	1011
赤水市	26	680	700
仁怀市	21	570	888
铜仁市	37	2036	2122
兴义市	49	3617	3092
毕节市	38	2622	1968
凯里市	24	2509	2222
都匀市	33	2561	1882
福泉市	24	534	610
云南省			
安宁市	33	2327	1663
宣威市	35	3245	1837
楚雄市	37	3377	2698
个旧市	25	3061	3008
开远市	16	1962	1750
景洪市	33	2638	2123
大理市	36	3815	3462
瑞丽市	22	725	611
潞西市	29	1839	1642

3-9 续表 9

城　　市	医院、卫生院数（所）	医院、卫生院床位数（床）	医院、卫生院卫生技术人员数（人）
西藏自治区			
日喀则市	13	80	202
陕西省			
兴平市	26	28	1425
韩城市	33	1200	1810
华阴市	23	1320	911
甘肃省			
玉门市	15	552	667
敦煌市	13	590	609
临夏市	15	1017	1293
合作市	18	627	411
青海省			
格尔木市	9	544	983
德令哈市	5	234	250
宁夏回族自治区			
灵武市	21	653	730
青铜峡市	14	877	901
新疆维吾尔自治区			
吐鲁番市	18	899	1412
哈密市	32	2420	3860
昌吉市	30	2941	2725
阜康市	14	507	761
博乐市	18	792	1125
库尔勒市	54	2710	3520
阿克苏市	33	3285	3089
阿图什市	10	992	1273
喀什市	42	3391	2260
和田市	21	1951	1662
伊宁市	35	3204	3143
奎屯市	16	1905	1911
塔城市	18	941	1085
乌苏市	24	754	1052
阿勒泰市	18	833	851
石河子市	32	3764	4663
阿拉尔市	12	869	895
图木舒克市	11	420	505
五家渠市	7	840	763

3-10 工资水平

城　　市	城镇在岗职工年平均人数(人)	城镇在岗职工工资总额(万元)	平均工资(元)
河北省			
辛集市	25116	58663	23357
藁城市	29324	67594	23051
晋州市	17340	37678	21729
新乐市	15918	32973	20714
鹿泉市	23219	59256	25520
遵化市	27135	83410	30739
迁安市	54545	176734	32401
武安市	32906	95919	29150
南宫市	11911	27355	22966
沙河市	21393	50411	23564
涿州市	45480	161603	35533
定州市	39894	86319	21637
安国市	13550	27732	20466
高碑店市	28126	64363	22884
泊头市	23201	50891	21935
任丘市	75190	347060	46158
黄骅市	30670	70873	23108
河间市	25177	57729	22929
霸州市	20745	68064	32810
三河市	35980	118527	32942
冀州市	16186	34835	21522
深州市	19549	36536	18689
山西省			
古交市	11763	31400	26694
潞城市	23231	48118	20713
高平市	40231	122303	30400
介休市	64025	176684	27596
永济市	27338	61056	22334
河津市	39736	102783	25867
原平市	38269	83549	21832
侯马市	30050	61564	20487
霍州市	40434	107213	26516
孝义市	52979	154748	29209
汾阳市	26278	61839	23532
内蒙古自治区			
霍林郭勒市	16025	65870	41105
满洲里市	31741	100784	31752
牙克石市	27429	79001	28802
扎兰屯市	25325	62859	24821

3-10 续表 1

城　　市	城镇在岗职工年平均人数(人)	城镇在岗职工工资总额(万元)	平均工资(元)
额尔古纳市	18318	43536	23767
根河市	12275	37388	30459
丰镇市	13667	53828	39385
乌兰浩特市	37018	98294	26553
阿尔山市	6200	11588	18690
二连浩特市	5908	24563	41576
锡林浩特市	49543	141483	28558
辽宁省			
新民市	23243	57957	24935
瓦房店市	38882	123204	31687
普兰店市	37561	114055	30365
庄河市	36863	106051	28769
海城市	40765	90645	22236
东港市	25631	63651	24834
凤城市	20757	44460	21419
凌海市	20309	32907	16203
北镇市	14540	23939	16464
盖州市	16631	34561	20781
大石桥市	23622	65040	27534
灯塔市	15481	30370	19618
调兵山市	60007	202677	33776
开原市	107323	183292	17079
北票市	30041	76934	25610
凌源市	32316	79461	24589
兴城市	17106	28962	16931
吉林省			
九台市	40684	72324	17777
榆树市	33903	67883	20023
德惠市	39491	72530	18366
蛟河市	24622	51686	20992
桦甸市	25660	54642	21295
舒兰市	34697	68725	19807
磐石市	32456	70153	21615
公主岭市	40749	75783	18598
双辽市	22328	42191	18896
梅河口市	38423	92765	24143
集安市	19232	35929	18682
临江市	13744	31569	22969
洮南市	22099	39536	17890
大安市	20438	38010	18598

3-10 续表 2

城　　市	城镇在岗职工年平均人数(人)	城镇在岗职工工资总额(万元)	平均工资(元)
延吉市	77759	191362	24610
图们市	9857	19622	19907
敦化市	46973	97989	20861
珲春市	26926	68484	25434
龙井市	8998	18546	20611
和龙市	19543	33650	17218
黑龙江省			
双城市	25852	61831	23917
尚志市	32235	54201	16814
五常市	39577	60540	15297
讷河市	20094	39473	19644
虎林市	20395	34681	17005
密山市	15538	34194	22007
铁力市	26927	30714	11406
同江市	8203	17714	21595
富锦市	17605	33395	18969
绥芬河市	9593	32317	33688
海林市	33773	51464	15238
宁安市	25808	49472	19169
穆棱市	22873	45863	20051
北安市	23184	41552	17923
五大连池市	24561	41733	16992
安达市	18456	37101	20102
肇东市	35182	62377	17730
海伦市	23511	48285	20537
江苏省			
江阴市	135813	587832	43282
宜兴市	70847	262612	37067
新沂市	48691	107878	22156
邳州市	62662	138912	22168
溧阳市	51309	163117	31791
金坛市	51334	159442	31060
常熟市	111095	412108	37095
张家港市	121259	443766	36597
昆山市	165561	619106	37394
吴江市	93752	377850	40303
太仓市	108541	420244	38718
启东市	57133	172333	30164
如皋市	59620	189314	31753
海门市	65820	218994	33272

3-10 续表 3

城　　市	城镇在岗职工年平均人数(人)	城镇在岗职工工资总额(万元)	平均工资(元)
东台市	60279	160801	26676
大丰市	52144	139411	26736
仪征市	54014	161478	29896
高邮市	50291	140495	27936
江都市	52741	156337	29642
丹阳市	75511	230017	30461
扬中市	38380	117227	30544
句容市	51815	144639	27914
兴化市	50240	131007	26076
靖江市	60358	185614	30752
泰兴市	56677	158089	27893
姜堰市	48265	128242	26570
浙江省			
建德市	35108	146713	41789
富阳市	74956	285811	38131
临安市	64957	215046	33106
余姚市	63049	263863	41850
慈溪市	83221	315682	37933
奉化市	58105	204513	35197
瑞安市	121446	396930	32684
乐清市	213233	646069	30299
海宁市	121800	376556	30916
平湖市	127095	364152	28652
桐乡市	105474	325595	30870
诸暨市	240046	742363	30926
上虞市	117137	391697	33439
嵊州市	54034	180698	33442
兰溪市	45339	117885	26001
义乌市	75500	315825	41831
东阳市	93076	251102	26978
永康市	37887	159504	42100
江山市	25391	96899	38163
温岭市	79558	328152	41247
临海市	89140	343470	38532
龙泉市	16178	54622	33763
安徽省			
桐城市	19089	50449	26428
天长市	22357	56330	25196
明光市	19957	39687	19886
界首市	21870	40525	18530
宁国市	20522	75989	37028

3-10 续表 4

城　　市	城镇在岗职工年平均人数(人)	城镇在岗职工工资总额(万元)	平均工资(元)
福建省			
福清市	181421	476852	26284
长乐市	37430	114738	30654
永安市	30206	86139	28517
石狮市	67088	155733	23213
晋江市	512554	1285311	25077
南安市	81483	203795	25011
龙海市	68910	188789	27396
邵武市	34727	83793	24129
武夷山市	19407	46667	24046
建瓯市	24371	54994	22565
建阳市	18358	47103	25658
漳平市	22831	66143	28971
福安市	27397	69864	25501
福鼎市	20771	57233	27554
江西省			
乐平市	48364	89573	18521
瑞昌市	25363	48952	19301
贵溪市	36569	79855	21837
瑞金市	20365	37402	18366
南康市	19987	45831	22930
井冈山市	17476	29867	17090
丰城市	54202	132653	24474
樟树市	28383	61639	21717
高安市	23623	54201	22944
德兴市	16333	41131	25183
山东省			
章丘市	136697	438774	32098
胶州市	128360	326100	25405
即墨市	130391	360028	27611
平度市	72956	182419	25004
胶南市	124033	335063	27014
莱西市	98727	227707	23064
滕州市	101318	242621	23946
龙口市	65277	201877	30926
莱阳市	66710	151430	22700
莱州市	66861	187406	28029
蓬莱市	40374	139088	34450

3-10 续表 5

城 市	城镇在岗职工年平均人数(人)	城镇在岗职工工资总额(万元)	平均工资(元)
招远市	54948	155890	28370
栖霞市	34512	69304	20081
海阳市	32238	82063	25455
青州市	54956	151897	27640
诸城市	87271	291260	33374
寿光市	64341	214941	33407
安丘市	60143	142389	23675
高密市	69266	167601	24197
昌邑市	28441	79403	27918
曲阜市	62525	130357	20849
兖州市	38823	107181	27608
邹城市	146367	583486	39865
新泰市	162356	482594	29724
肥城市	94092	233418	24807
文登市	64423	194036	30119
荣成市	84650	240875	28455
乳山市	40358	109147	27045
乐陵市	28199	51682	18328
禹城市	33844	70725	20897
临清市	39188	69750	17799
河南省			
巩义市	54192	125167	23097
荥阳市	54954	132087	24036
新密市	39035	95944	24579
新郑市	59480	150335	25275
登封市	53547	115538	21577
偃师市	33708	74154	21999
舞钢市	31393	117609	37463
汝州市	43909	104937	23899
林州市	70214	151609	21592
卫辉市	36060	59228	16425
辉县市	40982	75081	18320
沁阳市	25292	56345	22278
孟州市	29037	67801	23350
禹州市	59521	144336	24250
长葛市	44805	96175	21465
义马市	53782	175085	32555
灵宝市	44781	109824	24525
邓州市	59026	82765	14022
永城市	68227	234077	34309
项城市	50750	92016	18131
济源市	65822	144754	21992

3-10 续表 6

城　　市	城镇在岗职工年平均人数(人)	城镇在岗职工工资总额(万元)	平均工资(元)
湖北省			
大冶市	72049	138096	19167
丹江口市	31935	83917	26277
宜都市	29253	60125	20553
当阳市	50047	86899	17363
枝江市	52130	94078	18047
老河口市	36508	59294	16241
枣阳市	37818	62386	16496
宜城市	23946	33740	14090
钟祥市	45250	90900	20088
应城市	39993	71154	17792
安陆市	34923	60430	17304
汉川市	117932	197472	16745
石首市	22482	42894	19079
洪湖市	32650	57332	17560
松滋市	41416	74901	18085
麻城市	45464	76723	16876
武穴市	39363	72670	18461
赤壁市	47878	79082	16517
广水市	41904	71510	17065
恩施市	48015	137229	28580
利川市	14377	32206	22401
仙桃市	45999	90542	19683
潜江市	96915	232203	23959
天门市	54494	116209	21325
湖南省			
浏阳市	71314	204427	28666
醴陵市	49270	107189	21755
湘乡市	46437	109871	23660
韶山市	6513	14067	21598
耒阳市	56481	128168	22692
常宁市	41024	86227	21019
武冈市	21266	48189	22660
汨罗市	57573	115294	20026
临湘市	11089	23334	21042
津市市	22086	44222	20023

3-10 续表 7

城　市	城镇在岗职工年平均人数（人）	城镇在岗职工工资总额（万元）	平均工资（元）
沅江市	28305	65951	23300
资兴市	34386	81098	23585
洪江市	23262	51954	22334
冷水江市	59769	151734	25387
涟源市	39872	79783	20010
吉首市	37563	103414	27531
广东省			
增城市	86919	308196	35458
从化市	71615	203500	28416
乐昌市	29307	74250	25335
南雄市	17931	44275	24692
台山市	46479	74301	15986
开平市	68939	131139	19022
鹤山市	34379	81551	23721
恩平市	33456	61633	18422
廉江市	55868	110103	19708
雷州市	54338	79585	14646
吴川市	35791	54810	15314
高州市	58211	122592	21060
化州市	58076	99829	17189
信宜市	37182	78356	21074
高要市	21923	70035	31946
四会市	58239	144307	24778
兴宁市	41908	82493	19684
陆丰市	43412	74248	17103
阳春市	46457	47281	10177
英德市	39595	117333	29633
连州市	19272	56191	29157
普宁市	57527	107003	18600
罗定市	52300	90677	17338
广西壮族自治区			
岑溪市	23518	44165	18779
东兴市	6769	18473	27291
桂平市	33692	74823	22208
北流市	42349	91672	21647
宜州市	24119	56550	23446
合山市	12815	32875	25654
凭祥市	10020	25988	25936

3-10 续表 8

城市	城镇在岗职工年平均人数(人)	城镇在岗职工工资总额(万元)	平均工资(元)
海南省			
五指山市	8421	21523	25559
琼海市	22938	60260	26271
儋州市	27091	58318	21527
文昌市	29485	68339	23178
万宁市	21121	47427	22455
东方市	19902	55397	27835
四川省			
都江堰市	63660	181458	28504
彭州市	50340	139977	27806
邛崃市	31935	78093	24454
崇州市	22277	58319	26179
广汉市	22442	74321	33117
什邡市	35899	105790	29469
绵竹市	32956	135457	41102
江油市	49706	123373	24821
峨眉山市	42381	107147	25282
阆中市	20988	45650	21751
华蓥市	15909	46538	29253
万源市	15034	30461	20261
简阳市	46913	109916	23430
西昌市	51170	186536	36454
贵州省			
清镇市	35591	106035	29793
赤水市	22357	53375	23874
仁怀市	26480	70000	26435
铜仁市	27746	97396	35103
兴义市	56407	128778	22830
毕节市	52903	143200	27068
凯里市	48457	121214	25015
都匀市	34812	99655	28627
福泉市	15863	54083	34094
云南省			
安宁市	64163	199425	31081
宣威市	57483	151671	26385
楚雄市	52794	150701	28545
个旧市	60744	147645	24306
开远市	31233	93260	29859
景洪市	55433	118209	21325
大理市	94841	236884	24977
瑞丽市	19086	36730	19244
潞西市	33405	85246	25519

3-10 续表 9

城 市	城镇在岗职工年平均人数(人)	城镇在岗职工工资总额(万元)	平均工资(元)
西藏自治区			
日喀则市	3334	12669	38000
陕西省			
兴平市	41026		
韩城市	45473	127762	28096
华阴市	22486	52754	23461
甘肃省			
玉门市	21544	88527	41091
敦煌市	11051	30072	27212
临夏市	29401	72826	24770
合作市	13511	36824	27255
青海省			
格尔木市	20568	91723	44595
德令哈市	9603	34883	36325
宁夏回族自治区			
灵武市	18301	49910	27272
青铜峡市	26436	93289	35289
新疆维吾尔自治区			
吐鲁番市	26490	68159	25730
哈密市	43144	149851	34733
昌吉市	64560	188482	29195
阜康市	16154	44679	27658
博乐市	13147	27223	20707
库尔勒市	82223	267222	32500
阿克苏市	41733	100227	24016
阿图什市	18054	47742	26444
喀什市	51884	132500	25538
和田市	21524	58029	26960
伊宁市	64691	165714	25616
奎屯市	15100	42665	28255
塔城市	22600	64286	28445
乌苏市	27477	47516	17293
阿勒泰市	34460	76787	22283
石河子市	162200	422412	26043
阿拉尔市	43926	106248	24188
图木舒克市	16497	35656	21614
五家渠市	19169	39203	20451

四、附　录

主要统计指标解释

一、行政区划、人口、劳动力及土地资源

年末总人口　是指本市本年 12 月 31 日 24 时的人口总数，为公安部门的户籍人口数。

年末单位从业人员数　是指在各级国家机关、政党机关、社会团体及企业、事业单位中工作，并取得劳动报酬的全部人员。包括在岗职工、再就业的离退休人员、民办教师以及在各单位中工作的外方工作人员和港、澳、台人员、兼职人员、借用的外单位人员和第二职业者。不包括离开本单位仍保留劳动关系的职工。

年末城镇登记失业人员数　是指有非农业户口，在一定的劳动年龄内（16 周岁至退休年龄），有劳动能力，无业而要求就业，并在当地就业服务机构进行求职登记的人员。

行政区域土地面积　是指在该行政区划内的全部土地面积(包括水面面积)。计算土地面积是以行政区划为准。

建成区面积　城市行政区内实际已成片开发建设、市政公用设施和公共设施基本具备的区域。对核心城市，它包括集中连片的部分以及分散的若干个已经成片建设起来，市政公用设施和公共设施基本具备的地区；对一城多镇来说，它包括由几个连片开发建设起来的，市政公用设施和公共设施基本具备的地区组成。因此建成区范围，一般是指建成区外轮廓线所能包括的地区，也就是这个城市实际建设用地所达到的范围。

城市建设用地　城市用地中除水域与其他用地之外的各项用地面积，即居住用地、公共设施用地、工业用地、仓储用地、对外交通用地、道路广场用地、市政公用设施用地、绿地和特殊用地九大类用地。

二、综合经济

地区生产总值(GDP)　指按市场价格计算的一个国家(地区)所有常住单位在一定时期内生产活动的最终成果。

地方财政一般预算内收入　包括:（1）税收收入;（2）社会保险基金收入;（3）非税收入;（4）贷款转回收本金收入（5）转移性收入。

地方财政一般预算内支出　包括: (1)一般公共服务; (2 外交; (3)国防; (4)公共安全; (5)教育;（6）科学技术; (7)文化体育与传媒; (8)社会保障和就业; (9)社会保险基金支出; (10)医疗卫生; (11)环境保护;（12）城乡社区事务; (13)农林水事务; (14)交通运输;（15）工业商业金融等事务; (16)其他支出; (17)转移性支出。

教育支出 反映政府教育事务支出。有关具体教育事务包括教育行政管理、学前教育、小学教育、初中教育、普通高中教育、普通高等教育、初等职业教育、中专教育、技校教育、职业高中教育、高等职业教育、广播电视教育、留学生教育、特殊教育、干部继续教育、教育机关服务等。

科学技术支出 反映用于科学技术方面的支出。

社会保障和就业支出 反映政府在社会保障与就业方面的支出。有关事项包括社会保障与就业管理事务、民政管理事务、财政对社会保险基金的补助、补充全国社会保障基金、行政事业单位离退休、企业改革补助、就业补助、抚恤、退役安置、社会福利、残疾人事业、城市居民最低生活保障、其他城镇社会救济、农村社会救济、自然灾害生活补助、红十字事务等。

社会保险基金支出 反映政府由社会保险基金列支的各项支出。包括基本养老保险基金支出、失业保险基金支出、基本医疗保险基金支出、工伤保险基金支出等。

城乡居民储蓄年末余额 指报告期末城乡居民存入银行及农村信用社的储蓄余额，包括城镇居民储蓄存款和农民个人储蓄两部分的年末余额，不包括居民的手存现金和工矿企业、部队、机关、团体等单位存款。也不包括外币存款。取自金融机构人民币信贷资金平衡表。

年末金融机构各项贷款余额 是指金融机构按一定的利率和期限向企业等单位提供货币资金的信用活动。不包括外币贷款

三、工业

工业企业数 包括独立核算法人工业企业和附营工业生产单位。独立核算法人工业企业是指从事生产经营活动的单位。它同时具备以下条件：①依法成立，有自己的名称、组织机构和场所，能够独立承担民事责任；②独立拥有和使用资产，承担负债，有权与其他单位签订合同；③会计上独立核算，能够编制资产负债表。

工业总产值 是指货币表现的工业企业在报告期内生产的工业产品总量，它反映工业生产的总规模和总成果。包括范围：(1)生产成品价值；(2)对外加工费收入；(3)自制半成品、在产品期末期初差额价值。

从业人员年平均人数 指报告期内每天拥有的从业人员人数。其计算公式为：年平均人数=年内各月平均人数之和/12；月平均人数=报告期内每天实有人数之和/报告月日历日数。(工业企业经济效益指标)指实际上报《工业企业主要经济指标》(国家统计局 B202 表)企业的从业人员平均人数之总和。

利润总额 指企业在生产经营过程中各种收入扣除各种耗费后的盈余，反映企业在报告期内实现的亏盈总额，包括营业利润、补贴收入、投资净收益和营业外收支净额。根据会计“利润表”中的对应指标的本期累计数填列。

四、交通运输、邮电通信、能源电力

货运量 指年内以重量单位(吨)计算的由各种运输工具实际完成运输过程的货物数量。包括铁路货运量、公路货运量、水运货运量(其中包括内河、沿海、远洋货运量)、民航货邮运量和管道运输量。本制度按铁路、公路、水运和民航分列。

民用航空货邮运量 指航空站在一年内从航站发运的行李、邮件、货物的重量总和。包括始发运量和联运量。发运量是根据进出港舱单、载重表等原始记录计算的。

客运量 指分别按各类运输方式实际运送的旅客人数。

铁路旅客运量 指在一定时期内使用铁路客车运送的旅客人数。铁路旅客运量的计算方法：不论票价多少或行程长短，均按单程计算为一人次；不足购票年龄免购客票的儿童，不记运量；月、季票按往返 25 人计算。因地方铁路管理体制改变，各地可以辖区内的铁路火车站为基本统计单位进行客货发送量统计。

公路客（货）运量 统计范围为在公路运输管理部门注册登记从事公路运输的营业性载客汽车和营业性货运车辆一定时期内实际运送的旅客（货物）数量。

水路客运量 指水运企业及其他单位在一定时期内实际运送的旅客人数。

民用航空客运量 指由空运企业从各航空港运送的购票乘机人数及由国外班机接运的人数。

年末邮政局(所)数 是指有固定的局所地址，领有上级发给的日戳或戳记；对外营业，直接为用户办理邮政业务的服务机构，不包括代办点。

邮政、电信业务收入 指邮电、通信企业通过生产经营活动所取得的全部业务收入，包括邮政、长途电信、本地电话等各项主营业务收入和地方国有通信收入。统计范围改为全社会所有从事电信运营的企业（即中国电信、中国移动、中国联通三家基础电信企业），邮政企业和年业务收入 200 万元以上的快递企业。

固定电话用户 指在电信企业营业网点办理开户登记手续并已接入固定电话网上的全部电话用户。包括普通电话用户、无线市话用户、公共电话用户、窄带综合业务数字网（N-ISDN）用户、智能网专用接入终端用户等。计量单位：户。

无线市话用户 是指报告期末在本电信运营企业营业网点办理开户登记手续，利用无线接入话机，采用 PHS/PAS 制式，通过无线通信方式接入公众电话网、占用固定电话号码资源的电话用户，即通常所说的小灵通用户。

公用电话用户 是指装设在街道、宾馆、机场、车站等公共场所以及电信营业厅等地，供人民群众共同使用，并按照公用电话登记注册和收费的电话用户。包括安装在街道等公共场所的智能网专用接入终端用户。

移动电话用户 指在电信企业营业网点办理开户登记手续，通过移动电话交换机进入移动电话网，占用移动电话号码的各类电话用户。包括 GSM 数字移动电话用户、CDMA 数字移动电话用户和电信运营企业发行的报告期末已激活充值的能异地漫游的各种智能卡用户。计量单位：户。

互联网宽带接入用户 指报告期末在电信企业登记注册，通过 xDSL、FTTX+LAN、WLAN 等方式接入中国互联网的用户，主要包括 xDSL 用户、LAN 专线用户、LAN 终端用户及无线接入用户。计量单位：户。

xDSL 用户 是指报告期末在电信企业登记注册，通过 xDSL 方式接入中国互联网的用户，包括 xDSL 虚拟拨号用户和 xDSL 专线用户。

全社会用电量 指各行业用电量和城乡居民生活用电量合计。

五、贸易、外经、旅游

限额以上批发零售贸易业商品销售总额 指对本单位以外的单位和个人出售的商品金额（包括售给本单位消费用的商品，含增值税），本指标反映批发和零售业在国内市场上销售商品以及出口商品的总量。

商品销售包括 （1）售给城乡居民和社会集团消费用的商品；（2）售给农业、工业、建筑业、运输邮电业、服务业、公用事业等国民经济各行业用于生产、经营用的商品，包括售予批发和零售业作为转卖或加工后转卖的商品；（3）对国（境）外直接出口的商品。

商品销售不包括：（1）未通过买卖行为付出的商品，如随机构变动移交给其他企业单位的商品、借出的商品、归还受其他单位委托代保管的商品、付出的加工原料和赠送给其他单位的样品等；（2）经本单位介绍，由买卖双方直接结算，本单位只收取手续费的业务；（3）购货退回的商品；（4）商品损耗和损失；（5）出售本单位自用的废旧物资。

商品销售是指商品已经售出、商品所有权已经转移给买方后，以收到货款或取得收取货款的证据时作为商品销售。（1）采取直接收款方式的，在实际收到货款或取得收款的凭证时作为商品销售；采取托收承付和委托银行收款结算方式的，在发出商品并办妥托收手续时作为商品销售；采用分期收款方式的，按合同约定的收款日期作为商品销售；采用预收货款方式的，在商品发出时作为商品销售；（2）委托其他单位代销商品，以收到代销单位的销售清单时作为商品销售。在交款提货的情况下，如货款已经收到，只要账单和提货单已经交给买方，不论商品是否发出，都应作为商品销售；（3）出口商品销售，陆路以取得承运货物收据或铁路联运运单、海运以取得出口装船提单、空运以取得运单并在银行办理了交单作业作为商品销售。预收货款不通过银行交单的，取得以上提单、运单后作为商品销售。出口商品一律以离岸价（FOB）计算商品销售，如按到岸价（CIF）对外成交的，应扣除商品离境后发生的由我方负担的国外运费、保险费、佣金（不包括不易按商品认定的累计佣金）、银行财务费和对外理赔款等作为商品销售；（4）自营进口商品销售，企业与境内用户签订合同实行货到结算的，在商品到达我国境内港口取得船舶到港通知，企业向订货单位开出结算凭证时作为商品销售；合同规定对境内实行单向结算的，企业凭境外账单向订货单位开出结算凭证时作为商品销售；已先期到达并存放在相应的仓储企业单位库存的进口商品，企业凭出库单向用户开出结算凭证后作为商品销售。

社会消费品零售总额 指批发和零售业、住宿和餐饮业以及其他行业直接售给城乡居民和社会集团的消费品零售额。其中，对居民的消费品零售额，是指售予城乡居民用于生活消费的商品金额；对社会集团的消费品零售额，是指售给机关、社会团体、部队、学校、企事业单位、居委会或村委会等，公款购买的用作非生产、非经营使用与公共消费的商品金额。社会消费品零售总额包括：售给城乡居民作为生活消费用的商品和修建房屋用的建筑材料的金额，以及售给来华的外国人、华侨、港澳台同胞的消费品金额；售给社会集团用作非生产、非经营使用与公共消费的商品金额。

限额以上批发零售企业数　批发和零售业法人企业按法人经营地原则统计，即按法人企业主要经营活动所在地进行统计，其所属全部产业活动单位（含异地）由法人企业统一组织填报；非批发和零售业法人单位附营的批发和零售业产业活动单位、非住宿和餐饮业法人单位附营的住宿和餐饮业产业活动单位按产业经营地的原则统计。全面统计范围扩大到统计上达到规模标准的个体经营户，其规模标准参照《批发和零售业、住宿和餐饮业统计限额标准》执行。

当年实际使用外资金额　是指批准的合同外资金额的实际执行数，外国投资者根据批准外商投资企业的合同（章程）的规定实际缴付的出资额和企业投资总额内外国投资者以自己的境外自有资金实际直接向企业提供的贷款。

六、固定资产投资

全社会固定资产投资总额　包括城镇固定资产投资和农村固定资产投资。

①城镇固定资产投资：指城镇各种登记注册类型的企业、事业、行政单位及个体户进行的计划总投资 50 万元及 50 万元以上的建设项目投资。县城及以上区域内发生的投资，县及县以上各级政府及主管部门直接领导、管理的建设项目和企事业单位的投资均为城镇固定资产投资。

②农村固定资产投资：指发生在农村区域范围内的非农户固定资产投资项目完成的投资。不包括县及县以上各级政府及主管部门直接领导、管理的建设项目和企事业单位的投资。

房地产开发投资额　指各种登记注册类型的房地产开发公司、商品房建设公司及其他房地产开发法人单位和附属于其他法人单位实际从事房地产开发或经营活动的单位统一开发的包括统代建、拆迁还建的住宅、厂房、仓库、饭店、宾馆、度假村、写字楼、办公楼等房屋建筑物和配套的服务设施，土地开发工程（如道路、给水、排水、供电、供热、通讯、平整土地等基础设施工程）的投资；不包括单纯的土地交易活动。

住宅　指专供居住的房屋，包括别墅、公寓、职工家属宿舍和集体宿舍（包括职工单身宿舍和学生宿舍）等。但不包括住宅楼中作为人防用、不住人的地下室等。住宅按照性质可以划分为普通住房、经济适用住房和别墅、高档公寓。

七、教育、科技、文化、卫生

普通高等学校　是指按国家规定的标准和审批程序批准建立的，通过全国普通高等教育统一招生考试、招收高级中等学校毕业生为主要培养对象，实施高等学历教育的全日制大学、独立设置的学院和高等专科学校、高等职业学校和其他机构。

普通中学 指按国家规定的审批程序批准设立的，招收小学、初中(或部分高中)毕业生或同等学历者，实施普通中学教育的学校。

专任教师 指主要从事教学工作的人员。包括临时(一年以内)调去帮助做其他工作的教学人员。高等学校函授部、夜大学的专任教师和承担科研任务，未担任教学工作仍属教师编制的人员，应计入专任教师中。不包括调离教学岗位，担任行政领导工作或其他工作的原教学人员。

成人高等学校在校学生数 成人高等学校是指按照国务院有关规定，经省、自治区、直辖市人民政府、国务院有关部、委批准举办，招收高中毕业或同等学历者，利用脱产、半脱产、业余或函授多种形式对成人实施高等教育，培养相当普通高等学校专科毕业水平的专业人才，修业年限、课程设置和总学时相当二年以上的学校。包括广播电视大学、职工高等学校、管理干部学校、教育(教师进修)学校、独立设置的函授学院和高等学校举办的函授部、夜大学等。在校学生数：是指具有学籍的注册学生总数。

剧场、影剧院数 是指独立核算的专用剧场和属文化部门主管的能演出戏剧的影剧院、兼映电影的剧场，以及附属在剧院、团公开营业的非独立核算的剧场、排演场。

公共图书馆图书总藏量 指图书馆已编目的古籍、图书、期刊和报纸的合订本、小册子、手稿以及缩微制品、录像带、录音带、光盘等听视文献资料数量总和。

医院、卫生院数 是指卫生部门、工业及其他部门(如农业、铁道、邮电、公安、文教、民政、社团、等)、集体所有制单位、私人、各种合作方式(全民与集体或个体合办、集体与个体合办、中外合资)等举办的医院和卫生院数(包括县及县以上医院数、城市街道卫生院、农村卫生院及其他医院数)。

医院、卫生院床位数 指各级各类医院本年 10 月底的固定实有床位(非编制床位)。包括正规床、简易床、监护床和正在消毒、修理的床位及因扩建或大修理而停用的床位(按扩建或大修理前的床位计算)，但不包括产科的新生儿床、库存床、临时增设的床位、病人家属的陪床、接产室的待产床等。

八、人民生活、社会保障

在岗职工平均人数 是指在国有经济、城镇集体经济和其他各种经济类型单位及附属机构生产或工作，并由单位支付工资的在岗人员人数(包括在乡镇一级管理机构中工作、由国家支付工资的干部)，不包括已退休的职工、在农村乡镇企、事业单位中参加劳动并取得收入的劳动者和城乡个体劳动者。职工平均人数等于 12 个月月末人数之和除以 12 或 4 个季度的季末人数之和除以 4 求得。

在岗职工工资总额 指各单位在一定时期内直接支付给本单位在岗职工的劳动报酬总额。包括：计时工资、计件工资、奖金、津贴和补贴、加班加点工资和其他工资。

九、市政公用事业

年末实有城市道路面积　是指路面经过铺筑的路面宽度在3.5米以上(含3.5米)的道路。包括高级、次高级道路和普通道路，不包括街道内部路面宽度不足3.5米的胡同、里弄。

道路面积只包括路面面积和与道路相通的广场、桥梁、停车场面积。不包括街心花坛、侧石、人行道和路肩的面积。

供水总量　是指自来水厂供出厂外的全部水量，包括有效供水量及损失水量。

居民生活用水量　指城市范围内所有居民家庭的日常生活用水。包括城市居民、农民家庭、公共供水站用水。

供气总量（人工、天然气）　是指城市煤气企业向城市生产用户、家庭用户和其他用户供应的全部煤气量，包括外购及损失量。

用气人口　指报告期末家庭用户的用气人口。

年末实有公共汽(电)车运营车辆数　是指城市公共交通企业可参加营运的全部车辆数。包括技术完好的、在修的、待修的、长期停驶的，以及拟报废尚未经上级主管部门批准报废的运营车辆数。不包括公交企业的油罐车、货车和其他专用车等非运营车，也不包括借入、租入的客运车辆。

全年公共汽(电)车客运总量　指运送乘客的总人数。包括普通票乘客人次，月票乘客人次和包车乘客人次。普通票乘客人次按上车付现金购票，一张票计算一个人次；月票日乘车次按5个人次计算；团体包车，一个乘客按一个人次计算，往返按二个人次计算。

年末实有出租汽车数　指经有关部门批准的专门从事出租业务的一切营业车辆。包括轿车、面包车、大客车。

绿地面积　指用作绿化的各种绿地面积。包括公园绿地、单位附属绿地、居住区绿地、生产绿地、防护绿地和风景林地的总面积。

人均园林绿地面积＝(公共绿地＋单位附属绿地＋居住区绿地＋生产防护绿地＋风景林地)÷城市非农业人口

公园绿地面积　指开放的各级各类公园绿地。

建成区绿化覆盖面积　指城市建成区内各单位管理的一切用于绿化的乔灌木和多年生草本植物的垂直投影面积。包括园林绿地以外的道路绿化覆盖面积(即道路的隔离带、中心绿岛和林荫道及行道树的覆盖面积)和单株树木的覆盖面积。行道和单株树覆盖面积，可按各种树的平均垂直投影面积乘以各种树木的总株数求得。乔木树冠下重叠的灌木和草本植物不再重复计算。

十、环境保护

三废综合利用产品产值　指报告期内利用“三废”作为主要原料生产的产品产值，已经销售或准备销售的，应计算产品产值；但留作生产上自用的，不应计算产品产值。

工业废水排放量 是指经过工业企业厂区所有排放口排放到企业外部的全部废水总量。包括外排的生产废水和厂区生活污水，也包括外排的直接冷却水和矿区的超过排放标准的有毒有害的矿井地下水；不包括外排的间接冷却水。有些企业间接冷却水和直接冷却水混合排放分不开的，可以合并统计在内。

工业废水排放达标量 是指全面达到国家、地方排放标准的外排废水，包括经过处理和未经过处理的，但不包括经过处理仍未达到国家排放标准的。

工业二氧化硫去除量 指燃料废气和生产工艺废气经过各种废气治理设施处理后去除的二氧化硫总量。

工业二氧化硫排放量 指工业企业在厂区内的生产工艺过程和燃料燃烧过程中排入大气的二氧化硫总量。

工业烟尘去除量 烟尘是指在燃烧过程中产生的烟气中夹带的颗粒物。工业烟尘去除量指报告期内企业利用各种废气治理设施去除的烟尘量。

工业烟尘排放量 指报告期内企业排入大气的烟尘量。

工业固体废物综合利用率 工业固体废物综合利用量占工业固体废物产生量的百分率。

污水集中处理率 指城镇污水处理量占城镇污水产生量的百分率。

生活垃圾无害化处理率 指报告期生活垃圾无害化处理量与生活垃圾产生量的比率。